新史学

观 古 今 中 西 之 变

法国大革命史

[法] 阿尔贝·索布尔 著

马胜利 高毅 王庭荣 译

张芝联 校

La Révolution
française

北京师范大学出版集团
BEIJING NORMAL UNIVERSITY PUBLISHING GROUP
北京师范大学出版社

译者序

在庆祝法国大革命200周年的日子里，翻译出版法国马克思主义历史家阿尔贝·马利乌斯·索布尔(1914—1982)这部名著，对我们具有特殊意义。

从第二次世界大战前后到60年代末至70年代初，马克思主义学说在法国大革命史学中占压倒优势。这同自饶勒斯以来的法国史学传统有密切关系，更应直接归功于索布尔撰写的普及法国革命历史知识的著作。

本书的前身《法国大革命简史》最早出版于1962年(后几经修订改用今名)，被译成多种文字，风行全球。自从索布尔的业师乔治·勒费弗尔1951年再版《法国革命》一书以来，索布尔这部书是用马克思主义观点分析解释法国革命进程的最系统全面的著作。反马克思主义历史家把它称为无产阶级的《圣经》，也不是完全没有道理的。

索布尔在本书中首先探索法国革命的深刻原因，在100多页的引言中揭示旧制度的各种危机。他把法国大革命划分为3个阶段：从巴士底狱的攻陷到巴黎市府的建立(1789—1792)，这一部分叙述资产阶级革命与群众运动的发展；从巴黎人民8月10日起义到芽月、牧月起义(1792—1795)，这部分分析群众运动如何促进革命政府的建立以及热月反动与群众运动的结束；从督政府的成立到波拿巴雾月政变(1795—1799)，这一部分说明资产阶级共和国和社会秩序的巩固是革命的必然结局。

索布尔始终抓住各时期社会矛盾发展这一主线，突出各种阶级力量的斗争和消长，揭示革命从上升到下降路线的变化规律。他坚持3个基本观点：第一，革命的性质——法国大革命是资产阶级革命，其目的和前途是建立资产阶级社会（这是他的论敌攻击他最厉害的论点）；第二，从"下面"看历史——是群众运动不断推动革命向前发展，但超过一定限度，群众就被资产阶级所抛弃；第三，"断裂"与"连续"的统一——革命破坏了旧制度，但资产阶级国家与社会的建立也需要一个稳定时期，使新统治阶级力量得以巩固起来，这不仅与资产阶级革命的最初目的不相违背，而且是息息相联的。

索布尔用具体、丰富的史料和史实来支持自己的论点，文笔朴实有力，条理清晰，富于现实感。这样的著作无论如何不能被扣上"教条主义"、"斯大林主义"、"僵化"的帽子，像一些反马克思主义者指责他的那样。索布尔本人自然并不在乎这些无的放矢的证词，他经常感到有必要修改书中某些部分，增添新的研究成果。关于本书在他全部著作中的地位以及索布尔关于修订此书的最后遗言，他的学生、法国历史家克劳德·马佐里克在他的前言中已作了详细介绍，在此不必赘述。

我只想就索布尔与中国的关系、他对法国大革命研究的重大贡献，以及我与他个人接触的点滴感受作些补充说明。

索布尔是中国人民的好朋友，十分同情社会主义新中国，一直希望来我国访问。我们及时地向他发出邀请。1981年3月1日他给我写信说："这次旅行将是我的生涯的完满结束。"8月，我们有幸在北京热烈欢迎他，并请他在政协礼堂向200多位历史工作者作题为《法国大革命在世界近代史上的地位》的学术报告。这篇热情洋溢、旗帜鲜明的精彩报告博得了听众长时间的掌声。9月，他应邀在上海华东师范大学讲学一个月，各地教师慕名前往听讲。他讲授了9个专题①，深入浅出，富有感染力，课余还进行了个别辅导。他的严谨的治学态度和负责精神给听讲者留下了难忘的印象。我国派往巴黎进修法国史的教师，都得到了索布尔的诚挚关怀和细心指导。

索布尔来华的时机很好，1981年我国历史学界正在冲破教条主义和个人崇拜的束缚，力图开创一个良好的学术研究的新风尚。索布尔在华东师大讲学的开幕式上，结合法国马克思主义史学的状况，总结

① 阿·索布尔，《法国大革命史论选》，王养冲编，上海：华东师范大学出版社，1984年。

了这方面的经验教训。他特别强调，在历史研究中必须把广博考证与批判精神结合起来，时刻也不忘记对人民事业的关心和忠诚。索布尔的讲演具体地体现了他的观点和方法，给听众以多方面的启发。

第一，在论述从封建主义向资本主义过渡问题时，他十分注意研究历史运动的共性和特性，不仅分析过渡的普遍趋势，而且分析过渡的各民族特点。在索布尔看来，重要的不是去抽象出"模式"来，而是去揭示过渡的不同道路，从而更丰富而具体地说明社会发展的一般规律。

第二，在谈到共和二年的革命政权时，索布尔深入探讨了在任何近代革命中都会遇到的问题：如何把两种力量结合起来——既要保证坚强的统一的领导，又要发挥人民群众的积极性、主动性，争取人民群众的广泛支持。如果研究过去革命有任何现实意义的话，这就是认真总结和吸取索布尔指出的这个问题的历史经验。

第三，索布尔的讲演的特色之一是论争性很强，他保持了法国大革命史学中的这个"顽强的传统"。索布尔认为，历史家的责任是要促进这种生动活泼的讨论，而不是"冻结"这种讨论。他很同意我们的"百花齐放，百家争鸣"的方针。

实际上，在索布尔1981年访华以前，他的名字对我国史学界并不陌生：他的早期通俗性著作《法国革命，1789—1799年》(1948年初版，1951年增订版)在我国早有译本①。索布尔与马尔科夫合编的巴黎无套裤汉史料一出版就有书评介绍②。他的论文《从封建主义到资本主义——法国革命和过渡的道路问题》的译文刊载在我国历史杂志上③。对索布尔的经历和有关法国革命史的争论以及索布尔的观点，也有比

---

① 端木正译，三联书店1956年版，书后附有索布尔1954年发表的论文《法国革命时期的阶级和阶级斗争》的译文。这部著作作为我国大学历史系参考书，流传颇广。据索布尔自己回顾，撰写此书时虽然企图用马克思主义观点进行阐述，但还没有摆脱学院派的影响，特别是马迪厄的影响，因此存在一些缺点。

② 张芝联，《巴黎的长裤汉。1793—1794年人民运动史资料》(书评)，《历史研究》，1957年第2期。

③ 严武译，何兆武校，《世界历史译丛》，1979年第2期。

较详细的评介①。

阿尔贝·马利乌斯·索布尔1914年4月27日出生于阿尔及利亚的奥兰(瓦赫兰),是国家扶养的战争孤儿。1936年获得巴黎大学历史学与地理学文学士。1938年取得中学历史教师资格。1939—1940年应征入伍。从1940年法国溃败到1942年,索布尔在蒙贝利埃中学教书。是年7月因参加抵抗运动被捕撤职,此后至法国解放一直从事地下活动。1944—1960年,索布尔长期在中学任教,1951年后兼任巴黎大学文学院预科讲师。1958年答辩通过国家论文《共和二年的巴黎无套裤汉人民运动与革命政府1793年6月2日——共和二年热月9日》②,索布尔以优异成绩获得国家博士学位。1960—1966年任克莱蒙-费朗大学副教授、教授。从1967年到他逝世,荣任巴黎大学法国革命史讲座教授,并主持法国革命史研究所。

索布尔的学术成就是与他的师承关系分不开的。他曾多次提到法国革命史研究中注重社会经济问题与人民运动的优良传统,即从饶勒斯(Jaurès)、马迪厄(Mathiez)到勒费弗尔(Lefebvre)的法国大革命进步史学。这几位历史学家都受到了马克思主义的影响。索布尔继承了这个传统,他以研究圣茹斯特开始他的史学生涯。战后出版了他的《法国革命时期的国民军队(1789—1794年)》(1945),此书说明旧制度下的法国军队如何演变为取得辉煌胜利的人民军队。从1950年起,他参与编辑的《罗伯斯庇尔演讲集》(5卷)陆续出版。从这些研究和著作中,特别是他的《法国革命1789—1799年》,都可以看出饶勒斯和马迪厄的影响。

但是索布尔最尊重和钦佩的是他的授业老师乔治·勒费弗尔。勒费弗尔和马迪厄都生于1874年。1932年马迪厄死于讲坛上,勒费弗尔继任马迪厄创办的罗伯斯庇尔研究会的主席、《法国革命史年鉴》的

---

① 张芝联,《漫谈当代法国史学与史学家》,《内蒙古社会科学》,1981年第1期。

② 该书第1版出版于1958年,共1168页,第2版出版于1962年。意、德、英、苏诸国均出版此书节译本。论文导师乔治·勒费弗尔亲自为该书写评介,见《法国革命史年鉴》,1959年第156期。

主编；1937 年他又荣任巴黎大学法国革命史讲座教授，并创立法国革命史研究所。在他任教巴黎大学的 20 多年间，正是索布尔学术生涯成长和发展时期。在他的直接指导下，索布尔花了近 10 年时间，完成了他的博士论文巨著。这部关于法国革命时期城市人民运动的专著可以同勒费弗尔关于革命时期农民运动的专著相媲美。勒费弗尔的博士论文《法国革命时期诺尔省的农民》，其重要性远远超出一个省的范围。作者通过对大量史料的统计与分析，得出典型的事例与确切的结论，证明法国革命对农民来说确实是一场社会革命。它废除了封建权利与什一税和贵族的免税特权，实现了地产的转移。勒费弗尔从中看出了农民运动在整个革命过程中的独立性，也就是说，它有自己的发展规律。

索布尔把勒费弗尔研究农民运动的方法用来研究城市人民运动，揭示了无套裤汉的独特性与其历史作用。在索布尔之前，有的历史学家如莫迪梅-代尔诺（Mortimer-Ternaux）竭力诋毁无套裤汉运动；有的尽管同情人民但实际并不了解他们，如米什莱（Michelet）。而托派历史学家盖兰（Guérin）则把无套裤汉视为现代无产阶级，并用"不断革命论"来解释当时的人民运动①。

索布尔为了进行无套裤汉的研究，首先整理了法国大革命时期巴黎 48 个区（Sections）的文件，各区大会的档案，各委员会的议事录、信件以及各人民团体的残存文献，并编出目录②。他非常细致地分析这些文件，作出相应的统计。他的论文第 1 和第 3 部分按时间顺序叙述了无套裤汉的活动，而在最充实和最有创造性的论文第 2 部分，他具体描述了无套裤汉的社会成分、职业、组织、要求、斗争目标和策略等等。他的研究表明，法国革命时期的无套裤汉既不是 1848 年革命时的无产阶级，更不是 1917 年的觉悟工人，也不构成现代意义的政党。他们主要由小手工业者、小店主、小商人组成，基本上属于小资产阶级阶层。据索布尔对各区委员会领导人物的统计，约 3/4 是手工

---

① D·盖兰，《第一共和国时期的阶级斗争，资产阶级与"赤膊汉"（1793—1797 年）》，2 卷，巴黎：伽利玛出版社，1946 年初版，1968 年新版。

② 《巴黎各区文件简目。1790 年—共和 4 年》，法国革命经济社会史委员会出版，1950 年。

业者和商人，约 5％ 是有产者，约 1/10 是工资劳动者。他们既反对旧制度下的贵族特权阶级，又反对从革命中获利的大资本家和大商人；他们支持革命后建立的社会结构，但希望从雅各宾政权那里取得更多的经济利益，解决他们的日益困难的生活需要。他们是"平均主义的个人主义者"。索布尔进一步分析了无套裤汉运动与革命政府之间的矛盾。为了取得革命应该提供的生活权利——充分就业、社会保障、教育机会等等，无套裤汉希望建立一个由人民直接控制的民主制度。索布尔认为，以罗伯斯庇尔为首的革命政府(救国委员会)并非作为整体敌视无套裤汉，而是根据历史提出的具体任务把精力用于动员国家的全部资源以战胜内外敌人。当无套裤汉运动的经济政治要求得不到满足而构成对革命政府的威胁时，罗伯斯庇尔等领导人才加以镇压。对此索布尔表示"惋惜"。他不仅肯定无套裤汉在资产阶级革命中的作用，而且承认无套裤汉运动的传统长期存在于后代的意识中。

尽管有的历史学家对索布尔的某些结论(例如认为救国委员会以所谓 1794 年 3 月起义为借口来镇压无套裤汉运动，从而使罗伯斯庇尔在热月政变时失去了支持)表示怀疑，但这丝毫无损于索布尔对无套裤汉及其运动的全貌的丰富而生动的描绘。在研究革命时期城市人民运动方面，索布尔确实开辟了一个新天地[1]。

索布尔关于无套裤汉的巨著确立了他在法国革命史研究中的卓越地位。1959 年 8 月他的老师勒费弗尔去世。11 月，经过选举，索布尔参加了罗伯斯庇尔研究会的主席团并担任该会秘书长，《法国革命史年鉴》的编辑责任实际上也落到他身上。勒费弗尔遗言委托索布尔负责整理他的著作。索布尔费了很多精力整理、订正、出版和再版勒费弗尔的手稿、讲义、专著，计有《奥尔良研究》(2 卷，1962—1963 年)，《法国大革命研究》(1963 年)，《旧制度末期和大革命初期的瑟堡》(1965 年)，《法国大革命》(1968 年)，《拿破仑》(1969 年)，《近代史学的诞生》(1971 年)，《督政府时期的法国》(1977 年)，《论历史学》(1978 年)。

索布尔对勒费弗尔的学术遗产，有继承，也有发展和修正。例如，

---

[1] 英国历史家鲁德(Rudé)和科布(Cobb)、挪威历史家特纳森(Tonnesson)，都在索布尔的论文发表后写出有关法国革命时期人民运动的专著。

索布尔根据自己 20 多年对农民问题的探索结果，提出了与他的老师不同的方法和观点①。在研究方法上，索布尔认为在旧制度下有 3 方面的问题必须研究清楚，否则不足以说明农民在资产阶级革命中的核心作用：封建榨取，地产分配，农村公社的存在。但勒费弗尔对第一方面问题（即封建权利及其废除）和第三方面的问题（即农村公社及其在革命时期的逐步瓦解）都轻轻带过，未予足够的重视。更重要的是，索布尔不同意勒费弗尔对农民在革命中的要求的性质和作用的估计。大家知道，勒费弗尔一贯强调农民运动在革命中的独立性，他们的反封建斗争在 1789—1792 年之间强有力地推动了资产阶级革命的发展。但是勒费弗尔认为农民在反封建的同时也反对资本主义，大多数农民（从小地产主到农业工人）都要求保持一块小地产、瓜分公地，保存传统的农村公社，换言之，即保存前资本主义的经济与社会方式。他们向后看，要求恢复或维持过去的一套。这些要求显然阻碍了农业的商业化和资本主义改造，妨碍了法国农业资本主义的正常发展。因而勒费弗尔断定，农民平均主义在经济上是后退的。

这种把法国资本主义发展缓慢的原因归诸小农经济普遍存在的观点，在历史界是很流行的。索布尔企图推翻这一观点，他认为 19 世纪法国资本主义发展缓慢的原因不但不应该从小农生产大量存在中去找寻，而且应该归诸这种小农生产还不够普遍。索布尔和他的学生们的研究证明，法国革命并未彻底消灭大地产，这些大地产虽然已经不属封建性质，至少在很大程度上仍旧归贵族所有，征收地租；租佃制、分成制大量存在，有的地方甚至保存什一税、半什一税，直到 20 世纪初，这些才是真正落后、倒退的生产方式，才是妨碍农业资本主义发展的阻力②。他指出："19 世纪法国农业发展的消极方面，与其说是

① 索布尔关于农民问题的著作汇集在他的《法国革命的农民问题 1789—1848 年》（论文集）中，巴黎：马斯贝罗出版社，1976 年。在索布尔的指导下，出版了一本由他的学生撰写的《法国革命的农民史论文集》，巴黎：社会出版社，1977 年。索布尔为此书写了一篇长序。
② 参看索布尔在第 15 届国际历史科学大会（1980 年 8 月布加勒斯特）上提出的论文：《拿破仑欧洲时期的土地所有制与土地状况——以法国为例》，见大会报告Ⅲ，页 379—407。

由于小农强加给革命资产阶级的东西，包括如勒费弗尔所断定的农村公社的长期存在，不如说是由于小农未能从革命中夺得的东西：破坏大地产与消灭地租。……因此，法国日后资本主义的落后乃由于农民革命的不完全性，由于广大农民未能把他们的'革命道路'贯彻到底。"①

索布尔这里所谈的"革命道路"就是马克思在《资本论》第3卷第20章所分析的由封建关系向资本主义关系过渡的两条途径之一②。索布尔在研究法国革命的农民问题时，不仅注意到旧制度末期法国社会的特殊结构，从而说明农民运动以及整个法国资产阶级革命的特点，而且联系到法国由封建制度向资本主义过渡的特殊道路问题。他的视野比勒费弗尔更广，能够把法国由封建向资本主义过渡的方式放在世界范围内加以观察，作比较研究，并参照各国学者的研究成果，展开争论③。他把英国、法国过渡的道路与意大利、德国、波兰、日本过渡的道路进行对比，以区别自下而上的革命道路与自上而下的妥协道路；同时又在采取同一条道路的国家之间（如英国与法国）进行对比，以揭示过渡的各种途径的一致性与分歧性。

作为马克思主义历史学家，索布尔坚持研究阶级与阶级斗争，研究群众运动，研究社会经济结构，研究历史发展的"倾向性规律"，但他并不忽视人物、事件和思想的作用。他先后组织了几次大型讨论会：1960年巴贝夫讨论会④，1965年吉贝尔·昂姆讨论会⑤，1965年罗伯

---

① 索布尔，《法国革命的农民问题 1789—1848 年》（论文集），巴黎：马斯贝罗出版社，1976 年，页 440。

② 参看《马克思恩格斯全集》第 25 卷，北京：人民出版社，1974 年，页 373—374。

③ 参看索布尔，《从封建主义到资本主义——法国革命和过渡的道路问题》，译文见《世界历史译丛》，1979 年第 2 期。

④ 参看《巴贝夫与巴贝夫主义诸问题》，1960 年第 11 届国际历史科学大会讨论会文件，巴黎：社会出版社，1963 年。

⑤ 昂姆是立法议会与国民公会议员，共和历发明人之一，因赞助共和三年牧月起义被判死刑而自杀。参看《吉贝尔·昂姆（1750—1795）及其时代》，1965 年克莱尔蒙文学院吉贝尔·昂姆讨论会文件，法国大学出版社，1966 年。

斯庇尔讨论会，1967 年圣茹斯特讨论会①，1969 年纪念拿破仑诞辰 200 周年讨论会。

这里特别值得提出的是索布尔对巴贝夫与巴贝夫思想与活动的研究。在 1960 年举行的巴贝夫讨论会上，索布尔提出论文：《巴黎各区人员与巴贝夫派人员》②，研究平等派密谋的拥护者的社会构成。他根据可以查考到的各类名单，核对平等派密谋的拥护者与曾参加共和二年巴黎各区活动的人物之间的关系，用以说明无套裤汉与巴贝夫运动二者之间的继承关系与差异。在这次讨论会上，索布尔被推选与苏联历史学家达林（Daline）和意大利历史学家萨义达（Saitta）共同主持出版《巴贝夫文集》。1966 年，他们编出了《巴贝夫手稿和已出版著作总目录》③。《巴贝夫文集》法文版第 1 卷，出版于 1977 年，索布尔为此写了题为《巴贝夫、巴贝夫主义和平等派密谋》的导言。他根据新出的文献指出，巴贝夫的共产主义不仅是乔治·勒费弗尔所说的分配的和消费的共产主义，而且是生产的共产主义。索布尔也不同意马迪厄所说的，巴贝夫运动只是在 1794 年和 1795 年被排挤出政权的雅各宾主义者为重新掌权而策划的，他详细地论证了这是巴贝夫及其战友为实现一个新的理想的革命行动。

作为马克思主义历史学家，索布尔还坚持同来自"左"右的各种歪曲法国大革命的理论和观点展开论战。除了上述出现于 40 年代的以盖兰为代表的拔高无套裤汉、诋毁罗伯斯庇尔的"左"的倾向外，50 年代又出现了以美国帕尔默（Palmer）为代表的抹杀、贬低法国大革命的"大西洋革命论"，以英国考本（Cobban）为代表的反对以社会原因解释法国大革命的"革命神话论"。到 60 年代中，法国孚雷（Furet）和李舍（Richet）又提出了"优秀人物论"、"三种革命论"和"革命侧滑论"；美

---

① 参看《罗伯斯庇尔》，1965 年第 12 届国际历史科学大会罗伯斯庇尔讨论会文件，罗伯斯庇尔研究会出版，1967 年；《圣茹斯特讨论会文件》，罗伯斯庇尔研究会出版，1968 年。

② 发表于《法国革命史年鉴》第 162 期，1960 年 10—12 月号。收入索布尔，《理解法国革命》，巴黎：马斯贝罗出版社，1981 年，页 147—167。

③ 参看《巴贝夫手稿与已出版著作总目录》（与达林、萨义达合作），法国革命经济社会史委员会出版，1966 年。

国爱森斯坦(Eisenstein)和泰勒(Taylor)则企图从根本上否定资产阶级这个概念，从而否定法国革命的资产阶级性质。索布尔在各种场合对这些"修正企图"加以分析批判①。

与此同时，索布尔加强了对法国大革命的正面阐述及普及工作。1962年出版了他的《法国革命史简编》。这部著作不是1951年的《法国革命1789—1799年》的增订版，而是包含10多年独创性研究的新概括。此书主线明确而又不把历史简单化，在突出主要矛盾的同时还细致地分析了各种次要矛盾。继此之后，他又为法国《知识丛书》撰写了《法国大革命》、《督政府与执政府》、《第一帝国》②。此外，他还写了《第一共和国，1792—1804年》。为了追根溯源，索布尔晚年把研究范围上推到革命前的旧制度，出版了《革命前夕的法国》、《文化与法国革命》第1卷：《旧制度的危机》、《启蒙世纪》。他还参与了布罗代尔(Braudel)与拉布鲁斯(Labrousse)主编的《法国经济与社会史》第3卷，负责撰写1789—1815年部分③。

面对着年鉴派与结构主义史学对马克思主义史学的进攻，索布尔是如何应战的呢？这里涉及历史研究的方法论问题。作为社会史家，索布尔并不拒绝应用其他社会科学如人口学、统计学、心理学、经济学等提供的工具，包括计算机。他对年鉴派初期的贡献也是肯定的，并适当运用"结构"、"局势"、"长时段"、"心态"等概念。但对于年鉴学派贬低个人与事件的作用以及过分重视经济史、忽视社会史的倾向，他是持否定态度的。索布尔认为，对于社会史来说，计量法是重要的，必不可少的，但计量不能离开人，离开社会的人，离开阶级的人。如果只看到物价的升降而不问这些变化使谁贫穷，使谁发财，为何贫穷，为何发财；如果只计算地产的分配，而不问这些地产的性质(封建还是资本主义)以及剥削关系和程度，这对一个历史家，特别是社会史家来

①　索布尔，《传统的大革命史编纂学与修正的企图》，见《法国大革命史论选》，页168—191。

②　关于索布尔对督政府和拿破仑研究的贡献，参看端木正，《近年来国外拿破仑史学的一些动态》，《历史研究》，1978年第6期。

③　这一卷出版于1976年，巴黎：法国大学出版社。

说是不能想象的。

索布尔也并不排斥对各种"结构"——经济、社会、思想结构进行分析。他承认在历史的一般运动中，结构既是历史的支柱，又是历史的障碍。然而，他说："历史家的职务主要在于揭示结构的运动、它们的变化原因和过程，确定事件和这种运动相联系的方式。结构主义的分析倾向于解剖结构，而历史的分析虽然也有同样的要求，但它要进一步了解结构的运行。对历史分析来说，重要的是变化。它超越'共时性'，包含运动，即'历时性'，还要说明其运转方式。"①总之，索布尔认为历史家关心的是结构的演进、衰退和死亡，旧结构如何为新结构所代替；而这种演进、衰退、死亡的动力乃存在于结构内部而不在外部，是结构本身包含的各种矛盾推动着它的变化过程。他说："结构主义用固定不变的范畴来思考；历史学则排斥这些范畴，因为它的雄图和目的是理解人类社会的运动。如果依照结构主义的分析，历史学所提供的真实仅仅是一些断断续续的固定不变的图像，它就失去了自己的灵魂。"②这是对当代颇为流行的史学理论和实践的有力批判。

索布尔逝世后，陆续出版了他生前已完稿的《文化与法国革命》第2卷(1982)；《法国革命》；第3卷：《拿破仑时期的法国》(1983)。这部1 600多页的巨著包含他对18世纪后半至19世纪初叶法国历史研究的结晶。这是一部法国从封建末期到资本主义初期的真正社会史，它具体描述各阶级状况的演变和斗争，以及资产阶级国家机器的逐步形成。图文并茂，年表及参考书目齐备，科学与文化大事罗列无遗。

另一部著作《革命者画像》(1986)是索布尔在1958—1982年间所写的短文、序言和讲演，内容集中在对革命人物的素描和评论，包括德穆兰、圣茹斯特、昂姆、库通、罗伯斯庇尔、埃贝尔、格雷古瓦尔修道院长克卢茨、塔里安夫人。索布尔从未写过一本革命者的传记，他曾对我说："写传记比写一部历史更难，有一个出版社曾约我写一部丹东传，我犹豫不决，最后终于谢绝了。"从这些人物画像中，我们可以

---

① 索布尔，《文化与法国革命》第1卷：《旧制度的危机》，巴黎：阿尔多出版社，1970年，页34。

② 同上书，页36。

大致看出索布尔评论历史人物的观点和方法。他从不苛求于古人，包括对塔里安夫人那样的多变人物；也不美化革命者，例如他指出圣茹斯特的严重缺点：不了解经济问题，缺乏历史观点。他认为"历史家不是检察官，史学的责任不是审判，而是使人理解。"①

我第一次结识马利乌斯(最亲密的朋友都这样称呼他)是在 1979 年 5 月。此后 3 年，我每年都有机会和他晤叙：1980 年在布加勒斯特，1981 年在北京、上海，1982 年又在巴黎，每次都受到了极大教益。有一件事使我铭记终身：1979 年 5 月中我抵达巴黎那天(距前一次访问法国已隔了 23 年)，索布尔刚从亚眠讲学回来，马上到巴黎大学附近我的住处来看我，一见如故。他的坦率的谈吐和平易近人的风度立即使我感到十分亲切，彼此虽系初交，却毫无隔阂。那天傍晚，他在带我去进餐的路上，顺便参观了他引以自豪的亨利四世中学。在这所著名学校，索布尔曾任教多年，一边教书，一边撰写他的博士论文——《共和二年的巴黎无套裤汉》(他的老师乔·勒费弗尔也在该校教过书)。他那热爱教学的精神，忘我地指导青年从事历史研究的责任感，特别是他对历史科学在培养公民品德方面的作用的信念，一直维持到他生命的最后一天。

今年杜桑节(类似清明节)，11 月 2 日，我到拉舍兹神父公墓马利乌斯坟上凭吊致敬，他逝世已整整 5 年了。墓碑上只刻着几个朴素的字："阿尔贝·索布尔　法国革命史家"。我惊奇地发现，葬在索布尔左右两旁的是两个浙江人。一位陪我同去但从未见过索布尔的文学家对我说："你说对了，索布尔确实是中国人民的好朋友；但还应加上一句：中国人民也是索布尔的好朋友。"

张芝联

1987 年 12 月

---

① 《革命者画像》，巴黎：社会出版社，1986 年，页 131。

目　录

引　论　旧制度的危机

第一部分 "民族、国王、法律"。 资产阶级革命和人民运动 (1789—1792年)

第二部分 "自由专制主义"。革命政府和人民运动（1792—1795年）

第三部分 "一个有产者统治的国家"。资产阶级共和国与社会的巩固（1795—1799 年）

附　录　阿尔贝·索布尔的两篇论文

前 言

《法国大革命简史》再版随笔

1982 年 9 月 13 日，阿尔贝·索布尔永远离开了我们。这对于法国的历史科学，对于他在各国的朋友和学生们是一巨大损失。他的研究活动停止、著书立说中断所造成的空缺是难以弥补的。索布尔为了以广博的历史研究成果迎接 1789 年法国大革命 200 周年，配合 1989 年巴黎国际博览会的庆祝活动，正在从事着一整套历史考证、研究和出版方面的工作。正是由于感到纪念 1789 年的活动的临近，他于 1982 年 5 月欣然接受了社会出版社的建议：以新版面、新题目再版他的《法国大革命简史》，并同意对内容进行充实、修改。这部名著于 1962 年出版后在世界各国不胫而走。为了迎接伟大的 200 周年纪念日，有什么做法能比再版这部以明晰、贯通理性才智和科学求实著称的著作更为恰当呢？为完满实现这一计划，索布尔与他的得意门生——鲁昂大学的居伊·勒马尔尚和我本人曾多次会商，其中以 7 月 27 日在尼姆的那次长时间工作会晤最为重要。

除了在各章里作的一些修改和增补外，阿尔贝·索布尔在原书基础上还作了 3 个方面的改动。首先是重新撰写了引论：《旧制度的危机》。在这方面，他十分注重近年来关于 18 世纪社会结构和经济活动研究的新成果，并乐于把这些研究的具体结论吸收进他的论述之中，因为所有这些结论与他的基本推理并不相违。其次是他打算重写第二部分的第三章：《山岳派国民公会、人民运动和救国专政》。他计划在其中吸收他自 1977 年起在巴黎大学讲课的内容：关于社会下层所要求的革命暴力与法国大革命战时政治所必须实行的国家恐怖这两者之间的矛盾关系。最后，他认为应该在书的结尾部分增加一篇史学史方面的文章，以阐明法国大革命的特殊性和关键地位：两个世纪以来，在我国出现的各种思想冲突中，法国大革命都是不可回避的参考基础。

在很长时间里，索布尔曾认为法国大革命是资产阶级革命的"样板"。近 10 年来，他和他的学生们开始一致认为：大革命远不是一种"模式"，而是一个特殊的发展过程。他力图表明这一过程何等深入地根植于法兰西民族所特有的现实矛盾的土壤中。在 1789 年，这个民族虽尚未完全形成，但正以其特有的和强有力的方式朝现代资本主义社会过渡，而这个资本主义社会本身也独具特色。

阿尔贝·索布尔本应在 1982 年 10 月以前向社会出版社提交第二部分第三章的新稿。我和居伊·勒马尔尚整理的关于如何重写引论和结论部分的讨论记录也应由他修改后定稿。1982 年 7 月 28 日，他在给我的信中对我们建议修改的内容表示赞同，并写道："亲爱的克洛德，感谢你承担起所有这些事情。"他休假回来后，我于 9 月 11 日从电话中得知他身体状况突然恶化。但他仍重申，同意我们 7 月份以来提出的各项建议，并请求再宽限他几天以便完成剩下的文字。然而两天之后，他却猝然去世了。

出于对阿尔贝·索布尔的怀念和对其 30 年来教诲的忠诚，我发动社会出版社投入了《法国大革命简史》的修订出版工作。这也是索布尔在他生前那个最后的夏日里托付给我的心愿。在不改动引论部分原文的情况下，我们把由勒马尔尚执笔、索布尔生前同意增补和修改内容放在〔　〕形括号中，① 放入他指明的段落里。考虑到他对其他章节表示的明确意见，但又不便对他未及修订的内容妄加改动，我们在本书正文后增加了索布尔的两篇最新研究论文。这既是本书的附加部分又与之有机地联系在一起。索布尔原想在再版此书时将这两篇论文的观点吸收进来。第一篇《群体暴力与社会关系——革命群众（1789—1795年）》是他在马克思主义研究所做的一次讲演，载于该所《历史手册》1981 年第 5 期。另一篇《什么是大革命?》曾刊登在 1981 年《思想》杂志

---

① 为全书体例一致，我们将〔　〕一概省略了。——译者

（第 217—218 期）。倘若索布尔有时间最后完成此书，这部《法国大革命史》肯定不会是现在这样的结构。但是，新版肯定表达出了索布尔生前最重要的观点，反映了他最新思路的方向。

为了使这个具有参考工具书性质的版本臻于完善，我们在前言之后附加了索布尔著作的目录①。这是由他特别信任的学生，巴黎第一大学的弗朗索瓦兹·布律内尔专为本书编订的。这里，我们采用了严格的、索布尔式的分类方法。我们不追求一篇不漏地和盘托出，因为这需要在无数国内外报刊的目录中寻觅几年才能做到。然而，这一目录已相当完备，堪称当今独一无二的。它包括了索布尔生前以其多产的手笔和科学探索精神为我们创造的一切成果。此外，永不满足的激情还激励他不断挥毫改动、完善其旧作，他认为这些著作应获得新生。

《简史》在索布尔著作中的地位

眼前这本法国大革命史教程在索布尔的全部著作中占据中心地位。出版此书的计划可以追溯到很久以前。社会出版社在 1950 年曾向索布尔建议再版他于 1939 年由国际社会出版社出版的《1789 年，自由的共和元年》以及他在 1948 年发表的一部简短教材。索布尔在 1950 年 6 月 6 日的一封信中对此表示同意，并补充道："当然，我要做一些修改。尤其是，我认为引论过于机械、简单化，以重写为好。至于其他，只需作某些细节上的改动。20 年后，当我在这方面达到更高水平时，我将用我现在开始构想的、同以前全然不同的方式把它们全部重写。"索布尔的这个新的"全部"就是《法国大革命简史》。这部书的写作是从 1960 年，即他通过国家博士论文答辩 3 年之后开始的。我有幸在 1961 年秋拜读了由他亲笔抄写的该书定稿。可以说，《简史》是一部已在形成的伟大著作的第一次总结。索布尔在其科研生涯的前半期致力于探讨 1789 年革命本身的价值，以及巴黎公社之前 19 世纪历次革命所赋予它的全新意义。他注重新型民主价值的出现，同时对思想和精神方面的演变进行对照研究。从旧制度向新型法国急骤过渡时，法国社会

---

①　中译本将此份目录作为本书的附录。——译者

的深刻运动也引起他的注意。作为乔治·勒费弗尔的后继者和学术知己，索布尔对他所热爱的这段历史中阶级斗争的特殊运动进行了研究。他不为那种把阶级斗争排除于历史之外的理论所左右，同时也坚决抵制任何不求甚解的简单化、公式化倾向。《共和二年的巴黎无套裤汉》这部伟大论著于1958年出版，1962年再版（被译成英、意、德、俄等文）。它使阿尔贝·索布尔在本世纪从饶勒斯、马迪厄到勒费弗尔等名家为代表的大革命传统史学中成为最杰出的专家之一。实际上，他是真正的历史回顾社会学的奠基者。他丝毫不局限于那种承认罗伯斯庇尔主义的巨大贡献而无视革命过程中的矛盾的片面观点。恰恰相反，他阐明了法国资产阶级革命总体过程中的社会性质和矛盾作用。正像他所说的，他通过研究无套裤汉、共和二年的士兵和农民，产生了"从下层人民看"大革命的兴趣。

后来，阿尔贝·索布尔致力于理论研究。他通过严格的比较研究，对过渡到现代资本主义社会的各种道路进行了剖析，为此他走遍了世界各地。通过1962年出版、1972年再版的《法国大革命简史》这部杰作，我们可以看到他的第一项综合成果。直到1982年，他一直在继续这种努力。20年来，这部著作已成为经典，从未被世界各国的出版物所超越。在我看来，达到这一成就的原因很明显：索布尔在倡导细致地、积极地思考10年大革命的同时便解答了一切真正的革命所提出的中心问题：如此巨大的运动如何能够发生？革命者怎样、在何种程度上改变了世界？他们在改造世界的同时如何进行了自身的改造？另外，此书内容严谨，结构均衡，使大革命的发展线索更显明晰。史实叙述环环相扣，史料可靠，对史料解释基于广博的考证知识。全书文笔流畅，语言简洁，无丝毫造作，所用语汇规范，任何用心的读者均可从中受益，并会对法国大革命的原因和过程进行深入思考。

作者首先系统地研究了旧制度危机在结构与经济情势方面的基础。然后以大部分篇幅对推动大革命发展的社会、政治矛盾的性质展开了分析，其中包括从雅各宾时期的民主激进主义到为巩固法国政治制度而试行的各种形式，从封建主义的残存到现代社会基本制度的建立。

《简史》这部综合性著作的问世标志着阿尔贝·索布尔史学研究第

一时期的完满结束，成果累累。然而，《简史》并不意味着研究的终结，它进而提出了一种思考。这种思考后来不断扩展，以至成为索布尔最新思路的核心，即关于向新社会过渡的道路问题。因此，他在 1980 年 9 月 26 日的《大革命》周刊上谈到乔治·马歇《当今的希望》一书时写道："同在政治方面一样，在历史方面也不存在任何模式，而只有各种道路。法国通往未来的道路是通过顽强斗争开拓出来的。"对索布尔的史学思想中这个新观念的分析超出了本前言的范围，因此，我们仅就《简史》在他的研究和思考中所占的地位加以说明。

索布尔的生平和学术生涯

阿尔贝·索布尔是一位杰出学者。他的著作在法国以至全世界把人们对法国大革命的了解引向更深的程度。他喜欢用"揭开了现代世界的序幕"一语来评价这场革命。索布尔于 1914 年 4 月 27 日出生在阿尔及利亚奥兰地区的阿米-姆萨一个移民小农家庭。其父辈原籍是法国的阿尔代什省。他自幼因战乱失去父母，成为由国家抚养的孤儿。后来，他和姐姐被在尼姆的姑母玛丽·索布尔所抚养。这位教育家曾任女子师范学校校长，现在位于尼姆市大革命广场的一所学校便是该校旧址。在这种非宗教和典型的共和思想环境中，索布尔受到了以民主精神和为民献身为最高美德的思想教育。这种教育贯穿着卢梭主义，同时倡导敬重书籍，尤其受珍视的是米什莱、马迪厄的那些造就人们灵魂的历史书籍。

结束了尼姆中学和路易大王中学的寄宿学习后，索布尔在 1938 年获得正式中学历史教师资格。他最初与著名中世纪史专家马克·布洛克的交往令人失望。后来他得到了一年的科研资助金，使他得以初探法国大革命史。1939 年，他作为普通一兵应征入伍，在一支马拉火炮部队服役。1940 年，他随同一个有 6 匹马的炮组从法国北部撤到西南部，蒙受了不战而退的耻辱。此事在他心灵上打了深刻的烙印。复员后，索布尔在蒙彼利埃的霞飞中学任教。1932 年他就加入了法国共产党。1942 年 7 月 14 日，他在一次爱国游行中被捕，并立即被"维希伪政权"(索布尔语)解职。此后两年中，他一边以临时职业为生，一边从事地下活动。解放后，国民教育部将他重新编入巴黎教师队伍。他先后在马塞兰·贝特洛中学和亨利四世中学任教。在 1946 年至 1948 年的两年停薪休假之后，他重新受聘于亨利四世中学。1950 年 10 月至 1953 年 10 月，他在国家科研中心任职。此后在让松·德·萨伊中学教书，接着重返亨利四世中学。在那里，他一直工作到 1960 年，其间于 1958 年 11 月 29 日通过了国家博士论文答辩。1960 年 9 月 28 日，他被任命为克莱蒙-费朗文学院副教授。1962 年 9 月 1 日，他晋升为该校正式教授。1967 年，他接替马塞尔·雷纳尔被任命为巴黎大学法国大革命史讲座教授。奥拉尔、萨尼亚克、马迪厄和勒费弗尔都曾在这座享有盛名的学府任教。直到他去世，阿尔贝·索布尔一直献身于教师、历史学家和研究导师的工作，从未中断。他希望从 1982 年学年起继续任教两年，使他的几个临近结业的学生得以完成论文答辩。这一要求是合理的：维希政府把他解雇使他有权在任职末期追回叛国政府剥夺他的两年任教期。但是死亡竟使他的这一愿望未能实现。

作为驰名世界的学者，索布尔曾到世界各地任教或讲学：拉丁美洲和美国，英国和澳大利亚，中华人民共和国和日本，苏联和德国，他走遍了整个欧洲、非洲和中东。

索布尔生前是布达佩斯科学院和柏林科学院的通讯院士，莱比锡卡尔·马克思大学、莫斯科大学和澳大利亚及美洲一些大学的名誉博士。在超过 1/4 世纪的时间里，阿尔贝·索布尔的名字为法国历史编纂科学增添了光彩。

以上便是索布尔其人及其作品的扼要介绍。社会出版社怀着双重感情按我们的建议，以新书名再版这部法国大革命史巨著：一方面是将此书作为新的宝贵文献收入"土壤"丛书；另一方面是向已离去的阿尔贝·索布尔表示敬仰和感激之情。

克洛德·马佐里克
历史学家、社会出版社社长

序　言

法国大革命与荷兰革命、17世纪英国革命一样，是使资产阶级成为世界主宰的这一长期社会、经济演变过程完成的标志。

这个当今人所共知的真理是由资产阶级最觉悟的理论家从19世纪开始宣告的。为了从历史角度论证《宪章》，基佐曾指出，法国社会和英国社会的主要特点在于：在人民和贵族之间存在一个强大的资产阶级。它的思想逐渐明确，并建立了一个新社会的框架。1789年革命便是对这种新社会的确认。其后的托克维尔及泰纳也赞同这种观点。托克维尔曾以"一种宗教的恐怖"谈道："这场不可抗拒的革命多少个世纪以来突破重重阻碍向前发展。今天，人们仍然看到它在自己造成的废墟中前进。"泰纳勾画出资产阶级在社会地位方面缓慢地上升，这最终使它对不平等状况不能忍受。但是，尽管这些历史学家确信资产阶级的诞生和发展首先归功于流动财富、商业以及后来的工业企业的产生和发展，他们却从未注重具体研究大革命的经济根源和从事这场革命的社会各阶层。

尤其应当指出，尽管这些资产阶级历史学家们具有远见卓识，他们都未能阐明一个根本问题：大革命归根结蒂应该通过生产关系和生产力性质之间的矛盾来加以解释。在《共产党宣言》中，马克思和恩格斯最先强调指出，资产阶级力量所赖以形成的生产资料是在"封建社会"自身的内部产生和发展的。在18世纪末，所有制关系、农业和制造业的组织形式已不再适应迅速发展的生产力，并成为生产的阻碍。《共产党宣言》的作者们写道：这种桎梏"必须被打破，而且果然被打破了。"①

----

① 《马克思恩格斯选集》第1卷，北京：人民出版社，1972年，页256。——译者

在《社会主义的法国大革命史》一书中，饶勒斯在一定程度上汲取了历史唯物主义观点（之所以说"在一定程度上"，是因为他本人也在该书《总引论》中承认，他对历史的解释中"既有马克思的唯物主义观点，又有米什莱的神秘主义观点"。）再现了大革命的经济和社会基础，雄辩地展示了一幅广阔宏伟的时代画面，它至今仍不失为一座不朽的丰碑。他写道："我们懂得，经济条件、生产和所有制方式是历史的基础。"饶勒斯之所以能把大革命史研究推向前进，是与20世纪初工人运动的高涨分不开的。关于这一点，如果说他本人并未明确指出，阿尔贝·马迪厄却感觉到了。马迪厄在1922年《社会主义的法国大革命史》再版前言中写道：饶勒斯把他在政治斗争中的"敏锐感与嗅觉"同样运用于历史资料的研究中。"由于他投身于各种集会和党派的激烈的政治生活中，他比那些教授和埋头于工作室的人更能体会出革命者的激情及他们明确或隐晦的思想。"饶勒斯的著作或许有简单化的毛病。在该书中，大革命的发展是单一性的：其原因在于业已成熟的资产阶级的经济和知识方面的力量，其结果则是这种力量以法律的形式被确认下来。

萨尼亚克和马迪厄又有发展，他们阐明了18世纪中在1787—1788年达到高潮的贵族的反动。马迪厄以含糊的用语称之为"贵族的反叛"，即贵族疯狂反对任何改革尝试，少数特权人物不仅把持所有国家官职，而且顽固拒绝与上层资产阶级共享优势。这就说明法国大革命何以具有剧烈的性质，资产阶级的上台为什么不是一种渐变而是一种实质性的突变。

然而，大革命不仅仅是资产阶级的业绩。在饶勒斯之后，马迪厄也强调了第三等级的迅速分化和资产阶级各派与人民各阶层之间很快出现的敌对，指明了大革命历史的复杂性和各阶段的发展进程。乔治·勒费弗尔把目光从历史学家们一贯注重的巴黎和大城市转向对农民的研究（因为18世纪末的法国毕竟是以农为主的国度）。在此之前，农民的行动一直被看作是对市民运动的反应，主要是配合资产阶级反对封建制和王权。关于大革命的同质形态和发展主流的观点便这样延续了下来。乔治·勒费弗尔以精确的社会分析揭示出：在资产阶级革命的框架内，发展着一股农民运动的潮流。它在其起因、进程、危机和倾向等方面都具有自身的独立性。有必要明确指出，农民运动的根本目标与资产阶级革命的目的是一致的，即摧毁封建的生产关系。大革命在农村打碎了旧的所有制关系，加速了传统农业组织的瓦解。

乔治·勒费弗尔的著作具有示范与榜样的价值。没有他开拓的这一研究领域便没有大革命的社会史研究。而这种社会史研究是加深对大革命了解的唯一途径。要想说明阶级对立和阶级斗争的作用表现，搞清革命运动的曲折发展过程和最终对大革命做出确切总结，我们别无他径，只有从细致地分析各社会阶层及其团体的地产、流动财富和经济实力入手。

有一个事实发人深省：在资产阶级无可争议地统治了150多年之后，仍然没有一部关于大革命期间法国资产阶级的历史著作问世。在对大革命期间资产阶级的研究方面，已经出现了一些侧重精神形态而不是经济实力的论文和对某个地区或城市、某个家族或阶层的专题研究成果。这些专题研究注重史料分析并提出了研究方向，因而具有较高价值。尽管如此，大革命史研究在这方面的落后状况必须受到正视。毫无疑问，对社会（指上流社会）和统治阶级的描写不乏其作。但这些通信集或回忆录中的描述仅限于对习俗或思想的勾画，而我们需要搞清楚的却是生产关系、收入和人数方面的状况。我们除了没有一部资产阶级的历史以外，也没有一部关于大革命期间的贵族的历史著作。城市人民阶层的历史则初具规模。严肃的历史研究的第一个目标应该是：在经济和税收文件所提供的统计数字的基础上，着手对各局部地区进行专题研究。只有这样才能对各阶级和社会阶层进行综合的研究工作。而这种研究工作才是揭示阶级对立和把握阶级斗争辩证运动复杂性的唯一途径。例如，对糖岛（指安的列斯群岛——译者）的开发和与之相关的大规模海上贸易尽管已有许多描写，但目前还没有一部深入研究波尔多资产阶级的著作。缺乏对吉伦特派所代表的这个社会团体的财富和实力的估量和对其构成范围的明确勾画，对吉伦特派的任何评价便无从谈起。

这类例子俯拾即是。我们会看到，由于对当时社会力量缺乏确切的了解，大片的研究领域仍有待开发，大革命的许多曲折仍不为人所知。

引　论

旧制度的危机

在 1789 年，法国正处在被后人称为"旧制度"的框架之中。

这个社会在本质上仍是贵族性的，它基于门第特权和土地财富。但是，经济演变使流动财富逐步增加，资产阶级的实力不断加强，从而侵蚀着传统的社会结构。同时，实证知识的发展和启蒙哲学的勃兴正动摇着现存秩序的思想根基。18 世纪末的法国固然仍是个以农业和手工业为主的国度，但是大规模贸易的高潮和大工业的出现（尽管是局部和初发的）正在改变着传统的经济。资本主义的发展和经济自由的要求必然激起那些依赖于传统经济秩序的社会阶层的强烈反抗。然而在资产阶级看来，这种发展和要求却是必不可少的。哲学家和经济学家们也制定出一套符合其社会和政治利益的理论。尽管贵族阶级在社会正式等级中仍居首位，但它在经济实力和社会作用方面却相对没落。

人民各阶层，尤其是农民承受着旧制度和封建残余的全部重压。这些阶层尚不知什么是它们的权利和它们强大到何种程度。在它们眼中，有强大经济支柱和精神威望的资产阶级才是当然的领导者。18 世纪的法国资产阶级创立了一整套与其历史、作用和利益相适合的哲学。这种哲学旨在抨击和摧毁旧制度，它的视野极为广阔并牢固地依据理性，因而具有一种普遍价值。它把所有法国人和整个人类作为传播对象。

启蒙哲学以社会幸福的理想取代了传统的生活与社会的观念。这种理想基于对人类精神和科学知识发展的无限性的信念之上。人重新获得了尊严。经济、政治及一切领域的完全自由应该激发人的活动。哲学家使人把了解自然以便驾驭自然和增加财富总量作为奋斗目标。这样，人类社会将得以充分发展。

在这种新的理想面前，旧制度被迫退居守势。当然，王朝仍旧保持着神授权利的色彩，法国国王仍被视为上帝在人间的代表，并享有绝对权力。然而，这种绝对君主制已不得人心。路易十六最后还是把他的绝对权力分放给贵族。所谓"贵族革命"（只不过是"贵族阶级的反动"，更恰当地说是一种不惜使用暴力和叛乱手段的"贵族的反动"）自1787 年起成为 1789 年资产阶级革命的前夜。行政人员往往很出色，但在高等法院和省三级会议这些贵族堡垒的顽固抵制下，马肖、莫普和杜尔哥进行结构改革的企图全部归于失败。因此,行政组织毫无改善,旧制度仍然是未竟之业。

君主政体的各种制度大致最终形成于路易十四时期。路易十六用与其祖辈同样的政府和御前会议进行统治。路易十四把君主制度的权威推向前所未有的高度,但是,他却没能使之成为一个合理与协调的整体。民族统一的进程在18世纪有较大发展,这种发展得益于交通和经济联系的加强、中学教育对古典文化的传播和沙龙、思想团体及阅读活动对哲学思想的推广。然而,这种民族统一尚未臻于完善。不少城市和省份仍然保留着各自的特殊权利。北部地区保持着旧有习俗;南部地区遵从着罗马法。度量衡单位千差万别,国内路卡关税重重,民族统一受到阻碍。有的法国人在自己的国家内竟被当作异族对待。行政组织的特点是杂乱无章,司法、财政、军事、宗教各部门的区划相互重叠,各行其是,钩心斗角。

当旧制度的结构在社会和国家中处于勉强维持之际,一场"名副其实的情势革命"(埃内斯特·拉布鲁斯语)加剧了社会紧张状态:人口增长与物价上涨二者双管齐下,使危机更为严重。

在18世纪,尤其是1740年以后,法国的人口开始增长。和前一时期的停滞状态相比,这种增长显得很突出。实际上,这种增长可谓一般。据估计,如果按1789年时的疆域,法兰西王国的人口在1700年前后为2 080万,1790年为2 760万。内克在《法国的财政管理》(1784年)一书中提到的2 470万的数字似有些偏低。如果按2 700至2 800万计算,人口增长应是32%左右。这种增长因地区而异,在埃诺和阿尔萨斯较快,在诺曼底则较慢。英国在同期的居民总数不超过900万,其人口在一个世纪内增长了80%。西班牙当时的人口为1 050万。法国的出生率比较高,达到38‰。然而,减少生育的倾向也有所表现,尤其在贵族家庭以及巴黎市和巴黎盆地的平原地区。死亡率每年的起伏变化很大,可能很少甚至完全没有下降。尽管从1750年以后开展了医疗卫生宣传运动,这个时期的死亡率仍高达35‰左右。[①] 大

---

① 原书为35%,似有误。——译者

革命前夕，法国人的平均寿命增长到 29 岁左右。这一人口增长始于18 世纪 20 年代，其主要原因是 17 世纪由营养不良、饥荒和流行病（如 1709 年的"严冬"）所造成的严重危机已不复存在。从 1741—1742年以后，这种"饥荒"型危机已趋于绝迹。出生率虽保持原水平，死亡率却下降了。于是人口开始大量增加，在下层人民各阶层和城市中尤甚。人口增长在城市比在农村更为突出。1789 年，法国已有 1 万居民以上的城市 60 余个。如果按 2 000 人以上的居民点为城市的标准计算，城市人口的比例最少为 16％，最多可达 20％。人口的增长增加了对农产品的需求，促使物价上涨。

在 18 世纪的法国，物价和收入的变动主要表现为 1733—1817 年期间的长期上升。按照西米昂的术语，这是"A 阶段"，在此之前的"B阶段"是从 17 世纪至 1730 年的萧条时期。这个长期的上升运动开始于1733 年左右（锂的价值在 1726 年被稳定下来，大革命前一直没有发生过任何货币波动）。1758 年前这种运动的发展尚且缓慢，但在 1758—1770 年间（路易十五的"黄金时代"）则急剧进行。此后，上升运动曾趋于稳定，到大革命前夕又重新出现高峰。欧内斯特·拉布鲁斯对 24 种食品和商品的价格进行了计算：把 1726—1741 年间作为基础，其指数定为 100。1771—1789 年这一长时期的平均上涨率为 45％，而其中1785—1789 年间的上涨率达到 65％。价格的上涨因商品而异：食品价格上涨高于制成品，粮食比肉类上涨多。这些特征表明农业经济仍占主导地位。粮食在人民开销中的比重极大。粮食产量增长有限，而人口迅速增加，外国谷物又不得介入竞争。1785—1789 年间，小麦价格增长了 66％，黑麦价格增长了 71％，肉类价格增长了 67％。木柴价格的增长创最高纪录：91％。葡萄酒的情况较特殊，只有 14％。许多葡萄农不生产粮食，面包靠购买，葡萄酒酿造业利润下降的后果便更显严重。纺织品（毛织物为 29％）和铁（30％）的价格上涨率处于平均水平以下。

周期性的波动（1726—1741 年、1742—1757 年、1758—1770 年和1771—1789 年各为一个周期）与季节性的波动在此期间相互交错，加剧了物价上涨。在周期的最高点 1789 年，小麦上涨达 127％，黑麦达

136％。关于粮食，好年景时季节性价格波动不很明显；坏年景时，波动便会加剧。从秋季到第二年青黄不接时，价格可以增加 50％ 至 100％，甚至更多。1789 年，季节性波动的最高点在 7 月头 15 天：小麦价格上涨 150％，黑麦上涨 65％。经济情势主要通过生活费用表现出来，它所产生的社会后果便可想而知了。

经济波动的原因是多方面的。关于周期性波动、季节性波动以至危机，其原因应该从总的生产条件和交通状况中去寻找。各个地区全靠自给自足，生活费用的高低完全取决于收成多少。产量不高，缺乏储藏技术而使粮食不能保存到来年。工业的结构主要是手工业型的，它很少出口，只服从于国内消费，并受农业波动的直接影响。长期的价格上涨产生于四组相互作用现象的综合效应。首先是贸易关系的密切和生产商品化的加强，其次是金属货币流通的扩大和汇票、记名本票等形式的短期信贷的发展。金属货币流通的扩大是由于巴西的金矿和墨西哥的银矿得到开发。它适应了商品经济发展的需要，并促进了这种发展。人口增长同样起了作用，它扩大了需求和劳动潜力，刺激了商业和生产。最后，在这种物质环境下勃兴的经济投机精神助长了长期的通货膨胀。

以上便是旧制度的危机在经济、社会和政治方面的种种表现。对此问题的研究即是勾画出大革命发生的深刻根源与偶然起因，并且预先指明大革命在法国近现代史中的特殊意义所在。

第一章　社会危机

在旧的贵族政治的制度下，传统法把人分为 3 种地位或等级：僧侣、贵族为两个特权等级，全国绝大多数人为第三等级。这种等级划分构成法律差别的正式结构。它在理论上基于不同的社会作用，而实际上是承认人与人之间的不平等。贵族的理论活动为此辩护；教会为确立自己的社会优势地位实际上也接受这种不平等。

等级制的产生可以追溯到中世纪。那时，进行祈祷的人，从事战争的人和以劳作供养他人者之间的差别已经出现。僧侣等级最古老，教规法则最初就为它确定了特殊地位。后来，在世俗人中逐渐形成了贵族这个社会成分。那些既不是僧侣又非贵族的人们便构成了第三等级的前身——"劳动者"阶层。然而第三等级的形成是缓慢的。最早出现的只是市民阶级，即执有特许证的城市中的自由人。农村中的平民自 1484 年首次参加第三等级代表选举后也进入这个等级中。等级制逐渐巩固下来，并被王朝所接受。于是等级差别便成为约定俗成的王国基本法律。伏尔泰在《论各民族的风俗与精神》(1756 年)中把等级看成是法定的，并将其定义为"国中之国"。

等级并不相当于社会阶级的构成。每一等级中还可分为若干个或多或少相互对立的部分。尤其是，建立在封建制和蔑视体力活动与生产事务之上的旧社会结构与现实已不相协调。

旧制度下法国的社会结构仍然保留着 10 至 11 世纪法国刚开始形成时的原始特征。当时，土地是财富的唯一来源，土地所有者同时也是在土地上耕作的农奴的主人。后来的社会发展和变化打乱了这种原始秩序。国王从领主手中夺回了属于王室的权利，但保留了他们的社会、经济特权：他们在社会等级中仍占据头等地位。11 世纪以后的贸易复兴和手工业生产的发展创造出一种新形式的财富——流动财富，同时也造就了一个新的社会阶级——资产阶级。

18世纪末，资产阶级领导着商品生产，它向王国的行政部门输送中下层官吏，为国家的正常运转提供大部分必要资金。贵族在经济和道德方面的作用在减弱，但它仍掌握着社会和国家的领导权。社会的法律结构已不再适应社会和经济的现实了。

Ⅰ. 封建贵族的没落

贵族阶级是旧制度社会中的特权阶层，它包括贵族等级和全体高级僧侣。

1789年时，如果说贵族仍作为一个等级而存在，它却早已失去在中世纪享有的那种掌握公共权力的特性。卡佩王朝经过长期努力重新掌握了王室权：征收捐税、招募士兵、铸造货币、司法审判。继投石党之乱以后，君主制的国家加强了权力，挫败和制服了贵族等级，使之俯首帖耳。1789年以前，贵族在社会中居首位，它在僧侣之后组成国家的第二等级。

不能把贵族阶级和享有特权者完全等同起来：庶民百姓出身的神甫和修士并不属于特权者范围。贵族阶级主要是由贵族组成的。作为特权等级的僧侣被社会屏障一分为二。按照西埃耶斯的说法，它主要不是一个等级而是一种职业。实际上，高级僧侣属于贵族阶级，如主教、修道院长和大部分议事司铎；下层僧侣，如正、副本堂神甫大都是庶民百姓，其社会地位属于第三等级。

1. 贵族：没落与反动

贵族的人数估计有35万左右，占全国人口的1.3％。有人提出贵族人数为12万，其资料依据不太可靠。我们还应该考虑到地区性的差异。根据一些人头税名册和1789年参加选举的贵族选举人数目测算，贵族在城市人口中的比重从不足1％至大于2％不等：在埃费勒为2％强，在阿尔比为1.5％弱，在格勒诺布尔为1％弱，在马赛为1％弱。

贵族在王朝中属第二等级，但实为社会的统治阶级。"贵族"一词在18世纪末掩盖了其内部各集团间的争斗所造成的离析。所有贵族都享有荣誉、经济和财政方面的特权：佩剑、教堂专座、被处死时受斩刑而非绞刑，尤其是不承担人口税、养路徭役、留宿军队等义务。他们还享有狩猎权，并独揽军队、教会、司法及行政部门的高官要爵。此外，那些拥有领地的贵族（有的贵族不拥有领地，也有的平民能拥有贵族领地；贵族与封建制之间的关联已消失了）可以从农民身上征收封建捐税。贵族的地产规模因地区而异，在诺尔（22％）、庇卡底、阿尔图瓦（32％）、西部地区（莫日为60％）和勃艮第（35％）等地其比重极大，在中部、南部（蒙彼利埃教区为15％）和东南部则稍次。从整体看，贵族掌握着王国近1/5的土地。

贵族只是在享有特权方面是一致的，其内部可分为不同类型，它们的利益往往是对立的。

宫廷贵族包括4 000名左右出没于王宫的贵族。他们在凡尔赛生活，簇拥在国王周围。宫廷贵族大搞排场，他们靠从国王的挥霍中得到薪俸、军饷和王室官职收益维持自己。此外，被国王任命教职的俗间教士或世俗人员可以拥有产业益用权，即从收入中无偿提取1/3。宫廷贵族还从他们的大片领地上抽取大量财富收入。尽管如此，上层贵族仍不能完全摆脱棘手的财政处境。他们的收入主要用于维持其身份和地位。他们身边众多的家仆、华丽的服饰、赌博、招待宾客、举办庆典、组织演出以及狩猎等活动都要花费更多的金钱。上层贵族开始负债累累，与平民中富有的女继承人联姻也不能使他们摆脱困境。上流社会的生活使贵族中一部分人逐步与受哲学思想影响的金融界上层人物接近，正如在德比内夫人的沙龙里那样。这部分上层贵族改变了习俗并信奉自由思想，从而开始脱离原等级。这种现象恰恰发生在社会等级差别最为严格的时期。这些自由派贵族在保持其社会特权的同时转向上层资产阶级，并与它分享某些经济利益。

乡居贵族的命运要逊色得多。小贵族地主与他们的农民一起生活，时常过着与农民几乎是同样艰难的日子。贵族不准从事体力性职业，甚至耕种自己的土地超过一定数量也会丧失贵族身份。因此，他们的主要生活来源只能是向农民收取封建租税。这些租税的数额早在几个世纪之前就已确定下来，因此当以货币形式收取时其收益简直微不足道。因为货币的购买力一直持续下降，而生活费用却不断在提高。这些收益甚微、面积狭小的领地上的主人固然处境不佳，但是，由于一些省份在遗产处置上盛行优待长子的不平均分配，这些贵族家庭中的幼子便更成为牺牲品。尽管如此，还是有许多乡居贵族靠经营地产和把实物或货币租税转化为流动财富抵御住了18世纪的物价上涨，有的甚至还利用提高地租，出售租地多余农产品，增加市场税和另一些随通货膨胀而增值的领主税等办法发家致富。小贵族地主无论穷富，都时常受到大领主的歧视。反之，他们也憎恨那些以各种渠道从王室财库中获取收入的宫廷贵族和靠生产活动聚积起财富的城市资产阶级。

穿袍贵族是随着王朝行政、司法机关的发展而形成的。这种担任公职的贵族是16世纪从上层资产阶级中开始产生的。17世纪时，它仍然处于资产阶级和佩剑贵族的中介位置。到18世纪，穿袍贵族趋于与佩剑贵族合为一体。处于穿袍贵族之首的是高等法院的名门望族。它们力图控制国王的政府，参加国家的行政管理。它们花钱购买的职位是终身性的，可以传给后代。高等法院的法官们代表了一种强大势力，常与王权发生冲突。他们对其等级特权非常注重，敌视可能触及到它的任何改革。因此这些人受到了哲学家们的猛烈抨击。

封建贵族在18世纪末显示出没落的倾向。不断增多的交际生活、奢侈品及偶尔的文化活动，这些都使贵族对金钱的需求相应扩大。尽管收入有所增长，但仍常常入不敷出。因此，越是临近破产，贵族便越是强烈地要求恢复其传统的封建权利。在旧制度的最后几年，"贵族的反动"十分猖獗。在政治上，贵族阶级要垄断国家、教会和军队的所有要职。国王在1781年的一项敕令中规定：能证实自己为3代贵族出身者方可成为军官。在经济上，贵族阶级加强了领主制。通过执行一系列关于"财产分类"的敕令，领主把原乡村公社财产的1/3据为己有。他们还通过修编土地税簿和列有其各项权利的登记册，把古老过时的权利又恢复起来，要求不折不扣地享有之。另外，贵族也开始对资产阶级的企业发生兴趣，并把它的资金投放到新型工业，尤其是冶金企业中。一部分贵族开始在他们的土地上使用新型农业技术。在这场对金钱的追逐中，上层贵族中的一部分与资产阶级接近，并在某种程度上与之有共同的政治愿望。但是，为数众多的乡居贵族和宫廷贵族只想以不断加强和明确其特权来获得拯救。他们敌视新思想，要求召开三级会议只是为了重新获得政治优势和使特权得到确认。

实际上，贵族并不是一个统一的、真正意识到其整体利益的社会阶级。王朝不仅遭到高等法院贵族的反对和自由派大领主的批评，也受到乡居小贵族地主的抨击。后者被排斥于政治或行政职务之外，他们幻想恢复那个连自己也描绘不清楚的旧王朝制度。持完全反动立场的乡居贵族与专制主义截然对立。受启蒙思想熏陶的宫廷贵族从制度的弊端中得到好处，同时又要求改革这种制度。他们看不到废除弊端将会给自己以致命打击。旧制度的统治阶级不再团结一致地捍卫这个维护其主导地位的制度了。在它的对面是整个第三等级：被封建制度激怒的农民和被财政与荣誉特权惹恼的资产阶级。对贵族特权的共同仇恨使第三等级团结一致。

2. 分裂的僧侣等级

僧侣等级有 12 万人左右，它自命为"王国的第一实体"。作为国家的第一等级，它拥有重要的政治、司法和财政特权，其经济实力建立在什一税和它的地产之上。

僧侣的地产在城市和乡村中均有。它在城市中拥有大量房产，收缴的房租金额在一个世纪中增加了 1 倍。修会僧侣在城镇的财产似多于乡村。在雷恩、鲁昂这些城市，修道院拥有许多房和地产。教会在乡村的财产数量更大，从全国范围很难估计。伏尔泰估计僧侣的土地收入为 9 000 万锂。内克的估计是 1.3 亿锂。这个数目无疑与实际情况更接近。然而可以肯定，当时人们倾向于过高地估计僧侣的地产收入。教会的地产往往分割成小块，由分散的农庄组成。由于管理不善和鞭长莫及，收成往往不佳。如果通过对局部地区的研究更准确地估算教会的地产，我们会看到地产的数量因地区而异，趋势是越往西南越少（西部的莫日为 5%，南部的蒙彼利埃教区为 6%）。教会地产的比重最高可达 20%（诺尔、阿尔图瓦、布里），最低则不足 1%，平均为 10% 左右。鉴于这一等级人数极少，这一比重则相当可观。

779 年和 794 年的敕令强迫地产主把一部分农产品或牲畜交给收税人，这就是所谓什一税。这是一种普遍的税收，无论是贵族的产业、教士个人的地产还是平民的土地均在征收之列。什一税的数额还因地区和收成状况而变化。"大什一税"的征收针对 4 种主要谷物(小麦、黑麦、大麦和燕麦)；"小什一税"针对其他作物。什一税的税率一般低于 1/10，全国范围谷物的平均税率在 1/13 左右。僧侣从什一税中获得的总收入很难估计，我们大体可以认为在 1 亿到 1.2 亿锂之间。另外，它还可获得大约同等数额的土地收入。

僧侣通过征收什一税和拥有地产掌握了很大一部分收成，并将其转手倒卖。这使它从物价和地租上涨中得到好处。什一税的价值在 18 世纪里几乎增加了 1 倍多。什一税常常不是按最初的规定只归于僧侣，一些世俗者也以"采邑什一税"之名征收此税。这使什一税成为农民更加难以忍受的负担。

唯有僧侣构成一个真正的等级，它拥有自己的一套行政机构(僧侣总代理人和教区公会)和自己的法庭(宗教裁判所)。每 5 年召开 1 次僧侣大会，负责研究宗教事务和有关本等级利益的问题。大会还要通过一项自愿捐赠决议以减轻国家负担。这种"无偿馈赠"和"教士所得税"合在一起，成为僧侣缴纳的全部税款，大约每年 350 万锂。这个数字与这个等级的收入相比简直是微不足道的。事实上，僧侣还担负着户籍管理(洗礼、婚礼和葬礼的登记)、社会救济和教育事业。世俗社会对教会权力的依赖性仍然很强。

修会僧侣(包括 2 万至 2.5 万名男修士和 4 万名左右修女)在 17 世纪曾兴盛一时，但到 18 世纪末却出现道德严重败坏和混乱不堪的局面。1766 年建立的"修会僧侣特别法庭"曾试图改革，但收效甚微。1789 年时，在 625 个享有产业用益权的男修道院中，有 115 个属于恪守教规的修道院。女修道院有 253 个享有这种名誉。实际上，这些几乎都是由国王所命名的。修会僧侣威信扫地的原因之一是：修会僧侣掌握大量地产，其收益落入人员稀少的修道院甚至被长离职守却享有用益权的修道院院长攫取。高级教士本身也对修会僧侣予以严厉批评。图尔大主教 1778 年讲道："方济会派(属圣弗朗索瓦·达西兹门派)在外省变得卑鄙堕落，主教对教士们荒淫无耻和混乱不堪的作为深感不满。"

　　教规的松弛有禁无止。不少修道士接受了新思想，阅读哲学家的著作。他们中间后来出现了一部分立宪派僧侣，甚至一些革命人员。妇女教会团体的堕落不太明显，尤其是那些从事教育和救济的团体。它们中有些恰恰是最贫困的，但也有享有巨额收入的古老修道院。许多修道院的职位是由国王任命的。国王常不把修道院的收入留给修道士，而将其以用益权名义赐给俗间教士，甚至非宗教人员。这些人虽然不任神职，却抽取收入的 1/3。

　　俗间僧侣也面临一场真正的危机。宗教的感召不再如以前那样以信仰为唯一基础，它早已被哲学宣传所动摇了。

　　实际上，如果说僧侣作为一个等级在精神方面是个整体，它却并不是一个统一的社会整体。在它中间也和在旧制度社会中一样，存在着贵族与平民、上层僧侣与下层僧侣以及贵族阶级与资产阶级的对立。

　　主教、修道院长、议事司铎等上层僧侣的产生越来越仅限于贵族。他们力图保护其特权利益。下层僧侣往往被排斥在外。1789 年时的 139 个主教中没有一个是非贵族出身的。整个等级收入的一大部分都归高级教士所有。教会头面人物的奢侈豪华可以和最大的世俗领主媲美。他们大都居于宫廷，几乎不过问主管教区的事务。由王侯担任的斯特拉斯堡主教所得收入竟可达 40 万锂。

　　下层僧侣(5 万正、副本堂神甫)的物质状况不尽相同。总的说来，他们与上层僧侣之间自 15 世纪起产生的社会差距在 18 世纪时日趋明显。这是因为高级教士和修道院长们攫取了什一税和教会土地的大部分，他们在 18 世纪的经济情势中格外受益。而从 17 世纪末起，正、副本堂神甫只能从平民百姓中产生了。征税人把教区的什一税全部收走，而一些神甫只能得到少量薪俸(自 1786 年后，正神甫为 750 锂，副神甫为 300 锂)。然而，所有正神甫都把做礼拜的收入(教徒的酬金)和教堂宅地的租金纳入私囊。他们往往还有一笔私产，用以购置入修会所必需的神职证书或充抵进神学院学习的花费。大多数正神甫的生活比较富裕，而副神甫却没有固定收入，常常处于困境之中。由于这两种人都在人民中间行使神职，他们常与之有同样的物质方面的烦恼，并与之心息相通。多菲内下层僧侣的例子最能说明问题。这个省比其他地方都更早发生了"神甫暴动"，它使得僧侣等级在三级会议召开不久便陷于分裂。这种请愿精神形成的原因之一是数量众多的"纳薪俸者"被排斥在上层僧侣之外，再就是他们得到了高等法官们的支持。正、副本堂神甫在物质生活的困境中挣扎，这促使他们提出了世俗方面的要求，不久这种要求便转向神学领域了。从 1776 年起，亨利·雷蒙这位后来成为立宪派的格勒诺布尔主教便开始出版他的一本书。该书受到里歇①主义的启发，并根据教会最初的历史、宗教评议会的传统和圣父的理论来确立神甫们的权利。1789 年，多菲内神甫们的陈情书尽管保持了对主教们的谦卑语气，但还是把上述思想发展到了极端，把下层僧侣的命运与第三等级联系在一起。

尽管下层僧侣持这种态度，我们并不能因此而忘记，在旧制度的社会中教会是把自己的命运与贵族阶级的命运联系在一起的。随着自身处境的恶化，贵族阶级在 18 世纪中更加自我封闭起来。为了反对资产阶级，它使自己形成若干个等级集团：佩剑贵族、穿袍贵族和上层教会。这些集团垄断了一切军事、司法和教会官职，平民百姓被排除在外。此时的贵族阶级已完全成为寄生虫，它早已不再如最初那样以其对国家和教会的服务获得荣誉和特权，享有合法补偿。贵族阶级以它的无用、奢求和拒不考虑整体利益自绝于民族了。

Ⅱ. 第三等级的崛起及其困难

从 15 世纪末起，前两个等级之外的社会阶层便被称为"第三等级"了。第三等级代表了民族的大多数：旧制度末期为 2 600 万人。僧侣和贵族等级的形成比它早得多。但是由于第三等级的成员在民族与国家中所发挥的作用，它的社会重要性增长迅速。在 17 世纪初卢瓦佐就看到：第三等级"目前已拥有比以往大得多的权力和威望。因为自从贵

---

① 10 世纪法国编年史作家，修道士。著有 882—995 年间的《历史》。——译者

族变得不学无术和游手好闲后，司法和财政官吏几乎都由它担任了。"

西埃耶斯在他那本著名的小册子《什么是第三等级?》(1789 年)中，明确指出了第三等级在旧制度末期的重要性。他对这个问题的回答是："一切。"在第一章里，他提出第三等级是"一个完整的民族"：

"谁敢说第三等级本身还不具备组成完整民族所需的一切? 它是一个强健有力的人，但却被人捆住了手脚。假如废除特权等级，全民族不会因此有所损害，相反会得到加强。那么什么是第三等级呢? 是一切。不过它还处在被束缚和被压迫的状态。废除了特权等级它将会怎样? 是一切，而且是自由和繁荣的一切。没有第三等级将一事无成，没有其他等级，一切将会无限美好。"

西埃耶斯最后写道：

"第三等级包含了一切属于民族的东西；任何第三等级之外的东西都不能被视为民族的一部分。"

第三等级中包括了乡村和城市各人民阶层。此外，还有以手工业者和商人为主的中、小资产阶级。在这些不同社会级别之间不可能划出明显的界线。自由职业者，如非贵族的法官、律师、公证人、教师、医生等也属于这个中等阶层。上层资产阶级包括金融界和大规模贸易方面的代表人物，其中最主要的是船主、金融家、包税人和银行家。他们在财富方面超过了贵族，但他们梦寐以求的是谋取官职和贵族称号，以便跻身于贵族行列。尽管存在社会差别，第三等级的一致之处在于反对特权等级和要求公民平等。这个要求一旦达到，第三等级中不同社会级别之间的团结一致便会消失，大革命中的阶级斗争便由此发展起来。第三等级由一切平民组成，它是一个等级但不是一个阶级。第三等级是个实体，只有把它的各个社会成分分解开来我们才能对它有准确的认识。

1. 资产阶级的实力和多样化

资产阶级是第三等级中占优势的阶级：它领导了大革命并从中得

到好处。它凭借财富和文化占据了社会头等位置，然而这种地位与特权等级的正式地位相抵触。根据社会地位和在经济生活中的作用，可以把资产阶级划分为不同类型：严格意义上的"资产阶级"是以本金利润或地产收入为生的食利者；以法律界人士、官吏等组成的自由职业型资产阶级是一个多样化与复杂的资产阶级类型；手工业者和店主是与传统的生产和交换体系紧密联系的中、小资产阶级；工商业大资产阶级直接以利润为生，该类型十分活跃，是整个资产阶级的推动力量。在整个第三等级中，资产阶级自然只占少数，即便把全部手工业者计入资产阶级也是如此。18世纪末的法国主要是一个农业国，在工业生产方面也只是个手工业国家。信贷事业极不普遍，流通货币十分有限。这些特点对于资产阶级的社会构成产生了影响。

食利的资产阶级从工商业资产阶级中派生出来，靠本金利润为生，在经济上是股消极的力量。在整个18世纪中，资产阶级大发其财，食利者的数量与日俱增。例如，格勒诺布尔的食利者（及其遗孀）在1773年占资产阶级总数的21.9%，法律界人士占13.8%，商人占17.6%。到1789年，商人的比例降为11%，食利者的比例上升为28%。在图卢兹的食利者占资产阶级总数的10%左右。在阿尔比，其比例降为2%—3%。估计食利型资产阶级在整个阶级中共占10%左右。但是，食利者的资质是千差万别的。一位历史学家指出，在勒阿弗尔，"食利者本小利微，是受人鄙视的资产阶级"。在雷恩，社会最上层和最低层都有食利者。食利意味着某种生活方式（资产阶级的生活方式），其中包括多种水平，这与财富的极端多样性是一致的。同时，利息的来源各不相同，它可以来自商业企业的股份或市政府（债务机构）的公债，也可以来自城镇房租或者农村地租。资产阶级（这里指整个资产阶级而不只是食利的资产阶级）的地产在各地区所占的比重为12%至45%不等：诺尔为16%，阿尔图瓦为9%，勃艮第为20%，莫日为15%以上，蒙彼利埃教区为20%。资产阶级的地产在城市周围比较集中，因为许多在商业中发财的资产阶级总把购置住所附近的地产看成最佳投资。

资产阶级中的自由职业者是个极为多样化的组合，第三等级的主要代言人都从他们中产生。同样，他们的升迁也往往是一种商业活动，其最初的资本也从利润中获得。那些不授予贵族的官职便在他们中间分配：司法或财政官职既有威望又属国家公职，这些官职被官员买下以后就成了私产。严格意义上的自由职业应首推人员众多的司法职业，其中包括旧制度时各种各样裁判管辖区内的检察官、执达员、公证人、律师等。其他自由职业并不都这样体面、荣耀。医生人数较少，除了少数名医（如特龙香、吉约坦）外，其他人并不太受人敬重。在小城镇里，人们比较熟悉药剂师或外科医生，而后者在不久前还是由剃须匠兼任的。教师的地位更不被人重视。当然，若干在法兰西学院法兰西学院或法学院、医学院任教的著名教授不在其列。他们人数不多，因为教育被教会垄断在手里。多数世俗的教育者是小学教师或家庭教师。最后还有文人和"传播新闻者"（记者）。这些人在巴黎比较多（如布里索）。格勒诺布尔是一所高等法院的所在地，因而是个法学家、律师、检察官云集的地方。他们在资产阶级中占 13.8％。图卢兹也是高等法院和省行政机关所在地。在那里，由非贵族担任的司法、财政官吏和其他自由职业者占资产阶级的 10％—20％。在波城的 9 000 居民中有200 人从事司法和自由职业。从全国范围看，自由职业者大约占整个资产阶级总数的 10％—20％。同样，这部分人的生活条件不尽相同，其酬金或薪水差别很大。一些人与贵族阶级相差无几，另一些人则处于中等水平。这部分资产阶级的生活方式大体十分简单，文化知识水平较高，并忠实信仰哲学思想。他们，尤其是法律界人士在 1789 年发挥了首要作用，涌现出一大批革命人物。

由手工业者和店主组成的小资产阶级和地位比它高的工商业资产阶级都靠利润为生。这个层次的资产阶级掌握生产资料，其人数大约占资产阶级的 2/3。在这个层次中，社会地位的高低以劳动和资本的作用为标准：劳动的作用越少，资本的作用越大则社会地位越高。对手工业者和店主来说，社会地位越低，资本的比重就越小，收入来源中个人劳动的作用则越大。这样，他们的下层已和严格意义上的人民阶层很难区分了。这个社会阶层与传统的经济形式、小商业和手工业紧密相连。资本不集中，劳动力分散在小作坊是这种经济的特征。手工业生产的技术落后，工具陈旧，但仍在工业生产中占很重要的位置。生产和交换领域的技术改造引起了传统经济形式的危机。与行会制度相对立的是经济自由主义和自由竞争的观念。18世纪末，大多数手工业者都怨声载道。由于越来越受到从事制成品远销和原料供应批发交易的控制，一部分手工业者的条件日益恶化，逐渐沦为雇佣劳动者。另一些人则害怕出现竞争者导致自己破产。手工业者一般都敌视资本主义的生产组织。他们不像工商业资产阶级那样赞成经济自由，而是统制经济的拥护者。为了判断他们的精神状态，我们还应对其收入变化的情况加以考虑：收入因劳动和资本所占的比重而异。对以经商为主、手工业为辅的人来说，收入的增加与物价上涨是一致的。18世纪，不少小酒店主的子弟成了法院书记人员（检察官的办事员、记录秘书等），从而上升为自由职业者。以手工业为主、经商为辅的人只为主顾而生产。他们也从物价上涨中得到好处，他们的产品增加了。至于那些主要依靠工资（标准工价）为生的附属手工业中的劳动者，物价与工资之间日渐扩大的差距使他们深受其害。尽管名义工资上升了，购买力却下降了。这些附属手工业者的收入普遍有所下降。这种现象在旧制度末期的城市人民阶层中是共同的。手工业各团体在危机的作用下被发动起来，它们为城市无套裤汉组织提供了骨干。但是，不同的利益使之不能提出一项协调的社会纲领。大革命历史中的，尤其是共和二年间的某些曲折便是由此产生的。

工商业大资产阶级直接以利润为生，在资产阶级中是一支积极活跃的力量。从广义上讲，这是个"企业家"阶级，用亚当·斯密的话说便是"企业主"阶级。根据他们的不同活动，可以把他们分为不同种类，而这些种类之间的差异还受到地理因素和历史传统的影响。

金融资产阶级的地位最为重要，其中包括每6年承包1次间接税征收权的包税人、银行家、军火商和财政官吏。他们组成了一帮名副其实的资产阶级贵族，并时常通过参与公事或联姻关系和世袭贵族建立密切往来。不少人在任职之前就已经获得了贵族封号。这些人的社会作用广泛，经常资助文学艺术事业，保护哲学家。他们通过征收间接税，向国家贷款以及组织合股公司等方式积累了巨额财富。苛刻的税收使他们不得人心，因而其中不少人在 1793 年被送上了断头台。

商业资产阶级在海港地区颇为得势。波尔多、南特、拉罗舍尔等地就是在对海外岛屿，尤其是安的列斯群岛和圣多明各的贸易中繁荣起来的。从海外输入的有糖、咖啡、染料和棉花。"乌木材"的贩运向这些地方提供了黑奴，并成为巨额收入的来源。1768 年波尔多的贸易能力据说相当于法国向美洲诸岛贩入黑奴年总量的 1/4。这个港口在 1771 年进口了价值 1.12 亿锂的咖啡、2 100 万锂的染料、1 900 万锂的白糖和 900 万锂的粗糖。马赛专门从事对地中海东岸地区的贸易。法国在这个地区的地位最突出。1716—1789 年，贸易规模扩大了 4 倍。于是，在港口和商业城市里聚积了大量财富，各种经济活动应运而生，如大宗商品交易、海运事业，银行业等。在这些地方产生了主张资产阶级优势地位的政党领袖，开始是君主立宪派，后来便是吉伦特派。资产阶级用积累的财富或购置土地（因为在封建社会中土地是社会地位的标志），或向新兴工业投资。贸易高潮成为工业发展的先导。

制造业的资产阶级刚刚从商业中分离出来。在很长时间里，工业（当时人称制造业或加工业）只不过是城市商业的附属。18 世纪十分发达的农村工业便具有这种形式：几千个农民为城里的批发商工作。资本主义大生产仅在那些设备昂贵的新型工业中开始出现。工业的集中化始见雏形。在冶金工业部门中，一些大企业已在洛林、克勒佐（1787年）等地形成。"克勒佐"联合股份公司拥有完善的机器设备："火焰机"、铁路马车、4 座高炉、2 个锻造车间。它的炮筒车间在全欧洲同类企业中是最大的。钢铁大王迪特里希是法国当时最大工业集团的首脑。他在涅代布隆的工厂共有 800 多工人。在罗托、雅热塔尔和雷斯肖方都有他的企业。特权等级还掌握着冶金工业的很大一部分。绅士并不因成了冶金厂主而丧失贵族身份，例如在夏尔维尔、翁布尔和阿扬日的旺代尔家族。煤炭工业也在更新。联合股份公司的组成使开采更为合理，也使大量工人集中到一起。1757 年建立的安赞煤矿公司雇佣了 4 000 名工人。在旧制度末期，资本主义大工业的一些特征已经有所显露。

根据皮埃尔·莱昂在《十八世纪的工业》中的研究，1730—1830 年间的工业增长速度因地区和生产部门而异。

增长速度缓慢的是基础工业和传统纺织业：毛织品、亚麻或大麻布。在 18 世纪中，这些部门的生产在全国范围的增长较少：61％。地区之间也存在着差别，从 1703 年到 1789 年，朗格多克的生产增加了143％，蒙托邦和波尔多两个财政区在同期内增加了 109％。从 1692年到 1789 年，香槟地区的生产增长为 127％，贝里地区为 81％，奥尔良地区为 45％，而诺曼底在同期内的增长只有 12％。奥弗涅、普瓦图则是生产停滞的地区。某些省份甚至出现增长负值，如利穆赞（－18％）、普罗旺斯（－36％）。

增长速度迅速的是"新型"工业部门，如煤炭工业、冶金工业、新型纺织业。技术不断进步和大量投资使这些部门充满活力。在煤炭工业方面，皮埃尔·莱昂在考虑到统计数字的近似性后，估计生产增长为 700％至 800％。根据掌握的连续级数计算，安赞的生产 1744—1789 年增长了 681％。冶金工业在大革命前的增长并不显著，后来开始加快，1815 年后又趋缓慢。例如生铁产量 1738—1789 年增长 72％；而 1738—1811 年则增长了 1100％。对新型工业中的棉纺和印染产品尚缺乏总统计数字。但是鲁昂地区的棉织品在 1732—1766 年间增加了107％，牟罗兹的印花棉布销售额在 1758—1786 年间增长了 738％。古老的丝织业在普遍繁荣中得益匪浅，表现出新型工业的发展势头。在里昂，1720—1788 年的织机数量增加了 185％，在多菲内，1730—1767 年的拈丝产量增加了 400％（重量）。

尽管法国工业的扩张力量非常显著，但工业增长对国家经济总增长的影响力却显得相对弱小。农业对工业发展的影响则主要表现为地租上涨和农业收入增加后大量资金转向工业企业。工业的增长对贸易结构必然产生影响。1716—1787 年，制成品的出口增长了 221％（法国出口总额增长了 298％）。不把殖民地贸易计算在内，在此期间工业原料在进口产品中所占的比例从 12％增至 42％。

这种经济活动现象使资产阶级的成员意识到他们的阶级存在，并使他们懂得资产阶级与贵族阶级不可避免地处于敌对地位。西埃耶斯在他的小册子里以第三等级从事的专门劳动和担任的公职对它作出了定义：第三等级是整个民族，贵族不能成为民族的一部分，它处于社会组织之外。因为，它脱离总的运动，处于僵化静止状态。"它坐享其成，不劳而获，吞噬着劳动果实最精华的部分……这个阶级以其毫无作为而自绝于整个民族。"

巴纳夫表现得更为敏锐。的确，他是在多菲内的工业活动环境中长大的。如果手工工场视察员罗兰在 1785 年所做的描写是可信的，这种工业活动使当时的多菲内以企业多种多样、工场密集林立、产品数量丰富位居王国各省之首。巴纳夫在制宪议会解散之后写了《法国大革命引论》。在提出了所有制作用于社会制度的原则后，他接着指出，土地贵族阶级创立的制度抗拒和延误着工业纪元的来临：

"当工艺和贸易得以深入到人民之中，并且为劳动阶级创造出新的致富手段时，一场政治法律范围的革命便开始酝酿了，新的财富分配导致新的权力分配。如同占有土地使贵族阶级提高了地位一样，工业财产正在使人民的权力增加。"

对巴纳夫笔下的"人民"，我们应该理解为"资产阶级"，它把自己与民族同化了。工业财产，或者整个流动财产的拥有者阶级获得了政治领导地位。巴纳夫明确指出了土地财产权与流动财产权之间的对立以及在此基础上产生的阶级对抗。工商业资产阶级对于社会演变和它所代表的经济实力有敏锐意识。它怀着对自身利益的坚定信念把大革命引向结束。

2. 城市人民阶层：每天的面包

城市各人民阶层承受着旧制度的重压，它们由于仇恨贵族阶级和旧制度而与革命的资产阶级结合紧密。然而它们内部分为不同类型，在大革命中的表现也不尽相同。如果说所有人民阶层都始终如一地反对贵族阶级，那么它们对革命运动中先后掌权的各资产阶级派别的态度却存在差别。

以双手劳动，从事生产的群众被贵族阶级和资产阶级这些有产者称作"人民"。这个字眼多少有些轻蔑的意思。实际上，从中等资产阶级到当时的无产阶级之间有很大差异，甚至存在对抗。人们常以国民公会议员勒巴妻子的说法为例，她是"细木工匠"（应理解为"细木器工场主"）迪普莱的女儿，同时也是罗伯斯庇尔的房东。据她说，她的父亲很注重其资产阶级的尊严，从来不许他的"仆人"，即他的工人和他同桌就餐。我们从中可以看出雅各宾派和无套裤汉之间的距离，以及中、小资产阶级同严格意义上的人民阶层之间的距离。

这些不同阶层之间的界限如何划分？这是个很难回答，甚至根本不可能回答的问题。在贵族阶级占主导地位的社会中，"第三等级"这个笼统用语所包括的各个社会范畴之间还没有明确分野。资本主义的演变将使它们之间的对立更加具体化。当时，处于主导地位的手工业生产和店铺式交换制度是与人民和资产阶级之间无明显分界的现象互相适应的。

"附属手工业者"处于人民阶层与小资产阶级之间，例如"里昂丝织工"那样的手工业者，他们由商人资本家发给加工报酬，提供原料并出售制成品。这种手工业者在家里劳动，不受商人监督，工具通常属于自己。有时他们还雇佣若干帮工，俨然是个小老板。然而实际上，他们在经济上只不过是受商业资本主义支配的雇佣劳动力。这种社会结构以及手工业者对商人所定"工价"的附属性曾导致18世纪的里昂多次发生骚乱，尤其是1744年丝织工人的暴动，它使总督不得不遣兵入城。

另外，我们还应该把行会工人（手工业生产）与人数少得多的手工工场工人和新兴大工业工人区别开来。

行会中的帮工和学徒在经济上和思想上紧密附属于师傅。在手工业中，家庭作坊构成独立的生产单位，在此基础上产生了某种社会关系。不仅学徒，就连帮工（通常为一两名）也生活在师傅家里，"与他同吃、同住"。这几乎是一种不成文的规定。大革命前夕，这种习惯在不少行业中仍然盛行。随着这种习惯趋于消失，师傅与帮工的分离开始出现，传统劳动关系也逐渐解体。这种现象由于帮工数量不断增长而加剧。

手工工场工人比较容易爬上工人的各种级别，对他们没有任何正规的学徒要求。但是，他们被置于比作坊规章更为严格的纪律之下，很难脱离雇主。为此，他们必须得到"解雇书"。1781 年，对所有雇佣劳动者都实行了必须持有"劳动手册"的规定。这部分城市雇佣劳动者是 19 世纪无产阶级的前身。然而我们对它的数量不宜过分夸大。

为主顾出力的雇佣劳动者可能是城市各人民阶层中人数最多的一部分。他们有短工、园林工、搬运夫、运水或运柴工和代人跑腿做零活的"散工"。此外，还有在贵族或资产阶级家庭中的仆役（仆人、厨师、马车夫）。在巴黎的某些区，如圣日耳曼郊区，他们的人数相当众多。每逢收成不佳，还有些农民进城招揽活计。在巴黎，从秋季到春季，许多从利穆赞来的人在建筑行业做工。此外还有灾荒年月聚集到城市中的流浪者。他们是由于物价上涨而失业的农村手工业者和短工，来到城里寻求工作或救济。这些人是参加暴动的潜在力量。

18 世纪，城市各人民阶层的生活条件开始恶化。在物价上涨的同时，城市人口增加，这使工资与生活费用的关系失去平衡。在 18 世纪后半期出现了雇佣劳动者贫困化的趋向。在手工业方面，帮工的生活条件和师傅没有根本区别，只是偏低些而已。工作日一般是从清晨到夜晚。在凡尔赛的许多作坊，劳动时间在气候宜人的季节是从早上 4 点到晚上 8 点。巴黎的大多数行业每天工作 16 个小时，装订工和印刷工的工作日不超过 14 小时，因而被人看成幸运者。当然，那时的工作不像现在这样紧张，其节奏比较慢，宗教节假日也较为繁多。

人民生活条件的根本问题是工资和购买力问题。物价不均衡上涨对人民各阶层的影响程度取决于它们开支的构成。粮食价格比其他物品上涨都多。由于人口增长在下层社会尤其显著和人民群众的食品构成中面包比重极大，所以人民所受的打击也最大。为确定人民生活费用的指数，有必要把不同开支的比重先大致确定下来。拉布鲁斯认为：在 18 世纪，面包开支占人民收入的一半（这是最低限度），蔬菜、油脂和葡萄酒占 16%，服装占 15%，取暖占 5%，照明占 1%。拉布鲁斯以上述各类商品长期价格指数为基础所得出的结论是：与 1726—1741 年这个基数时期相比，1771—1789 年生活费用增长了 45%；1785—1789 年则增长了 62%。另外，季节的变化加剧了灾难性的后果。1789

年前夕，在物价普遍上涨之后，人民的开支中面包已占 58%，在 1789 年，面包的开支比重又上升到 88%，用于其他的开支只剩下 12%。物价上涨对富裕的社会阶层显得宽容；对穷人来说却是难以忍受的。

由于行业和城市的不同，工资也自然不同。城市的技术工可以挣得 40 个苏[①]。但是一般工人，尤其是在纺织业，工资不超过 20—25 个苏。在路易十四统治末期，沃邦所估计的平均工资为 15 个苏。在 18 世纪中期以前，工资一直保持稳定。1777 年的一份调查表明，当时的平均工资额为 17 个苏。可以认为，1789 年时的平均工资额为 20 个苏左右。一磅面包的价格在好年景时是 2 个苏。因此，旧制度末期一般工人的购买力应相当于 10 磅面包。问题在于：人民生活用品价格上涨所造成的后果究竟是随着工资额的运动有所缓和呢，还是更加严重了。拉布鲁斯对此做出了统计系列，他以 1726—1741 年为基数，表明 1771—1789 年的工资额增长了 17%，但是，在近一半的地区（根据局部的统计系列），工资额增长不到 11%。若以 1785—1789 年与基数相比，增长率为 22%，在 3 个财政区则超过了 26%。工资的增长因职业不同而异：建筑业为 18%（1771—1789 年）和 24%（1785—1789 年），农业短工分别为 12% 和 16%，纺织业处于中间水平。从长时段看，工资增长与物价上涨（48% 和 65%）相比要少得多。工资随物价上升，但不能与之持平。工资额周期性和季节性的变化更加大了工资与物价的差距，甚至引起反向发展。的确，在 18 世纪，商品昂贵引起了失业，收成减少压缩了农民的需求，农业危机引起了工业危机。面包价格上涨使人民群众开支中面包的比重更为加大，其他开支的比重相应缩小。

把"名义工资"的上升与生活费用的上涨进行比较，人们就可以看到"实际工资"并没有提高反而下降了。拉布鲁斯估计，1785—1789 年与 1726—1741 年相比，下降至少有 1/4，如考虑到物价上涨的周期性和季节性因素，下降可达一半以上。这个时期的生活条件决定了收入减少主要是在食品上产生影响。18 世纪的物价上涨时期增加了人民阶层的困苦。经济波动产生了重要的社会和经济后果：饥饿把无套裤汉

---

① 法国辅币名，相当于 1 锂的 1/20。——译者

动员了起来。

当时的观察家和理论家对人民生活条件的恶化有所察觉。杜尔哥第一个提出工资"铁的规律"(他著的《关于财富的形成与分配的思考》出版于 1766 年)：按照事物的常理，工人的工资不能超过维持其生存和再生产的最低限度。

上面列举的数字是全国的平均水平。一些地方研究的新成果可以启发我们在一些方面看到更细微的差别。在当时已开始成为工业大城市的里昂(1785 年时居民达 15 万人)，黑麦价格的上涨在 18 世纪里超过了建筑工人同期工资的上升。妇女劳动的增加略微改善了工人的收入状况，但是，他们的生活始终很艰难。随着 1760 年以后出现的经济不稳定，丝织者的工作越来越无保障。在中等城市冈城(1789 年的人口为 3.2 万)，人数最多的非技术行业的工资额在 18 世纪中期曾超过小麦价格的增长，在 1767—1780 年间却明显地落后了，在 1780—1789 年间，工资的增长与食品价格的上涨又趋持平。实际上，就业问题和长期低水平的工资相比显得同样重要，甚至更为重要。由此可以看到 1789 年、1792—1793 年和 1795 年的高昂物价所具有的重要意义；饥饿把无套裤汉动员了起来。

尽管人民群众与资产阶级之间存在着社会冲突，然而他们都为反对贵族阶级而动员起来。手工业者、店主、帮工，他们对旧制度心怀不满，对贵族充满仇恨。许多城市劳动者出身于农民，与农村保持着千丝万缕的联系。这使这种根本的对立更加尖锐。他们痛恨贵族享有特权，占有地产和征收捐税。对于国家，人民各阶层主要要求减轻税收负担，尤其是废除各种间接税和入市税。市政府利用这些税收抽走了他们收入的大部分，而这些都有利于富人。对于行会，手工业主与帮工的观点相去甚远，但在政治上，他们都隐约地倾向于民主。

但是，人民的主要要求仍然是面包。在 1788—1789 年间，使人民群众在政治上最敏感的莫过于导致其处境日益艰难的严重经济危机。在多数城市中，1789 年发生的骚动都是由贫困所引起的，这些骚动的第一个效果是使面包价格下降了。在旧制度下的法国，危机主要表现在农业方面，它往往由于连年收成不佳或明显歉收所造成。粮食价格因此猛涨，许多农民小生产者或非生产性农民不得不购进谷物，其购买力因此而下降。这样，农业危机也波及到工业生产中。1788年的农业危机是整个世纪中最严重的一次。冬天，粮荒出现，失业造成乞丐大增，这些饥饿的失业者构成革命群众的一部分。

然而，某些社会阶层却从谷物价格上涨中获得了好处，如收实物地租的地主、什一税征收者、领主、商人。这些人恰恰都属于贵族阶级、僧侣或资产阶级，即属于主导阶级。社会对立和人民同政府当局的矛盾更为加剧，关于"饥饿协约"的传闻便应运而生了。怀疑的矛头指向了负责城市粮食供应的市政当局和政府。内克本人也被谴责偏袒面粉厂主。

"激情"与反抗在这种苦难和群体心态中酝酿生成。1789年4月28日，在巴黎第一次爆发了反对壁纸工场主雷维庸和硝石场主昂里奥的骚乱。他们被指控在一次选举大会上对人民的苦难发表了轻率的言论。雷维庸可能讲过：每天15个苏可以使一个工人生活得蛮好。4月27日出现了游行示威。28日，两个人的住所被洗劫一空。警察总监调来了军队，闹事者则进行反抗，结果有若干人死亡。经济和社会原因在这第一个革命日中已经显而易见。这并不是一场政治骚乱，人民群众对于政治事件还没有明确的认识，是经济和社会方面的动机使他们投入运动。但是，这些人民骚动反过来产生了政治后果，即便只是触动了一下政权。

人民认为，解决粮荒和生活用品昂贵问题最简单的办法就是求助于物价管制。为了严格实行这一点，即使采取征用和限价等手段也应在所不辞。人民在经济方面的要求与资产阶级的要求是对立的：资产阶级无论在经济上还是在其他方面都要求自由。归根结蒂，这些要求说明了人民在1789年7月突然闯入政治舞台的原因和第三等级内部的矛盾将引起一些波折，尤其是共和二年的民主尝试。

3. 农民：统一的实体，潜在的对立

旧制度末期的法国主要是个农业国，农业生产在经济生活中占主导地位。革命过程中农民问题的重要性便在于此。

首先是农民在法国人口中的重要性。在2 700多万人口中，城市

人口占16％至20％，农村人口大约有2 300万，占绝大部分。1846年进行的城乡人口比例状况普查表明，此时的农村人口仍然占总人口的75％。

其次是农民在大革命史中的重要性。如果农民群众保持被动消极状态，革命便不可能成功，资产阶级也不会取胜。促使农民介入大革命进程的主要原因是领主权和封建残余问题。农民的介入导致封建制度的彻底废除，尽管这种废除是逐步实现的。在很大程度上，是大恐惧导致了8月4日之夜。购得了国有产业的农民作为土地所有者义无反顾地成为新秩序的拥护者。

在旧制度末期，法国农民拥有部分土地，因而他们不同于欧洲中部和东部服徭役的农奴，也区别于英国的雇农。后者虽有人身自由，但只能靠工资为生。自16世纪起，"圈地"运动开始使英国农民的财产被剥夺一空，使雇农的人数越来越多。还应该了解农民所拥有的土地占多大比重。就整个法国来说，我们只能提出近似值。经营的问题也应该考虑到：地产与土地经营是两个各不相同又互相关联的问题。对农民来说，经营制度在某种程度上可以弥补地产分配造成的不利因素。

在不同地区，农民地产在全部土地中的比重为22％至70％不等。在北部、西北部和西部的小麦高产区和畜牧区，它的比重较低：在诺尔为30％，在莫日为18％，在蒙彼利埃教区的平原地区为22％。相反，在原来多灌木或树林的地区和山区，农民地产的比重比较高。这些地区的开垦大多是个人自发所为。在那些需要投入大笔资金进行土地整治（如排干沼泽）的地区，或者在城市近郊那些特权者和资产阶级地产集中的地区，农民地产则极少。尽管农民产业总的比重显得比较大（35％左右），但是鉴于农村人口众多，摊到每个农民身上的份额便微乎其微了。许多农民甚至没有一点土地。旧制度下的法国农民中不少人拥有一小块地，但无地农民的数量更多，他们构成农村的无产阶级。

农民生活条件差别很大，造成这种差别有两大因素：一个是人的法律地位；另一个是地产的分配和土地的经营。

从第一个方面看，农民分为农奴和自由农。尽管大多数农民长期以来已成为自由人，但农奴的数量仍然很多，在弗朗什-孔泰和尼韦尔内地区有 100 万左右。在农奴的身上压着领主的"永久管业权"，除非向领主缴纳大笔税金，否则农奴的子女连父辈的流动财产也无权继承。1779 年内克在王家领地废除了永久管业权，在全国废除了"追及权"，即领主对于逃亡农奴所拥有的权利。

在自由农中，"散工"、"零工"和农业短工构成了日益增多的农村无产阶级。18 世纪末，由于领主的反动，封建和王室捐税的加重以及人口的增长，下层农民的无产者化加速了。在第戎农村和布列塔尼，散工数量在一个世纪内增加了 1 倍，而小自耕农却相应减少了。尽管名义工资有所增长，而物价更大幅度的上涨却使农村无产者的处境愈加恶化。

许多小农的状况与农村无产者相似。他们只有一小块不足以为生的土地。这块土地或属于自己或是租佃来的。因此，他们不得不在雇佣劳动或农村工业中谋取收入以补其不足部分。拥有地产的教士、贵族或资产阶级很少自己经营，他们把土地以永佃制，更多是以产品分成制的方式出租。由于地块往往是分散的，出租按地块单独进行。这使得短工有可能得到一小块土地，使小自耕农有可能扩大经营范围。在这些拥有小块地的农民中，分成制佃农无疑是数量最多的：法国2/3或3/4 的地区实行分成制地租。当然，应该把这一比重看成是最高限度。这种制度在卢瓦尔河以南，尤其是在中部（索洛涅、贝里、利穆赞、奥弗涅）、西部（布列塔尼的一半租地使用这种制度）和西南部地区占主导地位，在卢瓦尔河以北则较罕见，主要集中在洛林地区。分成制是最贫困地区的一种租佃方式，这些地区的农民既无牲畜又无资金。

在大面积耕作区，如巴黎盆地盛产粮食的平原，大佃农常常吞并所有出租土地，使短工和小农一无所有。这些人是名副其实的"农村资产阶级"。他们加速了农民的无产者化，因而招致农民对他们的仇恨和愤怒。这是一个人数不多，但成分单纯的社会集团。它集中在大面积耕作区，在经济上占有重要地位，是粮食产区农业资本主义改造的倡导者。大佃农租用大片地产，租期一般为 9 年，这需要有一笔经营资本。这种永佃制远不如分成制普遍，主要流行于农民地产较少的粮食高产区和盛产小麦的冲积平原，如庇卡底、东诺曼底、布里、博斯等地区。

"大自耕农"指那些生活宽裕、甚至富有的有地农民和租用大片地产、主要以货币支付地租的佃农。他们在广大农民中只是一小部分，但其社会影响却是很大的。他们是农民整体中的显贵、"村里的公鸡"或一种"农村资产阶级"。这些人的经济作用很有限。他们也把一部分产品投入市场，但这些产品在整个农产品中只占很小部分。好年景时自耕农就把多余粮食推销出售。在许多地区，自耕农主要出售葡萄酒。葡萄酒的价格在 1777—1778 年以前始终保持大幅度上升的趋势（70%左右）。于是，拥有土地的富裕农民在路易十六统治以前一直从农产品价格上涨中得到好处。

在农村中，农民可分为大佃农、大自耕农、永佃农、分成制佃农、小自耕农以及大量短工，他们包括了从拥有房屋、庭院和租入小块土地者到一无所有的人。由此可见，农村的社会差别和对立与城市不相上下。

传统的耕作方式在某种程度上缓和了贫农的无地之苦。尽管各地区的程度不同，农村公社制仍然十分盛行。农村公社具有自己的政治和行政组织（村民大会、村民代表）。它还经常行使其经济职能，在贫农占优势的地方，它趋向于保持集体权利。在北部和东部，乡村的田地被划分成狭长和相互开放的地块，并实行三圃轮作制（冬麦和春季谷物），其中总有一块田休耕以便恢复地力。在南方则实行两圃制。休闲的 1/2 或 1/3 可耕地以及收割后的田地被看成是"公共的"，经过一次收割的草场也是如此（二茬草权）。在这些公共地块上可以行使"共同放牧权"；每个农民都可在此放牧牲畜。这样，田地和牧场就成为开放性的。"公社产业"（牧场、森林）以及与之相联系的"使用权"为农民提供了其他生活来源。除此以外，村民还享有"拾穗权"、"拾草权"。富农对这些限制其耕作自由和财产权利的集体权利持敌视态度。而贫农却相反，他们非常重视这些权利，多亏这些权利他们才得以生存。贫农致力于限制个人财产权以保卫集体权利，因而他们反对以"圈地法令"为主要特征的"农业个人主义"的发展，以及农业的资本主义改造。从整体看，18 世纪末农民的经营仍然是前资本主义性质的。小农的所有制观念与贵族、资产阶级地主和大耕作区的佃农有天壤之别。资产阶级的所有权概念，即所有者对其财产享有绝对权利与小农的集体所有权观念发生了冲突。这种冲突在 19 世纪很长一段时间内依然存在。

农村经济越是落后，农民的负担便越沉重。他们在反对君主制度和贵族阶级把这些负担强加在他们头上的斗争中实现了农民的团结。

首先是王室负担：军役税的缴纳几乎全落在农民身上，同时他们还须缴纳人头税和念一税。筑路徭役、运送辎重、组织民团等义务也全由农民承担。最后还有非常沉重的间接税，其中以盐税为最。与 17 世纪和 1715 年以前相比，王室负担在 18 世纪大部分时期里有所减轻。但随着北美独立战争的爆发，这些负担又重新开始加重，如在瓦隆人的弗朗德勒地区，仅在路易十六统治时期直接税就增加了 28%。

其次是教会负担：什一税是向僧侣缴纳的，其税率并不统一，但大都低于 1/10。其中"大什一税"的征收对象是 4 种主要作物：小麦、黑麦、燕麦、大麦，"小什一税"以其他作物为征收对象。牲畜也是征税的对象。缴纳给主教、教堂、修道院甚至领主的什一税很少被用于维持宗教活动和救济教区穷人。这使农民对什一税不能容忍。

最后是领主负担，这是最为沉重、最不得民心的。封建制度的触角伸向所有平民的土地，封建权利便由此产生。领主在领地上享有高级和低级司法权，这是他们社会优势地位的象征。"低级司法权"是强迫缴纳捐税的经济武器，是领主剥削不可缺少的工具。领主权本身包括狩猎、捕鱼、养鸽的独占权和桥路税、市场税的征收权，以及使用个人徭役和作为经济垄断的专利权（磨房、压榨器和烤炉的使用税）。"物权"是指对土地而不是对人的权利。领主手中掌握着土地的"支配产权"（直属权），土地（采地）由农民耕种（他们只有"使用产权"）。农民要缴纳年赋（以货币为主的地租和年贡以及作为实物地租的一部分收成）。农民由于出售土地或继承地产引起使用权变更时还要缴纳"额外酬金"（地产转移与出售税）。这种制度的严格程度是不一致的。在布列塔尼最厉，在洛林也很严格，在其他地方则较松弛。估价这种制度的后果，不仅应注意到这些负担本身，还应该看到它所引起的欺凌压迫和种种弊端。

　　"领主的反动"在18世纪非常突出。它使得封建制度越加令人难以忍受。领主的司法机关对有争议的农民实行压服。领主们攻击集体权利和公社产业使用权，要求对公社产业实行财产支配权。而"选用权法令"往往使他们得到1/3的公社产业。领主的反动在某些地区特别猖獗。例如在曼恩，18世纪中，一些领主庄园合并起来，使封建地产更加集中。长子继承权成为根深蒂固的习俗，使采地得以保持。公社财产被领主吞并殆尽。在弗朗什-孔泰仍然严格保留着对农奴的追及权和永久管业权。而这些权利在其他地方都已废弃了。1779年国王发布的废除令在这里则直到1788年，经过一场38小时的辩论后才被"强行"在高等法院登记注册。

　　领主的反动还由于整个18世纪的物价上涨而加剧。物价上涨使领主和收税人的实物地租与实物什一税的价值增加。农民身上承受着捐税加重、物价上涨和人口增长等多方面的压力，他们手中的货币日渐减少。这也是造成农业技术停滞的原因。每逢危机来临，什一税和领主捐税的压力便空前加重，例如在1788—1789年发生的那种情况。中等农民在正常情况下能勉强在自己的土地上谋得生存。在危机时期，缴完什一税和领主捐税他们便落得两手空空，不得不以高价买粮，1788—1789年就是这样。这就是农民对领主权势怀有深仇大恨的原因所在。

　　农业形势与这种社会状况互相联系。传统的耕作制度显然不利于技术的进步。农业经营获利甚微，耕作方式原始落后，产量很低。实行两圃或三圃制致使土地每两三年就要休耕停产1年。这使农民缺乏土地的问题更为严重。大革命前夕到法国来旅行的英国农业专家阿瑟·扬证明了农村这种落后性和传统习惯势力的根深蒂固。18世纪中，在重农学派的宣传下，一种主张对农业实行资本主义改造的思潮应运而生。"农业狂热"一时间风行开来，几个大领主在这方面还作出了榜样。实际上，特权者所追求的只是增加收入，他们对农业问题的解决并不关心。他们从经济学家的理论中找到了论据，以便在谋求公共利益的招牌下掩盖领主反动的行径。农业生产技术的落后状况在很大程度上是由农村经济的社会结构直接造成的。任何技术进步、对传统农业的任何根本改造都会导致封建残余被摧毁。如果依照英国的先例，集体权利也将会消灭，因而贫农的命运会更为恶化。重农学者和农业专家们对英国的榜样印象很深。一直到19世纪后半期，小农都是在这种矛盾环境中挣扎。

在一个农业人口占绝大多数，农业生产占主导地位的国家里，农民的要求自然有特殊的重要性。它反映在两个方面：封建捐税问题和土地问题。

对于封建捐税，农民是一致的。他们的陈情书表现了他们在领主和特权者面前的团结。除了间接税外，封建捐税和什一税引起了众人的抱怨。这些捐税是沉重和令人恼火的，农民对它们的来源不得而知，认为它们的征收是不公正的。诺尔省一个教区的陈情书中写道：封建捐税"是在一种应该受到指责的、神秘的阴影中产生的"，如果其中一部分属于合法的所有权就应该加以证明。即便如此，这些权利也应允许赎买。关于验证封建权利合法来源的要求在实质上是革命性的。各教区陈情书在提出这项要求时（还有许多陈情书没有提到这个问题，因为它们不是由农民起草的），大都是态度明确的。农民们要求以货币而不再以实物缴纳什一税和地租。他们认为，随着货币购买力的下降，这些捐税最终也会名存实亡。他们还要求把什一税用于其最初的目的，特权者也要纳税。资产阶级人士在这些要求中的许多方面与农民意见一致。第三等级的团结也因此得到加强。

在土地问题上，农民却不像在其他问题上那样团结一致。众多农民缺少土地，不少人认识到他们应该成为土地的主人。然而，陈情书中极少有敢于要求僧侣出让财产的。它们一般只限于提出用僧侣财产的收入还清国家债务，弥补财政亏空。在大多数人看来，私有财产，甚至一个等级的财产是不能触犯的。农民认为，能够租用土地已经足够了。陈情书在土地经营问题上的态度则大胆得多，其中许多提出了分割大农庄的要求。所以，从1789年封建权利被废除后，农民便在土地问题上出现了分裂。大地产经营者的利益与小农和无产者的利益互不相容。前者力图创立技术先进的农业，为市场而生产，后者则满足于生活在几乎完全封闭的经济中。在对待旧制度的改革尝试（圈地、谷物贸易自由)以及农村公社和经营方式问题上，农民也陷于分裂。从1789年起，有地农民开始意识到无地农民对其利益所构成的威胁。诺尔地区的某些陈情书早已要求建立按纳税额决定选举权的制度，以便把非纳税者和接受救济者排除于政治生活之外。它们认为这是"防止省议会过分嘈杂纷乱的唯一手段"。固然必须首先废除封建制度，但有地农民此时已经开始为保持其社会权威而忧虑了。

法国农民之间后来发生的对立是从旧制度末期开始萌生的。他们只是在反对特权者，仇恨贵族方面保持一致。大革命废除了封建捐税、什一税和特权以后，有地农民便转而主张恢复秩序。至于土地，大革命通过出售国有产业使小土地所有者大为增加，同时也保持了大地产和大型经营方式及其一切社会后果。旧制度末期的农民结构本身已预示出大革命在土地成果方面的温和性质，用乔治·勒费弗尔的话说，这"像是资产阶级与乡村民主之间的一种妥协"。

4. 封建生产方式的结构危机

从1720年起出现的经济和人口的急剧增长在18世纪70年代开始显出放慢的迹象。一些省份大型贸易和粮食生产的发展速度减慢，一般毛织品、棉麻织品、小型冶金等大众产品工业的增长达到了极限。流行病的蔓延与经济发展放慢的现象竞相出现。封建主义的社会组织基础本身显然与此有关。的确，以往蓬勃发展的商品经济现在因国内市场不足而受到阻碍：农民群众太穷困了。这种状况本身与各地区之间由物质(尽管修筑了道路，交通工具仍然不足)和人为(商品流通税的负担)造成的严重隔绝也有直接关系。同时，对农民劳动的横征暴敛也是原因之一：领主的反动加重了领主捐税，地租的份额与数额随着不断增加的租地要求猛涨，此外还有其他各种税收。然而，同以往一样，这些征缴的绝大部分并未用于农业投资，而是在奢侈性(豪华用品)或非生产性(官僚机构、军队、宫廷)的开支中被挥霍浪费掉了。这样，农民中潜在的积蓄大部分被吸干，剩下的少部分也被用于土地投资了。农业的进步得不到任何资助，农业技术停滞不前。

此外，人口增长对于一成不变的社会结构框架也产生影响。瘟疫消失、赋税放松和国内相对和平使人口一度大量增长。这促使一直占统治地位的旧结构变得脆弱了。1760 年以后，流浪现象有新的发展。在里昂地区，游民中短工和小农的比例很大。这种现象的增加与农民中社会差别的扩大紧密相关，同时也和土地遗产集中与分割的双重变动分不开。人口增长加剧了这一变动，并且引起地租上涨。由于工业增长缓慢，它不能提供足够的就业机会。这并非是因为缺乏销售市场，而是因为缺乏资本——可使用的资本。然而，资产阶级大搞国家财政交易（这种交易因王家金库亏空而膨胀），并且模仿贵族阶级购置地产。这些活动占用了它相当一部分资金积累。

因此，18 世纪末，越来越多的人民群众生存无任何保障。由于缺少收入转让制度，救济事业仍很不发达；1786 年贸易条约引起英国制成品大量流入；1788 年的坏收成和 1788—1789 年的严寒冬天。所有这些在当时并不是特别的灾难，也许比 1709—1710 年的程度要轻，但是，此时正值经济结构的危机，新思想正在四处传播，国家镇压工具也陷于危机。这些情况是路易十四王朝时期，即便是末期也未曾有过的。再者，17 世纪以后人们的心态已发生了变化。在一部分人民群众中，尤其在大城市和贸易活跃的农村地区，1720—1770 年间生活条件的改善和初等教育的发展使他们开始不大遵从教会的道德箴言（1760年后避孕开始出现，虔诚读物减少），并不安于逆来顺受了。在许多农村越来越多地出现了农民与领主间的敌对事件（这些事件本身往往是无足轻重的）。农民与僧侣之间的敌对甚至也出现了，只是较少些。三级会议的咨询活动开始后，人们感到幸福有可能得到，前途充满希望，同时也越发不能忍受经济情势方面的危机了。

III. 资产阶级的哲学

社会的经济基础正在改变，意识形态同时也在变化。大革命的思想源流应该从 17 世纪以来资产阶级所创立的哲学中去寻找。笛卡儿曾指出用科学驾驭自然的可能性。作为他的继承者，18 世纪的哲学家公开地阐明了一个新秩序的原则。哲学运动与 17 世纪教会、国家的专横和禁欲思想背道而驰。它深刻影响了法国思想界，唤醒并激发了批判精神，同时提供了新的观念。无论在科学、信仰和道德方面还是在政治与社会组织等各个领域，启蒙思想都以理性原则取代了官方与传统的原则。

德·朗贝尔夫人（1647—1733 年）说过："研究哲学就是使理性恢复其全部尊严和权利，就是把一切事物与它们本身的原则联系起来，并摆脱舆论与权威的桎梏。"

狄德罗在《百科全书》中对"兼收并蓄"条目作了这样的解释："兼收并蓄者作为哲学家，他打碎偏见、传统、古法、普遍认可和权威，即一切束缚群众精神的东西。他敢于独立思考，敢于探索最明确的普遍原则。他对任何事物的承认都必须经过感觉和理性的证实。"

伏尔泰在 1765 年写道："真正的哲学家，他们开垦荒地，促进耕犁和居民数量增加，他们使穷人有事做，能致富，他们鼓励婚姻，安抚孤儿，对必要的捐税毫无怨言，并力图使耕作者有条件愉快地缴纳，他们对人无所求，而是鞠躬尽瘁，为其谋福。"

1748 年后，该世纪中最伟大的著作相继问世：从孟德斯鸠的《论法的精神》（1748 年）到卢梭的《爱弥儿》和《社会契约论》（1762 年）。在此期间出版的还有比丰的《自然史》（第 1 卷出版于 1749 年）、孔迪雅克的《感觉论》（1754 年）、卢梭的《论人类不平等的起源和基础》（1755年）、摩莱里修士的《自然法典》（1755 年）、伏尔泰的《论各民族的风俗与精神》（1756 年）和爱尔维修的《论精神》（1758 年）。在 1751 年这一年中，出版了狄德罗主持的《百科全书》第 1 卷、伏尔泰的《路易十四时代》和重农学派的刊物——《经济杂志》第 1 集。伏尔泰、卢梭、狄德罗和百科全书派以及经济学家，他们都以不同的特色为哲学兴盛作出了贡献。

18 世纪上半叶有两大思潮在发展：一股是具有封建色彩的，以孟德斯鸠《论法的精神》为代表。各高等法院和特权者们从该书中汲取了反对专制主义的论据。另一股是具有哲学色彩的，它敌视僧侣甚至宗教本身，但在政治上是保守的。这两股思潮在 18 世纪后半期固然还存在，但是更为民主和平等的观念开始出现了。哲学家们此时从涉及政府的政治问题转向涉及财产制度的社会问题了。尽管重农学派在一种保守思想指导下提出了经济问题。但是他们毕竟推动了时代思想向这个新方向发展。伏尔泰自 1750 年至他去世前是哲学运动无可争议的领袖。如果说他所主张的是在绝对君主制范围内实行改革，把政府交给富有的资产阶级，那么平民出身的卢梭则表达了小资产阶级和手工业者的政治理想。

重农学派认为，国家的组成是为了保障财产权，法律是自然的真理，它独立于君主并凌驾于君主之上。"立法权只能是宣布法律而不是创造法律的权力。"（杜邦·德·内穆尔语）"法律对财产的任何侵犯无异于社会本身的颠倒。"重农学派要求有一个强有力的政府，它的力量仅限于保卫财产，国家只应该行使镇压的职能。这样，重农学派的运动便发展为一种有利于地产主的阶级政策。

伏尔泰同样主张政治权利归富人所有，但不是只归地产主所有。在他看来，土地并不是财富的唯一来源。但是，"在社会中上无片瓦下无寸土的人，他们是否应该享有发言权？"（尊敬的波利卡普神甫信札）伏尔泰在《哲学辞典》（1764 年）的"平等"条目中写道："如果不永远保持成千上万有用的、同时又一无所有的人，人类便不可能生存下去。"他在这个条目中还写道："平等是最自然，又是最虚无缥缈的东西。"伏尔泰企图把大人物压低，但丝毫不想把人民提高。

作为平民灵魂的卢梭却反其道而行之。在第一篇论文《论科学和艺术是否败坏或增进道德》（1750 年）中，他批判当时的文明，为贫苦人申诉："在城市里养活 100 个可怜虫的奢侈品使得 10 万个穷人为之丧生。"在第二篇论文《论人类不平等的起源和基础》（1755 年）中，他对财产制度予以抨击。在《社会契约论》（1762 年）中，卢梭发展了人民主权的理论。在这方面，孟德斯鸠主张权力归贵族；伏尔泰主张权力属于上层资产阶级；卢梭则主张解放卑贱者，把权力赋予整个人民。卢梭为国家规定的职能是惩治对个人财产的滥用，以继承法和累进税保持社会的平衡。这种社会和政治领域的平等论点在 18 世纪是独步一时的。它使卢梭与伏尔泰及百科全书派之间产生了不可避免的对立。

开始，这些不同思潮几乎是完全自由地发展的。蓬帕杜尔夫人从 1745 年起成为宠妃，并得到财界的支持。她由于保护哲学家而遭到由主教团和高等法院支持的王后、王太子亲信集团的对抗。他们把哲学家视为敌人。1745—1757 年，马肖·达尔努维尔试图通过开征念一税来废除财政特权，建立纳税平等。他依靠了哲学家的支持，因为这也是他们的要求之一。这样便结成了开明大臣和哲学家的联盟。同时，对特权和宗教本身的攻击也展开了。1750—1763 年，政府没有出面干预。马尔泽尔布主持着图书编审机关。作为哲学家他并不认为他所领导的书刊检查部门有何用处。正是由于他，《百科全书》的头几卷才没有夭折。

在中立态度的鼓舞下，哲学运动逐步扩展开来。尽管后来当局改变了态度，但它已经是所向披靡了。1770 年后，哲学宣传已大获全胜。此时，最伟大的作家已开始沉默并纷纷逝去（卢梭和伏尔泰于 1778 年去世）。二流的一些作家却开始把新思想在资产阶级的所有阶层以至整个法国普遍传播开来。思想史上的重要成果《百科全书》于 1772 年完成。它在社会和政治方面是温和的，但它强调对科学无限进步的信仰，为理性树立了宏伟的丰碑。马布利、雷纳尔、孔多塞继承了前辈的业绩。哲学成果在路易十六统治时期虽有所减少，但不同体系的综合却开始形成，革命理论便应运而生。雷纳尔修士所著的《欧洲人在两印度定居和贸易活动的哲学与政治史》在 1770—1780 年间再版不下 20 次。狄德罗参加了该书很大一部分的编写。雷纳尔在书中把哲学宣传的所有论题都再次提出来：对专制主义的仇恨与对教会的不信任，主张教会应受世俗国家严格控制，以及对经济和政治自由主义的赞扬。

书籍和小册子把这些思想传播到各个社会阶层。1775 年马尔泽尔布在当选法兰西学院法兰西学院院士的演讲中宣称："在每个公民都能用印刷品向全民族发表意见的时代，那些对别人具有教育才能和激励天赋的人们，即那些文人，他们处于分散的人民中间便犹如罗马和雅典的演说家们处于集合起来的人民中间一样。"

18 世纪的书籍出版量有很大增加。1731 年前后，全国每年出版 400—500 部著作，1789 年前后达到 1 000—1 200 部。旧制度末期的报刊也增加了。在法国北部里尔的第一份报纸于 1749 年创刊，瓦朗西安、阿腊斯和亚眠的第一份报纸出版于 1788 年。

口头宣传扩大了印刷品的影响范围。沙龙、咖啡馆数量大增，各种社团也纷纷建立起来，例如：农业学会、慈善协会、各省学院、阅览室等。讨论哲学和社会问题的学术团体成倍增加。1780 年以后，在40 多个城市建立了上述各类团体，其中有波尔多这样的大都市，也有像巴耶这样的小镇。从 1770 年起僧侣会议便看到，没有任何一个城市或乡镇能够"免于这种亵渎宗教的言行的传染"。

共济会助长了哲学思想的传播。自 1715 年从英国传入后，共济会便无保留地支持哲学宣传。在身份平等、宗教宽容等许多问题上它们的观点是一致的。然而这种作用不宜过分夸大。作为贵族阶级和富有资产阶级相互融合的场所，共济会不过是众多传播哲学思想的团体之一。同时，中等教育的发展，中学和寄宿学校的大量增加，使有条件对新思想感兴趣的公众广为扩大了。在鲁昂（1789 年有 7 万人口）有两所男校和两所女校，较小的勒阿弗尔（2 万人）也有了一所学校。

传统的权威并非无动于衷。僧侣会议从 1770 年就开始担心：随着信仰的丧失，"对君主本人的爱戴和忠诚感情也会永远消失"。对教会的攻击动摇了君权神授的基石，正如对特权的批评动摇了旧制度的社会基础一样。1775—1789 年，巴黎高等法院查禁了 65 部著作。对于邦塞 1776 年出版的《论封建捐税之弊端》，高等法院宣称："作家们开始研究如何反对一切，摧毁一切，推翻一切了。假使这名作者写作的系统思想不幸惑及民众，王法将被彻底动摇，臣属将起而反叛主人，人民就会反抗君王。"

在哲学宣传的主要论题中，理性至上最为突出：18 世纪时，理性主义的影响遍及各个领域，它已所向披靡。其次是对进步的信仰，理性把它的光明传播得离人们越来越近了。

"终于，一切阴暗都消逝了，大地光芒普照，各类伟人辈出的壮景出现了！人类理性是何等尽善尽美啊！"（杜尔哥《人类精神进步的哲学画面》1750 年）

　　各个领域都出现了对自由的要求，从个人自由到经济自由。18 世纪所有伟大著作都把自由作为主题。哲学家们行动的主要表现（尤其是伏尔泰）是为宗教宽容和信仰自由而斗争。在平等问题上存在的争议比较大，大多数哲学家只要求在法律面前的身份平等。伏尔泰在《哲学辞典》中认为，不平等是永恒的和命中注定的。狄德罗把特权区分为基于实际服务的正当特权和非正当特权。然而，卢梭把平等的观念输入当时的思想中，他要求一切公民的政治平等。他赋予国家的作用是保持某种社会平衡。

　　这些构成哲学思想共同基础的观念在何种程度上影响了资产阶级各阶层呢？反对贵族阶级是所有人联合的基点。18 世纪，贵族越来越企图保住特权和贵族地位。但是，随着财富的增长和文化的发展，资产阶级的雄心与日俱增。然而此时一切晋升的道路都对它关闭了，使它不能担任重要的行政职务。资产阶级认为自己比贵族成员更适合担当这些职务，因而它的荣誉感和自尊心时常遭到伤害。在布耶侯爵这位绅士的《回忆录》中或在罗兰夫人身上，资产阶级的这些不满淋漓尽致地反映了出来。罗兰夫人明确认为自己的才能和资产阶级尊严远非贵族妇女所及。

　　资产阶级面前主要有两个问题：政治问题和经济问题。

　　政治问题就是分享政权的问题。18 世纪中叶以后，尤其是从 1770年起，舆论越来越关注政治和社会问题。资产阶级宣传的内容显然是哲学运动的论题：批评神授君权，仇恨专制政府，抨击贵族，反对特权，要求身份平等与纳税平等和任人唯贤的人事制度。

　　资产阶级对经济问题同样感兴趣。上层资产阶级意识到，资本主义的发展要求对国家进行改造。什一税、农奴制、封建捐税和不公平的税收制度妨碍农业的发展，影响着一切经济活动。只有废除长子继承权和永久管业权财产才能得以流通。工商业资产阶级还想得到劳动自由和企业自由。多种类型的司法习俗、国内的种种关卡、度量衡的多样化，这些都影响了贸易活动的发展，阻碍着全国统一市场的建立。资产阶级在管理其企业时所奉行的原则，即秩序、精简、统一，也应该被用于国家治理。最后，资本主义的企业精神还有赖于科学领域的研究自由：资产阶级要求科研工作与哲学思辨一样，都不受教会和国家的审查。

驱使资产阶级行动的不只是自身利益。当然，贵族的排他性以及资产阶级经济和智力方面上升与身份下降的矛盾加强了它的阶级觉悟。然而，意识到自身力量和价值的资产阶级从哲学家们那里汲取了某种世界观和大公无私的文化。它不仅仅认为改变旧制度符合自身的利益，还相信这样做是符合正义的。资产阶级确信自己的利益与理性是一致的。

当然，我们对这种断言要具体分析。资产阶级包括各种阶层，它并不是一个清一色的整体。许多资产者从未受到哲学宣传的触及，有的则出自于宗教虔诚和传统主义，反对进行变革（在恐怖时期的死难者中第三等级的成员占大多数）。我们不应该忘记，宗教书籍虽然在 18 世纪出版物中的比例大为减少，但仍然为数可观。多数报刊在概述新书内容时都表现得谨小慎微。学术团体同样是非常温和的，因为贵族往往在其中有很大势力。哲学传播中遇到的这些限制使得资产阶级内部出现了抵制哲学宣传运动的力量。资产阶级固然希望变化和改革，但它并无丝毫革命之意。整个第三等级都敬仰国王，这几乎是一种宗教性的感情。正如马尔蒙在他的《回忆录》中所证明的：国王代表了民族观念，任何人也不打算推翻王政。资产阶级，尤其是上层资产阶级更多地是想与贵族融为一体，而不是摧毁它。资产阶级对于拉法夷特的迷恋很能说明这个问题。总之，资产阶级远不主张民主，它主要是想保留社会差别，使自己区别于下层阶级。库尔诺在《回忆录》中讲道："在这个资产阶级的社会中，没有任何东西比身份的从属关系更引起注意的了。代理人或公证人的妻子被称为'太太'，而参事的妻子则毫无争议地被称作'夫人'"。

贵族鄙视平民，资产阶级鄙视人民阶层。资产阶级号召人民各阶层反对贵族。但当它看到人民在共和二年觊觎政权时便既愤怒又恐惧。这便是这种阶级成见的最好说明。

贵族与资产阶级关系的危机

18 世纪，贵族与资产阶级之间的关系越来越具有竞争性质。的确，贵族已陷入不可克服的矛盾之中。在不断进步的生产力和知识的推动下，社会劳动变得多样化了，促使富裕和有知识的资产阶级壮大起来。与此同时，第二等级为保住自己的旧有优势，拒绝相应地满足不断壮大的资产阶级成为贵族的要求。总的看来，18世纪加封的贵族比以前减少了，因为从路易十四以后取消了拥有采邑便自封是贵族的做法。这种做法虽不合法但在此之前一直较普遍。1728年后，有爵位的官职不再开设，贵族证书的颁发也不轻易进行了，只是在1770年前后出现过一阵高潮。

贵族在社会和文化方面的支配权远不如17世纪了。新设的经济或军事职务及主要的机构开始有一部分摆脱了它的控制。因为掌握这些职位必须有技术能力，这使官员的招募超出了贵族范围。对此，贵族的反动也无济于事。王家要塞建筑师团体已稍向平民开放，这是因为梅齐埃尔工程学校的招生范围较广，专业培养所需的数学水平很高，因而录取不能在社会方面过分限制。中央行政部门办公处的成倍增加引起"办事员"数量的上升，这些人多数是非贵族。

在文化方面，那些学院、学术团体和报刊，尽管受到贵族和国家的控制，尽管它们大多数并无颠覆思想，但还是对旧制度的社会起了潜移默化的作用。它们促进了思想世俗化和"功利"情趣等资产阶级准则的传播。这些准则与陈旧的宗教感情和古老贵族的荣誉感是背道而驰的。一直是贵族阶级社会主要思想支柱的教会在18世纪末越来越不能满足新的社会要求。私人寄宿学校和市政教育设施增加后，教育便不再是教士们的一统天下了。救济事业同样也开始世俗化。监察官或地方当局建立了乞丐收容所和慈善堂。方兴未艾的非基督教化运动最终对贵族政权是个打击。对普罗旺斯省遗嘱的研究表明：外省的大批贵族对于传统宗教的笃信程度比人们以前所想象的要高。这一点很说明问题。此外，同样意味深长的是，1789年以后的反革命流亡成了宗教思想意识的强烈复发中心。

第二章　制度危机

君主制度自中世纪以后不断完善。路易十四统治时期，它的形式，至少是政治形式最终确定了下来。这位国王改善了政府体系，把政府的权威提到前所未有的高度。但是，他却没有把它治理成一个合理与协调的整体。可以说，路易十四死后，"专制主义无所不在，而专制者却四处皆无了"。实际上，王朝一直在进行创设而从不废弃。于是，社会与政治状况之间的分离、民众思想与国家制度之间的分离日渐加深。混乱与庞杂一直是行政组织的特征。按照米拉波的说法，法兰西只不过是个"由一些相互不和的人群组成的非法定集合体"。

Ⅰ. 君权神授的王朝

1. 专制主义：奢望与局限

专制的、管理性的君主制从亨利四世统治时期开始成形，到路易十四时期达到鼎盛，并持续于整个 18 世纪。前个时期表现出来的分立势力已大为削弱，但大部还保留着。三级会议在 1614 年最后一次召开，以后就被废弃不用了。城市自 18 世纪起处于监护之下。省三级会议、高等法院、僧侣会议依然存在，并继续行使职能，但它们都在王权的控制下。与此同时，随着参政院和地方行政监察官的设置，王朝的行政组织正规和完善起来。这种君主制被理论家赋予一种神授权利的性质，而且这种性质越来越突出。在亨利四世时期，卢瓦佐还只是把国王看作人民的官吏兼上帝的代理人。到了路易十三时期，勒布雷说得更为明确了："可以得出这样的结论：我国历代君主的统治权仅仅来源于上帝，他们不必屈从人间的任何权势，他们享有完全、绝对的主权，在王国是至高无上的。"

博絮埃的《圣经本文里的政治》一书表明他是君权神授的天主教王朝的权威理论家。这部著作是为王子而写的，到 1709 年才出版。

作为上帝的代表，国王在所有的诏书中都要宣称自己是"按照上帝的安排，法兰西和纳瓦尔的王"。加冕礼使国王具有神授的性质，通常在兰斯大教堂内举行。国王在重臣簇拥下首先向教会和臣民宣誓，然后接受加冕，即以圣油瓶的油敷身。此时总主教口中念念有词："接受祝福并成为这个王国的君主吧！上帝把它交给你统治。"戴上王位徽章后，国王与人民见面。加冕礼第二天的活动是触摸瘰疬：国王抚摸每一个患者，口中不断重复："国王触摸你，上帝治愈你。"王朝通过这种仪式表明自己的神圣，加冕礼使国王博得一种宗教性的尊崇。

国王的绝对权力来源于它的神授性质。路易十四在回忆录中写道："把君主赋予人类者愿他们像自己的代理人那样受到尊敬。"

臣民若想控制源于上帝的权力便是大逆不道。君主政体的神授性质在一切领域都保障着绝对权威。国王是专制者，但并不是独裁者。他以上帝代表的身份行使权力。正如 1572 年，巴黎高等法院院长德·图对查理九世所说，他必须尊重天意，"按上帝的意志"作君主。国王行使权威要向上帝负责，他还必须遵守王国的"根本法律"（王位转归制度、领地的法律地位）。这些法律是把王冠和君权赋予国王及其家族的交换条件。国王要在加冕宣誓中保证维护臣民与教会的结合，以公正、慈悲的裁决进行统治。因此，国王并不等于独裁者。但是，国王作为共同利益的代表，超越王国中各个等级和团体之上。他拥有无限制的行动手段，不受任何力量控制。这样，专制主义便成为王朝的特征。

国王的权力是个整体，不能分享也不能交换。当然，国王得到参政院、最高法庭、省三级会议这些机构和组织的辅佐。但这些只是咨询性机关，对君权不能加以限制。居约在《论官职》（1786 年）中写道："我们有一位国王，这就是说我们处在一个人的意志的支配下。这种意志固然不应是专断的，但它却应该是最高的。他的权力不应是独裁的，然而也不能分享。延缓国王的行动以便使他明智，这当然是有益的，但永远不允许中断他的行动以阻隔或诋毁他。"

国王是专制的君主，他拥有一切权力，他的权力不受任何限制。

国王是一切司法的本源。在加冕礼中，他保证要给臣民公平正义。大法官米歇尔·德·洛皮塔尔（1507—1573年）在奥尔良的三级会议上说："国王被选择出来首先是为了行使司法权。法国国玺上国王的形象并不是戎装跨马，而是端坐王位主持司法。"作为司法的主管人，国王有权受理或重新审理任何案件，干预一切诉讼，这就是所谓"保留司法权"。国王往往把司法权交给他的法庭来行使，这就是所谓"委托司法权"（只是委托而不是让与）。

国王是一切立法的本源。他是活的法律，即"法律国王"。国王不受其前辈法律的约束，尽管他一般避免与之实行太突然的决裂。1770年12月，路易十五在高等法院声明："我们只依靠上帝来执掌王权。制定法律的权利只属于我们自己，我们不依赖别人也不与他人分享。我们的臣民要受这些法律的指导和统治。"国王通过诏书和敕令进行立法，这些是普遍性和永久性的决定。训令、敕书、手谕或御旨涉及个别措施。但是，国王不得违背天意和自然道德，还须遵守王国的根本法律。

国王是一切行政权力的本源。他拥有负责王国事务的政府。杜尔哥在献给路易十六的《关于市政的论文》中写道："陛下不得不亲自或通过受权人对一切事务作出决定。人们无论是为了促进公共利益，还是为了尊重他人的权利，有时甚至是为了运用自己的权利，都要首先得到陛下的专门旨意。"国王对职务和官爵的人选作出安排。出自对管理和政府部门的需要，他把自己的一部分权力托付给官员行使。这些官员仅仅是被授权者，他们处于国王的最高控制之下。为满足其国家所需，国王个人有权征收捐税和御用金。这种习惯在16世纪开始形成，只有僧侣等级和自治税区对此略有限制。国王不仅可以决定征收捐税，他也是财政开支的唯一决策者，财源的"分配"由他做主。

最后，国王还是战争与和平的本源。他最古老的责任之一就是实行保卫，保护王国抗击外敌。在18世纪变成了"保卫国家"。国王决定对外政策，他还是军队的统帅。

1766年3月3日，路易十五在高等法院宣称："我本人享有至高无上的权力。整个立法权都属于我自己，我不依赖别人也不与他人分享。我是整个国家秩序的中心。民族的权利与利益和我本人的权利与利益必然地联系在一起，并且只能掌握在我的手中。"

然而在事实上，这些奢望远未能实现，尤其是在立法方面。从 14 世纪起，尽管一些法律家承认国王享有无限制的立法权，而实际上直到 18 世纪，这种权力仍受到一些残存的限制。

14 世纪以后，在财政陷于危机时，国王被迫设立了三级会议。专制君主制并未将它废除，只是自 1614 年以后不再召集它了。三级会议纯属咨询性机构，国王要求它投票通过税收，实际上国王不经过它也可以征收这些捐税。国王还要求三级会议提供建议，而是否采纳则由国王自便。召集三级会议成了王权在危机时期最不得已的权宜措施。1789 年三级会议的召开真可谓一项古老制度的死而复生。

对王权威胁最大的莫过于高等法院和其他最高法庭的政治权利。高等法院，主要是巴黎高等法院，是所谓王国基本法的捍卫者。它们以使用"注册权"发挥政治作用：按国王意志发出的法律只有经高等法院"注册"之后方能生效。这时，国王的法律要经过"审查"、讨论。高等法院如果拒绝注册，就根据"谏诤权"解释其拒绝的理由。对此，高等法院声称这是一项历史权利，而王室则强调：这只不过是王权作出的一种默许的、非正式的让步而已。实际上，这些权利是在王权的容忍下经过长期习俗和逐步蚕食的作用形成的。然而这毕竟对王权构成了某种限制。对于遭到拒绝的法律，国王可以通过隆重会议或"御临法院"等方式强行注册。注册权和谏诤权在 18 世纪是高等法院对抗君主专制制度的有效武器。这些权利实际上只是用于保护高等法院贵族的特权，对付改革企图，尤其是对付财政方面的改革。然而，在高等法院似乎取得优势的时候，它的政治生涯却结束了。因为在反对专制王朝君权神授原则的进程中逐步兴起的并不是一个特权团体的权利，而是国民主权的原则。

2. 政府机器

在 17—18 世纪，君主制的中央集权已大体完成。地方自治大为削弱以至完全丧失。凡事都要由凡尔赛或中央政权的地方代理人决定。

按照专制君主制的最终形式，政府处于国王权力的控制下，由一个包括 1 名大法官、4 名国务大臣和 1 名财政总监的内阁组成。内阁中不设首脑，它只是个高级官员会议，其成员都各行其是。各大臣之下设若干署，由"署长"主持。政府领导的一致性由国王和参政院保障。每个星期，轮流有 1 名大臣同国王一起办公，汇报本职工作。然后由国王作出决定，再由大臣将这些决定交各署执行。遇有重大事务要提到参政院讨论，这是政府名副其实的调节器。

阁员和国务大臣各负责一行政部门。大法官身为全体法官之首，是国王立法的创议者。他保管国玺，终身任职。当国王不再宠幸他时，就新设一"掌玺大臣"取代之。"国务大臣"一职初创于 16 世纪亨利二世时期。它曾是专制王权的有效工具。最初，国务大臣的职权范围变化不定，后来才逐步确定下来。其中，陆军大臣除掌管军务外还负责管理边境各省；海军大臣兼管殖民地事务；宫廷大臣拥有多种职权：僧侣、新教事务、巴黎市等；此外还有负责外交事务的大臣。国内行政事务也由 4 位国务大臣分管。国王每年划分 1 次国务大臣的"管辖区"，把几个省合在一起，分别交给他们负责。国务大臣是国王与他们所管辖的省、市、团体、等级之间的中介。另外，根据这种制度，国务大臣还是国王的私人秘书，他们 4 人中总有 1 人在国王身边。每个大臣在 3 个月中专门负责发布由国王批阅的赏赐、功德和特惠文书。国务大臣是"穿袍贵族"，一般从参政院参士中选拔上来。从 1750 年以后，佩剑贵族不再蔑视这一职务。最后还有"财政总监"，他的权限很广，实为总理大臣，负责国内行政、农业、工业、商业、桥梁道路……

参政院作为政府的真正调节器，使它保持领导的一致。参政院是在旧宫廷不断分解和某些行政部门趋于专业化的基础上产生的。参政院的管理制度是路易十四的一项创举。他经过不懈的努力和经常性地召集政府的各种委员会使得这种制度统一起来，与大政方针相协调。他死后，路易十五和路易十六都缺乏他这种素质。这种制度的正常运转有赖于国王个人的行动，一旦他失去不懈精神和权威，这种制度便动摇了。参政院由不同的会议组成。"高级会议"或称"国务会议"负责制定重大决策，即"战争、和平、与列强谈判等问题"。在这种会议上，国王专门召集五六名重要人物议事，他们被称为"国务委员"。任何部门一级的大臣都不是其中的正式成员，外交大臣在其中只担任报告人。国务委员离职后，即不再参加高级会议后仍然保留职称。这个会议一般每周举行 3 次。"国情会议"是负责国内行政统一的机构。"财政会议"管理国家的财政和收入，并负责分派各税区的军役税。"枢密会议"或"争议处理会议"由大法官主持，它是旧制度时的大理院，同时也是审理行政诉讼的法庭。这个庞大体系和它所属的各个部门实际上掩盖了许多缺陷，它非但不能使君主制强化，而且常常导致它的行动陷于瘫痪。

Ⅱ. 中央集权与自治

和中央行政一样，君主制度在各省和地方的统一事业也没有完成。到处都存在着混乱不堪的局面。王国历史上形成的行政区划与当时的需要已不相适应。国界本身也不明确：法国与神圣罗马帝国之间的边界走向如何，无人确切知晓。纳瓦尔始终是一个单独的王国。国王在布列塔尼是个公爵，在普罗旺斯则是个伯爵。旧的区划从未被废除，新的区划又复加其上。宗教区划（教区）可上溯至罗马帝国时期。古老的司法区划（北部称"巴伊管区"，南部称"塞内夏尔管区"）起源于 13 世纪。军事区划（军区）初创于 16 世纪。财政区划或"税区"从 17 世纪开始出现，它同时也是监察官的行政范围。在这样一个极不协调的整体中，王国的行政制度自身往往也变得面目全非了。

依照传统，法国分为若干"省"或"地区"。这是些较为广阔的区域，曾长期处于某个封建王朝的政治统一体中，各自延用某种司法制度。习俗、历史传统、甚至语言方面的差异使这些古老的省区划分持续下来。18 世纪末，"布列塔尼族"、"普罗旺斯族"依然是活生生的现实。他们有自己的法律、习俗和方言。诺曼底、朗格多克、多菲内、布列塔尼……是最大的几个省，其他的省较小，如奥尼。然而，省并不是一种行政区划：国王的行政部门对省根本不予理睬。即使国王对各省的地方主义有所重视，也只是出于政治方面的原因，而不是出于对国家构成的考虑。旧法国的行政结构建立在"军区",尤其是"监察区"的基础上。

1. 专制主义的代理人

在封建君主制下,国王的代表和代理人曾经是称作"巴伊"(Bailli)和"塞内夏尔"(Sénéchal)的地方长官。那时主要的行政区划则是巴伊管区和塞内夏尔管区。16世纪时,卖官鬻爵的实行使这些职权成为可供捐购的官职了。此后,巴伊只拥有军权(召集全部人马)和召集辖区内3个等级代表的特权。

16世纪,在温和君主制下,"军区长官"是国王的代表,军区是主要的区划。到17、18世纪的专制君主制时,各税区的监察官则成为地方行政的领导。18世纪末,以上3种类型的区划同时存在。监察官的权威最大,然而他也不得不顾忌地区内其他重要权力:军区长官、最高法庭(包括高等法院、最高财政法庭、最高税务法庭),甚至还有省三级会议。

军区长官共有39名。根据1776年的敕令,他们都是从高级贵族中产生的。在18世纪,他们只享有名义上的权威,其官职纯属一种荣誉。这些人平时居住在凡尔赛,根据1750年的敕令,他们如无国王的特许均不得返回其管辖区,平时由军区的副长官代理其职。

"司法、警务和财政监察官"是维护国家统一和中央集权制最积极的官员。他们与国务大臣、财政总监和国情会议保持经常的联系,使地方行政从属于中央政府。监察官起源于16世纪到外省"骑马巡视的审查官"。这种制度在17世纪后半期才普遍建立起来。监察官的管辖范围以"税区"为最高区划,然而这两者之间不完全吻合:1789年有32个监察区,而税区则有33个,图卢兹和蒙彼利埃两个税区被合并成朗格多克监察区。"监察助理"在监察官的领导下主持下属各财政区。他们完全隶属于监察官本人,他可以任意撤换监察助理或改变他们的"管区"。

金融家约翰·劳对达尔让松侯爵说过:"您要知道,法兰西王国是由30个监察官统治的。你们既没有高等法院,也没有等级会议和政府。各个省区的福祸与贫富完全取决于这30个巡视外省的官吏。"

这种论断无疑有些言过其实。在 18 世纪里，监察官不能不使自己适应政治形势和地方的环境，此外，他们的行动自由也越来越受到中央政权的控制。

监察官是国王的直接代理人。他们是从枢密会议的审查官中，也就是从上层资产阶级里选拔出来的，因而遭到贵族的白眼。监察官的职权是多方面的。作为司法监察官，他们能够出席并主持一切法庭和审判庭(除高等法院外)。他们有权监督一切法官，对危害国家安全的罪行和叛乱罪有终审权。作为警务监察官，他们主持一般的行政管理，控制各个市政当局，监督商业、农业和工业。此外，他们还负责王家徭役，主持召集民兵。监察官的这些权力在自治税区多少受到些限制。作为财政监察官，他们有权摊派税收和处理税务诉讼案件。对于 17、18 世纪开征的捐税(人头税、念一税)，他们有专属(征收)权，对于旧税(军役税)他们也享有控制权。尽管监察官在行政管理方面做了不少实际的好事，他们的大权在握还是激起了反对势力的群起而攻：陈情书都要求废除监察官制度。

2. 地方自治的残余

由于专制王权代理人的出现，旧的地方权力机构逐渐被削弱了。

由省内各等级组成的省三级会议是个正规机构，它定期召开，有一定政治和行政权限，其中最主要的是表决税收。从 16 世纪起，王权极力想摧毁各省三级会议，变"自治税区"为"派管税区"。到 18 世纪时，只有那些边远的和较晚并入的省份仍然保留着省三级会议，如布列塔尼、朗格多克、普罗旺斯、勃艮第、多菲内等。实际上，省三级会议是一种寡头机构，其中的第三等级代表只有城市资产阶级，会议的审议表决也是以等级为单位，而不是按人头计算的。

同样，市政自由也由于专制君主制的发展而大为减少。市政官员不再由选举产生，城市被置于监察官的监护之下。至少在 1787 年以前，农村尚无严格意义上的市政机构。每个村的农村公社大会在领主权威的控制下负责管理公社的财产。

自路易十四以后，王权大大压缩了各地方的自治权，但并未完全取消它。大革命则反其道而行之，建立了地方分权的制度。

Ⅲ. 国王的司法

王权乃是一切司法的本源，因此国王有权干预任何诉讼。国王从未把司法权让与他人，因此他有权在他乐意的时候抛开自己的日常司法代表，亲自主持司法：或者在自己的参政院内移审，或者派特别专员审理。作为国家的大审判官，国王还可以通过"赦书"（取消、宽恕或减轻刑罚）和"密札"（专横地拘禁于国家监狱）介入司法。但是，国王在平时大都把自己的司法权委托给法庭行使。

为树立权威，国王司法不能不向领主司法作斗争。"王家案件"的理论（涉及王室权利的诉讼只能由国王司法审理）和"羁押期"的理论（起诉人在国王司法与领主司法之间可优先选择国王司法）使领主司法的地位逐步下降。到18世纪末，它仅仅成了领主维护经济统治的手段了。

对平民民事案件进行初审的"普雷沃"（Prévôt）法庭在18世纪已大部消失。13世纪建立的巴伊和塞内夏尔法庭对争讼价值在40锂以下的案件有终审权。16世纪由亨利二世建立的初等法院对争讼价值在250锂以内的案件有终审权，这种法院在18世纪已全面衰落了。

各高等法院组成若干最高法庭，以国王的名义行使最高上诉机关的职能。高等法院原来是王宫中专门机构的一部分。到17、18世纪，它们便依据其注册权和谏诤权声称享有无限制和普遍的权能。1789年时，巴黎高等法院包括：起诉的"大法庭"、3个"调查庭"、为特权等级所设的"诉状审理庭"和审理刑事诉讼的"轮审庭"。王国的扩张和案件数量的不断增加导致从15世纪起建立了12个省高等法院（图卢兹、格勒诺布尔、波尔多、第戎、鲁昂、埃克斯、雷恩、波城、麦茨、贝藏松、杜埃、南锡），其组织形式与巴黎高等法院相同，另外还在4个地方建立了最高咨议会（鲁西荣、阿尔萨斯、阿尔图瓦、科西嘉）。

卖官鬻职和职位世袭在法官的任用方面仍占主流。这种制度从"出让"有俸圣职的现象演变而来。法官的职位也被拿来与教会的有俸职位相比，并可以向别人出让。王权在14世纪授予高等法院对空缺职位的提名权，15世纪又授予它选择权。后来，每遇法院推事辞职，高等法院总习惯于指定由辞职者本人选择的"出让"对象，如遇死亡，便由高等法院选择其继承人代之。弗朗索瓦一世把这一做法改造成合法制度。为了满足御库的需要，他根据财政情况，决定授予或出卖空缺和新设的王家官职。1522 年，他还为此建立了一个专门管理部门——"额外收入署"。这种措施开始适用于财政官职，后来扩展到司法官职。出让官职的做法早已存在，它很可能断绝卖官鬻职的财源。于是查理九世规定：只有向御库缴纳一笔税金后出让官职才为合法。从此，卖官鬻职的制度便臻于完善，法官的职位可以由在职的官吏或王权出售给他人。

最初，当一名官员死后，国王仍然自由地掌握其职位。但随着官职的买卖，它便渐渐成为世袭职位了。世袭的做法最初是由一些个别的措施发展起来的：国王授予某个官吏或个人指定职位继承人的权利，这种做法在整个 16 世纪都很流行。有时，国王会将他授予的职位继承指定权统统收回。这样，御库又可收纳新的官职出让税。在一个名为夏尔·波莱的王室秘书的建议下，世袭制在 1604 年被作为一种普遍的措施确立下来，这种制度因此得名"波莱特"。参政院的一项法令规定，法官如每年缴纳相当于官职售价 1/60 的税金，他就可以享有如下两种优惠：他如果生前出让职务，税金可减半；如果在任内去世，他的官职出让权可由其继承人行使。这样，国王便失去了任选法官的权利。另外，对法官应具备的年龄和能力标准有了明确的规定：25 岁以上，具备法学学士或博士学位。然而实际上，年龄限制经允许后可以不计，考试也并不很正规。

法官职位捐纳制导致了法官的终身制。国王不能将法官撤职，因为这官职是他捐来的，除非国王把税金还给本人。终身制成了卖官鬻职的法律结果。在旧制度时，所有捐纳的官职都导致了这样的后果。另外，卖官鬻职还导致了"讼费"制度的出现。根据旧的司法习惯，诉讼人求助法官时要向他缴纳少量礼品，即"讼费"（最初是糖果、果酱、东方食品）。从 16 世纪起，礼品演变成必交税，可用金钱缴纳。随着卖官鬻职的流行，讼费也增加了：法官的所得与官职税金不相符时，他们就逐渐趋向尽量多地搜刮讼费。这样，无偿的司法便不复存在了。

卖官鬻职造成了十分重要的社会和政治后果,在资产阶级和贵族之间形成了一个新的阶级。法官们("高等法院的先生们")是穿袍贵族,他们的职位使其享有可转让的贵族地位。他们的选拔不受国王控制,由自行遴选解决。这样,司法机关成了完全独立的部门。在 18 世纪,它已能与王权作对了。18 世纪末,高等法院的排他性更为强烈,司法机构自我封闭起来:雷恩、埃克斯、格勒诺布尔的高等法院不接纳平民为法官候选人。1789 年的陈情书一致要求废除官职的捐纳和世袭制度。

18 世纪末,王家司法机构形成了一整套错综复杂的制度。法庭大量增加引起权限方面的争执,上诉大量增加使诉讼永无休止。司法费用十分昂贵,它包括付给律师和检察官的酬金和付给法官的讼费。卖官鬻职是国家制度的最大弊端。但是,如果不首先打击那些死抱住特权不放,靠职务和官位发家致富的社会阶级,怎么能触动这种制度呢?这实际是对私有制提出指责。

Ⅳ. 王国的税收制度

随着国王权力逐步确立,领主的征税权被剥夺了。在路易十四统治时期,国王任意向臣民征税的做法已固定下来。税收制度的一个特点是它对于臣民和各省来说都是不平等的:没有一项捐税的征收对象是全体臣民,也没有任何捐税在整个王国是普遍的。

中央财政的管理由在王家财政会议协助下的总监主持。巴黎财政法庭由以前的王宫财政处演变而来。它与外省的 11 个财政法庭监管着王家财政。有关税务的争讼则由 13 个最高税务法庭审理。每个税区都设有一个由法国国库总管组成的财政局,负责征收军役税。人头税和念一税则由监察官负责征收。在旧制度末期,王国的税收制度极为庞杂。对在温和君主制时期开始设立的军役税,一部分人不在征缴之列或可以享受豁免权。除这项税收外还有一些专制君主制时期开征的捐税,这些捐税从理论上讲稍合理些。实际上,王家捐税的征收是因省而异的,对于臣民也不一视同仁。税收制度的弊端是导致王朝倾覆的主要原因之一。

1. 直接税：不可能的平等

"军役税"只向平民征收。在北部地区称为"对人的军役税"，是针对全部收入的税收；在南部地区称为"对物的军役税"，是针对不动产收入的土地税。军役税不按比率征收而是实行摊派。国王在确定税额时，并不根据收入的百分比落实到每个纳税人，而是把一个总数额落实到各个团体或教区，再由这些团体或教区在居民中分摊。政府每年都制定"军役税表"，即向全国征收的总额。然后，财政会议将其摊派给各个财政区和派管税区。在每个派管税区，由派管人公署确定各教区的税额。最后，在各教区由纳税人中选出的分税员把军役税落实到每个纳税人头上。负责征收税款的，在教区是征集员，在派管税区是一名专派国库官，在税区则是总收纳官。军役税的这种征收方式致使弊端层出不穷。从1707年起，沃邦在他的《王家什一税》中便对这种弊端有所揭露。

在1701年最终确立的"人头税"原本是向一切法国人征收的。纳税人被分为22级，每级纳税总额相等。第一级中为首的是王太子，缴纳税额定为2 000锂，最后一级中的士兵和短工只缴纳1锂。僧侣在1710年一次付出2 400万锂，赎清了纳税义务。贵族也得以免缴。到头来，人头税只是向平民征收，它成了军役税的附加部分。

"念一税"在经过各种尝试之后于1749年正式建立。它课及来自不动产、商业、地租甚至封建捐税的收入，工业却得以幸免。僧侣以定期通过"自由赠礼"的方式赎清了纳税义务，贵族则往往得到豁免权。自治税区实行预缴的方法。因此，念一税实际构成了军役税的第二个附加部分。

这样，在理论上的平等原则在实践中走了样，有利于僧侣和贵族的特权重新出现。这使缴纳军役税的人所承受的负担相应地加重。当这种负担已不能再增加时，王权便试图再一次建立税收平等。这是缓和财政危机的唯一药方。1787年，卡洛纳建议以"领土特别税"代替念一税，对一切人征收。高等法院的抵制和特权阶级的反抗引起了危机，并导致了大革命的发生。

"筑路徭役"由于 18 世纪道路网络的扩展而加重。沿路的产业主必须按其劳力、车马多少，分担清除碴土，运送沙石的工作。王室徭役在 1726 年至 1736 年间逐步建立起来。1738 年的一项命令最终使它成为普遍实行的制度：徭役与军役税合并在一起。这样规定徭役导致流弊百出并激起强烈反对。杜尔哥在 1776 年曾试图让所有产业主都负担徭役，并把徭役与念一税合并在一起，使徭役成为念一税的附加部分，可以用货币充抵。然而改革失败了，杜尔哥下台后敕令也被废除。1787 年，实际的徭役被取消后，在军役税的基础上增加了 1/6 的追加税。这样，道路修筑、保养的费用负担又都落到了平民身上。

2. 间接税和包税总会

15 世纪最终确立的"附加税"是针对某些消费品的，如葡萄酒，尤其是烧酒。僧侣和贵族可以免缴。负责征收该税的是巴黎和鲁昂的税务法庭。王国其他地区也有类似的捐税，只是名目不同而已。

"盐税"是 14 世纪以来对食盐的课税，各地区征收方式极不一致。"赎清地区"，如吉埃纳，指那些在并入法国时已要求不设盐税的地区。"免征地区"，如布列塔尼，则完全不受征缴。在"低额盐税区"，盐的消费不受限制。在"高额盐税区"，每个家庭必须购买"规定的食用盐"。只有慈善机关和公务人员才享有"免税买盐权"。实际上，盐税负担主要落在穷人身上。盐税引起走私活动异常活跃，盐税局的职员和税吏对此大加追捕。盐税遭到人们的一致痛恨。

"贩运税"或关卡税在国内仍然存在。它反映了王国形成的历史过程。全国各省被分为 3 类："五大包税区"是由科尔贝尔统一起来的，包括以法兰西岛为中心的一片地区，在这里，只对外国或王国其他地区的贸易征税；"被视为异邦"的各省（法国南部、布列塔尼），其四周都设置征税关卡；3 个"实为异邦"的省（三主教区、洛林、阿尔萨斯），它们可以与外界自由通商。这种互不协调的组织极大地影响着贸易的发展。

直接税的征收由王室行政部门负责，间接税的征收则主要实行"包税"制。此法也适用于领地和领地税。这是一种古老的制度。人们用"贩运"一词指关卡税便很能反映这种组织：国王把征税的权利交给"贩运人"承包。这种制度被用于盐税和附加税。在很长时期里，国王与包税人的交易只限于个别人、局部地区和某项税收。在派管税区，派管人对税收实行招标承包。"地方包税所"便是这样产生的。17 世纪初形成了在国王的参政院实行招标的惯例。同时，实行这种制度的区域也扩大了，"五大包税区"便是为征收贩运税而设立的。集中化可使总开支减少，这对王室有利。在路易十四统治期间，这种集中化倾向继续发展。到 1726 年开始实行由"包税总会"把全国所有捐税一次招标承包。

包税总会的租约一定 6 年，以一名得标人的名义签订。签约人只是挂名而已，租约由"总包税人"，即大金融家们担保（最初为 20 名，后为 40 名，最后扩大到 60 名）。包税总会创立了自己的一套管理机构，以便保证收回间接税和承包税额。但是，包税总会处于监察官的监督和税务法庭的控制之下。这类法庭拥有对附加税、盐税和贩运税争诉的终审权。然而新间接税争诉的终审权则在监察官手中，除非出现向国王的参政院上诉。这种制度使总包税人牟取暴利，对国家则是个繁重的负担。路易十六政府把一向被承包的一些捐税收归官办。但是，由于没有坚实的财政和足够的信贷，它仍然脱离不开总包税人的扶助。由于包税总会主要负责征收盐税，它成了人民仇恨的众矢之的。革命动乱常常从焚毁包税总会的办事机构开始。

财政困境是大革命诸直接原因中最主要的。导致这种困境主要是由于税收制度弊端百出，征收方法混乱和纳税不平等。当然，除此之外还应加上宫廷的挥霍和战争，尤其是美国的独立战争。国债在路易十六统治时期以灾难性的速度猛增。3 亿多锂花费在满足国王的需求上，占了御库岁入的一半以上。在一个繁荣的国度里，国家却处于破产的边缘。特权阶级自私自利，拒绝纳税平等，这迫使王权作出让步：1788 年 8 月 8 日，路易十六为解决财政危机决定召开三级会议。

18 世纪末，旧制度古老的行政机器已显得破旧不堪了。君主政体在理论上强大无比而在实际上却软弱无能，这种矛盾显而易见。由于庞杂，行政结构不能协调一致，陈旧的机构还保留着，新的机构又复加其上。尽管专制主义形成后努力加强中央集权，但国家的统一远未实现。税收制度的弊端尤其使王权实力大为削弱。捐税分派不均，征收不当，以致不见收益。税收负担全落在贫困者身上，使他们更加怨声载道。在这种条件下，国王的专制主义变得有其名而无其实。官僚制度的惰性、政府人员的懒散、行政管理的庞杂以至混乱，使王朝在旧制度的社会秩序发生动摇和失去其维护者的一贯支持时陷于四面楚歌的境地。

第三章 资产阶级革命的序幕：贵族阶级的反叛(1787—1788 年)

1789 年前的几年是社会和制度陷于危机的时期。由于王朝在财政方面的软弱并无力进行自身改革，产生了一场严重的政治危机。每当一名立志改革的大臣试图对国家进行现代化改造，贵族阶级便群起保护自己的特权。贵族阶级的反叛在大革命之前发生，并在 1789 年前动摇了君主制度。

Ⅰ. 君主制度最后的危机

1781 年 5 月，内克辞去了财政总监的职务，从此，危机便日趋严重。国王路易十六是个身体肥胖、心地善良厚道的人，同时又是一个平庸无奇、软弱无能和优柔寡断的人。他对政务表示厌倦，他在狩猎场上和锁匠作坊里要比在参政院会议上更显快活。玛丽-安托瓦内特王后原是奥地利的玛丽-泰雷兹之女，她漂亮、浅薄、轻浮，她那种无所顾忌的态度使王室更加不得人心。

1. 财政的软弱

在内克的后任若利·德·弗勒里和勒费弗尔·多梅松时期，王国仅靠东拼西凑勉强度日。1783 年 11 月，卡洛纳被任命为财政总监后，继续奉行内克在北美战争时开始采用的政策：鉴于不可能以增加税收的办法弥补财政亏空，便实行大举借债的做法。

财政亏空是王朝的慢性病，也是导致大革命的主要直接原因。北美战争大大加深了这一危机：王朝的财政平衡遭到破坏，并从此一蹶不振。我们对赤字的规模很难确切估计，旧制度下的王朝从无正规的预算制度，收入由各个银库分存，财务制度极不健全。有一份资料可以使人了解大革命前夕的财政形势，这就是《1788 年御库账目报告》。这份报告是王朝"第一个、也是最后一个财政预算"。其实，这还算不上严格意义上的预算。御库并不对王国的所有财政收支进行记账登记。根据 1788 年这份账目报告，支出达到 6.29 亿锂以上，而收入仅为 5.03 亿锂，亏空达 1.26 亿锂，即支出的 20%。这份报告预计借债 1.36 亿锂。在整个预算中，民用支出为 1.45 亿锂，占总数的 23%。但是，公共教育和救济方面的支出只有 1 200 万锂，还不足 2%；而宫廷和特权阶级却得到了 3 600 万锂，也就是将近 6%，况且，1787 年的王室预算还作了大量压缩。军用开支（战争、海军、外交）达到 1.65 亿锂以上，占预算的 26%。其中 4 600 万锂是 1.2 万名军官的薪俸，仅这些军官的花费就超过了用于所有士兵的开支。在预算中，借债的比重比其他项目都大，达到 3.18 亿锂，即占支出的 50% 以上。在 1789 年的财政预算中，预先收入达到 3.25 亿锂：抵充收入的借款占总收入的 62%。

王朝的病因是多方面的。当时的人们强调宫廷和大臣们的挥霍浪费。大贵族花费了国家大笔资财。1780 年，国王赏赐给普罗旺斯伯爵近 1 400 万锂，赏赐给阿尔图瓦伯爵的则更多。大革命爆发时，阿尔图瓦伯爵不得不承认自己有 1 600 万锂的债务要立即偿还。波利尼亚克家族从御库中得到的年金和赏金最初为每年 50 万锂，后来达到 70 万锂。国王购置朗布依埃城堡耗资达 1 000 万锂，王后购置圣克鲁城堡耗资 600 万锂。路易十六为了优待贵族还对他们的领地进行交换或重金收买。他曾从孔代亲王那里购买了克莱蒙图瓦领地，花费了 60 万锂债券、700 万锂现金。然而直到 1788 年时，孔代亲王却照旧从克莱蒙图瓦领地上得到收入。

债务使王家的财政无法负担。据估计，参加美国独立战争使法国共耗资 20 亿锂：内克是以借债来支付这项开支的。战争结束后，加洛纳 3 年里在原有旧债上又增加了 6.53 亿锂。到 1789 年时，债务已达 50 亿锂左右，而流通的货币估计有 25 亿锂。在路易十六统治的 15 年里，债务增加了 3 倍。

增加税收已不能弥补财政亏空。对于人民群众来说，税收的负担已无法承受。因为在旧制度的最后几年中，物价比 1726—1741 年间增长了 65％，而工资只增长了 22％。劳动阶级的购买力相应地下降了。在不到 10 年中，税收已经增加了 1.4 亿锂。任何新的加税办法都不可能实行了，唯一的挽救措施就是实行一切人平等纳税。首先是各省的平等纳税，因为朗格多克和布列塔尼这样的自治税区比派管税区的税收负担要轻。臣民的平等纳税更为重要，因为僧侣和贵族仍然享有纳税豁免权。土地财产的收入已经增加了 98％，而物价的同期增长率只有 65％，以实物征收的封建捐税和什一税也水涨船高地增加了。这样，豁免纳税的特权便更显触目了。特权阶级作为可以征税的对象尚未受到触动，只有它作出牺牲才能充实国库。但是，这还须得到高等法院的认可，而高等法院却不准备牺牲其私利。哪一位大臣敢于强制推行这种改革呢？

2. 政治上的无能

最后，借债的来源也枯竭了。被逼到破产边缘的卡洛纳及其后任布里埃纳试图实行所有人平等纳税以解决财政危机。但是他们的企图被特权阶级的利己主义所挫败。

1786 年 8 月 20 日，卡洛纳在呈送给国王的《改善财政计划》中提出了改革方案。这是一份涉及税收、经济和行政 3 个方面的全面计划。

税收改革旨在消除亏空和还清债务。为弥补亏空，卡洛纳设想在整个王国推广烟草专营，实行印花税和注册税，对殖民地的商品征收消费税。而主要的计划还在于废除地产的念一税，以"领土特别税"取而代之。这是一种比率税，即与收入成正比，不能豁免，一视同仁。这种税的征收对象是土地而不是个人，所有地产都被征收此税。无论是教会的、贵族的还是平民的地产，也不管地产是闲置多余的还是生产收益的均不能免缴。地产被分为 4 等，税率按等级而定。最好的土地征税率为 1/20（5％），最劣的土地征税率为 1/40（2.5％）。对于流动财富，卡洛纳保留了念一税："工业念一税"的征收对象是商人和工业家；"职业念一税"的征收对象是捐纳的官职；"权益念一税"的征收对象是其他流动收入。为了还清债务，卡洛纳建议把王室领地出让 25

年。税收计划的最后一项是减轻军役税和盐税。豁免权固然还保留着，但统一化的倾向已显示出来。卡洛纳甚至还表示了完全统一盐税的愿望。

在经济领域实行改革的目的在于刺激生产，其内容包括：实现谷物贸易自由；"壁垒后移"，即取消国内关卡，把关税界限推至政治国界，从而统一国内市场；取消某些束缚生产者的捐税（铁器标记税、经纪税、停泊税等）。在这方面，卡洛纳的改革计划实际反映了商业和工业资产阶级的观点。

卡洛纳计划的最后一个方面是把国王的臣民与王国的行政管理结合起来。内克曾在贝里和上吉埃纳创立过"省参议会"。但它是按等级组成的。卡洛纳则以地产为基础提出了一套基于财产的选举制度。按照他的计划，要建立"市镇参议会"，由收入在 600 锂以上的产业主选举产生。市镇参议会的代表组成"县参议会"，再由县参议会选派一至若干名代表组成"省参议会"。这些参议会纯属咨询性机构，决定权始终在监察官手中。

这套计划主张建立一项经常性按比率的税收制度，从而有助于加强王权。在某种程度上它也反映了第三等级，尤其是资产阶级的要求。作为行政机构的合作者，第三等级从废除税收特权中可以得到满足。然而，尽管卡洛纳给传统的社会等级制度以沉重打击，他并不想完全消灭之，因为他认为这是君主制所不可缺少的。在他的计划中，贵族阶级仍旧享有豁免个人捐税和义务的权利，如军役税、徭役、留住军队等。贵族保留了自己的荣誉特权。

为批准这项改革召开了一次"显贵会议"，因为卡洛纳不能指望高等法院为改革法案注册。显贵们于 1787 年集会，共 144 人，包括高级教士、大领主、高等法院法官、监察官、国务委员以及省和市镇的三级会议成员。卡洛纳主动挑选了这些人，以期他们能唯命是从。而实际上，王朝想求得贵族阶级的赞同而不是迫其服从自己的意志，这本身就已经是投降了。作为特权者，显贵们死保他们的权利。他们要求查阅御库账目，抗议滥用年金，并在通过补助金的问题上讨价还价，以便使王朝在政治上让步。舆论也不支持卡洛纳，资产阶级持保留态度，人民则无动于衷。路易十六在其左右的压力下，最后还是抛弃了他的大臣；1787年4月4日，卡洛纳被解职。

在卡洛纳的反对者中为首的是图卢兹的大主教洛梅尼·德·布里埃纳。在玛丽-安托瓦内特的坚持下，国王召他为大臣。他采取了各种应急措施（征收新税、节约部分开支，尤其是借债6 700万锂）才免遭破产。然而财政问题依旧存在。

由于形势所迫，布里埃纳不得不重新采取他前任的方案。谷物贸易自由建立起来了，徭役被改成一种货币捐税。省参议会也建立起来，其中第三等级的代表与另两个等级代表的总和相等（这样做是为了打破资产阶级与特权等级的联合）。最后，贵族和僧侣也须缴纳土地税中的领土特别税。显贵们宣称他们无权同意这项税收。布里埃纳既然不能从他们那里得到什么，就将显贵们解散了（1787年5月25日）。

第一次尝试便这样以王权的明显失败告终。卡洛纳也曾打算先争取显贵们，以求靠他们压服其他贵族阶层。然而，无论是卡洛纳还是布里埃纳都未能取得显贵们的赞同。改革的紧迫性与日俱增，布里埃纳又不得不与高等法院抗争了。

高等法院的反抗与显贵们的反抗相继而来。巴黎高等法院在最高税务法庭和最高财政法庭的追随下发出谏诤，指责对请愿书、报刊和张贴物征收印花税的敕令，决不同意有关领土特别税的敕令。它同时要求召开三级会议，认为只有三级会议有权同意征收新税。1787年8月6日，巴黎高等法院在御临法院的压力下被迫注册了这些敕令，而第二天它又将注册宣布为非法，并予以撤销。这次反叛遭到了流放特鲁瓦的惩罚。但是，动乱已经扩展到省级法院和整个司法界贵族。于是，布里埃纳赶快妥协投降：撤回税收敕令。重新归位的巴黎高等法院于1787年9月4日注册了恢复念一税的法令，征收领土特别税再也不可能了。这次失败比第一次更惨。由于代表整个特权阶级的高等法院进行抵制，税收改革全然不能进行。

为了勉强维持下去，布里埃纳再次求助于举债。但是，没有巴黎高等法院的同意他便不能借债。而巴黎高等法院只有得到召开三级会议的允诺才肯同意注册。在没有把握取得多数的情况下，布里埃纳还是强行通过了敕令。他把一次"御前会议"突然转变为"御临法院"，以便终止任何讨论(1787年9月19日)。奥尔良公爵抗议道："陛下，这是不合法的。"路易十六反驳说："这是合法的，因为我要这样做。"这种回答并不是镇定、庄严地作出的，故称不上是路易十四式的回答。争吵无休无止，辩论越演越烈。1788年1月4日，巴黎高等法院通过一项反对密札的公诉状，并要求得到作为天赋权利的个人自由。最后，1788年5月3日，巴黎高等法院公布了一个王国基本法宣言，它自称是这些基本法的保卫者。这意味着对专制权力的否定。巴黎高等法院尤其宣称，通过税收的权利属于三级会议，即属于国民。它再次谴责武断逮捕和密札，最后还规定必须保持"各省的习俗"和法官职位的终身制。这个宣言的特点是兼有自由主义的原则和贵族阶级的要求。它不主张权利平等与废除特权，其原因自不必说，因此。它不具有任何革命的性质。

拉穆瓦尼翁的司法改革旨在粉碎巴黎高等法院的反抗，但是，他的各项法令均被撤销。国王的政府不肯罢休，最后它决心一意孤行，便下令逮捕巴黎高等法院反对派中的两名煽动者：迪瓦尔·代普勒梅尼和古瓦拉尔·蒙萨贝。经过了1788年5月5日至6日之夜的激烈争论之后逮捕令才得以执行。当时，巴黎高等法院宣布，在它那里避难的两名参事"处于法律的保护之下"。尤其是在1788年5月8日，国王强行注册了由掌玺大臣拉穆瓦尼翁起草的6项敕令，其目的在于粉碎法官们的反抗和进行司法改革。一项刑事法规废除了"预先拷问"，即在执行前对犯人施用酷刑(预审时的严刑逼供已于1780年废除)。很大一部分下级或特设法庭被取消，初审法院改为初级法院，高等法院的权限缩小，作为上诉法庭的45个"大裁判所"的权力相应加强。但是，出于财政原因，拉穆瓦尼翁不敢取消卖官鬻职和讼费。为了注册国王的法律，建立起一个主要由巴黎高等法院的大法庭和公爵、重臣们组成的全能法庭，它取代了高等法院的地位。这样，司法贵族便失去了对国王的立法和财政部门的控制权。

这些改革是深入的，但已为时太晚。贵族阶级成功地把一切不满都引向政府，把冲突的范围扩展到全国。

Ⅱ. 高等法院反对专制主义(1788 年)

1. 高等法院的骚动与维齐耶堡会议

拉穆瓦尼翁的改革剥夺了高等法院贵族的政治特权。对这一改革的真正反抗并非来自巴黎，而是来自外省。尤其在一些省份中，除了高等法院以外，贵族阶级在省三级会议的机构中也拥有行动手段。司法改革的实行正值根据 1787 年 6 月敕令建立的省参议会激起动乱的时刻。为了满足贵族阶级，布里埃纳曾赋予省参议会广泛的权力，并相应削弱了监察官的职权。但是，他同意给第三等级双重代表权和按人头而不按等级表决，这使得特权等级大为不满。多菲内、弗朗什-孔泰和普罗旺斯地区要求重新恢复旧的省三级会议。引起骚动的两个缘由结合到了一起。高等法院贵族把上层贵族中的自由派和大资产阶级拉到自己一边。阻止设立新法庭，举行司法界罢工，制造混乱，要求召开三级会议，这些就是他们的口号。各高等法院和各省三级会议联合起它们在法律界众多的支持者一起进行反抗，游行示威此起彼落。佩剑贵族先参加进来，接着教会贵族也参加了进来。僧侣大会在 1788 年 6 月对全能法庭的建立表示抗议。

骚动进而发展成为叛乱。在第戎(1788 年 6 月 11 日)和图卢兹，大裁判所成立时引起了闹事。在波城，受到省三级会议中的贵族煽动的山民包围了监察官的官邸，强迫他恢复高等法院(1788 年 6 月 19 日)。在雷恩，保卫高等法院的布列塔尼贵族与王家军队发生了冲突(1788 年 5—6 月)。

然而，构成大革命真正序幕的、最为重要的事件发生在多菲内。在那里，省参议会的建立引起了极大不安，而司法改革又使这种不安发展到了极限。一个具有典型意义的事实是：这个省份的工业活动和工业产量均名列王国的前茅，反对力量的领导者是资产阶级。当政府要格勒诺布尔的高等法院注册 5 月 8 日的敕令时，引起了它的抗议。于是政府强令其休庭。5 月 20 日，格勒诺布尔高等法院再次集合起来。省行政官随即向它发出了放逐令。1788 年 6 月 7 日被定为放逐的日子，这一天发生了人民起义。那些司法助理人员看到，高等法院垮台必然会殃及自身，因而他们满怀愤恨，这次事件好像就是他们挑起的。人民群众占领了各个城关，爬上屋顶，向街上的巡逻队投掷瓦片。行政官、老公爵克莱蒙-托内尔把军队调回营地以期平息众怒。但这也枉然，傍晚前，动乱已波及全城，促使法官们在法院内重新就职。虽然这个"抛瓦日"的直接后果并不严重（法官们最终服从了国王的命令，在 1788 年 6 月 12—13 日夜离开了格勒诺布尔），但它在多菲内标志着真正革命性动乱的开始。

1788 年 6 月 14 日，在格勒诺布尔市府举行了一次会议，参加者有该城的 9 名教士（议事司铎或本堂神甫）、33 名绅士和 59 名第三等级成员（公证人、诉讼代理人、律师等），其中包括穆尼埃和巴纳夫：资产阶级是运动的首领。会议通过了一项由穆尼埃起草的决议，要求召回诸法官，完全恢复他们的职权。此外还要求"召开省特别三级会议，第三等级的参加人数应与僧侣和贵族代表之和相等；代表通过自由选举产生"。最后，决议还提出召开全王国的三级会议"以便根治国家的弊病"。

按其发起者的意愿，格勒诺布尔会议只是多菲内各市镇总会议的预备会。各市镇总会议最后定于 7 月 21 日召开。为保证会议的成功，全省开展了积极的宣传活动。当局的软弱无能助长了这种宣传。多菲内有一位经济巨头，因其家产万贯而被人称作"外国富豪"，他就是佩里埃。佩里埃为建立棉制品厂，前不久在格勒诺布尔城关一带购置了维齐耶城堡。此时，他将城堡借出，1788 年 7 月 21 日在这里召开了"维齐耶堡会议"。这次会议是 1789 年三级会议在一个省范围内的预演。由三个等级的代表组成的会议中有 50 名教士、165 名贵族和 276 名第三等级代表。按照穆尼埃的说法，这是一个显贵的会议，"最下层人民"被排除在外。各市镇选派的只是特权阶级和资产阶级。在多菲内的 1 212 个教区中只有 194 个教区有代表。一份在很大程度上由穆尼埃授意的决定成为大会的决议。会议要求恢复高等法院，但剥夺其政治特权。会议还要求召开三级会议，它指出："只有三级会议才具有必要的力量与大臣们的专横作斗争，并制止财政上的挥霍无度。"

会议认为，多菲内的三级会议应该建立起来。在新的三级会议中，第三等级的代表应与特权阶级相等。另外，会议还超越了省的地方主义，接受了民族精神："多菲内的三个等级将永远不把自己的事业同其他省份的事业割裂开来，在维护它们局部权利的同时将不抛弃民族的权利。"

会议还率先放弃了多菲内省批准税收的特权："省的三个等级不再批准征税……除非它们的代表在王国的三级会议中对此通过了审议。"

在布列塔尼和贝亚恩的骚动仅限于本省范围。维齐耶堡会议却大为不同，它宣称：为了建立新秩序必须实现民族统一。这样，由于第三等级的努力，维齐耶堡会议的决议具有了一种革命性质，旧的社会和政治制度从基础上被动摇了。

第三等级与贵族阶级的联合和维齐耶堡决议中第三等级观点的优势虽然轰动一时，但并没有在其他省份产生反响。维齐耶堡宣言只受到钦佩，并没有被效法。1788年春，导致王权失败的主要因素是穿袍贵族与佩剑贵族之间的联合。为了反抗王权和维护其特权，贵族阶级曾毫不犹豫地使用了激烈手段。佩剑贵族和穿袍贵族抱成一团，拒绝服从国王。它们求助于资产阶级，于是资产阶级便进行了自己的革命尝试。尽管贵族阶级要求立宪制度和保障基本自由，主张由三级会议表决税收和把地方行政权还给遴选的省三级会议，但它并不因此而放弃自己在各个机构中的政治和社会优势。贵族的陈情书一致要求保留封建权利，尤其是荣誉权利。特权等级确实投入了反对君主专制的斗争并把第三等级也拉了进来，但是它的最终目的却是在专制主义的废墟上建立自己的政治权力和保持自己的社会特权。

2. 王权的屈服

面对第三等级与特权阶级的联盟，布里埃纳处于无能为力的境地，他掌握不住权力了。由他自己创立并根据他的意思组成的各省参议会对他并不唯命是从，而是拒绝增加捐税。军队是由敌视改革的贵族统率的，因而也不可靠。尤其是御库一空如洗，在如此混乱的情况下又借债无门，布里埃纳只有向贵族阶级的反抗让步。1788年7月5日，他答应召集三级会议。8月8日，他暂闭了全能法庭，把三级会议的开幕定于 1789 年 5 月 1 日。布里埃纳在用尽了弥补亏空的应急措施之后，不得不动用残废军人基金和对医院的捐款。然而御库空虚仍一如既往，他便辞职下台了(1788 年 8 月 24 日)。

国王重新召回内克，由他完成了君主制的让步：曾激起反抗的拉穆瓦尼翁司法改革被废止；高等法院得到恢复；三级会议也将按布里埃纳确定的日期召开。巴黎高等法院迫不及待地表示出它要扩展战果的方向：根据高等法院 1788 年 9 月 21 日的一项判决，三级会议将按照 1614 年的方式召开，即三个等级分别有一票表决权。这样，特权等级与第三等级相比就会占优势。

1788 年 9 月底，贵族阶级胜利了。但是，如果说贵族阶级的反叛挫败了君主制，它对君主制的动摇也足以为革命开辟道路。经济和社会的发展培育了这场革命的参加者——第三等级。当第三等级开始讲话时，真正的革命就开始了。

1789 年的大革命打乱了传统结构。在开始论述这场革命之前，我们有必要透过那些涉及社会结构和情势的纷乱事实以及种种社会、政治现象，对旧制度危机的本质做个概括。

18 世纪确实是一个繁荣的世纪，但它的经济高峰处于 60 年代末、70 年代初。北美战争之前的经济高涨固然无可争议，但从 1778 年起便开始出现了衰落，即"路易十六时期的衰落"。另外，对这种经济高涨的影响也不宜估价过高。它更有利于特权等级和资产阶级，各人民阶层受益很有限，各人民阶层受经济衰落之苦却是首当其冲的。1778 年以后开始了经济收缩时期，尔后便是经济衰退，最终发展到周期性危机，由此造成了种种苦难。当然，饶勒斯不否认饥荒对大革命的发动起过举足轻重的作用，但他并不认为这种作用是根本的。他指出，1788 年的歉收和 1788—1789 年的危机使人民备受饥苦，把人民发动起来帮助资产阶级革命，但这只是一种偶然的现象。实际上，法国已病入膏肓，所有经济部门都受到侵袭。在空前的经济高涨过后，资产阶级因收入和利润减少而受到损害。恰恰在这种时候，苦难把人民群众发动了起来。经济衰退和 1788 年开始的周期性危机无疑是造成 1789 年事件最首要的原因。了解这一点意味着对大革命直接起因的问题找到了一个新的答案。

但是，除了一个时期经济的决定作用之外，社会的根本对立也在起作用。巴纳夫指出了旧制度的结构，体制与社会、经济运动这两方面的矛盾。我们应该从这种矛盾中找出法国大革命的深刻原因。在大革命前夕，社会框架仍然属于贵族阶级性质，地产制度也属于封建结构，封建捐税和教会什一税使农民难以忍受。与此同时，资产阶级的经济实力赖以形成的新的生产和交换方式在发展。旧制度的社会、政治组织维护着土地贵族的特权，束缚着资产阶级的成长。

按照饶勒斯的说法，法国大革命是一场"广泛的资产阶级和民主性质的"革命，而不像英国 1688 年"光荣"革命那样是一场"狭隘的资产阶级和保守性质的"革命。法国大革命之所以如此是由于得到了人民群众的支持。他们对特权充满仇恨，被饥饿逼得起来造反，并极力从封建压迫下挣脱出来。大革命的根本任务之一就是摧毁封建制度，使农民和土地得到解放。大革命的这种特征不仅可以从旧制度末期的经济总危机中得到说明，旧社会的结构矛盾更能深刻地揭示这一点。法国大革命的确是一场资产阶级的革命，然而它是在人民，尤其是农民的支持下进行的。

在旧制度末期，"民族"观念的发展随着资产阶级的上升而日渐明显，但仍然受到经济、社会和国家方面封建残余的阻碍和贵族阶级的抵制。民族统一尚未完成。经济的发展和民族市场的形成遭到种种束缚，如国内关卡、通行税、度量衡标准不一、庞杂的税收制度以及一直保留的封建捐税和教会什一税。社会统一也不存在，社会差别建立在特权的基础上。不仅有贵族和僧侣的特权，还有众多的"团体"和共同体的特权。它们把民族分割开来，拥有各自的"豁免权"、"自由权"，总之是它们的特权。不平等是司空见惯的。"行会"心态使分裂更为加剧。塞巴斯蒂安·梅西埃在《巴黎的景象》(1781 年)一书中用一章描写了"团体的利己主义"：

"团体变得顽固、执拗了。它们声称自己在政治机器的各种关系中要保持孤立和隔绝状态。如今，任何团体都只对那些触及本成员的不公正现象反应敏感，而对非本团体的公民所受到的迫害视而不见。"

国家的结构也同社会结构一样，与民族统一背道而驰。卡佩家族把法国的各省联合到自己的领地周围，从而组成了国家。它的历史使命是赋予国家行政的统一，这也是唤醒民族觉悟和行使王权的有利因素。实际上，民族与国家处于分离状态，有君主本人的话为证："我们正处在请民族来救助国家的时刻……"这是路易十六 1789 年 10 月 4 日说的话。在 18 世纪里，国家的组织丝毫没有改善，路易十六几乎原封不动地使用前辈路易十四的机构进行统治和管理。改革结构的尝试在贵族阶级的抵制下归于失败。高等法院、省三级会议和僧侣会议都是贵族阶级势力盘踞的所在。各省、市名为国王的臣属，但始终保有豁免权和特权，这是抵制王权专制主义的堤坝，也是地方主义的顽固堡垒。

专制君主制未能完成民族统一，这与贵族性质的社会结构长期存在是分不开的。这种社会结构与民族统一互不相容。完成王朝的民族统一大业意味着对社会结构，进而对特权提出了异议。这是个不可解决的矛盾。路易十六从不能下狠心抛弃"他的忠诚贵族"。贵族阶级的封建和军事心态不仅保留下来，甚至有所加强，这使得大部分贵族处于民族之外，只依附于国王本人。贵族阶级不能顺应潮流，它死抱住偏见不放，自我孤立乃至僵化在唯我独尊之中。与此同时，新的秩序已经在过时的制度框架内开始萌发了。

托克维尔写道："这个贵族等级脱离了中等阶级（指资产阶级），将其从自己内部排斥出去。它也脱离了人民，使之与自己离心离德。贵族等级在民族中已完全陷于孤立，它表面上统领大队人马，而实际上只是个无兵少卒的军官团体。如果人们考虑到这些，他们就会懂得为什么贵族等级在站立了一千年之后竟然在一夜之间被打翻在地了。"

3. 君主国家的危机

1760—1788 年间君主国家一次次改革尝试都归于失败，其主要原因并不在于路易十五的麻木不仁及其后任的软弱无能。实际上，这些事件反映了中央国家的发展逻辑与君主制的贵族阶级性质这两者之间的矛盾。君主及其大部分亲信都受到 17 世纪的传统和凡尔赛国王崇拜环境的影响和熏陶，他们满脑子专制主义思想，这便使上述矛盾变得更加尖锐。

一方面，为了使法国现代化，使国家更强盛，王家政府必须发展商品经济，因此就要在经济和社会方面支持资产阶级的上升。但是，随着资产阶级日益强大，它开始要求在国家领导中有一席之地，要求放松个人专制制度。一些权宜措施便应运而生。实际上，杜尔哥根本不打算把他的行政改革付诸实施。召开三级会议的要求于 1787 年 7 月首次提出，但政府却拐弯抹角地拖延，回避它的召开。其实，为了粉碎贵族阶级对改革的反抗和抵制，国王本应采取强硬措施。虽然资产阶级可能会对此感到不便，但它终归会赞同政府计划。莫普的行动①在 1772 年受到狄德罗的责难，于是在哲学的名义下形成了一个由贵族和第三等级组成的、反对政府专横的联盟，这是个表面化和临时性的联盟。

另一方面，由于大多数贵族的反对，政府不可避免地要进行斗争，迫使贵族阶级接受改革并与资产阶级达成妥协。然而政府不能在这方面走得太远。首先，国家领导人员几乎全部是贵族出身，古老贵族出身的人甚至越来越多。在 18 世纪里，进入政府的人都出身名门望族。1773 年，在参政院 40 名成员中有 30 名贵族，其余的也因官职而受封为贵族，其中还有 12 人的贵族称号延续了 3 代以上。其次，专制王朝的基础是建立在贵族阶级和特权上的。因此，国王即便享有神授君权，他的光彩也只有在名门望族组成的华丽宫廷之中才能焕发出来。国王处于万尊之首，他是法国第一绅士和最高封建主，这样，他的权势才更显强大。世袭制约社会等级制度建立在封建所有制基础上，保障着社会秩序。它使国王的意志得以执行，行政管理得以运转，并且使贵族阶级统治下的臣民百姓俯首帖耳。为此，国家机器被赋予保障社会

---

①　莫普，路易十五政府的大法官，主张加强专制王权，对高等法院的反抗实行高压。1770 年 12 月，他以御临法院的方式强行注册国王敕令。1771 年 1 月 19 日夜，他利用密札逮捕和流放了巴黎高等法院中所有敢于反抗国王的法官。这一做法在社会上引起了强烈反应。——译者

"现状"的职能，主要成为镇压的工具。对政府来说，这也是义不容辞的责任。

贵族阶级的压力使国王在许多情况下与改革计划背道而驰，支持贵族的反动。从 1751 年起，在军队中采取的一系列措施都旨在把军官职位留给贵族，甚至是家世悠久的贵族。这种政策自然激起资产阶级的怨恨与不满。资产阶级越来越渴望有一部宪法，以便使它能经常性地控制政府。同样，由于国王的改革尝试使他背离了大多数贵族，这些贵族也设想有一部宪法，以使之免受这种灾难性的动荡不安。当然，这两种宪法要求的内容大相径庭。当政府一时间既失去了贵族阶级的辅佐也丢掉了资产阶级的支持时，它便只得作出让步，并且在模棱两可的情况下召集三级会议了。

第一部分

"民族、国王、法律"。
资产阶级革命和人民运动
（1789—1792 年）

濒临财政破产和为贵族阶级的对抗所困扰的法国君主制度把生存的希望寄托在召集三级会议上。但是,王权的专制主义原则遭到了左右两方面的抨击:贵族阶级主张恢复它所信奉的王国古老政体,以便参加政府;新思想的拥护者则主张国民有权干预国家行政。对此,王权没有任何具体的行动纲领。它只是随波逐流而不能控制局势。它步步退让,终于被卷进了革命。

1789 年的大革命是由第三等级中少数资产阶级领导的。在各个危机时刻,是城乡广大人民支持了革命并推动它向前发展。这些人民群众有时被人称为"第四等级"。借助于同人民的联盟,资产阶级迫使王权批准了一部宪法,从而把主要权力掌握在手。资产阶级把自己与民族等同起来,主张使国王服从法律的统治。"民族、国王、法律"这种理想的平衡仿佛一度实现了。在 1790 年 7 月 14 日的联盟节上,整个民族都沉浸在一种名副其实的君主主义激情中。人们发出庄严的誓言,这誓言把"法国人团结在一起,把法国人同他们的国王团结在一起,以便保卫自由、宪法和法律"。但是,在 1790 年时,民族主要是指资产阶级,只有资产阶级拥有政治权利、经济实力和知识优势。

在法律庇护下的民族与国王的团结并不牢固。贵族阶级和王朝都在伺机反扑。掌握政权的资产阶级既害怕贵族阶级的复辟又担心人民的奋起,它处于进退维谷的境地。1791 年 6 月 21 日国王的出逃和马尔斯校场的枪杀导致资产阶级分裂为两派。斐扬派出于对民主的憎恨,加强了宪法的资产阶级性质,保留了君主制度,并以此作为抵制人民愿望的壁垒;吉伦特派出于对贵族阶级和专制主义的仇恨抨击王权。战争一发动,它便毫不迟疑地求助于人民,在它看来,战争会使一切困难迎刃而解。

人民很快摆脱了资产阶级的控制,要求为自身利益行动。1792 年8 月 10 日革命结束了由立宪派建立的制度。实际上,新生的民族与国王之间的结合是不可能的。因为国王是旧制度和封建贵族阶级的天然保护者。

第一章　资产阶级革命和旧制度的崩溃(1789 年)

财政危机和贵族反叛迫使王朝召开三级会议。但是，第三等级是否甘愿屈从大多数贵族所作的提议呢？三级会议依旧是封建机构呢，还是经过其努力创造出一个适应经济、社会现实的新秩序呢？……第三等级公开要求权利平等，并着手对旧制度进行社会和政治改造。王权试图用曾经对付贵族的手段粉碎第三等级的反抗，此时贵族已成为王权的盟友了。但是事与愿违：经济危机将人民推向起义，公众的力量突破了国王的控制。继和平的和合法的革命之后，出现了人民的和暴力的革命。旧制度土崩瓦解了。

Ⅰ. 合法的革命(1788 年底—1789 年 6 月)

1788 年 8 月 26 日，路易十六任命内克为财政总监和国务委员。内克并无明确纲领，与其说他在控制局面不如说他是随波逐流。他对政治、社会危机的严重性缺乏足够估计，没有充分注意到经济危机足以使资产阶级把群众发动起来。在农业生产上，不少地区受到了葡萄种植与酿造业危机的侵害。那时的葡萄种植地区远比今天广阔。对许多农民来说，葡萄酒是唯一可出售的产品。葡萄种植区的农民人数众多而集中，面包靠购买，因而有城镇居民的性质。1778—1787 年间的生意萧条与价格下跌使众多葡萄农陷于苦难。1789—1791 年的葡萄歉收又导致价格回涨。然而生产不足使葡萄农并不能重整家业。此外，1788—1789 年谷物价格上涨时，葡萄产区居民，尤其是佃户和短工，因丧失任何积蓄而陷于绝境。葡萄种植与酿造业危机只是总的经济危

机的一部分。与此同时，1786 年法国与英国签订的自由贸易协定导致
工业活动减慢。在这个时期，英国工业正在进行设备改造和增加生产
能力，而法国工业则刚在恢复元气，甚至在国内市场上都遭到英国的
竞争。贸易的危机使局势更为严重化。

1. 三级会议的召集(1788 年底—1789 年 5 月)

国王从 8 月 8 日起允诺在第二年 5 月 1 日召开三级会议，这在第
三等级中激起很高热情。在此之前，第三等级始终追随着反叛专制主
义的贵族阶级。但是，自从 1788 年 9 月 21 日巴黎高等法院作出判决，
规定三级会议将"正规地按照 1614 年的方式召开和组成"后，资产阶级
和贵族阶级之间的联盟便开始破裂。资产阶级转而把全部希望寄托在
国王身上，希望他能求助于臣民，倾听其呼声。马莱·迪庞在 1789 年
1 月写道：

> "公众争论的情况大为改变。国王、专制主义与宪法在争论中只占
> 极次要地位，第三等级与另外两个等级之间的战争开始了。"

爱国党领导了反对特权阶级的斗争。它是由法律家、作家、工商
业家、银行家这些资产阶级人物组成的。特权阶级中一些接受了新思
想的人也站到他们一边，其中有大领主(拉罗施富科-利昂库尔公爵、
拉法夷特侯爵)或高等法官(阿德里安·迪波尔、埃罗·德·塞谢尔、
勒佩勒蒂埃·德·圣法尔若)。公民地位平等、法律和纳税的平等、基
本的自由、代议制政府，这些就是他们的主要要求。宣传活动也组织
和开展起来，或者是通过个人的联系，或者是通过某些团体，例如主
张废除奴隶制的"黑人之友"社。咖啡馆成了鼓动的中心，其中有著名
的普罗科普咖啡馆。三十人委员会大概是领导爱国党宣传鼓动的核心
机关，它授意撰写小册子，还传播一些陈情书的范本。

"第三等级的加倍"是爱国党宣传的基本点：第三等级代表的人数
应该与贵族和僧侣代表的总和一样多，这其中包含着按人头而不按等
级表决的意思。内克并无既定政策，他一心只求争取时间和调解各方。
在这种情况下，他于 1788 年 11 月召集了第二次显贵会议，指望说服

他们同意第三等级的双倍代表数。不难预料，显贵们仍然主张按照旧的方式。12月12日，王族亲贵们向国王上呈了请愿书，它堪称贵族阶级的宣言。请愿书对第三等级的主张和进攻予以反击："有人已经提出取消封建权利……难道陛下能忍心牺牲和屈辱他那正直、悠久和体面的贵族吗？"

然而，特权阶级的反抗却促进了爱国运动的新高涨。巴黎高等法院的态度已有所改变，它在1788年12月5日的判决中接受了第三等级代表的加倍。但是巴黎高等法院却不对按人头表决的问题发表意见，而这个问题才是头等重要的。

内克在1788年12月27日提交给国王的参政院的报告中采取了上述立场。他认为有3个问题值得注意：代表与居民的比例问题、第三等级代表的加倍问题和各个等级代表的遴选问题。在1614年，每个行政区都选出了数量相等的代表，现在的人们越来越注重按比例的公平规则。这样，老方法便不再可取。内克表示赞成比例制。至于加倍问题，再按1614年的方式去做是行不通了，因为从那以后，第三等级的作用大为加强了。他谈道：

"在此期间，万物巨变，流动财富和政府的借债把第三等级与公共财产结合起来。知识和启蒙思想成了人们共有的遗产……许多公共事务中，只有第三等级是行家里手，其中包括：国内国外的商业交易、手工工场的管理、鼓励加工业的最佳手段、国家信贷、货币的生利与流通以及征收捐税、滥用特权和其他许多非它莫属的领域。"

内克最后指出，一旦第三等级的意愿一致起来，并与普遍的公平原则相符合时，它将被称为民族的意愿。因此，第三等级的代表数量应该同其他两个等级代表之和相等。第三个问题是每个等级是否只能在自己内部挑选代表。在这个问题上，内克则主张完全的自由。

作出的决定刊登在《1788年12月27日在凡尔赛举行的国王的参政院会议结果》中。召集三级会议的御旨和选举规则在1个月后，即1789年1月24日公布了。但是，按人头还是按等级进行表决的问题仍然悬而未决。

选举活动在充满激情和效忠国王的气氛中,同时也是在严重的社会危机中展开了。失业问题严重。1788年的收成很差,粮荒威胁迫近。1789年初的几个月中"人民的不安"加剧,粮荒引起的骚乱在许多省份发生。城市人民要求对粮食实行限价。他们有时举行暴动,1789年4月28日巴黎雷维庸彩色壁纸工场工人的暴动就是一例。社会骚动与政治骚动重合在一起,它常常能说明政治骚动的原因。

在教堂里宣布的选举规则声称:"陛下嘱望,无论是在王国的边陲还是在最为闭塞的地区,每个人都能确信把自己的愿望和要求转达给他。"

这种嘱望被人当作了把柄。第三等级借此鼓动舆论,政治性论著大量涌现,出版自由在默许下建立起来。小册子、檄文、论著以及法律界人士、教士,尤其是中等资产阶级的著作成倍增加。无论在外省还是巴黎,整个政治、经济和社会制度都受到剖析、批评和重新设计。在阿腊斯,罗伯斯庇尔发表了《对阿腊斯全民的呼吁》;在鲁昂,图雷发表了《告善良的诺曼底人书》;在埃克斯,米拉波发表了《对普罗旺斯全民的呼吁》。

在巴黎,早以其《论特权等级》而驰名的西埃耶斯在1789年1月发表了他的小册子《什么是第三等级?》。这本书获得了巨大成功:"什么是第三等级?一切。在此之前它是什么?什么也不是。它要求什么?有所作为。"

著名的作家、政论家以及无名的作者纷纷发表评论、公开信、感想录、建议书或规划。塔尔热写了《致三级会议的信》。卡米耶·德穆兰在激烈的檄文《自由法兰西》中,主张建立一个既没有卖官鬻爵,也没有世袭贵族和税收特权的法国:"好吧!对,这件好事就要全部实现了,人间的任何势力也不能阻止它。这是哲学、自由和爱国主义的崇高结果啊!我们是不可战胜的。"

这些宣传作品都出自资产阶级人物之手,反映了有产阶级的愿望。他们之所以要打倒特权是由于特权与他们的利益格格不入。劳动阶级、农民、小手工业者的命运并不被他们放在心上。然而,有一些人却关注人民的苦难，例如迪富尔尼的《第四等级的陈情书》所表现的观点。这在当时虽然非常罕见，但却已经预示着：自由派资产阶级建立的制度处于反革命和对外战争的威胁而势将垮台之际，无套裤汉群众将登上政治舞台。

政府制定了一套自由主义的"选举规则"。选区按巴伊管区和塞内夏尔管区划分。特权等级的成员到首府集合，组成僧侣选举大会和贵族选举大会。僧侣选举大会中包括主教、修道院长和参加教士会议的所有教士。他们都属于履行教规的或在俗的教会团体和会门。这些教会团体或会门享有年金，所有教士几乎都拥有薪俸或封地。贵族选举大会则包括一切拥有封地的贵族。参加僧侣选举大会的还有所有教区神甫，这保障了下层僧侣的大多数。第三等级的选举规则较为复杂。组成第三等级的所有居民，包括法国人和加入法国籍者，凡年满 25 岁以上，有固定住所和在纳税簿上有名者都有选举权。在城市，选举人先按行会集合，不属任何行会的人则按居住区集合。每百名选民中指定 1 至 2 名代表，这些代表再组成全城第三等级选举大会，负责选出行政管区的第三等级选举大会代表。最后再由行政管区的选举大会选出出席全国三级会议的代表。在农村，居民们按教区组成大会，按每200 家出两名代表的比例指定出行政管区的第三等级选举大会代表。所有选举大会都起草陈情书。

1789 年 1 月 24 日的选举规则有利于资产阶级。第三等级的代表都是经间接选举产生的：在农村是两级选举；在城市是三级选举。尤其是，选举大会的表决使用点名的方式，在大会讨论起草陈情书之后进行。这样，资产阶级中最有影响、最善于辞令的人（通常是法律界人士）便有把握控制辩论，左右农民和手工业者。第三等级的代表全由资产阶级组成，任何一个农民，任何一个城市人民阶层的直接代表也未能出席三级会议。

选举活动进行得十分缓慢，选举大会的集合是平静的。然而僧侣选举大会却因神甫们的强烈情绪而出现了某些混乱：人多势众的神甫极力主张只选举爱国者为代表。贵族选举大会中存在着对立的两派：乡居贵族和部分具有自由主义倾向的大领主。第三等级的选举大会充满着庄严、有时甚至是隆重的气氛,尤其是农民的选举大会,它往往是在教堂里举行的。

每个选举大会都起草一份"陈情书"。僧侣等级和贵族等级在各选区各自只有一个选举大会,所以各起草一份陈情书,由本等级代表转递到凡尔赛。第三等级各行政管区的选举大会起草的陈情书是各教区和城市陈情书的融合(城市的陈情书则是各行会和住区陈情书的汇总)。陈情书远非都具有独到见解,许多起草人都是受了本地区流传的小册子的影响。各选区流传着陈情书的范本。在卢瓦尔河地区的陈情书中可以看到拉克洛《引论》的影响。《引论》是受爱国党的领袖之一奥尔良公爵的要求而写的。有时,同一个显贵、神甫或书记官为几个相邻的教区起草陈情书。某些名人的作用也很显著:弗朗索瓦·德·纳夏托为孚日山区的维施雷起草的陈情书对另外 18 个起草人都有启发。

保留下来的陈情书有近 6 万份,这为我们提供了反映法国旧制度末期的广阔画面。直接来源于人民,即农民和手工业者的陈情书最富有自发性和独创性,尽管它们往往是根据某种范例写成的或只是罗列了一大堆个人抱怨。总陈情书,即行政管区的陈情书非常值得关注。在总共起草的 615 份中现存的还有 523 份。第三等级的陈情书并没有反映整个等级的看法(教区陈情书中那些资产阶级不感兴趣的条文常常被删掉了),它只代表资产阶级的观点。贵族和僧侣的陈情书的重要特点是:除了少数几份由神甫或教会团体起草外,这些等级没有下层的陈情书。

3 个等级的陈情书都一致反对专制主义。教士、贵族和资产阶级要求:制定一部宪法以限制王权;建立一个全国代表机构以表决捐税,制定法律;把地方行政下放给遴选的省三级会议。三个等级还一致要求重整税收制度,改造司法和刑事立法;保障个人自由和出版自由。但是,僧侣的陈情书对特权问题保持缄默,对于信仰自由即便不反对也只字未提。贵族的陈情书一般都顽固地维护按等级表决的方式,认为这是保障特权的最好办法。纳税平等虽被接受,但多数陈情书反对权利平等和向所有法国人开放一切职务。第三等级全体要求实现完全的公民平等,废除什一税,取消封建权利。对于这一点,许多陈情书只满足于要求赎买封建权利。

不仅 3 个等级之间在许多重大问题上存在冲突，各等级内部也同样有冲突发生。神甫们对主教和教会等级群起而攻，抨击宗教圣职之繁多，强调自己薪俸之微薄。乡居贵族反对宫廷贵族，谴责他们把持国家高位，妄自尊大。第三等级的陈情书可以反映出不同阶层在利益和思想方面的细微差别。对于取消公共牧场和分割共有地的各项敕令，反对态度并非一致。在行会问题上，师傅的意见占了上风：在 31 个城市的行会所起草的 943 份陈情书中（185 份是自由职业者的，138 份是工匠和商人的，618 份是行业团体的），只有 41 份赞成取消行会制度。反对取消行会制度的势力在大城市中表现尤为强烈。因为在大城市中，竞争日渐明显，而行会师傅不愿参加竞争。然而，很大一部分陈情书表达了商人和工业家的意愿，包括他们对法英贸易协定恶果的抗议和各生产部门对需求的陈述。

如同在陈情书中的要求一样，选举结果也表明爱国党善于在社会各阶层中争取力量。

僧侣中共选出代表 291 名，其中 200 名以上是主张改革的神甫。在这些自由派教士中，南锡行政管区的代表格雷古瓦修士后来最为著名。还有一些高级教长也怀着改革之心来到凡尔赛，如埃克斯的大主教布瓦日兰、波尔多的大主教尚皮翁·德·西塞和奥顿的大主教塔莱朗-佩里戈尔。旧制度的保卫者们则在才华出众的宣传家莫里修士和等级特权精明的卫道士孟德斯基乌修士门下集合起来。

在 270 名贵族代表中，顽固坚持特权的“特权派”占了上风。其中最反动的并不是出身最高贵的：高等法院参士代普勒梅尼是穿袍贵族的代言人；卡扎莱斯是个龙骑兵军官，出身南方小贵族。贵族代表中还有接受自由主义思想的大领主。作为哲学家的保护人或信徒和美国独立战争的志愿参加者，他们准备与第三等级携手合作。在这 90 名代表中首屈一指的是拉法夷特侯爵，他在里奥姆好不容易才当选。其次还有诺阿耶子爵、克莱蒙-托内尔伯爵、拉罗什富科公爵和埃吉荣公爵。

第三等级的代表有 578 名之多，其中近一半是法律界人士，他们在选举中曾大显身手。律师有 200 名左右,穆尼埃和巴纳夫在格勒诺布尔当选,佩蒂翁在夏特勒当选,勒夏普利埃在雷恩当选,罗伯斯庇尔在阿腊斯当选。商人、银行家也不少,有近百名。50 多个富有地产主是农村资产阶级的代表。但是,农民和手工业者中没有任何人能够当选。第三等级代表中还有些是科学家(天文学家巴伊)、作家(沃尔内)、经济学家(杜邦·德·内穆尔)和新教牧师(在尼姆当选的拉博·圣艾蒂安)。最后,第三等级还选举了几个背叛特权等级的人作为自己的代表:如埃克斯和马赛的米拉波、巴黎的西埃耶斯修士。

特权等级来到凡尔赛时已经陷于严重分裂。僧侣与贵族的敌对、乡居贵族与自由派大领主的矛盾使得头两个等级的 561 名代表不可能团结一致地保卫特权。在他们的对面,资产阶级意识到自己的权利和利益,成为整个第三等级的先驱。资产阶级的代表有文化,能力强,为人正派,对本阶级及其利益深信不移。在他们眼中,资产阶级的利益和全民族的利益是一回事。合法的革命主要是他们的集体成就。

2. 合法的冲突(1789 年 5—6 月)

选举已清楚地表明了全国的意志。但是,王权若要满足第三等级的意愿就不能不自动让位,并自己拆毁旧制度的社会结构。作为贵族阶级的天然支柱,王权决然地走上了反抗的道路。

5 月 2 日,三级会议的代表觐见国王。从这时起,宫廷就表现出它执意要保留等级之间的传统差别。对于僧侣代表,国王在议政室单独进行了接见。对于贵族代表是按照惯有仪式公开进行接见的。然而,国王对第三等级代表的接见则安排在寝宫里进行,让他们灰溜溜地列队而过。按照礼仪,第三等级的代表都身着式样单调无华的黑色礼服、丝绸外套和细麻布领带;然而贵族的黑色装束则是佩有金色饰物的短上衣和丝绸外套,还有带花边的领带和亨利四世式的翘羽帽。

开幕式在 1789 年 5 月 5 日举行。路易十六用戚戚哀哀的声调告诫代表们要谨防任何图新精神。敌视新生事物的掌玺大臣巴朗坦接着作了一篇空洞的演说。最后,内克终于在一派肃静中起身发言。然而,他历时 3 小时的报告只限于财政问题,没有任何政治纲领,也丝毫没涉及按等级还是按人头表决的问题。第三等级的改革愿望深受挫伤,最后闷闷离去。在三级会议第一次会议召开的当晚，特权等级与第三等级之间的冲突已不可避免。王权已经同意了第三等级代表的加倍，它不想再进一步妥协了。然而王权也不敢采取公开支持特权等级的立场。假如当时王权能够满足第三等级的亦即民族的要求，它便会作为民族的王权而获得新生，并且延续下去。但是，王权犹豫不决，错过了这个有利时机。面对王朝的踌躇不前，第三等级开始认识到只能依靠自己了。如果仍保持按等级进行评议和表决，代表的加倍便失去了任何意义。按等级进行表决无异于第三等级的毁灭，在许多涉及特权的问题上，第三等级都可能遭到前两个等级的联合反对。相反，假如采取共同评议和表决的原则，第三等级坚信下层僧侣和自由派贵族会加入自己一方，使自己拥有绝对多数。这个问题至关重要，在 1 个多月里，它成了三级会议辩论的主题和全国注意力的中心。

从 5 月 5 日晚起，同一省的第三等级代表便开始接触。集合于勒夏普利埃和朗热内周围的布列塔尼代表表现得尤为活跃。一种共同的意志应运而生。第三等级的代表在 1789 年 5 月 6 日的讨论中打出了"众议院代表"的称号，拒绝按等级组成单独一院。第三等级的头一个政治行动便具有革命的性质：众议院不再承认传统的等级划分。但是，贵族等级以 141 票对 47 票否决了按人头表决的方式，并开始了代表资格的审查工作。僧侣等级也仅以 133 票对 114 票的多数拒绝作任何让步。

这个问题的重要性如此突出以至有关各方不可能达成相互妥协。或者是贵族（在前两个等级中主要是贵族在起作用）让步，这意味着特权的终结，新时代的开始；或者是第三等级认输，这意味着旧制度将继续下去，三级会议召开所激发的希望归于破灭。众议院代表心里对此很清楚，他们同米拉波一样认为，只要他们"坚定不移，就可以使敌人望而生畏"，舆论是支持他们的。僧侣等级在以格雷古瓦修士为首的一部分下层僧侣的影响下开始发生了动摇。

1789 年 6 月 10 日，在西埃耶斯的要求下，众议院决定进行最后的交涉。它提出，请代表们来三级会议大厅共同审查代表资格。到那一天，要对所有应召出席的行政管区进行总点名。"无论特权等级的代表出席与否",资格审查工作都要进行。这一敦促于 6 月 12 日传达到僧侣等级,它答应要"以最认真的态度"审议第三等级的要求。至于贵族等级,它只满足于宣布将在本等级会议上讨论此事。当天晚上,第三等级着手进行所有应召出席的行政管区代表的总点名,以便共同审查代表资格。特权等级的壁垒开始瓦解了:6 月 13 日,普瓦提埃行政管区的 3 名神甫在点他们名时答了到。14 日又有 6 名僧侣,其中包括格雷古瓦修士对点名答到。16 日答到的又有 16 人。第三等级感到胜利在望,它决心勇往直前。

6 月 15 日,西埃耶斯请求代表们"立即着手组成议会"。这个议会至少代表全国 96% 的人口,它能够着手进行国家期待于它的事业。西埃耶斯建议放弃三级会议的名称,因为它已有名无实,而改用"经法兰西民族承认和审查的代表大会"的名称。穆尼埃较尊重法规,他建议的名称是:"由国民大多数代表所组成的、在少数人缺席的情况下发挥作用的合法大会"。米拉波主张用一个直截了当的提法:"法国人民代表"。最后,西埃耶斯选择了贝里代表勒格朗的提议:"国民议会"。1789 年 6 月 17 日,众议院以 490 票对 90 票的多数通过了西埃耶斯的提案,发布了"关于建立国民议会的声明"。紧接着,众议院通过了一项关于保障税收和公债利息管理的法令。这样,第三等级代表便以国民议会自居,并且赋予自己批准税收的权利。立宪派资产阶级曾申明征税应得到国民的同意,这是含蓄地用纳税人罢缴威胁政府。而后,它又对国家的债权人进行安抚。这些做法意味深长。第三等级的态度削弱了僧侣的反抗,使它首先让步。6 月 19 日,僧侣以 149 票对 137 票通过决议:在全体大会上对自己的代表资格进行最后审查。同一天,贵族向国王呈递一份抗议:"假如我们保卫的权利纯粹属于我们自己,假如这些权利只关系到贵族,我们便不会以这样大的热忱去争取之,不会以这样的坚韧性去维护之。陛下,我们所保卫的不只是我们的利益,这也是您的利益和国家的利益,这归根结蒂也是法国人民的利益。"

在贵族反抗的鼓舞下和亲王们的影响下,路易十六决心负隅顽抗。6 月 19 日,参政院决定取消第三等级的决议。为此,要召开一次全体会议，国王将要在会议上宣布他的旨意。在此之前，为了防止僧侣等级按照它的决议与众议院合席，国王借口进行必要的修缮下令关闭了三级会议大厅。

6月20日清晨，第三等级的代表发现默尼大厅四门紧闭，他们便在吉约坦代表的指引下转移到附近的网球场大厅。大会由巴伊主持。穆尼埃宣布："国民代表们的权利与尊严遭受了侵犯，他们百倍警惕一切险恶阴谋和唆使国王采取有害措施的企图。因此，他们应该以一项庄严的誓约把自己同公众命运和祖国利益结合起来。"

在一派群情激昂的气氛中，所有代表（除一人外）都参加了"网球场宣誓"，坚定地表明了众议院的改革意志：众议院决心"在制定宪法并使其建立在牢固基础上之前决不解散，并根据情况在任何地方集会"。

原定于6月22日举行的御临会议被推迟到第二天，为的是拆除会场上的公众席，防止发生示威。这一间隙被众议院所利用。22日，僧侣等级执行了19日的决议，与在圣路易教堂议事的第三等级汇合一处。多菲内的两名贵族代表也加入进来，受到最热烈的鼓掌欢迎。贵族等级是否也将让步呢？

1789年6月23日的御临会议是国王和贵族的一次失败。路易十六旨令3个等级分院议事，并撤销了第三等级的决议。他同意税收平等，但特意保留了"什一税、封建领主的地租和权利"。国王最后威胁道："如果你们在这项如此美好的事业中背弃我，我将单独为我的人民谋求福利。我现在命令你们立即解散，并于明晨在为各等级准备的大厅继续讨论。"

第三等级原地不动。贵族等级和一部分僧侣离席而去。第三等级对司仪官重申国王命令不予理会，它再一次阐明以前的决议，并宣布其成员不可侵犯。第三等级比在6月20日走得更远，它公开反叛王权。国王一度打算动用武力，他命令御林军驱散代表。归附于第三等级的贵族代表表示反对，拉法夷特等人扶剑在手。路易十六终于不再坚持。第三等级控制住了局势。

从此以后，第三等级节节取胜。6月24日，大多数僧侣加入国民议会，与第三等级合为一体。第二天，以奥尔良公爵为首的47名贵族代表也效法此举。国王决定对他未能阻止的做法加以认可。6月27日，他写信给那些少数僧侣和大多数贵族，要求他们也加入国民议会。

1789年6月23日这一天标志着大革命一个重要阶段的开始。路易十六本人在御临会议的声明中已经接受了由三级会议表决税收，还批准了保障个人自由和出版自由。这意味着承认立宪政府的原则。命令三个等级合庭议事，国王便走上了新的让步道路。从此以后，三级会议不复存在，国王的权威被置于国民代表的控制之下。但是，国民议会的目的是在合法地摧毁旧制度之后重新进行建设。7月7日，国民议会创立了一个制宪委员会，7月9日，它又自行命名为国民制宪议会。合法的革命在未求助暴力的情况下大功告成。但是，当国王和贵族似乎接受了既成事实的时候，他们却决定诉诸武力，以迫使第三等级屈服。

Ⅱ. 人民的革命（1789年7月）

1789年7月初，合法的革命已告完成。由于第三等级和下层僧侣代表与贵族自由派之间的联盟，民族主权在法律上取代了王权专制主义。人民尚未登上政治舞台。在反革命的威胁之下，人民的介入使资产阶级革命最终取得胜利。在王权和贵族等级看来，动用军队的确是唯一可行的解决办法。路易十六在他命令特权等级加入国民议会的前一天就决定把2万军队调到巴黎和凡尔赛周围。宫廷的目的在于解散国民议会。

从5月份以来，人民群众一直十分警觉。全国都关注着凡尔赛的动态。代表们定期向选民们汇报政治情况。这期间仍然是资产阶级起着主导作用。在巴黎，进行过代表提名的407名选举人于6月25日集会，组成了一个非官方的市政府。在鲁昂和里昂，陷于瘫痪的旧市政府中加入了选举人和显贵。地方政权转到了资产阶级手中。当宫廷明显要动武时，至少有一部分上层资产阶级设法组织抵抗。出于这个政治目的，他们发动了巴黎众多的手工业者和小商贩。在整个革命时期，这些小资产阶级都是起义的骨干力量。帮工和工人跟随他们行动。三级会议的召开在这些群众中激发了改天换地的巨大希望。然而贵族阶级却处处阻止这种革新。贵族起初反对第三等级代表的加倍，后来又反对按人头进行表决。这些都加深了一种看法，即贵族将会顽固地保护它的特权。于是，产生了存在某种"贵族阶级的阴谋"的想法。非常自然，人民主张在贵族尚未发动进攻时，先发制人地投入反对民族之敌的斗争。

经济危机促进了群众的发动。1788 年的收成特别坏。从 8 月份起，面包价格开始上涨。内克下令从外国购进粮食。在葡萄产区，由于 1778 年以来的滞销危机，种植者对面包涨价更为敏感。酒价则下跌到最低水平。收成不佳和产品滞销产生了同一后果：群众的购买力下降。农业危机接着又波及到工业生产，而工业生产在此之前已经遭受着 1786 年贸易协定的不良影响。生活费用不断上涨的同时，失业现象大为加剧。在生产停滞或萎缩的情况下，工人们争取不到增加工资。1789 年，巴黎一个工人每天挣 30 至 40 个苏。7 月份每磅面包卖 4 个苏，在外省可卖到 8 个苏。人民把饥荒归咎于征收什一税者、收取实物地租的领主以及搞粮食投机的商人。他们要求采取征调和限价措施。饥荒和物价上涨所引起的骚乱自 1789 年春天已发生过多起，到 7 月份则成倍增加。此时正值收获前夕，危机已经发展到顶点。

在人民心目中，贵族的阴谋和经济危机是紧密相联的。他们谴责贵族囤积粮食以向第三等级发难。于是群情慷慨激昂起来。人民不再怀疑，国王准备以暴力驱散给他们带来希望的国民议会。爱国者揭露政府企图挑动巴黎人闹事以便使集结在首都四周的军队，尤其是外籍兵团进兵。马拉在 1789 年 7 月 1 日发出了一篇题为《告人民书或大臣们已暴露无遗》的檄文：

> "啊，我的同胞们！你们每时每刻都要注视着大臣们的行动以便决定自己的行动。他们的目的是解散我们的国民议会，他们唯一的手段是发动内战。大臣们在挑动骚乱！……他们在你们周围安置了由士兵和刺刀组成的可怕机器！……"

1. 巴黎的暴动：7 月 14 日和攻克巴士底狱

国民议会对形势的严重性不可能视而不见。7 月 8 日，根据米拉波的报告，它决定向国王呈交一份请愿书，要求调离军队："为什么一个受 2 500 万法国人爱戴的君主会不惜耗费巨资，调几千个外国兵来维护王座呢?"7 月 11 日，国王通过掌玺大臣回答说，军队只是用来镇压，更确切地说是预防新的骚乱的。路易十六在当天便把内克解职，召公开的反革命分子布勒特伊男爵为大臣，同时任布罗格利元帅主持军政，这使形势急转直下。巴黎人民的干预挽救了束手无策的国民议会。

7 月 12 日下午，内克被解职的消息传到巴黎，像灾难一样降临在人们头上。人民预感到，这只是朝反革命道路上所走的第一步。对食利者和金融家来说，内克的去职无异于新的财政破产已经临头。经纪人马上汇集到一起，并决定关闭交易所以示抗议。在一天里，贴现银行的股票下跌了 100 锂：从 4 265 锂下降到 4 165 锂。游艺场所全部关闭了，还出现了一些自发的集会和游行示威。在鲁瓦亚尔宫，卡米耶·德穆兰对人群发表了鼓动演说。一队示威者在杜伊勒利宫花园与朗贝克亲王统领的王家德意志禁军发生了冲突。消息传来，警钟长鸣，军火商店被一抢而空，人民开始武装起来了。

7 月 13 日，国民制宪议会宣布它对内克和被解职的大臣们怀有"敬意和挽惜之情"，并宣布现任大臣们应对当前的局面负责。然而，国民制宪议会在武力的威胁面前仍处于束手待毙的境地。

与此同时，一个新的政权正在形成。7 月 10 日，第三等级的选举人再一次在巴黎市政厅集会，表示了"尽早使巴黎城建立起一支资产阶级自卫军"的意愿。在 12 日晚一次新的会议上，他们通过了一项决议，并于 13 日清晨发布。该决议的第 3 条提出建立一个"常设委员会"；第 5 条提出了一项设想："各区制定一份包括 200 名知名的和能够使用武器的公民名单。这些人将组成一支'巴黎民兵'部队，保护公共安全。"这实际是一支"资产阶级"民兵，用来保卫一切有产者，使之不仅能抵御王权及其军队的逞凶，而且能防止那些被视为危险因素的社会阶层的威胁。7 月 14 日上午，巴黎的代表在国民议会上宣称："资产阶级民兵的建立和昨天采取的措施使全城一夜平静无事。资产阶级民兵曾连续解除了一些自行武装者的武器，并使他们遵纪守法。"

7月13日白天，动乱再度兴起。人们成群结队在巴黎四处穿行，寻找武器，并威胁要搜查贵族们的府第。他们还开沟挖壕，修筑街垒。蹄铁铺的工人们从清晨就开始锻造枪矛。然而人们所需要的是火器。人群曾向巴黎行政官索取，但一无所获。下午，受命撤出巴黎的法兰西保安军拒绝服从命令，并转到市府帐下听候调遣。

7月14日，人们要求全面武装。为了得到武器，人群涌向残废军人院，在那里夺取了3.2万支枪，而后又直奔巴士底狱。巴士底狱的围墙高30米，护城河宽25米。尽管守卫它的只有30名瑞士雇佣兵和他们带领的80名老弱残兵，人民的进攻却对它奈何不得。市郊圣安托万的手工业者得到了法兰西保安军和相当数量资产阶级民兵的增援。资产阶级民兵拉来了5门大炮，其中3门对准城堡的大门轰击。这一决定性的行动迫使要塞司令洛内投降，他下令放下吊桥，人民一拥而入。

在凡尔赛的国民制宪议会一直焦虑不安地关注着巴黎的事态。14日这一天，有两个代表团被派去要求国王作出些让步。不久便传来了巴士底狱被攻克的消息。路易十六将何去何从呢？压服巴黎必须要经过艰苦的巷战。包括利昂库尔公爵在内的一些自由派大领主劝说国王：为了王权本身的利益把军队调开。路易十六决定等待时机，遂于7月15日亲赴国民制宪议会宣布撤离军队。

巴黎的资产阶级借助人民的胜利夺取了首都的行政权力。市政厅的"常设委员会"改名为巴黎"市府"，国民制宪议会代表巴伊当选为市长。拉法夷特被任命为资产阶级民兵即不久后称为"国民自卫军"的司令。国王不仅于7月16日同意重新召回内克，而且还在17日来到了巴黎，从而实现了进一步的退却。国王以亲赴巴黎的举动对7月14日起义的结果加以认可。在市政厅，他受到巴伊的欢迎。巴伊向他呈交了象征"君主与人民之间庄严、永恒联盟"的三色帽徽。路易十六神情激动，费劲地讲出这样的话："我的人民可以永远信赖我对他们的爱戴。"

贵族深感君主的大势已去,其首领宁可流亡国外也不愿再与作出如此让步的王权休戚与共。阿尔图瓦伯爵于 7 月 17 日清晨携同子女和仆从出走荷兰;孔代亲王以及全家不久也步他后尘;波利尼亚克公爵夫妇去了瑞士;布罗格利元帅投奔了卢森堡。流亡运动开始了。

1789 年 7 月的这几天过后,王权被大大削弱了,而巴黎的资产阶级却强盛起来。它成功地在首都建立了自己的政权,迫使国王承认它的至高无上。7 月 14 日固然是资产阶级真正的胜利,但它更是自由的象征。这一天不仅标志着一个新兴阶级掌握了政权,也标志着以巴士底狱为代表的旧制度彻底崩溃了。从这个意义上讲,7 月 14 日这一天为所有被压迫人民开辟了广阔的前景。

2. 城市的暴动(1789 年 7 月)

借助代表们的书信联系,外省也同首都一样以焦虑的心情关注着第三等级与特权等级斗争的进展。内克被解职在外省激起了与巴黎同样的波动。攻陷巴士底狱的消息自近而远,从 16 日至 19 日传遍全国,激发起高昂的热情,并使自 7 月初以来在某些城市出现的运动加速发展起来。

"市政革命"实际持续了一个月。7 月初,在鲁昂出现了由粮食短缺引起的骚动,继而发生市政革命。到 8 月,奥施和布尔日也实现了市政革命。在第戎,市政革命的爆发是由内克被解职的消息引起的。蒙托邦的市政革命则是由攻陷巴士底狱的消息激发起来的。

市政革命的彻底程度因地区而异,它们的特点也不尽相同。一些城市的革命很彻底:有的旧市政府被暴力推翻(如在斯特拉斯堡);有的城市虽然保留了旧市政府的职能,但把它置于一个委员会中,使它处于少数地位(如在第戎和帕米埃);还有的城市把市政府的权能压缩为"一般警察",由一个委员会负责革命事务(如在波尔多)或对行政进行经常性干预(如在昂热和雷恩)。另一些城市的革命是不彻底的,旧政权与革命政权同时并存。例如在诺曼底的某些城市,瞻前顾后的态度很突出。有时,这种二元现象反映了不同因素之间的对立,任何一方也不能完全战胜对方。这种对立在麦茨和南锡表现为社会对抗,在蒙托邦和尼姆则表现为社会对抗加新旧教徒之间的宗教敌对,在利莫日表现为个人之间的对立。还有一些城市的市政革命之所以不彻底是由于只取得了一时胜利，例如在里昂和特鲁瓦。那里的爱国者在7月份获胜后又被旧制度的反攻所打败。最后，还有部分城市始终没发生过市政革命。这或是由于旧市政府得到了爱国者的信任（如在图卢兹），或是由于旧市政府拥有军队和法院的支持（如在埃克斯）。市政革命的不同表现与旧制度下多样化的市政结构以及不同社会力量之间的对抗作用有关系。在弗朗德勒地区，运动的规模很小。资产阶级提出的要求具有政治性；人民提出的要求具有社会性。这两种要求提出的时间不相吻合。总的看来，市政革命在北部和南部表现得不很显著。这些地区的城市往往以资产阶级为主导，或是设置执政官之地。另外，城市公社传统比较牢固。在塔布和图卢兹，旧市政人员基本能够代表市民的各个阶层，因而爱国者们无需排除他们。在波尔多和蒙托邦却相反。在那里，君主制早已把公社自治消灭殆尽。因此，没有任何代表性的市政官员被一扫而光。

随着市政革命而产生的国民自卫军同样具有多样性。最常见的是：新的市政委员会仿效巴黎的做法，急忙组织起资产阶级自卫军，以便维持秩序。有的城市（如昂热），国民自卫军是由旧市政府创建的，而后由这个更具有爱国倾向的自卫军施加压力，促成市政委员会的建立。在图卢兹，没有经过市政革命就组成了一支国民自卫军。在阿尔比，自卫军则只是旧制度下早已存在的民兵的变种而已。

无论这场市政革命的形式如何，其后果在各地都是同样的：王权消逝，中央集权不复存在，几乎所有监察官都弃职而去，捐税的征收暂告停止。当时有一个人写道："国王没有了，高等法院没有了，军队、警察都没有了。"各新市府接管了政权。长期饱受专制主义刁难的地方自治得到了自由发展，城市生活重新活跃起来。整个法国都市营化了。

市政革命在许多地区的社会表现值得重视，它是由贫困和生活必需品昂贵所引起的。城市人民期待废除间接税和对粮食贸易实行严格管理。在雷恩，新市府上任后马上担负起寻找小麦储备的职责。在冈城，为了平息众怒，市政官员下令降低面包价格。然而他们也组织起资产阶级自卫军以防不测。在蓬图瓦兹，一场因粮食引起的起义被从巴黎撤回的一团军队所制止。在普瓦西，一个被怀疑搞囤积居奇的人成为人民骚动的众矢之的，多亏一个国民议会代表出面才使他得以活命。在圣日耳曼昂莱有一个面粉场主被人杀死。另外，弗朗德勒地区的关卡办公处被洗劫一空。7 月 26 日，凡尔登的起义人民焚烧了入市税征收处的围栏，并使一些被怀疑储藏粮食的房舍受到威胁。军区长官恳请资产阶级组成城镇民兵以恢复秩序，然而他也不能不作出让步，降低面包价格。在流亡路上的布罗格利元帅恰巧落入这场急风暴雨的包围。多亏卫戍部队的帮助，他才从人民的狂怒中逃脱出来。

对贵族阴谋的担心确实加重了外省的紧张气氛。任何风吹草动都显得可疑。运输受到监视，马拉客车遭到盘查，外出或流亡半路的大人物被扣留起来。在边界一带流传着外国入侵的消息：皮埃蒙特人准备进犯多菲内！英国人就要占据布雷斯特了！全国上下都在焦虑地等待。不久，大恐惧发生了。

3. 农村的暴动：大恐惧(1789 年 7 月底)

在选举过程中，农民曾经历过一个慷慨激昂的时期。当各等级间的冲突进行时，他们多少有些焦急地等待着人们对自己所倾诉的苦衷作出答复。资产阶级已经通过一场骚乱夺取了政权。农村的人民难道还要再等待下去吗？他们的要求还没有一条得到满足，封建制度依旧存在着。同在城市中一样，"贵族的阴谋"这种提法也在农村传播开来。

经济危机使不满情绪更加强烈。饥荒令人不堪忍受，许多农民的收成不足糊口。工业危机波及到那些乡村工业普遍的地区，失业大大增加。失业与饥荒使乞丐和流浪者数量猛增。春天，这些人成群结帮地出现。"对强盗的恐惧"加剧了对贵族阴谋的担心。经济危机使受苦人的数量增多，使农村更加不安全。同时，它也激发起农民的愤怒，促使他们把矛头对准领主。

土地暴动大有一触即发之势。整个春天，在普罗旺斯、康布莱齐、庇卡底、甚至巴黎和凡尔赛近郊等地区都发生过骚动。7 月 14 日的事件产生了决定性影响。在诺曼底的博卡日、在诺尔省的斯卡普河附近至桑布尔以南，以及在弗朗什-孔泰和马孔总共发生了 4 起暴动。这些土地暴动首先是针对贵族阶级的，农民们要求废除封建捐税。为达此目的，最可靠的办法就是把城堡连同贵族的档案文书一起焚毁。

1789 年 7 月底，"大恐惧"使这种反抗运动形成不可抗拒的浪潮。自 7 月初起，从巴黎和凡尔赛传来的消息被歪曲和无限夸大。并且，它越是沿村广泛流传越是不断产生新的反响。土地暴动、经济危机、贵族的阴谋、对强盗的惧怕，所有这些现象的后果汇集到一起，造成一种恐慌的气氛。流言蜚语在惊恐万状的人们中不胫而走：匪帮在渐渐逼近，他们割走未成熟的麦子，烧毁整个村庄。为了应付这些想象中的灾祸，农民们用长柄镰刀、木叉、猎枪等武装起来。报警的钟声使险情越来越近，恐慌的波及面则越来越广。

国民制宪议会、巴黎和报界对此感到震惊。米拉波在第 21 期《普罗旺斯邮报》上撰文，怀疑传播这些假警报是自由的敌人所为，并建议人们保持镇定与谨慎：

> "在这危难时刻，笃信和夸大凶险新闻成为一种普遍习性。没有什么比这更使观察家感到震惊。仿佛逻辑本身已不在于计算可能性的程度，而在于把最不着边际的传言当作真实性。于是，这些传言便编造出行凶事件，以阴暗的恐怖刺激人们的想象。我们宛如一群孺子，越是可怕的故事越是认真去听……"

最初的恐慌发生在 6 个地区：农民暴动之后的弗朗什-孔泰、香槟、博韦齐、曼恩、南特地区和吕费克地区。从 7 月 20 日到 8 月 6 日，这种恐慌迅速蔓延，很快发展到法国大部分地区，只有布列塔尼、洛林与阿尔萨斯以及埃诺未遭波及。

大恐惧助长了农民暴动。这些恐怖的夸张性实际上很快就暴露无遗了。然而农民仍然保持着武装。他们不再去追寻想象中的强盗，而是涌向领主的城堡，用威胁手段让他们交出那些登记着令人痛恨的封建权利的古老证书，以及那些很久以前使征收捐税合法化的契据，并把这些文件在村子的广场上付之一炬。有的领主拒绝交出文件，农民们便焚毁城堡，把城堡的主人绞死。比较常见的做法是让当地的公证人出面，以证明封建权利是按照规定手续自动放弃的。长期剥削造成的苦难、贫困和生活费用昂贵，饥饿引起的不安，一阵阵夸大其辞的传言，对"盗匪"的恐惧以及对摆脱封建压迫的向往，所有这些因素促成了大恐惧的气氛。大恐惧之后的农村改变了面貌。土地暴动和农民起义把封建制度打翻在地。农民委员会、乡村民兵纷纷建立起来。如同巴黎的资产阶级武装起来夺取市行政权一样，农民们也把武装和地方政权抓在自己手中。

但是，资产阶级和农民之间的敌对很快就出现了。和贵族一样，城市资产阶级也是地产主。他们甚至拥有领地，并以此名义向农民征收通常的捐税。他们感到，恐慌之后出现的农民起义对其既得利益构成了威胁。在当局陷于瘫痪，权威废除殆尽的情况下，他们便起来自己保卫自己。各新市政府的常设委员会和国民自卫军担负起在农村保卫贵族和资产阶级地产主权利的职责。对农民的镇压往往是血腥残酷的。在马孔，农民团伙与资产阶级民兵之间发生了战斗。在社会革命的威胁面前，资产阶级和贵族这些有产阶级的联盟开始形成，其矛头针对那些为争取土地自由而斗争的农民。阶级斗争的这种表现在多菲内尤为明显。那里的资产阶级支持贵族，而人民的同情心却向着起义农民。但是，对农民的镇压并没能改变大恐惧的主要结果。经过 1789 年 7 月的农民起义，封建制度再也没能保存下来。

国民制宪议会注视着事态的发展，但它既无能为力又心慌意乱。它的大多数成员都是资产阶级产业主。他们将承认农村新局面的合法化呢，还是拒绝任何让步，不惜在资产阶级与农民之间划一条不可逾越的鸿沟呢？

Ⅲ. 人民革命的后果(1789 年 8—10 月)

1. 8 月 4 日之夜和人权宣言

对于农村发生的暴动，国民制宪议会一度想要组织镇压。8 月 3 日，它讨论了报告起草委员会提出的一份法令草案。法令草案指出："国民制宪议会了解到有人拒不缴纳地租、什一税、年贡、领主捐和其他捐税。有人手持武器，施行暴力，构成犯罪。他们闯入城堡，夺取契约文书，并在庭院中焚烧……故此，国民制宪议会宣布：在国民制宪议会对各项捐税正式作出决定之前，无论以何理由停缴租税和其他贡赋均属非法。"

但是，国民制宪议会认识到镇压政策的危险性。把统率镇压力量的权力交给王家政府，这对国民制宪议会没有任何益处。政府很可能利用这种力量从事反对国民代表的勾当。尽管立宪派资产阶级对组织镇压犹豫不决，但它又不可能看着贵族被剥夺而不担心自己的财产。于是，它同意作出某些妥协。它承认封建权利是一种特殊类型的所有权，往往是强取豪夺来的，因此对土地捐税的契约文书进行审查是合法的。然而巧妙之处在于：把这项工作交给了一名自由派贵族——全国最大的地产主之一埃吉荣公爵负责。他的干预使特权等级陷于一片恐慌，同时也刺激了自由派贵族的好胜心。这样，革命的资产阶级领袖便迫使国民制宪议会从个人既得利益中解脱出来。

经过这样的准备，8月4日夜晚的会议一开始，诺阿耶子爵便首先发言。作为没有财产的幼子，他建议废除一切纳税特权，取消徭役、永久管业权和其他人身奴役，对物权实行赎买。埃吉荣公爵对他表示热烈支持。这些建议由于大都是让贵族作出象征性而不是实际的牺牲，所以在一派激情中被通过了。此头一开，所有等级特权、省和城市的特权都相继被献到祖国的祭坛上作为牺牲了。狩猎权、养兔权、养鸽权、领主司法权、卖官鬻爵制统统被宣布废除。在一个贵族的建议下，僧侣等级放弃了什一税。第二天凌晨2点钟左右，在这场辉煌宏大的、与过去决裂的仪式结束时，大会宣布路易十六为"法兰西自由的重建者"。专制王权未能实现的国家行政与政治统一现已大功告成。旧制度从此一去不复返了。

实际上，8月4日作出的牺牲主要是迫于形势压力所作的让步，并非自愿地满足农民要求。首先要在外省恢复秩序，平息动乱。米拉波在《普罗旺斯邮报》第26期（8月10日）上写道："国民议会8月4日以后的一切工作都旨在恢复王国内的法律权威，向人民担保幸福，使其立即享受到自由带来的最初好处，以便缓和他们的不安情绪。"

8 月 4 日之夜的决议已经通过,只差形成文件。当需要把这些决议具体化时,国民制宪议会则力图在实践中削弱那些在人民暴动推动下所采取的措施的影响。曾一时沉浸在激情之中的反对派们也开始恢复了镇静,尤其是僧侣,它试图收回取消什一税的决定。"国民制宪议会完全废除了封建制度。"但是,在最终的法令里却塞进了一些特殊的限制。强加于人身的权利被废除了,但依附于土地的权利被宣布可以赎买。这意味着承认征收封建捐税是以领主和租地农民之间以前所订契约为依据的。农民得到了解放,但他们的土地并没有被解放,他们不久便察觉到这些特殊的限制。在完全赎清土地之前,他们仍须缴纳地租。

国民制宪议会在规定赎买方式时条件限制更苛刻。它不要求领主出示其土地权利的任何证明,也不要求他们出示其祖辈与农民订立的任何契约凭据。这样,农民或是由于过于贫穷而不能赎买封建权利和解放其土地,或是由于限制条件太苛刻,即便他们较富裕也不能赎买。于是,封建制度虽然在理论上被废除了,但其主要部分依然保留着。农民群众大失所望,不止一个地方组织起了反抗活动。农民达成某种默契,拒绝缴纳捐税,骚动再一次出现。国民制宪议会的目的并不因此而动摇,它坚持把自己的阶级立法贯彻到底。只是待到立法议会和国民公会的表决之后,农民们才得以看到 8 月 4 日之夜和废除封建制法令的真正结果。

尽管如此,8 月 4 日之夜的结果(由 8 月 5—11 日的一系列法令所确认)仍然具有特别重要的意义。国民制宪议会摧毁了旧制度,等级差别、特权、地方主义被一扫而光。从此以后,所有法国人都享有同样的权利,承担同样的义务,可以从事任何职业,缴纳同样的捐税。国土实现了统一,旧法国重叠的框架被拆毁,地方习惯法和省、市特权也不复存在了。国民制宪议会完成了破旧工作,下一步的问题是立新了。

从 8 月初起,国民制宪议会将此作为主要任务。在 7 月 9 日的会议上,穆尼埃以制宪委员会的名义说明了新宪法应该遵循的原则,并声明有必要在新宪法前面加上一项权利宣言:"一部好的宪法应该建立在人权的基础上并保护人权，应该承认自然正义所赋予每个人的权利，应该重申形成各种社会基础的一切原则。宪法的每一条款都应成为一项原则的结论……这项宣言应该简短、易懂、明确。"

8月1日，国民制宪议会重新举行讨论。由于对起草权利宣言的必要性问题意见不一，在这个具体问题上开展了辩论。几个发言人怀疑搞这样一个宣言是否合适。一些温和派，如马卢埃被动乱吓怕了，他认为制定宣言毫无用处，甚至是危险的。其他人，如格雷古瓦修士希望在权利宣言之外再补充一个义务宣言。8月4日早上，国民制宪议会做出决议：将在宪法前面加上一项权利宣言。宣言的讨论进展缓慢。草案中有关思想自由和尊重公众宗教信仰的条款经过了长时间反复辩论。僧侣代表坚持要求国民制宪议会确认一种国教。米拉波对此表示强烈抗议，他主张信仰和宗教自由。1789年8月26日，国民制宪议会通过了人权和公民权宣言。

宣言对特权社会和君主制的弊端进行了不明言的宣判。故此，它成为"旧制度的死亡证书"。同时，它也吸收了哲学家们的理论，表达出资产阶级的理想，奠定了一个新的社会秩序的基础。这种新秩序似乎不仅仅对于法国，而且对于全人类都是可行的。

2. 9月的危机："显贵革命"的失败

在几个星期里，国民制宪议会承认了人民暴动的结果，它以8月4日之夜的那些决定摧毁了旧制度，以人权宣言开始重建大业。然而，1789年9月的危机却表明：法国的新生并非轻而易举。

财政困难依旧未解决。在凯旋气氛中重任大臣的内克也一筹莫展。捐税征收不上来，一项数额为3 000万锂的公债被抛出后，20天中只有200万被认购。内克彻底失去了民心。

政治困难也加重了。国王对国民制宪议会实行消极抵抗，他虽然在起义面前投降了，但他并不打算批准各项法令："我永远不能同意剥夺我的僧侣和我的贵族。"8月5—11日的法令、人权宣言都没有得到批准：制度的改造仍然悬而未决。除了一场新的人民运动，什么也不能迫使国王批准法令和人权宣言。

制宪过程中的困难使国王在反抗中受到鼓舞。人权宣言通过后马上开始讨论宪法,人权宣言成为宪法的序言。在讨论中分裂加深了,变得无法弥补。人民起义及其结果使一部分爱国党人深感不安,他们打算从此制止革命发展,加强国王和贵族的权力。制宪委员会的报告人穆尼埃和拉利-托朗达尔建议仿照英国,创立一个由国王任命并可以世袭的上院,它将成为特权阶级的堡垒。他们主张国王拥有绝对"否决权",能取消立法部门的决议。主张建立上院和国王绝对否决权的代表被称作"王政派"或"崇英派",他们的愿望同"显贵的革命"趋于一致。

一些爱国派代表强烈反对这种建议。西埃耶斯表示不赞成任何形式的"否决权":

"一个人的意志不应压倒普遍的意志。如果国王能够阻止法律形成,他个人的意志就会压倒普遍的意志。代表大多数人利益的立法权应该独立于行政权。绝对的或搁置的否决权不过是反对普遍意志的密札而已。"

在巴黎,舆论警觉起来了。常去鲁瓦亚尔宫的人们曾试图向凡尔赛进发,以左右国民制宪议会的决议。他们表决了一项提案:"否决权不应属于一个人,而应属于2500万人。"8月31日,他们派出一个代表团来到市政厅,受命要求召开由各县参加的大会,"以便作出如下决议:在各县以至各省的代表发表意见之前,国民制宪议会应中止关于否决权的讨论。"

以巴纳夫、迪波尔、亚历山大和夏尔·德·拉梅特为首的大多数爱国党人反对设立上院。9月10日,建立两院制的提案以849票对89票遭到否决,右翼投了弃权票。爱国党在国王的否决权问题上稍微灵活些。巴纳夫建议授予国王搁置的否决权,以两届立法议会为有效期。9月11日,搁置的否决权以575票对325票被通过。爱国党领袖们做出这种让步是打算使路易十六批准8月的各项法令。然而国王坚持己见,这使爱国党人渐渐感到:有必要再发动一次人民运动。

实际上,经济困难促进了巴黎人民的再次动员。流亡者们携走了一切能带的金钱,因而流亡运动使大量货币流出法国。不仅如此,流亡运动还影响了巴黎的奢侈品工业和贸易活动。失业增加而面包仍然昂贵：每磅 3 个苏以上。收割的谷物还没有打完。到 9 月份，面包商门前出现了长龙，工人们开始示威游行，要求增加工资或得到工作。鞋铺伙计们也在香榭丽舍大街上集合，他们确定工资额，推举一个委员会负责照顾他们的利益，并筹集份子钱接济失业的同行。国民制宪议会在解决粮食流通的问题上软弱无能，巴黎市政厅对首都的生计和供应漫不经心。这些都促进了形势的恶化。马拉在《人民之友报》第 2 期上指出了市府给养委员会的责任：

"今天(9 月 16 日，星期三)，饥荒引起的恐怖再次出现。人民缺少面包，面包商的店铺处于人们的包围之中。在获得了最好的收成之后，甚至在富足的环境中，我们却处于饿死的边缘。不用怀疑，我们已被那些千方百计要消灭我们的叛徒团团包围了。我们之所以遭此灾难不正是由于民众公敌的疯狂、垄断者的贪婪、行政官吏的无能与不忠吗？"

经济危机造成的后果使政治动乱不断扩大。在巴黎，60 个区议会管理着各区，并形成各区的人民俱乐部。鲁瓦亚尔宫成了政治活动分子的总部。爱国者的报刊也发展起来。从 7 月份以来，定期印行的有戈尔萨的《从巴黎到凡尔赛邮报》、卢斯塔洛的《巴黎的革命》、布里索的《法兰西爱国者》。9 月，马拉创立了《人民之友报》。爱国者的政论家们以出版小册子和檄文向人民揭露贵族阶级扼杀自由的计划，说明必须把高级教士和贵族从议会中清除出去。因为他们原是旧制度下各自等级的代表，已没有资格代表国民了。卡米耶·德穆兰发表了《路灯对巴黎人的讲话》。他把沙滩广场上的路灯拟人化，赋予语言的天禀。7 月里，在这个路灯的铁支架上曾从速执行了几次死刑。匿名的檄文与日俱增，表达了普遍的不满情绪。其中有一篇很有意味，题为《1789 年 9 月的为什么》。

9 月底，革命再一次处于危急之中。国王始终拒绝批准八月法令。他开始了进攻的准备，重新把军队集结于凡尔赛。巴黎人民的干预第二次挽救了国民制宪议会和新生的自由。实际上,从 9 月起,当感到革命与旧制度之间一场激烈冲突已势不可免时,议会左翼代表、巴黎记者、区活动分子等爱国者便准备粉碎国王和王政派的顽固反抗了。他们筹划再发动一次起义,让巴黎人民重新表达自己的意志。马拉在 10 月 2 日的《人民之友报》上吁请巴黎人赶在冬天给他们增加痛苦之前采取行动。一份在 9 月创刊的爱国小报《国民之鞭》在第 3 期上发表的文章更为激烈:

> "巴黎人,睁开双眼吧! 醒来吧,从你们的睡梦中醒来吧! 贵族阶级已把你们团团包围,它企图给你们套上锁链,而你们却还在沉睡! 假如不赶快把它消灭,你们就将遭受奴役、苦难与蹂躏。清醒吧! 再说一遍:清醒吧!"

在爱国者们的思想中酝酿出一个设想:如果国王来到他善良的巴黎人民中间,周围陪伴着国民的代表,他就会排除贵族阶级的影响,革命的命运将会得到保障。当人民处于警觉状态时,一个小事端也足以引起骚动。

3. 1789 年 10 月的日子

关于 10 月的日子,其深刻原因在于经济危机与政治危机的后果的相互交织。但引起它爆发的确实是一个偶然的事端:御林军的宴会。1789 年 10 月 1 日,御林军军官在凡尔赛宫举行宴会,欢迎弗朗德勒军团的军官。当国王一家到场时,乐队奏起了"呵,理查,呵,我的国王,世人都离弃了你"的乐曲。宾客们借酒逞威,把三色帽徽扔在脚下践踏,戴上白色帽徽和象征王后的黑色帽徽。

两天以后,消息传到巴黎,人民被激怒了。10 月 4 日星期天,街上聚集了不少人群。在无比激昂的气氛中,鲁瓦亚尔宫表决了一项接一项的提案。爱国派记者们对贵族的这种新阴谋予以严厉谴责。在《国民之鞭》上刊有这样的段落:"从星期一以来,善良的巴黎人想尽办法也搞不到面包了。只有'路灯先生'才能给他们弄到面包。然而他们却对这位善良的爱国者不屑一顾。"饥饿再一次成了人民行动的决定因素。

　　10 月 5 日，一群群从圣安托万区和中央菜市场区来的妇女集合在市政厅前，要求得到面包。然后，她们在门房文书马亚尔的带领下，决定去凡尔赛。其队伍共有六七千人。马亚尔是"巴士底狱志愿军"的统领之一，这支志愿军是由 7 月 14 日的战士们按军队编制组成的。中午前后，警钟敲响了，各区都集合起来。国民自卫军涌向沙滩广场，高喊着："到凡尔赛去！"拉法夷特被迫担任了总指挥。在 5 个小时里，有近 2 万男子也走上了去凡尔赛的路。此时，巴黎的妇女已到达凡尔赛，并派一个代表团去国民制宪议会，然后去见国王。国民制宪议会和国王都允诺给她们小麦和面包。国民自卫军 10 点钟后赶到了凡尔赛。国王为了使反对者平息下来，便正式通知国民制宪议会他同意批准各项法令。于是，人民运动保证了爱国党的成功。

　　10 月 6 日清晨，一群示威者闯入凡尔赛宫，一直深入到王后住所的候见厅。人群和御林军之间发生了一场斗殴。国民自卫军不慌不忙地前来制止，让人们撤出王宫。在王后和太子的陪同下，国王同意和拉法夷特一起在廊台上露面。人群起初犹豫不决，后来便向他们欢呼起来，但同时也喊道："到巴黎去！"路易十六让步了。国民制宪议会在被征求意见时声称，它与国王本人是不可两分的。1 点钟，在隆隆的礼炮声中，国民自卫军在前头开路，妇女们护送着装载麦子、面粉的车辆，排成庞大的行列紧跟其后。然后是部队，再往后则是国王及其全家乘坐的马车，拉法夷特策马于车门左右。在国王后边是 100 名左右议会代表所乘的车辆，其后又是由人群和国民自卫军组成的行列。晚上 10 点钟，国王进入了杜伊勒利宫。路易十六到达巴黎后，国民制宪议会也毫不拖延地随他迁来。12 日，它暂时进入总主教府办公。专为它保留的马内日大厅正在整修。

　　1789 年 10 月的人民行动日使各党派的处境发生了变化。王政派作为从 8 月份以来的反对党成了最大的失败者。他们明白自己的处境并撤出了战斗。穆尼埃、马卢埃等人加入了第二批流亡者的潮流。他们是"显贵革命"的拥护者，当他们认为革命威胁到有产阶级的利益时就企图制止革命运动。直到执政府的稳定时期，他们才得以看到自己理想中的制度建立起来。

对于许多爱国者来说，正如卡米耶·德穆兰在《法国和布拉邦特的革命》第1期中所表示的，现在的问题只是全体公民与他们的国王同心同德地完成国家复兴大业了。只有少数有识之士没有陷入过分的乐观之中，例如马拉。他在《人民之友报》第7期中写道：

"对于善良的巴黎人来说，终于掌握了他们的国王，这是值得庆祝的：国王在场可以使局面迅速改变，可怜的人民将不会死于饥饿。但是，如果我们不能在宪法完全确立下来前使国王全家生活在我们之中，那么这种幸福将只能是一场黄粱美梦。《人民之友报》与它亲爱的同胞共享欢乐，但是它决不自我陶醉。"

1789年7月到10月的事件以及国民制宪议会在重建国家中所遵循的精神实际上都证明爱国者们的警惕是有根据的。

人民的起义保障了资产阶级的胜利。7月和10月的事件导致了反革命阴谋的破产。国民制宪议会只是在巴黎人民的帮助下才战胜了君主制度。但它担心被人民所支配，便开始对民主和专制抱同样的提防态度。大多数资产阶级想保住优势地位，避免贵族阶级的反攻倒算，他们便致力于最大限度地削弱君主制度。同时，他们害怕人民各阶层投入政治生活和国家事务管理。所以，他们对人权宣言庄严肯定的原则应导致何种结果避而不谈。在君主制遭到削弱，人民受到监护的条件下，国民制宪议会在1789年底开始着手对法国的制度进行有利于资产阶级的更新。

第二章 国民制宪议会。妥协的失败(1790年)

在整个 1790 年间，国民制宪议会重建法国的工作是在日益增长的危难中进行的。贵族阶级不放下武器，人民群众在经济困难的压力下跃跃欲试。为抵御来自两方面的危险，立宪派资产阶级在君主立宪制的招牌下树立起自己的最高权力，并想把一部分贵族阶级拉到这种制度中来。这样就需要建立起一种妥协的制度。然而还得说服国王，并取信于贵族。这种妥协政策的代表人物是拉法夷特。此人高傲自负，头脑简单，他企图使水火相容。

Ⅰ. 议会、国王和国民

政治妥协依照 1688 年英国革命的模式把大资产阶级和贵族阶级的统治建筑在被奴役的人民各阶层头上。金钱显贵和法国资产阶级的领导派别接受了这种妥协，然而贵族阶级对此并不答应。为了粉碎它的反抗，不可避免地要求助于人民群众。只有那些少数集合在拉法夷特名下的人才认为：他们能够以这种妥协保住自己的政权，因为英国的榜样证实了这一点。

1. 拉法夷特的调解政策

18 世纪的法国贵族阶级与上个世纪的英国贵族阶级有完全不同的特征。在英国，不存在纳税特权，贵族也要纳税。贵族的军事特征已大为减弱，甚至完全消失。贵族经营工商业也不失身份。航海和殖民事业的发展促进了贵族与资产阶级的联合。贵族阶级也参加到新生产力的跃进之中。尤其是封建的结构早已摧毁，财产和生产已不受束缚。英国的特殊条件和更先进的发展程度使 1688 年的妥协得以实现。在法国，贵族保留着主要的封建特征。它献身武职，除极少数情况外不得从事有利可图的工商业，否则就会丧失贵族资格。传统结构使它的生存与优势地位得到保障，它对这种传统结构的依附便更为紧密。法国的贵族顽固地坚持其经济、社会特权，具有极端的排他性和与资产阶级原则格格不入的封建心态，这导致它僵化在一概排斥的态度之中。

在 1789 年春天实现妥协是可能的吗？果真如此也必须是王朝毅然采取主动。但是，王朝的态度却每每表现出它只是一个阶级的统治工具。路易十六在 7 月初决心召集军队，这表明他要把刚刚开始的资产阶级革命置于死地。后来，人民的力量挽救了革命。7 月 14 日之后妥协还有可能实现吗？资产阶级和贵族阶级中的一些人认为有可能，如拉法夷特和穆尼埃。穆尼埃相信，如同 1788 年在多菲内维齐耶堡发生的"显贵革命"一样，在 1789 年实现 3 个等级共同赞成的一场有限革命是可能的。他后来写道，他的设想是："提倡循规蹈矩，反对贸然创新，对现存政府的形式只限于提出必要的改动以使之保障自由。"

大多数贵族和享有特权的高级僧侣对此断然拒绝。他们既不接受 3 个等级自愿集合，也不接受人权宣言和 8 月 4 日之夜的决议。这就是说，即使是部分地摧毁封建制也不接受。穆尼埃在妥协政策破产后便加入到贵族阶级和反革命的营垒中去了。他于 10 月 10 日离开了凡尔赛，1790 年 5 月 22 日，他开始流亡国外。

也许是出于政治上的糊涂，也许是出于野心，拉法夷特在台上的时间更长些。他身为大领主、"两个世界的英雄"，足以使大资产阶级为之倾倒。他的政策旨在使土地贵族和工商业资产阶级在英国式的君主立宪制框架内达成和解。他在一年中操纵了政治生活。革命的资产阶级把他奉为真正的崇拜对象，以有这样一位领袖感到自豪。拉法夷特保证使它免受两方面的威胁：右边是贵族的蠢蠢欲动，左边是人民的奋起。年轻而享有盛名的拉法夷特侯爵自信在法国大革命中注定能发挥像他的朋友华盛顿在美国革命中所起的作用。在三级会议召开前后的一系列事件中，他作为贵族自由派首领发挥了重要作用。巴黎的 7 月革命以后，他成为国民自卫军司令，手中掌握着兵权。路易十六对他是既迎合又厌恶。但是，为了实现国王、贵族阶级和革命之间的和解，为了使国民制宪议会同意建立一个强有力的行政权，还有待于说服国王，并在议会中组成一个稳定多数。

米拉波曾一度成为实现这一政策不可缺少的人物。在内克威信扫地之后，应该由爱国党的主要领袖们组成内阁。米拉波为了钻进内阁不停地使用种种伎俩。但是，议会尽管对他的演说才能心悦诚服，却又不能不对他的私生活和唯利是图表示反感。为使他不能得逞，国民制宪议会于 1789 年 11 月 7 日作出决定：议会代表不得"在本届议会期间取得任何大臣职位"。于是米拉波卖身投靠了宫廷。路易十六安排他与拉法夷特达成协议。1790 年 5 月，他们两人都极力要扩大国王的权限，使之享有宣战与媾和的权利。但是，米拉波在爱国者的心目中早已是臭名昭著了。

马拉在 1790 年 8 月 10 日的《人民之友报》上写道："至于里凯蒂老大（米拉波），他缺少一颗真诚的心，因而不能成为杰出的爱国者。他丝毫没有灵魂，这实在可悲！……里凯蒂朝秦暮楚的政策谁人不晓？他迫不及待地钻入三级会议的行为曾使我吃惊。我当时想：当他沦落到卖身求荣的地步后，将会把自己的嗓音卖给开价最高的买主。他最初曾反对君主，现在却卖身投靠了他。从否决权法令到宣战权法令，几乎所有这些有害法令的出现都是由于他贪财受贿所致。对一个不顾原则，道德败坏，少廉寡耻之徒难道还有什么可期待的吗？他现在已经成为腐化堕落者和官迷们的灵魂、野心家和阴谋家的首脑了。"

然而，米拉波却讨厌"假恺撒"①，他们之间的协和显然是办不到的。拉法夷特的政策不可能成功，这不仅是由于个人间的敌对，也是因为这种政策本身的矛盾。贵族阶级顽固地坚持抵抗。此外，生活必需品危机引起了骚乱。尤其是，在许多地区农民们不堪忍受 1790 年 3 月 15 日强迫赎买封建权利的法令，他们纷纷发动起义。所有这些都使贵族阶级受到越来越大的威胁，从而也加剧了它的抵抗。只要封建制的最后残余未被无可挽回地摧毁，在贵族阶级和大资产阶级之间寻求政治妥协就只能是空想。只要贵族阶级把保持自己利益的希望还寄托

---

① 米拉波对拉法夷特的贬称。——译者

在复辟君主专制或建立孟德斯鸠、费内隆所幻想的特权制度上，它就会对资产阶级的胜利和损害其利益的资本主义生产关系进行最激烈的反抗。资产阶级为了战胜这种反抗，不得不与城市人民群众和农民结成联盟。后来，为了结束这一联盟，资产阶级接受了拿破仑专政。当贵族阶级看到封建制一去不能复返，任何复辟企图永远不可能得逞时，它最终接受了妥协。在七月王朝时，这种妥协使它和大资产阶级联合掌权。

但是在 1790 年，贵族阶级远未放弃它的本来目标，何况流亡者们的阴谋活动、外国宫廷的密谋策划和反革命运动的兴起更激发了它的信心。在这种条件下，拉法夷特在 1790 年设想的妥协与和解政策只能归于失败。

2. 政治生活的组织

国民制宪议会此时正在组织和完善起来。它的工作方法也逐渐确定下来。它所在的杜伊勒利宫马内日大厅并不舒适。讨论在每天上午和晚上 6 点钟以后进行。主持会议的主席由选举产生，任职 15 天。请愿者可以列队进入议会大厅，公众可以出席旁听，这保障了议会和人民的接触。国民制宪议会的工作由 31 个专门委员会进行准备，各委员会有一名报告人向议会介绍拟定的决议。

议会中的不同集团也同时形成，尽管还不能辨别出现代意义上的政党。开始只有两大集团：旧制度的拥护者贵族派和新秩序的保卫者爱国派。后来，一些差别更细微的派别也开始出现了。

"黑帮"或"贵族派"坐在议会右边。他们中的演说家，以杰出著称的是卡扎莱斯，以猛烈著称的是莫里修士，以诡诈著称的是孟德斯基乌修士。他们为保卫特权阶级而酣战不休。许多报刊对他们的观点给予支持。这些报刊全是由王室经费资助的，其中有鲁瓦尤修士的《国王之友》、里瓦罗尔的《使徒行传》。里瓦罗尔在该报中用谐音丑化"爱国主义"为"疥子主义"。他们的俱乐部是法兰西沙龙。

"王政派"的首领是穆尼埃、马卢埃和克莱蒙-托内尔伯爵。穆尼埃在 10 月事件后离开了国民制宪议会，11 月 15 日辞去代表职务。王政派成为君权的捍卫者，他们与右翼接近以便阻止革命进展。他们云集的俱乐部名为"君主宪政之友"。

"立宪派"是由大多数原爱国党人组成的。他们忠于1789年宣布的原则，代表资产阶级的利益，并主张以一种温和君主制的方式确立自己的政权。这是拉法夷特的党。该派中汇集了资产阶级和僧侣的代表：尚皮翁·德·西塞大主教、布瓦日兰大主教、西埃耶斯修士以及法律界人士卡米、塔尔热、图雷等。这些法律界人士在建立新制度方面发挥了巨大作用。

"三巨头"坐在左边，是由巴纳夫、迪波尔和亚历山大·德·拉梅特组成的，具有自由派倾向。1790年底前后，当拉法夷特的影响下跌后，他们开始倾向王权，并成为其顾问。国王出逃后，三巨头担心民主的发展和人民的骚动，遂拾起拉法夷特的和解政策并声称要制止革命的发展。

民主派坐在最左边，其中有比佐、佩蒂翁和罗伯斯庇尔。他们保卫人民的利益，还要求实行普选制。

爱国派形成了一个牢固的组织。从1789年5月起，他们就习惯于集合在一起讨论政治问题。布列塔尼代表的俱乐部就是这样形成的。10月事件发生后，这个俱乐部设在圣奥诺雷街的雅各宾修道院内，改名为"宪法之友社"。它不仅向议会代表开放，也向富裕的资产阶级开放。雅各宾俱乐部与设在外省主要城市的俱乐部保持着经常的通信联系，这使它得以把革命的资产阶级所具有的全部战斗力量汇集和带动起来。

1791年2月14日，卡米耶·德穆兰在《法国和布拉邦特的革命》中写道："爱国主义，即博爱仁慈，它作为一种新的宗教将要征服天下。在这种宗教的传播中，雅各宾俱乐部，或称雅各宾教堂被赋予首席地位，如同罗马教廷在传播基督教中的地位一样。在各地建立的爱国派俱乐部、大会或教堂一经出现便要求与它联系，向它写信表示同心同德……雅各宾社是名副其实的国民研究委员会。同国民制宪议会的委员会相比，它对善良公民的威胁小得多。因为在这里，揭发和讨论都是公开进行的，这对于坏人来说却是更为可怕的。因为它和下属团体的通信联系网能使它把83个省的任何角落掌握在手中。它如同一位大检察官,不仅使贵族们望而生畏,而且能铲除时弊,救助一切公民。俱乐部俨然行使着国民制宪议会属下公共事务部的职能。来自各地的受压迫者的诉状在提交到庄严的国民制宪议会之前都先呈送到这里。在雅各宾俱乐部的大厅里不断有代表团前来。它们或是来表示庆贺,或是来要求加入,或是来提起警觉,或是来纠正某个错误。"

1791 年,在国王出逃和马尔斯校场事件发生后,雅各宾派主要在罗伯斯庇尔的影响下加强了民主化倾向。斐扬派俱乐部便从雅各宾派中分离出来。斐扬派在拉法夷特及其密友的领导下以高额会费排斥了中等资产阶级,他们集合了温和的大资产阶级和归顺的贵族,对国王和宪法同样持维护的立场。

科尔得利派俱乐部,或称"人民之友社"于 1790 年 4 月建立。这是一个民主派俱乐部,丹东和马拉在其中享有盛誉。在巴黎各区,许多友好团体组成后使人民各阶层积极投入政治生活。其中最先出现的是"两性爱国者联谊社",成立于 1790 年 2 月,其创建人是当萨尔教师。

拉法夷特的政策受到许多大报刊的维护,例如当时消息最灵通的、由庞库克主持的《导报》、《巴黎报》、《爱国者之友》等。左翼的不少报刊受到了雅各宾俱乐部的影响,其中有:戈尔萨的《邮报》、卡拉的《爱国年鉴》、布里索的《法兰西爱国者》、普律多姆的《巴黎的革命》(卢斯塔洛在该报颇为著名),最后还有卡米耶·德穆兰的《法国和布拉邦特的革命》。马拉则在《人民之友报》上以敏锐的洞察力捍卫着人民群众的权利。

Ⅱ. 重大的政治问题

从 1789 年底起,财政问题和宗教问题成了政治生活中最突出的两个重大问题。围绕着这两个问题,各党派之间进行了激烈的斗争。制宪议会对这两个问题的处理为大革命造成了不可估量的后果。

1. 财政问题

自三级会议召开以来,财政境况日趋恶化。城市和农村的骚动给国库收入带来灾难性的后果。业已武装起来的农民拒不缴纳捐税,在四分五裂，权威扫地的情况下，迫使他们纳税谈何容易。国民制宪议会首先利用了这种形势，它把王朝的财政困难看作是向路易十六及其大臣们施加压力的绝好条件。而且，内克也不得不采取应急措施弥补国库空虚。国民制宪议会在"了解到国家的急需之后"，于8月9日决定发放公债3 000万锂，利息为4.5%。8月27日，它又决定发放新债8 000万锂，利息为5%。但是，这两次公债都没有认购完。国王把自己的餐具也送到铸币厂充银。9月20日，国务会议允许各铸币厂主管接纳个人送来的餐具。立宪派开始对教会的财富下手了：9月29日的法令规定"对得体礼拜"并非必需的银器进行处置。尤其是，1789年10月10日奥顿的主教塔莱朗建议将僧侣的财产完全置于国家的掌握之下：

"僧侣并不是同其他产业主一样的产业主。国家对一切团体拥有十分广泛的权利，对僧侣可以行使物权。它可以打碎这个等级中对社会无用的团体。这些团体的财产将必然为全国所合理分享。无论合法拥有的财产具有何等神圣的性质，法律却只能保持立法者所同意的东西。我们知道，在这些财产中只有神职享俸者的生计所必需的那部分才是属于他们的，其他部分则是属于寺院和穷苦人的财产。如果这种生计由国家负担，享俸者的财产就无所谓受到侵犯。因此，国家首先可以剥夺那些应取缔的宗教团体的财产，并对其成员的生活予以保障；其次，国家可以收缴空额的薪俸；第三，国家可以按一定比例削减现职人员的收入，并承担这些财产最初的债务……"

一场激烈的辩论随即展开，辩论的一方是莫里和卡扎莱斯，另一方是西埃耶斯和米拉波。前两人强调财产是神圣不可侵犯的，正如人权宣言所肯定的那样。后两人则反驳说，这一宣言在第17条中指出："当合法认定的公共需要显然必需时，且在公平而预先赔偿的条件下"，人们的财产可以受到剥夺，何况僧侣等级并不是财产的主人，而只是财产的管理人。这些财产的收入应该用于慈善机构和公共利益，例如医院、学校、宗教仪式。既然从现在起国家负担这些事业，那么这些财产归国家所属便是理所应当的。辩论结束后,1789 年 11 月 2 日的法令以 568 票对 346 票的多数被通过。国民议会决定:所有教会财产都归国家支配;由国家负责提供适当的宗教费用,维持教士生活和救济穷人;一名本堂神甫每年至少应得到薪俸 1 200 锂。

这项大规模财政计划的实施方式尚有待解决。12 月 19 日通过了建立"特别金库"的法令,该金库主要以拍卖教会财产的所得为财源。这些财产将被用作发行货币——"指券"的抵押。指券乃名副其实的国库券,其利息为 5%,偿还它并不以货币而是以不动产。随着教会财产的出售,指券将不断被收回,然后将其销毁,这样便逐步还清国家债务。除了国王打算保留下来供其享受的森林和行宫外,王室领地也将被拍卖。将被拍卖的还包括相当数量的教会领地,其总价值足以达到 4 亿锂。

这些措施的后果将是难以估量的。指券迅速地转变为纸币,它的贬值给大革命造成了巨大的经济、社会困难。另一方面,1790 年 3 月开始的国有财产出售导致了财产的大量转移,这使其受益者——资产阶级和富裕农民无可挽回地站到了新秩序一边。

2. 宗教问题

宗教问题从 1789 年底开始提出。这个问题也十分尖锐:对教会财产的没收必然要导致法国教会的重新组织,宗教问题和财政问题是紧密相联的。国民制宪议会代表在这方面的行动丝毫不是出于敌视天主教,他们始终申明对传统宗教怀有深切敬意。但是,作为国民的代表,他们自信有资格解决教会的组织与惩戒问题,正如以前王权所做的那样。在 18 世纪,任何人,即使是最大胆的理论家也未能设想一种制度会建立在政教分离的基础上。对教会组织的改革主要是各种制度全面改造的必然后果,尤其是教会财产被国家支配后的必然结果。

国民制宪议会首先解决的是寺院教派问题。这些教派在 1790 年 2 月 13 日被宣布废除:修士可出门还俗,也可到某些指定的宗教机构中组织起来。1790 年 4 月 20 日,教会被剥夺了管理其财产的权利,接着便开始讨论宗教问题委员会的草案。埃克斯的大主教布瓦日兰一方面承认教会的"弊端由来已久",另一方面又提醒国民制宪议会注意教会在惩戒和教务裁判权方面的基本原则。他指出草案侵犯了天主教会的组织法。国民制宪议会对这些意见置之不理,并于 1790 年 7 月 12 日通过了"教士法"。

Ⅲ. 调解政策的顶点和破产

反革命利用出售国有财产和教士法所引起的困难煽动骚乱。贵族们对指券百般贬低,并千方百计地阻挠发售工作。流亡者开始施展阴谋,在南方准备发动大规模暴动。1790 年 4 月 13 日,国民制宪议会拒绝承认天主教为国教,这为反革命提供了重要借口。1790 年 5 月 10 日在蒙托邦,6 月 13 日在尼姆都爆发了保王派天主教徒和爱国派新教徒之间的冲突。8 月,在韦瓦雷南部(阿尔代什省)的雅莱营出现了一个庞大的武装团伙,直到 1791 年 2 月它才被强行解散。

1. 1790 年 7 月 14 日全国联盟节

联盟是爱国派的反击手段,也是全国投入革命事业的表现。乡村和城市的居民们首先结成地方联盟,表示友好并许诺互相支援。1789 年 11 月 29 日,多菲内和韦瓦雷的国民自卫军在瓦朗斯结成联盟;1790 年 2 月,布列塔尼-安茹联盟在蓬蒂维建立;5 月 30 日在里昂,6 月在斯特拉斯堡、里尔也都建立了联盟。

1790 年 7 月 14 日的全国联盟节最终确认了法国的统一,使这股全国团结一致的浪潮发展到顶点。在马尔斯校场,塔莱朗当着 30 万观众在祖国祭坛上作了庄严的弥撒。拉法夷特以各省所有联盟成员的名义宣誓。这誓言"把法国人团结在一起,把法国人与他们的国王团结在一起,以便保卫自由、宪法和法律"。而后,国王也宣誓忠于国民和法律。兴奋的人民以热烈的欢呼庆贺举国协和的重现。拉法夷特在这一天俨然是一位凯旋的将军。

然而,联盟运动并不能掩盖深刻的社会现实。联盟表明了爱国者们团结的意识,反映出国民对新秩序的赞同。1790 年 10 月 28 日,梅兰(杜埃人)在谈封阿尔萨斯异族王公事件①时提出了一套新的国际法准则，主张以国民的自愿组合取代王朝国家。尽管人民群众在1790年7月14日表现出了极大热情，然而拉法夷特在联盟节上的突出地位却说明这个节日的政治和社会含意。拉法夷特是资产阶级的偶像，他声称要使贵族阶级归顺革命，他是妥协的代表人物。由他所统率的国民自卫军是资产阶级的武装，消极公民被排斥在外。1791年4月27日，罗伯斯庇尔起来抨击资产阶级的武装特权。他指出："武装自卫是每个人的、不带任何差别的权利。武装起来保卫祖国是每个公民的权利。穷人们难道因为贫困就成了外国人或奴隶吗?"在1790年7月14日联盟节上，人民无疑是兴高采烈的，但它更主要的是观众而不是演员。在联盟的行动中，自卫军代表"资产阶级"的武装力量，它与作为"王家"武装力量的军队相对立。新秩序具有资产阶级的性质。1792年8月10日推翻了王位，打破了按纳税额决定选举资格的制度后，人民强行加入了自卫军，这才使它真正具有了"国民"的性质。

2. 军队的分裂和南锡事件(1790年8月)

南锡事件很快消除了拉法夷特的崇高威望，导致他的调解和妥协政策归于失败。贵族阶级表面上不动声色，但拒不承认新秩序，并与之分庭抗礼。在国内，贵族阶级大肆进行阴谋活动，内战危险日益加重;在国外，流亡者们武装起来，期待着在都灵的阿尔图瓦伯爵求得外国宫廷的武装干涉。与此同时，爱国者们也严阵以待。1790年的收成非常好，有利于缓和总形势，但还不足以完全排除市场骚动和对粮食自由流通的侵犯。尤其是农民的暴动仍在继续。从1790年1月起，在凯尔西和佩里戈尔爆发了农民起义;5月在波旁内也爆发了农民的暴动。这威胁了土地贵族的直接利益。1790年7月，一些传言说驻扎在比利时的奥地利军队即将入侵。这在蒂埃拉施、香槟和洛林引起了民心"不安"。人民群众到处都在准备对策。

社会冲突也波及到被流亡运动搅乱的军队。没有流亡的军官越来

---

① 指在阿尔萨斯地区拥有领地的外国王公或领主为反对法国革命废除封建制所制造的动乱。——译者

越受到国民制宪议会诸项改革的触及，他们采取了敌视态度，反对爱国派士兵。这些士兵通过与各俱乐部经常接触培养了公民爱国心。国民制宪议会没有能力对军队问题提出全国性的解决办法，它预感到保卫国家和保卫革命将是密不可分的。但是，如何才能使王家军队摆脱贵族军官的影响，同时又不使它成为名副其实的全民化军队呢？实现全民化就意味着在军队中进行革命。国民制宪议会代表们被束缚在自身的矛盾和社会偏见之中不能自拔，他们只能采取些不彻底的措施，例如增加军饷，改革管理和军纪。

然而，全国性的解决办法在 1789 年 12 月 12 日已经被杜布瓦-克朗塞提出了。当时他遭到右翼的一片嘲骂，左翼则持不自在的缄默态度。杜布瓦-克朗塞指出，"应该实行真正的全民征兵，其对象包括从帝国的第二号人物到最后一名积极公民以及所有消极公民"，也就是国王之外的全体国民。从 1789 年底起，杜布瓦-克朗塞就建议实行普遍义务兵役制，建立一支全民军队。在辩论中，拉罗什富科-利昂库尔公爵声称：生活在摩洛哥或君士坦丁堡比生活在实行这种法律的国家要强上千百倍。1789 年杜布瓦-克朗塞所建议的全民兵役制的不少特征在 1793 年的混编部队中得到了体现。国民制宪议会对遵循这样一条道路缺乏准备，然而，它并非没有受到提醒。早在 1791 年 6 月 10 日罗伯斯庇尔就揭露出存在的危险："在所有贵族陷于崩溃之际，唯一还在进行抵抗的这种放肆的、具有威胁性的势力是什么呢？你们消灭了贵族等级，它却仍然活在军队领导层中。"

身为贵族和职业军官的拉法夷特再不能犹豫不决了。在驻兵的城市和军港层出不穷地发生兵变的情况下，他站到了反对士兵的军官一边。1790 年 8 月，在南锡的驻防军由于军官拒不允许士兵监督部队财务而发生暴动。于是，国民制宪会议在 16 日颁布法令："部队以武力触犯由国民制宪议会通过并由国王批准的法令属重大'亵渎国家罪'。"

在麦茨统兵的布耶侯爵对暴动予以残酷弹压，处决了 20 来名肇事者，把夏托维厄兵团的 40 几名瑞士雇佣兵判处摇船苦役。拉法夷特对其表兄布耶表示支持，这助长了反革命的气焰，他也立即因此而威信扫地。1790 年 10 月 12 日，马拉在《人民之友报》上写道："难道人们还能怀疑吗？这位大将军、两个世界的英雄、永生的自由复兴者实际上是反革命分子的首领、一切叛国阴谋的灵魂。"

与此同时，一部分僧侣起来攻击 1790 年 7 月 12 日通过的教士法。路易十六也准备向外国求助。于是，拉法夷特主张的在国王周围实现妥协与和解的政策破产了。大革命再一次加快了进程。

第三章　制宪议会的资产阶级和法国的
重建(1789—1791 年)

国民制宪议会在 1790 年的重重困难中仍然坚持进行重建法国的工作。作为启蒙运动的追随者，国民制宪议会代表们首先赋予他们所依据的原则某种普遍价值，然后便试图对社会和制度进行合理化改造。但是，由于身为资产阶级的代表，并受到反革命活动和人民力量奋起这两方面的夹击，他们毫无顾忌地把事业纳入到本阶级利益的范围内，甚至把那些庄严宣告的原则也抛到一边。在与动荡现实的搏斗中，他们善于耍手腕，避免不切实际的空想而顺应各种局面。这种矛盾说明了国民制宪议会的政治业绩为什么会黯然失色，并从 1792 年起开始毁灭，也说明了那些庄严宣告的原则为什么能产生深远的影响。

Ⅰ. 1789 年的原则

国民制宪议会的资产阶级把那些庄严宣告的"原则"作为事业的基础。这些原则经常被人们引证。在引证时，一些人充满着激情；另一些人带着讥讽；大多数人则是怀着深切的敬重。这些原则力图建立在普遍理性之上。人权和公民权宣言便是这些原则的明确表达。根据宣言的前言，对于人权和公民权的"无知、忘却和鄙视"是构成"公众苦难和政府腐化的唯一原因"。从此以后，"建立在简明和无可争议的原则基础上的公民要求"只会变得有益于"维护宪法和一切人的幸福"。这种认为理性万能的乐观信念非常符合启蒙时期的精神。

1. 人权和公民权宣言

1789 年 8 月 26 日通过的人权宣言构成新秩序的"基本教义"。当然，制宪议会代表的思想并没有全部包括在里边：经济自由的问题没有明确提及，而资产阶级对这个问题最为关注。在重申天赋权利学说的前言和无主次之分的 17 条正文中，宣言明确提出了主要的人权和国民权利。宣言注重其条款的普遍性，显然超越了 17 世纪宣告的英国自由所具有的经验主义特征。至于美国独立战争的宣言，它确实提出了天赋权利的普遍意义，但同时又规定了某些限制，这使它的影响受到很大局限。

人权属于人是先于任何社会和任何国家的。这些权利是"自然的"和"永不失效"的。保存这些权利是所有政治结合的目的（第 2 条）。"在权利方面，人们生来是而且始终是自由平等的"（宣言第 1 条）。这些权利就是自由、财产、安全和反抗压迫（第 2 条）。规定这项反抗压迫的权利是为了将以前的暴动合法化，而不是为了批准以后的起义。

自由被确定为有权"从事一切无害于他人的行为"，它只以保证他人的自由为限度（第 4 条）。自由首先是人身自由即个人自由，这使人们不受专断的指控和扣押（第 7 条），并以推定无罪作为保障（第 9 条）。人是其自身的主人，有言论、著述和出版的自由。但同时规定，意见的发表不得扰乱法律所规定的公共秩序（第 10 条）。在法律所确定的情况下滥用此项自由应承担责任（第 11 条）。人的自由也表现在获得和占有方面：财产权是天然的和永不失效的权利。根据第 17 条，它是神圣不可侵犯的。任何人的财产不得受到剥夺，除非当合法认定的公共需要显然必需时，且在公平而预先赔偿的条件下（第 17 条）：这是对赎买领主捐税不明言的肯定。

宣言把平等与自由紧密地结合起来。资产阶级强烈要求平等以反对贵族阶级；农民强烈地要求平等以反对领主。但是，这里涉及的只是身份的平等。法律对所有人一视同仁。在法律面前一切公民都是平等的。任何人无论出身如何都能平等地担任一切官职、公共职位和职务（第 6 条）。社会差别只是建立在公共利用（第 1 条）、德行和才能的基础上（第 6 条）。必不可少的赋税应该在全体公民之间按其能力平等地分摊（第 13 条）。

国民的权利在一些条款中也得到确认。国家不再构成一个自在的目的，它的目的只在于保证公民享受其权利。如果它违背了这一点，公民就要反抗压迫（第 2 条）。国民、即公民的整体是至高无上的（第 3 条）。法律是公共意志的表现。全体公民都有权亲身或经其代表参与法律的制定（第 6 条）。有许多项原则都以保障国民主权为目标。首先是分权，没有分权就不会有宪法（第 16 条）。其次是公民对国家财政和行政管理亲自或由其代表行使的控制权（第 14、15 条）。

宣言是哲学家的门徒们的杰作，是向所有人民发出的。然而，它也不免带有资产阶级的烙印。作为自由派和产业主的这些制宪代表在宣言中塞满了"限制"、"预防措施"和"条件"，这使宣言的影响受到很大局限。米拉波在他的《普罗旺斯邮报》第 31 期上对此作了这样的记述：

"一个光秃秃的人权宣言，适用于各种时代、各国人民和地球上一切道德与地理范围，这的确是个伟大和绝妙的创见。然而，在如此慷慨地为别国考虑法典之前，似乎应该先奠定我们自己的法典基础，至少应达成一致见解……从国民制宪议会对人权的每一步解释中我们都会看到，认为公民不得滥用权利的思想很突出。制宪议会常常由于谨慎而对此加以夸大。由此便产生出种种限制、周密的预防办法和每一条款前精心设置的条件。这些限制、预防办法和条件几乎到处都使义务取代了权利，使羁绊取代了自由，在不止一个方面侵越了使它深感不便的立法细则。这些限制把人当作与其社会身份相联的人，而不是生而自由的人。"

富于功利主义精神的国民制宪议会代表们借助于一项具有普遍意义的公式完成了一部应时的作品。他们在使过去反抗王权的斗争合法化的同时，还要提防人民破坏他们建立的秩序。由此便造成了人权宣言的矛盾百出：第 1 条宣布人人平等，但它又把平等从属于"社会利益"。纳税平等和法律平等只在第 6 条中受到形式上的承认，因财富而产生的不平等是不可改变的。在第 2 条中，财产权被宣布为自然的和永不失效的权利。国民制宪议会对一无所有的广大群众却漠不关心。

宗教自由在第 10 条中受到了特别的限制。异端的宗教信仰只是在"不扰乱法律所规定的公共秩序"时才受到容忍。天主教仍为国教，是唯一由国家所维持的宗教。新教徒和犹太教徒只能满足于私下的祭仪。第 11 条指出，任何公民都有言论、著述和出版的自由。但是，在特定的情况下，法律可以制止"滥用这种自由"。爱国派记者对这种侵害出版自由的规定表示了强烈抗议。

卢斯塔洛在《巴黎的革命》第 8 期上写道：

"我们曾经迅速地从受奴役转为获得自由。我们正在以更快的速度从自由走向受奴役。企图奴役我们的人首先考虑的将是限制出版自由，甚至把它扼杀。不幸的是，这项奸生原则恰恰产生在国民制宪议会。'意见的发表只要不扰乱法律所规定的公共秩序，任何人都不得因其意见而遭受干涉'。这个条件如同一只箍套，可以任意放松或收紧。公众舆论对此不接受也是枉然。这个条件照样可被阴谋家利用来向上爬，并维持自己的地位。一旦有人向其同胞们揭露这帮人的面目、作为和企图，他便会被扣上扰乱'公共秩序'的罪名……"

2. 原则遭到违反

在对法国的现实进行必要的改造时，国民制宪议会的法学家和逻辑学家们丝毫不受总原则和普遍理性的约束。他们是现实主义者，不能不为迎合一些人而限制另一些人，并且不在乎自己的成果中存在种种矛盾。他们坚信：为本阶级谋利就是捍卫了革命。

公民权并没有马上给予所有法国人。新教徒只是在 1789 年 12 月 24 日才被授予公民权；南方犹太教徒在 1790 年 1 月 28 日得到公民权；东部地区的犹太教徒在 1791 年 12 月 27 日得到公民权。1791 年 9 月 28 日，在法国废除了奴隶制，但殖民地的奴隶制却仍然保留着。因为废除殖民地的奴隶制会损害大种植园主的利益。这些人在国民制宪议会的主要代表是拉梅特家族。甚至有色人种中自由人的政治权利也遭到争议。最后，国民制宪议会于 1791 年 9 月 24 日决定：剥夺一切有色人种的公民权。对于劳动者，国民制宪议会禁止结社和罢工。在巴黎的工场中发生了一系列罢工后，于 1791 年 6 月 14 日通过了勒夏普利埃法。该法规定了劳动的自由，禁止工人结社保卫他们的利益。

政治权利只归少数人享有。人权宣言宣布一切公民都有权参与法律的制定。但是，国民制宪议会却通过 1789 年 12 月 22 日的法律把选举权只给予有产者。公民被划分为三种类型。

"消极公民"没有财产权因而也没有了选举权。发明这个专用术语的西埃耶斯认为：消极公民有权"保护自己的人身、财物和自由"，但无权"积极参与组成公众权力"。大约 300 万法国人便这样被剥夺了投票权。

按西埃耶斯的说法，"积极公民"是"巨大社会企业的真正股东"。他们所缴纳的直接税至少要相当于 3 天的工作价值，即 1.5—3 锂。这部分人的数量为 400 多万，他们组成"初级议会"以推选出市政府和选举人。

"选举人"与积极公民的比例为 1∶100，全国共有 5 万左右。他们的纳税额相当于当地 10 天工作日的价值，即 5—10 锂。选举人在省会组成"选举大会"，选出全国议会代表、法官和省级行政人员。

最后，组成"立法议会"的代表必须拥有一些地产，并缴纳一个"银马克"（约 52 锂）的税金。这种分为两级的、以纳税额决定选举资格的选举制度使得金钱贵族取代了门第贵族，人民被排除在政治生活之外。

宪法起草委员会报告人强调指出：建立这样一种以纳税为标准的选举制度必然会在"消极公民"中引起竞争，使他们一心争取发财致富，以便成为"积极公民"，然后再成为"选举人"（这已经是基佐提出的"发财吧"的论调了）。这时候，国民制宪议会中主张民主的反对派，尤其是格雷古瓦修士和罗伯斯庇尔对此表示了抗议，然而并无效果。

1789 年 10 月 22 日，罗伯斯庇尔在国民制宪议会上宣称："一切公民，无论是谁，都有权担任各级代表，没有比这更符合你们的人权宣言了。在人权宣言面前，任何特权、差别和例外都应该消除。宪法规定主权在民，在人民的每个成员。因此每个人均有权协助制定那些约束自己的法律，也有权参加管理公共事务亦即自己的事务。不如此，人人权利平等，每人都是公民的原则便没有真正实现。"

民主派的报刊更加激烈。卢斯塔洛在《巴黎的革命》第17期中强烈抨击新生的金钱贵族,指责其法律如此荒谬,以至连让-雅克·卢梭也会被排除在国民代表之外。马拉在1789年11月18日的《人民之友报》中指出,选举制度会给人民各阶层带来有害后果。他号召人民进行反抗:"这样,与直接税额成正比的代表制把帝国交到了富人手里。而一向被控制、压迫和奴役的穷人,他们的命运永远不可能通过和平的方式得到改善。这里,钱财对法律的影响无疑得到了触目的证实。但是,只有当人民甘愿服从时法律才能具有权威。如果说人民已经砸碎了贵族的枷锁,那么它也必将砸碎阔佬们的枷锁。"

卡米耶·德穆兰的激烈程度也毫不逊色。他在《法国和布拉邦特的革命》第3期上写道:"在首都,反对银马克规定的呼声是一致的。不久在外省也会出现一致的呼声。这项规定使法国建立起特权政府,这是那些恶劣公民在国民制宪议会所取得的重大胜利。若想让人们体会这一法律的荒谬程度,只需指出:让-雅克·卢梭、高乃依、马布里这样的人如果在世也没有被选举资格……你们时常重复的"积极公民"一词到底意味着什么呢?积极公民应是攻陷巴士底狱的人,是开拓土地的人。而僧侣和宫廷中的游手好闲之辈,尽管他们有大片领地,他们却只像福音书中写的那棵树一样,是一些不结果实的植物,只配被付之一炬。"

Ⅱ. 资产阶级的自由主义

国民制宪议会的资产阶级最重视的东西是自由,各种形式的自由。在人权宣言中,平等与自由被结合在一起。这主要是在原则上肯定降低贵族阶级地位和废除特权,而不是为了满足人民的意愿。况且,这里只涉及到身份平等。自由首先被理解为公民自由和政治自由,然而要在基于纳税额的限制之下。在摆脱了桎梏的经济活动中也实现了自由。个人的自由同时表现在自由地创造、生产、寻求利润和任意使用利润等方面。1791年的自由派宪法建立在"自由放任"的理论之上。

1. 政治自由:1791年宪法

新政治制度的目的只有一个:保证胜利的资产阶级建立稳固的统

治，既能抵御贵族阶级和君主制的反攻，又能防止人民的任何解放企图。

政治改革从 1789 年 7 月起着手进行。为了准备新宪法，在 7 月 7 日建立起了一个 30 人的委员会。8 月 26 日，人权宣言被投票通过，10 月通过了宪法的部分条款，12 月通过了选举制度。1790 年夏季，进行某些改动已显得很有必要。1791 年 8 月，对宪法定稿的讨论开始进行，并于 9 月 3 日最后通过了宪法，即 1791 年宪法。这是一部自由主义的宪法，它在旧制度和专制主义的废墟上建立了国民主权。这是一部资产阶级的宪法，它保障了有产阶级的统治。

行政权只能具有一种君主政体的形式。当时任何人对一个大国的设计也莫过如此。1789 年 9 月 22 日，国民制宪议会在休会了一个月后重新进行辩论，并通过决定："法国的政体为君主制。"但是，在确定国王的权力时，国民制宪议会尽量对王权加以限制，同时也避免使国王在人民要求面前处于完全无能的境地。9 月 22 日通过的条款虽然确立了君主政体性质，但是同时也强调："在法国不存在任何超越法律的权威。国王只通过法律进行统治，他只能根据法律要求人们服从。"

国王的意志不再具有法律的效力。第二天，9 月 23 日，国民制宪议会再一次讨论，以便进一步使王权从属于国民，即从属于资产阶级。一切权力主要来自国民并只能来自国民，立法权属于国民制宪议会。但是，君主权也应强大到足以使资产阶级预防人民反抗的程度。在这种观点指导下，国民制宪议会的大多数便宣布赞成"搁置否决权"（1789 年 9 月 11 日）。这使国王能够粉碎任何民主立法企图。由于这种否决权只限于搁置，当国王打算退回到专制主义，或打算照米拉波所建议的、依靠人民摆脱资产阶级议会的监护时，主宰形势的归根结底还是国民制宪议会。另外，1789 年 9 月 10 日，国民制宪议会否决了建立上院的提案，因为它打算排斥依附于君主制的贵族。国王解散议会的权利遭到否决，这使国王在控制立法机构的资产阶级面前软弱无力，况且立法议会被宣布为常设机构。

在 10 月事件之后，国民制宪议会继续拆除着传统的君主制度。10 月 8 日，一项法令把"法兰西和纳瓦尔的王"这一称号改为"法兰西人的国王"。10 月 10 日,不敢绝对否定君权神授的国民制宪议会决定从此把国王称作"路易,承上帝和国家宪法之命,法兰西人的国王"。国王从属于法律,法律由立法机构颁发,立法机构是资产阶级的代表,这种关系在 1789 年 11 月 9 日通过的关于法律的提出、批准及颁布方式的条款中更加明显:立法议会应将其法令提交给国王,可以随制定随提交,也可以在例会结束时一并提交。国王对每一项法令的同意以这样的套语表示:"国王同意并使其执行",搁置否决的套语是:"国王将审查"。颁布法律的套语明显表现出立法权大于行政权:"国民制宪议会作出决定,我们的要求和命令如下……"

国王在中央政府中没有实权,在地方行政中也是如此。1789 年 12 月 22 日关于更新省级组织的法令在新的行政区划里取消了行政权力的所有代理人员。在省的行政管理和国家行政权力之间不再有中介人。省的行政官员一上任,监察官和其助理人员便要停止任职。

"法兰西人的国王"是世袭的,但他从属于宪法并向其宣誓效忠。现在他只不过是一个领取 2 500 万锂王室费的公务员了。他保留着任命大臣的权利,但只能在议会代表以外任命。没有大臣的签字国王任何事也不能做。这项规定剥夺了他的擅自决定权,使他依附于自己的参政院。而参政院本身又依附于议会,因为,国王是不承担责任的,他任命高级官员、大使和将军,指导外交。但是,未经议会同意,他不得宣战或缔约。中央行政归 6 个部负责(内务、司法、陆军、海军、对外关系、国家税务)。原先的参政院各会议已不复存在。议会有权控告大臣,大臣在解职时要向议会汇报工作。与分权学说相矛盾的是,国王以搁置否决权的方式保留了一部分立法权。然而,这一权利既不适用于宪法也不适用于财政法规。

立法权属于一院制的议会——"国民立法议会"。它任期两年,分两级由基于纳税额确定选举资格的选举方式产生,共有 745 名代表。国民立法议会是常设的、不可侵犯也不可解散,其权势在王权之上。它拥有立法倡议权;有权监督大臣的政务;可将大臣以"侵犯国家安全和宪法"的罪名提交全国高等法院审判。立法议会以它的外交委员会控制对外政策;它投票决定军队定额。立法议会在财政方面是最高主宰,国王不能支配经费，甚至也不能提出预算建议。无需国王召集，立法议会有全权集会。会议在每年5月第一个星期一开幕，会议地点和会期由立法议会自行决定。它独立于国王，国王不得解散之。立法议会甚至可以通过声明直接向人民征询，以此抵消国王的否决权。

在君主制的外表下，实际的权力被掌握在有纳税能力的资产阶级和金钱贵族手中。同时，他们也支配着经济生活。

2. 经济自由："自由放任"

在1789年8月26日的人权宣言中没有一处谈到经济。这无疑是由于在制宪议会的资产阶级看来，经济自由是不言而喻的。然而也很可能是由于人民各阶层仍然深深地依恋着旧的市场管理和规定价格制度。这种制度在某种程度上使他们的生存条件有所保障。旧制度的经济结构所具有的矛盾二重性使新型的工业企业与传统的店铺、手工业对立起来。资本家阶级要求经济自由，人民各阶层则表现出一种反资本主义的心理状态。1788年的严重歉收加重了经济危机，使10年以来的"衰落"达到最低点。这种经济危机成为分化第三等级的因素，不利于民族统一意识的形成。布里埃纳在1787年决定的粮食贸易与出口自由一度曾被内克取消。这种自由对生产发展有所促进，但从中受益的似乎主要是有产者和资产阶级，人民为此付出了代价。人民曾经谴责领主和什一税的征收者，指责他们囤积居奇，后来又把困苦归咎于粮食商、面粉厂主以及面包商。第三等级的团结面临着威胁。在整个大革命中，生计问题具有深远的意义(要自由经济还是要管制经济？谋利自由为上还是生存权利为上？)，各社会阶层对国家的看法都受到它的影响。在共和二年，巴黎的无套裤汉要求有生存权，对这一权利的承认和使用使他们成为国家中平等的一部分。埃贝尔在人民运动发展到1793年9月4日和5日事件的时候在《迪歇纳老爹》上写道："祖国？见鬼！商人们根本没有祖国。"但是，经济自由主义与资产阶级的利益是一致的。

财产自由是继8月4日之夜废除了封建制之后出现的。土地和人身一样摆脱了任何束缚。1789年8月5—11日的法令使8月4日之夜的原则性决定得以定型。这些法令取消了什一税，废除了土地贵族制、封地的等级制及立法特权,尤其是长子继承权。但是,封建权利被区分为"涉及实物或人身的永久管业权及对人身的奴役权"和"其他所有"封建权。前者被无偿废除,后者则被宣布可以赎买。梅兰(杜埃人)在1790 年 3 月 15 日通过的赎买封建权利执行法中再一次作了这样的区分。

"支配性封建制"的权利指那些被推定为从国家力量中窃取的、由国家让与的、或者以暴力获得的权利。所有这些权利都予以无偿废除,其中包括:荣誉权、司法权、永久管业权、奴役权、手续金、个人贡赋予徭役、专利权、通行税、入市税和狩猎、捕鱼、饲养鸽兔等权利。被废除的还有实行了 30 年的、有利于领主的公社产业选用权。

"契约性封建制"的权利指那些被认为源于领主与佃农之间所订契约的权利。这些权利作为地产最初租让的抵偿,宣布可以赎买,其中包括:年贡、地租、实物分成和定期租金、地产转移和出售的临时收益权。1790 年 5 月 3 日,货币地租的赎买价被定为年额的 20 倍;实物地租的赎买价被定为年额的 25 倍;地产转手的临时收益权的赎买价则按其数额大小而定。赎买严格按个人办理。农民还应还清 30 年以来的欠款。领主如能证明其地产为连续 30 年所有的产业,便不必出示该地产的文书。小农因赎金太重而不能获得解放的情况很快就显露出来。况且,事先没有任何信贷制度为赎买提供便利条件。唯有富裕农民和不从事经营的地产主使自己的土地摆脱了束缚。但是,不从事经营的地产主必然地试图把赎买负担转嫁到永佃农和分成制佃农身上。1791年 3 月 11 日的法令使取消什一税的结果有利于地产主。永佃农应以货币,分成制佃农应以其一部分所得来偿还什一税的数额。于是,如此设计的废除封建制有利于资产阶级和有地农民,而不能满足农民群众。农民群众的不满转变为骚乱,甚至形成农民起义。封建制的彻底废除是在吉伦特派垮台后由国民公会完成的。

随着封建制的废除,一种新型的财产权观念应运而生,并很快被写进了人的天然和永不失效的权利之中。这是资产阶级意义上的财产权。如同罗马法所规定,财产权就是对财产拥有自由的、个人的、完全的权利,允许耗费和任意使用。它以不侵害他人的财产权和公共利益为限。这种资产阶级的观念不仅与封建的财产权观念相违,并且与公社集体产业所有权观念和个人财产共有观念背道而驰。封建财产受封建权利的束缚,有利于领主;农村公社中的个人财产则受到公社支配。国民制宪议会赞成按有利于有地农民的方式分配公社财产。但它不能不谨慎从事,因为旧的一套东西还保持着。

财产权所完全承认的耕种自由最终确立下来。这种自由以"土地个人主义"的胜利为标志。它是长期的社会、司法演变的结果,它也导致古老的公社土地制度开始解体。地产主在摆脱了强制轮作的土地上可以自由耕种,任意围栏,取消休闲地。专题委员会的报告人欧尔多·德·拉梅维尔要求实现"农村的自由",取消同"天然的、合法的财产权"相违背的共同放牧权。然而,国民制宪议会拒绝采用这种彻底措施。人造牧场当然不实行共同放牧权。1791 年 9 月 27 日最终通过的农村法规并没有彻底落实业已通过的原则。圈地固然得到允许,根据证书或习惯形成的共同放牧权和通行权则被保留下来。无地或少地的小农仍将长期地保卫他们的集体权利,甚至拿破仑也不敢强行剥夺他们的这种权利。于是,在 19 世纪很长一段时间里,旧的农业经济和传统的农村公社与新的个人权利和新型农业一直并存着。

耕种的自由使农业领域的生产自由得以实现。行会和垄断被取消使生产自由得以普及。由于行会制度牵扯面广,涉及利益错综复杂,制宪议会的资产阶级不敢轻举妄动。从理论上废除行会特权在 8 月 4 日之夜就作出了决议:"省、公国、城市、团体和社团的一切专有特权被永远废除,并融汇到所有法国人的共同权利之中。"行会似乎应从此一蹶不振。卡米耶·德穆兰便是这样想的:"这个夜晚取消了师傅制度和独占性特权……谁能开店铺就可以开。裁缝师傅、鞋匠师傅、假发师傅将会愁眉苦脸。学徒伙计则会兴高采烈。光明将照亮屋顶的阁楼陋室。"

他们高兴得太早了。在 1789 年 8 月 11 日最后颁布的法令中,被取消的只有"省、公国、地区、乡、市和居民社团的专有特权。"行会被保留了下来,对它的废除在一年半之后才得以实现。在讨论营业税问题时,国家税务问题委员会的报告人、前贵族达拉尔德把所有问题都联系到一起。他指出,行会和垄断一样,也是造成生活费用昂贵的因素。这是一种应该废除的独占特权。1791 年 3 月 2 日的法律,即"达拉尔德法"取消了行会的管事会和师傅制度,也取消了享有特权的手工工场。从此,资本主义的生产力得到解放,人人可以自由地成为雇主了。生产自由的加强还在于撤销了作为大型批发机关的商会、取消了工业条例、"合格标志"、产品检查以及对手工工场的监察。建立在供求关系基础上的竞争法则成了调节生产、价格和工资的唯一机制。

在这种制度下,劳动的自由与企业的自由密不可分地联系在一起:劳动市场应该和生产市场一样都是自由的,帮工的联合同师傅的行会同样不能被容忍。经济自由主义所承认的只是个人。1791 年春天出现了工人的结社组织,其中最引人注目的是木器业帮工的组织。他们曾试图通过巴黎市府把"工价"强加于雇主。这引起国民制宪议会的资产阶级的警惕。1791 年 6 月 14 日的"勒夏普利埃法"就是在这种工人斗争的背景下通过的。此法禁止同一行业的公民,包括工人或师傅任命会长、秘书或理事;禁止"对他们所谓的共同利益作出决议或进行讨论"。总之是禁止联合和罢工。这与结社和集会的权利背道而驰。劳动的自由压倒了结社的自由。帮工协会以及工人互助团体都被视为非法。1791 年 7 月 20 日,这些规定也开始推广到农村:禁止任何地产主、佃农、农场帮工和农业工人进行任何旨在左右价格和工资的一致行动。这无异于把工人和帮工们置于雇主的摆布之下,尽管在理论上他们是平等的。对工人罢工权利的禁止一直持续到 1864 年,对工人组织工会权利的禁止一直持续到 1884 年。这些禁令是主张自由竞争的资本主义机器的关键部件之一。主张平等社会的个人主义成为一种抽象概念,在此基础上建立的自由主义只对强者有利。

最后是贸易自由。从 1789 年 8 月 29 日起,布里埃纳曾实行的粮食买卖自由又重新出现,然而粮食出口则无自由可言。9 月 18 日,粮食价格放开。商品在国内的自由流通具有经济和财政两方面的意义。废除盐税(1790 年 3 月 21 日)、贩运税和国内关卡(1790 年 10 月 31日)以及入市税、附加税(1791 年 3 月 2 日)后,商品流通自由逐渐确立起来。这样,早已被重农学派和哲学家们所谴责的消费税几乎全部消失了。然而，人民购买力的增长很快又被物价的上涨所抵消，甚至超过。国内关卡、盐税和附加税的检查机构被撤销了。通行税被宣布可以赎买。"壁垒后移"终于把阿尔萨林、洛林这两个"实为异邦"的省份划进国内。这些变化使关税界线和政治边界吻合起来，国内市场实现了统一。金融和银行活动的自由完善了贸易自由。股票市场也和商品市场一样自由开放，这使金融资本主义得以高速发展。

对外贸易的开放表现在废除贸易公司特权上。1785 年重建的东印度公司垄断了好望角以外的一切贸易。商港和大宗出口贸易界的代表们曾对此予以抨击。为了满足他们的要求，国民制宪议会在 1790 年 4 月 3 日宣布废除贸易公司的垄断权，"好望角以外的印度贸易对一切法国人开放。"塞内加尔的贸易于 1791 年 1 月 18 日宣布开放。1791 年 7 月 22 日，马赛在地中海东岸和柏柏尔地区范围内的贸易特权被撤销了。而且，国民制宪议会的资产阶级所主张的贸易自由主义在外国竞争的危险面前也进行了相应调整。这再一次表明了 1789 年代表人物们的现实主义。民族产品受到关税的保护，这种保护是有限的。国民制宪议会在 1791 年 3 月 2 日制定的税则中只赞同禁止少数商品（如纺织品）的进口和几种原料（尤其是粮食）的出口。此外，国民制宪议会对于殖民地贸易仍然保持"独此一家"的重商主义制度。殖民地只能与宗主国进行贸易（1791 年 3 月 18 日的税则）。这表明维护殖民利益的压力集团相当强大。在此之前，它已使奴隶制保留下来，并拒绝给有色自由人政治权利。

传统的经济秩序被打乱了。固然，资产阶级在 1789 年以前就已成为生产和交换的主宰，"自由放任"的政策使他们的贸易和工业活动摆脱了特权和垄断的羁绊。资本主义生产是在封建所有制的框架中出现和开始发展的，现在这个框架被打破了。国民制宪议会的资产阶级解放了经济，从而加速了演变的进程。

Ⅲ. 制度的合理化改造

国民制宪议会努力用一种协调和合理的组织代替旧制度下杂乱无

章的制度。这种组织建立在相互平等和分级的区划之上，每个区划单位构成各种行政管理的唯一基础。普遍实施由纳税限制的国民主权原则，行政人员由选举产生。最广泛的地方分权化便这样实现了。它符合全国的深切期望，然而，地方自治在不同程度上只对资产阶级有利。

1. 行政权的分散

1789年12月22日关于初级议会和政务会议的法律决定采用新的领土划分。重叠纷乱的旧区划由一种统一的制度所取代：省下设若干县；县下设若干乡；乡下设若干市镇。1789年11月3日，图雷曾提出一项几何式划分的方案：把法国分为若干个面积为320平方里①的省；每个省由9个公社组成；各公社的面积为36平方里……米拉波反对这种划分，他要求充分尊重传统与历史：

> "我主张划分要实事求是，考虑到地区和环境的固有特点，而不赞成数学式的，近似于唯心的划分。这样的划分是难以实施的。我认为，划分的目的不只是建立按比例的代表制，而是把对人与对物的管理结合起来，使公民能最大限度地参与管理。最后，我要求实行一种不显得过分标新立异的划分。恕我直言，这种划分应该容忍既成现实甚至错误，能够同样满足各省的愿望，并建立在已经成形的关系之上。"

1790年1月15日的法令把省的数量定为83个，以米拉波宣布的原则为划分的根据。省的划分远非是抽象的分割，而是服从历史和地理方面的绝对必要。但是，旧省区的传统生活框架还是被打破了，全国都配有明确的行政单位。

1789年12月14日的法律对市镇行政的组织作出了规定：由每个市镇的积极公民选举出市镇总议会，任期两年。该议会由地方显贵和市政府组成。市政府中设市政官员、市长和市镇检察官，在较大的城市中还设有副检察官，其责任是保卫市镇共同体的利益。市镇拥有广泛权力：规定税收的基数和进行征收，维持秩序，动用国民自卫军和

---

① lieue，法国古里，约合4公里。——译者

宣布军法管制，还拥有普通治安司法权，市镇机关由直接选举产生，比两级选举产生的省行政机关要民主些。市镇生活紧张激烈是大革命时期法国的特点之一。

1789 年 12 月 22 日的法律规定了省的行政组织。由省选举大会选出 36 名省议会议员，任期为 2 年，组成省的评议机构。省议会任命 8 名议员组成常设机关——政务厅，作为省议会的执行代理。各省政务厅设立 1 名总检察官，监督法律的执行情况。他与各部大臣直接联络，代表总体利益；实际上是行政部门的秘书。省政务厅控制本省全部行政管理，承袭了监察官过去的权力。中央当局在各省没有任何直接代表，各省俨然成为大资产阶级手中的小共和国。县的组织形式与省完全吻合（县议会由 12 名代表组成，县政务厅由 4 名成员组成，设有县检察官）。县级行政专门负责出售国有财产和分配各市镇的税额。乡一级不设置任何专门行政组织。

这样一来，一种由纳税的选举人所实行的地方分权便取代了君主制的中央集权。中央权力对资产阶级掌握的地方当局丝毫不能操纵。国王虽然有权将地方官员停职，但议会却可以恢复他们的职务。国王也罢，议会也罢，都无法强迫公民缴纳税款或服从法律。当政治危机加剧时，行政权的分散为民族统一带来了险恶的后果。全国各地的权力都已属于遴选的机构。倘若这些机构落到新秩序的敌人手里，革命便会遭到损害。两年之后，为了保卫革命，中央集权又得以恢复。

2. 司法改革

司法部门的改革所依据的精神同行政改革一样。旧制度时繁多的专门法庭被废除殆尽，代之以一套新的各级法院系统。这些法院以国民主权为本，无论对谁都一视同仁。新的司法组织重视保护个人自由，由此形成一整套有利于被告人的保障：被捕后 24 小时内出庭；审判公开；必须有律师协助。执行国民主权的原则导致了法官由选举产生和建立陪审团制度。卖官鬻职的现象不复存在，法官从获得法科学位的人中选出，他们以国民的名义行使权力。在诉讼中，由公民们对案件事实作出评判，然后由法官负责在法律方面进行判决。但只有在涉及刑事案件时才组成陪审团。

在 1790 年 8 月 16 日的法令中，国民制宪议会在民事方面设立了乡"调解法官"，这个词是从英文中借来的。调解法官由初级议会从积极公民中选出，任职两年。他对争讼在 50 锂以下的案件有终审权，对争讼在 100 锂以下的案件有初审权。调解法官还有无偿的司法职务(家庭纠纷法庭庭长等等)。法律仍然很注重强制裁判，尤其是对于所有家庭纠纷。组织这种调解法庭时常遇到困难(由于没有报酬，陪审员很不热衷)，但是它还是取得了很大成就，并成为国民制宪议会最牢固的创造之一。"县法庭"在调解法庭之上，它由经县选举大会选出的 5 名法官和国王任命的检察院官员组成，任期 6 年。县法庭审理对调解法官判决的上诉。它对争讼在 100 锂以下的案件有终审权，对于超过这个数额的争讼，不服它的判决可以上诉。专门的上诉法庭并不存在：县级法庭之间可互为上诉机关。

在刑事方面，1791 年 1 月 20 日、7 月 19 日和 9 月 16 日的各项法令建立起一种 3 级司法制度。在各市镇，由市镇官员组成的普通治安法庭审理本市镇范围内的犯法事件。在各乡，由调解法官和两名调解员组成轻罪法庭，审理不法行为。在省一级的首府设立"刑事法庭"，由省选举大会选出的 1 名庭长、3 名法官组成。此外还有 1 名公诉人负责起诉和 1 名国王的特派员监督依法判刑。1 个起诉陪审团(按事先制定的名单抽签，选出 8 名陪审员)决定是否有理由起诉。1 个审判陪审团(按不同于前一个陪审团的抽签名单选出 12 名陪审员)判定被告事实是否成立。陪审员多为富豪，至少也得是积极公民。该法庭的审判为终审判决。1791 年 9 月 25 日，国民制宪议会通过了 1 部刑法典，其中取消了一切"想象罪"(异端邪说、亵渎君主等)，将罪行定为 3 种(普通违警罪、轻微犯罪、应处人身和名誉刑罚的罪行)。预定的刑罪应是"绝对和明显必要的"，它只针对个人，并且一视同仁。

司法组织的最高一级是两个全国性法庭。根据 1790 年 11 月 27 日法律建立的"大理院"由每省选举 1 名法官组成，有权撤销其他法庭的判决。但是，它仅受理违反程序和法律的行为。被撤销的判决被转送给另一个同级法庭。"全国高等法院"建于 1791 年 5 月 10 日。它有权审理大臣和高级官员的罪行和危害国家安全的罪行。

这一套司法组织协调、合理，不受国王所左右。尽管司法始终是以国王的名义行使的，实际上它已成为国民的事务。司法权也和政治权、行政权一样都掌握在纳税的资产阶级手中了。

3. 国家与教会

在旧制度时，国家与教会的关系盘根错节。因此，对国家和行政的改革必然导致对教会的改革。这项改革激起了一场宗教冲突，给反革命以可乘之机。国民制宪议会的大多数代表是虔诚的信徒，他们不希望发生冲突。天主教保留了举行公开仪式的特权，是唯一得到国家维持的宗教。但是，深受法国教会自主论影响的国民制宪议会代表们自认为有能力改革教会。

僧侣的财源和产业是最先被触及的。什一税在 8 月 4 日之夜已被废除。1789 年 11 月 2 日，为了解决财政危机，国家将教会财产置于自己掌握之下，并负责以体面的方式提供神职人员生计、祭仪的费用和对穷人的救济。本堂神甫每年可领取 1 200 锂，在旧制度下他们只能得到 750 锂的"微薄薪俸"。被没收的教会财产成了最初的国有财产。取消了教会的产业必然会导致对僧侣传统组织的否定。

1790 年 2 月 13 日，修会僧侣被取消了。这种僧侣趋于衰落，舆论对它没有好感，而它的财产又相当可观。由于献身誓愿遭到禁止，它的招募来源陷于枯竭。

1790 年 7 月 12 日通过、8 月 24 日颁布的"教士法"改组了俗间僧侣。行政区划成为新教会组织的框架。每个省设一主教府，主教和神甫也和其他公务人员一样由选举产生。主教由省选举大会选出；神甫由县选举大会选出。新当选者由其教会上级授职。主教由大主教而不再由教皇授职。教士会议被视为特权团体因而遭到取缔。代替它的是主教区会议，负责教区管理。这样，法国的教会便成了一种国家教会。根据 1790 年 2 月 23 日的法令：神甫要在主日讲道时宣读和讲解议会的各项法令。

法国教会与教廷的联系松弛了。教皇的敕书须受到政府的检查，首岁教礼①也被取消了。尽管教皇在法国教会中始终享有至高无上的地位,但是他的一切裁判管辖权均被剥夺。按照埃克斯大主教布瓦日兰的说法,国民制宪议会把"为教士法洗礼"的工作留给了教皇。实际上,在需要使教士法得到教规认可时,困难就开始出现了。是由教皇还是由一个全国主教会议来批准呢?出于对主教们反革命活动的担心,国民制宪议会放弃了召开主教会议的设想。这样,它就得任凭教皇的摆布了。1790年8月1日,法国驻罗马的使节贝尼斯红衣主教接到命令:促使庇护六世批准教士法。贝尼斯红衣主教反对教士法。他的行为已不止是模棱两可,他和贵族派主教通信,把他们充满激情的书信转呈给教皇。最后,他对教皇抵制教士法的行动表示称赞,并为自己使命的失败感到庆幸。

教皇早已把人权宣言斥责为大逆不道,他的抱怨、不满不打一处来:首岁教礼被取消了;阿维尼翁放弃了教皇辖地的主权,要求并入法国。庇护六世对自己的世俗权力和精神权威都十分重视。他首先想知道法国政府在世俗事务,尤其是在阿维尼翁问题上的意图是什么,然后再决定自己在宗教事务方面应采取的根本行动。他不打算很快决定立场,以免为宗教利益而牺牲自己的世俗利益。国民制宪议会采取了一种节制态度。1790年8月24日,它拒绝对阿维尼翁问题表态,把该城居民的请愿书转呈给国王。尽管如此,教皇仍然采取了拖延的做法,并进行了一场讨价还价。但教皇的算盘打错了。这不仅使他的利益受到损害,还使宗教信仰出现混乱,导致法国发生教会分裂和内战。

在此期间,由埃克斯的大主教布瓦日兰领导的主教团曾多次发表意见,迫切要求国王和教皇批准教士法正式实行。出现决裂并不是主教们所期待的。1790年10月30日,国民制宪议会代表中的主教发表了《教士法原则的论述》。他们并没有谴责教士法,而是要求该法在付诸实行前首先得到教皇的批准。教士法使法国教会得以独立。按照当时的教会法规,这不一定导致教会分裂。在1790年时,教皇永无谬误

---

① 教士获得圣职后献给教皇的一年俸禄。——译者

之说尚未被奉为教理。法国的主教们打算从教皇那里得到符合教规的承认，否则他们便感到没有把握进行关于教区划分和主教区会议的改革。教皇的抵制是由于多种动机所驱使，其中最重要的不一定是宗教方面的。天主教列强，尤其是西班牙鼓励教皇的反对立场。直到最后一刻，布瓦日兰仍希望教皇不把法国投入分裂之中，认为他有责任使教士法具有教会法规的形式。

国民制宪议会等得不耐烦了，便于 1790 年 11 月 27 日要求所有教士宣誓效忠王国宪法。由于教士法也包括在宪法之中，这也是要求对教士法宣誓效忠。只有 7 名主教进行了宣誓。神甫们分为势均力敌的两部分。就地区而言，两派分布并不平均："宣誓派"或称"宪政派"在东南地区占大多数；"反抗派"在西部占大多数。

教皇对教士法的谴责使分裂的状态无可挽回。在 1791 年 3 月 11 日和 4 月 13 日的敕书中，教皇激烈抨击了大革命的原则和教士法。于是教会彻底地分裂。从此以后，全国也分为两大阵营。反抗派教士的敌对助长了反革命骚乱，宗教冲突使政治冲突倍加激烈。

制宪议会代表们为什么没有采取别的做法呢？实际上，无论在道德还是物质方面，政教分离都是不可能的，只有教士法的失败才会导致这一结果。当时，任何人也不主张实行政教分离，甚至连想也未曾想过。哲学家们主张把教会同国家联系起来，使教会的神职人员服务于社会进步。国民制宪议会的代表们即使不是笃行信徒，也是天主教的恭敬拥护者；而人民则对天主教深信不移，绝不会接受与教会决裂，因为在他们看来这会妨碍其灵魂得救。政教分离会被理解为向宗教宣战，反革命分子会借此作为可怕的武器。实行政教分离在物质方面同样不可能。僧侣的财产已被没收，教士的生活需要国家维持，还要建立宗教预算。正是这些财政困难导致对法国教会的改组。为了节约开支，近一半旧的主教区被取消，大多数修道院被关闭。因此，宗教改革是与行政部门的改造和财政问题紧密相关的。

4. 税收改革

国民制宪议会的资产阶级在进行制度改造中依据的总原则同样适用于税收改革，这种改革也是陈情书所表达的主要愿望之一。纳税被作为一种"贡献"，且实行人人平等。在全国推行统一的合理化税额分配，与收入成正比，落实到个人，每年缴纳 1 次。国民制宪议会制定的这样一种税收制度减轻了纳税群众的负担，这一点是无可争议的。间接税被取消了，只保留了建立土地税和流动财产税所必要的注册费，以及印花税和海关税。

新税收制度包括 3 项主要直接税。1790 年 11 月 23 日建立的"土地税"是对地产收入课征的捐税。根据重农学派的原则，这是一项主要税收。但是，为了确定对地产的课税基数，必须制定出全国土地的测定及估价登记册，这样才能切实调整税收，即在省、市镇和纳税人之间实行公平摊派。国民制宪议会则只能满足于根据原税收额定出每省应缴纳的数额。市镇的税收底册是根据纳税人的申报制定的。1791 年 1 月 13 日创建的"流动财产税"，是对租金或房租的实际收入所课的税收。法律规定对负担重的家庭减免税收，对独身者则增加税收。1791 年 3 月 2 日建立的"营业税"，是针对商业和工业收入的税收。所有这些税收的分派均由市镇负责，因而引起了不少挫折。各市镇常常没有办法，甚至没有愿望做好这项徒劳无益的工作。把旧的念一税作为基础，略加修改后制定出税收分派方案，这种应急的方法激起了强烈不满。尤其是流动财产税使农村居民负担不起，而城市资产阶级却受到照顾。为了平息对税收的责难和加速税收的分派，国民制宪议会在 1791 年 6 月任命了一些特派员负责协助市镇。

新的征收制度使这些麻烦更为突出。市政府被授命征收捐税：法律并没有设立专门的财政管理机构。在县里，由经选举产生的 1 名收纳员收集所有税金；在省里，由 1 名总主计员按国家财务署的命令支付开支；最上面的国家财务署于 1791 年 3 月建立，由国王任命的 6 名专员组成，负责批准各部门的开支。

这是一种简单、统一化的财政组织，在整个 19 世纪中，其主要轮廓一直保留着。但它在当时却加剧了财政的危机。新制度的推行需要一定时间，然而旧的捐税在 1791 年 1 月 1 日被废除后，地产税才刚刚建立，流动财产税和营业税还尚未出世。1789 年 10 月 6 日创建的爱国捐占纳税者收入的 1/4。但它也不能在短期内收回钱款。内克发出

的国债(1789 年 8 月 9 日为 3 000 万锂，利率为 4.5%；8 月 27 日为
8 000万锂，利率为 5%)宣告失败。同时，偿还僧侣债款、官职购买
金、官职保证金，紧接而来的教士膳宿费和宗教礼仪费等开销使国家
的负担更为加重。国库空虚，国家只得靠贴现银行的借款混日子。

财政危机迫使国民制宪议会采取了两项导致社会革命向纵深发展
的重要措施：出售僧侣的财产和发行一种纸币——指券。

Ⅳ. 为了建立新的社会平衡：指券与国有财产

在这方面，我们可以看到，环境和形势的变化对国民制宪议会中
资产阶级事业产生的影响，以及资产阶级为何不得不超越这种已经满
足了自己利益的、合理而协调的政治结构。它迫使自己作出更果断的
决定，从而加剧了社会动荡。当然，它既不希望也未料到会出现这种
后果。但是，无论如何这种社会动荡毕竟为新制度提供了一个坚固的、
资产阶级和农民的基础。

1. 指券与通货膨胀

货币改革及其广泛的社会后果是由财政危机所引起的。1789 年 11
月 2 日，国民制宪议会决定把僧侣的财产置于国家的支配之下。然而
这还不够，还必须使这些不动产"发挥效用"。1789 年 12 月 19 日，国
民制宪议会决定以 4 亿锂的价格拍卖教会财产，同时发行同等数额的
"指券"。指券是一种按照国有财产确定价值的票据。起初，指券只是
含利息 5%的债券，可以用教会财产进行偿付，它代表着国家的信誉。
指券最初只有 1 000 锂一张的大票面。随着教会财产的出售，指券应
该被陆续收回，作废和被销毁，这样便偿清了国家债务。

要使这种做法取得成功必须速战速决。但是，指券的推销十分艰
难。这是因为形势动荡不安；僧侣仍控制着其财产管理权；改革教会
的法令尚未通过。这种情况促使国民制宪议会采取了断然措施：1790
年 4 月 20 日，剥夺了僧侣对其财产的管理权。一个月后，它又创立了
宗教祭仪的预算。5 月 14 日，它确定了出售国有财产的具体方式。但
是，国库依然空空如也，赤字在不断上升。在采取了一系列措施后，

国民制宪议会逐渐不由自主地把作为国库券的指券转变为一种纸币了：它不再含利息，并且具有不受限制的偿还能力。1790 年 8 月 27 日，指券开始成为银行票据，发行量达到了 12 亿锂。中等票面(50 锂)开始出现后，又印行了 5 锂的低面值指券(1791 年 5 月 6 日)。于是，最初被用来偿还国债的措施背离了原来的目的，成了弥补预算赤字的手段。更值得注意的是，这种做法在经济和社会方面产生了难以估量的后果。

在经济方面的后果表现在货币性指券的膨胀异常迅速，发行量成倍增加。国民制宪议会在 1790 年 5 月 17 日允许货币买卖即是促使指券贬值，金属货币都隐而不现了。两种价格随即出现：一种以硬币支付；另一种以纸币支付。低面值指券的印行使贬值更为加剧。在 1790 年中，指券的兑换率一再下跌，失去的价值从 5％上升到 25％。1791 年 5 月，在伦敦市场上 100 锂指券只能值 73 锂了。

在社会方面货币性指券也造成了多种后果。人民各阶层成为通货膨胀的牺牲品，其生活条件不断恶化。领取纸币工资的帮工和工人的购买力日益下降。生活费用日渐昂贵，食品价格上涨引起了和饥荒同样的后果。社会骚乱再度出现。生活费用昂贵使城市人民群众起来反对大资产阶级，并促使大资产阶级倒台。对于资产阶级的某些派别来说，通货膨胀所造成的恶果也不轻。一些官员的职位被取消了；旧制度时把积蓄换成公债或抵押货款的食利者也因贬值而减少了收入。通货膨胀使已经到手的财富蒙受损失。然而，通货膨胀也使得投机商有利可图。尤其是货币性指券，使得任何人都有可能得到僧侣的财产。作为国库券的指券，则只能将僧侣财产交给国家的债权人，如国家供应商、金融家和被取消职位的官员。于是，指券不再是一种财政方面的权宜措施，而成为强有力的政治、社会手段了。

2. 国有财产的出售和资产阶级所有制的巩固

通过出售国有财产和发行指券的制度，大革命逐步向重新分配地产的方向迈进，使这场革命的社会性质更为突出。实际上，国有财产出售的方式不符合小农们的愿望。大多数农民完全没有土地或没有足以独立生活的土地。土地问题本可以通过把国有财产分割为小份和简化出售手续，以便增加有地农民数量的方法得到解决。这样，以废除封建权利为开始的土地改革便会全面展开。然而财政需要占了上风，这种需要与资产阶级的利益一致。同赎买封建权利一样，国有财产的出售也不是为了满足农民群众，它使有产者的优势地位得到加强。

1790 年 5 月 14 日的法律规定，僧侣的地产将在各县政务厅所在地公开拍卖，实行按不同经营的地块整份出售。所有这些条件都不利于贫困农民。另外，地租也仍旧保留了下来。但是，为了把一部分农民拉到资产阶级新秩序一边，国民制宪议会准许在 12 年内付清购地款额，年息为 5%；如果地产分小块招标比整份出售的价格高，便允许分割拍卖。在某些地区，农民们合伙购买本村出售的土地；另一些地方的农民则用暴力驱走竞买者。农民的地产有所增加：在康布雷齐，在 1791—1793 年间，农民比资产阶级购买的土地多 10 倍。在庇卡底、拉翁或桑斯附近地区也是如此。尽管这样，从出售僧侣财产中获利最多的还是有地的自耕农，大佃农，尤其是那些资产阶级。短工和小农中很少人能得到一小块土地。虽然教会大领地的解体造成了土地经营的分散，使不少农民以分成制佃农或永佃农的身份从土地中受益，但土地问题依然没有解决。不久，指券的贬值使从事土地投机的冒险家和唯利是图的工商业者"黑帮"发了大财。

国民制宪议会的成就是巨大的，它涉及政治、行政、宗教、经济等各个领域。法国和法兰西民族获得了新生，新社会的基础被奠定下来。作为受到理性和启蒙思想熏陶的一代人，国民制宪议会代表们建立了一套合理、清晰和统一的社会结构。但是，作为资产阶级的子弟，他们把庄严宣告的自由、平等原则加以歪曲，为本阶级所用。他们这样做的结果，一方面激起了人民各阶层和民主派的不满，同时也引起失去优势地位的贵族和旧特权阶级的仇恨。国民制宪议会尚未解散，工作尚未完成时，各种困难已经成咄咄逼人之势了。国民制宪议会把新的国家建立在纳税资产阶级的狭隘基础之上，这必然使它的事业矛盾重重。它一方面被迫与不甘妥协的贵族阶级斗争，同时又对迫不及待的人民加以排斥。这便使资产阶级的国家陷于动荡不安，接着又陷入战争之中。

新的经济联系巩固了新的统一,但这只能是资产阶级的联系。彻底摧毁了四分五裂的封建状态,实现了国内的流通自由后,国内市场统一起来。全国各地区之间的经济联系加强了,互相之间的联合也巩固起来。"壁垒后移"和为使民族生产不受外国竞争而采取的保护措施,使法兰西民族与外国的区别明显起来。然而,国民制宪议会的资产阶级在完成这项统一大业的同时却以经济解放促使了第三等级的分裂。在行会和制造条例被废除后,行会师傅丧失了垄断权,这使他们万分恼怒。粮食贸易的自由引起了城市和农村人民各阶层的普遍反对。农民中对耕种自由的敌对程度不次于对粮食贸易自由的敌对,因为它使贫苦农民借以为生的集体权利不复存在。依恋市场管理和传统经济的群众大失所望,这几乎使他们背离这个按一个阶级的狭隘利益而设计的祖国。

人民群众被排除在政治生活的组织之外。这种组织建立在纳税的基础之上。毫无疑问,国民制宪议会代表们通过宣布理论上的平等、取消旧制度下分化社会的各种"团体"和肯定社会关系中的个人主义观念,奠定了一个民族的基石。这个民族将包括所有的人。但是,他们把财产权列入了天然的和永不失效的权利之中,这便在他们的成就中产生了一个不可克服的矛盾。保留奴隶制和把选举组织法建立在纳税的基础上,这两项措施把这一矛盾暴露在光天化日之下:政治权利的多少取决于财富的多寡。300 万消极公民遭到排斥。难道整个民族只是由构成初级议会的 400 多万积极公民组成的吗?难道民族只集中体现在选举大会本身的 5 万名选举人身上吗?

"民族、国王、法律"这一著名口号在民族主权原则的幌子下成为国民制宪议会成就的象征。但它掩盖不了问题的实质。民族被缩小到有产业的资产阶级这个狭隘范围内,仅仅由纳税者组成的民族是抵御不住反革命和战争打击的。

第四章　国民制宪议会和国王的出逃(1791年)

从 1791 年开始，国民制宪议会的制度结构在矛盾发展的压力下出现了裂痕。贵族阶级仍在负隅顽抗，拒绝任何妥协。这使巴纳夫、迪波尔、拉梅特三巨头再次提出的和解方案不可能实现。向外国求助的行为已众所周知，对外国入侵的恐惧使人民心目中产生了贵族在搞阴谋的看法。这样，民族问题逐渐上升到首位，它加剧了原第三等级内部的紧张气氛，并打破了纳税资产阶级的政权赖以建立的脆弱平衡。

Ⅰ. 反革命的猖獗与人民的奋起

从 1790 年夏天起，由拉法夷特推行的政策已经破产。贵族阶级与资产阶级社会之间的和解已无实现的可能。宗教分裂和反抗派教士的骚乱助长了贵族阶级的反抗。指券贬值和经济危机促使人民运动重新高涨起来。

1. 反革命：贵族、流亡者和反抗派教士

流亡者、贵族和反抗派教士的力量加在一起，汇成了一股反革命敌对力量。

流亡者在国境地带制造的骚乱逐渐明显起来。他们主要集中在莱茵地区(科布伦茨、美因兹、沃尔姆)、意大利(都灵)和英国。流亡者们从事阴谋活动的目的在于挑动外国对大革命进行干涉。1791 年 5 月，阿尔图瓦伯爵与莱奥波德二世皇帝在芒图进行了一次会面。然而，皇帝对问题持回避态度。

贵族阶级的动乱已在全国范围展开，涉及的领域不仅限于宪法方面。贵族、"黑帮"们想方设法使指券丧失信用，极力干扰国有财产的

出售。武装阴谋活动大量增加。1791 年 2 月，"短刀骑士"们曾试图在杜伊勒利宫劫持国王。1790 年 8 月，在韦瓦雷南部有两万名保王派国民自卫军组成了雅莱营，一直到 1791 年 2 月才被武力取缔。1791 年 6 月，莱扎迪埃尔男爵在旺代策动了一次叛乱。总之，贵族到处都在蠢蠢欲动。

反抗派教士的动乱为反革命的敌对活动增添了动力。他们与贵族同舟共济，成为反革命的积极分子。他们照旧主持祭礼，管理圣事。国家出现了分裂，许多老百姓不愿意抛弃"好教士"，是由于担心灵魂不能获救。这样，反抗派便把一部分群众拉进了反革命的敌对派阵营。由于混乱局面扩大，国民制宪议会在 1791 年 5 月 7 日允许反抗派教士搞宗教活动，将其作为一种可以容忍的活动对待。宪政派教士对此大为恼怒，他们担心不能抵制反抗派教士的竞争。宗教战争爆发了。

2. 人民的奋起：社会危机和政治要求

革命方面的反对派也在发展，这使得国民制宪议会的中庸政策难以推行。

反教会的骚乱是对反抗派教士动乱的报复。宗教斗争不仅使贵族党派的力量成倍增加，也促进了一个反教会党派的形成。雅各宾派为了支持宪政派教士，对罗马天主教进行猛烈的抨击，谴责宗教迷信和狂热崇拜。

开展这种宣传的《乡村报》写道："有人责备我们对天主教不太宽容，责备我们对永恒的信仰之树没有始终关照。但是，当他们仔细观察一下这棵不容侵犯的树时便会发现：所有枝杈上都交错横生着狂热崇拜。因此，断其一枝必然会触动其他枝干。"

反教会作家的勇气更大，他们提出取消宗教预算，主张建立一种爱国的与公民的信仰，盛大的全国联盟节便是这种信仰的前兆。

民主派的骚乱也是对反抗派教士的动乱的报复。国王和拒绝宣誓的教士们互相勾结起来，这反而促进了民主派的壮大。从 1789 年起，罗伯斯庇尔便提出了普选制的主张。人民俱乐部的大量涌现使民主派势力有所发展。在巴黎，教师当萨尔在 1790 年 2 月 2 日创立了第一个"两性爱国者联谊社"。这些接纳消极公民的人民团体，在 1791 年 5 月组成了一个中央委员会。在1790年4月建立的科尔得利俱乐部是名副其实的战斗组织。它监视贵族，监督行政部门，组织调查、募捐、请愿、示威等活动，必要时还举行暴动。因此，这个俱乐部是运动的主导。马拉在《人民之友报》上，博纳维尔在《铁嘴报》上都鼓励这一运动的发展。一些民主派甚至自称拥护共和，他们集合在罗贝尔的《国民信使报》周围。

社会骚乱自1791年春天起再度出现。在尼韦尔内、波旁内、凯尔西和佩里戈尔都发生了农民的骚乱。巴黎的工人也跃跃欲试。失业有增无已，奢侈品工业濒临破产，生活费用上涨。一些职业团体，如排字工、马蹄铁匠、木工等联合起来要求规定最低工资额。联谊团体和民主报刊对工人的事业予以支持，谴责企业主和批发商利用经济自由大搞"新的封建制"。社会骚乱助长了民主派的活动。

3. 国民制宪议会的资产阶级与社会的巩固

面对上述两种威胁，国民制宪议会制定了强硬的政策。资产阶级对人民运动发展的恐惧丝毫不亚于对贵族反革命阴谋的害怕。拉法夷特的威望以及他对国王的影响现已消失殆尽。米拉波一时间成为头面人物。

米拉波曾被1789年11月7日的法令排除在内阁之外。他被宫廷所收买，转而报效国王。他向国王呈递第一份奏章是在1790年5月10日。米拉波主张国王拥有实权，他极力促使议会赋予君主宣战权和媾和权。他向路易十六提供了一项庞大的宣传和贿赂计划，旨在建立一个党派，让国王离开巴黎，解散国民制宪议会和向国民求助。在整套计划中，宫廷只采纳了贿赂一项。王室费总管塔隆通过积极行贿，使王室的同谋者和代理人为数大增。路易十六对米拉波同对拉法夷特一样不信任。米拉波于1791年4月2日猝死。他的政策由于中断而免于失败，他的死亡使革命舞台上失去了一个主要演员。

巴纳夫、迪波尔、拉梅特三巨头马上取代了米拉波的位置。民主派的壮大和人民的骚乱比贵族的阴谋更使他们警觉。他们也主张现在停止革命。三巨头靠宫廷给的钱发行了一份新报——《文史学家》。他们开始与拉法夷特接近，逐步向右转。他们控制着国民制宪议会，也迫使它作同样的转变。消极公民被排斥在国民自卫军之外;集体名义的请愿遭到禁止;禁止结社和罢工的勒夏普利埃法于 1791 年 6 月 14日通过。左翼当时的表现便是在这样一种反动的政治背景下作出的。罗伯斯庇尔当时闭口不言,然而他曾经在所有场合英明、果断地保卫了人民的权利。1791 年 4 月 27 日和 28 日,在关于国民自卫军组织的辩论中他发言:"是谁进行了我们这场光荣的革命? 难道是阔佬们,是有权势的人吗? 唯有人民有愿望并有能力进行这场革命。同样,唯有人民现在能支持革命。"

勒夏普利埃法的社会后果连马拉也未完全估计到,他把它看成一项限制集会和请愿的反动政治法律。他在 1791 年 6 月 18 日的《人民之友报》上写道:"他们剥夺了无数劳工和工人阶层在一起名正言顺地商议自己事务的权利……他们一心只图把公民们互相孤立起来,防止他们共同管理国家事务。"

与贵族阶级实行妥协的政策又冒头了。由于害怕民主,三巨头和拉法夷特主张修改宪法,提高选举的纳税标准和加强王权。但是,这种政策必须得到"黑帮"和贵族们的支持以及国王的同意才能成功。贵族负隅顽抗使之不能实现。国王的出逃充分显示出这种政策的虚浮。

Ⅱ. 大革命与欧洲

在 1791 年当中,国内的动乱加上在国外的困难使国民制宪议会的处境越加艰难。新生的法国与旧制度的欧洲针锋相对,正如封建贵族阶级与资本家阶级、君主专制与自由政府之间的对立一样。各国之间的敌对有时会转移它们对法国事务的注意力。流亡者和路易十六求助外国恢复其专制权力和社会优势地位,这便使冲突不可避免。

1. 革命的传播与贵族的反动

各国的君主从一开始便对革命思想的宣传和扩张力深感不安。大革命的一系列事件和 1789 年原则本身就具有足以发动各国人民和动摇各君主专制权力的影响力。在法国发生的事件激发了世界各地的极大好奇心。外国人纷纷涌向巴黎,成为名副其实的"向自由朝拜者"。他们中有美因兹的乔治·福斯泰尔、英国诗人沃兹沃恩、俄国作家卡拉姆津等等。他们参与政治斗争，出入俱乐部，成为大革命思想的积极宣传者。他们中最狂热的应属来自萨瓦、布拉邦特、瑞士、莱茵地区的政治难民。从 1790 年起，瑞士难民，尤其是日内瓦人和纳夏泰尔人便组成了"海尔维第①俱乐部"。

在法国之外，启蒙思想在资产阶级和贵族中的传播发展，使德意志和英国对大革命的影响尤为敏感。

在德意志，教授和作家们兴高采烈，例如在美因兹大学图书馆任管理员的福斯特，汉堡的诗人克洛普施托克、普鲁士的哲学家康德和菲希特。在杜炳根，大学生们种植了一棵自由树。这一运动还超出了知识分子的小圈子，扩展到资产阶级和农民中间。在莱茵河地区的伯爵领地，农民们拒不缴纳领主捐税；在萨克森的梅桑爆发了农民骚乱；汉堡的资产阶级在 1790 年 7 月 14 日举行了庆祝活动。这一天，参加者们身佩三色绶带，女孩合唱团讴歌自由的诞生，克洛普施托克还朗诵了他的颂歌《是他们而不是我们》：

啊，高卢的自由，

我纵有千万张歌喉，

也难以将你赞颂：

我的声音是那样的微弱，

啊，神奇的自由，

她无所不能……

在英国，辉格党的首领之一福克斯、奴隶制的反对者威尔伯福斯、哲学家边沁和化学家普里斯特莱都公开声明自己赞同大革命。英国的统治阶级在大革命初期曾持赞许态度。但是，随着革命事态的急剧演变，它的态度逐渐冷淡下来。只有激进派和异端分子坚持同情大革命，要求在本国实行改革。1790 年在曼彻斯特建立了一个"宪法社"；在

① 海尔维第是古代高卢的一部分，大致相当于现在的瑞士。——译者

1791年,"伦敦推动宪法情报社"重新建立。诗人们长期忠实于自己最初的激情,他们是布莱克、彭斯、沃兹沃恩和柯勒律治。1789年,柯勒律治在《法兰西》赞歌中表达了他如醉如痴的喜悦:

> 当法兰西怒火满腔,举起巨人的臂膀,
> 它的誓言震撼着天空、大地和海洋。
> 它顿足盟誓:不获自由绝不罢休……

然而,欧洲的反动势力不久便锋芒毕露。封建制度被废除后,贵族阶级成为反革命。教会财产被没收后,僧侣也成为反革命。层出不穷的动乱使资产阶级深感不安。流亡者千方百计地挑动拥护旧制度的阶级反对革命的法国。阿尔图瓦伯爵从1789年后定居都灵,1790年,在特雷弗选侯的领地上组成了第一批武装。既疲于奔命又高傲自负的流亡者们把自己的利益置于祖国的利益之上。他们吹嘘只要几支部队便可征服被一小撮煽动者控制的巴黎。自1790年初,在德意志已经有人撰文抨击法国的民主运动,如在耶拿的《文学报》上。在英国,土地贵族和英国教会挑起了反革命活动;在1790年选举中,托利党的多数地位更为加强,议会改革推迟进行。1790年11月,伯克发表了他的《法国革命感想录》,这成了反革命的福音书。该书谴责法国大革命使贵族阶级破产,并摧毁了等级差别这个神圣的制度。1791年,因支持北美起义军而闻名于世的托马斯·潘恩在他的《人权论》中驳斥了伯克的观点,此书在人民中产生了巨大反响。伯克提出了组织反革命十字军的主张。几乎与此同时,教皇庇护六世在1791年春也对法国大革命的原则予以严厉谴责。3月,西班牙政府沿比利牛斯山脉用军队设置了一条防线,制止"法国瘟疫"的蔓延。路易十六对跃跃欲试的欧洲反革命势力寄托了全部希望。

2. 路易十六、国民制宪议会和欧洲

路易十六的政策与欧洲贵族阶级的愿望不谋而合。他秘密地向各国君主请求干涉。流亡者们也朝此方向努力。阿尔图瓦伯爵要求马德里组织武装干涉,支持在法国南方酝酿的叛乱。从1790年11月起成

为流亡大臣的卡洛纳①指望从普鲁士那里得到帮助。孔代亲王在科布伦茨召集的军队准备为外国军队开道。旧制度看来又可以恢复了。路易十六只是在表面上接受大革命。1789 年 11 月，他写信给西班牙的查理四世，对自己被迫作出让步表示了不满。1790 年底，他决定出逃，并命令镇压南锡兵变的刽子手、在麦茨统兵的布耶侯爵为出逃进行准备。他的目的是请求欧洲列强命令国民制宪议会修改法令，并在边界炫耀武力，施加压力。

各国君主对大革命的敌视是普遍的。然而他们的态度却不尽相同。俄国的叶卡特琳娜二世对组织反革命十字军表现得十分热衷："摧毁法国的无政府状态，这会留下万古英名。"瑞典的居斯塔夫三世则准备统率联盟军队，他于 1791 年春天驻扎在埃克斯-拉-夏佩尔。普鲁士国王弗雷德里希-威廉二世和撒丁国王维克多-阿梅代三世都同意动兵。德意志帝国皇帝莱奥波德二世以及英国政府则表现得较为谨慎。各国君主之间的钩心斗角和领土野心使他们四分五裂。如果没有担任联盟首脑的德意志皇帝，他们必然会一事无成。然而，莱奥波德二世并不完全敌视宪法改革，他对法国国王的权威被削弱并不恼怒。再说，他属下的各邦国以及它们的东部边界已经足够他操心了。

国民制宪议会的对外政策以解决各国君主与大革命之间的冲突为重点，这些冲突涉及法律方面和领土方面。

阿尔萨斯发生的"异族王公"事件是由于废除封建权利所引起的。在阿尔萨斯拥有领地的德意志诸侯认为自己受到了损害，他们向日耳曼帝国议会表示对法国国民制宪议会决议的抗议。

阿维尼翁事件致使教皇与法国作对。阿维尼翁和弗内森伯爵领地发生了反对教皇统治的起义，并废除了旧制度。1790 年 6 月 12 日，阿维尼翁举行投票，决定并入法国。国民制宪议会犹豫不决遂使此事耽搁下来。当 8 月 24 日开始讨论阿维尼翁的问题时，国民制宪议会代表们力图避免使教皇对法国革命产生新的不满，结果特隆谢的决议案得以通过：由于国王在外交方面有创议权，阿维尼翁人的请愿呈送国

---

① 卡洛纳在 1787 年 4 月被解职后，为逃避高等法院追究而出走英国。1789 年 11 月，他到都灵投奔阿尔图瓦伯爵，后被其任命为财政大臣。——译者

王定夺。因为制宪议会不打算因一个不合时宜的表决而损害正在进行的、关于批准教士法的谈判。

与此同时，在 1789 年原则的基础上产生的新国际公法逐步确立起来。1790 年 5 月 22 日，国民制宪议会庄严地宣布废弃征服权：国家的组成只能基于人们意志的自由表达。1790 年 11 月，国民制宪议会向德意志诸侯宣布：阿尔萨斯之所以属于法国并非出于征服权，而是出于其居民的意愿，他们参加 1790 年 7 月 14 日联盟节便是证明。1790 年 10 月 28 日，梅兰(杜埃人)以自愿组合的国家否定王朝国家，并从中总结出新国际公法的准则。他指出："去年，在这个议会中，由一切新旧法国人订立的社会公约是你们和阿尔萨斯兄弟联合在一起的唯一合法依据。"他在这里指的是，1789 年 6 月 17 日第三等级自命为国民议会的决议和同年 7 月 9 日国民议会宣布自己为国民制宪议会的决议。接着他又提出，这里仅涉及到一个"极为简单的问题"，即"阿尔萨斯人民能成为法国人是否依据了外交文件？……对于阿尔萨斯人民和法国人民来说，专制时期那些旨在把前者结合于后者的协定有什么意义呢？阿尔萨斯人民与法国人民结为一体，这是出于他们的愿望。因此，使这种结合合法化的仅仅是他们的意愿而不是明斯特条约"。

阿尔萨斯的这种意愿在 1790 年 7 月 14 日参加联盟节时已经表达出来了。

1791 年 5 月，鉴于教皇对教士法已持谴责态度，国民制宪议会决定占领阿维尼翁和弗内森伯爵领地以便征求居民的意见。两地与法国合并的法案于 1791 年 9 月 14 日通过。在各国君主看来，新的国际公法等于宣布赋予革命国家一种权利：只要哪一国人民有这种愿望它就可以将其归并。这样一来，旧制度的外交便全被打乱了。

然而，国民制宪议会担心一旦发生战争会使宫廷从中渔利。它给了德意志诸侯一笔补偿费，而路易十六则立即鼓动诸侯拒不接受。国民制宪议会尽量拖延对阿维尼翁的归并。由于普鲁士、奥地利和俄国被纠缠在波兰事务中不得自拔，这种和平政策才得以顺利推行。莱奥波德二世认识到，弗雷德里希-威廉二世和叶卡特琳娜二世鼓励对法国进行武装干涉是为了使波兰问题的解决有利于他们，而他自己将会在西方抽不出身，因此他宁愿置身事外。

但是，国王的出逃使国民制宪议会的和平政策未能如愿以偿。莱奥波德二世也因此被迫对法国事务进行干涉。

Ⅲ. 瓦雷恩：国王对革命的否定(1791 年 6 月)

国王的出逃是大革命的主要事件之一。在国内方面，它表明了王权与革命的国民之间不可调和的对立；在外交方面，它加速了冲突的到来。

1. 国王的出逃(1791 年 6 月 21 日)

国王的出逃是由玛丽-安托瓦内特的瑞典朋友阿克塞尔·德·费尔桑伯爵长期筹划的。他借口护送贵重财物经驿站来到布耶的军中，在通向圣默努的一路上布置了驿马和骑哨。这样，路易十六可以取道马恩河上的夏隆和阿尔戈尼直达蒙梅迪。1791 年 6 月 20 日午夜前后，路易十六改扮成侍从，与全家离开杜伊勒利宫。此时，拉法夷特正在视察城堡的哨位，并认为万无一失。然而很长时间以来，他一直在杜伊勒利宫留着一个不上岗的门，这使费尔桑得以自由出入王后寝宫。

国王全家挤在一辆专门制作的重型轿式马车里上路了。他们比预定的时间晚到了 5 个小时。在夏隆以外布置的哨兵队久等不见国王踪影便撤走了。6 月 21—22 日夜，当国王赶到瓦雷恩时并没有找到预定的接应驿马，于是他便停了下来。在圣默努时，路易十六毫不躲躲闪闪，他被驿站长的儿子德鲁埃认了出来。德鲁埃赶上在瓦雷恩停下的轿式马车，并让人截断了埃尔河上的桥梁。当国王准备重新启程时，发现桥被阻断。此时警钟鸣响，农民们蜂拥而来，赶来的轻骑兵队也与人民表示友善。22 日清晨，国王一家重新启程返回巴黎。在他们两旁是由各村赶来的国民自卫军组成的人墙。当布耶闻讯奔来时，国王已经上路 2 个小时了。6 月 25 日夜国王进入巴黎时，周围死一般沉静，士兵夹道列队，倒持枪支，这俨然是"君主制的送殡行列"。

路易十六在出逃之前起草的告法国人民宣言将他的企图暴露无遗。他要先投到布耶军中，从那里转向在荷兰的奥地利军队，最后再返回巴黎,解散国民制宪议会和各个俱乐部,恢复自己的专制权力。路易十六的全盘秘密政策都是为了挑起西班牙和奥地利的干涉,使自己从中得益。早在1789年10月,他曾派丰布吕纳修士为密使去见西班牙国王查理四世;他竭尽全力使法国与阿尔萨斯诸王公之间的冲突恶化。路易十六并非如人们常说的,是个简单、软弱、近乎不能做主的人。他很有点小聪明,他不屈不挠地奔向一个目标:恢复自己的专制权威,甚至为此不惜背叛民族利益。

2. 瓦雷恩事件在国内的后果:马尔斯校场的枪杀(1791年7月17日)

瓦雷恩事件在国内产生了相互矛盾的后果:国王出逃激起了人民民主运动的高涨;掌权的资产阶级由于害怕人民而加强了自己的权力,并保持君主制。

瓦雷恩事件发生后,民主运动发展壮大到前所未有的程度。科尔得利俱乐部的成员从6月21日起就要求国民制宪议会建立共和制,或者至少在决定国王的命运前征询各初级议会的意见。他们宣布:"我们终于摆脱了国王,获得了自由。"国王的出逃成了促使人民群众加强民族觉悟的决定性因素。它向人民群众揭示了君主制与外国的勾结,它激起的强烈情绪一直扩展到最偏远的农村。人们担心外国入侵,便在要塞和边境自发地进入防御状态。国民制宪议会从国民自卫军中调了10万名志愿兵。这种社会和民族的反应所产生的效果与1789年的情形相似。在瓦雷恩,原本为保护国王出逃的轻骑兵队全都转向了人民一方,并高喊着:"民族万岁!"防御的反应突然呈现出来。1791年6月22日夜晚在圣默努附近,当地的领主当皮埃尔伯爵在前来欢送路易十六时被农民们杀死。在1791年的恐惧中,民族激情与社会仇恨激发了同样强大的力量。国王的出逃仿佛表明外国入侵已迫在眉睫,人民群众如同军队一样组织动员起来了。

然而,国民制宪议会的资产阶级却保持着冷静:它担心农民起义,同时也畏惧城市人民运动(勒夏普利埃法于1791年6月14日被通过)。国民制宪议会中止了国王的职能及其否决权,它把法国组成了事实上的共和国。但是,国民制宪议会在阻止民主发展方面也毫无顾忌。它编造了"国王被绑架"的虚构情节。6月21日晚,巴纳夫对雅各宾派大声疾呼："宪法就是我们的指南，国民制宪议会就是我们汇集的中心。"尽管罗伯斯庇尔表示抗议，路易十六仍得以免受起诉。只有布耶等制造"绑架"的人被指控。布耶在 1791 年 6 月 26 日给国民制宪议会的信中包揽了一切责任，但他早已逃之夭夭。7 月 15 日和 16 日，国民制宪议会对布耶和另外几个无足轻重的从犯发出了起诉令。1791 年 7 月 15 日，巴纳夫在一次激烈的演说中提出了实质性的问题：

> "我们将结束革命还是使它重新开始？……再向前走一步就是有害和罪恶的行为。在自由的道路上再多走一步将导致王权的毁灭；在平等的道路上再多走一步将导致财产权的毁灭。"

尽管国王的叛卖和贵族的危险不容否认，国民制宪议会的资产阶级始终认为国家应该是有产者的国家。对于它来说，大革命已经结束了。

马尔斯校场的枪杀(1791 年 7 月 17 日)表明了资产阶级的既定意图。巴黎人民在科尔得利俱乐部和其他友好团体的鼓动下频频举行请愿和示威活动。1791 年 7 月 17 日，科尔得利俱乐部成员在马尔斯校场集合，在祖国祭坛上对一项要求共和的请愿书举行签名活动。国民制宪议会以扰乱秩序为借口命巴黎市长驱散集会。戒严法一宣布，由清一色资产阶级组成的国民自卫军闯入马尔斯校场，并且不经事先警告就朝手无寸铁的人群开枪射击，致使 50 人倒地身亡。随之而来的是更加残酷的镇压。许多人遭到逮捕；不少民主派报刊被迫停止发行；科尔得利俱乐部被关闭。一时间民主派处于群龙无首的状态。这便是所谓"三色"恐怖。

马尔斯校场枪杀案的后果是无可挽回的。爱国党分裂成为两个相互敌对的集团。雅各宾派中的保守部分于 1791 年 7 月 16 日后就已分离出去，在斐扬修道院建立了一个新俱乐部。在雅各宾俱乐部中，由罗伯斯庇尔为首的民主派更加突出了。集合在斐扬俱乐部里的、以拉法夷特派和拉梅特派联合而成的立宪派却准备与国王和"黑帮"和解，保卫他们受到威胁的事业，并坚持纳税资产阶级的政治优势。于是，妥协政策再一次出笼。然而贵族阶级却仍旧顽固不化。

宪法的修改并未达到控制局面的"三巨头"所期望的程度。但是宪法中对选举权规定的财产标准更加提高了。选举人无论是产业主还是承租人，根据不同情况，其财产应分别相当于150、200和400个工作日的价值。1791年7月28日的法令经过9月19日法令的重申和修正后，使国民自卫军的组织最终定了型：只有积极公民才有权参加国民自卫军。在武装的资产阶级面前，人民只能赤手空拳。经过这样修改后，国王于1791年9月13日接受了宪法。14日，他再一次向国民宣誓效忠。国民制宪议会的资产阶级又一次相信，大革命结束了。

3. 瓦雷恩事件在国外的后果：皮尔尼茨宣言(1791年8月27日)

瓦雷恩事件在国外同样引起了重大的后果。国王的出逃和被捕在欧洲君主中激起了巨大震动。普鲁士国王惊呼："多么可怕的榜样啊！"然而这一次也同以往一样，一切都取决于帝国皇帝。莱奥波德二世在芒图向各国宫廷建议：协同起来，拯救法国的王室和君主制。但是，君主们各自的打算和利益远超过君主团结的感情，这使反对法国的欧洲协调不可能实现。斐扬派的政策使莱奥波德对路易十六的命运感到放心。为了掩饰他的退缩，皇帝只满足于在1791年7月28日与普鲁士国王弗雷德里希-威廉二世签署了一份皮尔尼茨宣言。该宣言只是以欧洲干涉的可能性对革命进行了恫吓。这两位君主宣称"互相配合，以必要的力量随时准备行动"。但条件是其他列强决意与之同心协力："只有这时和在此种情况下"，干涉才可进行。实际上，法国舆论只照字面理解了皮尔尼茨宣言，这也正是宣言作者所希望的。这种外国干预显得令人难以容忍，大革命感到面临着威胁，民族感情在这种情况下更加激昂高涨。

1791年9月30日，国民制宪议会在一片"国王万岁！""民族万岁！"的欢呼声中自行解散了。它的领袖们认为已经在王权和纳税的资产阶级之间订立了协议：既反对贵族阶级的反革命，也反对人民的运动。但是，国王只是在表面上接受了1791年宪法。国民与资产阶级并不像国民制宪议会代表们所宣称的那样完全融为一体。当瓦雷恩事件的危机发生时，国民制宪议会下令从国民自卫军中征集10万人。它既不信任王家的前线部队又拒绝依靠人民。它所信赖的是国民，即宪法中所规定的有纳税能力的国民。事态的发展使他们的打算陷于落空。皮尔尼茨宣言发出后，战争看来是不可避免了。

在危险面前，资产阶级尽管迟疑不决，但又不得不求助于人民。然而，人民在摧毁了出身的特权之后不愿再长期容忍金钱特权的压迫。他们要求在国民中有一席之地。从此以后，政治问题和社会问题以新的形式提上日程。

第五章　立法议会。战争和王座的倾覆
（1791 年 10 月—1792 年 8 月）

在 1791 年宪法基础上确立的自由君主制的尝试连一年也未能维持。在国王领导的贵族反革命和人民运动这两面夹击下，掌权的资产阶级为了消除国内的困难不惜使国外的困难变得更严重。它与国王同谋，把法国和大革命投入战争之中。然而战争却使其发动者的打算全部落空了。战争使革命运动重新活跃起来，导致了王位的倾覆，并且在几个月之后又导致了占统治地位的资产阶级倒台。

轻率地挑起与贵族阶级的欧洲的冲突后，革命的资产阶级不得不向人民求助，进而向人民做出让步。于是国民的社会内涵被扩大了。实际上，这一现象是从战争具有民族和革命两种性质之日开始形成的。这场战争既是第三等级反对贵族阶级的战争，又是全民族反对旧制度的欧洲联盟的战争。法国的贵族阶级在国内大搞反民族的战争，欧洲的贵族阶级对法国大兵压境。在这种威胁下，基于纳税额的选举制度这一脆弱框架在人民的奋起中土崩瓦解了。

I. 走向战争(1791 年 10 月—1792 年 4 月)

1. 斐扬派和吉伦特派

在 1791 年以前，资产阶级是团结有力的。瓦雷恩事件发生后，它发生了分裂，皮尔尼茨宣言使这种分裂更为加剧。无论在议会里还是在全国，资产阶级在它的敌人面前已经不再构成一个统一阵线了。

在新的立法议会中，代表的主体仍然来自资产阶级，产业主和律师在其中占优势。初级议会 6 月指定的选举人在 1791 年 8 月 29 日—9

月 5 日任命了议会议员。这发生在马尔斯校场事件之后和皮尔尼茨宣言激起的不安之中。立法议会 745 名议员在 1791 年 10 月 1 日第一次集合。他们都是些新人（在罗伯斯庇尔的要求下，国民制宪议会代表在 1791 年 5 月 16 日通过法令，宣布他们自己不得当选为立法议会议员），大多数是年轻人（议员中多数为 30 岁以下），尚无名气。他们中许多人是在市镇和省的议会中崭露头角和开始政治生涯的。

议会右翼由 264 名斐扬派议员组成。他们既反对旧制度也反对民主，主张有限的君主制和资产阶级的优势地位，正如 1791 年宪法所规定的那样。但是，斐扬派中有两种倾向，或者说是两股帮派。拉梅特派对巴纳夫、迪波尔和拉梅特"三巨头"言听计从。虽然这 3 人不再为议员，但大部分新大臣都由他们选择，例如外交大臣莱萨尔。拉法夷特派则一切按拉法夷特的授意行动。拉法夷特极重虚荣，对三巨头取代了自己在宫廷受宠信的地位怀恨在心。

左翼大体是由参加雅各宾俱乐部的 136 名议员组成的。它主要由两名巴黎的议员为首领：一个是记者布里索，他所属的派别被称为布里索派；另一个是哲学家孔多塞，他是伏尔泰著作的出版人。左翼受到一些在吉伦特省当选的出色演说家的巨大影响，他们是：韦尼奥、让索内、格朗热纳夫、加代等等。"吉伦特派"的名称便由此产生。50 年后，拉马丁使这一名称家喻户晓①。布里索派多为新闻家、律师、教授，他们组成了第二代革命者。这些人中大部分出身于中等资产阶级，他们与波尔多、南特、马赛等海港的船主、银行家、批发商等工商业大资产阶级联系紧密，并保护他们的利益，就出身和所受哲学教育而言，布里索派倾向于政治民主；就其社会关系和气质而言，他们则倾向于尊重财富并为之效力。

议会的极左翼是几个主张实行普选制的民主派，如罗贝尔·兰代、库通、卡诺。3 个亲密无间的议员——巴齐尔、夏博、梅兰（蒂翁维尔人）组成了"科尔得利三人帮"。他们在议会中影响不大，但在各个俱乐部和人民团体中却相当起作用。

---

① 拉马丁在 1847 年发表了《吉伦特党人史》，在当时产生了很大社会影响。——译者

中间派处于斐扬派和布里索派之间,由 345 名议员组成。这是一个不稳固的群体,他们被称为"独立派"或者"立宪派"。这些人真诚拥护革命,但是缺乏明确观点,也没有杰出人物。

在巴黎,俱乐部和沙龙既能够反映议会的观点也能够促使政治斗争激化。

沙龙中云集了各派的首领,并为他们提供了协调意见的方便。斯塔尔夫人是内克之女,纳博纳伯爵的情妇。她的沙龙成了拉法夷特派的活动中心。韦尼奥则把他的朋友们汇集在旺多姆广场附近多登夫人豪华的餐桌旁或沙龙里。这位多登夫人是一位包税商的遗孀。布里索派在罗兰夫人的沙龙中集合。她是一位富于正义感和感情丰富的妇女,是吉伦特派的灵魂。通过其好友和其丈夫的斡旋,罗兰夫人发挥了巨大影响。她的丈夫正直而平庸,曾任工场视察员。

俱乐部的作用越来越增强,它们把各种倾向的活动分子都组织起来。出入斐扬俱乐部的只有那些属于温和资产阶级的立宪派。雅各宾俱乐部会费较低,具有民主性质。小资产阶级、小商贩、手工业者经常不断地出席它的会议,成为它的支持力量。他们最欢迎的演说家是罗伯斯庇尔和布里索,这二人的观点不久便对立起来。雅各宾俱乐部通过其分会把影响扩展到全国,把所有革命保卫者和国有财产购买者组织在一起。科尔得利俱乐部是由更下层的人民分子组成的。

最后还有巴黎的 48 个区,它们使积极公民能了解政治事件的发展情况,并在某种程度上控制这些事件。这些区定期召开全体大会。从 1792 年 7 月起,当消极公民大量进入后,大会便成为人民积极参与政治生活的场所,对民主与平等思想的传播作出了贡献。

2. 国王与议会的第一次冲突(1791 年底)

国民制宪议会有许多难题未能解决。它把这些难题留给了立法议会。这导致了国王与立法议会的冲突,而这种冲突不是以宪法方式所能消除的。这些难题涉及各个方面。

首先是经济和社会方面的困难。1791 年秋天,城市和农村中的动乱再度兴起。在城市,动乱首先是由于指券贬值和生活必需品涨价引起的。由于圣多明各黑人不堪忍受奴隶制而举行起义,殖民地出产的食品，如咖啡、糖、朗姆酒的价格上涨尤为显著。1792年1月底，巴黎的一些食品杂货店周围发生了混乱，人群强迫商店降低商品价格。巴黎各区也开始检举囤积居奇者。在农村，小麦价格上涨和在赎买前依旧保持的封建租税激起了骚乱。从1791年11月起，几乎到处都发生抢劫运粮车和市场的事件。博斯地区的各个市政府迫于人民骚乱的压力，对粮食和必需的生活品实行规定价格。1792年3月3日，埃唐普的市长西莫诺——一个富有的皮革商，因拒绝实行规定价格而被杀死。斐扬派把他奉为殉道者。1792年3月，在中部和南部地区，流亡者的城堡连遭抢劫和焚毁。农民群众要求彻底取消封建制度。在这种社会威胁下，立法议会举棋不定并出现了分裂。

其次是宗教方面的困难。反抗派教士继续进行煽动，致使一部分信奉天主教的群众投向反革命一边。1791年8月，反抗派教士在旺代挑起了动乱。1792年2月26日，他们把洛泽尔的农民煽动起来反对芒德的爱国者。反抗派教士与贵族之间的勾结处处可见。1791年10月16日，贵族们在阿维尼翁策动了一次叛乱，并且杀害了激进派的首领——市镇文书莱斯居耶。爱国派则以拉格拉西埃尔的屠杀进行报复。

最后还有来自国外的困难。普罗旺斯伯爵加入流亡运动后，流亡者的挑衅活动大为增加：他们发布宣言叫嚷入侵法国，并猖狂地对立法议会进行猛烈抨击。孔代亲王命令军队集结在特雷弗选侯领土上的科布伦茨。对大革命的威胁逐步具体化了。

立法议会的政策在社会方面是犹豫不定的，但在反对革命的敌人方面却坚决得多。

在社会方面，资产阶级以武力镇压了农民起义后便不再像1789年时那样团结一致了。富有的资产阶级慑于社会骚动，越来越与贵族阶级同流，它打算与王权取得和解。但是，中等资产阶级在瓦雷恩事件后失去了对国王的任何信任。它首先想到的是其自身利益，并且懂得只有依靠人民才能保卫这些利益。中等资产阶级的领袖们竭力防止资产阶级与人民各阶层之间出现裂痕。1792年2月6日，佩蒂翁在给比佐的一封信中这样写道："资产阶级和人民团结一致才完成了这场革命，只有他们的团结才能保住这场革命。"多姆山省的议员，后来成为罗伯斯庇尔至友的库通在同一时期也宣称：应该制定公正的法律以使人民同革命结合在一起。还应该"坚信人民的精神力量比军队的力量更为强大"。1792 年 2 月 29 日，他提出建议：除了领主有原始文件证明的权利外，其他一切封建权利都予以无偿废除。斐扬派反对表决这项措施。战争使资产阶级的困难加重，从而使农民的彻底解放有可能实现。

在政治方面，布里索派在拉法夷特派的支持下把议会鼓动起来对抗革命的敌人。拉法夷特派对战争的前景毫不担心。立法议会通过了4 项针对流亡者和反抗派教士的法令。1791 年 10 月 31 日的法令限普罗旺斯伯爵在两个月内返回法国，否则将剥夺他的王位继承权。11 月9 日的法令对流亡者们发出了同样的警告，否则他们将被作为阴谋嫌疑犯，他们的财产收入也将被收为国家所有。11 月 29 日的一项法令要求反抗派教士进行一次新的公民宣誓，并授权地方行政部门在发生骚乱时将他们逐出住地。11 月 29 日的另一项法令请国王"要求收留法国逃亡者的特雷弗和美因兹的选侯以及帝国其他诸王公不要再在边境聚集和招募军队"。

吉伦特派借助这些主动措施一步步激发起民族感情，他们认为这样可以使国王失去回旋的余地，迫使他明确表示对革命是赞成还是反对。

此时，宫廷也开始采取破釜沉舟的政策。11 月，在巴伊辞职后举行的巴黎新市长选举中，宫廷使拉法夷特的竞选归于失败，结果雅各宾派的佩蒂翁于 1791 年 11 月 16 日当选。国王和王后暗自庆幸这一结果。玛丽-安托瓦内特在 11 月 25 日写道："我们甚至可以从过了头的坏事中更早地得到好处。对此，一般人是料不到的。"这是推行"物极必反"的政策。11 月的几项法令以及布里索派的好战主动性使路易十六和玛丽-安托瓦内特不胜欢喜。国王对制裁反抗派教士和流亡者的措施行使了否决权，但他却批准了涉及他兄弟的法案和请求他向德意志诸侯发出最后通牒的法案。这样一来，议会便中了国王的圈套：诸侯受到攻击，他们就会投入战争。路易十六和玛丽-安托瓦内特以绝妙的两面三刀之术挑拨敌对双方，进而使战争不可避免。向外国求援成了挽救君主制的唯一办法。

3. 战争与和平(1791 年冬—1792 年)

大革命和旧制度之间在利益和思想方面的冲突造成了困难的外交局面。布里索派和宫廷出于对国内政治的考虑，对这种冲突不但不加缓和，反而逐步将其引向战争。以罗伯斯庇尔为首的极少数人反对战争，但未能如愿。

主战派是由布里索派和宫廷联合组成的，这乍看起来不能不令人奇怪。

宫廷主张战争是因为它把获救的希望全部寄托在外国干涉上，它一贯使用着两面三刀的手法。1791 年 12 月 14 日，国王通知特雷弗的选侯，如果他在 1792 年 1 月 15 日之前仍不解散流亡者，路易十六只能将他视为"法国的敌人"。宫廷在请求外国干涉落空后便企图借制造事端达到目的。路易十六在威胁特雷弗选侯的当天便通知帝国皇帝：他希望自己的最后通牒遭到拒绝。路易十六在给"他的代理人布勒特伊"的信中写道："这将不是一场内战，而是一场政治战争。那时一切事物都将大为改善，法国的物质和精神状况使它连半个战役也支持不了。"

在 12 月 14 日这同一天，玛丽·安托瓦内特在给她的朋友费尔桑的信中写道："这帮蠢材，他们没有看到这是为我们火中取栗！"宫廷心怀鬼胎，它指望战局对法国不利，战争的失败使专制政权得以恢复。为此，它急于把法国推入战争。

布里索派主张战争是从国内和国外政策考虑的。在政治方面，布里索派想用战争迫使叛国分子和路易十六暴露出真实面目。1792 年 1 月 14 日，加代在立法议会讲坛上大声疾呼："我们要事先给叛国分子指明去处，这个去处就是断头台。"布里索派认为战争是符合国民利益的。1791 年 12 月 16 日，布里索在雅各宾俱乐部宣称："遭受了 10 个世纪奴役后终于获得自由的人民是需要战争的，必须以战争来巩固自由。"

12 月 29 日，布里索还在立法议会中讲道："法国在欧洲面前展示其自由民族特征的机会终于来到了。它要保卫和坚持自由。"他在这次演说中更加明确地指出："目前，战争对国民是一种善行，唯一令人可怕的灾难是没有战争……只有国民的利益才是促进战争的力量。"

但是，他这里的国民指的是什么呢？对于这个问题，1792 年 1 月 5 日伊斯纳尔在立法议会的演说是最明确的回答。仅仅"坚持自由"是不够的，还应该"完成革命"。伊斯纳尔赋予即将发生的战争一种社会内容："这将是权贵与平等之间的一场斗争。"权贵指的是贵族阶级；而平等则只是"宪法所规定的平等"，是由基于纳税额的选举组织方式所确定的。按照伊斯纳尔的说法，"社会中最危险的阶级是由那些在革命中败落的许多人组成的，其中最主要的是那些众多的大产业主、巨商和一群富有和骄横的人。这些人对平等不能容忍，他们对贵族等级无限惋惜，梦寐以求……总之，这些人痛恨创立平等的新宪法。"

这里所指的当然是 1791 年的宪法，所谈到的平等"只是权利方面的平等"，正如韦尼奥后来所强调的。吉伦特派所希望的战争只符合资产阶级国家的利益。

经济方面的忧虑也同样严重。工商业资产阶级及其政客希望彻底消灭反革命。他们的主要目的在于恢复指券的信誉，这是企业正常运行必不可少的条件。另外，工商界一向能在军需供应中获取巨额利润，因此战争并不令他们讨厌。这场战争将主要是针对奥地利的大陆战争，而不是针对英国的海上战争。因为海战会损害法国与海外诸岛的贸易和港口的繁荣。吉伦特派于 1792 年 4 月发动了大陆战争，直到第二年 2 月他们才向英国宣战。

在外交方面，布里索派实际上把主要攻击目标集中在旧制度的象征——奥地利身上。他们在各国政治难民的支持下准备发动一场解放被压迫人民的战争。布里索在 1791 年 12 月 31 日宣布："进行一场新的十字军征伐的时刻来到了。这场十字军征伐是为了实现天下自由。"伊斯纳尔在此之前曾向欧洲发出过警告，并提出发动"各国人民投入反对君主的战争"。战争成了一切政治问题的核心。有一名议员在 1792 年 1 月写道："战争！战争！从帝国各地传到我耳朵里的都是这个呼声！"

主和派使战争的发生推迟了一些时间。三巨头和他们一派的大臣反对宫廷和议会的好战政策。1792 年 1 月，巴纳夫和迪波尔向莱奥波德二世发出了一份备忘录，劝告他遣散流亡者。

在战争政策的反对者中，数罗伯斯庇尔头脑最清醒，态度最坚决。罗伯斯庇尔最初只得到丹东和几份民主派报刊的支持，他几乎是单枪匹马地抵制不可抗拒的潮流。这股潮流把全体革命者随着布里索派卷入了战争。在 3 个月中，罗伯斯庇尔在雅各宾俱乐部的讲坛上以惊人的远见展开了一场反对布里索的激烈斗争。这场斗争使革命派从此陷于分裂。他深知宫廷主张战争并非出自善意。1792 年 1 月 2 日，他在雅各宾俱乐部的演讲中指出，战争使流亡者、宫廷和拉法夷特之流感到庆幸。祸害的根源不仅仅在科布伦茨。"祸害的根源难道不在巴黎吗？在科布伦茨与离我们不远的另一个地方之间难道没有任何联系吗？"毫无疑问，完成革命和巩固国家都是必须做的事。但是，罗伯斯庇尔把轻重缓急的次序重新作了安排："你们应该首先把目光转向你们在国内的立场，在向外输出自由之前应该先把国内秩序整顿好。"

罗伯斯庇尔还指出，在进行战争和打击外部的贵族之前，应该首先消灭内部的贵族，制服宫廷，清洗军队。战局有可能变坏，因为贵族军官的流亡瓦解了军队，部队缺少武器、装备，要塞没有粮食弹药。"一旦将战争加在人民头上"就不能不对人民有所补偿：必须武装消极公民，振奋民众精神。而且，即便取得了胜利，自由也可能会葬送在某个野心勃勃的将军手中……然而，罗伯斯庇尔对战争所持的清醒分析和勇敢的反对态度还不足以阻挡这股潮流。

4. 宣战(1792 年 4 月 20 日)

战争曾一度因罗伯斯庇尔的反对态度而推迟到来，但在 1792 年初的几个月中又加快了步伐。1791 年 12 月 9 日，拉法夷特派在布里索派的支持下成功地把纳博纳伯爵安插为军政大臣，使他成为内阁中主战政策的工具。1792 年 1 月 25 日，在特雷弗选侯被吓得让了步，解散了流亡者的聚合之后，立法议会就请求国王向皇帝询明"他是否放弃了旨在反对民族主权、独立与安全的任何条约和公约"。这意味着要求他正式收回皮尔尼茨宣言。外交事务大臣德莱萨尔力图制止好战政策，结果，纳博纳被免了职。

布里索派内阁的组成是对免除纳博纳职务的反击。吉伦特派火冒三丈;韦尼奥也谴责国王身边"居心叵测的顾问们"。布里索向主和的大臣提出了严厉的控诉状。1792年3月10日,德莱萨尔在大理院受到指控。其他大臣惊恐万状,辞官而去。路易十六在迪穆里埃的建议下召布里索的朋友和吉伦特派组阁:克拉维埃尔任国家税务大臣;罗兰为内政大臣;塞尔旺在5月9日出任陆军大臣;迪穆里埃任外交事务大臣。迪穆里埃曾作过密探,是个名副其实的冒险家。他怀着野心投身革命,与拉法夷特有同样的企图:进行一场速决战,然后班师回朝以便恢复君主政权。为了堵雅各宾派的嘴,迪穆里埃给了他们几个职位:勒布伦-通迪和丹东的朋友诺埃尔进入外交事务部;帕施进入内政部。吉伦特派的报刊立刻停止了对宫廷的攻击。罗伯斯庇尔抓住这一把柄,严厉揭露"阴谋家们"的狼狈为奸。于是,在他的支持者和吉伦特派之间发生了无可挽回的决裂。

从此,宣战已势在必行。3月1日,莱奥波德猝死,他的继承者弗朗索瓦二世反对任何让步,决心一决雌雄。他对3月25日给他的最后通牒置之不理。1792年4月20日,国王亲临立法议会,建议向"匈牙利和波希米亚的国王"宣战,这即是说只向奥地利而不向帝国宣战。只有十几个议员对宣战投了反对票。

战争并没有使其发动者如愿以偿:宫廷和吉伦特派的各自打算都落空了。战争却促进了民族感情的激昂高涨,并给吉伦特派增添了持久的威望。这种威望在相继而来的灾难中也难以磨灭。吉伦特派最终垮台的原因并不在于它企图进行一场导致国民自我发现的战争,而在于它不会驾驭这场战争。

米什莱写道:"他们是共和国的创建者。他们主张进行92年的十字军征伐和实现全球的和平。因此,他们受到全世界的感激是当之无愧的。他们需要洗净93年的污迹,经过赎罪后永垂青史。"

Ⅱ. 王座的倾覆(1792年4—8月)

这场震撼欧洲的,几乎不间断地持续到1815年的战争,使法国的革命运动重新活跃起来。王权则成为它的第一个牺牲品。

1. 军事的失利(1792 年春)

按照布里索派和宫廷的打算，这场战争应该是速战速决的。

然而，从战争一开始，军队和军官的不足就导致了接连失利。法国军队陷于完全瓦解的困境。在 1.2 万名军官中至少有一半已流亡国外。兵力减员严重，前线部队和 1791 年征募的志愿兵共有 15 万人左右。政治和社会冲突也波及到军队。爱国派的部队与贵族的指挥官相互对立，军纪因此受到影响。高级统帅平庸无能：曾在北美战争中战功卓著的罗尚博元帅现已衰老，对其部队缺乏信心；老于世故的德意志人吕克奈尔元帅指挥无方；拉法夷特只不过是个政客式将军。

初战很快便告失败。迪穆里埃曾命令集结在边境的 3 个军发起进攻，奥地利军队只有 3.5 万人与之对垒。发动一次突然攻击本可以使法国人占领整个比利时。但是，4 月 29 日，当奥地利军队刚一露面，对自己部队缺乏信心的狄龙和比隆将军便下令后撤，士兵们感到被人出卖而溃不成军，狄龙则被人杀死。于是，边境失去了防御。拉法夷特在阿登山脉始终按兵不动。将军们把失败归咎于部队目无军纪和对此容忍的内阁。1792 年 5 月 18 日，汇集在瓦朗西埃纳的将领们不顾内阁的命令，自行宣布进攻已不可能，并且建议国王立即媾和。高级统帅持此种态度的真正原因并不在军事方面，而是在政治方面。一贯富有远见的罗伯斯庇尔早在 5 月 1 日就在雅各宾俱乐部中指出了这种危险："不，我丝毫不信任将领们。除了个别几个可敬者外，我认为他们几乎都对旧秩序和宫廷的恩宠怀有惋惜之情。我诉诸人民，只有人民。"

拉法夷特此时彻底向拉梅特派靠拢，以便对付民主派。他声称随时准备率部开向巴黎，驱散雅各宾派。

2. 国王和议会的第二次冲突(1792 年 6 月)

军事失利、将领的态度以及他们与宫廷的勾结使民族情绪高涨起来。这种民族情绪的高涨与革命冲动密不可分，其矛头指向嘲弄民族的贵族。

4 月 26 日，鲁热·德·利尔在斯特拉斯堡推出了他的《莱茵军战歌》。众所周知，这首歌充满了民族和革命的激情。无论在歌曲的作者还是歌唱者的心目中，革命和民族是融为一体的。阴谋使法国回到"古代奴隶制"的"无耻专制者"和暴君受到了鞭挞。贵族阶级、流亡者"这帮奴才、叛贼、大逆不道之徒和布耶的同谋者"也统统未能幸免。歌曲赞颂对祖国神圣的爱，发出了保卫祖国的召唤（"你们可曾听到：在田野里，凶残的士兵在咆哮……"）。这祖国是 1789 年后在反对贵族阶级和封建制的斗争中诞生的祖国。

不久便成为《马赛曲》的这首歌和它的历史背景是难以分开的，这就是 1792 年春天的危机。民族的冲动与革命的奋起紧密相关，一场阶级冲突成为爱国主义的基础，并且大大激发了这种爱国主义。贵族们推出国王来反对他们所鄙视的国民。国内的贵族对外国入侵者望眼欲穿；流亡者为虎作伥，帮助敌方作战。对于 1792 年的爱国者们来说，此时正是保卫和发展 1789 年成果的关键时刻。人民群众始终被贵族的阴谋所烦扰。民族危机给他们以新的推动，使民主运动向纵深发展。消极公民们在吉伦特派的建议下拿起梭镖，戴上红帽，组织起越来越多的友好团体。资产阶级国家基于纳税额的制度框架是否将被他们打破？……

在罗兰 1792 年 6 月 10 日给路易十六的那封著名的信中写有这样的话："祖国绝不是在想象中被美化的一个名词。它是一个存在物，人们曾为之作出牺牲。人们通过对它的关切表达对它与日俱增的热爱。人们为它的诞生付出了巨大努力，使它在动荡不安之中崛起。人们珍惜它是由于它来之不易，它使人充满希望。"

对于消极公民来说，只有在权利平等的条件下才会产生祖国的观念。

但是，激发起革命情绪的民族危机加剧了原第三等级内部的社会对立。资产阶级的惶恐不安胜过了 1789 年，吉伦特派很快便迟疑不前了。为了武装志愿兵，富人们被课以捐税。农民暴动一直在凯尔西酝酿，并且扩展到了下朗格多克。通货膨胀的冲击此起彼伏，生活必需品短缺造成的骚乱重新出现。1792 年 3 月 3 日埃唐普市长西莫诺被杀一事，反映出在人民的要求和资产阶级的商业、财产观念之间存在着不可调和的对立。在巴黎，雅克·鲁在 5 月就提出以死刑惩治囤积居奇者。在里昂，市政官员朗日在 6 月 9 日提出了"保持面包充裕与价格公平的简便易行办法"：限定价格和制定管理条例。资产阶级开始被一个幽灵所纠缠，这就是"土地法"。当莫尚的神甫皮埃尔·多利维尔为埃唐普的暴动者进行辩护的时候，吉伦特派却不顾夏博的反对，在 1792 年 5 月 12 日作出决议：为西莫诺举行丧礼，将他的市长肩带高悬在先贤祠的圆顶上。这样，山岳派和吉伦特派的分野开始出现，它们不久便分道扬镳了。吉伦特派的"全国性衰退"是史书上的婉转提法，这种现象的深刻原因此时已显示出来：吉伦特派作为资产阶级的代表强烈主张经济自由。它以战争政策激起了人民浪潮，但又对这种浪潮深感恐惧。它的民族感情从来没能强烈到超越其阶级团结的程度。

在人民的推动下，议会的政策坚定起来。布里索派意识到宫廷在支持将领们的反叛。布里索和韦尼奥在 1792 年 5 月 23 日猛烈地抨击"对奥委员会"，揭露它在王后主持下为敌人和反革命的胜利卖力。在他们的影响下，议会再次采取了威吓政策。新法令一个接一个地被通过：凡由本省 20 名以上公民告发的反抗派教士一律被驱逐（5 月 27 日）；主要由贵族组成的御林军被取缔（5 月 29 日）；在巴黎设置营地，供即将参加联盟节的 2 万名国民自卫军使用（6 月 8 日），这支力量不仅要保卫巴黎，并且将在必要时抵制叛逆将领们的任何企图。

将领们和大臣们之间的不和为国王的政策提供了可乘之机。路易十六拒不批准关于驱逐反抗派教士和召集国民自卫军的法令。6 月 10 日，罗兰郑重警告他，让他收回否决权，并向他指出：他的态度很可能使法国人相信国王串通流亡者和敌人，从而引起可怕的突发事件。路易十六坚持己见，6 月 13 日，他解除了布里索派的大臣罗兰、塞尔旺和克拉维埃尔等人的职务。吉伦特派让议会作出决议，对被解职的大臣表示全国的惋惜之情。迪穆里埃生怕受到指控，他在 6 月 15 日提出辞职，随即前往北路军。斐扬派重掌政权后，拉法夷特认为时机已到，便在 1792 年 6 月 18 日宣称"法国宪法受到了内部叛逆和外部敌人的共同威胁"，并敦促议会粉碎民主运动。

1792 年 6 月 20 日事件的发生是为了向国王施加压力。国王拒绝批准法令，将吉伦特派大臣解职并组织斐扬派内阁，所有这些都表明宫廷和将领们力图推行拉梅特派和拉法夷特派的纲领，即消灭雅各宾派；修改宪法；加强王权；与敌方谈判结束战争。面对这种威胁，吉伦特派积极组织了一次人民活动日，以纪念网球场誓约和瓦雷恩事件。在桑泰尔的带领下，郊区人民向议会进发，而后又来到王宫。他们对按兵不动、拒绝批准法令和将大臣解职表示抗议。国王从窗口勉强探出身体，他头戴一顶红帽子并为国民的健康举杯。但是，他仍然拒绝批准法令和召回吉伦特派大臣。

以和平方式施加压力的尝试失败了。对立派的势力甚至有所加强，王权主义一度从中得益。巴黎市长佩蒂翁被停职。6 月 28 日，拉法夷特丢下军队，重新出现在议会。他勒令议会取缔雅各宾俱乐部，惩办 6 月 20 日示威的肇事者。

3. 外来危险和吉伦特派的无能(1792 年 7 月)

吉伦特派陷入了不可调和的自身矛盾之中，它没有能力解决国内外的困难，因此被首都的革命分子所超越。它赞成向人民求助，但仅仅以人民遵循它所规定的目标为限度。

1792 年 7 月 11 日"祖国在危急中"的公告反映了外来危险的严重程度和吉伦特派不知如何应付。7 月初，布伦斯维克公爵统领的普鲁士军队开到前线，孔代所率的由流亡者组成的军队也相继赶来。战斗即将在法国本土展开。在危险迫在眉睫之际，雅各宾派捐弃前嫌，一心投入拯救祖国和革命的斗争。6 月 28 日，罗伯斯庇尔和布里索在雅各宾俱乐部的讲坛上发出了团结一致的号召。7 月 2 日，议会绕过国王的否决权，命令国民自卫军前来参加 7 月 14 的联盟节。7 月 3 日，韦尼奥慷慨陈词地揭露了国王及其大臣们的背叛行为。他指出："自由是在国王的授命下遭到攻击的。"7 月 10 日，布里索重提此话，并且明确指出了政治问题："暴君们是对着革命、人权宣言和国民主权宣战的。"在布里索的提议下，议会在 1792 年 7 月 11 日发出了祖国在危急中的公告："大批军队正向我们的边境迫近；所有仇视自由的人都武装起来反对我们的宪法。公民们，祖国在危急中！"

所有行政部门都改为常设办公；所有国民自卫军都应征入伍；一些志愿军新营被征集组成。在短短几天内，有 1.5 万巴黎人参军。公告使切身利益受到威胁的人民加强了团结，它号召人民在参加保卫祖国的同时参加政治生活。

然而，吉伦特派的伎俩遏止了爱国主义的浪潮。在议会的威胁下，斐扬派大臣于 7 月 10 日辞职下台。这一事件在爱国派中再一次引起分裂。吉伦特派企图重掌政权，它开始暗中和宫廷谈判。7 月 20 日，韦尼奥、让索内和加代通过画家博兹给国王通信。加代在杜伊勒利宫与国王一家进行了一次会晤。路易十六不肯退让，他一拖再拖，以便把吉伦特派置于死地。吉伦特派不久前已在议会中改弦易辙，它责备人民的骚动并对捣乱分子进行恐吓。7 月 26 日，布里索扬言反对废黜国王，不赞成普选权。他说："如果有人试图立即在宪法的废墟上建立起共和制，法律的利刃就会刺向他们，如同刺向那些积极主张两院制的人和科布伦茨的反革命分子一样。"

8 月 4 日，韦尼奥迫使巴黎莫孔塞伊区撤销了它曾宣布的不再承认路易十六为法国国王的决议。

人民与吉伦特派之间的彻底决裂恰恰发生在吉伦特派的政策临近完满结局的时刻。吉伦特派在起义面前退缩不前。它担心控制不住革命群众，然而这些群众正是在它的促进下才发动起来的。它所害怕的是财产权受到侵害，至少是财富的优势遭到破坏。吉伦特派在谴责了路易十六之后又与他谈判，它刚向前迈步就要往后退。这样它便落得自寻死路，并且把 1791 年建立的制度也引向绝境。这种制度将国民禁锢在基于纳税额的限制中。

4. 1792 年 8 月 10 日起义

除了巴黎以外，全国上下也都起来反对犯有通敌罪的王朝。8 月 10 日起义不仅是巴黎人民的功绩，而且也是以自卫军联盟战士所代表的法国人民的功绩。可以说，"1792 年 8 月 10 日的革命"是全国性的事件。

爱国主义运动一经发动便势不可挡。已经组成中央委员会的巴黎各区成为永久性机构，消极公民也渗透进来，他们还参加了国民自卫军，7 月 30 日的一项法令最终接受了他们的做法。同一天，法兰西歌剧院区在全体大会上实行了普选制。在 48 个区中，最后有 47 个区表示赞成废黜国王。在雅各宾俱乐部，罗伯斯庇尔取得了运动的领导权。

早在 7 月 11 日他就曾向联盟战士讲话:"公民们,你们来到此地难道只是为了参加一个空洞的仪式,重演一次 7 月 14 日的联盟节吗?"

在他的启发下,越来越富有威胁性的请愿书不断出现,由联盟战士送交到议会。请愿书在 7 月 17 日和 23 日曾两次提出废黜国王。当罗伯斯庇尔看到吉伦特派与宫廷重新谈判时便对它再次抨击。7 月 29 日,他揭露"宫廷和立法议会中的阴谋家搞相互串通的把戏",要求立即解散议会,代之以一个国民公会,由它修改宪法。7 月 25 日,布列塔尼的联盟军到达巴黎;30 日,马赛的联盟军也到了,他们在市郊圣安托万行进时唱着那首不久便以他们的名字命名的歌。在罗伯斯庇尔的促进下,联盟军战士组成了一个秘密指挥部。

在科布伦茨起草的布伦斯维克宣言于 8 月 1 日传到巴黎后激怒了所有爱国者。自 7 月的最后几天起,首都的气氛激昂而紧张,人们在街头巷尾宣传祖国在危急中,公共场所的征兵工作在庄严隆重的礼仪中进行。为了恐吓革命者,玛丽-安托瓦内特请求敌国君主发布一篇具有威胁性的宣言。这篇宣言由一名流亡者起草并由布伦斯维克公爵签署。宣言向敢于对侵略者实行"自卫抵抗"的国民自卫军和动摇分子以死亡相威胁,它警告巴黎人民:如果国王一家受到"丝毫侵害",便要"血洗巴黎城并将它夷为平地。这将是足以为训和永世难忘的报应"。布伦斯维克宣言产生的后果与宫廷所预期的截然相反,它更加激怒了人民。

7 月底未能爆发的起义一直推迟到巴黎各区把要求废黜国王的请愿书提交到立法议会之后。处于市郊圣安托万的盲人院区为议会规定的最后行动期限是 8 月 9 日。这一天,立法议会对这个问题没有表态就散会了。当夜,警钟长鸣,市郊圣安托万邀请巴黎各区派专员进入市政厅,先与合法的市府同时执政,然后取而代之。这便是"起义的市府"。巴黎市郊人民纷纷起来,与联盟战士一道向杜伊勒利宫进军。杜伊勒利宫的自卫军纷纷倒戈,转向起义。8 点钟,马赛人的队伍首先到达,他们未遇阻拦,直入王宫内院。此刻,御前卫士们向他们开火,并将他们击退。郊区人民赶到后,联盟战士在他们的支援下再次进攻,并且发动了冲锋。10 点钟左右,受困的卫兵们在国王的命令下停了火。起义刚开始时,由于罗德里(吉伦特派,塞纳省事务总管)再三请求，国王及其全家便离开了王宫，到不远的议会所在地——马内日大厅避难。在战斗胜负未见分晓之前，议会还将路易十六作为国王对待；当起义获得胜利后，议会便宣布停止国王的职权（不是废黜），并且通过决议：召开以普选产生的国民公会。这正是罗伯斯庇尔以前所建议的做法。

王座倾覆了。与之一起倒台的还有斐扬派，即自由派贵族和大资产阶级。他们曾经促进了革命的发动，后来，他们又先后在拉法夷特和二巨头的带领下企图领导革命，使之更加温和。至于吉伦特派，它曾因与宫廷往来而落得名誉不佳，并且极力阻止起义发生。起义的胜利不属于它，因而它不会在胜利之后强大起来。与此相反，以手工业者和小商贩为主的消极公民，则在罗伯斯庇尔和后来的山岳派的带领下令人瞩目地走上了政治舞台。

1792 年 8 月 10 日起义是一次名副其实的全国性起义。南方和布列塔尼各省的联盟军在起义的准备和进程中发挥了决定性作用。起义胜利后，在社会和政治方面分割国民的壁垒也崩溃了。

1792 年 7 月 30 日，巴黎的法兰西歌剧院区曾宣称："公民中任何个别阶级都不能窃夺拯救祖国的专有权利。"它号召那些"被特权者称为消极公民"的人到国民自卫军中服务，在各区全民大会上议事。总之，它号召他们共同"行使属于各区的那一部分主权"。7 月 30 日，立法议会接受了既成事实，颁布法令允许消极公民加入国民自卫军。

磨坊岗区也发出声明："在祖国处于危急中时，国家主人应该忠于职守，即统率军队，主持国务。他应该无所不在。"

"第二次革命"通过实行普选制和武装消极公民，把平民纳入到国民之中，它标志着政治民主的诞生。与此同时，新的国家现实中的社会特征更为突出了。原来主张与贵族实行妥协的那些人在屡屡碰壁之后便销声匿迹了：迪特里希曾企图在斯特拉斯堡挑起反叛，后来便逃之夭夭；1792 年 8 月 19 日，被部队摈弃的拉法夷特投奔了奥地利人。此外，无套裤汉走上政治舞台使得一部分资产阶级对新的国家现实产生了敌意。8 月 10 日第二次革命宣告了人民民主共和国的诞生，而反抗这一共和国的势力也已经蠢蠢欲动了。

第二部分

"自由专制主义"。
革命政府和人民运动
(1792—1795 年)

第四等级的时代到来了吗？在革命的法国和欧洲贵族政治的斗争中，一部分资产阶级认识到，没有人民他们就无法取得胜利。由此，山岳派和无套裤汉结成了联盟。但为自己的利益登上政治舞台的无套裤汉对大资产阶级利益构成极大威胁。大资产阶级通过布里索之口谴责"无政府主义的七头蛇"。为了保卫自己的社会和政治的统治权，吉伦特派资产阶级毫不犹豫地同反革命和旧制度的拥护者结成了联盟。佩蒂翁在 1793 年 4 月底惊呼："我们的财产受到了威胁!"由此向有产者吹响了集合号。6 月 2 日，在巴黎无套裤汉的打击下，吉伦特派崩溃了。

人民运动高涨起来。人民创造了所有伟大的革命日，并奋勇保卫国防。由于人民付出了牺牲，因此它从此开始要求保证自己的生存。

1793 年 6 月 25 日，"忿激派"①的雅克·鲁在国民公会的讲坛上喊道："在人类的一个阶级可以不受惩罚地使另一个阶级挨饿的情况下，自由只能是一个空虚的幻影，在富人用垄断对其同类操生杀大权的情况下，平等只能是一个空虚的幻影。"

为了让无套裤汉活下去，以保证共和国的安全，山岳派创立了一种经济组织。征购，税收和国有化损害了有产者的权利。这是由于情势的逼迫而实行的一种真正的阶级政策。它符合无套裤汉的需要，反映了他们的深切希望。

雅克·鲁向山岳派提出："你们作决定吧，无套裤汉将用他们的枪矛去执行你们的决议。"

然而，忿激派被镇压了。到 1794 年春，埃贝尔派和科尔得利派也被镇压了。这些懂得如何表达人民群众模糊愿望的人被镇压后，无套裤汉和激进民主派中等资产阶级之间的友好联盟日益困难起来。而这种联盟正是共和二年共和国的基本特征。罗伯斯庇尔和圣茹斯特(他们认为"不幸的人是地球上的强者")竭力想用社会革新来使人民和革命生死与共，结果只是徒劳。他们既受到困惑的群众的冷遇，又受到资产阶级公开的敌视，陷入了不可自拔的矛盾。共和二年热月 9 日(1794

---

① Enragés，又译"疯人派"，系法国大革命中最激进的派别，代表下层人民，特别是城市贫苦劳动者的利益。——译者

年 7 月 27 日），在危急的关头，民众的骨干分子对罗伯斯庇尔派在市府发出的起义号召无动于衷。圣茹斯特稍早些时候就说过，"大革命冻结了"。人民对革命的敌人强制实行自由专制主义，从而战胜了贵族反革命和欧洲联盟。但人民并没有享受到胜利的果实，这使"显贵"们松了一口气。

热月党①资产阶级用了几个月才消灭共和二年的共和国，摧毁革命政府及统制经济，并在经济自由和自由利润的基础上建立富人和有产者的特权。罗伯斯庇尔派的垮台使巴黎无套裤汉惊得目瞪口呆。但他们仍然进行了顽强的后卫战，在一连数月里步步为营地保卫着自己的生存权和在国家中的地位。共和三年牧月（1795 年 5 月）的那些悲剧性的日子标志着无套裤汉的失败和被逐出政治舞台，标志着从 1792 年 8 月 10 日王朝颠覆后开始的民主革命的终结。在这个意义上，共和三年牧月比热月 9 日更能代表大革命的结束：动力由此彻底枯竭了。

---

① "热月党"，以及本书其他地方出现的"王党"、"朱安党"等等，均非严格意义上的政党，只是历史上的习惯称呼。我们沿用之，以求行文方便。——译者

第一章　立法议会的结束。革命激情和 国防(1792 年 8—9 月)

立法议会立即承认了人民的胜利，通过了关于中止王权和召开由普选产生、负责制定一部新宪法的国民公会等决议。8 月 10 日起义的市府将路易十六及其全家囚禁在唐普尔狱，严加看守。议会任命了一个临时行政会议，其中除了原有的吉伦特派大臣(即内政大臣罗兰，公共税务大臣克拉维埃尔和陆军大臣塞尔旺)之外，加入了掌管海军部的蒙日、掌管对外关系部的勒布伦和掌管司法部的丹东。

Ⅰ. 第一次恐怖

1. 8 月 10 日的市府和立法议会

在立法议会最后的 6 个星期(从 1792 年 8 月 10 日到 9 月 20 日)里充满了市府和议会的斗争。这场斗争对于大革命的进程具有重大意义。在以议会为代表的合法权力对面，崛起了一个革命的政权——8 月 10 日的起义市府。8 月 30 日，新闻记者、《法兰西爱国者报》(布里索主持)的编辑日雷-迪普雷致函议会，抱怨说市府传讯了他，并指控市府篡权，搞独裁。吉伦特派由此向市府发动进攻。针对让索内、加代、格朗热纳夫的攻击，市府于 1792 年 8 月 31 日通过发言人塔利安答辩道：

> "我们所做的一切都是经过人民批准的……你们若要打击我们，就请同时也打击人民吧！正是人民制造了 7 月 14 日的大革命，在 8 月 10 日又巩固了这场革命，并将继续维护这场革命。"

两个政权的斗争一直持续到国民公会召开，而且随后又在吉伦特派和山岳派这两大对抗派别之间继续进行。8 月 10 日的胜利者们决心贯彻自己的意愿。立法议会不得不承认了这个起义的市府。市府通过选举，使自己在议会中的议员增加到 288 名。这些议员都来自中小资产阶级。但是，议会仍然处在代表大资产阶级和法制的吉伦特派控制之下，它对于市府带头采取并由山岳派所继承的各种革命措施深恶痛绝。

丹东在行政会议里充当了两个政权之间的纽带。对于市府来说，他的革命经历是一个保证；对于议会来说，他在许多情况下所持的暧昧态度也是一个保证。他于 1759 年出生于奥布河畔的阿尔西（巴伊管区）的一个检察官家庭，曾在前国王的参政院任律师。从 1789 年起，他就以一个民主派的面目出现，在法兰西剧院区和科尔得利俱乐部从事革命活动，并由此得以在 1791 年当选为省政府的官员，后来又当选为巴黎市府的代理检察长。他被宫廷收买过，这毫无疑问，但他似乎并没有对宫廷作出过重大让步。尽管他的作用在 8 月 10 日还是模糊不清的，但他在此之后却的确成了一位首要的人物。他能言善辩，富于人们所喜爱的激情又毫不矫揉造作，充满现实精神。他足智多谋且措施果决，极为宽宏且热衷于享乐。他随时都可能勃然大怒但又从不会憎恨别人。他一度由于自己的爱国热情和对人民的信赖而成为革命法国的化身。他支配了行政会议。

政权就这样被市府、议会和行政会议这 3 个互相侵越的权威分享了。这 3 个相互竞争的权威，依据事态的演变，轮流地执行着各种由形势和国内外双重危险所要求的革命措施。这种混乱的专政不具备任何确定的形式，既不体现为一个制度或一个人，也没有一个党派或一个阶级作它的代表。

首先应当争取使各省和军队拥护新的局面。在 8 月 10 日当天，议会就委派了 12 名议员，3 人一组，分别进驻 4 个军。他们"有权暂时停止将军和一切其他军官及文武官员的职务"。行政会议还向各省派出了由丹东在巴黎起义者中选出的特派员。市府也派出了另一些特派员，这些特派员采取了革命的行动，如逮捕嫌疑犯、建立监视委员会、清查各权力机关等。各省都必须按首都的榜样行事。

市府还要求建立一个由巴黎各区选出的法官组成的特别刑事法庭，用它来审判各种反革命罪行。议会尽管对此心存反感，还是在 8 月 17 日作出了让步。早在 8 月 11 日，市府就被委以这样的使命：调查有害于国家安全的罪行，在必要时暂时拘捕嫌疑犯。议会还强令一切官员(包括教士)宣誓维护自由和平等。8 月 26 日，议会宣布：一切拒绝宣誓的神职人员，必须在 15 天之内离开法国，否则将被流放到圭亚那。8 月 28 日，议会又被迫授权市府进行抄家，以搜寻有嫌疑的公民藏匿的武器。渐渐地，一个非常的统治建立起来了。

2. 9 月屠杀

9 月屠杀是第一次恐怖的顶点。外部的危险远没有消除。8 丹 26 日，隆维沦陷的消息传到了巴黎。山河步步沦丧，激发了人们的革命爱国热情。同时，又传来了旺代即将发生叛乱的情报。到处都是敌人了！

市府在城郊发动人民修筑起防御工事，锻造了 3 万支枪矛，招募了新兵，并解除嫌疑分子的武装以装备志愿兵，从而大力推动了国防工作。在此同时，吉伦特派的首领们却对军事局势悲观失望，企图和政府一起撤离巴黎。罗兰主张撤到卢瓦尔河以南。丹东严加拒绝："罗兰，不要谈论逃跑了，当心被人民听见！"随之，议会批准的抄家行动于 8 月 30 日开始了，一直进行了两天，其间有 3 000 名嫌疑犯被捕入狱。不过，有不少人不久就被释放了，因为在 9 月 2 日，9 个拘留所里一共只有 2 800 名囚犯，而且其中只有近 1 000 人是在 8 月 10 日以后抓进来的。

9 月 2 日上午，凡尔登被包围的消息传到了巴黎。凡尔登是巴黎和前线之间的最后一个堡垒。市府当即向巴黎人民宣告："拿起武器，公民们，敌人已来到我们的家门前！"按市府的命令，人们燃放警炮，擂起战鼓，敲响警钟，关闭各处的栅栏，号召健壮的男子去马尔斯校场组成义勇军营队。市府的官员们都回到各区去进行鼓动工作。"他们将慷慨激昂地把祖国面临的危急局势、在周围威胁着我们的各种叛卖活动以及蒙受侵略的法国领土等等情况,告诉同胞们……"

市府再次表现出模范的爱国热情。在警炮和警钟所造成的异常激奋的气氛中,人们对叛卖的担忧愈加强烈了。志愿兵正准备编队出发时传闻四起,说是在他们走后,被捕的嫌疑犯将发动暴乱来接应敌人。马拉曾经告诫过志愿兵们:在尚未审判人民的敌人之前,不要离开首都。

9月2日下午,一些被送往亚培伊狱的反抗派教士被押解者——马赛和布列塔尼的联盟军处死了。在卡尔默狱,也有一伙人(其中有店员、工匠、联盟军和国民自卫军)冲了进来,把因禁在这里的许多反抗派教士屠杀了。随后就轮到了亚培伊狱的犯人。市府的监视委员会也介入进来,建立了一些民众法庭。按照公众的观念,执行审判是主权的一种表现,人民在必要时可以收回它。在9月2—3日夜间,市府的一位特派员宣布说:"人民在复仇中恢复正义。"在后来的数天里,在其他监狱,如福尔斯狱、孔西埃热里狱、夏特莱狱、萨尔佩特利埃尔狱和比塞特尔狱(9月6日)仍持续进行着这类屠杀。总共有1 100多名犯人被处死,其中3/4是普通法的犯人。

当局对此采取纵容态度。议会完全无能为力。吉伦特派吓得胆战心惊。司法部长丹东没有采取任何行动保护监狱。据罗兰夫人说,他当时曾宣称:"我管不了这许多犯人了,让他们好自为之吧!"在一份发到各省的通告中,市府的监视委员会为自己的行动进行辩护,并号召全国都采取"这种对于救国极为必要的措施"。"在人民准备向敌人进军的时候,用恐怖震慑隐藏在我们内部的叛徒集团",这种措施是必不可少的。

关于9月屠杀,《一位人民妇女的回忆录》曾写道:"尽管被屠杀的恐怖景象吓得发抖,但人们还是把它看成一项正义的行动。"的确,应当根据当时当地的情况来评价9月的屠杀事件。不断深化的革命危机使民族危机明确和突出了。9月屠杀和第一次恐怖有其民族的一面,也有其社会的一面,这两个方面是分不开的。外敌入侵(普鲁士军队已于8月19日侵入法国)是激起人们过激情绪的一个有力的因素。1792年8月末到9月初这个时期无疑是大革命最危险的时期,也是民众国家最强烈地感受到外部危险的时期。但是民族的恐慌还联系着社会的恐慌：人们为大革命的成败提心吊胆，对反革命活动万分担忧。贵族阴谋在烦扰着爱国者的心。1792 年 9 月 12 日，在阿尔戈纳地区的拉克鲁瓦奥布瓦、警卫队作战失利之后，龙骑兵马尔康在他的《记事手册》中写道："必须阻止敌人进入首都，不然他们会在那里屠杀我们的立法者，恢复路易·卡佩①的暴虐统治，并重新给我们戴上镣铐。"随着对入侵者的恐惧和仇恨的滋长，对内部敌人、贵族及其拥护者的恐惧和仇恨也滋长起来。这是一种社会的仇恨，而不仅仅是无套裤汉的仇恨。泰纳(他的善意是不容置疑的)生动地描绘了当时那种"可怕的愤怒情绪"。这种愤怒情绪，正是由旧制度和封建主义复辟的前景在农民群众中激发出来的：

"问题不再是在秩序和混乱之间进行选择，而是在新制度和旧制度之间进行选择。因为人们在外国人的背后看到了麇集在边境上的逃亡者。动荡是可怕的，尤其是当它发生在那几乎承受着旧大厦全部重量的地基深处，在那千百万靠双手劳作艰难谋生的、……被课税、被掠夺、被辱骂的、数世纪以来一直世世代代遭受苦难、压迫和轻视的人民大众之中。他们通过亲身经历、深知以往的状况和当时的状况之间的差别。他们只需回想一下，就能立刻感到王室捐税、教会捐税和领主捐税的沉重压力。伴随着一支支揭露暴君阴谋和号召人民拿起武器的民族歌曲，一种可怕的愤怒情绪在城乡劳动群众中汹涌激荡。"

大革命的其他任何时刻都没有像现在这样鲜明地表现出民族问题和社会现实之间的内在联系。阿泽马在 1793 年 6 月 16 日的报告中写道："阻止了敌人的进犯后，我们也就阻止了民众复仇的蔓延，那些复仇行动很快就相继停止了。"瓦尔米战役标志着第一次恐怖的结束。然而，那一天在"民族万岁"的口号下集合起来的不再是联邦派资产阶级

---

① 波旁王朝是瓦卢瓦王朝(1328—1589 年)的支系，而瓦卢瓦王朝又是卡佩王朝(987—1328 年)的旁系。在大革命中，人们称路易十六为路易·卡佩，说明路易十六已被视为法兰西整个封建统治时代的代表。——译者

的国民自卫军，而是一支"裁缝和补鞋匠"的军队了。9 月屠杀正是这些人干的。

第一次恐怖和 9 月的那些日子的后果，进一步加强了 8 月 10 日和推翻王权的影响。

在宗教方面，从 8 月 10 日起，议会就决定贯彻所有遭到国王否决的决议，其中包括 1792 年 5 月 27 日关于拘禁和流放反抗派教士的法令。8 月 16 日，市府禁止天主教的一切外部的仪仗和典礼。8 月 18 日，议会下令解散一切尚存的教会组织，并重申 1792 年 4 月 6 日的禁令，不准神职人员在不执行圣职的时候穿教士服装。8 月 26 日，议会限令反抗派教士在 15 天之内离开法国，否则将处以流放。这些对付反抗派教士的措施使许多市镇失去了神甫，从而导致自 1792 年 9 月 20 日起由各市政府负责户籍制度的世俗化。这一重大改革，作为政教分离的第一步，并不是世俗事务中立化思想的产物，而是迫于形势需要，出于一种战斗精神而实行的。它不仅打击了反抗派教士，同时也打击了宪政派教士，因为人们很快就夺去了他们教堂里的钟和银器。后来连教堂工场的财产也被拍卖了。1792 年 9 月 20 日又制定了准许离婚法。共和派和宪政派教士之间的决裂已为期不远了。

在社会方面，原先需要加以赎买的各种封建租税在 8 月 25 日被无偿废除了，除非领主能够出示证书证明是合法的征收。8 丹 14 日，经决定，正在按 7 月 27 日法令被拍卖的逃亡者的地产被分成小块出售，同时批准了公有土地的分配。为了解决粮食问题，一些地方当局对最必需的粮食实行限价。9 月 9 日及 16 日，议会最终同意授权各县政府清查谷物，并进行征购以供应市场，但仍不愿实行限价。国民制宪议会在社会方面的业绩也受到人民胜利的很大冲击。由市府所支持和人民所要求的物价管理逐步实现。对此，代表资产阶级利益的吉伦特派仍然怀有深刻的敌意。于是，吉伦特派和山岳派之间的冲突也逐渐明朗化了。

在政治方面，重建君主制看来愈来愈不可能。9 月 4 日，议员们表示希望国民公会废除君主制。巴黎的选举大会则指令它的议员必须履行这项职责。国民公会的选举活动正是在这种情况下展开的。各选举大会从 9 月 2 日起陆续召开。尽管也给了消极公民选举权，仍有许多人弃权，不过不能说所有弃权的人都是怀有敌意的。居心不良弃权的只是贵族和斐扬派。这样，国民公会的议员实际上是由为数不多的决心捍卫大革命成果的人选任的。

Ⅱ. 侵略被制止：瓦尔米之役(1792 年 9 月 20 日)

第一次恐怖不仅是一次人民的暴烈行动和一种对付内部敌人的统治手段，同时也是对付外部危险的应急措施。它促成了胜利的到来。在市府和议会的影响下，国防工作获得了强大的推动力。1792 年 7 月 12 日颁布了一项法令，要求招募 5 万人补充前线的军队和 42 个志愿军新营(共 3.36 万人)。在巴黎，7 月 22 日宣布了"祖国在危急中"，一周内就有 1.5 万名巴黎志愿者报名入伍。一些省份的爱国热情也引人注目。在东部各省，7 月末以来共征用了 4 万名国民自卫军。9 月 7 日，为鼓动人们报名参军，多姆山省议会派出特派员去各乡向集合的国民自卫军作宣传，让他们认识到，"在已经付出了许多努力之后，如果我们再次被套上奴隶的枷锁"，那该是多么"痛苦的前景"。特派员们还让大家不要忘记"这场大革命给我们带来的好处，如废除什一税和各种封建捐税等等"。要强调说明这场革命战争的社会意义，这是最有效的方式了。与 1791 年的情况不同，1792 年参加志愿军的资产阶级人数很少，参军的基本上都是手艺人、工匠和已经满师但尚未离开师傅的学徒。

同时，共和二年所实行的保证自我武装和军队装备的经济制度已初具轮廓了。巴黎市府征调了武器、供享乐的马匹、教堂的钟和银器，并建立了一些被服工场。9 月 4 日，行政会议还下令对谷物和饲料实行有利于军队的征调和限价。这种征调制度吓坏了信奉经济自由的资产阶级：国防问题的社会影响已经显示出来，吉伦特派和山岳派之间的分界线也日益明确了。

普鲁士军队在逐渐逼近。9 月 2 日，由于反革命分子和叛徒的暗中破坏，当地爱国的指挥官，曼恩-卢瓦尔省志愿军营的博勒佩尔中校被王党分子谋杀，凡尔登投降了。9月8日，敌军抵达阿尔戈纳，但到处都碰到了迪穆里埃指挥的法国军队。9月12日，一支奥地利军队终于夺取了通往拉克鲁瓦奥布瓦的隘道。迪穆里埃南撤到圣默努附近，通往巴黎的大道已经敞开。但9月19日，指挥麦茨方面军的凯莱曼同迪穆里埃会师，法军由此取得了数量上的优势（5万人对3.4万人）。

瓦尔米之役与其说是一场战役，还不如说是一场单纯的炮战。布伦斯维克企图使用一条妙计来包围法军，但性急的普王却命令他立即进攻。1792年9月20日，在一阵猛烈的炮击之后，近中午时分，普军像演习似的在凯莱曼占领的瓦尔米高地前摆开了阵式。普王满以为法军会仓皇溃逃，然而无套裤汉们不仅岿然不动，反而加强了火力。凯莱曼用剑挑起自己的帽子，一边挥舞，一边高呼"民族万岁！"这一革命口号，从一个营传到另一个营，很快响彻了全军。在欧洲最著名的正规军的炮火下，竟没有一个人退缩。普鲁士步兵止步不前了，布伦斯维克不敢下令进攻。炮击又持续了一段时间，到傍晚6时，下起了倾盆大雨。双方军队都只好在各自的阵地上过夜。

普鲁士军队并未被打垮。瓦尔米战役并非一次战略性的胜利，但却是一次精神上的胜利。无套裤汉的军队在欧洲第一流的军队面前挺住了。大革命显示出了自己的力量。崭新的、民族的和人民的军队顶住了按消极的戒律训练出来的职业军队。联军由此发现革命的法国并不是可以轻易战胜的。歌德当时在场，人们根据厄凯曼的转述，在瓦尔米战役纪念碑上镌刻下他的那句名言："此时此地，开始了世界历史的新纪元。"

经过和迪穆里埃的谈判和一段时间的休战，普军退却了，其状狼狈不堪。由于连日大雨，道路泥泞，行军甚苦，拖得普军筋疲力竭，又因染上流行性痢疾而大量死亡，沿途还遭到自发起来打击侵略者和逃亡者的洛林和香槟农民的骚扰。而迪穆里埃的部队却慢吞吞地尾随着普军，无意利用敌军的困境去消灭之。敌军这种痛苦的撤退对于刚刚成立的共和国来说不能不是一个胜利。10月8日及22日，凡尔登和隆维相继获得解放。

1792年9月20日，即瓦尔米战役的当天，国民公会取代了立法议会。

第二章　吉伦特派国民公会。自由资产阶级的失败（1792 年 9 月—1793 年 6 月）

　　国民公会肩负着为法兰西制定一部新宪法的使命。它在 1792 年 9 月 20 日下午，也就是瓦尔米战役结束时召开了第一次会议。在组织好领导机构之后，它于 9 月 21 日在马内日大厅里取代了立法议会。它接过来的是一个充满内忧外患的烂摊子。反法联军被击退了，但没被制服；反革命势力受挫了，但没有被打垮。

　　自 8 月 10 日以来自由派资产阶级在保卫祖国和革命的政策方面被人民所超越。但它通过吉伦特派又在新议会里取得优势。它能胜任这一重任吗？……战争的失败对吉伦特派来说是致命的。共和国军队获得成功时，吉伦特派才能保持政权，一旦军队败北，他们就完蛋了。然而，作为主战派，当他们感到人民的观点和自己疏远了的时候，就试图通过使冲突普遍化再一次把它吸引过来。吉伦特派想用这种政治手腕或革命理想主义使法国成为一切被压迫民族的解放者。这样，他们促使贵族欧洲的一切利益都为反对这个革命的民族而联合起来。可是他们不懂如何把战争引向胜利。1793 年 3 月的一系列失败以及由此引起的危急局势注定了吉伦特派垮台的命运。

Ⅰ. 各党派的斗争和对国王的审判
（1792 年 9 月—1793 年 1 月）

　　国民公会，作为普选产生的新的制宪议会，是国家的唯一代表，独揽了一切权力。而巴黎市府作为一个起义的市政府，只能在全国的代表面前让步。它认识到这一点，便采取温和的姿态，直至取消了它的监视委员会。因此，党争能否停止，取决于在国民公会中占大多数的吉伦特派的态度。山岳派由于自知力量不足，曾在开始的几天里加强了和解的努力。9月22日，马拉在他的报纸上宣布要采取一项"新的步骤"。丹东试图同布里索达成一项协议。

各党派之间的休战实际上为时很短。但在一些重要决议上，各党派毕竟表现了一致的休战姿态。国民公会在第一次会议中，一致通过既反对独裁制又反对土地法的决议，这使有产者和民主派都安下心来。决议指出：

"未经人民接受的宪法不得生效，人身安全和财产都将受到国家保护。"

1792年9月21日，国民公会一致赞成废除王权。建议是科洛·代布瓦提出的，得到了格雷古瓦的附议。格雷古瓦说："国王之有害于精神，恰如魔鬼之有害于身体。宫廷是罪恶的渊薮、腐化的泉源和暴君的巢穴，各国国王的历史亦即各国国民的蒙难史。"当天晚上，这一法令在巴黎，在熊熊的火炬下宣布。罗兰在一份给各行政机关的通令中写道："先生们，既然你们要宣布共和，那就请同时宣布博爱吧，因为二者是一回事。"第二天，9月22日，比约-瓦雷恩又促使国民公会通过决议：一切政府文件的日期均改用共和历法。

9月25日，多姆山省议员库通提出一著名的原则："法兰西共和国是统一和不可分割的。"这项提案经长时间的辩论后得到了国民公会的一致采纳。这一原则否决了吉伦特派搞的联邦主义计划。1792年12月16日，为了完善这一法令，国民公会又规定：任何人，如若企图"破坏法兰西共和国的统一或把法兰西共和国不可分割的领土割给外国"，将被处以死刑。

1. 吉伦特派和山岳派

休战的局面很快被打破了。面对着势力尚不强大的山岳派，吉伦特派在中间派的支持下取得了议会中的多数，便有恃无恐，重启战端。参加8月10日起义的手工业者们和那些未能制止他们革命行动的人之间的斗争,将一直持续到1793年6月2日,即吉伦特派被清洗出国民公会并被打倒为止。两派斗争达到了白热化程度。从1792年9月25日起,吉伦特派通过塔尔纳省议员拉苏尔斯之口("巴黎的影响应该削减到1/83,使它同其他各省一样"),然后又通过罗讷河口省议员勒贝基之口("意欲建立独裁统治的党就是罗伯斯庇尔的党")发起了攻势。吉伦特派极力打击他们最惧怕的山岳派领袖,即所谓"三头"——马拉、丹东和罗伯斯庇尔。丹东曾责备马拉("我们不应因为某些过激的个人而谴责一个省的所有议员"),并呼吁团结("奥地利人看到这一神圣的和谐时定会吓得发抖"),但均属徒劳。满腔仇恨的吉伦特派仍一意孤行。

1792年9月25日这天,吉伦特派老调重弹,大骂马拉想搞独裁。"人民之友"承担了这一"罪责",并予以反击:

> "我作为一个政论家,建议把军人保民官、独裁者或三头政治作为消灭叛徒和阻谋家的唯一手段,这在法国是第一个,可能也是绝无仅有的。"

马拉还提到他"为拯救祖国而蹲黑牢、遭磨难的三年"。他说:"我熬夜、苦干、受苦、受难、冒险,到头来竟落得如此下场!好吧,我就待在你们中间,来抵抗你们的狂暴攻击!"

辩论急转直下,吉伦特派不得不接受库通提出的关于共和国统一不可分割的提案。

对于已经和他们达成和解的丹东,吉伦特派更是背信弃义。1792年10月9日,他的司法部长职务为吉伦特派分子加拉所取代。10日,像所有离职的部长一样,丹东必须交出自己的账目。由于把钱作了特殊开支,丹东无法说明拨给他部的20万锂秘密经费的使用情况。10月18日,勒贝基又为此事发难,丹东越解释越糊涂,最后承认道:"这些开支的大部分,我们没有合法的收据。"11月7日,再次发生辩论,吉伦特派对丹东穷追不舍。终于,国民公会拒绝发给有贪污嫌疑的丹东清账证明书。从此,吉伦特派处处拿账目问题来攻击丹东。丹东由此变得暴烈起来，政治声望大为下降。事实证明他的和解政策是行不通的。

1792 年 10 月 25 日，卢瓦雷省议员卢韦以极端粗暴的态度控告罗伯斯庇尔野心勃勃，想搞独裁。他说：

"罗伯斯庇尔……我控告你总想把自己打扮成一个偶像；我控告你用阴谋和恐怖的各种手段残暴地压迫巴黎省的选举大会；最后，我控告你明目张胆地篡夺最高权力……"

而罗伯斯庇尔在 9 月 25 日就说过：

"我不自认是被告，我自认是一个爱国主义事业的捍卫者……我决不是什么野心家，我一直在同野心家们作斗争。"

11 月 5 日，在答复卢韦的时候，罗伯斯庇尔牢牢抓住辩论的实质问题，为 8 月 10 日的事件和革命行动作了辩护：

"所有这些事件都是非法的，恰如大革命、如推翻王朝和摧毁巴士底狱是非法的一样，恰如自由本身是非法的一样，我们不能搞一场没有革命的革命。"

这对吉伦特派来说是又一次失败。经过辩论，罗伯斯庇尔的影响扩大了，俨然成为山岳派的领袖。

这些攻击带来的最重要的后果，便是促使山岳派下定了同吉伦特派斗争的决心。吉伦特派的攻击还在吉伦特派和山岳派之间促成了一个"第三派"的形成。这个"第三派"，被卡米耶·德穆兰在《爱国者论坛报》上称为"冷漠派"——"一伙真正的投机分子，他们处于布里索和罗伯斯庇尔之间，就像处于上升和衰落之间的代斯帕尼亚克修士一样。"那些来自各省的独立派议员，尽管对巴黎市府和山岳派充满偏见，也因吉伦特派持续不断的指控和对过去事件的指责而忐忑不安。曾长期追随吉伦特派的阿纳夏尔西·克罗茨断然同他们决裂了。他发表了一个小册子，其名虽为《既非马拉也非罗兰》，内容却是专门反对他过去的那些朋友的。"第三派"是在1792年11月初最后形成的，吉伦特派再也不能独立操纵国民公会了。11月16日，他们连议长的职位都丢了。这一天，一位独立派议员、宪政派主教格雷古瓦被选为议长。

国民公会是由少数决心拯救革命和祖国的人选任的，所以其中找不到任何拥护旧制度或立宪君主制的保王派。那些创造了各革命日并主张采取各种便利民生的经济和社会措施的无套裤汉也没能当上国民公会的议员。但他们在巴黎各区取得了优势地位，并由此在1793年带动了国民公会本身。国民公会里并无有组织的政党，只有一些界限模糊不清的派别。这些派别追随着两个领导集团——吉伦特派和山岳派，引起它们之间根本对抗的是不同的阶级利益。

右边的吉伦特派崇尚法制，仇恨由山岳派和各区活动分子组成的巴黎市府所倡导的革命措施。它代表有财产、从事工商业的资产阶级。这个阶级要保卫财产权和经济自由，反对无套裤汉的各种限制要求。在政治方面，吉伦特派敌视一切救国所必需的特别措施。它发动了战争，却拒绝采取必要的手段来打赢战争。为反对权力集中和严格的行政管理，吉伦特派求助于温和资产阶级占优势的各地方当局。在经济方面，同商业资产阶级血肉相连、对人民群众疑虑重重的吉伦特派狂热地要求经济自由、自由开业和自由利润。他们仇视无套裤汉所拥护的管制经济、限价、征用、指券强制流通等措施。吉伦特派满脑子社会等级观念，力图维护和加强社会差别，把财产权看作神圣不可侵犯的自然权利。他们只为有产的资产阶级利益着想，因而对人民总不由自主地流露出轻蔑的神态，认为人民毫无管理的能力。他们维护本阶级的独占统治。

左边的山岳派代表中等资产阶级和人民的各阶层，即手工业者、店员、消费者。这些人由于战争及其后果（生活费用昂贵、失业和低薪）而备受熬煎。本身来自资产阶级的山岳党人，认识到法国的危急局势，要求采取特殊的解决办法。而这些特殊的解决办法只有在取得人民支持时才是有效的。因此，他们便和推翻了王权并通过起义登上政治舞台的无套裤汉结成联盟。由于比较接近人民、比较了解人民的需要，他们充满现实主义精神，较少受制于理论，懂得把公众利益放在私人利益之上。为了大革命的唯一中坚——人民的利益，他们决定对私有财产和个人自由加以限制。山岳派的领袖大都是巴黎的议会代表。他们深知首都人民在 1789 年的第一次革命中和在 8 月 10 日的第二次革命中所起的主导作用，并反对吉伦特派因害怕革命群众而企图把巴黎的影响削减到"1/83，使它同其他各省一样"（拉苏尔斯在 1792 年 9 月 25 扫就是这样要求的）。

1792 年 10 月，布里索在《就巴黎的雅各宾社团问题告全法兰西共和派书》中，把雅各宾派和山岳派写成"一伙操纵巴黎社会，并败坏其声誉的无政府主义者"：

"这些捣乱分子想把财产、便利条件、食品价格以及对社会的各种服务统统拉平。"

1792 年 9 月 30 日，罗伯斯庇尔在《致选举人的信》第 1 期中曾提出：

"王权已被消灭，贵族和僧侣也已消失，平等的统治开始了！"

他抨击了那些假爱国者，说他们"只顾为他们自己而建立共和国，只想为富人和政府官员们的利益进行统治。"

他把"力图在平等和公共利益的原则上建立共和国的"真正爱国者同他们进行了对照。

山岳派的领袖们，尤其是雅各宾派，力求使民族的现实状况具有能够团结人民群众的积极内容。在这方面，圣茹斯特的转变很能说明问题。在 1791 年出版的《论大革命和法国宪法的精神》一书中，尚未摆脱孟德斯鸠影响的圣茹斯特曾写道：

"哪里没有法律哪里便没有祖国。因此，那些生活在专制制度下的人民(除非他们轻视和仇恨其他民族)没有祖国。"

在他 1792 年 11 月 29 日所做的关于生计问题的演讲中,圣茹斯特超越了"祖国和自由一致性"这一 18 世纪的平庸论点,把祖国和幸福等同起来了(这在当时并没有多大的独创性):"不幸的人民是没有祖国的。"但是,当他强调"使人民从动荡不定和败坏人的悲惨状况中解脱出来"有助于建立共和国的时候,他走得更远了。他在谴责"滥发符号券(即指券)"时,对国民公会议员们说:只要制止通货膨胀的破坏,保证人民的衣食,并由此把人民的幸福和自由紧紧地联系在一起,"你们就可以在顷刻间给〔法国人民〕一个祖国"。罗伯斯庇尔的话说得更简洁。1792 年 12 月 2 日,他在关于厄尔-卢瓦尔省小麦骚动的讲演中把财产权置于生存权之下,奠定了一个把人民群众包括在国家之中的理论基础:

"理论家们把生活最迫切需要的食品只看成一种普通的商品,他们不在粮食贸易和靛蓝贸易之间作任何区分。他们谈得较多的是粮食的贸易,而不是人民的生计……他们对于批发商或有产者的利润考虑得很多,而对于人们的生活则不放在心上……最首要的权利是生存的权利,因而最首要的社会法律就是保障一切社会成员生存手段的法律,其他的一切都应置于该法律之下。"

但是,正当山岳派由于战争需要和民族意识而向无套裤汉靠拢的时候,陷于空前矛盾窘境的吉伦特派却由于阶级本性而同无套裤汉疏远了。吉伦特派宣布了战争,但又担心求助于人民(非此不足以打败贵族和反法联盟)会损害有产者的统治地位。它拒绝作任何让步。1792 年 12 月 8 日,继巴巴卢谴责有人"想制定有害于财产权的法律"之后,罗兰确立了谷物的贸易自由。1793 年 3 月 13 日,韦尼奥又通过否定民众关于自由和平等的概念,更加有力地强调了吉伦特派政策的阶级基础:社会人的平等只不过是法律上的平等。"它既不是财产的平等,更不是身材、力量、思想、活动、技艺与劳力上的平等。"他是在维护财产权和财富的至上地位。吉伦特派在怀念基于纳税额的国家组织方式吗？……这里至少说明了他们对人民的蔑视。

吉伦特派和山岳派之间的竞争带上了阶级斗争的色彩。无疑，大部分山岳派都和吉伦特派一样，出身于资产阶级。但是，为了保卫国家和革命，他们不得不采纳一种有利于群众的政策——该政策对某些人来说是原则，对另一些人来说则是权宜之计。山岳派接受并加以合法化的恐怖，按马克思的说法，"无非是用来消灭资产阶级的敌人，即消灭专制制度、封建制度以及市侩主义的一种平民方式而已"[①]。这场资产阶级革命将由此而获救。这个问题很复杂。首先应确定山岳派资产阶级的社会状况。山岳派资产阶级往往是上层资产阶级，国民公会的财政家康邦是这个阶级的典型代表。这些人是一些见势在必行便欣然为之的政客吗？确切些说，他们是一些坚定的资产者，拒绝任何妥协。他们认定法兰西民族和本阶级除了胜利别无出路，感到有必要采取这种策略。另外，他们受益于大革命，尤其是国有财产的出售，深知贵族的反攻倒算会使他们丧失一切。但其中的某些分子很快就对那些强制的和恐怖的做法感到厌倦——丹东和宽容派就是这样的人物。加之，这种保卫国家和革命的政策是由雅各宾派和无套裤汉从外部强加给国民公会的。这个联盟是革命政府的柱石，罗伯斯庇尔所代表的激进中等资产阶级，是这个联盟的无可争辩的领导力量。它在无套裤汉群众的有生力量和那部分要把革命进行到底的资产阶级之间建立了必要的联系。这一立场本身是不无矛盾的。在很大程度上，它导致了罗伯斯庇尔政策的最后失败。这一立场是由激进中等资产阶级的社会地位决定的。罗伯斯庇尔的房东迪普莱（细木工，优秀的雅各宾派）是这个阶级的典型代表。尽管他身处劳动界，然而他至少拥有 1—1.2 万锂的房租岁入。迪普莱实际上是一个生活相当优裕的木器业主。他身上体现了雅各宾派的双重特点。

最后该说到国民公会的中间派。这个派别是一群游移不定的分子所组成的，也叫平原派或沼泽派。他们真诚信奉共和制，决心保卫革

---

① 《马克思恩格斯选集》第 1 卷，1972 年，页 321。——译者

命。他们是资产阶级的代表，经济自由的拥护者，从内心深处惧怕人民各阶层。但作为真诚的共和派，他们认识到：只要革命尚处于危险之中，就决不能和发动过 7 月 14 日事件和 8 月 10 日事件的人民决裂。他们最终接受了人民所要求的各种措施，但认为这些措施只是临时性的，一旦革命胜利它们就应被取消。起初他们倾向于吉伦特派，但吉伦特派的仇视态度以及在消除危机方面的无能使他们改变初衷。其中有些人，如巴雷尔、康邦、卡诺、兰代等，归附了山岳派，同意该派的救国政策。但大部分人在 1792 年 11 月形成了"第三派"。这一派最后还是接受了山岳派的领导，因为这是拯救革命的唯一有效的领导。

2. 对路易十六的审判(1792 年 11 月—1793 年 1 月)

国民公会的分裂因路易十六的审判而加剧。吉伦特派和山岳派之间的斗争也愈发不可调和。

对国王的起诉拖延了很久。吉伦特派想延迟这场审判，因此毫不着急。丹东曾说过："国王一旦受审就必死无疑"。国民公会实际上已不得不宣布国王有罪，因为不这样做就等于否定了 8 月 10 日起义。1792 年 10 月 16 日，审判程序问题提交到法制委员会，随后该委员会进行了长时间的研究。11 月 7 日，梅尔提出一个很有分量的报告，论证了路易十六可以由国民公会来审判。围绕该报告展开了辩论。吉伦特派的头头们都避免卷入辩论，而圣茹斯特在 11 月 13 日的讲演中把这场辩论提到了政治的高度：

"要求审判路易的人要建立一个共和国；在处罚国王的问题上谨小慎微的人永远建立不了共和国……就我而言，我看不到任何中间道路：这个人要么继续当国王，要么死亡。……他不可能不搞阴谋地进行统治，他的疯狂已极为显然。所有的国王都是叛乱者和篡权者。"

路易十六不是一个普通的公民，而是一个敌人，一个外国人。国民公会与其说应当审判他，不如说应当打倒他。

"他是在巴士底狱、南锡、马尔斯校场、图尔内和杜伊勒利宫杀人的凶手。除了他，还有对你们干过更多坏事的敌人和外国人吗？"

1792 年 11 月 20 日，"铁柜"（按路易十六的命令秘密地置放在宫殿墙壁中的一只橱柜）及其内藏文件的发现，证实了国王和敌人进行的各种交易。由此，审判再也不能拖延了。12 月 3 日，罗伯斯庇尔重新提起圣茹斯特的论点：

"国王并不是什么被告，你们也不是什么法官。你们不是要去判决一个人是否有罪，而是要采取一项救国措施，是要履行一项保卫国家的天职。"

处死国王必将巩固新生的共和国。

"提议用某种方式来审判路易十六，这是向君主和立宪专制制度的倒退，是一种反革命观点。因为这样就使大革命本身成了问题。"

尽管吉伦特派玩弄种种花招，国民公会还是于 1792 年 12 月 6 日任命了一个负责起草《路易·卡佩罪行公诉状》的委员会。

1792 年 12 月 11 日，对国王的审判开始了。首先宣读兰代起草的起诉书。兰代的起诉书是按时间顺序写的，揭露了路易十六在大革命各关键时刻的伪善表现。12 月 26 日，国王的辩护律师德·塞兹宣读了一篇措辞优雅，态度认真的辩护词，重申了 1791 年宪法所宣布的国王不可侵犯的原则。未能阻止这场审判的吉伦特派试图用一种新的牵制战术来搭救国王：他们要求征求人民的意见。韦尼奥强调说，不可侵犯的权利是 1791 年宪法给予国王的，只有人民能够从路易十六那里收回这种不可侵犯权。他忘记了这一宪法为纳税人服务的性质。1792年 12 月 28 日，罗伯斯庇尔提出了反驳。他指出了诉诸人民意愿和召集各基层议会的做法将给国家带来的危险，说这样会"徒然地引起共和国的动荡"。1793 年 1 月初，罗伯斯庇尔在《致委托人的信》中重申了他"关于人民主权和关于路易·卡佩审判的上诉制度"的论点：

"人民已经两次表明了对路易的态度：第一次是在他们拿起武器把他赶下王位的时候……第二次是在他们把拯救祖国和为全世界作出榜样的神圣职责——旗帜鲜明地给国王定罪，赋予你们的时候……当在酝酿中的政府遇到危机，当敌人联合起来向我们逼进的时候，有人要把国家置于危险之中，难道说这不是要通过无政府的混乱状态使我们回到王政时代吗？"

审判国王的问题于 1793 年 1 月 14 日交付议决。这一天，国民公会确定了 3 个议员必须回答的问题，

"路易·卡佩是否犯有阴谋反对公众自由和危害国家安全的罪行？是否应当就对他的判决征求国民的意见？应对路易处以何刑？"

除了几票弃权外，议会一致投票宣布国王有罪。征求人民意见的提议以 426 票对 278 票的多数被否决。吉伦特派失败了。通过一场没完没了的唱名投票(该投票从 1 月 16 日晚开始，整整进行了 24 个小时)，终于以 387 票对 334 票的多数宣判了国王死刑。26 名议员投票主张死刑缓期执行。1 月 18 日，议员们又就缓刑的问题投票表决，结果主张缓刑的意见以 380 票对 310 票的多数被否定。针对吉伦特派的态度，巴雷尔强调指出：缓刑将会使国内的各种纠纷延续下去，从而使大革命在外敌面前处于虚弱无力的状态。

1793 年 1 月 21 日国王被处死。这在国内产生了深刻的影响，也震惊了欧洲。死刑是 1 月 21 日 11 时在革命广场上执行的。行刑时广场上军队阵势威严，百姓人山人海。在此前一天，一个叫巴里的前国王侍卫刺死了一个人民代表——勒佩勒蒂埃·德·圣法尔若。这种无力的绝望举动只能使国民公会的大多数更加坚定了自己的政策立场，并为大革命提供了第一个"自由殉道者"。

国王的处死打击了王权传统的和近乎宗教性的威望。路易十六像一个普通人一样被处死了，神授的君权不复存在了。国民公会已切断了自己的后路。欧洲对这些弑君者们发动了无情的战争。在革命的法

国和旧制度的欧洲之间，在曾千方百计搭救国王的吉伦特派和山岳派之间，冲突达到了白热化的程度。

实际上，路易十六的处死也使吉伦特派实行的拖延政策再也行不通了。在审判工作进行的时候，他们趁机提出一些对外政策方面的借口。布里索曾经宣称："在我们的辩论中，我们对欧洲注意得很不够。"1792 年 12 月 28 日，罗伯斯庇尔对此驳斥道："胜利将决定你们是人类的叛乱者还是救星。"吉伦特派热衷于拯救国王，希望限制同欧洲的冲突。因此，他们自觉不自觉地倾向于同贵族妥协。就这些曾在 11 月份鼓吹战争的人来说，这种态度是很不合逻辑的。通过处死国王，山岳派使法兰西民族除了去争取胜利之外，再无其他生路可寻了。

加来海峡省议员勒巴 1793 年 1 月 20 日写道：

"我们就这样勇敢地行动起来了，我们已破釜沉舟。不管愿意不愿意，我们都必须向前进。现在我们尤其可以说：要么自由地生活，要么就死亡。"

Ⅱ. 战争和第一次反法联盟
(1792 年 9 月—1793 年 3 月)

在瓦尔米战役后的几周里，共和国军胜利地挺进到阿尔卑斯山脉和莱茵河流域。接着，那些被占领国的命运问题被提上日程：应该解放它们呢，还是应当征服它们？其实战争的逻辑和政治的需要早就把解放变成征服了。

1. 从宣传到兼并(1792 年 9 月—1793 年 1 月)

对莱茵河左岸、萨瓦和尼斯的征服使国民公会碰到了一些解决起来颇费踌躇的问题。

1792 年 9 月 29 日，昂塞尔姆指挥的瓦尔军进入尼斯。孟德斯基乌同时解放了萨瓦，受到当地人民兴高采烈的欢迎。9 月 25 日，他致信国民公会说："城乡的百姓们蜂拥而至，人人都佩戴着三色帽徽。"

在莱茵河流域,居斯蒂纳9月25日征服了斯皮尔,10月5日征服了沃姆斯,21日征服了美因兹,两天后又征服了法兰克福。

比利时也在这时被征服了。瓦尔米战役之后,奥地利军队不得不于10月5日撤去了对里尔的包围。27日,迪穆里埃进入比利时,从瓦朗西埃纳向蒙斯挺进。他的军队全是由正规部队组成的,是法国最好的军队。1792年11月6日,他在蒙斯的正面、热马普村附近发动了进攻,并攻占了这个村庄。奥地利军队败退了。11月14日,奥军撤离布鲁塞尔,30日又撤离了安特卫普。一个月间,奥军从比利时一直被赶到拉罗埃尔。热马普战役给欧洲留下了深刻的印象。瓦尔米只是一场简单的战斗,而热马普却是共和国军队发动并打赢的第一场大战役。

对君主制欧洲的宣传战是在11月宣告开始的。事实上,尼斯人、萨瓦人和莱茵河地区的居民都要求并入法国。可是,国民公会犹豫不决。1792年9月28日,公会收到了孟德斯基乌将军的一封信,得知萨瓦人要求组成法国的第84个省。卡米耶·德穆兰叫嚷:"把萨瓦置于共和国的奴役之下,当心我们沦为国王的同类!"德拉克鲁瓦插话道:"那谁来偿付战争费用呢?"吉伦特派本身也意见纷纭。就昂塞尔姆将军将把尼斯伯爵领地收归市有一事,拉苏尔斯10月24日的报告指责:"发号施令就是征服!"有一个由众多外国难民组成的势力很大的派别在促进这一征服行动。这一派别是科尔得利俱乐部中最积极的分子,其中有莱茵人、比利时人、列日人、荷兰人、海尔维第俱乐部的瑞士人和日内瓦人,以及"阿洛布罗日人"俱乐部和军团的萨瓦人。这是一个成分复杂的集团,其中有阿纳夏尔西·克罗茨,他是普鲁士臣民、国民公会的瓦兹省议员,被称为"人类代言人",还有日内瓦银行家克拉维埃尔、荷兰银行家德·科克和被认为是奥地利首相考尼茨的私生子的比利时银行家普罗利。

1792年11月19日,国民公会热烈通过了一项著名的决议:

"国民公会以法兰西民族的名义宣布,它将向一切要求恢复自由的民族提供兄弟般的援助,并责成政府命令所有将军援助这些民族和保护那些为自由事业而受到或可能受到迫害的公民。"

议会希望建立一些独立的姊妹共和国。11 月 21 日，当时任外交委员会主席的布里索曾考虑建立一条"共和国圈"。26 日，他给塞尔旺部长写信谈道："只要还有一个波旁家族的成员留在王位上，我们的自由就难以稳固，同波旁家族就决无休战！"他还进一步说道："只有当欧洲，而且是整个欧洲都燃遍烈火，我们才能得到安宁！"格雷古瓦宣称要建立一个既无堡垒又无国界的欧洲。获得了解放的民族要充当一切被压迫民族的保护人。

很自然，兼并战是宣传战的结果。国民公会号召各民族起来造反，它就得出面保护这些民族。既要保护，除了兼并之外，还有什么更好的手段呢？这方面交织着多种考虑。首先是政治上的考虑：宣传战唤起了民族野心，法国的军队在阿尔卑斯山脉和莱茵地区扎下营盘，夺取自然边界似乎成了他们的注定目标。照布里索的说法，"法兰西共和国必须以莱茵河为边界。"11 月 26 日，他又指出：

"如果把我国的边界推进到莱茵河，如果比利牛斯山隔开的只是自由的各民族，我们的自由就万无一失了。"

宣传和兼并不可分割地联系在一起，人们越发明确地考虑到：战争耗资巨大，怎样养活占领区的军队？驻在尼斯的昂塞尔姆、驻在萨瓦的孟德斯基乌和驻在比利时的迪穆里埃都尽可能少向当地居民索取财物。而驻在莱茵地区的居斯蒂纳却就地征集部队给养。直到 1792 年 12 月 10 日，国民公会未就此作出最后决定。12 月 10 日这一天，埃罗省议员、财政委员会委员康邦十分激动地提出了这个问题：

"我们越是深入到敌人的国土，战争就越是费资浩大。我们的哲学原则和宽宏大量使这一情况更为严重。……人们总说我们给邻国带去了自由，我们还带去了我们的货币、我们的食粮哪！他们还不接受我们的指券呢！"

宣传政策所碰到的困难和战争的需要加速了事态的转变。萨瓦废除了旧制度并要求并入法国，但比利时和莱茵地区的大多数居民则并不显得那么热情。最后，还是财政上的考虑占了上风。

根据康邦的要求所通过的 1792 年 12 月 15 日法令，在被征服的国家建立了革命政府。教会和新制度的敌人的财产被查封，并做了指券的抵押品。什一税和所有封建捐税均被废除，旧捐税被向富人征收的革命税所取代。人们必须向自由宣誓，然后才有选举新政府的权利。"向宫廷宣战！给茅屋和平！"康邦在报告中说："在我们进入的国家里，所有享有特权的人，所有暴君，都应被视为敌人！"

这样，被征服的各民族不得不接受法国的革命专制。12 月 15 日法令需要用武力加以贯彻。除了少数坚定的革命派，人们很快对这种政策产生了反感。在比利时，国民公会因为粗暴地没收了教会的财产而遭到部分居民的反对。

兼并成了在被占领地区防止发生反革命的唯一可行政策。早在 1792 年 11 月 27 日，国民公会就根据格雷古瓦的报告，以只有一票反对的绝对多数通过了兼并萨瓦的决议。报告人列举了人民主权（10 月 22 日，阿洛布罗日人的国民议会在尚贝里集会，在宣布废除旧制度之后，还表示了加入法国的意愿）、地理、萨瓦和法国的共同利益等方面的理由。尼斯也按 1793 年 1 月 31 日的决议被兼并了。就在这一天，丹东提出了兼并比利时的要求，并直截了当地提出了自然边界的政策：

"担心共和国过分扩张疆界是杞人忧天。共和国的疆界是自然确定好了的。我们将在地平线的各个角落——莱茵河畔、大洋之滨、阿尔卑斯山麓达到这些边界。这些应该是我们共和国的最后疆界。"

在比利时，加入法国的问题是在 1793 年 3 月间通过逐城、逐省投票决定的。在莱茵地区，3 月 17 日，并入法国的问题也获得了在美因兹召开的议会的赞成，并立即得到了国民公会的批准。最后，3 月 23 日，前巴塞尔主教辖区也被并入法国，变成了蒙泰利布尔省。

在这个时期，反法联盟成立了，战争在蔓延，厄运的征兆已经出现。随着事态的发展，吉伦特派及其政策的命运便同共和国军队的命运紧密地联系到一起。

2. 第一次反法联盟的建立(1793 年 2—3 月)

革命宣传和法兰西征服威胁到各君主国的利益，它们随即作出反应：组织一个总联盟反对这个革命的民族。

和英国的决裂是反法联盟形成的第一步。在法国征服了比利时之后，皮特领导的英国政府开始放弃中立政策。1792 年 11 月 16 日，法国行政会议宣布埃斯考河诸河口可以自由航行，全然不顾封闭这些河口的明斯特条约。这进一步加深了英国主战派的不满。国民公会关于允诺向各起义民族提供救援的决议激怒了英国的领导人。皮特采取了更多的反法措施。路易十六被处死的消息一传来，英国宫廷如丧考妣，当即举行哀悼。1793 年 1 月 24 日，法国大使肖夫兰接到了离开英国的命令。2 月 1 日，根据布里索的报告，国民公会同时向英国和荷兰宣战。这一冲突很大程度上是由经济利益的冲突引起的。以皮特为代言人的伦敦旧城不能容忍安特卫普落入法国之手。另一方面，国民公会把同荷兰开战看作是攫取阿姆斯特丹银行以改善财政状况的一种手段。尤其是，到旧制度末期，法英两国在商业、航海和殖民地等方面的竞争已经激化。许多经济和政治方面的领导人物一直在担心英国对法国的竞争。在海外商品运输方面，法国也一直有赖于英国商船，国民公会贸易委员会 1793 年 7 月 2 日的报告就指出了这个问题。法英之间进行的这场斗争不再是君主之间的战争，它在许多方面都已成为夺取政治、经济优势的民族间的战争了。

这场大战很快就爆发了。国王的处死对于英国只是借口，而对于有着君主主义狂热的西班牙则成为战争的更充分的理由。1 月 21 日之后，戈杜瓦首相拒绝接见法国代办布古安。布古安于 2 月 22 日离开了马德里。3 月 7 日，国民公会在一致欢呼声中通过了对西班牙宣战的决议。巴雷尔宣称："法国多了一个新敌，不过是自由多了一份胜利！"随后，法国又同意大利各国君主决裂。1 月 13 日，在由僧侣煽起的一场骚乱中，法国外交官巴斯维尔被杀害。这引起法国同教皇的决裂，接着就是同那不勒斯、托斯卡纳和威尼斯的决裂。除了瑞士和斯堪的纳维亚国家以外，法国同整个欧洲都处于战争状态。布里索宣称："现在要和你们在陆地和海洋上交手作战的敌人是欧洲的所有暴君！"

尽管大部分欧洲国家都同法国处于战争状态，但这些国家并未连成一气。英国于 1793 年 9 月通过一系列条约把所有参战国联系起来，由此渐渐形成了以英国为灵魂的第一次反法联盟。

大革命只能自己保卫自己。然而吉伦特派并没有作好战争准备。反法联盟军队的连连获胜决定了该派别的厄运。

Ⅲ. 大革命的危机(1793 年 3 月)

革命的法国刚刚向君主制欧洲宣战就发现自己陷入极端危险的境地。外敌的联盟和军事的失败；贵族反革命和内战；经济危机和人民运动，统统汇合到一起，使危机恶化到了极点，同时也使吉伦特派和山岳派之间的斗争达到不可调和的地步。

1. 生活费用的上涨和人民运动的高涨

使共和国在 1793 年春几乎陷于崩溃的总危机首先是经济和社会的危机。这一危机自国民公会召开以来就存在。热衷于保卫有产者阶级特权的吉伦特派所推行那套纯粹消极的政策使危机进一步恶化。吉伦特派一直想通过剥削被征服国家来解除经济危机。然而他们的算盘打错了。

财政危机由于新指券的不断发行而日渐严重，引起生活费用的迅速上涨。圣茹斯特在 1792 年 11 月 29 日的讲演中曾提议停止发行指券，整顿财政。他认为这是解决生活费用上涨问题的唯一途径："我们经济的毛病就在于符号券(指券)发行得过多。因此，应当尽力不再增加指券，以防止其继续贬值。我们必须作出决定，尽可能少地发行货币。但是要达到这一点，就必须减轻国库的负担。或是通过把土地抵押给我们的债权人，或是通过拨出一些按年偿付的债款来还清债务，但不再增发符号券。"

圣茹斯特的意见未被采纳。财政委员会领导人康邦继续奉行通货膨胀政策。到 1792 年 10 月初，流通中指券的总量已达 20 亿锂。10

月 17 日，康邦又将一批新指券投入流通，从而使指券总量上升到 24 亿锂。指券在继续贬值，国王的处死和全面的战争加速了这一进程。1793 年 1 月初，指券还相当于面值 60％—65％的价值，到 2 月份就只能相当于面值的 50％了。

生计危机由此严重化了，日平均工资在农村是 20 个苏，在巴黎是 40 个苏，而面包价格在某些地方竟涨到 8 苏 1 斤①。其他食物，尤其是殖民地的产品，都有类似的涨价。面包不仅昂贵，而且很难买到。1792 年的收成是不错的，但小麦一直没怎么上市。圣茹斯特在 11 月 29 日的讲演中分析了这种人为粮荒的原因："不愿用纸币充塞钱袋的农民，很不情愿出售他们的粮食。其他任何商业都必须出卖商品才能获取利润以维持生活。农民则不然，他们什么也不买。他们的需要并不在于商业。这个阶级习惯于年复一年，一个铜子一个铜子地积攒一部分土地收入。而今天，他们宁愿保存粮食而不去积攒纸币。"各大城市都出现粮荒，土地所有者和农场主们根本不急于把粮食拿到市场上去换回贬值的纸币。

本来，在夏季里建立的那套助长了第一次恐怖的管理制度，是可以通过强制清查粮食和批准征调来打消粮食生产者的坏心思的。然而，身为内政部长，并对经济事务负有责任的罗兰，却固守严格的自由主义正统信条，没有采取任何措施来贯彻这种合乎时宜的立法。恰恰相反，1792 年 11 月 8 日，国民公会废除了 9 月制定的管理制度，重新宣布谷物和面粉贸易"最完全的自由"。当然，它仍禁止粮食出口。国民公会规定：反对食物流通者和聚众闹事者将被处以极刑。实际上，谷物一不上市流通，各地谷物价格就发生了差异：1792 年 10 月，1 瑟蒂埃②谷物在奥布省值 25 锂，在上马恩省值 34 锂，在卢瓦尔-歇尔省值 47 锂。但在巴黎 1 法斤面包不过卖 3 苏，因为巴黎市府用财政补贴的办法限定了面包的价格。罗兰曾喋喋不休地谴责这种浪费行

---

① 此为法国古斤（livre），在巴黎是 490 克，在各省为 380 至 660 克不等。——译者

② 瑟蒂埃（Setier），法国古时谷物容量单位，每瑟蒂埃约合 160 至 300 升。——译者

为。吉伦特派鼓吹自由竞争可以拯救一切，他们对各阶层群众的疾苦仍然持无动于衷的态度。

社会危机也在加深。从 1792 年秋天起，各地城乡都发生了严重的动乱。在里昂，丝织工人由于丝绸生意萧条而纷纷失业。国民公会的特派员们加强了治安部队并开始抓人。在奥尔良，店铺遭到了抢劫。10 月间，凡尔赛、朗布耶、埃唐普等地又发生了骚乱。11 月间，小麦骚动遍及整个博斯地区和边境各省。一帮一帮的物价核定员出现在各地市场。11 月 28 日，旺多姆有 3 000 名核定员。29 日，有 6 000 名武装核定员出现在厄尔-卢瓦尔省的库维尔大商场。他们的帽子上都插着橡树枝，集合时喊着"国民万岁！小麦就要降价了"的口号。吉伦特派坚持自己的阶级政策，强行在博斯地区恢复了秩序。

在巴黎，市府和各区在 1792 年 11 月 29 日提出的限价要求毫无结果。这一要求是一些平民领袖和各区活动分子提出来的。12 且 10 日，格拉维利埃区的修道院长雅克·鲁就"路易末世的审判、就投机商、囤积者和叛徒"等问题发表了措辞激烈的演讲。在人权区，一个生活比较富裕的名叫瓦尔莱的邮局职员从 1792 年 8 月 6 日就开始主张指券的强制流通和制定对付投机倒把的措施。他经常登上一个带轮子的讲坛，到各种公共场所进行宣传。里昂的夏利耶和勒克莱尔、奥尔良的塔布罗都宣传同样的口号：实行食物限价和谷物征购；管理面包业；救济穷人和志愿兵家属等。这些被称为"忿激派"的活动分子的宣传鼓动，在巴黎各区蓬勃开展。经济危机的加剧促进了他们的活动。1793 年 2 月 12 日，一支代表巴黎 48 个区的代表团来到国民公会提出：

"仅宣布我们是法兰西共和派是不够的，还应该为民造福，应该有面包。因为没有面包就没有法律，没有自由，没有共和国。"

请愿者们谴责"谷物贸易的绝对自由"，要求实行限价。连马拉都斥骂这场请愿是卑鄙的阴谋。2 月 25 日，在殖民地粮食贸易中心——伦巴第人居住区发生了骚乱。后来这种骚乱蔓延开来，并持续多日。参加骚乱的人首先是妇女，其次才是男人。他们强迫商人按他们规定的价格把糖、肥皂和蜡烛卖给他们。

雅克·鲁这样说过:"这些食品杂货商不过是把他们长期以来让人们多付给他们的钱还给了人们而已。"

但罗伯斯庇尔像马拉一样,把这种骚乱斥为"一种旨在挑动爱国者斗爱国者的阴谋"。他提出,人民不应该"为一些微不足道的商品"而起来闹事,应该去做更重要的事情。"人民应该奋起,但奋起的目的是为了打垮那些匪徒,而不是为了找糖吃。"

忿激派要求实行限价的行动尽管失败了,但他们毕竟提出了这一问题。当时山岳派的反应跟吉伦特派是一样的。但是不久,山岳派迫于日益严重的政治危机,为了同吉伦特派作斗争,为了拯救祖国,便对人民的要求作了让步。1793 年 3 月 26 日,让邦·圣安德烈写信告诉巴雷尔:

"如果你们想让穷人来帮助你们完成这场大革命,你们就必须刻不容缓地保证穷人能够活下去。在这种特殊情况下,只应按救国这一伟大法则办事。"

生活费用的上涨加速了吉伦特派的衰落。

2. 迪穆里埃的失败和叛变

正当政治危机恶化、吉伦特派和山岳派更加激烈地重新开战的时候,前线告急了。

在 1793 年初,共和国军队失去了数量上的优势。由于迪穆里埃所庇护的那些军需供应商的盗窃活动,部队吃不好、穿不好,致使许多志愿兵只打了一仗就利用法律承认的权利回家了。1792 年 12 月法军有 40 万人,到 1793 年 2 月就只剩 22.8 万人了。法军最大的弱点之一就是有着不同编制和章程的正规部队和志愿兵部队并存。志愿兵穿蓝服(人称"矢车菊"),军官由选举产生,军饷较高,军纪也不太严,且只有参加一次战役的义务。正规军士兵则穿白服(人称"白呆子"),负有长期的义务,军纪严格,军官由上级任命。由于正规军蔑视和妒嫉志愿军,两种部队之间常常发生争吵斗殴。

1793 年 2 月 21 日《军队混编法》颁布后，结束了这种两种部队并存的状况，把军队按一种全国性体制统一了起来。改革计划是迪布瓦-克朗塞在 2 月 7 日向国民公会作的报告中提出来的。据此，两营志愿兵将和一营正规军合并为半个旅。这样，志愿兵可以把他们的救国热忱和公民责任感传给正规军；正规军则可以把自己的经验、技术和纪律教给志愿兵。士兵们还可以自选军官，只有 1/3 的官职凭资历取得。2 月 12 日，圣茹斯特对迪布瓦-克朗塞的方案表示热烈支持：

"你们不应只靠士兵的数量和纪律来打胜仗。只有当共和精神在军队中得到了发扬的时候，你们才能获得胜利。"

他还进一步说道：

"共和国的统一要求军队的统一，祖国只有一颗心脏。"

《军队混编法》尽管受到吉伦特派的反对，但仍被通过了。然而，由于军事的需要，该法令一直拖到 1793 年与 1794 年之交的冬季才得到落实。但从 1793 年夏以来，服装、军饷及各种规章制度都统一起来了，正规军和志愿兵同化了。

1793 年 2 月 24 日通过的 30 万人征召令，解决了兵力不足的问题。国民公会曾向志愿兵发出呼吁："士兵公民们，法律允许你们退役，但祖国的呼声却不让你们这样做。"试图唤起他们的爱国热情，从而把他们挽留在部队里。但毫无效果。1793 年 1 月 25 日，迪布瓦-克朗塞以总防御委员会的名义提出一份长篇报告。经讨论后，议会于 2 月 21 日作出一项原则性决定（这项决定后来由 2 月 24 日的法令完善化和具体化）：由国民公会下令在各省征召 30 万大军。原则上志愿兵的应募契约均维持不变。如志愿兵人数不足，"公民得不停地予以补足，为此他们将投票表决，以采取他们认为最合适的方式。"（第 11 条）

1791 年和 1792 年的征召得到人民的热烈响应；1793 年的征召却遇到了极大的困难。责任部分地应归于国民公会不愿确定军队补充人员的选派方式。国民公会让各地方政府自行决定，从而使征兵工作被卷进个人之间的争斗。为了避免抽签或投票表决的麻烦，埃罗省于1793 年 4 月 19 日决定实行直接的和个人的征召，即由国民公会特派员任命的委员会按地方政府的建议，选派"那些被认为是最爱国的，而且在勇气、性格和体力方面都最适宜于有效地为祖国服务的公民"入伍。同时，又向富人强行发行 500 万锂的公债，以支付军饷，补偿装备费用和救济"贫困阶级"。这种征兵方式的长处在于，它把征召工作交给地方革命政府去办，因而被普遍采用了。然而 1792 年 2 月 24 日颁布的征召令只招募到预计人数的一半。只有靠全国总动员和普遍征调才能解决兵力问题。可是，人们还得再吃些败仗才能认识到这一点。

1793 年的军事行动以进攻荷兰失利开始。尽管法军已明显处于劣势，迪穆里埃拟定的进攻计划仍被采纳。1793 年 2 月 16 日，他率 2 万军队离开安特卫普进入荷兰，并于 2 月 25 日占领布雷达。但 3 月 1 日，奥地利最高统帅科布尔的军队向分散驻扎在拉罗埃尔的比利时法军猛扑过来。这真是一场灾难：在极度混乱中，法军 3 月 2 日撤离埃克斯-拉-夏佩尔，后来又撤离列日。这些败绩在巴黎激起巨大的爱国热潮，推动人们采取第一批救国措施。3 月 9 日，两家吉伦特派报纸——《巴黎纪事报》和《法兰西爱国者报》的印刷所被人们捣毁。第二天，有人试图发动一场人民起义，但由于缺乏巴黎市府和雅各宾派的支持而告失败。不过，在 3 月 10 日这天，建立了审判敌特的革命法庭。丹东宣告："我眼中只有敌人，让我们打击敌人吧！"

接着，比利时失陷了。迪穆里埃不得不向南方撤退。但他还不甘心，他认为保卫比利时的最好办法是继续向鹿特丹进军。他把战败的部下——米朗达和瓦朗斯的部队重新汇集起来。1793 年 3 月 16 日他在蒂尔勒蒙一度重新得手，但 3 月 18 日就在尼尔温登被击溃，21 日又再次败于卢万。此后，迪穆里埃就和把自己打败的科布尔勾结了起来，意欲解散国民公会，按照 1791 年宪法重建君主制，把路易十七扶上王位。迪穆里埃答应退出比利时。4 月 1 日，国民公会派了 4 名特派员和陆军部长伯尔农维尔到他军中，准备撤他的职。他却命人逮捕了他们并把他们交给奥地利人。最后，迪穆里埃还试图带领部队进攻巴黎,但士兵们拒绝跟他走。1793 年 4 月 5 日,迪穆里埃带着几个党羽(其中有夏特尔公爵,即菲利普-平等之子、未来的路易-菲利普),冒着达武指挥的荣纳省志愿兵第三营的枪弹,仓皇逃入奥军阵营。

比利时的陷落导致了莱茵河左岸的陷落。1793 年 3 月 25 日,一听到法军在尼尔温登失利的消息,布伦斯维克就跨过莱茵河,把居斯蒂纳的部队向南方压去。沃姆斯和斯皮尔被敌人夺去了。当普军进攻美因兹的时候,居斯蒂纳却在向朗多撤退。

正当 30 万大军的征召引起旺代叛乱的时候,反法联盟又在法国领土上燃起了战火。在安特卫普会议上纠集起来的联盟军直言不讳地宣称,他们的战争目的是实行反革命和获得领土赔偿。失败使政治斗争激化了。吉伦特派指控丹东是迪穆里埃的同谋。丹东曾在 3 月初被派往比利时,是最初几次失败的见证人。但他却长期维护迪穆里埃,到 3 月 10 日还在国民公会上极力替他担保。3 月 26 日,迪穆里埃在叛变的前夕,还在图尔内和 3 个很可能有问题的雅各宾分子——迪比松、佩莱拉和普罗利会晤过一次。而这 3 个人都同丹东有密切的来往。然而丹东毫不畏惧。1793 年 4 月 1 日,在山岳派热烈的掌声中,丹东反控吉伦特派曾与迪穆里埃合谋。迪穆里埃的叛变加速了吉伦特派的倒台。

3. 旺代叛乱

30 万大军的征召引起了许多骚乱。1793 年 3 月 9 日,国民公会不得不派出 82 名议员去各省监督征兵工作。西部各省发生的动乱最为严重。在伊尔—维兰省,人们大批大批地在"国王路易十七、贵族和教士万岁"的口号下聚集了起来。在莫尔比昂省,拉罗舍贝尔纳和罗什福尔这两个县的首府落到了叛乱者手里。瓦纳也遭到了围攻。3 月 23 日,赴雷恩执行任务的国民公会议员们(其中有比约-瓦雷恩)致信国民公会说:"白旗还在污染着自由的土地,人们还在佩戴白色帽徽……阴谋主要是教士和逃亡贵族搞起来的。"布列塔尼叛乱刚刚发生就被扑灭了。

在旺代省、曼恩-卢瓦尔省、安茹地区和普瓦图地区的边缘地带,在受过教士和贵族长期影响的莫热地区,30 万大军的征召如果不是叛乱起因的话,至少也为叛乱提供了契机。1793 年 3 月 2 日,即肖莱地区赶集日那天，由于农民示威反对征召，商业活动被推迟到第二天才得以进行。3月3日，一伙年轻人又在那里挑起一场殴斗。几乎到处都发生了类似肖莱地区发生的事件。3月10日（星期天）是既定的抽签日。这一天，圣弗罗兰勒维埃伊敲响了警钟，农民们拿起长柄叉、长柄镰或连枷，驱散了国民自卫军。旺代叛乱由此开始了。

旺代叛乱是大革命所遇到的反抗和农民群众不满情绪最危险的表现。农民群众一直在痛苦甚至灾难中挣扎，因而很容易接受反动派的挑唆，起来反对城市的各种资产阶级分子——他们常常是这些实行土地收益分成制地区中的包税人、谷物批发商和国有财产的获得者。一个叫做米洛坦派的传教士团体（其中心在博卡日地区中部的圣洛朗絮塞夫尔）自17世纪末就在西部各省布道，因而这个地区的宗教情绪十分强烈，并随着宗教危机的发生而出现了动荡不安的局势。为数甚众的反抗派教士利用农民的宗教感情煽动他们反对大革命。自从战争蔓延开来之后，保王派也抬头了。但旺代的农民并没有支持1791年8月的贵族叛乱，也没有在1792年起来帮助那些"仁慈的"教士们免遭流放。

30万大军的征召令很难为农民所接受，因为这很容易使他们想起旧制度农村中最令人厌恶的自卫队和通过抽签向正规军输送补充兵员的义务。该法律的实施带有很大随意性：它让被征者自己决定谁应参军，结果就让地方情绪支配了征召工作。1793年3月10日之后，从大西洋之滨到布勒西尔和肖莱的广大地区内发生的农民暴动，都以"和平！和平！不要抽签！"为口号。这些暴动是同时发生的，因而很可能是事先串联的。农民尽管受到反抗派教士的挑拨，但他们毕竟不是王党分子，也不是旧制度的拥护者。他们都拒绝到远离自己村庄的地方去打仗。贵族分子们开始很惊讶，但又不失时机地利用了这场暴乱。

叛乱一开始，好几个县的首府，首先是肖莱，就落到了叛乱者的手里。在雷茨地区的旧首府马舍库尔，共和派资产者惨遭毒打和屠杀。旺代的战争很快就变成了一场你死我活的搏斗，战争的范围也扩大到了令人生畏的程度。这个地区的状况及博卡日的地形结构为叛乱提供了便利条件：一条条被树篱夹起来的坑坑洼洼的小路阻挡了视线，很容易设伏。人们居住分散，分成制租田零散，大路和聚居点罕见，而且军队也很少。国民公会开始时只派国民自卫军来平叛。叛乱首领最初都是民众中产生的,如莫热地区的马车夫卡特利诺、猎场看守人斯托夫莱、布列塔尼马莱的前盐税收税员苏许、假发师加斯东等。到 4 月初出现了一些贵族首领,有马莱的夏雷特、莫热地区的邦尚和代尔贝、博卡日地区的萨皮诺、普瓦图地区的拉罗舍雅克兰。他们都是一些旧军官。一位反抗派教士——贝尔尼修士充任"王家天主教军"的顾问。但农民极不愿意远离家乡而任田园荒芜。因而,叛乱首领们无法组织大规模作战,只好搞一些简单的突袭。往往是一旦发现共和国士兵农民们就起来战斗,仗一打完就分散回家。

不过旺代人打了不少胜仗。他们一开始就控制了布勒西尔、肖莱和帕尔特内。1793 年 5 月 5 日夺取图阿尔,6 月 9 日又夺取索米尔。但在 6 月 29 日,他们对南特的进攻被挫败。海岸线也由于各港口资产阶级成功的抵抗而保住。3 月 23 日和 29 日,萨布勒多洛纳港口的居民打退了两次进攻。旺代叛乱未能同英国取得联系。3 月 19 日,国民公会一致通过决议:判处一切手执武器的叛乱者死刑并没收其财产。但行政会议到 5 月份才决定从前线抽调一些正规军来平叛,并建立了由康克洛指挥的布雷斯特海岸军和比隆指挥的拉罗舍尔海岸军。共和国将军们打了不少败仗:韦斯特曼在 7 月 5 日、桑泰尔在 7 月 13 日都吃了败仗。直到 1793 年 10 月,旺代叛乱还未被平息。

这些失败的后果是极其严重的。内战激怒了共和派,并把他们推向山岳派阵营。而山岳派作为唯一的拥护救国政策的派别,俨然成为保卫革命的政党。但是,为了战胜反革命,打败联盟军,山岳派需要人民的支持。于是,它不得不同意对人民群众作出一些让步:3 月 10 日建立了革命法庭,20 日成立了一些监视委员会,4 月 11 日通过了指券的强制流通法,5 月 4 日规定了谷物的最高限价。所有这些特别措施,每一项都要同吉伦特派经过一番斗争才得以通过。旺代叛乱把大革命所面临的危机推到了顶点,同时也加速了吉伦特派的垮台。

洛特省议员让邦·圣安德烈 1793 年 3 月 26 日致信巴雷尔说:

"国家正濒于毁灭。我们几乎可以确信,要拯救这个国家,只有采取那些最有速效、最激烈的办法……经验现已证实，革命尚未成功。必须开诚布公地告诉国民公会：你是革命的议会……我们与大革命生死与共……我们必须把国家的航船开到目的港，否则我们就将与它同归于尽。”

Ⅳ. 吉伦特派的终结(1793 年 5—6 月)

面临国内外的双重危险，人民运动强制推行了第一批救国措施。当吉伦特派明确地表现出对于排除这些危险无能为力的时候，决心拯救大革命的山岳派逐步采纳了民众活动分子们提出的纲领。于是，自1793 年春天起，不顾吉伦特派的反对，人们开始酝酿建立革命政府，“自由专制主义”初露端倪。

1. 第一批救国措施

形势的曲折发展使群众运动及各种革命措施的发展带有某种节律。

革命法庭在 1793 年 3 月 10 日创设起来。当时，法军在比利时的失败，如同前一年 8 月间普鲁士军队进逼一样，在巴黎激起了爱国热情的高涨，同时也产生了人心惶惶的景象。许多区要求设立审判国内敌特的特别法庭。被 9 月屠杀的记忆搅得心神不宁的丹东也于 3 月 9日提出了这一建议：

“我们应当从前人的错误中汲取教训。立法议会没有办的事，我们来办! 让我们变得可怕起来，以便人民不再显得可怕。”

3 月 10 日，尽管被吉伦特派斥责为独裁，国民公会还是通过决议：建立一个特别法庭，其判决一经作出便不准上诉也不可撤销。“该法庭将受理一切反革命罪行，一切损害共和国自由、平等、统一和不可分割原则及国家的内外安全的罪行，以及一切阴谋重建王权的罪行。”国民公会保留了任命法官、陪审员的权力，特别是保留了起诉权。

各革命监视委员会在 1793 年 3 月 21 日(即在尼尔温登失败之后)

成立。国民公会由此推广了一项在巴黎各区发展起来的制度。在各市镇或大城市的各个区,这种委员会握有监视外国人的权力。它们的权限很快就扩大到发放公民证、检查军事证件及逮捕不佩戴三色帽徽的人等事务。不久,这些委员会又担负起开列嫌疑犯名单和签发嫌疑犯拘捕证等工作。这些革命委员会均由忠诚可靠的爱国者(他们基本上都出身于无套裤汉)所组成,成为一种反对吉伦特派、温和派和贵族分子的战斗组织,也是救国统治体制的主要部门之一。

惩治逃亡贵族的法律在 1793 年 3 月 28 日完成编订,且在编订过程中更加严厉化了。凡在 1789 年 7 月 1 日以后离开法国领土又没有在 1792 年 5 月 9 日以前返回的法国人,凡不能证明自己在 1792 年 5 月 9 日以后一直不间断地居住在国内的法国人,都将被视为逃亡贵族。逃亡贵族被永远驱逐出法国领土,并被判定为"民事上的死亡",他们的财产被共和国没收,违反该流放法者将被处以死刑。

1793 年 4 月 5—6 日创建了救国委员会,它取代了 1 月 1 日成立的行动不力的总防御委员会。该委员会由在国民公会中遴选出的 9 名委员组成,每月改选一次,实行秘密会商,负责督促临时行政会议的行政活动。在紧急情况下,它还有权采取全面防御措施。它的决议行政会议必须立即加以贯彻,"不得拖延"。吉伦特派再次叫嚷反对独裁。马拉反驳道:

"我们必须通过暴力来建立自由。为了粉碎国王的专制主义,我们现在应该暂时实行自由的专制主义!"

丹东进入了新成立的救国委员会,和他在一起的还有巴雷尔、康邦这些转向山岳党的人。

1793 年 4 月 9 日,国民公会委派一些人民代表进驻各军。早在 3 月 9 日,国民公会就派了 82 名议员去各省开展 30 万大军的征召工作。4 月 9 日的决议又向共和国的 11 个军各派了 3 名人民代表。这些代表被赋予无限权力,最严格地监督"行政会议官员、军队的所有供应商和承包商的活动和所有将军、军官和士兵的行为"。

国民公会并不满意这种组织结构。4 月 30 日，它废除了这些规定，通过了一个新的法律文本。在加强驻军队特派员权力的同时，它责成他们必须和部队步调一致。特派员们还由此取得了逮捕将军的权力。他们每天都必须向救国委员会汇报当天的工作，每周向国民公会提交一份报告。议会由此保持了对全军的领导权和控制权。

吉伦特派和山岳派的斗争在 4、5 月间加剧了。在此期间，随同那些政治措施，还制定了一些有利于人民群众的经济和社会措施。1793 年 4 月 11 日，通过了关于指券强制流通的法令，禁止实行两种物价和硬币交易，抵制指券者将受到惩处。关于限价的呼声一直很强烈：巴黎省的许多权力机构在 4 月 18 日、市郊圣安托万各居民区在 4 月 30 日都提出了限价要求。1793 年 5 月 4 日，国民公会作出让步，规定了各省谷物和面粉的最高价格。一些县还清查和征调谷物、面粉以供应市场，禁止其他粮食贸易。最后，1793 年 5 月 20 日，国民公会还决定向富人强制发行 10 亿锂公债。为了争取人民，国民公会采取了一些带阶级色彩的应时措施。1793 年 5 月 8 日，罗伯斯庇尔号召雅各宾派以"无套裤汉的广大群众"反对"穿金套裤者"：

"你们必须拯救自由。宣布各种自由权利吧，拿出你们的毅力来吧！你们拥有纯洁而强有力的无套裤汉广大群众。他们不能丢下自己的工作，那么让富人付给他们报酬吧！"

2. 1793 年 5 月 31 日—6 月 2 日起义

吉伦特派和山岳派的决斗已经进入最后阶段。山岳派需要人民群众的支持。吉伦特派在议会中的地位仍然很稳固，但他们已不能控制政府了：罗兰于 1793 年 1 月 22 日辞去内政部长职务，让位于谨慎的加拉；司法部长戈耶不愿受牵连，也辞职而去；陆军部长伯尔农维尔在 4 月 4 日被道地的无套裤汉部长——布肖特上校所取代；4 月 10 日，丹东的朋友达尔巴拉德被任命为海军部长，取代了蒙日。外交部长勒布伦和公共税务部长克拉维埃尔是仅存的两个吉伦特派部长。在国民公会里，平原派投票赞成山岳派提议的所有救国措施，但他们仍怀疑巴黎市府,不愿支持山岳派反对吉伦特派的斗争,企图居于超党派的地位。

1793 年 4 月 3 日,罗伯斯庇尔发起了进攻:

"我认为,应当采取的首要救国措施,是对那些被控犯有与迪穆里埃同谋罪的人,首先是布里索,进行起诉。"

4 月 10 日,他再次揭露了吉伦特派首领们的反革命政策及他们对迪穆里埃令人发指的讨好行为。韦尼奥作了答辩,话语中直言不讳地把他的派别说成温和派:

"对,我们就是温和派……自从王权废除以来,我听到许多人谈论革命。我曾暗自思量:可能的革命只有两种,一种是财产的革命或者说实行土地法;另一种便是要把我们带回到专制主义的革命。我下定决心,要打倒这两种革命……有人企图用恐怖来结束革命,我倒想用爱来结束革命……我们的温和主义曾使共和国摆脱了可怕的灾祸和内战……"

1793 年 4 月 5 日,雅各宾俱乐部在马拉主持下向下属各分部发出通令,责成它们一致提出要求,把"上诉派"(即那些曾投票主张征求民意以图搭救国王的国民公会议员)召回并撤销他们职务。4 月 13 日,国民公会就加代的提议,经过激烈辩论后以 226 票赞成、93 票反对和 47 票弃权通过决议,对以雅各宾俱乐部主席身份签署 5 日通令的马拉提出控告。马拉被传到革命法庭后,表现出"自由的使徒和殉道者"的姿态,结果于 4 月 24 日在一派胜利的气氛中获得释放。从 4 月 15 日起,巴黎 48 区中有 35 个区陆续向国民公会提出请愿,要求惩治 22 名最著名的吉伦特派议员。

吉伦特派把辩论引向社会领域,以极大的努力重新争取对舆论的影响力。1793 年 4 月末,佩蒂翁发表了《致巴黎人的公开信》,鼓动一切有产者投入战斗:

"你们的财产受到了威胁，而你们对这一危险却不闻不问。有人在挑动有产者和无产者之间的战争，你们却袖手旁观不加防止……巴黎人，摆脱这种麻木状态，把那些毒虫赶回巢穴吧！"

与此同时，罗伯斯庇尔 1793 年 4 月 24 日向国民公会宣读了一份把财产权置于社会利益之下的权利宣言草案：

"你们已为保障行使财产权的最大自由制定了许多条款，可你们对如何确定这种财产权的合法性却只字不提，好像你们的权利宣言不是为人类，而是为富人、为囤积者、为投机商和暴君们制定的。"

罗伯斯庇尔建议把财产权的定义确定为："每个公民都拥有的享受和支配法律为他保证的那部分财产的权利。"财产权在 1789 年人权宣言中被规定为一种自然权利，此刻它成了一种社会制度。我们不能掩饰罗伯斯庇尔这种态度的策略性质：为了战胜吉伦特派，必须给无套裤汉一种社会民主的希望，好让他们关心这种胜利。

这时，吉伦特派正在各省插手一种往往由王党分子操纵的"区民运动"，使贵族、反革命派从中得到好处。由于旺代叛乱的迫近，在波尔多，商业资产阶级统治的各区在 1793 年 5 月 9 日只提出一份反对山岳派"无政府主义者"的威胁性的请愿书。南特的情况亦是如此。在马赛，控制了各区并同贵族结盟的吉伦特派，4 月 29 日驱逐了国民公会特派员，成立了负责缉捕无套裤汉和雅各宾派的各区总委员会。在里昂，反革命势力更是肆无忌惮：温和派和保王派分子占领了大多数区，在 5 月 29 日推翻了山岳派市政府。市长夏利耶遭到监禁，后于 1793 年 7 月 17 日被杀害，成为第三个"自由殉道者"。各省吉伦特派的反抗都在阻碍特派员的行动，地方分立主义起而反抗中央政权，表现出联邦主义倾向。由于吉伦特派积极共谋，阶级利益取得了高于国防需要的地位。仍然持君主主义立场的资产阶级和旧制度拥护者们使革命的国防事务陷于瘫痪。

为了夺取决定性的胜利，吉伦特派向山岳派的堡垒——巴黎市府发动了进攻。5 月 17 日,卡米耶·德穆兰在雅各宾俱乐部宣读了他写的《布里索派的历史或大革命秘史之片断》一文。第二天,加代在国民公会上进行了抗辩,并谴责巴黎市府是"既贪钱又贪权的无政府主义权力机构",要求立即取消这个机构。很快,成立了一个仅由吉伦特派组成的 12 人调查委员会。5 月 24 日,该委员会下令逮捕埃贝尔,因为他的《迪歇纳老爹报》第 239 期发表了这样一段文字:"《迪歇纳老爹报》向各省无套裤汉作重大揭发:布里索派、吉伦特派、罗兰派、比佐派、佩蒂翁派以及卡佩和迪穆里埃的可恶同党们策划了种种阴谋,妄图扼杀英勇的山岳派、雅各宾派、巴黎市府,以期消灭自由并重建王权。"瓦尔莱、多布桑(斯德区区长)等其他一些平民活动分子也被捕了。这些镇压措施导致总危机最后爆发。

5 月 25 日,巴黎市府要求释放它的代理检察长埃贝尔。当时任国民公会议长的伊斯纳尔竟大肆漫骂巴黎,其言论可令人恼火地联想到布伦斯维克宣言:

"如果有人胆敢用那种无休无止的起义损害国民代议制,我就要以全法兰西的名义向你们宣告:巴黎将会被夷为平地,塞纳河两岸将仅留下巴黎的遗址。"

第二天,罗伯斯庇尔来到雅各宾俱乐部,号召人民举行起义:

"当人民受到压迫并被剥夺得一无所有的时候,不号召它起义的人就是胆小鬼!当一切法律都被破坏,专制主义甚嚣尘上,信义和廉耻心横遭践踏时,人民有责任举行起义。这个时刻已经来到了!"

雅各宾俱乐部立即宣布处于起义状态。

5 月 28 日,斯德区传唤其他各区于次日到主教府集会以便组织起义。5 月 29 日,33 个区的代表建立了一个 9 人起义委员会,其中有瓦尔莱(他大概是该委员会的领导人物)和多布桑(他刚于前一天被国民公会开释,因为那天只有山岳派和平原派出席了议会)。5 月 30 日,巴黎省议会也参加了这一运动。

1793 年 5 月 31 日，起义在主教府委员会领导下，按 8 月 10 日起义所采取的方式展开了。人们敲响警钟，擂起战鼓，鸣放警炮。下午 5 时许，各区和巴黎市府的请愿者来到国民公会议事厅。示威群众在外边把议会团团包围了起来。人们提出了一整套有关保卫革命和社会措施的纲领，包括开除吉伦特派领袖，撤销 12 人委员会，逮捕嫌疑犯，清洗行政机构，创立革命军，只让无套裤汉享有选举权，向富人征税以把面包价格限定在 3 苏 1 斤，以及向老年人、残废人和祖国保卫者的亲属发放公共救济等。但是，尽管罗伯斯庇尔同韦尼奥进行了激烈的辩论（"是的，我是要作出不利于你们的结论！"），国民公会只是通过了废除 12 人委员会的决议。起义失败了。

比约-瓦雷恩当晚在雅各宾俱乐部宣布：

"祖国仍未得救，还需要采取更重大的救国措施，必须毫不迟延地把那些乱党彻底打垮。"

6 月 2 日（星期天），运动再起。起义委员会命昂里奥率 8 万国民自卫军包围国民公会，"以便在国民公会拒绝满足巴黎公民要求的情况下，把乱党首领们当场抓起来。"一个代表团要求立即逮捕吉伦特派领袖。经过一场激烈的争吵，议长埃罗·德·塞谢尔率领全体议员走出议会大厅，试图突围。昂里奥下令，"炮手们，各就各位！"无能为力的国民公会只好退回议会大厅，被迫就范，通过了逮捕 29 名吉伦特派议员及克拉维埃尔和勒布伦两位部长的决议。自立法议会以来一直进行着的吉伦特派和山岳派的斗争终于结束了。

吉伦特派就这样灭亡了。吉伦特派宣布了战争，但又不知道如何去进行这场战争；他们废除了国王，但又不敢判处国王死刑；他们请求人民支持他们反对君主制，但又拒绝与人民一道进行统治；他们促成了经济危机的恶化，但又拒不满足人民的全部要求。山岳派把救国当作最高法则，它使无套裤汉取得了政权。在这个意义上，5 月 31 日—6 月 2 日起义并不是纯政治性的，它是一种民族反应，同时也是一种革命的暴动,一种对贵族新阴谋的防御和惩罚。外省"区民运动"的发展在这次起义之前就预示了它的意义,因为贵族反革命又以吉伦特反对派的面目发起了进攻。

饶勒斯在他的《社会主义的法国大革命史》中否定 5 月 31 日—6 月 2 日起义的阶级性。的确,吉伦特派和山岳派在政治上和议会方面同属于资产阶级(当然指明它们之间的细微差别仍是必要的)。但是,大资产阶级被摈弃、无套裤汉登上政治舞台这些事实,毕竟使这场起义带上了社会意义。正因为如此,乔治·勒费弗尔采用"1793 年 5 月 31 日—6 月 2 日革命"这一提法也是有道理的。

第三章　山岳派国民公会、人民运动和救国专政(1793年6—12月)

　　吉伦特派刚被消灭，由山岳派支配的国民公会就陷入腹背受敌的境地。反革命势力由于联邦派叛乱而更加嚣张了。同时，被物价高涨激怒了的人民运动也加强了它的压力。政府机构也显得无力控制局势，丹东在救国委员会以谈判代替作战。1793年7月间，国家已处在崩溃的边缘。

　　就在山岳派困于矛盾处境而犹豫不决的时候，广大人民群众出于自己的需要和仇恨，挺身而出，强制推行了各项重大救国措施。首先是1793年8月23日的"全国总动员"。为了控制人民的活动，维护同资产阶级(唯有这个阶级能够提供必需的干部)的联盟，迫切需要建立一个革命政府。在1793年7月到12月这一期间，这个革命政府在无套裤汉和山岳派或激进民主资产阶级这一双重基础上逐步形成了。该政府的一些最有远见的领导人准备不惜一切代价地捍卫前第三等级的革命团结(亦即民族团结)。但他们能否克服联盟中的各种固有矛盾？民族危亡的局势曾使这些矛盾一度隐蔽了起来。但可以预见，一旦胜利了，这些矛盾就会重新暴露出来。

Ⅰ. 山岳派、温和派与无套裤汉(1793年6—7月)

　　山岳派多亏巴黎无套裤汉的帮助才战胜了吉伦特派，然而他们并不打算向巴黎无套裤汉的压力让步。在6月2日以后的好几个星期里，山岳派一直在考虑怎样才能在不引起吉伦特派的反动的同时刹住人民的运动。他们对于争取那部分在自己同吉伦特派斗争中保持过中立的资产阶级极为关注,因而设法照顾有产者和温和派。他们决计不实现5月31日起义委员会的平民活动分子们提出的全部政纲——除逮捕吉伦特派以外,还要把所有"上诉派"开除出国民公会,建立一支享受军饷的、负责逮捕嫌疑犯和保障巴黎粮食供应的革命军,实行谷物最高限价并把一切生活必需品纳入限价范围,清洗军队和行政机构,尤其要罢免贵族分子……山岳派极力通过抛弃恐怖和保护财产权,通过把人民运动限制在窄小的范围内来安抚资产阶级。但这种平衡是很难实现的。7月份,危机一加剧,平衡就被打破了。

1. 山岳派的和解措施

整个6月份山岳派都在等待时机。尽管罗伯斯庇尔在1793年6月8日曾推动国民公会否决了巴雷尔和丹东在两天前提出的撤销各监视委员会的建议(让邦·圣安德烈在辩论中曾宣称:"应该知道,人们可以打着自由的幌子来扼杀自由。"),他们却没有采取任何有效的措施:革命军没有成立,关于强制公债的讨论突然中止。圣茹斯特7月8日关于在押或逃跑的吉伦特派议员的报告也极为温和:"自由对于被解除武装和已屈服于法律的人是并不可怕的。"问题在于通过使各省放心和消除对巴黎无套裤汉专政的顾虑来团结各省。

在社会方面,他们努力通过3项法令来满足农民的要求。1793年6月3日关于逃亡贵族地产出售方式的法令规定,这些地产应分成小块以便于贫农购买,而且购买者可以延期10年付款。6月10日关于分配公有地的法令使分配可以随意进行。据此,公有地将按居民人数平均分配,每人的地块将由抽签决定。7月17日关于封建制度的法令通过无偿废除一切封建权利,甚至包括那些建立在原始文书上的封建权利,彻底摧毁了封建制度。那些存放在各市政府书记室的封建文书应予以烧毁。吉伦特派的失败对于农民说来意味着土地的最后解放。

在政治方面,山岳派迅速通过了一部宪法,想以此洗清搞独裁的罪名,同时使各省安下心来。这部"1793年宪法"是根据埃罗·德·塞谢尔的报告,经过一场短时间的辩论后于6月24日通过的。该宪法确定了政治民主制度的一些基本特征。

该宪法正文前的人权宣言较之1789年的人权宣言更前进一步,因为它的第一条就宣布"社会的目的是公共的幸福"。它还确认了劳动权、生存权和受教育权：

"公共救济是一项神圣的义务。社会应当保障不幸的公民的生存——或是通过为他们提供工作，或是通过向那些没有工作能力的公民提供生存手段。"（第 21 条）

"人人都需要受教育。社会应当尽其所能地促进公众理性的发展，让所有公民都能够受到教育。"（第 22 条）

最后，1793 年的人权宣言不仅像 1789 年人权宣言那样承认了反抗压迫的权利（第 33 条），而且还承认了起义权：

"当政府侵犯人民权利的时候，起义对于全体人民和对于人民的各个部分都是最神圣、最不可推卸的责任。"（第 35 条）

罗伯斯庇尔在 4 月 24 日提出的财产权的定义是没有争议的："财产权是属于一切公民的、享受和随意支配自己的财产和收入以及劳动和产业成果的权利。"（第 16 条）

1789 年的人权宣言只字未提经济自由。而 1793 年的人权宣言第 17 条明明白白地确认："公民们做任何工作、栽培任何作物、从事任何贸易，都不得加以禁止。"山岳派并不愿意走社会民主的道路。

该宪法的主要注意力在于保证作为政治民主主要柱石的国民代议制的绝对优势地位。孔多塞的吉伦特派方案中所考虑的两级选举制被否定。人民的直接选举保证立法权力对行政权力、议员对行政机构的支配地位。立法议会是用直接普选、单名投票和绝对多数当选的方式产生的，任期 1 年。24 人的行政会议由立法议会在各省通过普选指派的 83 名候选人中遴选产生，因而各部部长是隶属于国民代议机关的。国家主权的行使由于公民投票制度（这种制度在孔多塞的方案中就有了设想）而扩大了范围：宪法，某些情况下一些简明的法律，都应经过人民批准。

1793 年宪法在 19 世纪上半叶成为共和派心目中政治民主的象征。它在付诸人民批准时以 180 多万票赞成对 1.7 万票反对的多数获得通过。有 10 万多投票人表示要在附加一些带温和倾向的修正案后才愿意接受该宪法。公民投票的结果于 1793 年 8 月 10 日公布。这一天是君主制垮台的周年纪念日,也是共和国统一不可分割的节日。但是这部宪法(妥藏其本文的"圣约柜"存放在国民公会的议会大厅里)将等到和平恢复时才能实施。

2. 反革命的进攻

山岳派国民公会的温和调解的政策并没有制止内战蔓延。吉伦特派在自己控制的各省起来反对国民公会,他们在旺代叛乱愈演愈烈、边境上反法联盟军队步步进逼的时候,掀起了联邦派叛乱。

联邦派叛乱是 5 月"区民运动"的继续。巴黎起义和开除吉伦特派的消息在里昂和波尔多加速了叛乱的步伐,扩大了叛乱的规模。那些被宣布逮捕后逃走的吉伦特派领袖与在一份反对 6 月 2 日起义的抗议书上签过名的 75 名右派议员联合起来,策动了各省的叛乱。在布列塔尼和诺曼底,在西南部和南部,在弗朗什-孔泰,各省当局都宣布了分立。原来的区民运动领袖变成了联邦主义者,他们建立了一些委员会和审判爱国者的特别法庭,关闭了各俱乐部,还企图招募军队。冈城成了吉伦特派西部的首都。已经夺取了里昂(夏利耶于 7 月 17 日在那里被处死)的叛乱者,又相继控制了波尔多、尼姆、马赛和土伦。到 6 月底,已有大约 60 个省公开处于反对国民公会的叛乱状态。但在诺曼底和布列塔尼之间,以及在诺曼底和西南部之间,还存在着一个保王党的旺代。图卢兹终于不愿步波尔多的后尘,从而阻断了阿坤廷和下朗格多克两地区间的联系。普罗旺斯人的法国南部地区和里昂之间的德罗姆,在雅各宾分子约瑟夫·帕扬领导下成了爱国者的坚强堡垒。边境各省份也仍在效忠国民公会。

"联邦主义"的社会内容较其政治外貌更引人注目。联邦主义的起因部分地在于地方分立主义持续存在,但主要还是由于阶级利益的一致性。早在 1793 年 5 月 15 日,罗讷-卢瓦尔省议员夏塞就写道:"重要的是生命,此外还有财产。"6 月 2 日起义后,他便跑到叛乱的里昂,作了叛匪头目。在被宣布为不受法律保护的人之后，他便逃亡到国外，直到共和四年才回国。联邦派叛乱基本上是由掌握了各省行政权力而又担心财产安全的资产阶级搞起来的，同时也得到所有旧制度拥护者的支持。而平民成分较多的各市政府则敌视这种叛乱，工人和工匠决不愿为富人作战。叛乱各省下达的征兵令遭到人民群众的冷淡和敌意。此外，叛乱的领导人中间很快发生了分裂。真正的共和派不甘心追随王党，他们对外国入侵和旺代叛乱深感忧虑，很不情愿受反动派利用。但王党分子很快就在东南部取得了联邦派叛乱的领导权。尤其是在里昂，那里的普雷西伯爵还得到了撒丁国王出兵阿尔卑斯山牵制法军的允诺。

国民公会积极组织力量镇压叛乱。它尤其注重打击首恶，对胁从则采取宽容政策。最大的威胁来自诺曼底方面，因为没有一支军队来掩护巴黎。但是，1793 年 7 月 13 日，在帕西絮厄尔的几支吉伦特派纵队一看到从巴黎各区征召来的几千士兵就溃乱了。他们的首领——比佐、佩蒂翁、巴巴卢等人放弃了冈城，继而又放弃了布列塔尼，撤到了波尔多。被派到诺曼底的罗贝尔·兰代在尽量避免镇压手段的情况下迅速平定了该地区的叛乱。弗朗什-孔泰地区各省不战而降，但波尔多却坚持得比较久，直到 9 月 18 日才被攻占。在东南部，人们一度十分担心马赛、尼姆的叛乱者同里昂的叛乱者汇合起来。但德罗姆省仍忠于国民公会，落到尼姆人手里的圣灵桥又被夺了回来。曾攻克迪朗斯、夺取阿维尼翁的马赛人也被击退了。卡尔托将军的部队 7 月 27 日进占阿维尼翁，8 月 25 日进占马赛。但 8 月 29 日，王党分子向英国人开放了土伦港，并把地中海舰队交给了英国人。里昂也在顽固地坚持叛乱。夺回这些城市需要下决心进行正规的攻坚战。10 月 9 日里昂被攻克，土伦直到 1793 年 12 月 19 日才被占领。在这两个城市中采取的镇压手段是极其残忍的。共和国曾在 7 月里处于崩溃边缘。在 8 月底之后，危险似乎已经消除了。

联邦派叛乱的后果同旺代叛乱的后果一样，都加速了强化中央政权的进程，使各民众组织加紧控制那些被怀疑敌视或不热衷于大革命的公民。有些吉伦特派毫不犹豫地同那些跟外部敌人结盟的王党分子联合起来。他们以有产阶级为靠山，因而这些有产阶级成员也成了嫌疑分子。山岳派和无套裤汉群众从来没有像现在这样同共和国融合在一起。

这时旺代叛乱又猖獗起来。自 1793 年 6 月 9 日以来一直控制着索米尔的叛乱分子于 7 月 18 日在维耶(属曼恩-卢瓦尔省)击溃了共和派军队。27 日，他们又夺取了蓬德塞，形成胁迫昂热的态势。

外敌入侵的危险也越发严重。丹东自进入救国委员会之后，以谈判代替作战。但当比利时和莱茵河左岸被联盟军夺回之后，法国就再没有做交易的本钱了。也许正如人们所怀疑的那样，丹东想利用王后和她的孩子做交易。然而，1793 年宪法第 121 条已明文规定："法国人民同占领其领土的敌人决不媾和。"

在诺尔省边境线上，英国人参与了作战。约克公爵指挥一支由 2 万汉诺威人组成的军团，在 1.5 万荷兰人的支援下，打算进攻敦刻尔克。科布尔指挥的奥地利人则有条不紊地开始进攻诺尔省边境线的各个要塞。7 月 10 日和 28 日，孔代和瓦朗西埃纳先后失陷。紧接着敌军包围了勒凯斯努瓦和莫伯日。担任诺尔方面军统帅的居斯蒂纳却毫无动作，他很快就因此而受到爱国者们的怀疑。

在莱茵河方面，普鲁士人在布伦斯维克公爵指挥下夺取了美因兹。该城市 4 月份起就遭到围攻，在克莱贝尔和国民公会特派员梅兰(蒂翁维尔人)指挥下的 2 万法国士兵一直坚持到 7 月 28 日才投降。莱茵方面军和摩泽尔方面军不得不向洛特河和萨尔河撤退。朗多也陷入敌人的重围。

在阿尔卑斯山方面，皮埃蒙特人紧逼着凯莱曼的部队。凯莱曼曾派出一些分遣队同普罗旺斯和德罗姆山谷的联邦派作战，并去围困里昂和土伦。这使他的力量受到削弱，费了好大的劲才保住了莫利安纳和塔朗泰兹这两条通道。敌人很快就侵入了萨瓦，尼斯也受到威胁。

在比利牛斯山方面，西班牙人也突入了边境，向佩皮尼昂和巴荣纳步步进逼。

边境上的共和国军队到处都在退却。由于指挥不当，军队士气严重低落。军队指挥官因平庸无能而频频更迭。贵族分子居斯蒂纳用轻蔑的口吻肆意攻击无套裤汉陆军部长、仅领有中校军衔的布肖特。在旺代，共和国军队中一派混乱。负有监督将军使命的国民公会特派员们互相反目，他们和统帅尼奥尔方面军的前贵族比隆发生了意见分歧，有些人支持无套裤汉将军龙森和罗西尼奥尔；另一些人则控告他们俩，大家都拒绝承担失败的责任。局势似乎毫无希望了。

1793年7月13日马拉被刺一事具体地暴露出一种巨大的危险。就在革命的巴黎，夏洛特·科代——诺曼底一个年轻的女王党分子，竟能杀害人民之友。她打算通过这一行动消灭大革命的一个首脑，然而她的行为却加强了山岳派的力量，并重新激发了革命的运动。马拉一贯深切关注无套裤汉的命运，在无套裤汉中深孚众望。他的被刺引起一阵强烈的激动。人们的复仇愿望同对各项救国措施的要求结合在一起。7月15日，巴黎为他举行了有全体国民公会议员参加的隆重葬礼，他的心脏被悬挂在科尔得利俱乐部大厅的穹顶上。作为"自由的殉道者"，马拉和1月20日被刺的勒佩勒蒂埃、1793年7月17日被杀害的夏利耶一起，成为革命先贤祠中的神明。

3. 革命的反击

经济危机和社会危机使山岳派国民公会的任务更加艰巨，同时也促使人民群众去采取革命行动。

生计困难和生活必需品危机是人民不满的主要原因。1793年5月4日通过的谷物最高限价并不曾实行。国民公会承认自己在这方面的失败，它于7月间允许各省和特派员暂停该法令的实施。巴黎无套裤汉忍受不了面包的昂贵。巴黎市府曾借助政府补贴把面包价格维持在3苏1斤的水平上。但由于到货没保障，储备日见空虚，面包铺前又排起了长队，群众人心惶惶。6月2日事件引起外省叛乱后，市场上肉类更加罕见，其他食品也纷纷涨价。较之1790年6月，1793年6月小牛肉价格上涨了90%，一般牛肉的价格则上涨了136%。几乎到处都发生了由生活费用上涨引起的骚乱。6月21日，在市郊圣安托万有人高喊："过去一块肥皂只卖12苏，现在却卖20苏，共和国万岁！过去1斤糖只卖20苏，现在却卖4锂，共和国万岁！"这人很快就被逮捕了。

指券的危机加重了生计危机。通货膨胀有增无已,促使物价飞涨。自从国王被处死和全欧反法联盟成立以来,纸币一直不停地贬值,到 7 月间已降到其面值的 30％以下。指券的失信引起了资本外流、投机盛行和商品囤积,物价上涨也由此加快了。

"忿激派"利用这一局面煽动普遍的不满,责难国民公会在经济、社会方面消极保守。1793 年 6 月 8 日,瓦尔莱在市府总委员会上宣读了他的《关于社会国家里人权的庄严宣言》,希望"用正义的手段"打破"财富不均的状况",希望"把那些靠盗窃、投机、垄断、囤积居奇等手段,通过牺牲公共财产而聚敛起来的财富变为国家的财产"。

6 月 15 日,人权区提出了实行普遍限价和制定惩治囤积者法的要求。25 日,雅克·鲁向国民公会提交了一份带威胁性的请愿书:

"宪法就要提交主权者批准了。你们在这部宪法中禁止投机了吗?没有。你们宣布以死刑惩处囤积者了吗?没有。你们确定贸易自由的内容了吗?没有。你们禁止出售硬币了吗?没有。那么好,我们要告诉你们,你们还没有为人民的幸福作出全部努力。在一个阶级可以不受惩罚地使另一个阶级挨饿的情况下,自由只能是一个空虚的幻影;在富人还在通过垄断对他们的同类操生杀大权的情况下,平等只能是一个空虚的幻影;在 3/4 的公民流着眼泪才付得出的食物价格日复一日地助长反革命的情况下,共和国也只能是一个空虚的幻影……再作一次决定吧!无套裤汉将用他们的枪矛去执行你们的决议。"

第二天,巴黎各码头上爆发了肥皂骚动。在这场持续了 3 天(26—28 日)的骚动中,洗衣妇们卸空了运皂船,并按限定过的价格瓜分了这些货物。无套裤汉群众奋勇前进,山岳派最终也被裹挟而去。

1793 年 7 月 10 日,为适应危机恶化的局势,救国委员会要重新改组。平民活动分子激情满腔,针对面临的危险提出了一系列保卫国家和革命的措施。但是,防止极端措施,以使迄今一直支持共和国的革命资产阶级不脱离共和国,这也是很有必要的。因此必须建立一个革命政府,以便把人民运动约束在一定范围之内。4 月间成立的救国委员会表现得平庸无能，既不能打退外敌入侵，又不能防止联邦派叛乱，也不能解决指券问题和生计危机。它不是在控制各种事件，而是在被各种事件牵着鼻子走，以致局势日益恶化。7月10日，国民公会更新了救国委员会，丹东落选了。

新救国委员会由唱名投票选出，有9名成员。其中有3人很快就被撤职，他们是：直到最后还在拥护居斯蒂纳将军的加斯帕兰、某女贵族的情夫且不久就成了嫌疑犯的埃罗·德·塞谢尔和丹东的朋友蒂里奥。库通、圣茹斯特，让邦·圣安德烈和普里厄（马恩省人）组成了该委员会的山岳派核心。来自平原派的巴雷尔和兰代也归附了他们。他们已经深信：大革命只能靠无套裤汉群众的力量才能取得胜利，因此必须满足他们的各种要求，给苦于饥馑和物价高涨的城市居民供应生活必需品，调动人民的全部力量来反对贵族和反法联盟。

1793年7月13日马拉的遇刺促使山岳派针对政治危机的加剧采取了更强硬的政策。埃贝尔同忿激派互相争夺人民之友事业的继承权。从7月16日起，雅克·鲁就急忙把他的报纸变成马拉《人民之友报》的续编——《人民之友马拉所庇护的法国大革命政论家报》。7月20日又出现了《勒克莱尔编人民之友报》。7月21日，埃贝尔也在雅各宾俱乐部大声嚷道："如果需要有一个马拉的继承人，如果需要向贵族提供第二个牺牲者，那么这个人早已预备好了——那就是我。"各民众报刊竞争激烈，宣传往往很富于煽动性。山岳派中一个以埃贝尔、肖梅特为首的支派，为了不脱离巴黎无套裤汉，主动接受了忿激派的纲领。所有的人都以更激烈的语调谴责"商人贵族、资产阶级的和贪财重利的贵族"。由于缺粮情况更趋严重，许多面包商因缺乏面粉而关闭了店门。市政府区于7月21日建立了配给卡制度，请愿书也增多了，店铺门前的长龙人声嘈杂，一片混乱。

埃贝尔在《迪歇纳老爹报》第263期中写道："无套裤汉这帮可怜的人受苦太多，渴望太久了。他们是为了幸福才干这场大革命的。"

新救国委员会刚成立就遇到了被两翼夹击的危险。

1793年7月26日惩治囤积法就是在这种情况下通过的。它是国民公会的一个策略上的让步。比约-瓦雷恩事实上早就提出了一个摆脱困境的计策——他认为解决缺粮问题的办法不是限价,而是惩治囤积者,死刑的威胁将迫使他们降低价格。7月26日,根据科洛·代布瓦的报告,国民公会通过了以死刑惩治囤积者的法令(囤积者指那种没有申报生活必需品的库藏及没有把这些库藏列成清单贴在门口公布于众的商人)。这一法令显然是对忿激派纲领的一个重要让步,商业活动从此受制于各区反囤积专员。实际上该法令的贯彻是拖拖沓沓的,它很快便成为给无套裤汉的一种象征性的满足。

1793年7月27日,早就成为救国委员会辩护人的罗伯斯庇尔被选入该委员会。在国民公会看来,救国委员会的威望远不巩固:惩治囤积法未经向它请示就通过了,它的最初一些决定,尤其是7月21—22日夜间关于逮捕居斯蒂纳的决定,也曾在国民公会中引起激烈反对。罗伯斯庇尔支持救国委员会,反对它的敌对者。他7月27日进入了该委员会。8月14日,卡诺和普里厄(科多尔省人)也被选入救国委员会。比约-瓦雷恩和科洛·代布瓦又于9月6日进了该委员会。这些人的政治倾向和气质尽管有差异(卡诺和兰代在社会方面是保守主义者,比约和科洛则倾向于无套裤汉),但他们都是正直、有功劳、有威望的人士,求胜的意志使他们联合起来,精诚团结了一年,直至胜利之日。这就是共和二年的大委员会。

罗伯斯庇尔凭借他的革命声望,奋力推动国民公会和雅各宾俱乐部执行救国委员会的政策。这位"不可腐蚀者"(我们这部历史中只有他一人有资格享有这一称号)富于远见而勇敢无畏(他在反对那场导致宣战的普遍潮流时孤军奋战,就表现了这种品质),能言善辩,大公无私,深得无套裤汉信任。他坚守原则,但作为政治家又懂得运用策略手腕,懂得向现实情况让步。他把整个革命的权威都赋予了代表国家主权的国民公会。但他也知道,政府要做到坚强有力,就应当依靠人民并和人民建立密切的联系。在5月31日—6月2日起义期间,罗伯斯庇尔在笔记本里写道:

"必须有一种统一的意志……为了建立共和主义的统一意志,必须有共和派的部长,有一个共和派的政府。内部的危险来自资产阶级。

为了战胜资产阶级，必须团结人民……必须让人民同国民公会联合起来，让国民公会利用人民。"

7月13—21日，罗伯斯庇尔向国民公会宣读了勒佩勒蒂埃（圣法尔若人）的国民教育计划：

"三年来的一系列革命事件为公民中别的阶级做尽了好事，但对于最贫困的阶级——除了劳动力外一无所有的无产者公民——却几乎一无所为！封建阶级被摧毁了，但这并不是为无产者公民干的，因为在获得解放的乡村中他们并无任何财产！捐税的摊派是比较合理了，可是无产者公民一贫如洗，什么捐税也负担不起……公民的平等已经建立，然而无产者公民却得不到文化教育……现在，穷人的革命开始了……"

尽管罗伯斯庇尔和救国委员会的成员看清了形势，但对于应该采取什么办法来应付这种形势却没有把握。革命国防的各项重大措施，如全国总动员、恐怖、统制经济等，都是在1793年8月的危机中由人民运动自下而上地强制推行起来的。

Ⅱ. 救国委员会和人民运动的高涨
（1793 年 8—10 月）

新救国委员会决心大力加强国防，在它看来这就是保卫革命。但它不想让人民运动（尤其是忿激派的宣传）发展到不可收拾的地步。在平民活动分子们看来，要有效地保卫国防，就必须实行统制经济和全国总动员。救国委员会一度把全国总动员视作幻想，并一直敌视限价和统制经济、厌恶恐怖。巴黎各区乱哄哄地实行着的直接民主，在他们看来也与建立高效能政府的努力相违。救国委员会在8月间一直不停地玩弄手腕，不断地退却，直到1793年9月4日和5日才迫于人民的革命行动而作出最后让步。

从 8 月初起,罗伯斯庇尔开始反对忿激派,力图使政府和国民公会摆脱这个反对派的困扰。1793 年 8 月 6 日,他在雅各宾俱乐部谴责了那些企图搞掉人民的老朋友的"新风云人物和昙花一现的爱国者"。罗伯斯庇尔居心叵测地宣称:"两个领人民之敌津贴的、被马拉谴责过的人,竟充当或自以为充当了马拉这位爱国作家的接班人!"他对雅克·鲁攻击商人的言论尤为反感,痛加抨击。为了驳斥忿激派的主要论据,救国委员会派出一些能干的代表到巴黎附近各省征调劳工收割麦子,积极抓起了粮食工作。1793 年 8 月 9 日,国民公会根据巴雷尔的建议通过决议:在每个县建立一座丰收仓。其实这只是对人民要求的一种表面上的让步,因为由各县征购粮食并不能解决生活费用昂贵的问题。不过巴黎还是有粮食供应了。忿激派由此一度失去了对无套裤汉的号召力。

对于那些要求实施已为人民通过的宪法和进行新选举(意在促使山岳派垮台)的温和派,罗伯斯庇尔奋力予以反击。8 月 10 日前不久,埃贝尔在《迪歇纳老爹报》第 219 期上出乎意料地支持温和派的这一愿望,使之更加具有危险性。救国委员会主张政府在恢复和平之前一直保持革命状态,不实施宪法。1793 年 8 月 11 日,厄尔-卢瓦尔省议员德拉克鲁瓦(未来的宽容派分子)推动国民公会通过了根据宪法为普选作准备的选民普查法令。罗伯斯庇尔断言,这种阴险的建议无非是要以皮特和科布尔的代理人来取代被清洗出国民公会的议员。在粉碎国内叛乱和取得边境战争胜利之前实施 1793 年宪法会危及整个大革命。就在这一天,基层议会的代表们把这份"神圣文件"送到国民公会,把它装进一只雪松木柜便再也不拿出来了,尽管直到 1793 年 10 月国民公会才明确宣布该宪法在恢复和平前暂不实行。

1. **全国总动员**(1793 年 8 月 23 日)

这时,人民运动在外部危险和内部反革命势力的逼迫下继续发展,终于促使救国委员会和国民公会实行全国总动员。

全国总动员符合无套裤汉的革命心理,受到了巴黎各区和各俱乐部的欢迎。这一措施使革命方面在数量上取得优势,因而有希望迅速战胜兵力已受到削弱的敌军。热马普战役证实了这一点。全国总动员的设想是在 1793 年 7 月危机期间,在外敌进攻、联邦派叛乱、共和国陷于危境的情况下逐渐明确起来的。7 月 6 日,卢森堡区曾提议巴黎各区实行总动员,向叛乱的各省进军:"让所有 16 岁到 50 岁的公民不加区别地处于被征召状态,组成武装力量。"

7 月 28 日,团结区活动分子塞巴斯蒂安-拉克鲁瓦重申了这一建议。他的讲演已散发出 8 月 23 日法令那史诗般的气息:

> "……让所有车匠、木匠及木工立即停止个人的工作,都去造枪托、炮架、辎重车、运输车吧!让锁匠、马掌匠、刀斧匠以及所有铁工都放下工作,都去制造大炮吧!……让祖国之友们武装起来,组成浩浩荡荡的队伍!让没有武器的人送弹药,让妇女们送军粮、做面包,让祖国的赞歌送来战斗的信号吧!"

7 月底的一系列失败使全国总动员的设想成为大势所趋。这时各民众报刊也开始进行这种呼吁。埃贝尔在他的第 265 期《迪歇纳老爹报》中写道:"让所有能拿起武器出征的男人们同时入伍吧!哪里有危险,人们就应当冲向哪里!"

人民群众关于全国总动员的要求于 1793 年 7 月 29 日在雅各宾俱乐部提出,8 月 4 日又为巴黎市府所重申。8 月 7 日,一些来巴黎接受 1792 年宪法的基层议会代表也重申这一要求——他们的发言人鲁瓦耶 8 月 12 日在国民公会要求人民全体动员。救国委员会却迟疑不决:该怎样对付总动员引起的大乱?怎么武装和供给那些人群呢?8 月 14 日,罗伯斯庇尔在雅各宾俱乐部宣称:"这种设想很了不起,但狂热地推崇全国总动员是无用的。"他补充道:"我们缺的不是人,而是我们将军的爱国主义道德。"在巴黎的活动分子和基层议会代表们的压力下,国民公会于 8 月 16 日采纳了总动员的原则。8 月 23 日,救国委员会终于决定根据巴雷尔的报告提出实施办法:

> "从现在起到敌人被赶出共和国的领土,所有的法国人都始终处于被征召状态,以便为军事服务。年轻人得奔赴疆场;已婚男人得铸造

武器和运送给养；妇女们得制作帐篷、军服和去医院服务；儿童们得去把旧布撕成绷带；老人们得去公共场所鼓动战士们的勇气，宣传对国王们的仇恨和共和国的统一。"

雇人代替应征的制度被废除了。征召在原则上是全民性的，但未婚的或无嗣丧妻的 18 岁到 25 岁的男子将首批应召出征。他们营队的军旗上将写上："法国人民起来反对暴君。"

全国总动员法令完全反映了无套裤汉的意愿吗？尽管他们设想出这个措施，但凭一时的冲动而发起一场进军边境的运动却是不现实的。这也说明罗伯斯庇尔和救国委员会为什么在这个问题上迟疑不决。因为，仅仅把 18 至 25 岁无家庭负担的男子征召入伍，就需要动员国家的全部资源，需要组织极大规模的武器制造。事实上，军备和给养很成问题。9 月初，《迪歇纳老爹报》在制定它的行动方案时就这样自问："怎样同时进行好几百万人的进军呢？怎么武装他们、供给他们呢？……我们的当务之急是保证整个共和国的生计……必须把所有和金属打交道的工人——从马掌匠到金银匠统统征集起来，在所有的公共场所建立锻造工场，日夜不停地制造大炮、步枪、马刀和刺刀。"

埃贝尔直截提出了一场伟大民族战争中的经济管理问题。为了武装和供给七届征召所提供的大量人员，必须要实行统制经济。政治问题和经济问题跟国防问题不可分割地联系在一起。

2. 1793 年 9 月 4 日和 5 日事件

直到 1793 年 8 月底，重大的问题仍一个都没有解决。政治问题依然如故。尽管救国委员会避开了政敌的攻击，革命政府却远没有巩固地组织起来。经济、社会问题也没有得到有效的解决。反囤积法及丰收仓法只带来一些虚幻的改善。尽管大革命唯一的财源——指券的命运有赖于限价和统制经济，国民公会和救国委员会到现在还拒绝采取这些措施。到 8 月底，随着生计危机的加剧，人民运动更加风起云涌。同时，巴黎的活动分子们感到，有必要采取一项新的、旨在把人民意志强加给政府的行动。

曾一度和缓的生计危机由于旱灾的影响重新发生。磨坊的活计越来越少，面包铺的门前又排起长龙。每天的面粉只有 400 袋到货，而巴黎的日消费量是 1 500 袋。对于埃贝尔来说，缺粮问题是一个强有力的鼓动手段；他把生计问题置于运动的中心地位，提出一系列反对富人和商人的论点以取悦无套裤汉。

埃贝尔在第 279 期《迪歇纳老爹报》中写道："祖国，呸……，批发商们根本没有祖国。他们支持大革命只是由于看到大革命对他们有利。他们曾支持无套裤汉消灭贵族阶级和各高等法院，但这不过是企图由他们取代贵族的地位。同样自从取消了积极公民，自从最不幸的无套裤汉同最富有的包税人享受同样的权利以来，这些无耻之徒们就背离了我们，开始不择手段地破坏共和国。他们把所有粮食都囤积起来，或以极贵的价格转卖给我们，或使我们陷入缺粮的困境……"

1793 年 9 月初爆发的人民运动，其势锐不可当，且富于独创性。按阿尔贝·马迪厄的说法，这是一种"埃贝尔派运动"。无套裤汉能够意识到自己的政治目标，能够明确表达出自己的社会要求，这确是由于受到过各家民众报刊（雅克·鲁的报纸和埃贝尔的报纸起过同样的作用）的启发。但这些报刊并不是这种意识的来源。这是一场"民众运动"，并不是埃贝尔派运动。因为，先是由埃贝尔应声虫似的写作和行动，接着雅各宾俱乐部和巴黎市府相继开始行动，最后国民公会和救国委员会作出让步——所有这一切，都是在无套裤汉的压力下发生的。

人民运动从 1789 年春就开始了，应当在 1789 年以前巴黎小店主、工匠和各行各业劳动者生活物质条件的恶化中去寻找该运动的起因。这场运动在危机爆发的时代曾让资产阶级革命取得突出地位，但它毕竟不同于这种革命（正如 1793 年 9 月事件所反映的那样）。因为它带有激励无套裤汉的前资本主义的心态特征。这种心态实质上同在农业资本主义发展面前热衷于保卫公社习俗的农民的心态是一致的。无套裤汉对工商业资产阶级的心态极为仇视，因为这个阶级一心要以自由（他们事业的飞跃发展所不可缺少的条件）的名义取消深为小店主和工匠们所珍视的管制经济和限价政策。

无套裤汉和资产阶级的根本对立反映在他们对财产权的看法上。根据 1793 年和 1789 年的人权宣言，财产权是一种绝对的自然权利，是不受任何限制的。但对于无套裤汉来说,只有建立在个人劳动基础上并受到公众需要限制的财产权才是可以理解的。1793 年 9 月 2 日,在人民运动的高潮中,巴黎的无套裤汉区(以前的植物园区)向国民公会递交了一份请愿书,其中写道:议会应"一成不变地限定生活必需品的价格,工资和工商业利润……贵族、王党、温和派和阴谋家们会对你们说:嗳!怎么搞的!这是损害财产权,而财产权本是不可侵犯的……就算如此吧,可难道这帮坏蛋不知道财产权只能以人体需要的范围为依据吗?"

无套裤汉们要求实行粮食和工资的最高限价:

"……第 2 条:对所有生活必需品的价格,必须根据旧历年(1789—1790 年底)的价格和它们的不同质量,一成不变地加以规定。第 3 条:各种原料也应定价,以使受法律限制的工业利润、工资和商业赢利不仅能够让那些工匠、庄稼人和商贩得以谋生,而且可以使他们获得享乐的条件。"

植物园区无套裤汉还特别要求严格限制财产权:

"……第 8 条:必须规定财富的最高限额;第 9 条:任何人不得拥有超过最高限额的财富;第 10 条:任何人不得承租超过一定数量的犁铧所能耕种的土地;第 11 条:每个公民只能拥有一个作坊或一爿店铺。"

这个社会纲领一方面要保留私有制,一方面又要限制私有制的后果,因而它本身充满了矛盾。不过,它同领导大革命的资产阶级的纲领是完全对立的。正是这种对立使革命政府在热月改变中归于毁灭。但是在当时,出于对共同的敌人,对旧制度、特权和封建贵族的仇恨,并由于反革命的严重威胁,无套裤汉和山岳派资产阶级仍紧密地联合了起来。山岳派是无法孤军取胜的。它不得不由反对转而支持这一平民纲领,而且还不得不强制实行这一纲领。

危机在9月初就已形成。当埃贝尔谴责国民公会中的"催眠派"的时候，各区的情绪日益激奋，它们的行动和请愿书也与日俱增。在这种热狂的气氛中，传来了一个骇人听闻的消息：土伦被王党分子交给英国人了！爱国的焦虑，对贵族阴谋的担忧，加上生计问题引起的不安，构成了引发一次恐怖主义冲动的最合适的因素。9月2日晚，雅各宾俱乐部为了救亡，决心采取行动。

1793年9月4日，一场长期受压抑的人民骚动爆发了。从早晨起，一群一群的工人（主要是建筑工人和军工工人）源源不断地开到沙滩广场，向巴黎市府要面包。这些群众的工人成分是不容置辩的。他们来自无套裤汉中最贫困的阶层，属于这些劳动者中的那些既非小店主、又非工匠的层次。他们的工资是用日益贬值的指券支付的，生活极度痛苦。市府的领导人试图让示威者平静下来，但纯属徒劳。示威者们高呼："我们需要的不是许诺，而是面包，而且必须立即就给！"

肖梅特跳上一张桌子，喊道："我先前也是穷人，所以我很了解什么是贫穷。这里发生的是一场富人反对穷人的公开战争，他们要把我们消灭掉。好吧！我们要先发制人！应当由我们来消灭他们，因为我们是有力量的！……"

人们决定第二天举行群众示威，用人民的心愿左右国民公会。

1793年9月5日，各区汇集了一支浩浩荡荡的游行队伍，高喊着"向暴君宣战、向贵族宣战、向囤积者宣战"的口号，开向国民公会，把国民公会包围起来，然后以和平的方式涌入议会大厅。议员们在人民众目睽睽之下议事。首先，帕施代表巴黎市府和各区谴责囤积者的阴谋勾当和有产者的利己主义行为。随后，肖梅特宣读了一份请愿书，要求建立一支革命军来保证农村的谷物征调，并安全地把征集到的谷物运到巴黎。比约-瓦雷恩提出了更高的要求。他建议逮捕嫌疑分子，这在无套裤汉看来是很有必要的措施。国民公会不经征求救国委员会的意见就径直作出让步：不仅通过了逮捕嫌疑分子的法令，而且决定清洗那些负责查寻嫌疑分子的革命委员会。这就把恐怖提上了日程。根据巴雷尔的报告，国民公会还通过了一项关于建立一支由6 000名步兵和1 200名炮兵组成的革命军的提案。国民公会最后又通过了丹东的一项提议：限定各区每周只得举行两次集会，参加集会的公民每人发给 40 苏的津贴。

1793 年 9 月 4 日和 5 日事件是人民的胜利。无套裤汉强迫政府采取了他们长期要求的措施。不过这个胜利并不彻底，因为 9 月 5 日的那些决议特别富于策略性。9 月 4 日国民公会也只是作了建立普遍限价制度的许诺，而这种制度是人民群众最基本的要求。巴黎无套裤汉由于保持对国民公会的压力，才争取到谷物和饲料的全国最高限价(9 月 11 日)和普遍最高限价(29 日)的实行。山岳派资产阶级同样也不情愿损害经济自由。

这是人民的胜利，同时也是政府的胜利。因为法制得到了维护，合法的恐怖压倒了直接的行动。救国委员会也挺住了，它懂得及时退向自己所选择的阵地，结果它扩大了权力，革命政府得到了进一步巩固。

3. 人民的成就和政府的巩固(1793 年 9—10 月)

1793 年 9 月 4 日和 5 日事件之后，人民仍保持着自己的压力，国民公会和救国委员会只好违心地走上恐怖和统制经济的道路。这场人民运动的影响是两方面的。它同时也使革命政府陷于同国民公会内部强大反对派的斗争，从而延缓了革命政府巩固的进程。各区和各俱乐部的活动分子要求通过广泛清洗行政机构，清除公共生活中的嫌疑分子，扩大镇压规模等方式强化恐怖统治。持续的生计危机从另一方面促使他们坚持主张实行对经济的全面管制，实现早已许诺、但一再被推迟的普遍限价。

9 月里，救国委员会一直在玩弄手腕，时而利用人民运动来控制国民公会，时而操纵国民公会来阻止人民运动。它作出一些必要的让步，同时一步一步地加强自己的地位。9 月 6 日，曾支持过人民要求的比约-瓦雷恩和科洛·代布瓦被任命进入救国委员会。13 日，被改组，从此它的成员名单须由救国委员会向国民公会提出。对于其他各委员会也作出了同样的决定，政府权力由此进一步集中。救国委员会占据了主导地位。在此之前一直和它平起平坐的各委员会均被它控制。救国委员会成为政府行动的中心。

9月5日被提上日程的大恐怖是由人民群众的行动一步一步强行实现的。在各区的控制下，各行政机构都开展了声势浩大的清洗运动。陆军部的清洗在该部秘书长樊尚推动下搞得特别引人注目。市府总委员会改组了所有的革命委员会，从而使它们不再受各区当局的控制。各区的议会和委员会也从自己的成员中清除了温和派、"冷漠派"和不冷不热的分子。国民公会和政府各委员会与其说领导了这场清洗，不如说接受了这场清洗。人民群众对镇压比对清洗更热心。由于各政府机关不下决心实行全面镇压，人们的恐怖主义要求变得更加强烈。9月中旬的时候，各革命委员会已在巴黎市府推动下着手逮捕嫌疑分子，街上出现了要进行屠杀的流言蜚语。9月8日，一些被解往亚培伊狱的犯人就表示过他们对去年旧事重演的担心。国民公会也感到这种危险，感到事态有可能发展到不可收拾的地步。1793年9月17日，为了防止对9月5日通过的各项方针政策滥加解释，国民公会根据梅兰（杜埃人）的报告，通过了"惩治嫌疑犯法"。该法律给嫌疑犯下了很广泛的定义，使之能牵涉一切革命的敌人。据此，逃亡者的亲属（除非他们曾表现出拥护大革命）、所有被拒绝发给公民证的人、被停职或被开除的公职人员均被视为嫌疑犯。从更普遍的意义上讲，所有在举止或交往上，言谈或文字方面颇似"暴政或联邦主义拥护者和自由之敌"的人，所有不能说明自己有正当谋生手段的人（这是针对投机商而言的）也都被视为嫌疑犯。一切革命委员会都负有开列嫌疑犯名单的责任。

在9月4日被原则上通过的统制经济也是在巴黎群众的压力下才最后建立起来的。人们认为9月11日规定的全国谷物和面粉最高限价解决不了所有问题。9月中旬，面包铺门前又聚集起了人群，请愿书也增多了。9月22日，巴黎各区在市府的支持下，向国民公会递交了一份请愿书："你们在原则上通过了要对一切生活必需品实行限价……人民穷困难熬，正在急不可耐地等候着你们的决定！"同时，救国委员会也在同国民公会内部的一个激烈的反对派搏斗。为了利用人民运动的威力（人民运动的要求已由此得到了一些满足）来制服国民公会，救国委员会决定加强对经济的管制。1793年9月29日，普遍限价法通过了，由此限定了食品和工资的价格。最必需的食物的价格在各县都被限定在比 1790 年的平均价格高 1/3 的水平上，违章者以嫌疑犯论处。要限定食品的价格就不能不限定劳动日的价格，所以该限价法也把各市镇的工资额限定在比 1790 年的工资高一半的水平上。此法的推行非常困难，需要更严厉的手段、更高的集中化。恐怖和专政由此得到决定性的发展。

与此同时，忿激派被肃清，国民公会中反对派被迫缄口。救国委员会的地位巩固了。

肃清忿激派的先决条件是民众的分裂。雅克·鲁、勒克莱尔和瓦尔莱冒险地走到了前列。担心控制不住局面的政府很容易把他们作为打击的目标。1793 年 9 月 19 日，半官方的《山岳派报》写道：

> "人民的运动只有当暴政使它成为必要的时候才是正当的……那些坏蛋发起凶残而不正当的运动来为我们的敌人服务，或满足他们的特殊利益。他们终将受到世人的耻笑和鄙视。"

救国委员会为了保证自己的政策获得成效，不愿继续容忍那些"不正规"的运动——往往闹得过火的民众运动。经检举，雅克·鲁于 1793 年 9 月 5 日再度被捕，这次他再没有能够获释。瓦尔莱的命运也是一样，由于领导过人权区反对限定区议会每周召开两次的法令，他于 1793 年 9 月 18 日被下令逮捕。他曾这样慷慨陈词：

> "你们想蒙住人民的眼睛、削弱他们的监督吗？眼下是什么时候？正是祖国面临危险，人民不得不把大权交给你们的时候，而这种大权是需要加以有效监督的！"

当时勒克莱尔正在他的《人民之友报》上继续进行反政府运动。他在雅各宾俱乐部受到谴责和逮捕的威胁，遂于 9 月 21 日将报纸停刊。最后还剩下女演员克莱尔·拉孔布领导的革命共和派妇女协会。该协会在 1793 年 10 月 20 日被解散，同时遭禁止的还有一切妇女结社。救国委员会就这样遵循着事变发展的逻辑，制服了各民众组织。对于那种至少是无套裤汉所理解的主权，政府是不太关心的。从长远后果看，这只会使那些民众组织与政府疏远。

经过一场极其激烈的议会辩论，国民公会内的反对派一度被迫缄口。1793年9月24日，布肖特宣布撤销诺尔方面军统帅乌夏尔的职务（他曾在翁德斯考特获胜，但后来在默南失利）。这是一个进攻的信号。9月25日，已退出救国委员会的蒂里奥猛烈抨击政府的政策，指责统制经济和清洗运动。他最后指出："必须制止这股把我们卷向野蛮状态的狂潮。"这一指控反映了国民公会的隐衷。瓦朗西埃纳地区投降时正在当地任特派员的布里耶受到国民公会的欢迎，并被补充进入救国委员会。这反映了国民公会当时的精神状态。罗伯斯庇尔在这场辩论中充分运用了自己的威望和辩才：

"……我向你们宣布：那个当敌人进入瓦朗西埃纳时正待在该地区的人是不能充任救国委员会委员的……这似乎很冷酷，但更冷酷的还是两年来由于叛变和软弱而导致10万人丧生这一事实。我们之所以吃亏，就是因为我们对待叛徒太手软了！"

国民公会被征服了，表示继续信任救国委员会。

通过辩论，救国委员会加强了权力。1793年10月10日，国民公会根据圣茹斯特的报告，宣布法国政府"直到和平恢复前一直保持革命的状态"。革命政府的基础（即在救国委员会统一领导下实行一整套特别措施）是在9月份奠定的。现在，经济方面的需要和普遍最高限价的实施要求确立这种政府。1793年10月10日的法令便是朝这个方向迈进的第一步。

圣茹斯特曾宣称："这些法律是革命的，而执行法律的人们却并不革命……必须用统治者的意志去压制少数君主主义者，用征服的权利去统治他们，才能建成共和国……对于不能用正义去统治的人，就得用武力去统治……如果政府本身不是以革命的方式建立起来的，要贯彻这些革命的法律是不可能的。"

结果，所有的部长、将军和法定社团都被置于救国委员会监督之下。救国委员会还同作为新行政组织支柱的各县建立直接通信联系。专制的原则胜过了选举制原则。

人民运动把恐怖提上日程,它通过惩治嫌疑犯法组织了政治恐怖,通过普遍限价法组织了经济恐怖。9 月危机有力地推动了革命政府。救国委员会得到了巩固,它已掌握最高权力。但这种最高权力的最后确立还须经受一些新的考验。

Ⅲ. 雅各宾救国专政的组织(1793 年 10—12 月)

宣布直到和平恢复前一直保持革命状态后,政府一步一步地健全起来。它全力争取边境战争的胜利和消灭国内反革命势力。在政治上,救国委员会力求使镇反正规化,把恐怖维持在合法的范围内,并控制人民的运动。然而请愿运动仍在继续,而且主要涉及政治上和经济上的镇压问题。9 月份采取的那些措施使无套裤汉得到某些满足,但并没有使他们解除武装。他们的影响在 1793 年 10—11 月期间仍十分强大。但政府已表现出把人民运动限定和维持在狭小范围内的意图。突然间,爆发了非基督教化运动,人民运动由此重新高涨。救国委员会极力加以阻止,由此加深了同无套裤汉之间的裂痕。共和二年霜月 14 日(1793 年 12 月 4 日)法令稳固了救国委员会的权力,加强了它的统治,同时也承认了 6 月 2 日以来的演变趋势。

1. 大恐怖

1793 年 9 月着手组织的大恐怖,10 月里才在人民运动的压力下付诸实施。截至 9 月份,260 名被送到革命法庭的人犯中有 66 名被处以死刑,约占 1/4。无套裤汉运动的胜利开始了革命法庭的一个新阶段:9 月 5 日,该法庭一分为四,其中两个分庭同时工作。救国委员会和联合拟订法官和陪审员名单。富基埃-坦维尔仍然担任公诉人,埃尔芒被任命为庭长。

10 月份开始审理一些重大政治案件。10 月 3 日,根据阿马尔的报告,吉伦特派被送交革命法庭。同时,玛丽-安托瓦内特也根据比约-瓦雷恩的报告被送交革命法庭。王后 10 月 6 日上了断头台,她的处死成了"迪歇纳老爹最大的乐事"。对21名吉伦特派的审判10月24日开始。当辩论似乎要没完没了地拖下去的时候，国民公会决定：陪审员可在3天后表态。这帮吉伦特派于10月31日被处决。埃贝尔整个秋季都在搞恐怖主义宣传，有力地激发了无套裤汉的惩罚意志。奥尔良公爵菲利普-平等11月6日被处死后，《迪歇纳老爹报》又向革命法庭提出忠告，要求"法庭趁热打铁把叛徒巴伊、无耻的巴纳夫……连连送上断头台。"该报第312期赞扬了神圣断头机的美德，告诫人们不要有任何手软行为。罗兰夫人、巴伊和巴纳夫相继于11月8日、10日和28日被处死。在1793年的最后3个月里，395名被告中被判死刑的有177名，占45％。1793年8月底，被拘于巴黎各监狱的囚犯约有1 500人，到10月2日增至2 398人，到12月21日又猛增到4 525人。

在外省，恐怖的规模取决于叛乱的严重程度和国民公会特派员的气质。没有内战的地区往往没有恐怖，至少在1793年年底之前是如此。在诺曼底，联邦派叛乱被击溃后，就没有判过死刑，兰代曾在那里号召普遍和解。在备受旺代叛乱蹂躏的西部各省，雷恩、图尔、昂热、南特等主要城市都有5人军事法庭在活动。他们对于手执武器的叛乱者，在验明身份后即行处死。在南特，国民公会特派员卡里耶纵容人们不经审判便在卢瓦尔河淹死犯人。他用这种方式在12月到次年1月间处死了2 000—3 000人，其中有反抗派教士、嫌疑犯，也有土匪和违犯普通法的人。塔利安在波尔多，和弗雷隆在普罗旺斯也领导了镇压运动。和弗雷隆曾在土伦实行过大规模集体处决。在里昂，叛乱给共和国带来过多大的危险，恐怖就相应具有多大的规模。为了制服叛乱，从1793年8月9日到10月9日进行了整整两个月的围攻。10月12日，根据巴雷尔的报告，国民公会决定夷平该城市："所有富人住宅均得摧毁，只留下穷人的房屋及被杀害或被流放的爱国者的住宅；……这些保留下来的房屋群今后应取名为'解放市'。"

起初库通只让人们拆毁贝勒库尔广场上的几所房子。但11月7日来到里昂的科洛·代布瓦和富歇却组织了大规模镇压。审判过于宽大的原人民司法委员会被一个革命委员会所取代。1 667人被判死刑。执行死刑时用断头机来不及，还辅以步枪排射和机枪扫射。

恐怖基本上是政治性的,但往往也由于当时的形势而带上一定的社会意义,因为国民公会特派员没有无套裤汉群众和雅各宾派骨干分子的支持就不能立足。许多特派员都以组织全国总动员为主要使命,他们坚决贯彻各项于国防和国内安全必不可少的措施。担任其他特派员也通过向富人征税、组织革命军、创设工场和济贫院等措施,使他们的革命行动带上显著的社会意义——伊佐雷和夏斯勒在诺尔省、圣茹斯特和勒巴在阿尔萨斯省、富歇在涅夫勒省……都是这样做的。共和二年雾月 10 日(1793 年 10 月 31 日),圣茹斯特和勒巴下令向斯特拉斯堡的富人征税 900 万锂,其中 200 万用于满足贫民爱国者的需要。霜月 1 日(11 月 21 日),罗伯斯庇尔在雅各宾俱乐部汇报圣茹斯特执行任务的情况时指出:"你们看,他为穷人的生计搞垮了富人。这种做法唤起了革命的力量,鼓舞了爱国者的斗志。贵族都被推上了断头台。"

大恐怖在经济上也有鲜明表现。在巴黎,市府主要通过建立面包定量供应卡制度控制了食物的分配,同时授权各区反囤积专员进行挨户搜查,并采取镇压措施迫使人们尊重限价法。1793 年 9 月 9 日决定成立、10 月初组建起来的革命军各分遣队,穿梭巡回于巴黎周围各产粮区,农民们纷纷交出粮食。然而政府仍拒绝向巴黎各区的压力作出让步,坚持现行的反囤积立法。1793 年 10 月 23 日,巴黎各区要求国民公会建立一个选自贫穷公民的惩治囤积者特别陪审团,这一行动没有成功。在外省,最高限价法的贯彻需要更严厉的手段,大恐怖通过威慑提供了这种手段。纯经济的动机不构成死罪。大部分城市都仿照巴黎建立起面包的定量供应制度,往往还发展到把面包坊收归市有。配给制度必须以正常的供应为前提,因此救国委员会于 1793 年 10 月 22 日倡导成立物资委员会,以协调商品流通,促进生产发展。该委员会拥有极广泛的权力,可以支配生产、贸易和运输。救国委员会由此控制了国家的整个经济生活。它的代理人和国民公会特派员所拥有的强制力使它得以将统制经济制度强加给工商业者。

正当恐怖统治在救国委员会日益严格的控制下逐渐正规化的时候,救国委员会还不得不去应付一种新形式的人民运动。这场运动,差点儿夺去了它的统治地位，也险些动摇了革命政府的根基。

2. 非基督教化运动和对自由殉道者的崇拜

非基督教化运动的根源，既应当到1790年以来宗教政策的某些方面中去探寻，也应当到民众心态的某些特征中去探寻。从1790年起，反抗派教士就站到贵族一边。到1792年，连宪政派教士也受到许多革命派的怀疑。除了那些表示过拥护人民运动的神甫（如雅克·鲁），大部分宪政派教士仍然保持着君主主义倾向，为8月10日事件，尤其为国王的断头而痛心疾首。这一情况在1793年表现得更为突出，因为作为温和派的宪政派教士很自然地倾向于吉伦特派和联邦主义。由此，人民群众对他们的敌意有所加强。许多政治家认为已没有必要继续教士法的尝试。1792年11月，康邦提议停发教士的薪水。但这些政治家也很难想象国家可以不要教堂、人民可以抛弃宗教仪式。一种革命的崇拜在1790年初具轮廓——7月14日的联盟节便是这种崇拜最初的壮丽表现。通过公民节庆、纪念仪式（如7月14日的典礼）、盛大葬礼（如为米拉波举行的葬礼）等，这种新宗教的各种教仪慢慢约定俗成地建立起来。教士也参加了这些活动。但是，1793年8月10日创立的全国统一和不可分割节则是纯世俗性的。与此同时，围绕着"自由殉道者"——勒佩勒蒂埃、夏利耶，尤其是马拉，形成了一种真正的群众崇拜热。

在非基督教化运动爆发前的几个月里，巴黎发生的一些事件，就已反映出某些活动分子的非基督教化意向，如1793年6月圣体瞻礼期间发生的事件，寻找贵金属和解取教堂的钟制造兵器的事件。1793年9月12日，法兰西先贤祠区要求开办"自由学院"，每个星期天都要在那里宣传"盲信的可怕"。所以，非基督教化运动是应一种潮流而生的。这种潮流的各种表现自无套裤汉参与政治生活以来尤其引起人们的注意。反宗教的情绪和国防的需要交织在一起，共同推动着这场运动。贵金属可以维持指券的信用，教堂大钟的铜可用以铸炮。非基督教化运动还具有一种经济意义。"搜寻金银"往往既是该运动的一个起因，又是它的一个结果。

革命历的采用在奥拉尔看来是大革命最富于反基督教色彩的措施。

它表明，国民公会和革命资产阶级的情绪在这方面跟人民先进分子的情绪是一致的。1793年10月5日，国民公会通过了罗姆关于从共和国的第一天——1792年9月22日——开始建立共和纪年的报告。据此，1年分为12个月，每月30天，分为3旬。另加5天或6天补足日，最初叫作"无套裤汉日"。这样，每旬的第10天代替了礼拜天。这些旬末节冲击着宗教礼仪。1793年10月24日，法布尔·代格朗蒂纳（《下雨了，下雨了，牧羊女》的作者）又作了一个关于历法的报告，为每个月都发明了一个富于诗意的名称（葡月、雾月、霜月、雪月、雨月、风月、芽月、花月、牧月、获月、热月、果月）。这种使日常生活非基督教化的尝试由雾月15日（11月5日）法令补充完成。该法令创立了一整套公民节日。法案的报告人玛丽-约瑟夫·谢尼埃对议员们说：

"你们摆脱了偏见，有代表法兰西民族的资格。你们知道怎样在被打倒的各种迷信的废墟上建立一个唯一普遍的宗教。该宗教既无秘诀也无奥义，其唯一的信条就是平等，其布道者就是我们的法律，其高级神职人员就是我们的法官。该宗教只在祖国——我们共同的母亲和神明——的祭坛前烧大家庭之香。"

但直到此时，天主教崇拜仍未遭到打击，至少仍未遭到合法的打击。

严格意义上的非基督教化运动，是在某些国民公会特派员的推动下，首先在外省搞起来的。1793年9月21日，富歇在纳韦尔大教堂主持了布鲁图①胸像的落成典礼；9月26日，他向穆兰的民众社团宣称要用对共和国和自然风尚的崇拜取代"那些迷信的和虚伪的崇拜"。10月10日，富歇终于禁止了一切教堂外的宗教仪式，并把葬仪和墓地世俗化了。他下令在墓地入口处题字："死亡是永久的安眠。"在罗什福尔，勒基尼奥把教堂改成了真理庙；在索姆省，迪蒙禁止各机关过

---

① Brutus(Marcus Junius，约公元前85—前42年)古罗马政治家，因刺杀搞独裁的恺撒而著名，在大革命中被共和派奉为偶像。——译者

礼拜天，把它改为旬末日；德鲁埃在莫伯日下令没收用于宗教的各种珍贵物品，说这些东西是"盲信和愚昧的装饰物"。有些特派员还鼓励教士结婚。

非基督教化运动是从外部强加给国民公会的。肖梅特曾在9月底回家乡涅夫勒省作了一趟旅行，还同富歇一起出席了21日的典礼。他后来建议巴黎市府采取类似的一些措施。10月14日，市府禁止教堂外的各种宗教礼仪。不过市府的举措很审慎，埃贝尔到10月末才在第301期《迪歇纳老爹报》上指责教士。运动的动力来自别处。共和二年雾月9日（1793年10月30日），科尔贝依附近的里斯市市府向国民公会宣布该市已用布鲁图取代圣布莱斯做自己的保护神；雾月16日（1793年11月6日），同一个县的曼纳西市的一个代表团宣布放弃天主教崇拜，要求取消本教区，并在国民公会会场上搞起反宗教的假面舞会活动。里斯和曼纳西的无套裤汉为什么行动起来呢？也许是受反对宪政派教士的各种反革命阴谋的挑动，也许是迫于那些受革命军部队支持的、在科尔贝依县征集谷物的本省和行政会议特派员们的压力。……就在雾月16日这一天，国民公会作出决议：各市镇有放弃天主教信仰的权利。

非基督教化运动由此加快步伐。雾月16日晚，议员莱奥纳尔·布尔东在雅各宾俱乐部发表了激烈攻击教士的演说。民众社团中央委员会（德菲厄、佩莱拉、普罗利等极端分子在其中活动）随之宣读了一份关于取消宗教信仰预算的请愿书草稿。在雾月16—17日夜间，这一请愿活动的倡导人在议员阿纳夏尔西·克罗茨和莱奥纳尔·布尔东陪同下，找到巴黎主教戈贝尔，强迫他放弃教职。戈贝尔主教遂于雾月17日（1793年11月7日）和他的助理司钵们一起来到国民公会庄重地辞去了教职。肖梅特立即到市府汇报了"教士的狂热和把戏在临终时哀鸣的难忘场面"，并推动人们作出决定：在前大主教教堂——巴黎圣母院举行自由神节庆活动。雾月20日（1793年11月10日）举行了这一节庆活动：祭坛上耸起一座象征性的山岳，一位女演员在那里扮作自由神。参加这一活动的国民公会应肖梅特的要求，当即通过决议把圣母院改为理性庙。非基督教化运动在几天内席卷了巴黎各区。17日晚，杜伊勒利宫区在议员蒂里奥的要求下放弃了基督教信仰；19 日，格拉维利埃区在莱奥纳尔·布尔东推动下作出了同样的决定。各革命委员会和民众社团也行动起来。霜月 5 日，首都所有的教堂都改成理性庙。霜月 3 日(1793 年 11 月 23 日)，巴黎市府决定关闭所有教堂，从而认可了这一既成事实。

对自由殉道者的崇拜随着非基督教化运动发展起来。不过，非基督教化运动是在无套裤汉之外的一些人发动下搞起来的，而对殉道者的崇拜来自人民群众对马拉的崇敬。在 1793 年夏季危机中，无套裤汉通过这种崇拜表达自己坚定的共和主义信念、人民的同心同德以及革命信仰的勃发。新宗教崇拜的盛典以某种方式取代了传统宗教崇拜的盛典。传统的宗教崇拜仍有人搞，但这种活动越来越惹眼，不久就被限制到教堂内，最后终被禁止。1793 年 8 月间，巴黎许多区和民众社团都参加了纪念马拉的盛大葬仪和马拉、勒佩勒蒂埃胸像的揭幕仪式。新宗教信仰的各种特征由此开始明确起来。在 9 月里，由于无套裤汉最终取得了优势地位，这种新宗教信仰也开始普遍化。圣坛和仪仗陆续出现。由此，各种共和主义的典礼有了一种真正宗教式的排场。公民宗教仪仗在 10 月里日益增多。马拉、勒佩勒蒂埃，加上在里昂被反革命分子杀害的夏利耶，形成了一个革命的 3 人偶像群。非基督教化运动成为殉道者崇拜的推动力。这种崇拜在巴黎各区都确立起来。教堂一旦被封闭，该崇拜便成为民众活动分子在天主教废墟上建立共和主义宗教信仰的组成部分。对自由殉道者的崇敬和对理性神的崇拜融为一体。尽管理性神以一位歌剧院小姐的形象表现出来，它仍是一个极为抽象的神明。在已变成理性庙的各教堂里，3 位自由殉道者的画像取代了天主教诸圣人的画像。但从 1793 年秋季起，政府当局，尤其是山岳派资产阶级的某些派别就感到了崇拜这些殉道者的危险性：这种崇拜极力宣扬马拉以极端方式表现出来的革命情绪。救国委员会对非基督教化运动展开反击，遏制了这种崇拜。

非基督教化运动从 12 月初就开始刹车。共和二年雾月 21 日(1793 年 11 月 11 日)，当民众社团中央委员会的一个代表团要求国家不再向任何宗教信仰提供俸禄时，国民公会拒绝表态。雾月 27 日，罗伯斯庇尔在关于共和国内部形势的报告中指出，非基督教化运动的危险在于会失去那些中立分子。霜月 1 日（11 月 21 日），他又在雅各宾俱乐部大力主张信仰自由。尽管他并不拥护天主教，但他觉得废除这一宗教是一个政治错误。因为即便不使一大部分信奉传统宗教的人民群众起来反对大革命，大革命的敌人也已够多了。罗伯斯庇尔指出了一些"外国代理人"，即德菲厄、佩莱拉、普罗利"这些不讲道德的人"，他暗示人们：那些推翻天主教祭台的人很可能就是以煽动家面目出现的反革命分子。他说：

> "想阻止天主教信仰的人和做弥撒的人是同样的盲信之徒……国民公会不允许迫害老老实实的宗教使者。但是一旦这些使者胆敢利用他们的职能欺骗公民，挑起各种偏见和君主主义情绪来反对共和国，国民公会就将严惩他们。"

丹东自 10 月起一直住在阿尔西。"外国人阴谋"的揭露引起了他的不安，促使他回到巴黎。丹东回来后，加强了政府在这方面的立场。霜月 6 日，丹东激烈攻击反宗教假面舞会，要求"人们加以制止"。霜月 8 日，罗伯斯庇尔再次指出非基督教化运动的危险性。第二天，发现风向有变的肖梅特促使巴黎市府认可信仰自由。但由于不再给教士发薪，市府仍把教会和国家分离了开来。共和二年霜月 16 日（1793 年 12 月 6 日），国民公会也通过一项法令，庄严地重申信仰自由的原则。但霜月 18 日，议会又根据巴雷尔的建议明确表示无意触动已经采取的措施，尤其无意改动议员们的决定，由此限制了霜月 16 日法令的影响。被封闭的教堂仍紧闭着大门。非基督教化运动仍在继续，但采取了潜在的方式，因地区及国民公会特派员的不同而呈现出不平衡的发展状况。在 1794 年春，开门的教堂越来越少。

尽管成就有限，救国委员会还是取得了优势。它遏止了人民的运动，没有让非基督教化运动把自己陷入困境。差不多与此同时，军事形势的不断好转也加强了救国委员会的地位。

3. 最初的胜利（1793 年 9—12 月）

革命政府以争取胜利作为自己存在的唯一理由和目标。救国委员会若不迅速取得对敌斗争的胜利，就不可能成功地树立自己的权威，甚至无法维持自己的生存。

在无套裤汉陆军部长布肖特的积极配合下，救国委员会调整了对战争的领导，有力地推动了战事。1793 年 8 月 14 日，职业军官卡诺和科多尔省的普里厄进入救国委员会主持军务。前者负责指导作战，后者负责制造军火。但战役的计划、将军的任命都须经过救国委员会全体会议讨论。罗伯斯庇尔(据他的笔记本中的记载所示)和圣茹斯特在指导战争方面起着重要作用。让邦·圣安德烈在长期任职中领导并发展了铸造工场、步枪制造工场、硝石工场和船舰制造工场。兰代在物资委员会中勤勤恳恳地从事对军队和制造工场的供应工作。卡诺被称为"胜利组织者"是当之无愧的，但这是跟全体救国委员会的努力分不开的。所谓罗伯斯庇尔、圣茹斯特和库通没有参与妥善组织胜利的说法，纯系救国委员会的幸存者制造的热月党传说。这些幸存者企图把大恐怖的责任推到这些被抛弃的人身上，把保卫共和国安全的光荣归于自己。

1793 年夏天开始进行物资动员。当时什么都缺，商店和军械库都空了。而军队的兵员 7 月份前就已增至 65 万人。所有以往可以从国外购买的东西都不得不在国内征集。救国委员会把当时最好的学者同自己的努力结合了起来，科学研究第一次被系统地用来为国防服务。当时优秀学者中首屈一指的蒙日可谓多才多艺。他在共和二年雾月撰写了《大炮制造工艺》一书，和哈森弗拉茨一起组织了巴黎规模宏大的武器制造工程，并在以革命方式采集硝石和发展火药生产等方面发挥了极其重要的作用。化学家贝尔多莱也曾忙于造火药。旺代蒙德编写了一本《白刃制造程序》的小册子。矿务工程师哈森弗拉茨曾担任过负责军火制造的特派员⋯⋯在巴黎，为了组织武器大生产运动，所有的铁业工人都受到征召，所有的花园和广场都建起炼铁炉。步枪产量到共和二年年底每日近 700 支。在 1793 年 12 月间，发动了以革命方式开采硝石的运动，要求公民们把各自地窖里含硝土都收集起来，要求各市政府建立工场来冲洗硝土以提取"杀暴君的火药"。无套裤汉在硝石采集运动中表现出高涨的爱国热情。这种巨大的努力到 1794 年春才真正产生结果。在此期间，救国委员会应付了最紧急的情况，并击退了敌人的入侵。

在军队中实行的大恐怖也起了促进作用。救国委员会之所以能够征集、装备、武装和供养 14 支军队并带领它们走向胜利，应归功于全国总动员、征用、最高限价、全民军火制造以及对指挥人员的清洗和迫使将军们俯首听命等措施。但若不是革命政府拥有恐怖所赋予的权威，所有这些措施不可能得到贯彻并取得成效。参谋部和指挥人员受到了清洗，从原第三等级的不同成分中和穷贵族中选拔出新一代军事干部。然而救国委员会始终不愿意用一刀切的措施开除所有贵族的军职和公职。生于 1762 年的儒尔当被任命为诺尔方面军统帅；生于 1761 年的皮什格吕被任命为莱茵方面军统帅；生于 1768 年的奥什则做了摩泽尔方面军的司令。将军们均被置于文官政权的严格控制之下，必须服从领导。1793 年宪法第 110 条规定："不设最高统帅。"一切人，无论是将军还是士兵，都必须遵守同样严格的革命纪律。乌夏尔将军于 1793 年 9 月 6—8 日在翁德斯考特打了胜仗，攻占了默南。但他不听救国委员会的指示，突然下令撤退，结果撤退变成了溃逃。结果，乌夏尔被解除职务并送上革命法庭，最后以破坏战役计划的罪名于 1793 年 11 月 15 日被判处死刑，押上了断头台。但是，不能认为压在将军们头上的是一个缺乏理智的上级。当摩泽尔方面军的奥什强攻凯泽斯洛泰恩失利后，救国委员会就曾安慰并鼓励过他。由于国民公会特派员积极鼓动士兵们的爱国主义热情，军队重振了士气。"不胜利毋宁死"成为共和国军队的口号。

胜利的形势在 1793 年秋即已明确。

攻克里昂标志着联邦派叛乱的结束。对里昂的围攻持续了很久。该城市在普雷西公爵和王党分子的煽动下进行顽强的抵抗，使得围攻战付出了巨大的代价，消耗了阿尔卑斯方面军不少力量。1793 年 9 月 29 日，共和派占领了富尔维埃尔，但直到 10 月 9 日才进入这座被改名为解放市的城市。随后，救国委员会才腾出手来加强对土伦的围攻。迪戈米埃指挥这场围攻战，当时有炮兵上尉波拿巴辅助他。1793 年 12 月 15 日开始进攻，19 日即克之。后来土伦改名为山岳派港。

旺代叛乱也是由于救国委员会采取了有力措施才被粉碎的。战功卓著的美因兹卫戍部队开到旺代,对天主教和王党的军队给以决定性的打击。所有共和派武装力量被合编成西部方面军,由莱谢尔指挥,克莱贝尔辅佐之。两支强大的共和派纵队从尼奥尔和南特出发追赶叛匪,会师于肖莱,后于1793年10月在当地歼灭了叛乱的旺代人。但拉罗舍雅克兰和斯托夫莱带领2万—3万人跨过了卢瓦尔河,一直窜到格朗维尔,打算夺取一个港口以便求助于英国人。11月13—14日,他们攻打国民公会议员勒卡尔庞蒂埃负责守卫的格朗维尔城失败,遂掉头南窜,12月3—4日又受挫于昂热城下,最后夺路逃往勒芒。1793年12月13—14日,马尔索和克莱贝尔率部经过一场激烈的巷战粉碎了这股匪徒。旺代叛军的残部于12月23日在卢瓦尔河河口的萨夫内被击溃和消灭。旺代战争就此告终。当然,拉罗舍雅克兰和斯托夫莱又渡过了卢瓦尔河,夏雷特也一直占领着马莱,但旺代叛乱毕竟再也不能构成直接危险了。

侵略军的撤退也是救国委员会奋斗的结果。国境线曾到处都被敌人突破。在诺尔省沿海,约克公爵率领的英荷联军8月底封锁了伦敦政府要不惜一切代价夺取的敦刻尔克。在桑布尔河一带,科布尔亲王率领的神圣罗马帝国军队占领勒凯斯努瓦要塞后,9月底又向莫伯日发起进攻。在萨尔,布伦斯维克公爵率领的普军尚不甚活跃,但乌尔姆塞尔率领的奥军却向莱茵河大举进犯,10月13日攻占"维桑堡防线",封锁朗多并侵入阿尔萨斯。救国委员会向各处发布了进攻令。

乌夏尔的军队在翁德斯考特战胜了掩护围攻敦刻尔克的弗雷塔格部队,从而解救了由苏昂和奥什英勇守卫着的敦刻尔克。这场战役从1793年9月6—8日打了3天之久,战局混乱,又没有获得全胜——乌夏尔坐视弗雷塔格部队逃之夭夭,没能切断进攻敦刻尔克的英军后路。不久乌夏尔就在默南吃了荷兰人的败仗,随后被撤职并被砍了脑袋。然而,翁德斯考特战役却是共和国军队长期来的第一次胜利。

1793年10月16日,儒尔当(在卡诺辅佐下)统率的诺尔方面军在瓦蒂尼获捷,莫伯日也由此得救。国民公会特派员和将军们一起身先士卒,冲锋陷阵。而莫伯日要塞司令在战斗过程中却毫无动作,结果被撤职并且上了断头台。奥军则撤往蒙斯。这次胜利并不是决定性的。但继翁德斯考特战役之后的瓦蒂尼战役证明救国委员会政策是正确的，它进一步加强了军队的信心。

解救朗多拖的时间较久。当奥地利将军乌尔姆塞尔入侵阿尔萨斯的时候，布伦斯维克及其在萨尔的普军仍按兵未动。圣茹斯特和勒巴被派到阿尔萨斯，博多和拉科斯特被派到洛林。救国委员会重组了东部的军队并加强了皮什格吕指挥的莱茵方面军。奥什被任命为摩泽尔方面军司令后，曾于 11 月 28—30 日在凯泽斯洛泰恩向布伦斯维克发动进攻，但未得手。奥什被提升为两军最高统帅之后，又发起攻势，1793 年 12 月 29 日夺取维桑堡防线，封锁朗多，并进占斯皮尔。普军向美因兹败退而去，奥军也撤到莱茵河右岸。

到 1793 年底，入侵敌军已在全线撤退。西班牙军队在比利牛斯山脉西段被赶到比达索阿河边，在东段被赶过特克河。凯莱曼在 10 月里解放了萨瓦。这时物资动员也开始显出成效：全国总动员征召的兵员汇集到一起，军工生产开始上马，并于 11 月初向国民公会展示出它们生产的第一批步枪。事实证明救国委员会的国防政策行之有效。

4. 共和二年霜月 14 日(1793 年 12 月 4 日)法令

1793 年 12 月初，人民运动日趋稳定。政府对非基督教化运动的攻击使各区和各俱乐部的活动分子们张皇失措。救国委员会从 6 月 2 日起一直极力遏制和引导的群众激情被打了下去。同时，调整政府在各省的行动也势在必行。恐怖统治表现出多样性。国民公会特派员一般都依靠雅各宾俱乐部和各民众社团，信赖当地的无套裤汉。所以，不同人的不同倾向产生出错综复杂的势力争斗，恐怖措施的贯彻也由此呈现出极大的不同。各地的特派员和雅各宾派固然成功地维持了民族的团结，但他们的行动缺乏纪律和协调性。这两种行政权力——一种是选举产生的，另一种则来自革命的运动——并存的状况往往加剧局势的混乱。看来，规定各种权力的范围，使之服从中央的权力，把群众的革命自发性明确地导向革命政府指定的目标，这的确很有必要。

这种必要性，由于经济形势的迫切要求而显得更加突出。由各县建立的普遍最高限价带来很多不平等现象。1793 年 9 月 29 日法令未提到的，诸如运输价格、批发商和零售商的利润等方面，也有限定的必要。有些地区，如南部已在发生饥荒，而有些地区粮食却多得吃不完。由此出现混乱和麻烦的局面。救国委员会认为有必要加强中央集权，以便整顿经济管理，统一最高限价，实行对外贸易国营化，从而实现各省之间的平均分配。经济上的需要和政治上的迫切性都促使救国委员会去确立自己对整个国民生活的绝对权力。

共和二年霜月 14 日(1793 年 12 月 4 日)的宪法性法令是和这一目标相吻合的。由此确定了战时共和国的临时宪法，建立了中央集权制度。

"国民公会是领导政府工作的唯一核心"(第 1 条)。但"根据 1793 年 10 月 10 日法令，一切行政司法机构和公职人员都受救国委员会直接监察。根据 1793 年 9 月 17 日法令，对于所有与个人有关和涉及一般治安及国内治安的事务享有特别监察权"(第 2 条)。

巴黎市府的检察长变成了"国家官员"，成为革命国家的一个普通代表，由各政府委员会管束。各县都有一名指派的而非民选的国家官员任县长，因而基本上成为一个行政区域。各省只能起次要作用了。政府保留了派遣特派员的权力，禁止各法定权力机关通过特派员搞串联和组成中央议事会。民众社团也同样不许这样做。尽管仍保留着中央革命军，各省自己的军队却解散了。各种革命税收也被禁止。

事变本身的逻辑导致中央集权的重建，导致政府的稳定和政府权力的强化。这些正是救国委员会所执著追求胜利的先决条件。但是，人民运动的行动自由就此完结了。

与此同时，形势发展使这种专制性中央集权重新受到怀疑。大革命胜利了。12 月 19 日收复了土伦，23 月粉碎了旺代叛乱，29 日解了朗多之围。恐怖统治难道不可以就此松懈、专政难道不可以就此缓和吗？向往和平生活的人，向往经济自由的人，都希望救国委员会放松约束，削减权限。然而，还在持续的战争和春季重新发动的战役却仍然需要这些保障胜利的条件。如果救国委员会向日益公开的宽容派攻势退让(它突然制止非基督教化运动的行动似乎已经是这种退让了)，它还能保持无套裤汉的信任这一胜利的基本条件吗？革命政府刚刚站稳脚跟就遭到了反对派的两面夹击。

第四章　革命政府的胜利和垮台
（1793 年 12 月—1794 年 7 月）

　　救国委员会视国防的需要高于一切。它不愿向人民群众的要求让步，怕这样会损害革命的统一；它也不愿向温和派的要求让步，怕这样会牺牲维持战争所必需的统制经济，牺牲使所有人都服从的恐怖制度。但是，这两种矛盾的要求之间的平衡点究竟在何处？革命政府极力在温和主义和过激主义之间保持中立。但生计危机在冬末突然激化。过激的反对意见和平民的不满情绪汇集起来，迫使革命政府在雪月间放弃保守主义立场。政府摆脱了极端派的困扰。通过镇压科尔得利派领导人，它取消了人民运动的独特要求，结果使自己非但不能打击温和派，反而受到它的摆布。后来政府拼尽全力，一度顶住温和派的压力，但终因得不到人民的信赖和支持而覆亡，做了从头一天起就控制着自己命运的那种矛盾的牺牲品。

Ⅰ. 与乱党的斗争和救国委员会的胜利
（1793 年 12 月—1794 年 4 月）

　　1793 年秋，救国委员会通过肃清忿激派，制止非基督教化运动，暗中打击各种群众组织，尤其是各种区民社团，表露出要同人民运动（它始终也只是在尾随该运动而不是在领导该运动）疏远的意愿。正因为如此，它受到国民公会的任意摆布，同时还助长了议会中和舆论界反对派的攻势。

　　丹东支持罗伯斯庇尔反对非基督教化分子，并非没有个人政治上不可告人的用心。他想营救他的一些刚被捕的朋友，那些人不是跟"外

246

国人阴谋"事件有牵连,就是与东印度公司清算案有关系(如法布尔·代格朗蒂纳等人)。丹东还有更远的考虑,即通过分裂救国委员会(其中的比约-瓦雷恩和科洛·代布瓦被认为是亲无套裤汉分子)来削弱革命政府。丹东派的政策在极端恐怖统治、巩固最高限价、殊死战争等问题上都与埃贝尔及其科尔得利俱乐部的朋友们所拥护的平民纲领背道而驰。政府对非基督教化运动的进攻导致反动势力萌生,便利了丹东派的攻势。打击乱党的斗争开始爆发,这种斗争不仅给革命政府,而且给人民运动以致给大革命本身造成了极其严重的后果。

1. "外国人阴谋"和东印度公司事件(1793 年 10—12 月)

这两个事件,无论从其主要当事人来看,还是从其后果来看,都是密切相连的。它们既破坏了山岳派的统一,又加剧了国民公会中的纷争。

"外国人阴谋"是法布尔·代格朗蒂纳在 10 月 12 日前不久揭发出来的。丹东的这位同极端派断绝了关系的朋友,指控那些极端派分子参与一个由外国人策划的、旨在用过激做法搞垮共和国的阴谋,并特别点了普罗利、德菲厄、佩莱拉和迪比松等人的名。革命派中有不少外国难民,大革命开始时曾宣布欢迎一切专制制度的受害者前来参加,也的确接纳了许多外国人。有些外国人,如阿纳夏尔西·克罗茨和托马斯·潘恩甚至在国民公会占有席位;有些则以科尔得利派的姿态出现,或活动在各俱乐部和民众组织中(如佩莱拉)。这些外国避难者很快就发挥着引人注目的政治作用。尤其使救国委员会深感不安的是,他们同外国工商界人士过从甚密,而这些人士的作用都是值得怀疑的。他们中有得到夏博保护的英国外交部的银行家瓦尔特·博伊德,有纳夏泰尔人(普鲁士臣民),银行家佩勒戈,有布拉邦特人(奥地利臣民)。雅各宾鼓动家德菲厄和许多山岳派议员的朋友普罗利(也是银行家),有奥地利臣民、实业家弗雷两兄弟(前嘉布遣会①修士夏博 1793 年 10

---

① 嘉布遣会系天主教方济各会的一支。嘉布遣是意大利文 Cappúccio 的音译,原意为"尖顶风帽"。该会因会服附有尖顶风帽而得名,1528 年由意大利人玛窦·巴西(mattéo da Bassi, 1495—1552 年)创立于意大利。该会主张恢复方济各的原来精神和严格的生活方式。——译者

月6日娶了他们的妹妹为妻)和西班牙破落大贵族居兹曼(也是个实业家)……这些外国人和某些山岳派有千丝万缕的联系,所有的极端措施,如领土兼并、非基督教化运动,都得到他们的推动(克罗茨和佩莱拉曾参与使巴黎宪政派主教戈贝尔退职)。此外,他们还在军需供应上搞黑市交易,并搞指券的卖空投机。

东印度公司事件在这时发生,并使山岳派陷于分裂。1793年8月24日一纸法令,取缔了所有股份公司。这一决令是在德洛内(昂热人)、朱利安(图卢兹人)、夏博、巴齐尔、法布尔·代格朗蒂纳等实业家议员发动攻击后通过的。他们在谴责这些公司的同时,乘着这些公司股票价格下跌投机牟利。东印度公司的银柜和文件均被查封。1793年10月8日,德洛内提出一项法案,对该公司的清算作了谨慎的安排。法布尔·代格朗蒂纳促使国民公会通过一条修正案,规定清算工作由国家而不是由该公司本身来进行。然而发表在《法令公报》上的最后文本却又恢复了最初的写法,即规定清算工作将由该公司主持。由法布尔·代格朗蒂纳签署的法令原本竟在他本人的参与下被篡改了。法布尔、德洛内和他们的同伙曾接受了该公司50万锂贿金。共和二年雾月24日(1793年11月14日),夏博向揭发了这一事件。夏博本人曾因其同弗雷兄弟的关系和同他们的妹妹的婚姻而在雅各宾俱乐部遭到猛烈攻击。另外,他还有做投机生意的嫌疑,在非基督教化运动方面也受到牵涉。因而,他打算出卖同谋以求自保。巴齐尔为他的指控作了证。

救国委员会相信"外国人阴谋"确有其事,更何况巴茨男爵的王党阴谋和实业家议员及外国避难者的阴谋牵扯到了一起。夏博的检举似乎证实了法布尔的揭发。救国委员会对于政治问题及其民族性比对贪污事件更为敏感。同时,救国委员会在国民公会里仍然受到这些被检举人的攻击。雾月20日(11月10日),巴齐尔和夏博先后抨击恐怖制度、谴责各政府委员会压迫议会的暴政。国民公会在这一天作出决议:任何国民公会议员未经国民公会事先听证不得被送交革命法庭。这场辩论表明,那帮实业家议员已跟正在冒头的宽容派勾结起来。例如夏博和蒂里奥,前者有投机倒把嫌疑,后者有温和主义嫌疑,而两人都是非基督教化分子。这项决议两天后即被取消。但政府各委员会已经接到法布尔·代格朗蒂纳的报警(他揭发别人只是为了更好地掩饰自己),开始从一切旨在分裂爱国者的阴谋中看到外国的黑手和皮特的金钱。它们对于夏博检举的反应,是在 11 月 17 日下令将检举人和被检举人(包括夏博、巴齐尔、德洛内和图卢兹人朱利安)统统逮捕。罗伯斯庇尔在共和二年雾月 27 日(1793 年 11 月 17 日)《关于共和国政治形势》的报告中,对"假爱国者们残酷的温和主义和偏执的过激主义"一律予以抨击,说那些假爱国者是"外国各宫廷雇佣的密使",他们"在危险的道路上猛推革命之车,企图使之撞碎在革命的目标上"。霜月 1 日(11 月 21 日),罗伯斯庇尔在雅各宾俱乐部再次谴责那些"外国特务",那帮一手策动了非基督教化运动的"卑鄙的暴君密使"。在他的推动下,普罗利、德菲厄、迪比松和佩莱拉被开除出雅各宾俱乐部。

"外国人阴谋"和东印度公司丑闻牵涉到重要人物,公开暴露出腐化,将那些实业家议员和敌国特务之间的联系大白于世,因而掀起了轩然大波,产生了重要的政治影响。圣茹斯特雾月 15 日写信给罗伯斯庇尔说:"若还同那伙堕落分子相互信任,这种信任就一钱不值了。"从此,人们时时处处都疑心重重,这使党派之间的争吵更趋激化,仇恨更趋强烈。"外国人阴谋"和东印度公司事件使山岳派彻底分裂,同时加剧了针对乱党的斗争。

2. 宽容派的攻势(1793 年 12 月—1794 年 1 月)

丹东于 1793 年 10 月离开巴黎。这年夏天他再次结婚,这时正在奥布河畔的阿尔西镇休憩。接到了库图瓦的报警后,他得知他的朋友巴齐尔和法布尔已被牵连进东印度公司事件并预感到此事可能伤及自己。丹东遂于雾月 30 日(1793 年 11 月 20 日)急匆匆赶回巴黎。正互相串联的温和反对派很快就聚集到丹东的周围。他们的阴谋曾由于救国委员会,尤其是罗伯斯庇尔力图制止非基督教化运动而得到某些便利。为反对过激派,革命政府依靠过丹东,而且一开始并没有防备宽容派的攻势将通过极端派来破坏革命政府的组织和结束恐怖统治。

丹东领导宽容派向激进革命派迅速占据的所有阵地发动攻势。共和二年霜月 2 日(1793 年 11 月 22 日),丹东起来反对反宗教的"迫害"，要求"爱惜人血"。霜月 6 日，他向反宗教的化装舞会提出抗议，要求"人们加以制止"，并要求各政府委员会"就被人们称为外国人阴谋的问题"提出报告。霜月 11 日(1793 年 12 月 1 日)，丹东走得更远了。当康邦提议强制人们用现金兑换指券(这是无套裤汉的一贯主张，而且科尔得利派也在当天的一份请愿书中要求采取该措施)时，丹东当即表示反对，并宣布"长矛"的作用已经结束：

"我们要记住：社会的大厦如果是靠长矛来推翻的，那么它的建立和巩固只能依靠理性和天才的罗盘。"

霜月 13 日(1793 年 12 月 3 日)，丹东在雅各宾俱乐部遭到反击。他随即撤退，说他并无意于"割断革命的神经"。他不得不为自己作辩解。罗伯斯庇尔出于对山岳派团结的关切，出面维护了他。罗伯斯庇尔说："爱国者的事业是一致的，就像暴政的事业是一致的一样。爱国者应该精诚团结，万众一心！"

《老科尔得利报》的活动大大扩展了丹东派攻势的规模，政府的全部政策都被牵涉到了。卡米耶·德穆兰(作为新闻记者，他很了不起，但他作为政治家却平庸无奇)于共和二年霜月 15 日(1793 年 12 月 5 日)开始出版他的新报纸。"皮特呵，我向你的天才致敬！"——照德穆兰的说法，所有过激的革命派都是皮特的特务。德穆兰在霜月 20 日出版的第 2 期报纸上猛烈攻击在非基督教化运动问题上有责任的克罗茨，并把他和巴黎市府检察长肖梅特联系了起来："阿纳夏尔西和阿纳克萨戈拉以为他们在推动理性的车轮，但他们推动的实际上是反革命的车轮。"霜月 25 日(1793 年 12 月 15 日)，《老科尔得利报》第 3 期出版，它对整个恐怖制度和革命政府本身提出指控。卡米耶·德穆兰借用塔西佗①的话，通过谴责历史上最初的一些君主的罪行，谴责了恐怖的镇压政策：

---

① Tacitus(55—120 年)，古罗马伟大的历史学家，著有《日耳曼尼亚志》、《罗马史》、《罗马编年史》等历史名著。公元 1 世纪罗马帝国的历史主要赖其著述而得以流传后世。在政治上他倾向于贵族共和制，反对帝制。——译者

"救国委员会……曾经认为，为了建立共和国，它需要暂时采取专制君主的法律原则。"

这期报纸获得了巨大成功。它唤醒了反革命的希望，使一切惶惶于恐怖统治的人都跟到宽容派的后面。罗伯斯庇尔此时还保持着对宽容派的善意中立态度。宽容派由此受到鼓舞，更加肆无忌惮，共和二年霜月27日(1793年12月17日)，成功地欺骗了救国委员会的法布尔·代格朗蒂纳，向国民公会检举激进革命派的两位最突出的领袖——陆军部秘书长樊尚(由于这位秘书，布肖特部长也成了攻击的目标)和革命军将领龙森。国民公会下令逮捕了他们。大恐怖的矛头难道就要转向它的创造者了吗？……各政府委员会事先没受到征询，这个把戏的目的就在于搞垮它们的权威。霜月30日(1793年12月20日)，国民公会应来自里昂的一个代表团的要求("愿继恐怖统治之后实行仁爱的统治")和一个很有影响的妇女代表团的要求，作出了组建负责审查各种拘留案和释放错押犯人的司法委员会的决议。

然而到了霜月底，风向骤变。霜月29日(1793年12月19日)，在德洛内的查封令中发现了伪造的东印度公司清算法令(原件同法布尔修正案相违，其正文下面有他的签名)，丹东派的处境大为不妙。更糟糕的是，激进爱国者开始了反攻。得到报警的科洛·代布瓦突然从解放市回来。雪月1日(1793年12月21日)，把夏利耶的头颅和遗体从巴士底广场护送到杜伊勒利宫的广大群众和一个里昂无套裤汉代表团簇拥着科洛·代布瓦来到国民公会。他以共和国所蒙受过的危险为名，为里昂的镇压运动进行辩护。国民公会当即表示赞赏。当晚，科洛·代布瓦向雅各宾俱乐部训话。他谴责雅各宾派的软弱，赞扬龙森的干劲，并痛斥那种对被镇压者的毫无道理的同情心：

"当爱国者的心被撕裂的时候，什么人还有多余的眼泪去哭悼自由之敌的尸体？"

救国委员会也抛弃了对宽容派攻势的善意中立态度。雪月 3 日（1793 年 12 月 23 日），罗伯斯庇尔在雅各宾俱乐部采取了超党派的姿态。

在外省，对乱党的斗争实际上已在威胁政府的稳定。自制止非基督教化运动以来，革命政府同人民运动关系的破裂越来越明显，在许多方面引起政策方向的改变。许多国民公会特派员同无套裤汉断绝了联系，并把镇压的矛头转向"极端派"。在色当、里尔、奥尔良，嫌疑犯获释了。奥尔良的一名忿激派——塔布罗被关进监狱。在布卢瓦，从霜月起开始了反攻倒算。在里昂，富歇现在打击的是夏利耶的老朋友们。在波尔多，塔利安为掩饰自己的贪污而检举"过激派"。在加尔省，布瓦塞撤换了尼姆的爱国市长库尔比。到处都出现温和派与过激派的冲突。国民公会特派员们也加入了这些冲突，而不再充当仲裁人了。救国委员会意识到危险，随即予以调解，以确立自己的仲裁地位。

罗伯斯庇尔雪月 5 日（1793 年 12 月 25 日）作的《关于革命政府的原则》报告，对雪月 4 日散发的第 4 期《老科尔得利报》作了答复。卡米耶·德穆兰在这一期报纸上以自由神（"这位自由神降自上天，她不是歌剧院的美女，不是一顶红帽子，不是一件脏衬衫或一件破褛子。这位自由神是幸福，是理性，是平等，是正义……"）的名义，要求释放"那 20 万被你们称为嫌疑犯的公民"，并宣称："如果你们建立一个'宽赦委员会'，自由肯定会得到巩固，欧洲也肯定会被降服"。罗伯斯庇尔在雪月 5 日以战争状态为由替大恐怖作辩护。他向国民公会概述了革命政府的理论，指出革命政府的目的是开创共和国，而立宪政府的目的则在于"维持"共和国：

"大革命是自由的抗敌战争，宪法则属于获胜的、安宁的自由制度。"

由于处在战争状态下，故革命政府需要"一种非常的能动性"：

"它应当给予好公民一切国家保护；对于敌人，它只能叫他们灭亡。"

罗伯斯庇尔以仲裁人的姿态，谴责了两个极端的派别：

"革命政府必须在两块暗礁——软弱和鲁莽，亦即温和主义和过激主义——之间航行。因为温和主义并不是稳健，就像阳痿并不是贞洁，而过激主义貌似刚毅，也犹如水肿貌似健壮。"

雪月 6 日(1793 年 12 月 26 日)，经比约-瓦雷恩提议，霜月 30 日成立的"司法委员会"被撤销，宽容派的攻势由此开始走向失败。救国委员会一度还力图在斗得不分胜负的两派之间保持公允的平衡。共和二年雪月 16 日(1794 年 1 月 5 日)，卡米耶·德穆兰出版了第 5 期《老科尔得利报》，向埃贝尔发起了全面进攻，指控他从布肖特领导的陆军部领钱办《迪歇纳老爹报》。但是，雪月 18 日(1794 年 1 月 7 日)，《老科尔得利报》在雅各宾俱乐部受到谴责。罗伯斯庇尔警告卡米耶，最后还主张烧掉他的报纸。德穆兰反驳道："烧掉并不是回答。"雪月 19 日(1794 年 1 月 8 日)，罗伯斯庇尔再次谴责这两大派，说他们正在威胁着革命政府，而且他们"像森林里的土匪一样"串通一气。就在同一天，在雅各宾俱乐部，罗伯斯庇尔痛斥了因亲笔修改清算东印度公司法令草案而声名狼藉的法布尔·代格朗蒂纳。他于雪月 23—24 日(1794 年 1 月 12—13 日)的夜间被捕。第二天，当丹东为帮助朋友而出面干预此事时，比约-瓦雷恩大声嚷道："谁坐到法布尔·代格朗蒂纳一边，谁就要倒霉！谁就是执迷不悟！"宽容派的攻势宣告失败，而且名誉扫地，立即处于政敌反攻的威胁之下。

3. 过激派的反攻(1794 年 2 月)

过激分子的"极端派"曾一度被政府对非基督教化运动的否定态度弄得晕头转向，后来又因和某些外国极端派有牵连而受到打击，当了法布尔·代格朗蒂纳阴谋的牺牲品。然而一旦摆脱了宽容派的攻击，它就恢复了自己的影响。这个派别带动了坚持要求释放樊尚和龙森的科尔得利俱乐部，被樊尚安插满"坚定爱国者"的陆军部各机关也是它的一个堡垒。这个派别还通过埃贝尔和莫莫罗分别在巴黎市府和巴黎省产生影响。过激派致力于释放被关押的爱国者，加强恐怖统治和巩固统制经济。

科尔得利俱乐部顽强地继续推行营救樊尚和龙森的运动。这场运动成了在各平民社团和巴黎各区进行宣传鼓动的中心论题。共和二年雨月 12 日(1794 年 1 月 31 日),科尔得利俱乐部宣布存在着压迫现象,并将写有人权宣言的木牌用帷幔蒙住。这种含蓄的威胁,加上缺乏起诉证据,革命政府试图以向激进爱国者让步来抵消温和派势力等原因,樊尚和龙森终于在雨月 14 日(1794 年 2 月 2 日)获得释放。

加强恐怖统治的运动由此声威大振。在第一次成功的鼓舞下,在带着无节制的复仇欲望出狱的樊尚的激励下,科尔得利俱乐部更加起劲地谴责那些"新温和派"。他们要求惩罚"压迫爱国者的人",要求"消灭沼泽派邪恶的残余势力"(雨月 18 日)。这分明是要清洗国民公会。这场恐怖主义运动的矛头所向,主要是那 75 名抗议 6 月 2 日起义的议员。这些议员被扣押起来,但在罗伯斯庇尔的关照下,他们没有被送上革命法庭。另外,曾于 1792 年春在温和派请愿书上签名者(人称"八千人帮"和"二万人帮")也受到谴责。雨月 24 日(1794 年 2 月 12 日),埃贝尔在科尔得利俱乐部高声喊道:"必须彻底推翻这个集团!"风月 2日(1794 年 2 月 20 日),科尔得利俱乐部决定重新出版马拉的报纸,决心用它来揭穿"那些欺骗人民的叛徒、败坏或迷惑人民的捣乱者和统治者"的假面具。

加强统制经济的运动越来越受各界人民的欢迎。因为,整个冬季经济形势都在不停地恶化。实行最高限价的决议并没有消除困难。面包虽然不缺了,但质量却很糟。谷稀价贵使得食品店产品质量大为下降,最高限价法实际已遭破坏,但无人受到惩罚。肉类供应的严重不足,在 6 月份就使人民大众的不满情绪达到极点。因此,请愿运动,在政策方针问题上已趋于缓和,而在生计方面仍十分活跃。尽管建立了控制经济生活的各种机构,对商人的敌意——这种平民心理最典型的反映——仍在不断地表现出来。在生计危机中受苦最深的有两个社会阶层:一是那些自身职业与战争需要没有关系因而几乎处于失业状态的工匠;一是新闻记者。他们都视暴力和加强镇压为带来富足生活的手段。埃贝尔通过他的报纸使一度消沉的恐怖精神重新活跃起来。

他的《迪歇纳老爹报》第 345 期提出了一项重大建议:应当惩治那些把无套裤汉当狗看待、只把骨头扔给他们啃的肉店老板。要像对待无套裤汉的所有敌人一样,让他们做"热手游戏"(即上断头台)。让他们的鲜血像酒商压榨的葡萄汁一样流到新桥①下。

发动一场平民暴动的思想已经成形。生计危机将促使无套裤汉采取新的行动。

然而,一度受宽容派攻势影响的救国委员会却在温和主义和过激主义之间采取中立态度。但这两种矛盾倾向之间的平衡点在哪里呢?罗伯斯庇尔除了实行恐怖之外,只会求助于道德。他在共和二年雨月17 日(1794 年 2 月 15 日)《关于指导国民公会的政治道义原则》的报告中,阐明了自己的道德观。

"如果和平时期人民政府的动力在于道德,那么革命时期人民政府的动力便在于道德和恐怖。没有道德的恐怖是有害的,没有恐怖的道德是无力的。恐怖无非是迅疾、严厉而不可动摇的正义,因此也是道德的一种表现。它与其说是一项特殊的原则,不如说是适应祖国最迫切需要的普遍民主原则的结果。"

道德,也就是个人的忘我精神、对公共利益的献身精神和必要时的牺牲精神。罗伯斯庇尔试图用制度、用法定的和司法的保证来维持这种公民道德。至于恐怖,救国委员会则打算在革命法制的范围内加以节制,同时仍把它作为一种统治手段保留下来。

生计危机在冬末突然恶化。巴黎出现了严峻的形势:一场威胁革命政府生存的平民暴动似乎迫在眉睫。

4. 风月危机和乱党的覆灭(1794 年 3—4 月)

危机在共和二年冬季逐渐明朗化。革命政府建立后逐渐表现出的社会和政治演进的各种特征更加突出,并深刻地影响着风月危机。这场危机极其尖锐地提出了人民运动同革命政府的关系问题。

---

① 巴黎塞纳河上最古老、最著名的石桥,建于 1517—1606 年。——译者

　　首先是社会危机。限价、对经济专制性的管理和领导，并不能保障给巴黎居民充足的供应。无套裤汉因物质生活极端困苦而怨声载道。粮食短缺和物价昂贵折磨着他们。最高限价法实施不力。工资虽得到增加，但抵消不了物价上涨的影响。就像不久前面包店门前的情况一样，肉店门前也排起了长队。人们凌晨 3 点就聚集到这里，拥挤、斗殴。缺乏农产品供应的巴黎中央菜市场里也吵成一团。深受其苦的工资劳动者掀起了请愿运动。建筑工人们要求加工资。军火工场在风月里不断发生骚乱。生计危机造成了过激的恐怖主义心理。风月 8 日（1794 年 2 月 26 日），一位妇女在人权区的民众俱乐部里喊道："我们还留着这些贵族干什么？难道不早就应该把这些让人民吃不饱肚子的坏蛋送上断头台吗？"

　　其次是政治危机。国防的需要和雅各宾派的权力概念促使革命政府愈来愈想使民众组织对自己消极服从，并把民众的民主主义做法一步步化为资产阶级的措施。无套裤汉的革命行动受到损害。巴黎各区和各民众社团的活动被引导到为战争出力方面（包括装备"雅各宾骑士"、收集硝石、抚养士兵的父母和子女），远远偏离了普遍性的政策的问题。曾逐渐被各区革命委员会控制的各基层组织，现在转而受政府支配。但这种转变是费了很多周折和冲突才达到的。温和派不失时机地利用这些事件展开宣传，从而加剧了混乱。活动分子们了解这些情况。雪月 4 日（2 月 22 日），一位演说者在"武装人"区的民众俱乐部里宣布："你们若失去了革命的运动，哪怕只有片刻工夫，爱国者就完了！他们就死期将至了。"

　　共和二年风月的危机集中表现了 1789 年的爱国者和 1793 年的爱国者之间的对立。这种对立本身又反映了无套裤汉和雅各宾派（或山岳派）之间，关于政治生活和社会组织的平民观念和资产阶级（亦即雅各宾派）观念之间不可消除的对抗性。在危机的背景下，"新温和派"和"坚定的爱国者"之间由各种私仇加深了的对立越发尖锐。樊尚和龙森的拥护者们仍怒气未消。风月 8 日（1794 年 2 月 26 日），科洛·代布瓦（从里昂回来后他一直致力于调和四分五裂的爱国者）曾力图实现科尔得利派和雅各宾派的和解，但告无效。风月 9 日，科尔得利派再次要求逮捕那些"不配坐在国民公会议席上的叛徒们",并特别要求逮捕卡米耶·德穆兰。激进反对派和平民不满情绪结合起来,构成了对革命政府的严重威胁。为应付这种威胁,革命政府需要采取大刀阔斧的社会措施。

共和二年风月的一系列法令就这样应运而生。早在雨月 13 日(1794 年 2 月 1 日),国民公会就通过了拨款 1 万锂作救济金的决议。风月 3 日(1794 年 2 月 21 日),巴雷尔又提出一项新的普遍限价法。风月法令走得更远一些。风月 8 日(1794 年 2 月 26 日),圣茹斯特在作了关于在押人犯的报告之后,促使国民公会通过了查封嫌疑犯财产的法令。风月 13 日(1794 年 3 月 3 日),又产生了一项法令,责成救国委员会提出"用共和国之敌的财产赔偿所有不幸者的办法"。

圣茹斯特宣称:

"现实的力量也许正在把我们引向我们所不曾想到的结局。为数甚众的革命之敌控制着财富,贫困迫使劳动人民处于从属于敌人的地位。你们设想一下,在一个国家里,如果民事关系导致的结果和政府的形式截然相悖,这个国家难道还能存在下去?"

他还指出:

"不幸的人是地球上的强者,他们有权以主人的姿态向忽视他们的政府说话。"

圣茹斯特在他的第二个报告的结尾处,向旧制度的君主们提出挑战:"幸福是欧洲的一个新观念。"

尽管如此,风月法令的影响却不宜夸大。阿尔贝·马迪厄对圣茹斯特"既没有得到他所希望满足的人们的理解、也没有得到他们的拥护"这一情况深为惊讶。圣茹斯特和革命政府得到了理解,这是不容置辩的。革命之敌在共和国里不得享有任何权利,他们的财产应当拿来赔偿冒着生命危险保卫共和国的爱国者。这些观点早在 1793 年春就开始形成，并在无套裤汉中广泛流传。因而风月法令并不带有任何特别的性质。马迪厄曾写道，圣茹斯特的结论构成"一种旨在从埃贝尔主义的混乱愿望中总结出一套社会纲领的重大企图"，对此我们也是难以苟同的。

无套裤汉和激进爱国者很早就在这方面提出了一种更激进的纲领。另一方面，即使查封嫌疑犯财产和赔偿贫穷爱国者的计划符合人民大众的要求并深受欢迎，这些以后才能表现出影响的措施并不能满足当时的迫切需要，对解决生计危机并不能带来任何帮助。圣茹斯特和罗伯斯庇尔怀有不容置疑的诚意，但风月法令只能归结为一种旨在对抗激进宣传的策略手腕。这个手腕失败了。到风月中期，由于革命政府无所事事，既不想实行保证无套裤汉生计的经济计划，又不想实行摆脱温和派威胁的政治计划。于是，这场危机恶化到了极点。

风月危机的极度恶化，表现在人民群众中流传着的反对商人和富人的恐怖主义言论上，也表现在一些反叛性公告和起义谣传上。这些起义谣传引起各政府委员会的警惕，也使科尔得利派产生错觉，激励着他们去采取他们认为具有决定意义的行动以清除敌对分子。他们估计加强压力可使自己最终取得优势。埃贝尔在《迪歇纳老爹报》上谴责新出现的"催眠派"——也就是罗伯斯庇尔派。在第 350 期上，他把"神圣的断头机"视为"点金石"。他还揭露政府在各派之间寻求平衡的政策：

"有人想两面讨好，有人要拯救那些曾阴谋反对自由的坏蛋，这是白日做梦。正义将不顾催眠派的干扰而得到伸张。"

最后，埃贝尔提出一项明确的社会纲领：

"你们要保证每个公民都有工作，要向老年人和残废人发放救济，要迅速组织国民教育以圆满完成你们的事业！"

但是，科尔得利派领袖们忽视了所有革命行动日的经验，没有注意组织他们设想中的运动,也没有切实加强和人民群众的联系。人民群众对物资匮乏比对温和主义危险更为关注。

肃清过激派是一出迅雷般的惨剧,平民活动分子为之惶然失措,与革命政府的关系更加疏远。风月 12 日,革命军将领龙森在科尔得利俱乐部声称有必要发动起义。风月 14 日(1794 年 3 月 4 日),写着人权宣言的牌子又被蒙上布幔,陆军部秘书长樊尚谴责那些"似乎串通一气要建立温和主义的罪恶制度"的人。卡里耶从镇压爱国者这一事实得出结论:应当举行起义——"一场神圣的起义"。埃贝尔附议道:"对,是应当举行起义了,而且科尔得利派将不是最后一批发信号消灭镇压者的人。"

看来,科尔得利派只是想搞一次群众示威,但这场示威不仅针对温和派,它的矛头直接指向革命政府及其政策。风月 17 日,科洛·代布瓦曾企图在雅各宾派和科尔得利派之间搞调和。对此,龙森当场报以一篇激烈的演说,大骂发明"超革命派"这个词的罗伯斯庇尔,指出"这个词成了新捣乱分子压迫最热忱的爱国者的借口",并强烈要求人们"彻底消灭一切温和派、骗子、野心家和叛徒"。

在科尔得利派和雅各宾派的对立以及人民运动和革命政府的对立之外,还存在着抵抗和运动这两种政策的对立。坚定的爱国者要搞运动,认为唯此才能把无套裤汉和大革命牢牢地联系在一起,才能保卫大革命。埃贝尔在他的最后一期报纸中写道:"只要后退一步,共和国就完了。"由于这里指的是无套裤汉参加建立的人民共和国,因此他的话是有道理的。而对于以资产阶级的保守共和国为理想的温和派说来,前进一步则是致命的。

风月中旬开始,科尔得利集团的攻势威胁了作为政府行动基础的社会平衡。救国委员会再也沉不住气了。风月 23—24 日(3 月 13—14 日)夜间,科尔得利俱乐部的主要领袖均被逮捕,并被送上革命法庭。诉讼案把外国奸细(克罗茨、银行家科克、普罗利、德菲厄、佩莱拉、迪比松)、科尔得利集团(埃贝尔、龙森、樊尚、莫莫罗)、激进爱国者(革命骑兵队上尉马聚埃尔、物资部廉洁的代孔布)和平民活动分子(科尔得利俱乐部的昂卡尔,马拉区反囤积专员、朴实的迪克罗凯)全都混在一起。他们在共和二年芽月 4 日(1794 年 3 月 24 日)都被送上断头台。

接着便是对宽容派的清算。丹东派一度以为他们又要得势,从风月末就开始施加压力。被查封的第 7 期《老科尔得利报》编写了一份针对救国委员会政策的激烈控诉状。但犹豫了许久才镇压了过激派的救国委员会是决不愿失去控制权的。早在风月 28 日(1794 年 3 月 18 日),国民公会就颁布了对法布尔·代格朗蒂纳、巴齐尔,夏博和德洛内等被牵涉进东印度公司案件的议员的控告令。对镇压埃贝尔及其朋党感到不安的比约-瓦雷恩和科洛·代布瓦二人在支持下,终于促使犹豫不决的罗伯斯庇尔下定决心,芽月 9—10 日(1794 年 3 月 29—30 日)夜间,逮捕了丹东、卡米耶·德穆兰、德拉克鲁瓦和菲利波。罗伯斯庇尔于芽月 11 日作了一次动人心弦的讲演。此后,国民公会便批准了这次行动。罗伯斯庇尔说:

"我曾经是佩蒂翁的朋友,但他的真面目一经暴露,我就抛弃了他。我也曾和罗兰有过来往,但他一叛变我就揭露了他。丹东要步他们的后尘,在我看来,他只能是祖国的敌人。"

诉讼案把一些渎职的议员、外国间谍(居兹曼和弗雷兄弟)、一个投机商、代斯帕尼亚克修士、丹东的朋友韦斯特曼将军及埃罗·德·塞谢尔等人同丹东派首领们混在一起。丹东并无惧色,大骂控告他的人们。一项法令规定:任何犯人若侮辱国家司法即可被剥夺申辩权。所有这些犯人都在共和二年芽月 16 日(1794 年 4 月 5 日)被送上了断头台。

第三件诉讼案以一桩旨在释放嫌疑犯的"监狱阴谋"为借口,其目的是清洗反对派的残余分子。巴黎市府的国家官员肖梅特、德穆兰的遗孀和埃贝尔的遗孀、狄龙将军等,这些互相间毫无关系的人被拉到一起,并于共和二年芽月 24 日(1794 年 4 月 13 日)被处死。

芽月的惨剧具有决定性意义。科尔得利集团的冒险企图为革命政府提供了一个契机,以加速它的演变进程。虽然革命政府在危亡关头同意跟无套裤汉结成联盟，并为维持这个联盟作出过让步，但它从来没有接受无套裤汉民主的社会目标和政策方针。对各政府委员会来说，反抗反法联盟和反革命势力的斗争，以及它们的政治观念，都要求控制民众组织并将它们限定在资产阶级革命的激进民主主义范围之内。由于科尔得利俱乐部的反对派运动威胁了革命政府的平衡，革命政府便采取了镇压手段。但是，无套裤汉看到自己所信赖的、表达自己愿望的《迪歇纳老爹报》和科尔得利派被定罪，他们便对革命政府产生怀疑。政府虽然也处死了丹东，但这也无济于事。继这几场大诉讼案之后的镇压活动尽管有所节制，但仍在活动分子心中产生恐惧，各区的政治生活从此变得死气沉沉。革命政府和各区无套裤汉之间直接的、兄弟般的联系被切断了。圣茹斯特不久这样写道："大革命冻结了。"芽月的惨剧实际上是热月政变的序幕。

Ⅱ. 救国的雅各宾专政

从肃清乱党到罗伯斯庇尔派垮台，从芽月到热月，革命政府不再受到争议。尽管在客观环境影响下进行过某些改动，政府的地位仍相当稳固。中央集权不断强化，恐怖统治更加严厉，经过清洗的各级权力机关俯首听命，国民公会成为橡皮图章。但革命政府的社会基础却遭到严重削弱。1793 年夏季危机期间，巴黎各区的活动分子曾迫使政府建立了一些符合他们的社会和政治愿望的特别机构，如 7 月间设立的反囤积专员、9 月间设立的革命军等。各政府委员会在无套裤汉协助下取得统治权后，曾做过大量工作来调整各个机构和统一革命军队。风月危机和芽月审判使他们得以取消人民运动的独立性，并清算人民运动所强迫建立或创造的各种机构。共和二年芽月 7 日(1794 年 3 月 27 日)解散了革命军，12 日(4 月 1 日)取消了反囤积专员。巴黎市府遭到清洗，各区的民众社团也被取缔。人民运动被纳入雅各宾专政的轨道。各政府委员会虽获得了"强制力"，但却失去了人民的信赖。在芽月到热月期间，革命政府和人民运动日益离心离德。

1. 革命政府

自 1793 年夏季以来，革命政府的组织形式和性质一直在演变着，到 1794 年 4 月间便大致确定下来。葡月 19 日(1793 年 10 月 10 日)法令，尤其是共和二年霜月 14 日(1793 年 12 月 4 日)法令，构成了该政府的宪章。圣茹斯特在他 1793 年 10 月 10 日的报告中，罗伯斯庇尔在他《关于革命政府的原则》(共和二年雪月 5 日，即 1793 年 12 月 25 日)的报告及《关于指导国民公会的政治道义原则》(共和二年雨月 17 日，即 1794 年 2 月 5 日)的报告中，都为革命政府制定了理论。

革命政府是一个战时政府，按罗伯斯庇尔的说法，"大革命是自由的抗敌战争"，而自由的敌人在国内国外都存在。革命的目的是建立共和国。一旦敌人被打垮，就应恢复立宪政府，即恢复"获胜的、安宁的自由制度"(不过也只能待到敌人被打垮的时候)。由于现在是战时，"革命政府需要一种非常的能动性"，应当"行如霹雳"，粉碎一切反抗。因为不能"对和平和战争、对健康和疾病实行同一种对策"，所以革命政府拥有"强制力"——即恐怖统治。罗伯斯庇尔提出："难道强制力只是用来保护犯罪的吗？"……革命政府"对于人民的敌人除了处死以外别无选择"。这种恐怖只是用来拯救共和国的，作为"民主或人民政府之基本原则"的美德，是革命政府不至于变成专制政体的保证。美德，"也就是对祖国和法律的热爱"，是"把一切私人利益汇同于公共利益的高尚献身精神"。罗伯斯庇尔得出结论：

"在法国大革命的制度下，凡是不道德的便是不得当的，凡是使人堕落的便是反革命的。"

这样一来，大革命的目的就十分明确了：

"我们要执行大自然的意志，完成人类的计划，遵守哲学的诺言，宽恕使犯罪和暴政得以长期统治的天命。愿过去在被奴役国家中著名的法兰西超越历史上一切自由民族的荣耀而成为各民族的榜样，使压迫者为之丧胆，使被压迫者为之快慰，使世界为之增光。愿我们在用自己的鲜血巩固我们事业的时候，至少能看到普遍极乐时代的灿烂曙光。"(共和二年雨月 17 日)

国民公会本来是"政府动力的唯一中心",它代表着国家主权,掌握着最高权力。各委员会在它的监督下从事行政工作,执行它的决议。但在芽月以后,行政权力却成了政府体制的首要部分,议会实际上成了它的从属机构。

国民公会的各委员会(在共和二年共计 21 个)领导或控制着行政机构的各个部门。实际上,只有两个委员会有效地行使着政治权力,这就是救国委员会和。

每月都进行重选的救国委员会这时已削减到 11 名成员(罗伯斯庇尔、圣茹斯特、库通、比约-瓦雷恩、科洛·代布瓦、巴雷尔、卡诺、科多尔省的普里厄和马恩省的普里厄、让邦·圣安德烈和兰代)。它"处于行政机构的中心地位",一切政府机关和公职人员都处于它的"直接监察"之下。它通过地形测量局领导外交和战争,通过武器弹药委员会领导军火生产,通过物资委员会领导国民经济,并通过共和二年花月末创建的警察局下达逮捕令,侵越的职权。虽然救国委员会的某些成员各自任有专职(如兰代专管生活资料、科多尔省的普里厄专管军火),实际上大家都在齐心协力地指导政治和领导战争。

救国委员会还管辖着临时行政会议的 6 位部长。1794 年 4 月 1 日(共和二年芽月 12 日),按照卡诺向国民公会作的一个报告,这 6 位部长为 12 个执行委员会所取代。这些执行委员会均由国民公会根据救国委员会的举荐任命,它们完全听命于救国委员会,救国委员会则通过"控制政府的意图并就各项重大措施向国民公会提出建议"来保持自己的主导地位。

也是逐月重选的较晚些时候才稳定下来(其成员有阿马尔,穆瓦斯·贝勒,画家达维德、勒巴,下莱茵省的路易、瓦迪耶、武朗等等)。根据 1793 年 9 月 17 日的法令,"一切有关个人和国内一般治安的问题"均受该委员会的"特别监察"。负有实施惩治嫌疑犯法的使命,领导治安工作和革命司法,是一个恐怖机关。

各省行政机构都按共和二年霜月 14 日法令简化,由此加强了中央集权。省级行政机关染有联邦主义嫌疑,因而失去大部分权力,只能负责税收、公共工程、国有财产等事务。两个主要行政区划是县和市镇，前者负责"监督贯彻革命法令和治安救国措施"，后者负责执行这些法令和措施。市政府每 10 天得向县政府汇报 1 次工作，县政府每 10 天也得向各政府委员会汇报 1 次。

检察官的编制被取消后，在各县行政机关和市政府侧畔都安插有国家官员。这些官员负责"敦请和监督各项法令的贯彻，检举贯彻过程中的各种玩忽职守的行为和可能出现的违法行为"。派驻各县的国家官员每 10 天必须向两政府委员会作 1 次汇报。

各革命委员会（即 1793 年 3 月 21 日建立并经过当年 9 月 17 日法令改组的原监视委员会），成为惩治嫌疑犯法的执行机关。它们均由 12 人组成，每个市镇设 1 个，大城市的每个区设 1 个（但许多乡村并不曾有过这种委员会）。革命委员会的权力主要在治安方面，可开列嫌疑犯名单，执行挨户搜查和逮捕。这些革命委员会每 10 天必须就它们的工作向作一次汇报。

民众的俱乐部和社团的革命警惕性有助于加强政府的行动。

雅各宾俱乐部在各省都建立了自己的分部。雅各宾派来源于中层资产阶级，往往是国有财产的获得者，因而都属于抵抗派人物。他们面对险象环生的形势，力图保持 1789 年取得的政治和社会成果。为此目的他们曾同人民和无套裤汉结成了联盟。他们是经济自由主义的拥护者，他们接受统制经济和限价政策只是把它们作为一种战时措施和对民众要求的让步。随着大革命运动的发展和接二连三的清洗，雅各宾俱乐部的构成更趋向民主化。出身于中等资产阶级的雅各宾派所占的比例在 1789—1792 年间是 62％，到 1793—1794 年间降至 57％；而手工业者和军人所占的百分比在同一期间由 28％升至 32％；农民的比例也由 10％升至 11％。

无套裤汉聚集到成分更加平民化的各友好协会中。这些友好协会是在小学教师当萨尔于 1790 年 2 月 2 日成立了"两性爱国者联谊社"（该协会也设在圣奥诺雷街的雅各宾修道院里）之后，在巴黎发展起来的。1792 年 8 月 10 日以后，这些向小人物开放的区级会社在巴黎如雨后春笋不断涌现。国民公会于 1793 年 9 月 9 日禁止区议会为常设机关。此后，平民活动分子们把原有的民众团体改造成区民社团，或重新创立一些民众团体。这些新型的区民社团构成巴黎人民运动的基层组织。平民活动分子们即通过这些社团左右各区政治，监督行政机构，并向市政当局和中央政府施加压力。从共和二年秋季到春季，密如蛛网、行有成效的民众团体遍布共和国，其数量之多数不胜数。在一度面临反革命威胁的东南部，民众团体特别多：在沃克吕兹省，154 个市镇中有 139 个民众团体；在加尔省，382 个市镇中有 132 个团体；在德罗姆省，355 个市镇中有 258 个团体；在下阿尔卑斯省，260 个市镇中有 117 个团体。这些爱国组织在战胜国内敌人方面起了决定性作用。

然而，在坚决拥护政府政策的雅各宾俱乐部及其分部和表现着大革命总进程中人民运动独立性的各区民社团之间，很快就发生了对抗。芽月以后，各政府委员会依靠雅各宾俱乐部，为统一革命力量进行了巨大努力。在当时，雅各宾俱乐部的"总部"成为"舆论的唯一中心"。在政府的压力下，巴黎各区的社团只得解散。39 个区民社团就这样在共和二年花月和牧月间消失了。各政府委员会破坏了人民运动的支柱。由于这些委员会把一个始终具有自己的愿望和民主习惯的独立运动强行纳入雅各宾派的框框，从而激起了无套裤汉的反对。于是，无套裤汉和雅各宾派资产阶级之间出现了不可调和的对抗。

共和二年春，随着国民公会驻各省特派员被召回，政府的中央集权化最终得以加强。特派员的权力起初很广泛，后来受到共和二年霜月 14 日法令的限制。为贯彻这一法令，国民公会还在 1793 年 12 月派出一大批、也是最后一批特派员。但这些特派员必须听命于救国委员会，每 10 天必须向救国委员会作 1 次汇报，并再不能授权他人，也无权征召军队或征收革命捐税。芽月 30 日（1794 年 4 月 19 日），21 名国民公会特派员被召回。救国委员会宁愿使用自己的官员，如巴黎的朱利安。他是德罗姆省国民公会议员的儿子，曾检举过卡里耶在南特及塔利安在波尔多的过度暴行，并使他们被召回。有时救国委员会还把自己的 1 名委员作为特派员派出去，如在获月里被派往诺尔省前线的圣茹斯特。

然而中央集权并不能推行到底。救国委员会还得考虑到国民公会和其他委员会。康邦经管的国库也不受救国委员会的控制。对自己的特权极为珍惜，不大支持救国委员会警察局的工作。两委员会之间的冲突加速了革命政府的垮台。在外省，尽管救国委员会花了很大力气，政府措施的贯彻仍然很不统一。

2. "强制力"和大恐怖

惩罚意志自 1789 年以来就一直是革命心理的基本特征之一。正如乔治·勒费弗尔所指出，人民群众和大革命的有远见卓识的领袖们针对"贵族的阴谋"表现出"防御反应"和"惩罚意志"。正是从这里产生了民众的激动情绪和各种屠杀事件。也是从这里，自 1789 年以来陆续产生了那些常设委员会、搜查委员会和。1789 年 10 月 11 日法令把关于危害国家罪的终审判决权授予巴黎夏特莱宫。1792 年 8 月 17 日，建立了 1 个特别法庭，该法庭两天后制定了 1 项简捷的诉讼法，取消了向最高法院的上诉。9 月屠杀标志着民众恐怖的顶点。由于吉伦特派对使用镇压手段（即使是合法的镇压）深为反感，1792 年 11 月 29 日，他们撤销了 8 月 17 日建立的法庭。

恐怖统治的建立是危机恶化所致。但随着革命政府的建立和巩固，恐怖渐渐正规化和合法化了。1793 年 3 月 10 日，为了防止新的民众屠杀，成立了有权审理"所有反革命活动"的革命法庭。9 月 5 日，该法庭受到改组，它由国民公会任命，按一种简化的诉讼程序（取消起诉陪审团）进行终审判决，不得上诉最高法院。1793 年 3 月 21 日创立的各监视委员会，按 9 月 17 日颁布的惩治嫌疑犯法，被交由管理。此外，国民公会还建立了一些按特殊诉讼法审判的军事法庭，如 1793 年 3 月 19 日针对旺代叛乱分子、28 日针对流亡贵族建立的一些军事法庭。对于旺代叛乱分子、流亡贵族及流放中归国的反抗派教士（所有这些人都被认为是不受法律保护的），审判工作往往只是验明正身和宣判死刑。

在第二阶段，恐怖统治的强度是因省而异、因特派员及当地恐怖主义者的势力而异的。镇压的范围按客观环境和危险的大小，同时也根据负责人的性情以及他们对于法律文件的解释而伸缩。有些负责人把前斐扬派、老温和派、抗议 8 月 10 日起义或 5 月 31 日至 6 月 2 日起义的人统统治罪。经济危机的恶化、统制经济的实行，使嫌疑犯数量激增。聚敛金钱的富人、违反最高限价法的生产者和商人,都在嫌疑犯之列。最后,非基督教化运动也进一步扩大了恐怖统治的范围,未很快放弃圣职的宪政派教士和顽固坚持宗教信仰的教徒都遭到镇压。

在乱党垮台及芽月审判之后,恐怖统治的中央集权加强了。在此之前大恐怖一直是针对大革命的敌人的,而现在它已在伤及各政府委员会的反对派。各委员会不断加强控制。赫赫有名的恐怖主义者,如富歇、弗雷隆、塔利安、卡里耶等,渐渐都被召回。根据圣茹斯特《关于普遍治安和乱党罪行》的报告而作出的共和二年芽月 27 日(1794年 4 月 16 日)法令规定:"被指控搞阴谋的嫌疑犯,不论该犯在共和国的什么地方,都必须移送巴黎的革命法庭。"花月 19 日(1794 年 5 月 8日),国民公会特派员们在外省建立的革命法庭和委员会均被撤销。不过勒邦在阿腊斯创立的革命法庭一直维持到获月 22 日(1794 年 7 月 10日)。花月 21 日(1794 年 5 月 10 日)还成立了奥朗日民众委员会。这些都是具体环境造成的例外。

共和二年牧月 22 日(1794 年 6 月 10 日)法令颁布后,地地道道的"大恐怖"开始了。这是当时的环境条件所促成的。牧月 1 日(1794 年 5月 20 日),科洛·代布瓦遭到一个名叫阿德米拉的人的枪击,4 日(5月 23 日),人们抓住了企图攻击罗伯斯庇尔的塞西尔·雷诺,她后来明确地表示了自己的反革命信念。贵族的阴谋就这样在大战前夕一再表现出来,反映了反革命势力的冥顽不化。恐怖主义浪潮席卷了巴黎各区,人们的惩罚激情犹如火山爆发。然而自发反应的时代已经一去不复返,恐怖统治已经简化和强化了。库通(牧月 22 日法令的提议人)宣布:"问题不在于惩罚几个典型以儆效尤,而在于消灭暴政的一切死心塌地的仆从。"

被告的辩护权和预审均被取消,陪审员仅凭精神方面的证据就可以定罪,法庭只能在开释和死刑之间作出选择。大革命之敌的定义被大大扩展。"问题主要不在于惩罚他们,而在于消灭他们。"牧月法令的第 6 条列举了人民之敌的各种类型,即:"凡以践踏、诽谤爱国主义来赞助法兰西之敌者,凡图谋降低士气、败坏风俗、改变革命原则的纯洁性与活力者,凡以任何手段和披着任何伪装来危害共和国的自由、统一与安全，或力图阻挠共和国之巩固者。"

在恐怖统治的最后阶段，人们一般均采用"大杂烩"的办法审案。依据贵族阴谋的宽泛概念，人们可以在一次诉讼案中控告一群相互间并无关联的被告。他们因反对国家的阴谋而被看作一丘之貉。巴黎各监狱挤满了嫌疑犯(达 8 000 多人)，很让人担心发生犯人暴动。某些受到严重夸大的迹象使人们相信有人在搞"监狱阴谋"。因此 6 月份有 3 批人，7 月份有 7 批人被处死。这些人都是从几个主要拘留所(比塞特尔、卢森堡宫、卡尔默、圣拉扎尔)提来的。从 1793 年 3 月到共和二年牧月 22 日这一期间，在巴黎处死过 1 250 人。可从大恐怖法令颁布到热月 9 日的一个多月里，竟有 1 376 人上了断头台。据革命法庭公诉人富基埃-坦维尔描绘，"脑袋如板岩似的纷纷落地。"

人们对于恐怖统治的结果看法不一。关于受拘嫌疑犯的数字，有人估计为 10 万人左右，有人则认为达 30 万之众。关于被处死的人数，据多纳尔德·格里尔估计，约在 3.5 万—4 万之间，其中包括在南特和土伦未经审判被处死的人数。根据这位历史学家的统计，革命法庭和各种特别法庭宣布的死刑达 16 594 起：从 1793 年 3 月到 9 月有 518起，从 1793 年 10 到 1794 年 5 月有 10 812 起，从 1794 年 6 月到 7 月有 2 554 起，在 1794 年 8 月有 86 起。从地区分布来看，16％的死刑是在巴黎判决的；71％的死刑发生在国内主要战区，其中 19％在东南部，52％在西部。定罪的动机同这地区分部情况相吻合：78％的死刑是为惩治叛乱、叛变而宣布的。思想上的犯罪行为(煽动反抗、联邦主义、阴谋)所招致的死刑占 19％。经济方面的犯罪(伪造指券、贪污)所招致的死刑只占 1％。至于被处死的人的社会成分，原第三等级占 84％(其中资产阶级占 25％，农民占 28％，无套裤汉占 31％)，贵族只占 8.5％，僧侣占 6.5％。乔治·勒费弗尔强调指出："但要知道，在这样的斗争中，对叛徒的处罚要比对宿敌的处罚更加不客气一些。"

因此，恐怖统治基本上是为保卫革命和国家，对付叛乱分子和叛徒的一种工具。大恐怖像内战一样(它本身也是内战的一个方面)，从民族中清除了那些因其贵族属性或决心与贵族阶级生死与共而不能结合到社会中来的分子。它把"强制力"授予各政府委员会，使它们得以恢复国家的权威并令所有的人遵守救国的法则。它使阶级利己主义暂时沉默,从而促进民族团结感情高涨。尤其是恐怖统治使统制经济得以强制实施,这对夺取战争胜利和完成救国事业是必不可少的。在这个意义上,恐怖统治是胜利的一个重要因素。

3. 统制经济

统制经济是应国防的急需而建立的。在对外贸易因封锁而停顿、法国四面受敌的时候,通过全民动员征召来的战士们急需吃饭、穿衣和武器装备,城市的居民急需粮食供应。所以,自 1793 年夏季起,革命政府就一步步地加强统制经济。

征用工作以法国的全部物质资源为对象。以死刑惩治囤积者的 1793 年 7 月 26 日法令强迫生产者和商人申报存货,并为核实这些存货任命了一些"反囤积专员"。农民交出了粮食、草料、羊毛、大麻,手工业者交出了自己的劳动产品。在某些特殊的情况下,百姓们还得拿出武器、鞋子、被褥和被单。如共和二年雾月 10 日(1793 年 10 月 31 日)圣茹斯特在斯特拉斯堡征收了 5 000 双皮鞋、1 500 件衬衫,雾月 24 日(11 月 14 日)又从该城市的富人中征收了 2 000 张床来安顿伤员。各种原料——金属、绳缆、做弹药筒用的羊皮纸、硝土等——都被收集起来。教堂的大钟也被拿下来去化铜。所有企业都必须在国家的监督下为民族的利益工作,以便最大限度地发展生产,应用由救国委员会动员起来的学者所发明的新技术。征用措施限制了企业的自由。

限价措施是征用措施的必要补充。1793 年 5 月 4 日法令规定了谷物和面粉的最高限价,但实际上没有实行。9 月 15 日法令重申了这一规定,9 月 29 日法令强制规定了各种生活必需品的"普遍最高限价"(比 1790 年价格高 1/3,由各县按具体情况执行),以及工资的最高限价(比 1790 年高一半,这一限价由各市政府负责执行)。为了贯彻这一新立法并监督贯彻的情况,国民公会于共和二年雾月 6 日(1793 年 10 月 27 日)创立了一个从属于救国委员会的物资委员会。该委员会做了大量的调整工作,于风月 2 日(1794 年 2 月 20 日)公布了产品生产地的全国最高价目表。各个县应加上运输费(就谷物和面粉来说,每驿里①

---

① 1 驿里=3.898 公里。——译者

的运输费系 4 苏半)、批发商的利润(5％)和零售商的利润(10％)。这样，最高限价法强行规定了利润余额，抑制了投机，限制了利润自由。

经济国营化不同程度地影响着生产和外贸，军队的需求在其中起主要作用。救国委员会事实上并不曾把民用的粮食供应国营化。这种限制经济自由的生产和交换制度，在无套裤汉眼里显然带有某种社会价值。但救国委员会只是迫于需要才推行统制经济的。资产阶级对于限制经济自由的国营化充满敌意。统制经济对救国委员会来说只能是一种保卫国家和革命的权宜之计。

生产部分地国营化了——或是直接通过创建国家工场，或是间接地通过向制造商供应原料，通过整顿，监督、征用和限价。国家武器弹药制造工场的投产有力地推动了军备工业的发展，如巴黎制造步枪和刀剑的大型工场，以及由拉卡纳尔(在贝尔热拉克)和诺埃尔·普安特(在穆兰)创建的一些军火工场，还有巴黎的格勒奈尔火药厂。但救国委员会没有建立更多的国家工场(卡诺对这种工场持反对态度)，并拒绝把矿业国营化。

外贸的国营化搞了几个月。从 1793 年 11 月起，物资委员会掌握了外贸大权。它向国外派出官员，征用商船，在各港口建立国营货栈。为了资助同中立国的贸易和保证在汉堡、瑞士、热那亚和美国等地购货的支付，物资委员会征集了葡萄酒、烧酒、丝绸和呢绒，向这些国家和地区出口。共和二年雪月 6 日(1793 年 12 月 26 日)，康邦下令按平价征购外汇。在处死埃贝尔之后，对外贸的控制便开始松懈。从风月 23 日(1794 年 3 月 13 日)起，批发商们获得了一些便利，因为政府为保障粮食供应和生产，开始寻求同大商人合作。各港口的批发商被召集到各商业事务所，物资委员会派出国的官员都被召回法国。这种符合工商业资产阶级利益的演变只能激起无套裤汉的反对。

市民的粮食供应从未直接国营化。在共和二年芽月 12 日(1794 年 4 月 1 日)改为贸易和供应委员会的物资委员会，基本上为满足军队需要而使用征调权，很少关心消费者。资本集中化的发展不足与总体统计的缺乏使得居民的需求得不到精确测定，无法制定全国性的粮食供应规划。因此实行征调以供应市场便成为各县的事务。监督磨坊主、

管理面包坊，建立定量供应制度等，也由各市政府去办理。许多城市
（如特鲁瓦）的面包坊完全归市府经营，有些城市（较少一些，如克莱蒙
费朗）连肉店也归市府经营。对于其他产品，除了糖和肥皂以外，物资
委员会不感兴趣，它仅满足于公布最高限价。而救国委员会则发展到
禁止一切地方政府搞征用的地步。无套裤汉试图通过革命监督强迫商
人尊重限价法，但毫无成效。地下市场，尤其是农产品的地下市场猖
獗地发展起来。共和二年芽月 12 日（1794 年 4 月 1 日），反囤积专员
被取消。这时，为照顾生产者、种植者、手工业者和商人，救国委员
会不顾无套裤汉的尖锐指责，渐渐放松了对民用粮食供应的管理。最
后，救国委员会开始容忍各种违犯生活资料（面包除外）最高限价法的
行为。

随着革命政府和人民运动的分裂日益明显，一种新经济政策在
1794 年春初具轮廓。深刻了解中产阶级愿望的救国委员会开起倒车，
它安抚商人，放松管制，缓和统制经济的立法。统制经济的推行主要
是为军队和国家的利益服务的。救国委员会不可能看不到：最高限价
法的实施是导致原第三等级解体的一个因素。因为资产阶级和有财产
的农民是带着反感情绪接受统制经济的。手工业者和小店主虽然要求
对生活必需品实行最高限价，但当最高限价强加到自己头上时便感到
气愤。

对于工资的最高限价则激怒了工人们。由于全国总动员和战争的
负担，劳动力减少了，工人们利用这种情况增加了工资。许多市镇，
尤其是巴黎市，从未公布过工资的限价表。然而国家却在国营工场里
严格实施限价法，不对工人有任何宽容。芽月惨剧之后，新巴黎市府
制止所有联合结社的图谋。救国委员会也采取压制工资劳动者的态度。
救国委员会认为，整个财政经济的大厦建立在双重最高限价法的基础
上，放弃这种双重限价必将引起整个体制的坍塌和指券的垮台。罢工
遭到镇压。收获季节临近时，政府令农业工人处于被征召状态，并限
定他们的工资额。热月 5 日（1794 年 7 月 23 日），巴黎市府终于公布
了工资最高限价。对于许多职业团体，这一限价事实上专横地降低了
劳动日的价格。工人们的不满情绪由此变得更加强烈。这种工人的不

满同饱受征调压迫的农民、愤愤于限价规定的商人，因指券而破产的食利者的不满情绪汇合在一起。

但总的说来，统制经济不应被看作消极的东西。它毕竟使共和国的军队得到给养和装备。没有它，胜利是不可设想的。正是由于它，城市的人民大众才获得每天有保障的面包供应。共和三年经济自由的恢复又使他们陷入水深火热之中。

4. 社会民主

人民大众和革命的中等资产阶级尽管有某些细微差别，但都持有一种社会民主的理想。财富的不平等使政治权利徒有其名；人类不平等的根源不仅在于自然，而且还在于私有财产——人们中流行着这种18世纪社会哲学的老生常谈。但是，很少有人达到主张通过废除私有制来打乱社会秩序的高度。1793年4月21日，罗伯斯庇尔在国民公会宣称："财产的平等是一种幻想。"像当时的一切革命者一样，他谴责主张平分地产的"土地法"。在此以前，3月18日，国民公会曾一致决定以死刑惩罚土地法的拥护者。但在同一讲演中，罗伯斯庇尔断言："财富的极端不均是许多罪恶的源泉。"无套裤汉和山岳派对于"富足"、"阔佬"及过分的财富持敌视态度。他们的共同理想是建立一种独立小生产者的社会。在这种社会里，农民和手工业者都拥有自己的土地、小店或棚铺，可以在无须受雇于他人的情况下养家活口。这与18世纪末的法国大众的理想相符，它体现了小农、农村短工、手工业者、帮工以及小店主的愿望。这种理想和当时大多数生产者的经济状况是一致的。但它又与当时出现的关于生产自由的要求相矛盾。生产自由必将导致资产的集中化。

对这种社会理想的最明确的表述，是由巴黎各区的活动分子和罗伯斯庇尔派同时提出来的。

1793年9月2日，在要求实行生活必需品最高限价和增加工资的时候，无套裤汉区（前植物园区）宣称："财产权只能以人体需要的范围为依据"，并要求国民公会宣布"规定财富的最高限额，任何人不得拥有超过最高限额的财富，任何人不得承租超过一定数量的犁铧所能耕种的土地，每个公民只能拥有一个作坊或一爿店铺"。

然而，早在 1792 年 12 月 2 日，罗伯斯庇尔就把财产权置于生存权之下："首要的权利是生存的权利，因而首要的社会法则便是为一切社会成员保证生存手段的法则，其他的一切法则都应置于从属的地位。"1793 年 4 月 24 日，罗伯斯庇尔在他关于新人权宣言的讲演中，进一步冲破旧藩篱，不再把财产权看成一种自然权利，而是把它看成一种由法律确定的权利："财产权是每个公民据以享受和支配由法律保障的那部分财产的权利。"

圣茹斯特明确表达了这种社会价值观："应该不富不穷，富足是一种耻辱。"在《共和制度拾零》中，他提出废除立遗嘱的自由，按直系平均分配遗产，禁止非直系亲属继承遗产以及把无直系亲属公民的遗产收归国有等主张，以此将财产权限制在狭窄的范围内。这种社会立法旨在"向一切法国人提供获取基本生活必需品的手段，使之除法律之外无须依靠其他东西，在社会地位方面也无须相互依赖。"

这就是说："人人应该独立自主地生活。"因而，社会法的概念在共和派思想中得到复兴。他们开始认为：在经济发展趋于毁灭小财产的时候，为了重建小财产以维护相对的平等，为了防止财富垄断再现和处于依附地位的无产阶级的形成，必须建立一个有权控制财产组织的民族共同体。

山岳派的立法即源自这些原则。共和二年雾月 5 日(1793 年 10 月 2 日)和雪月 17 日(1794 年 1 月 6 日)的法令保证在继承人(包括私生子)之间绝对平等地进行遗产分配(这些法令的有效期上溯到 1789 年 7 月 14 日)。仅保证遗产的平均分配是不够的，还必须让没有财产的人得到财产。于是，1793 年 6 月 3 日，逃亡贵族的土地被按一定规格分成小块出售，地款可在十年内分期付清。这些规定在共和二年霜月 2 日(1793 年 11 月 22 日)被推广运用于一切国有财产。1793 年 6 月 10 日的法令批准按居民人头免费分配公社土地。虽然土地的分割使一部分农民扩大了土地数额或变成为地产主，更多的农民却并未从这种立法中得到任何好处。1793 年 7 月 17 日，封建权利被彻底废除后，农民的团结一致不复存在。农村社会的分化加剧，出现了农民地产主和大农场主。迫于对劳动力的需要，这些地产主对农业工人获得土地和农村无产者转变为独立生产者不能不持敌对态度。共和二年风月 8 日和 13 日(1794 年 2 月 26 日和 3 月 3 日)的法令规定贫穷的爱国者将从没收和分配嫌疑犯的财产中得到报偿,这反映了罗伯斯庇尔派要继续前进,并满足穷苦的无套裤汉某些要求的意愿。虽然圣茹斯特在他的报告里谈到免费让与这些财产,但法令里却对此只字不提,也从未明确地提出实施的方式。事实上,风月法令没有能够解决土地问题。罗伯斯庇尔派及山岳派在内心深处仍是经济自由的忠实信徒,他们不愿意干预土地问题。他们都对穷苦农民的愿望无动于衷,从不考虑改革分成制和把大农场分割为小地产的问题。他们制定不出一项符合农村无套裤汉愿望的土地纲领。

严格意义上的社会立法在制宪议会的各种设想中已体现出来,同时又超出了这些设想。1793 年 3 月 19 日和 6 月 28 日的法令,建立了对穷人、儿童和老人的救济制度。1793 年 6 月 24 日的人权宣言第 21 条确认:"公共救济是一种神圣的债务。"享受救济的权利在共和二年花月 22 日(1794 年 5 月 11 日)法令中得到承认。该法提出了社会保险的原则,并在各省设立了"国家救济大册"。老人、残废军人、需要抚养子女的母亲和寡妇都将登记入册,每人都将得到一笔年金和一些救济品,并将享受送上门的免费医疗。

共和二年风月 13 日(1794 年 3 月 3 日),圣茹斯特呼吁:"必须让欧洲明白,在法国领土上你们既不愿再看到不幸者,也不愿再看到压迫者。但愿这个榜样国家能带动整个世界,把对美德的热爱和幸福传遍全球。幸福乃是欧洲的一种新观念!"

5. 共和的伦理道德

按罗伯斯庇尔共和二年雨月 17 日(1794 年 2 月 5 日)所说,美德乃是人民政府的原则和根本动力:"我来谈谈这种在古希腊与罗马创造了无数奇迹的美德……这种美德不是别的,正是对祖国和法律的热爱。"

美德是恐怖统治的矫正剂。救国委员会严厉惩罚了渎职的革命者,召回行为暴虐的恐怖主义者。尽管它不想再搞非基督教化运动,它却打算把民间崇拜(差不多到处都建立了这种崇拜)净化、完善和统一起来。因为必须通过公共教育和共和崇拜来加强群众的公民责任感。

　　公共教育被 1793 年 6 月 24 日的人权宣言第 22 条确认为一项人权。它主要被设想为一种国民教育，一种公民学校，其任务——按照人权宣言区 1793 年 7 月 14 日提出的主张——在于教育公民们懂得"对他们义务的规定及如何实践各种美德"。最首要的是发扬公共精神、巩固民族统一。1793 年 10 月 21 日，国民公会通过了一项关于开设国立小学的法令。这种学校的教学大纲把精神修养和身体训练、伦理和体操、教学和实践都结合起来。这一法令很快遭到否定，遂为共和二年霜月 29 日（1793 年 12 月 19 日）法令所取代。后一法令要求创立强制性的、免费的和世俗的小学。这种学校在体制上受国家控制，但并不搞中央集权化，因而比较适合民众心理。由于要全力应付战争，革命政府不顾群众要求，没有切实实施这项法令。它没有时间，也没有经费。由此，组织一种公民崇拜就显得更有必要了。

　　革命崇拜在大革命初期就已发展起来：1790 年 7 月 14 日的联盟节便是其最早和最突出的表现之一。公民节日大为增加，这形成了达维德为之贡献了自己全部才华的新艺术。1793 年 8 月 10 日，在达维德规划下，巴黎欢庆了统一和不可分割节。非基督教化运动期间，对理性神的崇拜于 1793 年秋季在各教堂里取代了天主教崇拜，并且很快成为激发公民责任感和共和伦理的旬礼拜活动。

　　罗伯斯庇尔倡导的最高主宰崇拜企图把共和信条奠定在玄奥的基础之上。罗伯斯庇尔在读中学时接受过唯灵论的教育。作为卢梭的信徒，他厌恶孔迪雅克的感觉论，对于爱尔维修这类哲学家的无神论的唯物主义尤其反感（雅各宾俱乐部中的爱尔维修胸像是他叫人打碎的）。这位不可腐蚀者相信上帝和灵魂的存在，相信来世。他 1792 年 3 月 26 日在雅各宾俱乐部的言论无可置疑地表明这一点。共和二年花月 18 日（1794 年 5 月 7 日），罗伯斯庇尔在他所作的关于旬末节的报告中，把发扬公民责任感和共和道德作为这些节日的目的：

　　"道德乃是公民社会的唯一基础……伤风败俗是专制制度的基础，正如美德是共和国的要素一样……把公共道德发扬光大吧！你们要取得胜利，但尤其要消灭恶习。"

基于个人的信念，同时为了在政治上使人民树立一种既能照顾习俗又能巩固共和道德的信仰，罗伯斯庇尔继续说：

"在立法者看来，一切有利于人间和行之有益的东西都是真理……关于最高主宰的观念即是不断地求助于正义，因此它是一种社会和共和的观念。"

花月 18 日法令的第一条宣布："法兰西人民相信最高主宰和灵魂不死。"为颂扬大革命的重大事件(1789 年 7 月 14 日起义、1792 年 8 月 10 日起义、1793 年 1 月 21 日处死国王和 5 月 31 日起义)，创立了 4 个重大的共和节日。每个旬末日都用以纪念一种公民的或社会的美德。

共和二年牧月 20 日(1794 年 6 月 8 日)，的最高主宰和自然神节揭开了新宗教崇拜的序幕。几天前被选为国民公会主席的罗伯斯庇尔手持一束鲜花和谷穗，主持了这一庆典。在一片人的海洋中，由达维德布置的五彩缤纷的仪仗队伍在戈塞克和梅于尔创作的雄壮乐曲中从杜伊勒利宫的国家花园行进到马尔斯校场。牧月 20 日的庆典给参加者和外国人留下了深刻的印象。纪尧姆-泰尔区职员吉尔巴尔在日记中写道："我不相信在历史上还能找到这样的日子。无论从物质上还是从精神上看，这个庆典都极为壮观……每个有感情的人都会对这个日子永世难忘。"

反革命分子马莱·迪庞也承认："人们确实以为罗伯斯庇尔就要填平大革命的深渊了。"

然而，罗伯斯庇尔创立最高主宰崇拜的政治目的并没有实现。在 1794 年春的社会经济状况下，以及在芽月惨剧之后，花月 18 日法令试图用同一种信仰和伦理把不同社会阶层调和到一起。这些阶层虽然不久前一直在支持革命政府，现在却被阶级对抗弄得势不两立了。罗伯斯庇尔没有能力分析经济、社会状况，因而相信观念万能，并求助于美德。事实上，最高主宰崇拜产生了(甚至在革命政府中间)一种新的冲突：狂暴的非基督教化拥护者和主张国家完全世俗化的人都不能在共和二年花月 18 日法令问题上原谅罗伯斯庇尔。

6. 国家军队

革命政府的建立以及它以恐怖树立起权威,都是出于战争的需要。建立统制经济的目的在于供给和装备共和国军队。社会民主致力于改善人民的处境,共和道德致力于加强人民的公民责任感,其宗旨都在于使人民全力以赴地投入战斗。罗伯斯庇尔说过:"革命即自由反对其敌人的战争。"在共和二年,救国委员会把全部心血都注入了军队。

军队的兵员在 1794 年春超过 100 万人,分成 12 支方面军。军队的来源很复杂,有正规军、志愿军,也有征召 30 万大军和全国总动员时入伍的士兵。按照 1793 年 2 月 21 日颁发、1793 年底至 1794 年初实施的"混编法"和"编队法",他们被重新整编为团队。军队就这样被"国有化"了。

军官队伍受到清洗和更新。国民公会提出的军官选举制原则在国民自卫军中早已严格实行。但在军队中实行时,年资仍起一定作用。根据 1793 年 2 月 21 日的法令,列兵可以选举下士。他们还可以从在职下级军士中指定 3 人作为 2/3 的下级军官候选人。晋升者由同级军官推选。1/3 的军官职位按年资分配。将军由政府任命,其中 1/3 凭资历,2/3 靠选派。1793 年 2 月 12 日,圣茹斯特曾宣称:"选举各部队军官是士兵的公民权,选举将军则是全国人民的公民权。"实际上,救国委员会在这方面窃取了极广泛的权力,因为它常常授权国民公会特派员干预军官队伍的建设。然而,下级军官的选举原则一直受到尊重。经过这样的筛选,渐渐产生了一些无与伦比的高级将领,如马尔索、奥什、克莱贝尔、马塞纳、儒尔当等许多人。在他们周围还有一大批军事素质好、公民责任心强的坚强干部。为培养新型军事干部,共和二年牧月 13 日(1794 年 6 月 1 日)通过了组建"马尔斯军校"的法令,规定每县派 6 名青年进校,使他们"通过革命教育学习共和国士兵应具备的所有知识和品行。"

军纪得到了整顿。共和二年雾月,圣茹斯特号召莱茵方面军:"你们要遵守纪律,因为它是胜利的保证。"1793 年 7 月 27 日,国民公会决定对抢劫者和逃兵处以死刑。实际上,军事法庭对流亡贵族和叛乱者毫不留情,对士兵却比较宽容。特别是,救国委员会善于使军队保持民主特征。1793 年 2 月 12 日，圣茹斯特指出："你们不应只靠士兵的数量和纪律来打胜仗，只有当共和精神在军队中得到发扬的时候，你们才能获取胜利。"对士兵的政治教育和军事训练是并重的。共和二年的士兵经常出入各俱乐部，阅览爱国报刊。共和二年风月 26 日（1794 年 3 月 16 日）的一份资料，统计了陆军部的无套裤汉部长布肖特发往共和国各方面军的报刊，其中第一种便是《迪歇纳老爹报》，其次是夏尔·迪瓦尔的《自由人报》、雅各宾俱乐部机关报《山岳派报》、德罗姆省人朱利安的《反联邦主义者报》。共和二年的法国军队是一支为结束特权、废除封建制度和消灭专制主义而战的革命军队。反革命分子，反抗派教士和流亡贵族，同英国人、普鲁士人或奥地利人一样，都是它的敌人。救国委员会把共和国与自由、平等同化在一起，以此使士兵公民们相信：服从命令是战士的天职。

军事指挥权严格隶属于文官政权，军队只是一种政治的工具。革命政府认为，领导战争是文官政权的基本特权。1793 年 6 月 24 日通过的宪法第 110 条规定："不设最高统帅。"鉴于拉法夷特和迪穆里埃的叛变，救国委员会使用恐怖手段迫使将军们服从。居斯蒂纳、乌夏尔和其他一些将军被送上了断头台，他们的疏忽或无能被视作缺乏公民责任感的证据。严密注视着军事问题的圣茹斯特在讲演中大肆宣扬这样的信条；"只有当战争结束时人们才能称颂将军"，"将军的头衔仍然带有君主制的性质"。在一项著名通令中，救国委员会专门为将军们评述了共和二年霜月 14 日的革命政府组织法："在一个自由国家里，军人权力最应受到强制。它是一般意志都可以驱动的被动手柄……将军抗命的时代已一去不复返了。"

甚至在战场上，文官政权也通过国民公会特派员行使着控制权。1793 年 3 月 30 日的法令最终确认了这些特派员不受限制的权力。在1794 年战争行动的前夕，共和二年花月 1 日（1794 年 4 月 20 日），比约-瓦雷恩向国民公会提出警告：

"在拥有 12 支大军的情况下，我们不仅要担心和提防背叛，还应对军人的势力或某个胆大妄为、野心勃勃的军事首领的图谋不轨保持警惕。历史的经验告诉我们：所有的共和国都是因此而灭亡的……军人政府是最坏的政体，比神权政体有过之而无不及。"

战术和战略根据新的政治、社会需要进行了改造。随着物资动员初见成效，混编成师团的共和国部队得到给养和武器装备，并取得了数量上的优势。武器仍然是旧制度军队留下的：有效射程为 100 米的 1777 年型步枪、格里博瓦尔式火炮，更主要的是一种能把 4 斤的炮弹发射到约 400 米以外的加农炮。然而，1793 年 10 月 10 日圣茹斯特宣布："君主制的战术已不再适用于我们……法兰西军队的作战方式应该是一种突击序列。"

新战术是由于部队缺乏训练而被迫采取的。共和二年的法国士兵在战斗时大体先是利用地形成散兵线，然后成密集队形上刺刀冲锋。最后：战斗纵队成为共和国军队的最佳战术编队，较之传统的线性编队更容易控制和指挥。新战术的统一在 1794 年基本实现：两个步兵旅、两个骑兵团、一个炮兵连合编成一个师，共 8 000—9 000 人。

由于不得不使用大量预备役士兵，战略也得到革新。旧的围攻战法仍保持了下来，要塞还是作战的支点和基地。卡诺主张集中兵力对一些决定性的据点实施不间歇的轮番进攻。在这种战法中，主要的因素不是军事科学，而是毅力和顽强斗志。共和二年雨月 14 日(1794 年 2 月 2 日)，救国委员会确定了它的宗旨：

"基本的规则是不断地发动集团进攻，在军队中保持严明而不过于烦琐的纪律，使军队时刻处于紧张状态但又不致过于疲劳，各要塞中只留下守备部队绝对必需的东西，……处处勇于刺刀见红，不断地打击敌人，直至彻底消灭之。"

牧月 8 日(1794 年 5 月 27 日)，救国委员会发出号召："进攻！不停顿地进攻！"最后，在果月 4 日(1794 年 8 月 21 日)救国委员会还提出："像闪电一样震慑敌人！像霹雳一样打击敌人！"与巧妙的战术相比，迅速的运动、顽强的进攻、勇猛的作战更是克敌制胜的主要因素。

在 1794 年 6 月间，革命政府的巨大努力结出了硕果，胜利就在眼前。但就在此时，政治危机重新爆发，统治集团陷于了分裂。

Ⅲ. 共和二年热月 9 日（1794 年 7 月 27 日）

1794 年春末，救国委员会在国民公会和巴黎都碰到了更加严重的困难：人民运动和革命政府之间出现分裂，议会中的反对派重新组织起来。与此同时，日趋恶化的经济危机使得现政权一天也离不开恐怖统治。然而，到手的胜利果实却使得这种恐怖统治更加难以维持和难以忍受。

1. 大革命的胜利（1794 年 5—7 月）

救国委员会的对外政策主要是一种战争政策。丹东的谈判政策被抛在一边，因为这种政策在国内曾给宽容派带来好处，并削弱过民族的斗志。救国委员会没有作任何努力去利用反法联盟各国之间的分歧，或应科西乌斯科的呼吁去支持波兰起义者。但救国委员会很注意维持同中立国的关系。在罗伯斯庇尔作完《关于共和国的政治形势》（共和二年雾月 27 日，即 1793 年 11 月 18 日）的报告之后，国民公会宣布尊重中立列强利益，并表示对瑞士各州和美利坚合众国怀有"公正、善意和尊重的感情"。所谓宣传战就此完结。

在诺尔省的国境上，共和国在发动战役前夕部署了 3 支方面军对抗科布尔从海洋一直排列到那慕尔的部队。皮什格吕所部诺尔方面军 15 万人将朝伊普勒方向进攻弗朗德勒地区。阿登方面军 2.5 万人将朝夏尔勒鲁瓦方向进攻。儒尔当率领的摩泽尔方面军 4 万人将朝列日方向进攻。皮什格吕行动不力，没能阻止科布尔占领朗德勒西，但他于共和二年花月 29 日（1794 年 5 月 18 日）在图尔库安击败科布尔，扭转了从埃斯考河到海滨的边境局势。救国委员会把阿登方面军和摩泽尔方面军合编并加强到 9 万人（由儒尔当统帅，圣茹斯特辅佐之。该军不久被命名为桑布尔-默兹方面军）。这支军队被派去进攻夏尔勒鲁瓦，并迫其于获月 7 日（1794 年 6 月 25 日）投降。与此同时，在伊普勒，被皮什格吕击败的科布尔也撤退了。科布尔为了保卫后方,于获月 8 日(1794 年 6 月 26 日),在弗勒吕斯向占据夏尔勒鲁瓦的儒尔当发动进攻。经过一天激战,科布尔败北。圣茹斯特在这次战役中身先士卒,率领纵队不停冲杀,为夺取胜利起了决定性作用。但他不愿向国民公会报告这一点:

"我很希望有人宣传胜利,但我不希望胜利被用来满足虚荣。有人宣传弗勒吕斯大捷,而许多一言未发的人当时参加了战斗。有人大谈这次围攻,而许多默默无言的人当时坚守在战壕里。"

弗勒吕斯战役带来了比利时的解放,儒尔当和皮什格吕在布鲁塞尔会师。接着,皮什格吕把英荷联军赶向北方,儒尔当把奥地利人赶向东方。热月 9 日(1794 年 7 月 27 日),皮什格吕进入安特卫普,儒尔当进入列日。

在比利牛斯山方面,迪戈米埃夺取了布卢大营(花月 12 日,即 1794 年 5 月 1 日)后,进入卡塔卢尼亚。与此同时,蒙塞在西边也跨过国境线,占领了圣塞瓦斯蒂安(热月 7 日,即 1794 年 7 月 25 日)。在阿尔卑斯山方面,进入意大利似乎指日可待了。

在海上,英国舰队控制着地中海并在保利的同谋下夺取了科西嘉岛。但是,大西洋的共和国舰队还是成功地坚持下来了。牧月 9 日、10 日和 13 日(1794 年 5 月 28 日、29 日和 6 月 1 日),为了保护一支从美洲运小麦的船队,维拉雷-儒瓦耶兹的舰队开出布雷斯特基地,在维桑海面向豪威的英国舰队开战。法国的损失是沉重的("复仇者"号被击沉),但英国人也不得不撤退。运麦船队得以安全通过。

革命政府以极大的努力消除了内部危机,夺取了胜利,并迫使反法联盟各国媾和。花月 1 日(1794 年 4 月 20 日),比约-瓦雷恩代表救国委员会在国民公会宣布:"我们的进军不是为了征服,而是为了战胜敌人,不是为了陶醉于胜利的喜悦,而是为了在自由不再需要任何一个敌兵死亡的时候立即停止打击。"

在胜利唾手可得之际,革命政府却发生了分裂。

2. 政治危机：无法达成的和解(1794 年 7 月)

1794 年 7 月的政治危机表现在多方面。当雅各宾专政在革命政府控制下不断地集中和强化的时候，它在巴黎的社会基础和在国民公会的政治基础都在不断地缩小。两个政府委员会的分裂、救国委员会中的不和，终于促成危机的爆发。

当人民运动日益背离革命政府时，巴黎和全国都出现了厌倦恐怖统治的舆论。

在胜利的条件下镇压已显得不再必要。因而对恐怖统治的厌倦也变得更加强烈。工商业资产阶级勉强容忍着政府对经济的控制。他们盼望早日恢复 1789 年革命赐给他们的生产和交换的完全自由。他们也担心自己的财产权受到损害。长期不得实施的风月法令似乎要重新开始实行。为"挑出"嫌疑犯，已成立了一些人民委员会。救国委员会竭力调整恐怖统治。它召回了在外的一些知名的恐怖主义者，并根据牧月 22 日法令重建司法和镇压方面的中央集权。然而，救国委员会的这一法令未能贯彻。在执行中歪曲了这一法令：它把性质截然不同的案件混在一起，将被告成批地判决，同时以"监狱阴谋"为由加速镇压机器的运转。由于经济困难和"对断头台的厌恶"，舆论界掀起了一股反对革命政府的潮流。

人民运动自芽月惨剧后渐渐脱离了革命政府。1794 年春天，在对国民公会和各政府委员会表示忠诚的一系列游行活动的假象背后，人们看到，巴黎各区政治生活在无可救药地退化，巴黎无套裤汉对现制度深怀不满。圣茹斯特写道："大革命冻结了。"这一现象既有社会方面的原因，也有政治方面的原因。

在政治方面，各区的区民大会被迫循规蹈矩，被无套裤汉视为基本政治权利的市、区行政长官的民主选举被取消了。对埃贝尔主义者的镇压在悄悄地进行着。利用"埃贝尔主义"这个词打击敌视雅各宾中央集权和依恋人民民主制度的区民骨干分子是很方便的。当时，有些区曾出现骚乱，但很快被镇压下去。尽管如此，这些骚乱说明了人民反对派依然存在。马拉区在花月里又展开了对这位人民之友的崇拜活动。但牧月 3 日(1794 年 5 月 22 日),各政府委员会下令禁止一切所谓"局部的"节庆。获月底,大多数区都发生了"博爱宴会"运动,这些运动也很快遭到谴责和禁止。

在社会方面,经济政策的新方向使民众消费者感到不满。经过清洗、现由罗伯斯庇尔分子帕扬领导的巴黎市府为商界恢复了名誉。获月 9 日(1794 年 6 月 27 日),帕扬质问道:"那些针对鱼肉人民的吸血鬼……针对食品杂货商的无休无止的大叫大嚷,究竟有什么益处?"生活必需品的价格虽被限定,但政府并不征集这些物品,只满足于供应面包。面包的分配归各市政当局负责。巴黎市府明确宣布,对私人从外地调运食品的活动将不作任何限制,并命令逮捕所有阻碍贸易的人。这种做法导致了黑市的活跃,破坏了限价制度。市府为了满足制造商和手工业者而牺牲无套裤汉、工人和工资劳动者等最贫困阶层的利益,同时禁止他们的一切请愿行动。从花月起,新限价法令的颁布和经济统制的放松引起生活必需品价格突然上涨。各个职业团体都闹起要求增加工资的工潮。巴黎市府根据勒夏普利埃法野蛮地镇压了这些工潮。热月 5 日(1794 年 7 月 23 日)颁布的巴黎工资最高限额表使这种限制性政策发展到顶峰。这个工资价目表严格遵照 1793 年 9 月 29 日的法令,强行降低了工人的工资,而且降低的幅度相当大:一个在风月挣 5 锂工钱的先贤祠工地的石匠,现在只能挣 3 锂 8 苏了。恰恰在罗伯斯庇尔派当局和巴黎市府需要人民群众可靠支持的时候,工人的不满情绪爆发了。

在国民公会中,反对派的核心是一些被召回的特派员,一些凶狠的恐怖主义者(尤其是那些感到自身受到威胁的人,如卡里耶、富歇)和一些渎职者(如、弗雷隆、塔利安等)。腐化者的乱党又一次形成了。它的基础是那些乘胜利之便要求结束恐怖统治的新宽容派和那些只把革命政府当作权宜之计来接受的平原派。人民运动已被制服,无须再担心发生起义。既然如此,国民公会有什么理由继续容忍政府委员会的监护呢?在不愿再受束缚的国民公会和充满强烈敌意的巴黎无套裤汉之间,革命政府成为一座空中楼阁。

两个政府委员会的分裂促成了自己的毁灭。

领导镇压工作的对于救国委员会的越权行为，尤其是对它的警察局的活动已忍无可忍。组成的是一些冷酷无情的人，如何马尔、瓦迪耶、武朗等。他们的精神状态接近过激派，希望延长恐怖统治，因为他们的权威有赖于这种统治。这是些无神论者，因而对制止非基督教化运动，对最高主宰崇拜深为不满。除了达维德和勒巴以外，他们出于个人恩怨和原则分歧，都特别仇视罗伯斯庇尔。

救国委员会如果保持团结，它是能够轻易制服这个反对派的。然而这个大委员会逐渐地也发生了分裂。罗伯斯庇尔以自己辉煌的贡献成为革命的法国人心目中名副其实的政府首脑。但他没有谨慎地避免触怒同事们。他要求别人像要求自己一样严格，很少拉关系，对大多数人都保持距离和有所保留，好像他总是在算计，或怀有野心。关于这位不可腐蚀者有"野心"的指控，吉伦特派曾提出过，科尔得利派也提出过，现在又被救国委员会内部的卡诺和比约-瓦雷恩提出来。共和二年花月1日(1794年4月20日)，比约-瓦雷恩在国民公会宣称：

"一切珍惜自由的人都应对那些占据显位者的德行保持警惕。"

除了性情不投和职权冲突(卡诺和圣茹斯特发生过激烈争吵，并曾为罗伯斯庇尔和圣茹斯特批评他的军事计划而恼火)之外，还有社会方针方面的分歧。卡诺和兰代都是归附山岳派的平原派分子，属于保守的资产阶级。他们厌恶社会民主，难以忍受统制经济。比约-瓦雷恩和科洛·代布瓦则倾向于另一极端。(其成员瓦迪耶曾企图丑化最高主宰崇拜)抓住一个自称"上帝之母"的名叫卡特琳娜·泰奥的老太太大做文章，拐弯抹角地攻击罗伯斯庇尔。罗伯斯庇尔怒不可遏，从获月中旬起即不再出席救国委员会。这种退隐对他的政敌来说是求之不得的。

两个政府委员会于共和二年热月4日至5日(1794年7月22日至23日)举行联席会议，试图和解，但未成功。两个委员会的成员都意识到，如果不重建和谐的关系，革命政府就不能维持下去，也不能抵御腐化分子和新宽容派的进攻。然而，虽然圣茹斯特和库通赞成和解，罗伯斯庇尔却拒绝这样做。他想断然粉碎由山岳派中的政敌和曾支持自己的平原派所结成的联盟。

3. 结局：无法成功的起义

罗伯斯庇尔决定把冲突公诸于国民公会，这实际上是请国民公会评判革命政府的行为。而且，这样做也无异于毫无防备地冒一场巨大风险。因为，当时人民运动已经被压制下去，巴黎无套裤汉对政府不是漠不关心便是心怀敌意。

热月 8 日(1794 年 7 月 26 日)，罗伯斯庇尔在国民公会向他的政敌发起进攻，把恐怖扩大化的责任推到那些伪装成宽容派的凶狠歹毒的恐怖主义者身上。但他不愿点出他所指控的议员的名字，这是最大的失策。因为所有自知干过某件错事的人都感到了威胁。当晚，正值罗伯斯庇尔在雅各宾俱乐部的演说博得鼓掌，各委员会都张皇失措、举棋不定的时候，他的政敌开始行动了。那些很久以来便计划搞掉罗伯斯庇尔的议员在当晚同平原派一起策划了阴谋(他们向平原派许诺要结束恐怖统治)。这是一个以恐惧为唯一纽带的暂时同盟。

热月 9 日(1794 年 7 月 27 日)，国民公会于 11 时开会。12 时，圣茹斯特上台发言。这时，整个事变便迅速地展开。阴谋分子们策划的阻挠议事的手法无情地堵住了圣茹斯特的口，接着又封住了罗伯斯庇尔的口。对巴黎国民自卫军司令昂里奥和革命法庭庭长迪马的逮捕令获得通过。在可怕的喧嚣声中，一个不出名的议员卢舍提出的对罗伯斯庇尔控告令获得一致通过。罗伯斯庇尔的弟弟要求同他共命运。库通和圣茹斯特也随之被捕。勒巴则要求得到加入被捕者行列的光荣。罗伯斯庇尔高呼："共和国完了，强盗们得势了！"旁听席上的目击者纷纷离开国民公会，把这一可怕的消息带到各区。这时还不到下午 2 点钟。

巴黎市府试图发动起义，但组织工作和领导都很糟糕。3 点钟之前就得到消息的市长弗勒里奥-莱斯科和国家专员帕扬，要求市府总委员会委员回到各区擂鼓集合，敲响警钟。6 点钟左右，所有活动分子都得到报警，各区都警觉起来。但 48 个区里只有 16 个区向市府的沙滩广场派遣了国民自卫军支队。芽月以来镇压各区骨干分子的后果由此表现出来。然而无套裤汉的先锋——国民自卫军炮兵连的革命积极性比步兵营要高。到傍晚 6 点钟，起义当局掌握了驻扎在首都的 30 来个炮兵连中的 17 个，以及 32 门火炮，而当时国民公会身边只有 1 个警卫连。在几个小时里，巴黎市府掌握着炮兵力量的绝对优势。只要它能有一个统帅这支力量的军官，这种优势便是一张决定性的王牌。市府派人救出了那些被宣布逮捕的议员。随后，大家来到市府商讨对策。然而国民公会很快恢复了镇静，并通过决议，宣布那些反叛的议员不受法律保护。受命纠集一支军队，持温和态度的各区纷纷归顺。聚集在市府前的国民自卫军和炮兵既无军令也无给养。关于那些议员被宣布不受法律保护的风声很快传开。沙滩广场上的人渐渐走散。翌日凌晨 2 点左右，进军市政厅，并以突袭方式占领之。巴黎市府不经战斗就被打垮了。

热月 10 日(1794 年 7 月 28 日)晚，罗伯斯庇尔、圣茹斯特、库通和他们的 19 名拥护者未经审判就被送上了断头台。第二天，又有 71 人被集体处死了。在大革命中，这是处死人数最多的一次。

就这次起义尝试本身来说，失败的责任应归咎于巴黎市府的领导人和不善于行动的罗伯斯庇尔派。尽管统治机器大为加强、各区政府纷纷变节，尽管各革命委员会长期来只得俯首帖耳，但仍然有不计其数的无套裤汉赶到市政府。这一行动之所以未能奏效，其责任全在于罗伯斯庇尔派。他们坐以待毙，没有走进沙滩广场领导起义战士。从更高的角度看，这场革命运动的所有矛盾，以及无套裤汉本身的矛盾早已预示着热月 9 日事变的历史必然性。

罗伯斯庇尔是卢梭的信徒，但在科学和经济方面几乎一无所知。他厌恶爱尔维修一类哲学家的唯物主义。他关于社会和世界的唯灵论观点致使他在 1794 年春天的各种矛盾前束手无策。虽然他尚能从理论上为革命政府和恐怖统治辩护，但不能精确地分析他那个时代的经济和社会现实。毫无疑问，不能低估保持社会势力均衡的意义，也不能忽视资产阶级在反对贵族和旧制度中的主导作用。不过，同圣茹斯特一样，罗伯斯庇尔终究没能摆脱自身各种矛盾的束缚。他们过于重视资产阶级利益，以致不能同无套裤汉完全结合起来；另一方面，他们又非常关注无套裤汉的需要，以致不能得到资产阶级的好感。

革命政府建立在一个由各种相互矛盾的成分组成的社会基础上，因而它缺乏某种阶级意识。罗伯斯庇尔派的靠山——雅各宾俱乐部并不能成为革命政府必要的支柱，因为雅各宾派不构成一个阶级，更不是一个纪律严明的有效政治工具和阶级政党。共和二年的制度建立在社会关系和民主政治的唯灵论观念之上，由此引出的后果对革命政府是致命的。

在政治方面，比在具体问题上的对抗更严重的，是存在于山岳派资产阶级和巴黎无套裤汉之间、各区活动分子和革命政府之间的根本矛盾。在战争条件下需要一个专制政府，无套裤汉对此有清醒的认识，因为他们为创立这种政府作出过贡献。但战争及其各种需要同民主政治产生了矛盾。尽管山岳派和无套裤汉共同主张民主政治，但他们对于民主政治却各有所见。无套裤汉实行的民主政治自发地倾向于人民直接管理；而革命政府则认为这种做法不宜用以领导战争。对当选者实行监督、人民有权撤回授权、通过唱名或通过欢呼来表决——所有这些要求均表明巴黎各区的活动分子满足于形式上的民主。这种政治态度同资产阶级所设想的自由民主政治尖锐对立。无套裤汉曾经要求建立一个强有力的政府以粉碎贵族阶级。但他们对于革命政府强迫他们循规蹈矩、俯首帖耳是不能原谅的。

人民运动和革命政府的相互关系问题还表现在另一方面。1793 年春夏季，人民运动取得胜利后，无套裤汉骨干分子却陷于瓦解。尽管不是怀有野心，巴黎各区的许多活动分子却都认为自己的献身精神应该以得到职位作为报偿。革命政府的效率也得靠这种代价来保证。1793 年秋，各行政机构都受到清洗，换上了真正的无套裤汉。于是，出现了一个效法巴黎各区选派革命特派员的新潮流。这些特派员来自无套裤汉中最孚众望和最积极的分子。他们起初构成革命官员中最有战斗力的部分。他们的生活条件和工作成就本身都要求付给他们工资。故而，这些活动分子在共和二年里转变为革命政府的公职人员。出于对既得利益的顾虑，他们变得柔顺多了。人民运动中最有觉悟的分子进入国家机关以巩固革命政权，这是国内和边境阶级斗争激化所引起的必然现象。但由此也产生了另一结果：人民运动衰弱了，它和政府的关系也开始恶化。由于国防的进一步需要，区民组织的政治活动受到限制。各区内部的民主也被削弱了，官僚化渐渐使群众的批判精神和政治斗争性变得麻木。最后，人民对不断强化专制的政府机关也放松了监督。由此，在革命政府和创立了这一政府的人民运动之间产生出新的矛盾。罗伯斯庇尔派在这一演变过程中曾救助弱者。圣茹斯特说"大革命冻结了"，但他说不出这是为什么。

经济和社会方面的矛盾同样是不可克服的。作为自由经济的信徒，救国委员会的成员们（首先是罗伯斯庇尔）接受了统制经济，这是因为他们考虑到支持这场大规模民族战争不能没有限价和征调措施。然而无套裤汉在强迫实行最高限价的时候，却对自己的生计问题考虑得更多。大革命尽管具有民主性质，但仍然是资产阶级革命。革命政府为保持企业主和工资劳动者之间的平衡，不能不在限定生活必需品价格的同时也限定工资的价格。这种政策的前提是山岳派和无套裤汉的联盟。然而，由于该政策取消了经济自由，限制了利润，它也就触犯了资产阶级（即使是激进民主派资产阶级）。最高限价法只是在国家支付军工产品和对农民征集粮草等方面得以贯彻，在其他方面都遇到工商业主的违抗。无套裤汉关注的主要是价格和工资的关系，他们想借机增加工资。救国委员会在一个资产阶级结构的社会中出面解决危机，它的仲裁对有产者和制造商比对工资劳动者更有利，这是不言而喻的。热月5日的巴黎工资最高限价法尤其能说明这一点。由于缺乏阶级基础，共和二年的统制经济自然难以稳固。

被自身矛盾削弱了的革命政府随着罗伯斯庇尔及其追随者的遇害而垮台。同时，罗伯斯庇尔等人希望建立的那种民主平等共和国也宣告破产。但是，人民运动还要同在反动道路上愈走愈远的热月资产阶级打一场为时10个月的、顽强而绝望的后卫战。斗争是悲剧性的。随着这场斗争的结束，大革命的动力彻底枯竭了。

第五章　热月党国民公会。资产阶级的反动和人民运动的终结（1794 年 7 月—1795 年 5 月）

罗伯斯庇尔既倒，革命政府也没能维持下去。反动势力迅速加强了。除政治斗争的复杂激烈之外，社会方面的反动使热月派统治时期更为引人注目。共和二年制度的社会内容具有人民性，它主要表现为风月法令和国家救济等措施。在政治方面，它允许人民参加国家事务管理，由此打破了制宪议会为资产阶级利益而建立的财富特权与政治垄断。

无疑，人民运动和强行建立革命政府的巴黎无套裤汉从共和二年芽月起开始退却。当时，救国委员会的经济和社会政策的人民性已经减弱。从这个角度看，热月 9 日事变并非一种断裂，而是渐进过程的加速。从共和二年热月到翌年春天，反动一直在发展，但没有取得任何成就。资产阶级革命和人民运动，绅士们和无套裤汉在相互对峙着。这是决定性的时期：在这一年里，一部分人希望发生一场能最后保证大革命前途的人民大起义，另一部分人则为此而担忧。巴黎人民自 1789 年以来还没有被击败过。

共和三年牧月的失败标志着大革命中巴黎无套裤汉政治作用的结束和人民运动的最终覆灭。大革命重新走上资产阶级轨道。

Ⅰ. 热月反动的发展

热月党统治时期充满复杂的政治斗争，但政治斗争的错综复杂并不能掩盖斗争的实质："绅士们"（不久后，他们被称为"显贵"）想把小资产阶级，手工业者、店主、伙计，即曾把自己的法律强加于他们的无套裤汉，从政治生活中驱逐出去。同 1793 年人民运动高潮期间一样，山岳派中的少数人同日益壮大的反动多数派之间展开了议会斗争。这种斗争与基层更广泛的冲突结合在一起。反动派和共和二年的革命派到处在互相搏斗。但是，由于迷失方向、陷入混乱和失去了骨干，人民运动——这个在 1793 年曾促进过大革命的因素，现在只是一种抵抗的力量了，它只能且战且退。

1. 革命政府的解体和恐怖统治的终结（1794 年夏）

摆脱了罗伯斯庇尔派的救国委员会曾经想维持政府的体制。热月 10 日（1794 年 7 月 28 日），巴雷尔以救国委员会的名义在国民公会宣布，热月 9 日的事件只是一个"不伤害政府完整性的局部震荡"，"经过正本清源的政权提供了更强大的生命力，各政府委员会得到了进一步清洗，革命政府的力量由此将百倍加强"。同时，巴雷尔还抨击"某些谈论宽容的乔装贵族"："宽容！宽容只能对那些无意的过错而言，而贵族们的阴谋属于重罪，他们的过错就是罪行。"

事实上，共和二年的政府体制已失去它的基本特征，即失去稳定性和集权性，并随着恐怖统治的废除失去了它的"强制力"。因而，它几个星期就解体了。

政府的稳定性从共和二年热月 11 日（1794 年 7 月 29 日）起遭到破坏。这一天，国民公会根据塔利安的建议作出决定：今后各政府委员会每月应更换 1/4 成员，换下来的成员一个月后才有重新当选的资格。救国委员会中科多尔省的普里厄和让邦·圣安德烈立刻被排除，并被塔利安和丹东派分子蒂里奥所取代。这一现象意味深长。不久，这个共和二年的大委员会的老成员只剩下卡诺一人。中的达维德、雅戈、拉维孔特里等著名罗伯斯庇尔派分子也被开除，换上了勒让德尔和梅兰（蒂翁维尔人）一类人物。即使有些国民公会议员在政府中仍拥有影响，领导集团的稳定性却不复存在了。

共和二年果月 7 日（1794 年 8 月 24 日）法令既出，集权统治便告完结。在此之前，救国委员会的优势地位一直保证着政府的统一。这种优势地位从热月 11 日起便受到掌管财政委员会和控制国库（在共和二年中，唯有该部门没受到大委员会的控制）的康邦的攻击。巴雷尔于

13 日作出反击,说有人想就此建立"道德的联邦主义"。国民公会一度踌躇不定,但终于通过了符合康邦动议的果月 7 日法令。由此建立起16 个委员会,其中 12 个主要的委员会各统管一个执行部门。救国委员会的职权被削减到仅限于战争和外交方面。还保持着治安权和监视权。立法委员会的重要性大增:内政管理和法庭事务均属于它的权限。集权统治结束了,政权主要被政府的 3 个委员会所瓜分。

与此同时,恐怖统治也被废止了,革命政府的"强制力"随着它的其他动力一起消失了。牧月 22 日法令于热月 14 日(1794 年 8 月 1 日)被撤销。富基埃-坦维尔锒铛下狱后,革命法庭便不再起作用。热月 23 日(1794 年 8 月 10 日),根据梅兰(杜埃人)提出的报告,革命法庭受到改组。后来进行的一些"动机审讯",使所有被告,即使是罪证确凿的,都获得开释,借口是他们并没有受到任何反革命动机的驱使。热月 9 日后,各革命委员会受到猖狂的围剿。果月 7 日(1794 年 8 月 24 日),这些革命委员会终被取消,代之而起的是大城市中的区监督委员会和外省的县监督委员会。巴黎的 48 个老区被重新组合成 12 个新区。新建立的监督委员会作为公民委员会,成了独立于区民大会(该大会从果月 4 日,即1794 年 8 月 21 日起被限定每 10 天召开 1 次)的政府机关。监狱敞开了大门,嫌疑犯纷纷获释。从热月 18 日到 23 日(1794 年 8 月 5—10 日),仅在巴黎就有近 500 名嫌疑犯陆续出狱。恐怖统治就此告终。

2. 温和派、雅各宾派和无套裤汉(1794 年 8—10 月)

尽管原恐怖主义者竭力抗争,政治反动仍迅速表现出来。果月 9 日(1794 年 8 月 26 日),梅埃(拉图什人)发表了措词激烈的小册子《罗伯斯庇尔的尾巴》,对恐怖主义者进行谴责。果月 12 日(8 月 29 日),勒库安特尔攻击巴雷尔、比约-瓦雷恩和科洛·代布瓦参与了暴政。3 人遂提出辞职,退出救国委员会。共和二年的统治集团在一个月间被清除了。

在国民公会,山岳派丧失了全部影响,充其量只是一个"山脊派"了。这个"山脊派"的队伍还在不断缩小,分化出许许多多的变节分子。占多数的中间派——平原派,则由于那些改悔的恐怖主义者和山岳派分裂分子的归附而加强了力量,并取得优势。康巴塞雷斯和梅兰(杜埃人)成为平原派的重要首领。该派别的社会倾向是很明确的。他们反对统制经济，也反对社会民主。他们属于资产阶级，希望恢复资产阶级的优势地位，重建社会等级制，使人民重新处于从属地位。果月 27 日（1794 年 9 月 13 日），山脊派分子法约提议，采取新的、有利于"非有产者共和派或小土地所有者"的方式出售国有财产。下夏朗特省议员洛佐当即予以反驳："在一个由 2 400 万人组成的共和国里，让所有的人都成为自耕农是不可能的，让大多数国民成为有产者也是不可能的。如果所有人都去耕种土地或葡萄园，商业、工艺和工业很快就会毁灭殆尽。"

热月党抛弃了人民大众建立独立小生产者国家的理想。然而，跟大革命血肉相连的平原派分子仍打算保卫共和国。共和三年雾月 25 日（1794 年 11 月 15 日），他们以法典的形式把对流亡贵族的刑罚保持了下来。他们的政策是团结所有 1789 年的爱国者以堵塞反革命的道路，巩固现行制度。但是，正如 1793 年的情形一样，国民公会仍不能自主，它只能屈从外部的压力。

在巴黎，从共和二年热月到共和三年雾月（1794 年 8—10 月），3 种政治派别在复杂的政治斗争中相互对峙，形成了一种三角冲突。温和派想按 1791 年的方式恢复绅士们（即富裕的资产阶级）的优势地位。"新埃贝尔派"聚集在选举俱乐部里，掌握着博物馆区，它代表敌视革命政府的各民众派别。它要求在巴黎重建由选举产生的市政府，实施 1793 年的民主宪法。雅各宾派则仍旧主张保持战时政府的中央集权和共和二年的镇压手段。

选举俱乐部运动分裂了人民的力量，孤立了雅各宾派，从而使反动势力得以发展。"新埃贝尔派"仅仅出于反恐怖主义和反罗伯斯庇尔的狂热便与温和派联合起来，由此促成一场新的演变。这一演变的后果将使他们痛惜不已。选举俱乐部成立于热月 9 日之后。在原"埃贝尔派"分子勒格雷和原忿激派分子瓦尔莱的鼓动下，掀起了一场反对共和二年体制的运动。这场运动得到巴贝夫《出版自由报》的支持。巴贝夫没有看到这些政治斗争所反映的社会冲突，他于果月 19 日（1794 年 9 月 5 日）写道："热月 10 日标志着我们恢复自由的工作开始了一个新阶段。"在共和三年葡月 1 日（1794 年 9 月 22 日）出版的该报上，巴贝夫提出法国只存在两个派别；"一派主张保持罗伯斯庇尔政府；另一派则主张重建以永恒人权为唯一基础的政府。"

虽然巴贝夫、选举俱乐部和温和反动派之间不曾串通过（如乔治·勒费弗尔所说），但巴贝夫和选举俱乐部的行动促成了温和反动派的得势，这一点是肯定无疑的：巴贝夫在霜月28日（1794年12月18日）的《人民的保民官报》上曾承认过这一点。

从热月11日（1794年7月29日）起，雅各宾俱乐部在勒让德尔的倡导下重新开放，由此开始了雅各宾派的抵抗运动。果月17日（1794年9月3日），根据卡里耶的要求，弗雷隆、勒库安特尔、塔利安等变节的恐怖主义者被开除出俱乐部。在奥杜安的《宇宙报》以及夏斯勒和勒布瓦的《人民之友报》的支持下，雅各宾派要求恢复恐怖制度，"把敢于自我暴露的贵族消灭掉"。果月19日（1794年9月5日），该俱乐部采纳了第戎雅各宾派的请愿，并以此作为自己的纲领。其内容包括实行惩治嫌疑犯法，重新审议关于"动机审讯"的法令，开除一切贵族和教士的公职和限制出版自由。第戎雅各宾派的请愿书在巴黎得到8个区的拥护，一场真正的雅各宾运动在果月形成了。这场运动在共和二年第5无套裤汉日（9月21日）移送马拉遗骸入祀先贤祠的过程中达到最高潮。第4无套裤汉日（9月20日）那一天，兰代曾推动国民公会通过一项妥协计划。他在报告中允诺保护原恐怖主义者，但拒绝展开革命的镇压运动，并谴责了那些梦想实现"财富转移"的人。他还提议恢复商业活动自由。这一报告在共和三年葡月10日（1794年10月1日）受到巴黎10来个区大部分雅各宾派的猛烈抨击。雅各宾派鼓动的这种区民骚动使被反动激流裹挟而去的大部分国民公会议员感到不安。然而，"新埃贝尔派"和雅各宾派这两个都在寻求人民支持的派别竟在相互对抗中同归于尽：胜利落到了温和派手里。

温和派的进攻使所有从右边反对共和二年体制、特别是反对雅各宾派的人（保守的资产阶级、君主派、立宪派及各种多少被认为是旧制度拥护者的人）结成一个奇怪的联盟。他们的纲领是向恐怖主义者复仇、制服无套裤汉、阻止恢复政治民主和社会民主，因而是完全消极的。他们拥有两大行动手段：一个是报刊；另一个更为重要，即"金色青年"团伙。

反动报刊现在占据上风，因为它们拥有富足的资助，而所有雅各宾派的报纸都失去了政府津贴。根据《法兰西共和国报》主编小拉克勒泰尔的建议，右派报人们为共同制定反革命策略组成了 1 个委员会。他们认为：重要的问题是"让国民公会在经历过难以忍受的两年无政府时期之后返回正路"。他们当中有《政治通讯报》的迪索、《辩论报》的贝尔坦兄弟、《晚间信使报》的朗格卢瓦。弗雷隆的《人民演说家报》于果月 25 日（1794 年 9 月 11 日）复刊，塔利安则于共和三年雾月 1 日（1794 年 10 月 22 日）开始发行《公民之友报》。此外，还出现了许多指责雅各宾派的小册子，例如果月末出版的《剥去画皮的雅各宾派》和葡月里出版的《不受法律保护的雅各宾派》。这些报刊的攻击手段一般都是辱骂、诬告、诽谤和对所谓"嗜血者"、"无政府主义者"、"专横者"的讹诈。对康邦的攻击（说他是"专杀食利者的刽子手"、"财产领域中的罗伯斯庇尔"），或对在共和二年负责经济事务的兰代的攻击则反映了这类报刊运动的社会性质，说明那些"绅士"，即金钱显贵，绝不肯宽恕他们。

青年团伙在果月末成为反动势力的主要进攻手段。这些团伙由一些叛变的恐怖主义者，如弗雷隆（人们称那些团伙为"弗雷隆的金色青年"）、塔利安和梅兰（蒂翁维尔人）等人从资产阶级青年中招募而来。他们中有法院书记人员、银行职员和商店伙计。一些留在后方的军人、不按时应征入伍者和逃兵也加入了这一团伙，使之壮大了势力。

他们中一个名叫迪瓦尔的人曾在他的《热月回忆录》中写道："我们都是，或几乎都是不服从征召的人。有人说，我们在巴黎街头服役比在桑布尔-默兹方面军服役对国家更有用处。"

青年团伙的成员以其垂在两颊的发辫和衣服上的方领为标志。他们手持木棍，集合时喊着"打倒雅各宾派！国民公会万岁！"的口号，或高唱《人民觉醒歌》（其副歌歌词是"他们逃不出我们的手心！"）。果月末，这帮被反对者称为"花花公子"的青年人在平等宫（那里的夏特勒咖啡馆是他们的总部）向雅各宾派或被认为是雅各宾派的人发动进攻，由此挑起了最初的武斗事件。在和经过清洗的各区监视委员会的同谋下，"金色青年"很快耀武扬威起来。更为阴险的是，资产阶级反动势力打着捍卫国民代议制的旗号对国民公会施加压力。反动派不久便开始向议会中犹豫不定的多数派发号施令，迫使他们在反动的道路上越走越远。

3. 对雅各宾派和无套裤汉的摈弃（1794年10月—1795年3月）

在共和三年雾月，雅各宾俱乐部被解散了，选举俱乐部也停止了聚会，巴黎各区落到了反动势力手里。这一转变在热月时期的政治演变中具有头等的重要意义。

雅各宾俱乐部的垮台在很大程度上是由于它在最后几周里缺乏人民的支持。勒瓦瑟在他的《回忆录》中写道：自从人民"辞别"之后，雅各宾俱乐部就只是"一根无力的杠杆"了。共和三年葡月25日（1794年10月16日），国民公会下令禁止各俱乐部相互串联和集体请愿，从而使雅各宾派的组织陷于瘫痪状态。雾月间，变节的人愈来愈多，"金色青年"的进攻也更加猖狂。雾月19日（1794年11月9日），"金色青年"对雅各宾俱乐部发动了第一次讨伐。两天以后，卡里耶案件为他们提供了决战的时机。卡里耶曾于前一年冬天向巴黎解送来132名南特人。这些人被革命法庭开释之后，卡里耶受到了追究。雾月21日（1794年11月11日），罗姆在国民公会提出对他进行起诉，但态度并不坚决。为了向议会施加压力，弗雷隆号令他的"金色青年"团伙："让我们到兽穴去突袭猛兽！"当晚，他带着他们扑到奥诺雷街，直捣雅各宾俱乐部。两派间发生了武斗，后由军队恢复了秩序。于是，各政府委员会决定关闭雅各宾俱乐部，国民公会于第二天确认了这一决定。

选举俱乐部的末日不久也到来了。在雅各宾俱乐部被关闭后，选举俱乐部一度团结了所有人民反对派，因为资产阶级反动势力的发展使左翼反对派敌视雅各宾的情绪大为收敛。但是，选举俱乐部从博物馆区聚会厅被赶出之后，遂于共和三年霜月初（1794年11月底）销声匿迹了。

雅各宾俱乐部和选举俱乐部这两个人民抵抗运动的中心被消灭后，对巴黎各区的征服便容易多了。从葡月底起，"金色青年"开始介入各区大会。"金色青年"的一个头头——朱利昂，成了杜伊勒利宫区的领导人。雅各宾派控制的各区渐渐都被夺走。梭镖区（原罗伯斯庇尔所在的区)似乎一直坚持到霜月 10 日(1794 年 11 月 30 日)。一旦各区的活动分子被消灭,能够抵抗温和资产阶级和反抗反动势力的人民力量便全部清除了。搞垮了雅各宾派的各种机构之后,反动势力的矛头开始指向个人,白色恐怖日渐迫近。

在 1794—1795 年冬季,即共和三年霜月至风月期间,反恐怖主义和非无套裤汉化运动甚嚣尘上。这实际上是潜在的白色恐怖。这一运动不同于原来意义上的清洗(因为恐怖主义者的骨干分子在热月 9 日政变的第二天就被撤职了),复仇的因素占据了主导地位。镇压对象首先是知名的恐怖主义者,而后范围逐渐扩大,所有前区级政府人员都受到株连。镇压还带有某种社会色彩:它通过打击原各区活动分子来摧毁整个共和主义价值体系。雅各宾俱乐部被取缔后,巴贝夫在共和三年霜月 28 日(1794 年 12 月 18 日)的《人民的保民官报》上,谴责了这种摈弃激进共和主义及其所有标志的倒行逆施。

卡里耶受审后,开始了反恐怖主义运动。卡里耶于霜月 3 日(1794 年 11 月 23 日)受到革命法庭传讯,26 日(12 月 16 日)被送上断头台。他曾拒绝承担南特溺杀事件的责任,但承担了依据惩治武装叛乱法而进行枪杀的责任。根据梅兰(杜埃人)的报告,75 名曾抗议 1793 年 5 月 31 日—6 月 2 日起义的吉伦特派议员于霜月 18 日(1794 年 12 月 8 日)被召回国民公会。当年,多亏了罗伯斯庇尔他们才免上断头台。这些议员,加上同时被召回的几名辞职或被开除的议员,共 78 人(其中有多努一类的温和派、朗热内一类的反动派,甚至有萨拉丹一类倾向于王权主义的人),加强了右派势力。对原两委员会成员的攻击日益增多,于是国民公会于雪月 7 日作出让步,建立了一个审查巴雷尔、比约-瓦雷恩、科洛·代布瓦和瓦迪耶案件的委员会。康巴塞雷斯曾提议赦免他们,但白费唇舌。在此案悬而未决之际,为了摧毁国民公会温和派议员的抵抗,"金色青年"团伙进一步增强了压力。

与此同时,在巴黎各区发生了非无套裤汉化运动。48 个区中至少有 37 个区成立了专门委员会以审查原区级人员的品行。11 个区中有 200 名活动分子受到起诉(其中有 152 名革命特派员)。这些人被剥夺了政治权利,遭到"公众的蔑视",成为名副其实的贱民。政府即使没有支持这场运动，也是采取了听之任之的态度。霜月 13 日（1794 年 12 月 3 日）法令反映出政府的这种放任态度：该法令要求交出共和二年特别收入（强制性公债、自愿捐款）的管理权。各区反动分子指控无套裤汉的主要内容反映了非无套裤汉化运动的社会性质，说明共和二年的经济、社会制度刺伤了资产阶级的感情。旧日的反囤积专员尤其成为众矢之的。物资征集、强制性公债、对囤积货物的没收，统统成了有损于财产权的罪行。"嗜血者"也被称为"平均主义者"，因为他们鼓吹过"分割财产"。共和二年，资产阶级在政治安全、经济利益和社会特权等方面受到损害。非无套裤汉化运动则是它反攻倒算的表观。

反恐怖主义的狂热情绪在共和三年冬季持续高涨。雨月 11 日（1795 年 1 月 30 日），唐普尔区在国民公会控告该区原革命委员会，并请求国民公会"打击这些残暴的家伙"。风月 11 日（1795 年 3 月 1 日），蒙特勒伊区的代表又在国民公会叫嚷：

"你们还等待什么？为什么不把这些吃人肉的家伙从地球上消灭掉？他们那苍白的脸色和塌陷的眼睛难道不足以说明他们是谁养大的吗？下令逮捕他们吧！……法律的利剑应当禁止他们呼吸空气。空气被他们污染得太久了。"

这时，花花公子们正在街上追打他们的政敌，进行所谓的"公民散步"（《晚间信使报》语）。他们洗劫被认为是雅各宾派的咖啡馆，并在雨月发动了剧院战，强迫雅各宾派演员当众认错，禁止唱《马赛曲》，要求唱《反对恐怖主义者的人民觉醒歌》。接着又展开了对马拉胸像的围剿。鉴于无套裤汉的抗议和武斗事件增多，各委员会作出让步：雨月 21 日（1795 年 2 月 9 日），国民公会议会厅中勒佩勒蒂埃、马拉等自由殉道者的胸像，以及达维德表现他们遇难情景的绘画，在聚集在旁听席上的"金色青年"的掌声中被搬走。马拉的遗骸，以及为祖国牺牲的小英雄巴拉和维阿拉的遗骸，也被迁出先贤祠。杀人的呼声此伏彼起。风月 4 日（1795 年 2 月 22 日），罗韦尔在谈到原恐怖主义者时声称："如果你们不惩罚这些人，那么凡是法国人都有权杀死他们。"第二天

（1795年2月23日），梅兰（杜埃人）促使国民公会通过一项法令，规定所有热月10日以来被撤职的公职人员必须回到他们以前所定居的市镇，以便在那里接受市政府的监督。在某些地区，这等于让他们去送死。风月12日（1795年3月2日），国民公会终于退让了，决定立即逮捕巴雷尔、比约-瓦雷恩、科洛·代布瓦和瓦迪耶。议会从此成了"金色青年"团伙的俘虏。"金色青年"的队伍则由于加入了日益增多的不服从征召入伍者、战场逃兵和急切要求收回被查抄财产的归国流亡者而变得更加强大。

在外省，白色恐怖早已开始。共和三年雨月14日（1795年2月2日），在里昂发生了第一起屠杀被拘押的原恐怖主义者的事件。从雪月起，整个东南部都开始发生对个人的谋杀。接着出现了一些帮会，如耶稣会、耶宇①会或太阳会，专门迫害恐怖主义者、雅各宾派，和所有"1789年的爱国者"，尤其是国有财产获得者。国民公会特派员，如驻马赛的尚邦或驻瓦尔省的吉伦特派伊斯纳尔，他们即使没有鼓励，也是对此持放任态度。屠杀事件愈来愈多。在里昂，每天都有雅各宾派（当地人称之为"马特冯派"）遭到暗杀。在尼姆，一批囚犯在风月5日（1795年2月23日）被人杀害。被政府击败，且遭到一些议员谴责的雅各宾派失去了任何抵抗能力。

无能为力的国民公会没有干预这些屠杀事件。当时，苦于通货膨胀、饥寒交迫的人民正表现出日益强烈的暴动情绪，国民公会十分担心巴黎无套裤汉发动反攻，因此对过度的反动和白色恐怖不得不持容忍态度。

4. 旧富人与新富人，时髦女郎与浪荡公子

伴随政治和社会的反动而来的是道德的反动。人民在共和二年被视为天生具有共和美德而备受赞美，现在却到处遭到白眼。"金色青年"的头目朱利昂在他的《回忆录》里说，当人民群众"用个人的美德给自己带来光荣时，无疑是值得尊敬的"；但他们不应插手公共事务，否

---

① 耶宇（Jéhu，公元前841—前814年），古以色列王国第10位国王。——译者

则他们的"简朴"就会变成粗鲁。"激进共和主义"在牧月足以构成被逮捕的理由。在共和二年受到谴责的奢侈风气现在被恢复了名誉。在一度受到压抑的有产阶级中,共和主义严肃刻苦的精神已被荒淫放荡所取代。霜月 2 日(1794 年 11 月 22 日),"享乐的资产阶级的喉舌"——《晚间信使报》写道:"被恐怖驱走的优雅与欢笑现在又回到巴黎了。我们戴金色假发的漂亮妇女多可爱!无论是公共的音乐会还是社团界的音乐会都是那么美妙!……那帮嗜血者、比约、科洛之流和那帮疯子竟把这种观念的转变称作反革命。"

风行一时的无套裤汉装束——长裤、工作服,尤其是平直的头发和小红帽,现在已不流行。年轻的有产者穿着奇装异服招摇过市。雪月 8 日(1794 年 12 月 28 日),康邦谴责这种风气说:"最近有人穿着破衣装扮无套裤汉,他们的穿戴和语言都是荒诞不经的。"

跳舞之风大盛。到处(甚至在发生过 9 月屠杀的卡尔默狱和过去的圣絮尔皮斯墓地)都在举行公共舞会。有一种"牺牲者舞会",只有那些家中有人死于断头台的人才能参加。参加者梳着蒂图斯式的发型①,把脖子后的头发剪短(就像刽子手给即将上断头台的人剪的一样),颈部系着一圈红丝线。"你"的称呼被废除,"先生"、"太太"之类的称呼又出现,取代了"男公民"和"女公民"。

沙龙里的社交活动重新活跃起来。在雪月 6 日(1794 年 12 月 26 日)成为塔利安夫人的卡巴吕斯被她的仰慕者奉为"热月圣母"。她住在库尔拉雷纳的"茅屋"别墅里,俨然成为"时髦女郎"们的楷模。她穿的那种希腊式的半透明短连衣裙风行一时。阿姆兰夫人、雷卡米埃夫人很快也名噪一时。当贵族、大资产阶级以及后来归国的流亡者恢复旧制度社交传统的时候,一度受恐怖统治压制的金融家、银行家、军火商、投机商占据了社会的首要地位。由此,旧统治阶级和那些在指券、国有财产和军需供应品投机中发财致富的人相互融合,开始形成新资产阶级。这是一个极为混杂的群体,走红的女演员(如拉孔塔)在其中起的作用甚大。许多厌倦道德的国民公会议员不是被人收买,便是随

---

① 蒂图斯(Titus,39—81 年),古罗马皇帝(79—81 年在位)。"蒂图斯式的发型"指一种前后一样短的发式,仿自古代蒂图斯的雕像。——译者

波逐流。蒂博多在他的《回忆录》中写道："就这样，共和派中出现了不少变节分子。其中有些是向王权主义让步，有些则纯粹是卖身投靠。"

时髦女郎和浪荡公子，这些为数很少的富人和二流子厚颜无耻的骄奢淫逸和怪诞风气激怒了坚持传统风尚的广大民众，也引起少数仍然忠于共和理想的政治家的不满。人民群众的极端贫困和少数人的奢侈腐化形成鲜明对照，突出表明了这场反动的社会性质。进入冬季后，饥荒日益严重，贫富更加悬殊，人民的愤怒情绪更趋强烈。

5. 宗教的反动和对旺代叛乱者的大赦

宗教的反动也促进了反革命潮流的发展。

共和二年第2无套裤汉日(1794年9月18日)法令实际上确立了政教分离。这一天，康邦出于经济上的考虑，促使国民公会废除了有关宪政派教士的财政预算。由此，《教士法》被含蓄地废除，国家也完全世俗化了。惩治反抗派教士的措施仍然有效，教堂照旧关闭着。但随着反动的加强，许多法国人怀念往日的宗教仪式，教徒们终于提出了开放教堂的要求。过于理智化的公民崇拜现在已经失去任何爱国民主特征，再也不能激起无套裤汉的热情了。

宪政派教士渐渐恢复了宗教活动。雪月1日(1794年12月21日)，卢瓦尔-歇尔省主教格雷古瓦要求完全的信仰自由。然而反抗派教士(在诺尔省绰号叫作"手提箱神甫")只能秘密地做"瞎弥撒"。

共和三年雨月29日(1795年2月17日)，根据拉若内的绥靖协议，旺代叛乱者获得了信仰自由。自此，信仰自由再不会遇到障碍了。风月3日(1795年2月21日)，根据布瓦西·当格拉的报告，国民公会准许教士和教徒在他们自己的建筑物里做礼拜。政教分离得到进一步确认，各教堂被用来每旬做一次礼拜。礼拜仍然是个人的事，任何教士，只要向自由平等宣过誓(至少按1792年8月14日的誓词，俗称"小宣誓")，都可以做礼拜。但敲钟、穿教士服和接受公众津贴仍然被严格禁止。宪政派教士的宗教活动立刻在格雷古瓦(他出版过《宗教年鉴》)的指导下重新开展起来。参加过"小宣誓"的天主教教士出版了《宗教、政治和文学年鉴》。反抗派教士的秘密礼拜愈闹愈凶，同宪政派教士发生了许多冲突。1795年3月17日，马莱·迪庞写道："国民公会重新造就了天主教徒,也就重新造就了王党分子……没有一个教士不向教徒表达他依恋王政的意识。"

天主教徒们仍然不满意。为了平息这种不满,国民公会准备作最后的让步。因为,因经济危机而发展壮大的人民反对派此时已经同国民公会发生了冲突。

对西部叛乱者的让步是本着同样的政策路线作出的。热月9日,夏雷特还占着马莱,萨皮诺控制着博卡日,斯托夫莱仍据守莫热。但是,在一些机动部队的不断打击下,他们的兵马损失惨重。然而,除了旺代叛乱之外,在布列塔尼和博卡日一带又发生了一系列朱安党掠夺事件。热月党既然已经放弃了恐怖政策和镇压行动,便打算用调和政策来平息西部叛乱。果月29日(1794年9月15日),奥什在接受指挥权时强调指出:恐怖统治已经结束。俘虏被释放,逃避服兵役者也得到了赦免。根据共和三年霜月12日(1794年12月2日)的规定,凡在1个月内归顺的叛乱者都可以得到赦免。1795年1月间,同王党首领的谈判开始了。叛乱者受到鼓舞,一边继续进行暗杀和抢劫活动(议员布尔索雨月4日,即1795年1月23日写道:"我们在进行绵羊对老虎的战争"),一边强硬地提出条件。

绥靖协议在南特附近的拉若内和夏雷特经个别商订后,于雨月29日(1795年2月17日)签字。绥靖协议规定大赦叛乱者,归还其财产(若已被拍卖则给予赔偿,即使这些财产属于流亡者),旺代人免服兵役且仍可携带武器。最后,还给予旺代人(甚至给予反抗派教士)宗教信仰自由。花月1日(1795年4月20日)在雷恩附近的拉普雷瓦莱签订的绥靖协议也规定了类似有利于朱安党人的条件。

热月党的投降毫无成效,安抚政策只是虚幻的空想。旺代叛乱者和朱安党人可以不慌不忙地准备重启战端了。不久,朱安党叛乱就蔓延到一些新的省份。虚弱无力的热月党人束手无策。经济危机使人民运动重新高涨,这一现实迫使所有反动分子结成联盟。

II. 经济危机与货币崩溃

放弃统制经济也是热月党反动政治路线的一部分。当年国民公会

迫于人民的压力而接受了最高限价，但整个资产阶级都认为这一政策
与他们的利益格格不入。革命政府的解体和恐怖统治的完结必然导致
对经济控制的放松以至废除，再不能对主张自由利润和自由经济的工
商业者施以"强制力"了。但废除经济限制必然会引起指券崩溃、加剧
通货膨胀，其结果势必使人民陷入贫困。由此我们再次看到了热月反
动的社会性质。

1. 恢复经济自由(1794 年 8—12 月)

1793 年 9 月 29 日颁布的关于生活必需品的普遍限价法，除了对
谷物外，并未严格实行。救国委员会把对其他食物的限价抛到一边，
然而也不许公开违犯它。黑市贸易已经出现，但只要还在实施恐怖统
治，物价的上涨就只能是有限的。热月政变发生后，尽管国民公会在
共和二年果月 21 日(1794 年 9 月 7 日)把 1793 年 9 月 11 日的谷物和面
粉限价法和 29 日的普遍限价法的有效期延长到共和三年末，但由于放
松了镇压，物价还是飞涨起来。黑市盛行无忌。所有交易渐渐地都自
由化了。共和三年葡月 20 日(1794 年 10 月 11 日)，一份警方报告证
实："市场上已无人遵守限价法，一切交易都在议价进行。"

1793 年 9 月 11 日，为保证市场粮食供应曾规定由各县实行征集。
现在，这一制度已经废弛。农民由于不再担心被看成嫌疑犯，很不情
愿交出粮食，开始秘密出售。农民还在国民公会中找到了保护人。雾
月 19 日(1794 年 11 月 9 日)法令，对他们作了一些让步，主要表现
为：对拒交征集品的惩罚仅限于没收原征集定额的物资。农民反抗的
加强，使城市的粮食供应日趋困难。既然革命政府已经解体，恐怖统
治已被抛弃，就不可能再实行征调和维持限价了。

一部分重要经济部门(如军火工场、国内运输、对外贸易等)的国
有化同样遇到很大困难，因为这种国有化只能在普遍限价的条件下发
挥效能。在兰代的杰出领导下，这一体制在热月后仍继续运行了一个
时期。兰代虽于葡月 15 日(1794 年 10 月 6 日)离开了救国委员会，但
又作了商业、农业和工艺委员会的主席。

军火工场的国有化激起了许多人的强烈反对。手工业者和工业家
对于国家管制、限价标准、尤其对于国家工场夺走他们的活计难以忍

受。救国委员会把一些工场还给私营企业,作为最初的让步:图卢兹铸造厂和莫伯日铸造厂分别在果月和霜月里转为私营。更重要的是,它还逐步废除了巴黎的大兵器工场——先使之处于整修状态,然后把它担心会成为政治反对派的工人疏散到外省各工场。到了雨月间,该工场只剩下 1 000 名计件工了。

外贸国有化损害了船主、批发商、金融家的利益。对他们来说,海外贸易和金融投机是利润的主要泉源。共和二年第 4 无套裤汉日(1794 年 9 月 20 日),兰代在他关于共和国形势的报告中承认搞活外贸的必要性。农业收成不好,春天将发生饥荒,因而救国委员会打算以批准批发商人从中立国自由进口的方式搜罗粮食。国民公会让步了:葡月 26 日(1794 年 10 月 17 日)法令批准制造商自由进口他们工场所需要的产品;霜月 6 日(1794 年 11 月 26 日)法令使未被查禁的商品都可以自由进口。然而,进口自由和限价法的实施是无法协调的,何况雾月 25 日(1794 年 11 月 15 日)法令还允许在法国港口同中立国进行自由贸易。

反对统制经济和最高限价的活动在秋末普遍展开。共和三年雾月 14 日(1794 年 11 月 4 日),国民公会要求就"最高限价法的弊病"提交一份报告,国营经济官僚化的现象和管理上的失误(由于没有任何统计组织,官吏们缺乏关于资源和需求的精确概念)尤其遭到攻击。并且,由于这些官僚机构充斥着共和二年制度的拥护者,这种攻击便更加凶猛。通过抨击这些机构,统制经济的原则本身,尤其是对军需供应的管制便都成为攻击的目标。金融家们想恢复以前的做法,重新迫使国家接受军火商和金融公司的服务,由此他们可以牟取暴利,大赚其钱。经济自由的拥护者发起的这场运动终于获得成功:霜月 19 日(1794 年12 月 9 日),商业委员会(兰代不久便被排挤出去)的一份报告作出废除最高限价的决定。

共和三年雪月 4 日(1794 年 12 月 24 日)法令终于撤销了最高限价和统制经济。共和国内部的粮食流通完全自由了。商业和供应委员会虽保持着军需品优先购买权,但必须按时价购货。最高限价的废除带来了可怕的危机。

2. 指券的崩溃及其后果

废除最高限价的直接后果是指券的崩溃，价格扶摇直上，令人目眩。粮食投机肆无忌惮，愈闹愈凶。纸币成了废纸，汇率暴跌。指券的价值在 1793 年 12 月曾回升到面值的 50％，到共和二年热月（1794 年 7 月）又降为面值的 31％。随后，由于人们不再遵守限价法，指券价值继续猛跌：在共和三年霜月（1794 年 12 月）为面值的 20％，在芽月（1795年 4 月）为 8％，在热月（1795 年 7 月）为 3％。价格上涨迫使国家实行大规模通货膨胀，而且，捐税不是收不上来，就是只能收到贬值的指券。指券发行似流水，到 1794 年 12 月其总额已增至 100 亿锂，其中有 80 亿锂在市面流通。从雨月到牧月（1795 年 1—5 月），发行了 70 亿锂指券，流通的指券已超过了 110 亿锂。农民和商人都不再接受指券而只要硬币。指券受到拒绝后贬值得更加厉害：在 1794 年 11 月到 1795 年 5 月间，指券的流通增长了 42.5％，而指券的价值丧失了 68％。在此期间，100 锂纸币最初值 24 锂硬币，后来只能值 7.5 锂硬币。

生活必需品的涨价情况各省不一，但一般都超过纸币相对于硬币的贬值程度。同 1790 年相比，1795 年 3—4 月间指券的指数是 581，而价格的一般指数达到了 758，其中食品的价格指数则达到了 819。

粮荒加重了价格上涨的灾难性后果。尽管征调的期限延长到获月1 日（1795 年 6 月 19 日），农民也不再向市场供应粮食：他们担心被付以贬值的指券，何况他们已获许直接向军需委员会或供应有产者的批发商出售粮食。官方只好又采取一些强制性措施。各县都向村庄派驻了国民自卫军，直至它们如数纳够了粮食。但春天一到，由于粮食歉收，这种做法也无济于事。政府企图从国外购买粮食，但这实际上办不到。当时国库十分空虚，政府只能把此事托付于私人资本（巴黎和军队的购粮问题除外）。由此进一步加强了商业大资产阶级的优势地位。从国外购买的粮食到 1795 年 5 月份才开始运到。然而，长期缺粮的南部地区从初冬起，奥尔良（尽管处于博斯地区边缘）则从初春起便出现了严重饥荒。随着粮食定量减少，价格开始猛涨：在凡尔登，从 1794年夏天起，工人每日定量为 1 斤，其他人的定量为 3/4 斤。这些定量到 1795 年春都减少了一半，而价格却都上涨到每斤 20 苏。许多市政府恢复了对粮食的管理——把粮食集中起来进行定量分配,并把面包价格限定在成本价以下。但这些办法也不能减轻人民群众的苦难,而同新富人的骄奢淫逸相对照,这种苦难更加令人难以忍受。

指券崩溃的社会后果实际上是因阶级而异的。当劳苦大众陷于绝望(共和三年的冬季极其寒冷,加深了穷人的不幸)的时候,当旧制度时代的食利者资产阶级和被偿付以指券的债权人纷纷破产的时候,债务人和投机商却迅速发财致富。一伙利用通货膨胀和倒卖国有财产,以及承包军需供应而上升到社会上层的冒险家,为旧资产阶级增添了新鲜血液。在执政府或拿破仑时代开创资本主义生产的许多实业家即出自他们之中。通货膨胀完成了社会的革命。

在食品匮乏和指券失信的双重作用下,巴黎的食物和燃料价格迅猛上涨。中央菜市场上,1 斤牛肉在雪月 6 日(1794 年 12 月 26 日)价值 34 苏,芽月 12 日(1795 年 4 月 1 日)竟涨到 7 锂 10 苏。如果巴黎生活费用的指数在 1790 年为 100,在 1795 年 1 月便是 580,3 月份上升到 720,4 月份竟达 900。由于工资及其他各种收入的变动,价格上涨所产生的社会后果因人而异:从事大宗贸易或实业的大资产阶级和靠通货膨胀发财的新富人可以从自由市场上得到补偿,涨价丝毫伤害不到他们。而工资劳动者、职员、手工业者、小店主和小食利者等人民群众的购买力,则只能随着价格上涨而步步下降。由于原料短缺和军火工场纷纷关闭(这种工场中的工人数量已由 5 400 人减少到 1 146人),大批工人陷于失业。居民人口死亡增加,人民群众充满失望情绪。冬季的严寒加重了营养不良的悲惨后果。共和三年冬季的气温下降到 18 世纪的最低点:1795 年 1 月初为零下 10 度,1 月 23 日达零下15 度。死亡率大为上升。冬末,给养处提供的面包和肉类(这是百姓最基本的食品)的定量急剧缩减。由于完成不了征调指标,又缺乏运输工具,供应巴黎的粮食储备渐渐枯竭。风月 25 日(1795 年 3 月 15日),"穷人唯一的生计"——面包定量被削减到每日 1 斤,唯体力劳动者能得到 1.5 斤。即使如此,包括植物园区在内的许多区的面包商仍不能按定量卡提供面包。格拉维利埃区芽月 7 日(1795 年 3 月 27 日)的定量是 0.5 斤,忠诚区芽月 10 日(1795 年 3 月 30 日)的定量是

1/4斤。

共和三年芽月初的几天里，人民的失望变成愤怒，接着便演成起义。风月29日(1795年3月10日)，救国委员会认识到："我们可能在某一天不再有面包，而其后果我们将难以对付。"它枉费力气地增加了一些应急措施，如在芽月7日(1795年3月27日)规定每0.5斤面包搭配6盎司大米。然而，许多家庭主妇因缺乏燃料而无法做米饭，在饥饿的折磨下，无套裤汉再次投入运动。雪月8日(1794年12月28日)的一份警方报告记述了群众愤怒情绪逐渐上升的情况："穷困阶级使绅士们感到不安，使他们担心过分的物价上涨将产生的后果。"到风月末，冲突已在所难免。各政府委员会本身也在进行防范。它们逮捕了许多雅各宾派和无套裤汉，同时对所谓"好公民"实行武装，并纵容"金色青年"为所欲为。面临由粮荒激发起来的人民运动，所有资产阶级反动派都联合起来。

Ⅲ. 人民起义的最后几战(共和三年芽月和牧月)

在共和三年冬季，当指券崩溃、经济危机使人民群众陷于绝望的时候，有两种倾向在互相对抗着：一种倾向要发展反动势力，巩固绅士们的社会制度；另一种倾向最初的目标便是给正初现端倪的饥饿骚动指出方向，并使之具备某些政治宗旨。

1. 巴黎人民反对派的崛起(1794年与1795年之交的冬季)

人民反对派以侥幸逃过热月镇压的基层组织为依靠。雅各宾俱乐部被关闭后，雅各宾派纷纷加入人权捍卫者协会，该协会由此壮大了力量，成为市郊圣安托万，尤其是蒙特勒伊区和盲人院区强有力的无套裤汉反对派中心。在格拉维利埃区，"几乎全是由工人和很少受教育的人"组成的(一个敌对者的说法)自由和人道之友协会保证了区民大会中爱国派占多数。无套裤汉在邦迪区、伦巴第区和博物馆区仍然保持着政权。

所有反对热月反动的人渐渐地组成联盟。霜月28日(1794年12月18日)，巴贝夫发起了第二次运动。他为自己曾率先参与攻击"罗伯斯庇尔体制"而懊悔，认识到只存在两个相互对峙的派别——"金色国民"和"无套裤国民"。雨月 9 日（1795 年 1 月 28 日）他在自己的《人民的保民官报》上号召"无套裤国民"起义，由此遭到逮捕。勒布瓦也在《人民之友报》上鼓动打一场反对"金色巨富"的社会战争。原雅各宾派自巴贝夫放弃反恐怖主义立场后便同他言归于好，并同巴贝夫一致要求实施可能遭到修正的 1793 年民主宪法。

雨月间，当惊惶不安的各政府委员会进行镇压的时候，民众活动分子展开了地下斗争。雨月 20 日（1795 年 2 月 8 日），人权捍卫者协会被解散，包括巴贝夫在内的一些反对派遭到逮捕。绅士们夺取了一些原来是由人民群众控制的区（尤其是博物馆区）。各区的老活动分子开始重新秘密聚会。风月里出现了许多对于这种秘密会议的检举材料。风月底，爱国者们利用秘密捐款发起了散发鼓动起义的匿名标语和传单的活动。风月 22 日（1795 年 3 月 12 日），"醒来吧，人民，时候到了！"的标语贴遍巴黎郊外各区。芽月 3 日（3 月 22 日）贴出了传单《国民警钟》，芽月 5 日（3 月 25 日）又贴出了《告国民公会和人民书》。粮荒的恶化使人民的情绪激动到极点。与此同时，国民公会内部出现了一场政治危机。

2. 共和三年芽月（1795 年 4 月）事件

芽月初的政治危机使国民公会的热月党多数派和山脊派（由于反动的发展而一度加强了力量的山岳派少数）发生了激烈冲突。难以调和的对立集中表现在两个问题上。关于 1793 年宪法，弗雷隆称之为"几个坏蛋的炮制品"；热月党多数派想在该宪法中附上一些组织法；山脊派则坚持认为该宪法是法国人民的"护城圣物"。另一方面，芽月 2 日（3 月 22 日）开始了关于控告"四人团"（巴雷尔、比约-瓦雷恩、科洛·代布瓦和瓦迪耶）的辩论。这场乱哄哄的辩论激起了民众舆论的强烈反应，也使资产阶级的舆论感到不耐烦。国民公会当机立断，于芽月 9 日（3 月 29 日）和 12 日（4 月 1 日）分别作出两项决议：前者否决了任何赦免主张，决定继续就"四人团"的问题进行听证；后者任命了一个负责起草组织法的委员会。

就在这时，人民群众已经开始行动起来。自风月底（1795 年 3 月中）起，聚集在面包坊门前的人群开始吵闹。风月 27 日（3 月 17 日），一群来自市郊圣马尔索和圣雅克的人到国民公会声称："我们连面包都吃不饱。我们对于自己为大革命做出的一切牺牲简直感到懊悔。"芽月1日（3月21日），市郊圣安托万3个区的代表也来到国民公会，要求实施1793年宪法和采取对付粮荒的各种措施，并愤怒谴责人民的敌人，称他们为"财富的奴隶"。愤怒的无套裤汉和"金色青年"团伙之间的武斗事件层出不穷。在此期间，政府也在加紧准备对付可能发生的起义。芽月1日（3月21日），西埃耶斯促使国民公会通过1项大治安法。该法规定对所有以预谋的行动和喊着煽动性口号涌入国民公会的人处以死刑。芽月2日（3月22日），各政府委员会向每个区的可靠公民分发了100支步枪。芽月7日（3月27日），格拉维利埃区发生了严重骚动，并持续了两天。10日（3月30日），各区的议会都争吵不休。无套裤汉在10个区占了上风。第二天，盲人院区的代表再次来到国民公会，提出一份名副其实的民众纲领。该纲领谴责热月9日事变的各种后果，抨击废除最高限价的做法。它要求成立民选的巴黎市政府，恢复各民众团体的活动和实施1793年宪法。"我们起来维护共和国和自由了！"这一行动成为人民起义的信号。

共和三年芽月12日（1795年4月1日）事件表明了由于镇压而失去骨干力量的人民运动已被破坏到何等程度。这一事件，与其说是一场起义，不如说是一场示威，是一群赤手空拳的乱民的大嚷大轰。他们涌入国民公会仅仅只是为了表达自己关于实施1793年宪法和采取措施对付粮荒的意愿。富人居住区的国民自卫军毫不费力地驱散了这些示威者。起事由于缺乏明确的行动计划和领袖而告失败。无套裤汉支配国民公会的那段时间全消耗在喧闹声和空洞的讲演中。第二天，即芽月13日（4月2日），骚动仍在持续，尤其在市郊圣安托万和盲人院区。但当国民公会下达戒严令后，秩序很快就得到恢复。

人民失败的政治后果迅速显现出来。右派取得了优势。一位名叫安德烈·迪蒙的右派领导人声称："必须结束这场起事。"芽月12日与13日之间的夜里，国民公会决定不经审判把"四人团"流放圭亚那。山岳派分子阿马尔和迪昂等8人的被捕（他们当即被解往阿姆要塞），以及稍晚几天康邦等8名其他议员的被捕，更加削弱了左派势力。花月

17日(5月6日),富基埃-坦维尔同原革命法庭的14名陪审员一起被判处死刑。宪法问题也提上了议事日程。1793年宪法在此之前还不曾引起争议,辩论始终是围绕用组织法调整该宪法的问题展开的。如今则不然,花月25日(1795年5月14日),共和国区对1793年宪法展开攻击,称之为一种"由恐惧所强加、在恐惧中通过的十执政团①式的宪法"。反动势力越发猖獗,粮荒演成饥荒,种种因素相互交织,再次促发人民运动。

3. 共和三年牧月(1795年5月)

对芽月起义的镇压和对各区活动分子的迫害不仅没有摧毁巴黎的人民运动,相反,却激发了人民的反叛精神。芽月21日(1795年4月10日),国民公会决定对所有"被认为在各区参与过暴政下恐怖活动的人"解除武装。这是道地的针对所有参加共和二年体制的人的"惩治嫌疑犯法"。在南部地区,解除原恐怖主义者武装的做法鼓舞了实行白色恐怖的屠杀者,使白色恐怖在花月和牧月猖獗到了极点。在巴黎,虽然被解除武装的人数似乎有限(所有的区加起来一共约1 600人),但这种做法打击了共和二年最优秀的活动分子。按照其中一位人士的说法,解除武装是"一种政治上的耻辱,一种肉体上的痛苦"。因为民众在关于平等的意识上,携带武器是基本的价值观念之一,而解除武装即意味着被开除出自由人的共同体和丧失公民权。因此,解除武装法更加激发了人民活动分子的反叛精神。

花月的饥荒使群众陷于绝望。春季的粮食供应一天比一天糟糕。巴黎的库存已经枯竭,粮食的分配只能取决于当天的进货量。芽月前最低水平的定量为每日1/4斤。这一标准在此时成了正常情况。粮食分配工作组织得很糟,家庭主妇们常常空等在面包铺门前。法国到处都出现骚动。在诺曼底,饥饿的闹事者沿着塞纳河攻打开往首都的运输船队。价格还在继续上涨。货物(尤其是燃料)到不了港,由此造成

---

① 源出古罗马共和国由10位执政官组成的政府机关,尤指公元前451—前450年前后两任十执政团。后一任十执政团在执政1年期满后拒不退位,终为一场革命所推翻。——译者

更多的人失业。人们的营养不足以持续数月，所有的资源都耗尽了。所以，共和三年花月和牧月饥荒的后果是灾难性的。人民大众是这场社会饥馑的主要受害者，因为政府拒绝建立普遍配给制度，而富人有钱通过自由市场来维持生活。饥肠辘辘的男女民众倒卧街头，死亡率持续上升，自杀的人也增多了。反动的《晚间信使报》在花月8日（4月27日）写道："人们在街上碰到的尽是些苍白枯瘦的面孔，从中可以看到痛苦、疲惫、饥饿和穷困。"

在有产者的心理中，除了这种怜悯心以外，还夹杂着对饥荒引起抢劫从而威胁财产的担心。

事实上，民众的愤怒已渐渐和失望情绪交织在一起。饥荒提高了共和二年制度的价值。"在罗伯斯庇尔统治下，虽然鲜血流淌，但面包不缺。如今血不流了，但面包也没有了。因此，为了吃上面包，应该继续流血。"——警察常常报告这种恐怖主义的论调。在人们心目中，1793年宪法比以往任何时候都更似一颗"希望之星"。萨特人勒瓦瑟在他的回忆录中写道："这个民主的许诺包含着人民的全部希望。"

花月间再次发生区民骚动。花月10日（4月29日），蒙特勒伊区宣布常川集会，并要求别的区效法自己，以便磋商给养问题。11日（4月30日）自由小红帽区爆发了一场骚乱。很快出现了一些煽动性的小册子和招贴。惶惶不安的政府调集大批军队到巴黎周围，但又不敢让这些军队深入首都，以免其受人民情绪的感染。这场动乱在花月30日（5月19日）的各区民众大会上达到高潮。这天晚上，一份题为《争取面包和夺回权利的人民起义》的小册子发出了人民起义的信号，并把起义的口号确定为："面包和1793年宪法"。

共和三年牧月1日（1795年5月20日）早晨5点，市郊圣安托万和圣马尔索敲响了警钟。而后，东部各居民区擂起战鼓。妇女们跑上街头，走遍各工场，男人们操起武器。上午10点左右，第一批妇女群众敲着鼓开向国民公会。国民自卫军的动员稍缓慢一些。中午刚过，市郊圣安托万的各国民自卫军营队也出动了，沿途又有各区的营队加入，军威益壮。与此同时，一群妇女在几个男人的支持下试图闯入国民公会大厅。大约3点钟，各国民自卫军营队来到骑兵竞技场，运动已势不可当。国民公会被淹没在起义的洪流中,起义者杀死了议员费罗并用矛尖挑起他的头颅。在长时间的喧嚷中,一位名叫迪瓦尔的炮手高声宣读了起义的纲领——《人民的起义》。但起义者完全忽视了对各政府委员会的控制,使其得以待山岳派议员被卷入起义之后,从容地发起反攻。当晚 7 时许,国民公会重新开始审议问题。在迪鲁瓦和罗姆倡议下通过了允许各区常川集会的决议和释放被捕爱国者的决议;苏布拉尼提出撤销治安委员会,代之以一个临时委员会。这一主张得到了采纳。然而,到晚上 11 点半,西部各区的国民自卫军突然气势汹汹扑向国民公会,冲进大厅,打垮了起义者。起义者四散奔逃。国民公会下令逮捕了 14 名卷入起义的议员。

共和三年牧月 2 日(1795 年 5 月 21 日),在各民众区坚持举行非法集会的时候,市郊圣安托万重新揭竿而起。一群起义者占领了市政厅。下午 3 点钟左右,市郊圣安托万的各国民自卫军营队再次进军国民公会。宪兵队出现哗变。约晚上 7 点,人民的炮手们又像 1793 年 6 月 2 日一样,把炮口对准议会,严阵以待。这时,持温和态度的各区的炮兵也发生哗变。勒让德尔奉劝议员们从容镇定,静坐受死。然而,犹豫不决的起义者并没有去击溃热月党的卫队,而当政府各委员会派 10 名国民公会议员前来交涉时,起义者竟轻易为假"亲善"所蒙骗。一个起义者代表团获准进入议会大厅,其发言人宣读了一份措辞严厉的请愿书,反复阐明无套裤汉对面包和 1793 年宪法的要求。议长与他热烈拥抱。随后起义队伍便各自回区,从而放过了最后一个获胜的机会。一位起义者说:"我们的行动落空了,有人用演说欺骗了人民。"

对市郊圣安托万的军事征服自牧月 3 日(5 月 22 日)起开始准备。这一天,3 000 骑兵开进巴黎。第二天,许多分遣队又来加强这支军事力量。通过个别通知把一些"好公民"动员起来后,政府开始拥有一支约 2 万人的队伍。默努被任命为该部队的总司令。《自由人报》写道:"巴黎宛如一座军营。"晚间,因筋疲力竭而沉睡的市郊圣安托万被政府军团团包围。牧月 4 日早晨,一帮帮的"金色青年"侵入该郊区,但又不得不狼狈地撤了出来。市郊圣安托万 3 个区的国民自卫军营队严阵以待,一门门大炮直指市区。支持着他们的有"聚集在各个角落的"一群群妇女。据一份警察局眼线的报告说："从物质上说来，面包问题是他们起义的基础。但他们起义的灵魂却是1793年宪法。他们一般都愁容满面。"这些起义者完全没有领袖，甚至几乎没有骨干分子。他们只是由一种绝望的情绪支撑着。下午4点左右，政府军接到进军的命令。被勒令缴械后，市郊圣安托万不经战斗就投降了。到晚上8点，一切都告结束。

对起义者的镇压立即在司法和各区同时开展起来。牧月4日，宣告各监狱已经满员。

司法方面的镇压由国民公会在牧月4日建立的军事法庭进行。该法庭审判了149人，其中开释73人，判处36人死刑，18人拘留，12人流放，7人戴铐。尤其是，转向起义方面的23名宪兵中有18人被判处了死刑。迪瓦尔和德洛尔姆（波潘库尔区炮兵上尉）等5名起义领袖（都是勇敢而果断的人）以及在牧月1日因站在人民一边而受到连累的6名山岳派议员也都被判处了死刑。这6名议员走出法庭时曾用匕首自杀，迪凯斯努瓦、古戎和罗姆当场身亡，布尔博特、迪鲁瓦和苏布朗尼最后还是死在断头台上。他们后来被人们称为"牧月烈士"。

各区范围的镇压，就其长远的影响来说，意义更加重大。牧月4日，国民公会要求巴黎各区解除所谓"坏公民"的武装，并在必要时予以逮捕。这场大规模的分区清洗从牧月5日一直闹到13日，导致约1 200人被捕和1 700人被解除武装。这些人基本都是牧月起义者和共和二年的无套裤汉活动分子（即使他们没有参与共和三年的起义），但也有原恐怖主义者和雅各宾派。这种清洗产生了重大的心理和社会影响。男人被长期监禁对许多家庭即意味着赤贫化。一度使热月体制感到威胁的两股势力就这样被摧毁了。

这次起义的失败具有决定性意义。筋疲力竭、分崩离析、且因大镇压而失去领袖和骨干的人民群众发现，在自己的对立面，一个由共和派和旧制度拥护者所组成、以军队为靠山的资产阶级集团正在崛起。人民运动这一革命的根本动力既已被摧毁，大革命也就结束了。

共和三年芽月和牧月人民起义的失败，归根结底，是原第三等级内部阶级冲突的一段最富于悲剧性的插曲。由于法国的资产阶级占据支配地位，人民运动根本不可能达到自己的特殊目的。正如革命政府和人民运动之间的对抗曾毁灭了共和二年体制一样，资产阶级革命和人民运动之间的根本对立注定了人民运动失败的命运，何况人民运动内部的各种矛盾也在促使其本身日趋退化。

无套裤汉并不是一个阶级，人民运动也不曾构成阶级政党。手工业者、店主、帮工、短工等，曾同少数资产阶级一起组成了联盟。该联盟曾向贵族显示出一种不可抗拒的力量。但在这个联盟内部，靠生产资料所有权获取利润为生者(如手工业者和店主)和仅靠工资为生者(如帮工和短工)之间也出现了对立。革命斗争的需要促使无套裤汉团结起来，使他们中不同的利害冲突降到次要地位。不过，这种革命斗争无法取消这些冲突。我们还应指出使这些对抗活动更加复杂化的社会心理特征。无套裤汉内部的这些矛盾并不能和有产者、产业主与工资劳动者这两类人之间的矛盾完全等同起来。工资劳动者中的职员、教员、艺术家等，他们根据自己的生活方式也把自己看作资产阶级，而不愿与下层人民为伍，即使他们支持下层人民的事业。

因此，社会成分混杂的无套裤汉缺乏阶级意识。他们一般都敌视新生的资本主义，但这并非出自同样的动机。手工业者担心自己沦为工资劳动者；帮工则憎恶囤积居奇者，因为这帮人提高了他的生活费用。虽然以工资为生，帮工们却毫无自己独特的社会意识。阶级团结的意识还没有被资本主义的集中化唤醒，帮工的精神状态基本上还是由手工作坊造就的。但不容否认，在以工资为生的无套裤汉中存在着某种一致感。这种一致感不仅突出体现在他们的手工职业和他们在生产中所处的地位上，而且也体现在他们的衣着和生活方式上。此外，他们都缺乏教育，这一情况在人民群众各阶层中产生了一种自卑感，有时还产生一种无能感。因此，巴黎无套裤汉一旦失去了中等资产阶级激进民主派的"能人"，他们便一事无成。

尽管有过一些畏畏缩缩的协调企图，巴黎无套裤汉却始终缺乏一种政治斗争的工具——建立在阶级成分和严格纯化基础上的、纪律严明的政党。虽然有不少活动分子曾努力对人民运动加以训导，但没有任何社会和政治纪律观念的活动分子仍占多数。至于群众本身，除了对贵族阶级的仇恨之外，他们不可能有很强的政治意识，这是当时那个时代的经济和社会条件所决定的。他们意态朦胧地期待着大革命的胜利。他们要求最高限价以便维持自己的生活水准。当革命政府把统制经济转向为国防事业服务时，他们便和政府疏远了，全然不懂革命政府的垮台会带来无套裤汉的毁灭。

历史进程的辩证法本身最终也体现在人民运动的退化过程中。5 年持续不断的革命斗争慢慢地使人民运动失去了自己的锐气和活力。同时，群众也因"伟大希望"的实现总是推迟而渐渐泄了劲。罗伯斯庇尔曾经写道："人民厌倦了。"共和三年风月 27 日（1795 年 3 月 17 日），市郊圣马尔索和圣雅克的无套裤汉说："我们对于自己为大革命做出的一切牺牲简直感到懊悔。"月复一月不间断的战争削弱了无套裤汉，征召入伍把他们弄得衰竭不堪：入伍者都是最年轻、最有战斗性、最有觉悟和最积极的分子。保卫新祖国是他们首要的革命义务。从共和二年起，巴黎各区国民自卫军营队的很大一部分成员是超过 50 岁甚至 60 岁的老人。人民运动的这种老年化不可救药地影响了人民群众的战斗热情。

然而，我们对于在共和三年牧月的镇压下销声匿迹的人民运动却不应作出完全消极的评价。自 1789 年 7 月以来，尤其是自 1792 年 8 月 10 日以来，它曾向资产阶级革命提供了决定性的援助，从而推动了历史的发展。从 1789 年到共和三年，巴黎无套裤汉一直是革命斗争和国防事业的积极因素。人民运动在 1793 年使革命政府得以建立，从而导致国内反革命势力和国外反法联盟的失败。人民运动的胜利在 1793 年夏天还把恐怖提上日程，旧制度就是在这种恐怖的猛烈打击下被彻底摧毁的。热月政变引起了普遍的反动，但截至此时，恐怖统治已为新社会关系的建立扫清了场地。

由于共和三年牧月的失败，人民被长期赶出了政治舞台。他们希望建立一个平等的社会民主制度的理想破灭了。1789 年的体制和制宪议会的业绩得到恢复。在实现经济自由和恢复纳税者掌权的制度这一基础上，开始了显贵们的资产阶级统治。

第三部分

"一个有产者统治的国家"。
资产阶级共和国与社会的巩固
(1795—1799 年)

1795 年酷似 1789 年,一个是共和三年,另一个是自由元年。

自 1789 年,特别是 1792 年 8 月 10 日以来一直是政治与社会斗争的决定因素的无套裤汉及人民运动,这时已被清除出政治舞台。反对贵族、国内反革命以及国外反动势力联盟的战争需要,曾一度迫使山岳派同无套裤汉联合起来。为此,山岳派不得不答应试行人民民主。有产者对这次尝试曾长时间保留着噩梦般的回忆:他们的自由被妨碍,利润受限制,小人物居然把法律强加在他们头上。由于资产阶级的阶级意识得到加强,它的态度更加强硬了。因此它决心不惜任何代价来阻止重现共和二年的试验。它独断专行地建立起自己的政权。"显贵"们的至尊地位已被恢复,国家的概念在纳税资产阶级的狭窄范围内重新确立起来。

共和三年获月 5 日(1795 年 6 月 23 日),布瓦西·当格拉在讨论宪法草案时发表的开场白中把这些原则阐明得一清二楚:

"总之,你们必须保护富人的财产……一个明智的人所能要求的,仅是公民的平等权利……绝对平等只是幻想。若要实现绝对平等,必须要在思想、道德、体力、教育和财产方面人人都能完全平等。"

早在 1793 年 3 月 13 日,韦尼奥发表过同样的论调:

"社会人的平等只不过是法律上的平等。它既不是财产的平等,更不是身材、力量、思想、活动、技艺与劳力上的平等。"

热月党和吉伦特派如此奇特的一脉相承。布瓦西·当格拉接着说道:

"我们应该让最优秀的人物来统治。他们是最有教养、最能维护法律的人。然而,除了极少的例外,你们只能在以下的范围内找到这样的人才:他们拥有产业,热爱自己产业的所在地,忠于保护产业的法律,酷爱有益于产业的平静;他们还因为拥有财产以及由此而来的舒适生活而受到过良好的教育。这就使他们能够有远见卓识，准确地讨论同自己祖国的命运休戚相关的法律的利与弊……一个由有产者统治的国家是一个有社会秩序的国家，而一个由无产业者统治的国家则是一个处于自然状态的国家。"

经济的自由必然与私有权紧密相关：

"假如你们给无产业者无限的政治权利，假如有一天他们坐在立法者的席位上，那他们就会鼓动或纵容动乱而毫不顾忌后果。他们将会对商业与农业制订或同意制订极其有害的税率。因为他们自己感觉不到，不会害怕，并且也预料不到这些税率将会带来的可怕后果。最终他们将把我们重新推向我们刚刚摆脱了的激烈动乱之中。"

这是对共和二年尝试的无情谴责，并且也杜绝了民众各阶级的一切希望。于是，根据1789年的传统，热月党共和派同君主立宪派的和解勾画出了一幅由"显贵"们，即至少是富裕的有产者组成的国家的轮廓。布瓦西·当格拉曾明确指出：

"无产业者必须在德行方面不懈地努力，才能对并不维护他们的秩序感兴趣。"

从此，财产私有权便被资产阶级认为是非我莫属的了。山岳派的立法曾一度使私有财产的获得比较容易，但这时以自由经济需要为名，完全剥夺了无产业者，尤其是小农获得私有产业的可能性。早在共和二年果月22日(1794年9月8日)，下夏朗特省议员洛佐就强调了这种必要性。他向国民公会作了题为"关于要使全体法国人都变成地产主在物质上是不可能的，以及这种变化将会带来的有害后果"的报告。因为，企图通过平分土地来消灭贫困纯属幻想。即使可以让全体农民都变为独立的自耕农，共和国也完全没有理由为之庆幸。因为到了那时，大农场主、商人、工厂主到什么地方去寻找自己企业所必需的劳动力？

无产阶级的存在是建立资产阶级经济和社会秩序的先决条件。

　　然而，贵族也毫不甘心。经过短暂的和平之后，战争再次爆发。资产阶级国家和"有产者共和国"之间的脆弱平衡，因其自由的形式而注定了它是弱不禁风的，这时它再次受到了严峻的考验。1799 年如同共和二年，祖国的危急迫使人们采用专权的办法。但是，资产阶级在政治与社会上的优先地位是完全不容许人民群众妄加评论的。革命的专政被摈弃，于是只有实行军事独裁。这就是雾月 18 日政变的意义所在。共和八年，有产者共和国的显贵们把国家限制在共和三年规定的狭窄的纳税者范围内。

第一章 热月党国民公会的终结。
1795 年签订的各项条约以及共和三年宪法

在共和三年牧月，巴黎无套裤汉运动被镇压下去，反动势力加速扩展。但是，过分的白色恐怖，特别是暴露出流亡分子叛国行径的基布隆登陆，终于使局势转为对革命有利。与此同时，热月党开始享受到革命政府努力的成果。因为，反法联盟解体了。

热月党更加坚持他们的妥协与折中政策。对外，他们回到了传统的外交。他们不断地征战，企图以兼并与征服来取得和平。对内，他们同右派相勾结以完成自己的大业。这样，温和的共和派同君主立宪派一起，通过共和三年的宪法，奠定了显贵政权的基础。但是，还没有来得及实施，新的立宪尝试就因保王党人的反对以及连绵不断的战争而被破坏了。

I. 牧月之后白色恐怖和基布隆登陆
(1795 年 5—7 月)

共和三年牧月镇压了一切来自民众的反对派，反动势力愈加猖獗，对社会生活的各个方面都产生了影响。

恢复宗教崇拜便是其第一个后果。牧月 11 日(1795 年 5 月 30 日)，根据朗热内的提议，教堂还给了信徒。然而，在教堂以外的宗教崇拜仍是被禁止的。按照"兼容并蓄"的原则，每旬一次的崇拜，宪政派天主教以及罗马天主教共同享用各教堂。由此产生了无穷的冲突。全体教士必须宣誓服从共和国的各项法律。宪政派便趁此机会在格雷古瓦的领导下重建他们的教会。以前曾拒绝宣誓的罗马派教士，如同在对待 1792 年的"小誓言"时一样，也分裂为两大派："宣誓派"以圣絮尔皮斯修道院前院长埃默里神甫为榜样；"反抗派"则坚持进行秘密宗教活动。宗教的骚乱持续不断。

指券因无套裤汉运动被镇压而遭破坏，因为热月党资产阶级对它完全放任不管。国民公会于共和三年获月 3 日(1795 年 6 月 21 日)制订了与继续发行相应的贬值比例，从而最终对纸币的破产加以认可。热月 2 日(1795 年 7 月 20 日)，国民公会下令土地税的一半必须用谷物缴纳。它最后还同意官员的薪俸可以浮动。国库已经空虚，然而纸币仍以每月将近 40 亿的速度继续发行。指券的价值在芽月(4 月)只相当于其面值的 8%，在获月降到 5%，而在热月(1795 年 7 月)跌到了 3%。

白色恐怖因牧月民众运动的失败受到了决定性的鼓动。

在国民公会里，除了科多尔省的卡诺和普里厄以外，共和二年各委员会的成员以及 12 名山岳派议员都经签署被捕入狱。吕尔和莫尔因受到威胁而自尽。国民公会于牧月 12 日(1795 年 5 月 31 日)取缔了革命法庭，并且撤销了对联邦党人的一切判决。

在外地省，前恐怖分子都遭到审判。因此，奥朗日委员会的全体成员以及索姆省的勒邦都被枪决了。花月 20 日(5 月 9 日)，国民公会准许现已落入前联邦党人及真正的保王党人手中的行政机构向司法警官揭发恐怖分子。诉讼案件日益增多。共和二年的积极分子到处被人追捕，即使他们不被判刑，也会遭到百般的刁难与折磨，致使他们无法继续生存。大多数城市都有了自己的"金色青年"，在当局的纵容下，他们成了街上的主人。一帮帮刽子手，如耶稣会、耶宇会以及太阳会使东南部陷于一片恐怖之中。在隆-勒-索尼耶和布尔等地犯人被屠杀。在里昂，花月 5 日与 15 日(4 月 24 日及 5 月 4 日)，监狱被强行打开，犯人全被处死。在蒙布里松与圣艾蒂安也发生了大屠杀。马赛的太阳会于花月 22 日(5 月 11 日)及热月 27 日(8 月 14 日)两度在埃克斯枪杀囚犯。无套裤汉在雅各宾派的最后堡垒土伦起义，但在牧月 4 日(5 月 23 日)被镇压下去了。白色恐怖更是变本加厉。太阳会于牧月 17 日(6 月 5 日)在马赛枪杀了圣让要塞的全体政治犯。在塔拉斯孔，当着当地贵族的面，并且在他们的掌声中，把雅各宾派分子从勒内王的城堡上推到了罗讷河里。在萨隆、尼姆和圣灵桥等地也都发生了大屠杀。一名国民公会议员牧月 13 日(1795 年 6 月 1 日)写道："到处都在绞死人"。

随着白色恐怖的加紧，保王党也开始复苏。那些仍然坚持共和立场的热月派，在看到保王党的崛起使大革命的拥护者都不分青红皂白地遭到威胁后，终于也警觉起来。巴黎的新闻界通常总是倾向保王党的。牧月 17 日(1795 年 6 月 5 日)的《导报》这样写道："到处都表现出最狂热的希望，似乎国民公会只能宣告实行王政了。"

在巴黎，反抗派教士以及归来的流亡分子肆无忌惮地耍弄阴谋，到处散发英国货币。在外地各省，自由树被砍倒，三色标志被踩在脚下。但是，保王党内部也存在分歧。立宪派企图以一直关押在唐普尔的路易十七为旗号上台执政(后者于牧月 20 日，即 1795 年 6 月 8 日死去)。结果是主张恢复旧制的专制派占了上风。普罗旺斯伯爵德·韦罗纳自命为路易十八，于 1795 年 6 月 24 日发表了宣言。他许诺恢复秩序、议会以及教会的特权，并声称要惩罚判处路易十六死刑的人。在他周围的人主张吊死制宪议会议员，并且枪毙那些攫取国有产业的暴发户。在全法国，持有相同观点的保王党人正在准备叛乱。他们在弗朗什-孔泰、阿尔代什、上卢瓦尔、洛泽尔等地恢复了地盘，同时他们还通过巴黎的"王家代办处"进行收买贿赂活动。1795 年 5—6 月间，莱茵方面军皮什格吕上将被收买起事。自牧月初起，朱安党人重新拿起了武器。在保王党复辟的危险面前，热月党终于团结起来，一致对敌。

基布隆登陆表明(如果还有这个必要的话)保王党与英国的勾结，终于重新燃起共和主义的热情之火。有远见卓识的马莱·迪庞于 1795 年 6 月 21 日指出这种勾结对保王党事业的危害：

"内战只是幻想，借用外力进行战争更不可。在法国，对反法联盟的武器及其政策即使不是人人切齿痛恨，那也没有比这更令人唾弃的了。"

国民公会对西部叛乱分子的让步，牧月后接踵而来的镇压以及政府的软弱却使主张诉诸武力的人得到鼓舞。登陆是在皮伊泽领导下准备的。英国政府提供了金钱、舰队以及流亡军的军服。这些亡命徒在代尔维利和松布勒依的指挥下组成两个师。登陆于获月 9 日(1795 年 6 月 27 日)在布列塔尼的南岸基布隆半岛上进行。只有为数不多的几帮朱安党徒在卡杜达尔领导下起来响应，然而广大人民群众却无动于衷。保王党内部的不和使他们的指挥陷于瘫痪，代尔维利与皮依泽也对立起来。从牧月初开始就警觉起来的政府，抓紧时间把部队都集中在奥什的指挥下。他在基布隆半岛击退朱安党徒的进攻后，筑起了坚固的工事。保王分子在获月 19 日(7 月 7 日)企图突围。结果惨遭失败。获月 28 日他们再次失利。共和军于热月 2—3 日夜间(1795 年 7 月 20—21 日)发起进攻。流亡军被逼到半岛的尽头。皮伊泽逃上英国军舰，松布勒依则宣布投降。根据当时的法律，手持武器，身着英国军装被捕的 748 名流亡分子作为联盟军的帮凶及叛国分子被全部枪决。

流亡分子在基布隆的这次失败的登陆，在全国进一步激起对英国的仇恨。它巩固了共和国。与此同时，反法联盟却最终陷于瓦解。

Ⅱ. 征服的和平(1795 年)

热月党毁坏了革命政府建立起来的事业，但他们仍然享受到共和二年国防政策带来的不少好处。此外，正当在不同利益的促使下反法联盟陷于瓦解时，他们也趁机大捞好处。

共和二年获月 8 日(1794 年 6 月 26 日)，共和国军在弗勒吕斯就已开始取得胜利。热月 9 日，比利时再次被征服。整个夏天，军事行动处于停滞状态。9 月份军队又开始前进。儒尔当统率的桑布尔-默兹方面军于共和三年葡月 11 日(1794 年 10 月 2 日)强行穿越拉罗埃尔通道，把克莱费率领的奥地利军队赶到莱茵河彼岸。与此同时，摩泽尔方面军和莱茵方面军也占领了帕拉蒂纳。皮什格吕率领的北方军越过冰冻的默兹河及莱茵河各支流。荷兰被占领，封锁在泰克赛尔的舰队也被轻骑兵攻占。1795 年 1 月，巴达维亚共和国宣告成立。在阿尔卑斯山，共和国军处于守势，在比利牛斯地区，它则于秋天侵入了卡塔卢尼亚。在西部，圣塞瓦斯蒂安从 1794 年 8 月起就被蒙赛的部队所占领。

国土得到了解放。而且，征服荷兰使共和国在经济上获得巨大的利益。当反法联盟瓦解时，热月党正处在强有力的地位。

1. 热月党的外交与反法联盟

在外交上如同在其他方面一样，热月党是受反动势力钳制的。共和三年的救国委员会已丧失了一切权威，再不能对多疑的议会，甚至反革命的反对势力等闲视之。后者叫嚣要立即取得和平，恢复曾占领过的土地。雾月 14 日(1794 年 11 月 4 日)，塔利安提议实现使法国回到"前国界"的和平。10 天后，巴雷尔揭露那些主张"虚假和平"的人，前山岳派愤怒了。布尔东在雪月 8 日(1794 年 12 月 28 日)叫嚷："有人企图使我们军队取得的成就付诸东流。"雨月 11 月(1795 年 1 月 30 日)他又呼叫："我们将推进到大自然规定的疆界为止。"自然边界已成为各党派政策的筹码以及共和主义的试金石。

其他诸因素也在起作用。军队的态度十分明确。在共和三年的危机中，军队已成为一股不容忽视的政治力量。它的经济作用也十分可观。战争不仅开始以战养战，而且还供给国内。虽然共和二年花月建立的旨在掠夺被占领国家的撤退代办处被热月党政府取缔，但是，在布鲁塞尔以及莱茵河地区的埃克斯-拉-夏佩尔建立的法国行政机构在征调时却强行使用指券。在同巴达维亚共和国的谈判中，法国政府坚持索取战争赔偿，为以后的战争筹措资金。

然而，兼并政策使热月党发生了分裂。对尼斯和萨瓦是从来没有异议的，有分歧的是比利时及莱茵河左岸地区。卡诺坚持共和二年救国委员会的政策，只满足于对以前的边界作战略性调整。这也是温和派和立宪派保王党人的主张。最后，共和派同意兼并比利时。然而关于莱茵河地区，他们还举棋不定。杜埃人梅兰和蒂翁维尔人梅兰对此极为反感。但是，风月 15 日(1795 年 5 月 5 日)选入救国委员会的勒贝尔与西埃耶斯却是狂热的兼并主义者。他们一人主张收复自己的故乡阿尔萨斯；另一人则主张为将来最终摊牌取得抵押品。这离共和二年救国委员会的政策已经滑得很远。热月党已经重新回到传统的外交政策。

由于各种不同利害关系的争斗，反法联盟正在瓦解。因为普鲁士后悔自己在西方的卷入，并且在瓦尔米被打败，便转向东方寻求补偿。1793 年 1 月 23 日，它伙同俄国再次瓜分波兰。1794 年 3 月，科西乌斯科领导波兰起义，普鲁士军围困华沙城，但是未能把它攻占(1794 年 9 月 6 日)。11 月 6 日，在苏沃洛夫的大军面前，华沙投降了。而这时，同叶卡特琳娜二世重归于好的奥地利政府却乘机占领了克拉科夫。于是，第 3 次瓜分又开始着手进行。为了抢先行动，普鲁士决定把军队开往东线，以迫使奥地利和俄国接受它为谈判的一方。普鲁士部队越过了莱茵河。1794 年 11 月，弗雷德里希-威廉二世决定派人前往瑞士同法兰西共和国的代表巴泰勒米谈判。对波兰的第 3 次瓜分于 1795 年 1 月 3 日达成协议。没有被征求意见的普鲁士只得到微薄的份额。波兰危机导致反法联盟的崩溃。

2. 1795 年的各项条约

法国自 1794 年 11 月起开始和普鲁士进行的谈判，在弗雷德里希-威廉把亲法的戈尔茨伯爵派往巴塞尔以后就更为加紧了。巴泰勒米奉命以补偿的代价争取普鲁士对于法国可能对莱茵河左岸地区的兼并表示认可。1795 年 2 月戈尔茨去世后，他的继承人哈登伯格表现得不如前任友好。他要求北德意志在普鲁士的担保下实行中立。最后，由于普鲁士国王急于把驻扎在韦斯特法利的军队调往波兰，他便在莱茵河问题上作了让步，命令他的部长签约。巴泰勒米同意北德意志实行中立，并自己承担责任，于共和三年芽月 15—16 日(1795 年 4 月 4—5 日)夜间签了约。

同普鲁士签订的巴塞尔条约明确规定"法兰西共和国和普鲁士国王之间和平、友好、和睦相处"。法国军队将撤离莱茵河右岸的普鲁士领土，但仍继续占领莱茵河左岸地区直至全面和平实现。按照秘密条款，两大强国保证恪守中立。特别是根据第 2 条，"假如在德意志帝国和法国实现全面和平之后，莱茵河左岸地区仍归属法国，普鲁士国王陛下将同法兰西共和国就位于莱茵河左岸的各普鲁士公侯国，商谈如何以双方同意的领土补偿实行转让。"

同荷兰签订的海牙条约于共和三年花月 26 日(1795 年 5 月 16 日)由勒贝尔和西埃耶斯签署。由于普鲁士已经签约,因此和法国友好的巴达维亚领导人只能在热月派的要求面前屈服。法国得到了荷属弗兰德、马埃斯特里奇和旺洛。这些地方只有在法国兼并比利时之后才能保得住。执政一职被取消。在两个共和国之间缔结了攻守同盟,直到战争结束。巴达维亚共和国同意负担一支 2.5 万人的占领军,并保证用"荷兰货币现款,即现钞或对外汇票"(第 20 条)支付 1 亿盾的赔偿。

同西班牙签订的巴塞尔条约于共和三年热月 4 日(1795 年 7 月 22 日),由巴泰勒米和西班牙特使依里亚特共同签署。蒙赛以占领毕尔巴鄂和维多利亚,以及直达埃布罗河的米朗达的辉煌战绩,加速了谈判的进程。结果法国撤离占领地区,但得到了安的列斯群岛上圣多明各的西班牙部分。一年之后,即共和四年果月 2 日(1796 年 8 月 18 日)在圣依尔德丰斯签订的攻守同盟条约,进一步完善了第一项条约。

同奥地利的谈判没有结果。在获悉巴塞尔和约的消息后,奥地利的态度变得强硬了。它加强了同英国和俄国的结盟,并且还从英国得到一笔维持 20 万军队的援款(1795 年 5 月 20 日)。从热月起兼并主义者占优势的救国委员会,主张保留比利时,把巴伐利亚让给奥地利作为补偿。但是,奥地利拒绝承认以莱茵河作为法国东部的边界线。共和四年葡月 9 日(1795 年 10 月 1 日)比利时被兼并。这时,决裂已成定局,在可悲的条件下战争重新爆发。

3. 军队与共和三年之战

国防的瓦解事实上是因革命政府四分五裂,统制经济被放弃以及货币崩溃而造成的。其结果是灾难性的。首当其冲的是战争物资的制造和军队的供给。国营工场的生产日渐被压缩,而私营企业却蓬勃发展起来。共和三年霜月 21 日(1794 年 12 月 11 日)的一项法令规定向私营企业提供必要的劳动力,"甚至可以为它们强行征用劳力"。革命政府经营的硝石矿开采也在芽月 17 日(1795 年 4 月 6 日)还给了私营部门。最后,在牧月 25 日(1795 年 6 月 13 日),巴黎各区的军服工场被廉价处理给私营承包商。

军需供给也受到货币危机与政府财政疲软的影响。士兵缺乏面包,征用再也得不到保证。用不定期领到的、以指券支付的军饷,士兵们简直什么都不能买。共和三年获月 26 日(1795 年 7 月 14 日),一名中尉这样写道:"用共和国每月发给我的 170 锂,我没有钱给马钉掌,没有钱洗衣服……然而,我不能够不穿套裤、皮靴与衬衫出门。我现在几乎样样都缺乏。"由于战争物资的制造与供给以及军事运输已都仰仗私营企业,因此这些部门成为财团重要的致富来源。承包阿尔卑斯与意大利方面军运输的朗谢尔公司或米歇尔-鲁公司就是其中之一。

军队的人员在减少。惩治不服从征召者与逃兵的条例再也不像共和二年那样严格执行,因此军队的兵员骤减。从 1795 年 3 月起,号称110 万人的军队,实际上只有 45.4 万人。在春天里,军队的减员加剧,致使在莱茵河地区的共和国军队失去了数量上的优势。政府的无能加剧了形势的恶化。它居然放过了"全国总动员"纪念日的机会,没有号召年满 18 岁的单身青年入伍。只有 1793 年应召入伍的士兵还在无限期地服役。公民责任感与纪律仍然得到维护(正因为如此,他们才能这样做)。对于前贵族和教士们的敌视,对王政的仇恨情绪始终很强烈。雅各宾思想在军队里比在老百姓中更加持久。此外,军队还因热月党政府对制止反动势力软弱无能而蔑视它。

在这种条件下进行的 1795 年战争不可能是一场决战。它开始得很晚。整整一冬,儒尔当率领的桑布尔-默兹方面军和皮什格吕统率的莱茵方面军样样都缺,成了十足的步行军。到共和三年果月 20 日(1795 年9 月 6 日),儒尔当才越过莱茵河,击退了克莱费率领的奥地利军队。被孔代亲王的手下人及英国钞票收买的皮什格吕对儒尔当支持不力。10 月初,克莱费发起反攻,儒尔当被迫撤回莱茵河西岸。11 月,奥地利军入侵帕拉蒂纳。这次战役于 1795 年 12 月以停火宣告结束。

实现全面和平的希望越来越渺茫。热月党没能用军队来达到这一目的。他们的兼并政策反而加强了英奥联盟,9 月 28 日俄国也加入了这一联盟。1795 年 12 月宣布停战之后,国民公会休会了。热月党把战争的沉重后果转嫁给他们不久前根据共和三年宪法建立起来的政权。

Ⅲ. 资产阶级政权的组成

由保守的共和派和君主立宪派组成的中右联盟主宰着国民公会新宪法的辩论与表决。由于白色恐怖的猖獗以及基布隆登陆表明了王党复辟势力的危险性,人们一度曾以为联盟会发生分裂。在 1795 年夏天,这种危险唤醒了人们的革命意识。共和三年获月 26 日——攻占巴士底狱纪念日,举行了盛大的庆典,《马赛曲》重新响彻天空。《导报》写道:"很难描绘这被人们遗忘已久、意想不到的乐曲所产生的效果。"无套裤汉重新出现,并且和军人一起追捕"金色青年"。这是一场"黑领人发起的战争"。

政府对那些不应征入伍者和逃兵也采取了若干有力措施,而且还资助重建了共和派的报纸。获月 6 日(1795 年 6 月 24 日),前吉伦特派、坚定的共和党人卢韦创办了《哨兵报》。但是,平原派并不想对左派作出更多的让步,他们需要右派的支持来表决通过新宪法。由此,产生了一些很能说明问题的妥协:在热月 9 日与 8 月 10 日的节日庆典上,同时演奏了《人民的觉醒》与《马赛曲》两首乐曲。热月 21—22 日(1795 年 8 月 8—9 日),包括富歇在内的 6 名前山岳派被捕。共和三年宪法的讨论正是在这种政治气氛中进行的。

1. 共和三年宪法

从获月 5 日至果月 5 日(1795 年 6 月 23 日至 8 月 22 日)对由布瓦西·当格拉提交国民公会的宪法草案足足讨论了两个月。草案是由芽月 29 日(1795 年 4 月 18 日)任命的一个 11 人委员会制订的。这个委员会里既包括共和派的多努、拉勒韦利耶尔、卢韦、蒂博多,也包括布瓦西·当格拉、朗热内这样的保王派。温和的共和派和君主立宪派一致同意既反对民主,也反对专政,并且主张回到按照资产阶级利益来解释的 1789 年原则上来。国家的政治与经济的领导权应当回到"显贵"们,即至少是富裕的产业主们的手中。对此,布瓦西·当格拉在他获月 5 日(1795 年 6 月 23 日)所作的报告里阐述得十分明确:"绝对平等只是幻想。"

共和三年的人权宣言比 1789 年有了明显的后退。在讨论过程中，热月 26 日(1795 年 8 月 13 日)，梅尔强调指出了"在这个宣言里写进与宪法相抵触的原则"将会带来的危险。他说："我们对词汇的滥用已够触目惊心，再也不能使用那些无用的词句了。"1789 年人权宣言的第 1 条("在权利方面，人们生来是而且始终是自由平等的")被抛弃了。朗热内在热月 26 日这样声称：

"假如你们说在权利方面人人平等，那些被我们以维护公众安全为由剥夺或中止了公民权的人便会借机起来叛乱，反对宪法。"

热月党和立宪派一样(只是更为谨慎)，只坚持公民的平等权利。根据宪法第 3 条，"平等就意味着在法律面前人人平等"。1793 年人权宣言里承认过的社会权利不复存在。起义权也被取消。相反，1789 年人权宣言里没有明确的财产权在这里规定得和 1793 年人权宣言里一样明确：

"财产权就是享受和支配自己的财产、收入、劳动成果和技艺的权利。"(第 5 条)

这就全面肯定了经济自由。热月党认为有必要在权利宣言之后补充一项义务宣言。在义务宣言第 8 条里规定：

"土地的耕种，一切生产，一切劳动工具以及全部社会秩序正是建立在确保私有制的基础上的。"

选举权受到了限制，布瓦西·当格拉曾这样宣称："由有产者治理的国家是一个有社会秩序的国家；相反，由无产业者治理的国家是一个处于自然状态的国家。"

但是，为取得选举权必须缴纳的税额条件比 1791 年要宽：任何年满 21 周岁，在当地住够 1 年并且纳税的法国人都是"积极公民"。他们在区的首府召开"初级议会",推举出"选举人"。"选举人"的最低条件是：年满25岁的法国人,其产业(在拥有6 000或6 000以上人口的市镇)收入相当于200个工作日的价值,或者其房租收入相当于150个工作日的价值,或者其地租收入相当于200个工作日的价值。全国大约3万名"选举人"。在各自省会召开"选举议会",并且在不受纳税额限制的前提之下,选举产生立法议会成员。

国家权力机构的组织是严格按照三权分立的原则进行的。根据权利宣言第22条,"没有分权就不可能有社会保证。"这就避免了任何独裁的威胁。

立法权交给两院：一个是由40岁以上、不论婚否的250名成员组成的元老院;另一个是由30岁以上的500名成员组成的五百人院。两院每年改选其中1/3的成员。五百人院提出法律草案并作出决议,元老院对它们进行审议并形成法律。

行政权交给由5人组成的督政府。督政府的成员由元老院在五百人院提出的一份50人的名单上挑选任命。每年改选其中的1名。督政府负责确保共和国的内外安全。它拥有军队,但没有指挥权。它还通过任命特派员监督和保证法律在各行政和司法部门得到贯彻执行。各执行委员会都被撤销,代之以由督政府任命的、而且只向它负责的6名部长。6名部长并不组成政府机构。督政府对由选举产生的6名委员负责的国库没有任何权力。它不能提出法律,并且只能以"公文"的方式同议会两院进行联系。

行政机构重新分散和简化。每个省都由选举议会任命5名成员组成省的最高行政机构。县的建制被撤销,因为在共和二年,各县已经完全转变成为革命的区划了。农村的小镇在各区的市级行政机构领导下组合起来。与此同时,大城市,尤其是巴黎由于实行市镇建制并选出市长,因而失去了自主权。它们被划分为若干个市。这套行政机构实际上比人们所说的更为集权。各行政机构等级森严,市级得服从省级,省级则服从部长。特别是在每个省级或市级的行政机构里,都有一名政府任命的"特派员"代表中央政府。督政府的特派员们监督并要求实施法律,出席市级或省级议会的辩论,并且督促各级官员。各省的特派员直接同内政部长联系。由于各级行政机构每年都有部分成员被更换，特派员在某种程度上起到了维护稳定的作用。督政府有权直接干预行政事务，使集权得到进一步加强，根据宪法第 196 条，督政府可以撤销行政机构颁布的法令，可以中止或撤销行政官员的职权，并且任命替补人员直至下一次选举为止。显然，这不再是共和二年雅各宾式的集权，但它与 1791 年宪法规定的权力全面分散也相差甚远。

实施宪法必然是危险的。因为革命尚未稳定(惩治流亡分子和反抗派教士的特别法继续有效)，财政破产迫在眉睫，战争仍在延续。但是，热月党人最害怕的是无套裤汉卷土重来以及议会或个人的专政。为此，他们采取了种种谨慎措施致使各级政权解除了武装，变得很不稳定(每年有一半的市政府成员，1/3 的议员以及 1/5 的省政府成员和督政府成员被更换)，并且还采取某些措施解决行政机构与司法部门之间始终存在的冲突与矛盾。当时，由于危机持续存在，并且害怕新政权被对手夺去，热月党人从一开始就对他们希望建立的自由体制进行了篡改。

2. 新制度的建立

共和三年夏天，危机进一步加剧。通货膨胀继续，物价飞涨，投机活动猖獗，一小撮暴发户的骄奢淫逸空前地激怒了处在水深火热之中的广大群众。指券的流通量在取消最高限价时为 80 亿，到了共和四年雾月 1 日(1795 年 10 月 23 日)竟达到 200 亿。经济生活处于停滞状态，社会关系被搞乱，债务人、佃农和房客都用贬值的纸币来清账。工资追不上飞涨的物价(夏天里，每斤肉的价钱从 8 法郎上涨到 20 法郎)，在不少地区收成又很差，因此，除了规定价格外，重新实行了共和二年的强制性措施。它们是：热月 4 日(1795 年 7 月 22 日)关于进行征用与强制在市场上出售商品的规定，共和四年葡月 7 日(1795 年 9 月 29 日)制订的粮食贸易法的一系列规定(这一项法律将持续到 1797 年一直有效)。在巴黎，每斤面包的价格规定为 3 苏，而这一年夏初，自由市场上面包竟达 16 法郎 1 斤。每天的面包的配给量在青黄不接时曾降到 1/4 斤，收获后又回升到 3/4 斤。巴黎的生活费用指数也随之猛涨。以 1790 年的指数为 100，到 1795 年 7 月为 2 180，9 月为

3 100，11 月则高达 5 340。在这种情况下，警方承认 8 月 10 日推翻王朝纪念日"在冷漠的气氛中"度过，也就不足为奇了。

关于"2/3 名额"的法令，其目的是防止王党反对派在选举中取胜。热月党人意识到自己很不得民心，同时也了解立宪保王派企图通过选举的合法途径达到自己目的的阴谋，因此他们抓住政权牢牢不放。宪法委员会的一名委员曾这样问道："宪法将庄严地交在什么人的手里呢?"共和三年果月 5 日（1795 年 8 月 22 日）的法令规定，各选举议会必须在现任的国民公会议员中选出 2/3（即 750 名中的 500 名）的新议员。果月 13 日（8 月 30 日）的法令又进一步明确规定，如果这一比例没有达到，其不足之数可以由国民公会议员自行遴选。这样做的结果既消灭了前山岳派的势力，又剔除了君主立宪反对派，大大有利于热月党人。

公民投票批准了宪法及其附件。虽然纳税选举资格法已经确立，但它还是通过全民投票生效的。军队也参加了投票。初级议会从果月 20 日（1795 年 9 月 6 日）起召开。国民公会使一些反对流亡分子和反抗派教士的措施重新生效。取消了那些没有从流亡分子名单上被注销的人的公民权，他们的亲戚不准担任公职。以前被流放的神甫必须在 15 天之内离开法国。相反，被解除武装的前恐怖分子则恢复了投票权。但是，果月 6 日（1795 年 8 月 23 日），各人民团体最终被取缔。共和四年葡月 1 日（1795 年 9 月 23 日），国民公会宣告宪法通过。根据葡月 6 日公布的数字，有 100 多万票赞成，不到 5 万票弃权。但是，不作为这次公民投票主要内容的"2/3 名额"法却只以 20.05 万票对 10.08 万票被通过。实际上，250 多个初级议会提出了对宪法的保留意见；19 个省以及巴黎（除了一个区以外）全都反对"2/3 名额"法。

共和四年葡月 13 日（1795 年 10 月 5 日）保王党的叛乱使原定于 20 日的选举提前进行，并且加剧了自上月以来在巴黎开始的骚动。果月 20 日（1795 年 9 月 6 日），巴黎勒佩勒蒂埃区，即交易所与投机市场所在的区，通过了一项"保证法令"，拉封登-德-格勒奈尔区议会则变成为常设机构。那些保王党占优势的初级议会把无套裤汉和前恐怖分子都逐出大门。公民投票的结果宣布之后，骚动更加厉害。巴黎有 18 个区反对投票的结果。葡月 9 日(10 月 1 日),同时传来了果月 27 日(9 月 13 日)夏托纳夫-昂-蒂默莱与德勒两地保王党徒叛乱和被镇压的消息。巴黎勒佩勒蒂埃区号召起义。葡月 11 日(10 月 3 日),至少有 7 个区开始叛乱。国民公会宣告不间断地开会,任命了包括在内的一个 5 人特别委员会,并且向无套裤汉发出了号召。葡月 12 日(10 月 4 日),一项法令撤销了对前恐怖分子解除武装的法令,3 个"八九年爱国志士营"组建起来了。因为有军队司令默努上将的同谋,叛乱在葡月 12—13 日的夜间发展起来。叛乱者建立起 1 个中央委员会。首都的大部分地区都落入叛乱分子的手中。国民公会被包围。受命组织反攻的于 13 日清晨同包括波拿巴在内的一部分将军联合起来。米拉成功地夺取了萨布隆军营的火炮。2 万多名叛乱分子由于缺乏武器装备,终于被摧垮和打散了。对他们的镇压是有节制的。葡月 13 日夭折的叛乱并没有妨碍热月党同保王党的和解。于是,这一危险再次唤醒人们的共和主义意识。弗雷隆被派往南方去镇压白色恐怖,3 名右派议员经签署被捕。最后,共和四年雾月 4 日(1795 年 10 月 26 日),国民公会在休会之前投票通过对"纯属革命问题的各项案件"实行全面大赦的决议。

然而,从葡月 20 日(1795 年 10 月 11 日)开始进行的选举打乱了热月党的盘算:只有 379 名国民公会议员重新当选(其中还包括 124 名候补议员)。而且,他们当中的大部分人都是温和派或伪装的保王派,如:布瓦西·当格拉与朗热内等。新当选的 1/3 议员主要是保王派和天主教徒。对热月反动负有责任的、变节的山岳派,如弗雷隆、塔利安等,都被击败。塔利安揭露出存在着的危险:"假如不把保王党从行政机构与司法部门里清除出去,3 个月之内反革命势力就会按照宪法程序确立下来。"然而,温和的共和派拒绝取消选举结果。在这样的宽容气氛之下,开始了新的立宪尝试,建立了督政府。

共和四年雾月 4 日(1795 年 10 月 26 日),国民公会在"共和国万岁"的欢呼声中闭幕。持续了 3 年多的国民公会遵循了一条曲折的政治路线。实际上,从 1792 年 9 月至 1795 年 10 月,它的指导思想只有一个,即:结束贵族的统治,永远不让旧制度复辟。除了共和二年那一段民主时期外,热月派控制的国民公会继续执行制宪议会的政策:确保资产阶级依靠社会优势和聪明才智取得的统治地位。既不是九三年式的民主，也不是八九年前的贵族政治。统治和管理国家的大权应该掌握在"显贵"们的手中。由于在法律面前人人平等，他们成为开放的社会阶层。

热月党人认为在自由制度的范围内，在一个内战外患交困的国家里只有资产阶级才能享有社会优势与政治权威。旺代的叛乱之火尚未完全熄灭，反法联盟也没有粉碎。热月党通过共和三年宪法，强求新政权确保与维护包括被兼并的 9 个比利时省份在内的"法定边界"，并且用"自然疆界"的观念来指导外交，在很大程度上左右了督政府的政策。1796 年春，战争重新爆发。新政权继续作战的本钱只是贬了值的指券和一支松松垮垮的军队。实施共和三年宪法(其主要特点为每年进行选举、要求实现社会安定和全面和平)使上述困难更加突出。像共和二年那样求助于人民的力量这种可能性已被摈弃。为了反击贵族的不断进攻，组成督政府的热月党人只得违背立宪原则，很快就诉诸军队了。

第二章　第一督政府。
自由稳定政策的失败(1795—1797 年)

　　资产阶级国家局限在纳税人共和国的狭窄范围内，将贵族和民众各阶层都排斥在外，再加上它的自由实践毫无成效，这些都注定它是不可能稳定的。热月党的"显贵"们既害怕保王主义，又惧怕民主，因此他们拼命地反对强大的国家权力。共和三年立宪巧妙的平衡，除了造成政府的无能或诉诸武力，没有带来其他任何后果。政府的双重排斥政策在国内遭到双重的反对，这使督政府的稳定政策已经受到损害。稳定政策本要求迅速恢复和平，但是战争在继续，征战仍在加紧进行。于是，罗伯斯庇尔 1792 年 1 月 2 日在反战演说中提出的关于将军们"成为民族的希望和偶像"的预言开始应验了："假如这些将军中的一名注定要取得成功……他怎么可能不对他的党派产生巨大影响呢？"

Ⅰ. 国内稳定政策的失败(1795—1797 年)

　　继热月党之后，督政们企图借以稳定政权的社会基础是极其狭窄的。

　　在有产阶级方面，贵族以及一部分资产阶级都被排斥在外。共和四年雾月 3 日(1795 年 10 月 25 日)的法律规定，禁止流亡者的家属担任任何公职。此项法律于共和五年被保王派多数取消后，果月 18 日再次恢复。不久后，西埃耶斯提议流放那些曾在旧制度下担任过公职或享受过特权的贵族，并且把其他贵族降到和外国人等同的社会地位。共和六年霜月 9 日(1797 年 11 月 29 日)的法律坚持了第二条措施。这项法律之所以从未被实行，其原因是很明显的。排斥的政策不仅限于贵族。社会地位处于中等的督政府资产阶级也同样不信任社会地位比他们高，更加接近贵族阶级的、旧制度时期的资产阶级。立宪君主主义者和绝对君权主义者一样被拒之门外。督政们认为共和国是资产阶级的，并且是保守的。但是他们拒绝一部分资产阶级的支持，害怕被他们引向复辟之路。

平民各阶层对共和二年的记忆犹新，以及社会上的恐惧心理，在整个督政时期始终是导致反动的一个重要因素，并最终使雾月18日政变合法化。平民各阶层中的最有觉悟的人士并没有顺从地接受被摈弃于国家以及他们曾为之斗争的共和国之外。"平等派密谋"就证实了这一点。但是，正当革命运动在新的道路上艰难地摸索前进时，资产阶级的恐惧成为政府手里用来反对"排斥派"、"恐怖主义者"、"无政府主义者"，"强盗"和"吸血鬼"的有力杠杆。"显贵"们和上层阶级最害怕的是回到共和二年。因为在那个时代，富人被怀疑，穷人制定法令，传统的社会价值都被推翻，政治上的民主导致了社会平均化。"土地法"和财产均分的幽灵仍然异常强大。共和四年霜月10日（1795年12月1日），鲜为人知的多希在五百人院声称反对建立累进税收制，他说：

"国家只有尽可能地使公民发家致富，产业才能兴旺起来……累进税收制是反对富裕公民的一项例外的法律……它将不可避免地导致把产业划分为极小的份额。这种制度在国有财产的让与中已经实行得太多了……一句话，累进税收制是土地法的真正起因，因而从它诞生之日起就必须加以扼杀……立法机构要强烈声明反对任何摧毁社会和谐以及明显地侵犯产权的原则。只有对产业怀有宗教般的尊敬，才可能使全体法国人同自由、共和国紧密相连。"

然而，这等于把曾创建这个共和国，但又没有财产的人们摈弃于共和国之外。

督政府建立在产业、纳税资产阶级及共和派"显贵"们的狭窄基础上的这种稳定，终将被证明是不可能实现的。

1. 督政们、雅各宾派和保王派

新政权的最初阶段是建立共和三年宪法所规定的各项机构。事实上，从热月党国民公会到督政府，在位的都是同一些人。

根据"2/3 名额"法，督政府时期的议会两院里共有 511 名原国民公会议员。共和四年雾月 6 日(10 月 28 日)指定了 379 名国民公会议员为新议员。此后，经各省选举议会挑选又补充了 15 名，再加上 19 名科西嘉和海外殖民地延长任期的代表，共计 413 名国民公会议员。他们不是温和派便是反动派。朗热内得到 39 个省的提名，布瓦西·当格拉得到 36 个省提名。这些重新当选的国民公会议员组成了"法国选举议会"，他们不仅补足甚至还超过了 2/3。新的 1/3 议员加强了右派的势力，如君主立宪派巴尔贝·马尔波瓦、杜邦·德·内穆尔、波塔利斯，或是坚定的反革命分子布瓦西·当格拉、亨利·拉利维埃尔和伊斯纳尔。督政府的大多数成员由以前的吉伦特派(如拉勒韦利耶尔、卢韦)、平原派(如勒图尔纳、西埃耶斯)或前山岳派(如、塔利安)组成。他们之中有 158 名弑君者，但其中有的已发生了变化。据比较有把握的估计，议会两院里有 158 名保王分子(其中大部分是自由派)，305 名共和派(大多数是热月党人)以及 226 名共和三年宪法的拥护者。督政的遴选是由最后这一部分人的意志决定的。

督政府成员根据五百人院提出的一份名单挑选：元老们决定留任、拉勒韦利耶尔、勒图尔纳和阿尔萨斯人勒贝尔。后者曾代表山岳派先后参加过制宪议会和国民公会，他的威望很高，始终是自然疆界①的维护者。对勒图尔纳有着巨大影响的前工程兵军官卡诺，保持着前救国委员会委员的声望。但他坚定地转向保守派，因而他很快失去了昔日的声望。处在这两个正直、勤奋和忠于资产阶级共和制的派别之间的是。他是热月 9 日和葡月 13 日的打手，前子爵和军官，一个凶狠的前恐怖主义者。他对大革命无疑是有感情的，但又随时准备待价而沽。

督政府设立在恐怖时期的监狱——卢森堡宫里，并建立了 1 个秘书处，后来成为波拿巴的国务秘书处。被任命的 6 名部长是：内政部长贝内泽克，财政部长，弑君者拉梅尔-诺加雷(一直担任到共和七

---

① 法国边界在大西洋、地中海、比利牛斯山和阿尔卑斯山方面都已是自然的疆界，唯有东北边还不是。1789 年，克洛茨著书主张法国应扩充到莱茵河，以完成自然的边界。从此，"自然疆界"就成为法国扩张主义的目标。——译者

年），司法部长、关于嫌疑犯的法令起草人梅兰（杜埃人），对外关系部长德拉克鲁瓦（也是弑君者），陆军部长和海军部长由两名第二流的军官担任。以后又成立了第 7 个部，即警察总部，由科雄任部长。

"为了宣告自己的成立"，督政府于共和四年雾月 14 日（1795 年 11 月 5 日）发表了一项声明，这是真正的政府纲领。在政治方面，督政府准备"向保王主义积极开战，振奋爱国主义，严厉镇压一切乱党，熄灭任何党派意识，消灭一切复仇愿望，建立和谐、融洽的气氛，恢复和平"。在经济方面，要"重开生产门路，振兴工商业，消灭投机，复兴艺术与科学，重建富裕，恢复公共信贷"。

总之，"在革命不可避免地引起的混乱基础上恢复社会秩序"。这是一项稳定、平衡，折中然而又是反右的纲领。纲领虽然对雅各宾派没有任何影射，但是却号召人民反对"耍弄阴谋的保王派和不断鼓吹幻想的狂热分子提出的任何卑鄙建议"。

这时葡月刚过，督政府一上台便号召全体共和分子团结起来。

在政治领域里，共和三年的宪法建立了巧妙的平衡。但还必须使各权力机构之间不发生任何严重的争端。各督政官和选举并支持他们的多数派协调一致地开始了他们的政务。各级地方政权和法院也建立起来。当各选举议会没有完成选举便闭会时，督政府就任命议员，并选择替补者。这样，从一开始督政府的权力就在不断扩张。但是，它的政令没有被严格地服从，其主要原因之一是它从未如数付给薪俸。议会两院的多数派和督政府很快就面临着和热月派国民公会同样的反对派。

葡月在巴黎被击败的保王派，继续在西部、朗格多克和普罗旺斯制造混乱。英国提供了武器和伪造的指券。1796 年 1 月，斯托夫莱重开战火。奥什虽然没有严格执行反对反抗派教士的法律，却积极调动部队，加强岗哨，最后解除了农民的武装。斯托夫莱被捕后，于 1796 年 2 月 25 日在昂热被枪决。3 月 29 日夏雷特也在南特被枪决。在罗亚尔河以北，卡杜达尔在莫尔比昂，弗罗泰在诺曼底的丛林地区，塞波在曼恩纷纷投降。6 月份，西部军被解散，保王派终于彻底垮台了。然而各地零星的抢劫仍时有发生。保王派在今后应采取的策略上发生了分歧。由于流亡派失去了勇气,诉诸武力派在诉诸宪法派面前让步了。后者的目标旨在下次选举中夺取多数以合法地推翻共和政府。在这之前不敢采用武力行动,并已辞去司令官职务的皮什格吕也赞成这个策略。

雅各宾派一度曾利用了政府的善意。督政府把雅各宾派安排在一部分行政机构里,允许他们的刊物出版,甚至还资助杜瓦尔的《自由人报》。各种俱乐部纷纷重建起来。"先贤祠俱乐部"于共和四年雾月 25 日(1795 年 11 月 16 日)开幕,很快就发展了 1 000 多名成员,其中有前国民公会议员,如德鲁埃。格拉古·巴贝夫于雾月 15 日(1795 年 11 月 6 日)重新出版了他的《人民的保民官报》,他写道:

"一般说来什么是革命?尤其什么是法国革命?它是贵族与平民,富人与穷人之间公开爆发的战争。"

巴贝夫揭露了共和三年宪法的反民主性质:

"除了 1795 年以外的其他所有权利宣言,都是以一条象征永恒正义的重要格言——'社会的目标是共同的幸福'作为开始的。在这之前,人们曾大踏步迅速地向这一目标前进。以后他们就倒退了,违反了社会和革命的目标,只是为实现'少数人的幸福'和'大多数人的不幸'。我们敢于这样说:尽管有各种障碍和反对,直到热月 9 日以前革命一直在前进,以后就倒退了。"

在一些前国民公会议员,如阿马尔,罗贝尔·兰代等人的支持下,左派的进攻加强了。

督政府终于担心了。霜月 14 日(1795 年 12 月 5 日)签署了对巴贝夫的逮捕令,从此他只能进行秘密的地下活动。在雨月 1 日(1796 年 1 月 21 日)举行的纪念处决路易十六的仪式上,勒贝尔的演说标志着刹车。虽然他愤怒地谴责保王派,但是他也抨击了那个"无政府主义和恐怖主义渗透到议会内部规定法律的时代⋯⋯希望善良的公民放心。"

事实上，政权的稳定取决于如何解决热月党执政时代遗留下来的根本问题，主要是经济和财政问题。当时，货币崩溃，经济凋敝。金融危机加剧了货币危机，税收再也不能入库，国库一贫如洗。勒贝尔请求"那些漠然置之的人关心共和国，并且和广大的共和派站在一起。在共和国面前任何派别都应消除。"但是，这种努力是徒劳的。

货币的灾难加剧了人民的贫困：它使一度曾出现过的政治团结成为泡影。由于害怕左翼反对派利用这一机会掀起民众运动，督政府来了个向右转。

2. 革命纸币的破产（1796 年）

督政府建立时，通货膨胀达到了顶点，100 锂指券只值 15 苏。由于国库空虚，印指券的机器不断增大印量，从而使其价值很快就低于纸张本身的价值。在 4 个月里，纸币量翻了一番。共和四年雨月 30 日（1796 年 2 月 19 日）总量达到了 390 亿。霜月 19 日（1795 年 12 月 10 日）规定的累进比例强迫借款，是一种对资本真正的课税，可以用金属货币、谷物或者相当于面值 1% 的指券来偿付。然而这也无济于事，因为市价甚至还要低 3—4 倍。借款只收到 270 亿纸币和 120 亿硬币。它引起了资产阶级极大的不满，他们是占纳税人中 1/4 的纳税最多的人。雨月 30 日（1796 年 2 月 19 日），政府不得不停止发行并废除了指券。

一种新的纸币——"土地票"代替了指券。重新使用金属币看来是不可能的，因为当时流通的金属币只有 3 亿左右，而在旧制度末期却有 25 亿。建立一座国立发行银行的主张被摒弃后，共和四年风月 28 日（1796 年 3 月 18 日）的法律建立了土地票，其中 24 亿立即发行。以尚未出售的国有财产作为抵押的土地票（它的发行原则同指券完全相同）被用来以 30 : 1 的比例代替指券，而与此同时指券却以 1% 的价值被用来支付强迫借款。土地票的市价是硬性规定的，它们被用来以平价购买国有财产。土地票在 6 个月内就完成了指券在 5 年里经过的历程。

货币引起的灾难确实已迫在眉睫。土地票曾被宣告与黄金等价，但同时又相当于指券的 30 倍。而指券这时已贬值为原值的 0.25%。

法律本身也规定 100 法郎土地票只相当于金属币 7.5 法郎。首批土地票刚开始发行就贬值到其原值的 65%—70%。芽月 15 日(1796 年 4 月 4 日)它贬值了 80%,花月 1 日(1796 年 4 月 20 日)又贬值了 90%。从此,食品有 3 种价格,但这并不能减少交换和供给的困难。芽月 27 日(4 月 16 日),巴黎中央物价局规定每 1 斤面包售价为 35 锂指券或 1 锂 3 苏 4 德尼耶①土地票,而用硬币只需 3 苏。国有财产被大量侵吞后减少了抵押,促使了土地票的破产。共和四年花月 6 日(1796 年 4 月 25 日)的法律决定继续出售国有财产,并规定平价出售的方式,可以用相当于原面值的土地票支付。其结果是购买者蜂拥而来,简直是一场抢劫。这对那些土地票持有者,尤其是国家承包商极为有利。以 2 万锂购得一座城堡的人,仅卖掉其中的栅栏门和栏杆就能获得 8 000 锂。牧月,每 1 斤面包涨到了 150 法郎②指券。甚至连乞丐也拒绝接受人们施舍的纸币。

革命纸币的消亡起因于这一痛苦的经验。其过程和指券完全相同,只是它缩短为两个月。获月 29 日(1796 年 7 月 17 日)取消了规定的市价。热月 13 日(1796 年 7 月 31 日)规定,支付购得的国有财产要用相当于市价的土地票。然而这作为制止滥售国有财产的措施已经为时太晚。同样的规定渐渐扩展到了薪水、年金、纳税和房租的支付。到了共和四年年底(1796 年 9 月中),关于纸币的幻想破产了。然而它在几个月之后才完全停止流通。金属币重新出现了。但是,国家只能收到纸币,因此并没有得益。共和五年雨月 16 日(1797 年 2 月 4 日)的法律决定停止使用土地票,把它贬为原值的 1%。这项法律几乎没有引起人们的注意,因为它只不过正式认可了已经既成事实的破产。革命纸币的历史就这样结束了。督政府之所以能重新使用金属币,是因为利用了共和四年的胜利带来的好处。共和五年芽月 5 日(1797 年 3 月 25 日),督政府收到了桑布尔-默兹方面军上缴的 1 000 万硬币,意大利方面军的 5 100 万硬币。战争供养了政府。

对于公务员、靠年金生活者以及民众各阶层来说,这种局面引起

---

① 1 个德尼耶相当于1/12 苏。——译者
② 1 法郎与 1 锂的价值相等。——译者

的社会后果像通常一样是灾难性的。共和四年获月 22 日（1796 年 7 月 10 日），伊塞尔省的行政长官认为，由于薪金欠缺，当一名办公室主任还不如苦役犯。他写道：

> "政府为任何一名苦役犯、在押犯或被判刑的犯人的支出都超出我们各办公室主任薪金的 4 倍。他们每日的薪金降到只有 6 锂 2 苏 8 德尼耶。用以维持生存的开支早就迫使他们卖掉了生活最必需的家具和用品；他们不得不去领取只发给贫民的面包。"

共和四年的冬天对于那些被飞涨的物价压垮的、依靠工资为生的人是十分可怕的。1795 年的收成不佳，农民只愿接受硬币，征用再也实行不了，因此市场变得空空荡荡。督政府只得从国外进口，并严格实行消费配给制度。

在巴黎，每日 1 斤的面包配给量下降到了 75 克，其余部分由大米替代。但是因为缺乏木材，家庭主妇无法煮熟这些大米。整整一冬天，各地警察的报告都以令人厌倦的单调语气叙述人民大众的苦难和不满，这同投机商的骄奢淫逸形成了鲜明的对照。雨月 28 日（1796 年 2 月 17 日）警察总局的报告指出："巴黎看来很平静，但是人们的思想很动荡。人们一向认为，物价上涨是那些被称作投机商的、寡廉鲜耻的人从事非法交易的必然结果。这种长久以来毁坏了公共和私有财产的残酷灾难对穷苦老百姓打击最大。他们的怨恨、不满和激烈的演说到处都能听到。"

人民大众不满的情绪很自然地转向督政府，并且有利于雅各宾反对派。这时他们在先贤祠俱乐部里正在讨论恢复最高限价的问题。在风月的最初几天里，警察的报告都强调指出民众各阶层动荡的加剧，并且要求规定价格。据风月 5 日（1796 年 2 月 24 日）的报告："工人们准备自己增加工资，但是他们说这将取决于未来的定价；……'定价'这个词被人民大众理解为降价。"

由于害怕人民大众因不满而聚集在雅各宾反对派的周围，督政府于风月日（2 月 26 日）下令关闭了先贤祠俱乐部，同时它还追捕左派记者,把那些著名的雅各宾人士从政府各部门赶走。

巴贝夫组织的"平等派密谋"标志着左翼反对派采取了一种新的斗争形式。

3. 巴贝夫和"平等派密谋"(1795—1796 年)

巴贝夫是法国大革命中第一个解决了肯定人的生存权利和维护私有财产及自由经济之间的矛盾的人。在他以前,一切忠于人民事业的政治家都曾遇到过,但又无法解决这一矛盾。如同无套裤汉和雅各宾派,巴贝夫宣告社会的目标是共同的幸福,革命应该保证人人享受平等。但是,由于私有制必然导致不平等,土地法,即地产的平分"只能维持一天"("从它实行的第 2 天起,不平等又重现了")。因此,要实现事实上的平等,唯一的办法是:"建立公共管理局;取消个人财产;人尽其才,各施所能;将劳动成果存放公仓;建立一个简单的给养分配管理局,由它对所有人的物品作翔实登记,并对物资进行最公平的分配。"

共和四年霜月 9 日(1795 年 11 月 30 日)由《人民的保民官报》发表的《平民宣言》里提出的这一纲领,与雅各宾和无套裤汉所主张的、在个人劳动基础上组织小生产的思想相比,无疑是一种革新,更确切地说是一种突进。"财产和劳动的共有制"是大革命中诞生的第一种新社会的革命思想。通过巴贝夫主义,那时还只是空想的共产主义已上升为一种思想意识;通过"平等派密谋",共产主义从此进入了政治史。

巴贝夫主义必然会带有时代烙印。显然,自学成才的巴贝夫,他的共产主义理想是在阅读了卢梭、马布利的著作以及当时被认为是狄德罗的作品,而实际是摩莱里所作的《自然法典》之后产生的。但是巴贝夫超越了空想阶段,在整个大革命过程中他始终是一名积极的战士。巴贝夫的思想体系是通过同他故乡庇卡底的社会现实的接触以及在革命斗争的过程中逐渐形成的。

巴贝夫在庇卡底农村取得的经验决定了他的农业共产主义的某些特点。巴贝夫 1760 年出生于圣康坦,父亲是征收盐税的小雇员,母亲是不识字的女仆。他本人定居在桑泰尔的卢瓦,这是一片富庶的农业区。那里的农村公社,尤其是集体使用权和公社习惯根深蒂固,并且坚决反对把农业集中在用资本主义方式经营的大农场主手中。巴贝夫曾先后为土地赋税簿籍特派员，研究封建制度的专家①，即封建权利的专家，并一度担任公社法院的书记官。因此，他对庇卡底的农民，对他们的问题和斗争有着切身的体会。显然是有感于这种经验，早在革命开始前他就主张事实上的平等和共产主义。在他1789年发表的《永久地籍册》里，他倾向于土地法，即1848年所谓的"平分财产者"的社会主义。但是在他1785年的关于大农庄的一篇论文和1786年6月给阿腊斯学院②书记杜波瓦·德·福瑟的信里，他预见到要建立"集体农庄"，即真正的"友好公社"：

"50、40、30、20个人联合起来，到这个农庄来共同生活。他们以前各自为生时终日惶惶，不得温饱。现在联合起来，很快就能走上富裕之路。"

这已经是劳动公社了。在"平等派密谋"发生前10年，巴贝夫就不仅提出了权利真正的平等，即分配的问题，同时还提出了生产问题，预感到有必要实行集体劳动：

"把土地划为相等的小片分给个人，这是对资源最大的浪费。如果联合起来劳动，情况就会完全不同。"

巴贝夫的革命经验对于他思想体系的发展起了决定性的作用。1789年的人权宣言曾宣告了权利的平等。然而事实很快便表明，它不过是"昙花一现"。因为，还在革命的过程中就出现了食品，匮乏的问

①　据索布尔《法国革命》端木正译本第222页译者注："研究封建制度的专家"（Feudiste）这个职业是旧制度末期封建领主所雇用的人，专从一些古旧的封建文契寻找生财之道的剥削农民的"法律根据"，以便重新严格主张那些久已被遗忘，甚至若干世纪没有运用的"权利"。

②　académie在此意为学术机构，其成员为当地有名望的学者，性质与设在巴黎的法兰西学院法兰西学院相同，但彼此是独立的。——译者

题,即每日必需的面包问题。巴贝夫在 1791 年 8 月 20 日给瓦兹省的库佩的信里写道:"谁会留恋一种表面的平等?"在同年 9 月 10 日他给当选为立法议会议员的库佩的信里写道:

"……因此有责任,也有必要把食品发给广大的人民群众。他们勤勤恳恳地劳动,却得不到食品。必须实行土地法以达到真正平等。"

在热月 9 日以后,巴贝夫显然是反对罗伯斯庇尔的。但是,恶性的通货膨胀和人民大众极度的苦难事后向他表明了最高限价、统制经济和生产国有化(即使是部分的)的意义,以及主要在共和国军队里实施的共和二年经验的重要性。巴贝夫在《平民宣言》里这样写道:

"这个政府(即共同管理局)被经验证明是可行的,因为这是我们 12 支军队的 120 万官兵进行过的实践(在小范围内可行的,大范围里也行得通)。"

巴贝夫现在放弃了土地法,因为它只有一天的生命力,并且他还特别声明,主张取消土地私有制。在共和三年热月 10 日(1795 年 7 月 28 日)给日耳曼的信里,他阐明了自己思想体系的主要精神,即"人尽其才,各施所能":

"全体劳动者和制造者都将为公仓劳动。每人都将把自己劳动的成果交给公仓。根据大家庭的利益,而不是个人利益所确定的分配员,把整个团体的全部丰富多样的产品平均分给每一个公民。"

正如乔治·勒费弗尔指出的,这主要是分配的共产主义。然而巴贝夫由于受到故乡庇卡底的启示,预感到在农业方面有必要实行生产的共产主义以及建立土地劳动的集体组织。但是,他没有见到资本主义财富的积聚和工业生产的蓬勃发展。他对旧的生产方式,尤其是手工业生产方式抱有偏爱。在他的著作里没有任何对建立在消费品极大丰富的基础上的共产主义社会的描写。所有这些使得人们把他视为经济上的悲观主义者。当时的环境局限，资本主义集约程度的低下和缺乏大规模生产，以至巴贝夫本人的气质和他的社会经历，正说明了他为什么只预见到物资的匮乏和生产力的停滞，看不到生产力的高涨和物资的极大丰富。这就决定了巴贝夫主义处在18世纪说教的空想共产主义和圣西门的工业社会主义之间的地位。

"平等派密谋"是使共产主义变为现实的第一次尝试。共和四年冬天里（1795—1796年），政府的无能以及压得人民喘不过气来的极端贫困，使得巴贝夫萌芽了用暴力摧毁现存社会结构的想法（不久后他为督政府所迫转入地下）。"平等派密谋"在它的周围团结了一小批主张共产主义的人，以及前雅各宾派（现为"先贤祠俱乐部"成员，如阿马尔、德鲁奥、兰代等）。他们的目标主要是政治方面的。邦纳罗蒂却不同，他在农村公社一直很活跃的科西嘉以及热诚支持罗伯斯庇尔的意大利奥奈依这两个地方担任过救国委员会的特派员。在"平等派密谋"制定共产主义纲领和进行政治组织建设中，他起了重大的作用。共和四年芽月10日（1796年3月30日），成立了起义委员会。和巴贝夫一起进入委员会的还有安托奈尔、邦纳罗蒂、达尔泰、费利克斯·勒佩勒蒂埃和西尔万·马雷夏尔。巴黎12个区各有一名宣传员，在他们领导下，宣传工作开展起来了。当时的条件很有利，通货膨胀愈演愈烈。

"平等派密谋"的政治组织采取的办法和在这之前的民众运动截然不同。其核心是一个领导小组，它紧密依靠为数不多的经过考验的积极分子。其外围是同情者，爱国志士以及共和二年意义上的民主分子，他们不一定都赞同新的革命理想。然后则是需要引导的广大人民群众。"平等派密谋"的组织非常完备，但是和广大群众的必要联系似乎没有确实的保证。因此，这种做法超越了人民起义的传统，形成了革命专政的概念。这是马拉曾预感到而未能明确指出的问题。这种概念认为：通过起义夺取政权后，再把权力交还给根据政治民主的原则选举、甚至普选产生的议会将是很幼稚可笑的。在改造社会，建立新政权的整个过程中，维持极少数革命者的专政是必不可少的。通过邦纳罗蒂，这一思想传给了布朗基，而列宁关于无产阶级专政的学说和实践，其渊源很可能就是布朗基主义。

面对巴贝夫主义的宣传,督政府发生了分歧。模棱两可,在各派之间调和;勒贝尔不知是否要像对付王党一样,进行一场反对雅各宾派的镇压;卡诺已义无反顾地转向主张专制保守的反动方面。根据卡诺的提议,梅兰(杜埃人)被解除警察总部部长之职,由科雄接替。芽月 27 日(1796 年 4 月 16 日),议会两院通过一项法律,规定对一切企图"复辟王政或恢复 1793 年宪法……或者以土地法的名义进行掠夺、瓜分私有产业的人"判处死刑。

然而巴贝夫继续加紧准备。他和同时期建立的国民公会议员委员会进行了接触,并且在花月 18 日(1796 年 5 月 7 日)和他们达成协议。他们将进入根据起义委员会的建议新选出的议会。但是,从花月 11 日(4 月 30 日)起,忠于起义的警察部队被解散了。更严重的是,巴贝夫的军事联络员格里泽尔向卡诺告发了"平等派密谋"。因此,共和四年花月 21 日(1796 年 5 月 10 日),巴贝夫和邦纳罗蒂被捕,他们的全部文件都被截获。被捕的人越来越多,统治者和资产阶级再次被恐惧慑住了。

在格雷奈尔军营发动的哗变于共和四年果月 23—24 日夜间(1796年 9 月 9—10 日)失败了。它是由共和二年的人士,即雅各宾派和无套裤汉,而不是巴贝夫分子发动的。他们是由卡诺和警察总部部长科雄一手制造的一起警察挑衅事件的牺牲品。在这一事件的 131 名被捕者当中,只有 6 人订阅了巴贝夫的《人民的保民官报》。驻扎在唐普尔的一个军事委员会下令枪决了 30 名被告,这次审判后来被最高法院宣布为非法。

旺多姆的审判到共和五年才得以进行。原来希望尽量少捕人,西埃耶斯等人则因担心王党借机东山再起,也赞同的主张。卡诺却显得坚定不移,并主宰着督政府。果月 9—10 日的夜里(8 月 26—27 日),"平等派密谋"的成员被装在囚笼里遣送到了旺多姆。他们的妻子,其中有巴贝夫的妻子和他的长子步行跟在车队后面。直到 1797 年 2 月底案件才在最高法院公开审理,一共进行了 3 个月。在被宣判死刑后,共和五年牧月 7 日(1797 年 5 月 26 日)巴贝夫和达尔泰自杀未遂,第二天他们被血淋淋地抬上了断头台。

"平等派密谋"的重要意义到了 19 世纪才显示出来。在督政府的历史中，它不过是一段小小的插曲，然而它显然打破了政治的平衡。共产主义思想第一次变成为一股政治力量，这就是巴贝夫及其行动在社会主义历史中的重要意义。在共和四年热月 26 日（1796 年 7 月 14 日）巴贝夫给费利克斯·勒佩勒蒂埃的信中，他叮嘱后者把他"关于民主和革命的全部计划、笔记和草稿"搜集起来，并且把"被当今的腐化分子称为我的幻想的东西介绍给全体追求平等的人……"为了实现这一愿望，邦纳罗蒂 1828 年在布鲁塞尔出版了《巴贝夫的平等派密谋》。这部著作对革命舆论产生了深刻的影响。从此巴贝夫主义作为共产主义思想发展过程的一个环节载入了史册。

4. 保王派的进展

继巴贝夫的密谋失败后，对雅各宾派的镇压把督政府推向了右边，并且使保王派的威胁上升了。

从 1796 年夏天起，保王派的活动在各方面都有了发展。邦雅曼·贡斯当在斯塔尔夫人的建议下鼓励立宪保王派团结在维护社会秩序的坚定支柱——督政府的周围。此时，在南方掀起了白色恐怖。那里的王党分子维络被任命为马赛军团司令。面临右派势力的猖獗，议会两院虽然维持了共和四年雾月 4 日（1795 年 10 月 26 日）通过的大赦前恐怖分子的决定，但是他们仍投票决定把被赦免者开除公职（共和五年霜月 14 日，即 1796 年 12 月 4 日）。这一项法律取消了共和四年雾月 3 日（1795 年 10 月 25 日）法令里针对教士的恐怖主义条文。既然有关规定不再执行，宗教在各教区又恢复起来。教士的影响只能对反动派有利，而且把雅各宾派开除公职也助长了反动派的气焰。卡诺越来越向右转，而拉勒韦利耶尔由于反对教会干预政治而同勒贝尔和靠近：三人督政开始对保王势力的进展警觉起来。

同时，英国和王党的阴谋确实证明右派无意和共和国安然相处，他们始终准备夺取政权。流亡在勃朗康堡布伦斯维克公爵那里的王位僭望者路易十八拒绝任何让步。保王派的活动在立宪君主主义和绝对君主主义两条战线上展开。在巴黎，他们的代表布罗基耶神甫领导着一个办事处,甚至在督政府的卫队里他们也安插了内线。1796年夏,办事处建立了一个"秩序之友"协会,公开主张以君主立宪反对现政权,但暗地里它由一个名为"正统之子"的小组推动着,这些人主张通过暴动恢复绝对君主制。前制宪议会代表当德雷力主合法斗争,他把"秩序之友"协会改为"博爱学社",为下次选举作准备。"学社"在不少省份设立分支,各分支机构中也存在着两派的对立:一派是主张合法斗争的立宪派;另一派是主张暴力的绝对君主派,例如在萨特省(那里的"学社"是由一名朱安党人组织的)和波尔多。金钱由伦敦提供,通过安插在瑞士的英国间谍维克汉转来。因此报刊和关于选举的宣传都得到资助。虽然共和五年雨月11日(1797年1月30日)布罗基耶被捕,他的一名同伙也被迫招供,但保王派的宣传仍在继续。

政治和社会气候确实对保王派有利。流亡者和被遣送国外的教士成群结伙地归来。宗教问题成了对反动派有利的一块沃土。大量共和派和反抗派教士一样,认为罗马天主教同共和国是水火不相容的。但是,宪政派教会看到自己力量在削弱。1797年初在拉勒韦利耶尔支持下建立的新崇拜形式——"有神博爱教"(每10天礼拜1次)只在少数开明资者中有市场。反动浪潮尤其利用了财政危机以及由此产生的困难。

在土地票垮台和恢复使用金属币以后,财政形势很艰难。继通货膨胀而来的是通货紧缩:硬币非常稀少,加上1796年是个丰收年,因此价格体系全被打乱。不过,极端贫困的人民大众至少可以稍微喘一口气了。但是战争仍在继续。督政府竭力使收支平衡,但没能成功。议会两院出于政治考虑拒绝在财政方面作任何有效的努力。关于税收的表决为时太晚。共和五年牧月18日(1797年6月6日)才通过当年的土地税,热月14日(8月2日)才通过动产税。督政府曾建议在每个省建立由国家官员组成的直接税征收处,但是没有执行。它还提议对火药、硝石和盐课以一定数量间接税。对此,五百人院同意,元老院却反对。为了使出售国有财产获得更多的收益,共和五年雾月16日(1796年11月6日)恢复了拍卖,但其好处微乎其微。

财政的应急措施占了上风。征购的做法仍维持下来以保证供给军队粮食、饲料和马匹。对此可以用税收的收据或国有财产购买收据来支付。如同放弃了统制经济后的热月党一样，督政府也不得不求助于金融家、银行家、供应商和军火商。它落到了受他们支配的地步。在使用了各种招数，包括抵押王冠上的钻石（其中有摄政王奥尔良公爵的重 137 克拉的大钻石），转让巴达维亚期票（即根据海牙条约荷兰对法国的战争赔款）之后，共和五年雾月 16 日（1796 年 11 月 6 日）的法律授权督政府可以使用国有财产作为支付手段。某一供应商就这样在诺尔省得到了 600 公顷土地。不久后竟然发展到向债主转让某项国家收入的地步。这种所谓的"债权转移"，实际是恢复了旧制度时实行的"预先付款"的办法。于是，有人获得了在国家森林的伐木权，有人得到某一省的税收权，向意大利方面军供应军需的弗拉沙公司则获得了拍卖在利弗纳截获的英国货品的权利。

财政措施的弊端、政府的无能、一小撮政客（以为代表，还有金融家乌弗拉以及富歇、塔莱朗等人）的唯利是图使贪污腐化恶性膨胀起来。有人因囤积食盐致富，有人则搞国有财产投机而发财。伤风败俗也蔚然成风，尤其使观察家震惊的是，这和共和二年斯巴达式的风尚简直有天渊之别。但此风只侵染到一小撮暴发的有闲阶层。他们以疯狂地寻欢作乐为常事。有人笼统地称此为"督政府时期的社会"。这个社会为第一帝国时期上流社会的风气开了先河，不过它更为放荡，但在排场之奢华上仍稍逊一筹。政府里共有两个人属于这个糜烂社会：一个是原子爵；另一个是原主教塔莱朗。商人、暴发的新贵、银行家、供应商、股票和债券投机商以及发革命财的人都麇集在这两人的周围。但是他们随时准备为了另一个更有利可图的政权而出卖现政权。

现政权在社会各个阶层越来越丧失威信。各级官员只能不定期地得到薪俸。各公共机构由于缺乏经费很难开动起来。为了减轻国家负担，督政府把法院、中心学校和公共救济交给各地方负担。然而，各地的财政状况也和中央政府一样糟糕。当政府有能力时，年金的 1/4 由硬币支付，其余的 3/4 则用税务收据或国有财产购买收据支付。这些票据又被投机商用极低廉的价格收买。共和五年的选举临近时，督政府财政上的无能加剧了人民大众的不满，而这对敌对的保王派却十分有利。

II. 对外征战(1796—1797 年)

自从革命政府垮台以及它的国防政策彻底失败后，战争便开始具有新的性质，这些性质在第一督政府时期更加明朗了。战争不再由统制经济支持(统制经济已变为自由经营和自由赢利)，军队的物质形势恶化了。久而久之不可避免地影响了军队"的士气。更有甚者，那些不再受革命政府和恐怖时期的平均主义约束的将军们正在摆脱政权机构的监护，并且任凭自己的野心膨胀。在这方面，波拿巴的意大利政策是一个真正的转折点：由个人野心支配的冒险性活动取代了国家利益。当这种倾向被笼罩在胜利的光辉之中时便显得更加危险。

1. 第一督政府时期的军队

第一督政府时期军队在继续堕落，因为在军队和其他部门一样，督政府只是继续执行热月党的政策。纸币的破产、政府财政上的无能以及供应商的舞弊，不免也影响到吃得很坏、穿得很差、待遇很可怜的士兵的条件。穷困对部队的数量也产生了影响。不服从征召和开小差的恶习侵蚀着共和国的军队。五百人院责成一委员会起草一项抑制这种恶习的法案。共和四年雾月 19 日(1795 年 11 月 10 日)，议员迪皮伊揭露了造成这种恶习的深刻原因：

"敌人利用反动势力同情者的热狂，使你们把一切可以从根本上消除这一恶习的强制手段都视为恐怖主义行为。仅恐怖主义这个词就为反法的欧洲带来了极大的好处，胜过任何武器。我巡视了共和国的几个省，看到一帮帮的逃兵在路上逛荡，像我一样逍遥自在，没有任何人依据反逃兵法去逮捕他们。怎么回事呢？听说他们的家长一般都是市长或市政官员……况且，这些官员如果执法严明，还有成为那种可恶的、曾使法兰西尸横遍野的反动势力牺牲品的危险。"

这就充分揭示了这种恶习的根源。由于对共和二年的一切回忆都怀有强烈的仇恨，并且企图拉拢反动派以钳制人民的斗争，督政府和热月党国民公会一样，在制止这种恶习方面是软弱无能的。

同时，军队的士气也在发生变化。显然，在军队里共和二年的影响是深刻的，对前贵族和教士的敌视以及对王政的仇恨很强烈。但是革命的火焰没有维持，革命的热情也在逐渐淡漠。对共和二年人们提出的暴力思想很敏感的部队，跟不上督政府折中政策的千变万化，也不能热情地赞同显贵们的中庸思想。军队同现政权越来越疏远，它对老百姓也更加蔑视。于是出现了一个在第一帝国初期广泛使用的字眼"佩坎"（指平民百姓）。由于军事机构本身的特点，民主感情仍然得以保持。即使像民主选举产生军官以及在军事法庭上设立陪审团等民主程序被取消了，在军人晋升时，知识占的分量始终很小，聪明才智和勇敢可以弥补知识的不足。一名普通战士只要勇敢，就有希望很快晋升到最高层。当然这不免会鼓励野心和冒险精神。

一直支持着军队的民族感情此时确实产生了一种新的变化。自从实行"全民总动员"以来，部队的人员再也未更换。对外征战使军队远离法国，渐渐地士兵们同国内的老百姓越来越脱离。由于部队驻扎在国外，它们必然变成为职业军队，变得只听从指挥他们的将军。对国家的忠诚慢慢地让位于对一名长官、对冒险精神、不久又变为对掠夺精神的忠诚。共和二年时，人们曾作一切努力来维护和加强军队和人民的联系。然而此时，人们却竭力要士兵们忘记自己也是公民。圣茹斯特在他 1793 年 2 月 12 日的演说里强调："只有当共和思想深入人心时"，才能取得胜利。而在意大利战役前夕，波拿巴在 1796 年 3 月 26 日的宣言里却声称：

"士兵们，你们一无所有，吃得很差。我要把你们带到世界上最富庶的平原去。富饶的省份，豪华的城市将要掌握在你们手中，你们将在那里找到名誉、光荣和财富……"

爱国主义被抽空了共和主义与人道的内涵，民族主义开始抬头。公民责任感和革命热情很快被对外国的蔑视，对军事荣誉的追求以及民族虚荣心所替代。玛丽-约瑟夫·谢尼埃很快便极力颂扬"习惯于征服的伟大的民族"。这是从第一督政府末期起开始流行的、引起人们骄傲的一句话。第一帝国认可了它。

由救国委员会在共和二年建造起来的战争工具,在投入 1796 年的战役前夕,同反法联盟各国旧制度的军队相比仍然是优越百倍的。为了加强在将领和供应商面前的权威,督政府效仿特派员制度,设立了派往各部队的"军事委员",但是这也无济于事。因为无论军事委员或是督政府,它们在将军们的面前没有"强制力"。现在,将军们的作用是压倒一切的,波拿巴的军事天才使他进入了最高层。在制订战略原则,组成和使用战术单位等方面,波拿巴的天才不久就得到充分的发挥,然而他在总的方面仍然是忠于革命传统的。他革新了战争艺术,而他使用的是革命创建起来的民族军队。

2. 波拿巴在意大利(1796—1797 年)

自从 1795 年签订各项条约以来,反法联盟的规模缩小了,其主要成员只有英国和奥地利。显然,军事和财政形势都不佳的奥地利,假如能肯定得到象巴塞尔条约规定的向普鲁士所作的补偿,它本来也会放弃莱茵河左岸的。至于英国,因为受到带有严重社会和政治后果的经济与财政危机的威胁,尽管它一直讨厌看到法国在荷兰站住脚跟,但它这时也没有能力在大陆再进行一场军事行动。

督政府的对外政策早已由被看作不可更改的"法定边界"的概念所规定:共和三年宪法的第 332 条绝对禁止"割让共和国领土"。兼并比利时是得到曾通过宪法的公民投票确认的。对阿维尼翁和萨瓦的兼并更是如此。只剩下莱茵河左岸的问题了。跟在右派后面走的卡诺主张实行从前的、然而是经过改善的边界;而领导外交的勒贝尔却主张"自然疆界",也就是同意兼并。他企图在自然疆界外获得一些抵押品,以便在谈判时处于有利的地位。他的主张得到了督政府的赞同。为了把这些条件强加给奥地利和英国,就不能被动地听任征战自然地发展。

卡诺制订的 1796 年战争计划规定德意志南部的军事行动具有决定性作用。桑布尔-默兹方面军、莱茵-莫塞尔方面军分别在儒尔当和莫罗指挥下将向维也纳挺进;而不太重要的阿尔卑斯方面军和意大利方面军分别在凯莱曼和谢雷指挥下将夺取皮埃蒙特和伦巴第，并把它们作为谈判的筹码。集中在布雷斯特的爱尔兰方面军在奥什的指挥下将对英国起威慑作用。在最后的关头，共和四年风月 12 日（1796 年 3 月 2 日），督政府任命波拿巴取代谢雷。它的军事和政治计划因此被打乱了。

拿破仑·波拿巴 1769 年 8 月 15 日出生在阿雅克修的一个亲法的小贵族家庭。1779 年他成为王家奥顿中学的奖学金生，后来进入巴黎军事学校附属的王家布里埃纳中学直至 1784 年。1784—1785 年他成为军事学校的贵族士官生。1785 年 9 月，16 岁的波拿巴在参加会考时，在 58 名应考生中取得第 42 名。从此，他被任命为炮兵助理中尉。从瓦朗斯到奥索纳，然后又回到瓦朗斯，在这些迁移中他过的是军营里小军官的那种清苦的、无前途的生活。他是 1789 年的爱国者，然而是一名科西嘉的爱国者。1789—1793 年保利在科西嘉岛多次逗留期间，波拿巴在他的领导下积极参与了当地的政治生活。但由于得不到保利的信任，当保利和国民公会闹翻、求助英国人时，波拿巴于 1793 年 6 月离开了科西嘉。1793 年 7 月他被任命为意大利方面军的上尉，并被派往阿维尼翁组织火药运输队。这时他真诚地拥护山岳派和雅各宾派。他以对话的形式写了一本题为《博凯尔的晚餐》的书，并且得到国库的资助，于 1793 年 8 月在阿维尼翁印刷出版。此书的内容是 1 名军人（他本人）和尼姆的 1 名市民、蒙彼利埃的 1 名制造商以及马赛的 1 名商人之间的谈话。其大意是人们说服倾向吉伦特派的马赛人，要他相信“山岳派的事业是全民族的事业”，国民公会是“团结的中心”，必须拯救“处在最残酷的反法联盟包围之中的新生共和国，因为它们要把共和国扼杀在摇篮里”。他离开了故乡科西嘉并放弃了该岛独立的幻想。波拿巴从此投身到革命的民族中来。他的同乡、特派员萨利赛蒂于 1793 年 9 月 17 日把包围土伦的炮兵部队交给他指挥。他的作用在某些方面是决定性的。12 月 19 日土伦被攻占，22 日波拿巴晋升为准将。意大利方面军的特派员奥古斯坦·罗伯斯庇尔保荐他。在共和二年芽月 16 日（1794 年 4 月 5 日）写给他哥哥马克西米利安的信中，他夸奖了“公民波拿巴出类拔萃的优点。”

热月政变对一切都提出了异议。事件于热月 18 日(1794 年 8 月 5 日)传到尼斯:第二天,波拿巴被特派员撤去了指挥职务,并且作为罗伯斯庇尔分子被关押在昂蒂布的方堡里。果月 3 日(1794 年 8 月 20 日)他被释放,并恢复了军职。但是他的军事生涯遭到了奥布里的阻挠。这是一名隐藏的吉伦特分子,而且是国民公会军事问题的报告人。他激烈批评波拿巴"过早地晋升和具有无节制的野心"。然而,1795 年 3 月波拿巴仍被任命为西部军炮兵司令,但被他拒绝了。6 月,当他被任命为西部军的步兵将军时,他再次拒绝。

从那时起,公民波拿巴变成了寻找自己道路的冒险家。热月的失宠仿佛打断了他的政治生涯。不久,除了自己的野心,他不再有任何准则。有几个月他的处境很凄惨。葡月使他重新投入洪流。葡月 13 日(1795 年 10 月 5 日)这一天他所起的作用使他获得了"葡月将军"的美称。从此,他依靠得到不断晋升的前途有了保障。10 月 16 日他还是一名少将,26 日就被任命为国内方面军的总司令。从这一时期起,开始了波拿巴和约瑟芬·塔谢·德·拉帕日里的爱情。约瑟芬比他年长 6 岁,是 1794 年被处以绞刑的博阿尔内子爵的遗孀。据在他的回忆录里提到,这是个已经有点厌倦的女人,但仍很迷人,并且很有经验。波拿巴给"温柔的、无与伦比的约瑟芬"的第一封信写于 1795 年 10 月 28 日。这种炽烈的情火在他写于意大利战争期间的全部信件中得到了充分的证明。信件对嘉奖、功名嗤之以鼻。乔治·勒费弗尔写道:"很难相信波拿巴不知道约瑟芬和的关系,没意识到她对后者的影响可以对自己有用。"

1796 年 3 月 2 日,波拿巴被任命为意大利方面军总司令,取代了谢雷。9 日,他和约瑟芬·德·博阿尔内没有举行宗教仪式结成了夫妇。两天后他离开巴黎前往设在热那亚海岸的萨沃纳司令部。

意大利战争决定了反对奥地利斗争的命运。战争计划早在共和二年就由救国委员会制定出来:在征服皮埃蒙特之后,先夺取伦巴第,然后通过阿尔卑斯山直接向维也纳进军。波拿巴带着 3.8 万名战士,4.8 万金法郎和 10 万法郎汇票(没有被全部接受)投入了战争。战争进行的速度极其迅猛。

在皮埃蒙特，波拿巴只用了十几天，经过蒙特诺特战役(1796 年 4 月 12 日)、米尔西莫和蒙多维战役(4 月 21 日)，成功地把博利厄指挥下的 3.5 万名奥地利军和科利部下的 1.2 万名皮埃蒙特军隔离开，并迫使科利退守都灵。4 月 28 日，撒丁国王签订了谢拉斯科停战协定。根据 1796 年 5 月 15 日签订的巴黎条约，撒丁国王把萨瓦以及尼斯、唐德和伯依 3 块伯爵领地割让给法国。

在伦巴第，波拿巴把博利厄赶到了波河以北，赶过了泰森河。然后，他挥师南下，从普莱藏斯渡过波河，在阿达的洛迪桥(5 月 10 日)一举击溃敌军，1796 年 5 月 15 日进入了米兰。后来司汤达在他的《帕尔马修道院》里写道："全世界发现，经过那么多世纪之后，恺撒和亚历山大终于有了一个继承人。"越过曼乔河之后，5 月 30 日波拿巴包围了芒图。帕尔马和莫代纳公爵签订了停战协定，波洛涅城向法国人敞开。6 月 23 日，罗马教廷也接受了一项协议。被征服的国家被迫缴纳沉重的战争赔款，这激起了一部分居民反对占领者。只有主张成立统一的意大利共和国的当地雅各宾派站在法国人一边。而督政府只是想夺取一些筹码以便加强自己在谈判中的实力地位。在此期间它尽量盘剥被占领国家：波拿巴可能从意大利掠夺到 5 000 多万，其中的 1 000 万交给了督政府。然而奥地利人始终控制着通向阿尔卑斯山的交通要道芒图。奥地利军队曾 4 次从阿尔卑斯山下来企图为芒图解围。但是乌尔姆塞尔率领的部队于 8 月 5 日在卡斯蒂格利奥纳被击败，1796 年 9 月 8 日再败于巴萨诺。阿尔温克齐的部队经过 11 月 14—17 日在阿科尔周围浴血奋战后也被击退，1797 年 1 月 14 日在里沃利再次被打败。2 月 2 日芒图投降，通往维也纳的道路打通了。

德意志战争并没有取得督政府所期待的决定性成功。担负主要任务的儒尔当和莫罗的部队计划通过多瑙河谷到达维也纳。1796 年 5 月 31 日儒尔当越过莱茵河，但被查理大公①击退了。可是，由于同莫罗对峙的乌尔姆塞尔在波拿巴得胜后被派往意大利，法军对查理大公重新发起了进攻。6 月 24 日莫罗渡过莱茵河到达慕尼黑。与此同时，儒

———————————

① 查理大公是奥地利皇帝弗朗索瓦二世的三弟，在欧洲反动王公贵族军官中，尚属能战者。——译者

尔当先后夺取了科隆和法兰克福,并于 8 月一直挺进到与波希米亚的交界处。但是法国军队没有会师。查理大公趁机对它们分别出击,首先逼使在马因河谷两次被打败的儒尔当于 1796 年 9 月底撤回莱茵河左岸。莫罗被发现后也不得不撤退。由于大公竭力切断他的退路,莫罗率部进入黑森林地区的隘路。1796 年 10 月 26 日他在于南格渡过了莱茵河。冬天,凯尔和于南格两座桥头堡丢失了。

在奥什率领下对爱尔兰的远征也遭到失败。法国舰队于 1796 年 12 月起航,被暴风雨打得七零八落。1797 年 1 月,督政府下令没收在法国领土上的一切英国商品。英国的经济形势恶化,逼使它进行谈判。1796 年 10—12 月英法曾在里尔进行过谈判,当时英国方面以马尔迈斯比里为代表,比利时问题导致了这次谈判的破裂。

因此,在 1797 年战役的前夕,意大利方面军成为督政府主要的希望所在。波拿巴恢复了被占领国的和平。他完全不顾督政府的指示,于 1796 年 10 月 15 日在莫代纳和从教皇那里夺得的几块领土上建立了"波南共和国"。1797 年 2 月 19 日,他同教皇庇护六世签订了托朗蒂诺条约。督政府要求他摧毁教皇的世俗政权,而波拿巴却满足于得到几百万赔款和迫使教皇割让阿维尼翁、弗内森伯爵领地以及其他几块领地。他的政策越来越以他个人的意志为转移了。

1797 年 3 月 20 日,法军重新发起了对奥地利军的进攻。此时奥军由查理大公率领并在人员上大为加强。波拿巴强行通过了塔格利亚曼托隘口,然后越过塔尔维山口,先头部队在马赛纳率领下到达塞姆芒。

同时,在德意志南部,桑布尔-默兹方面军在奥什率领下于 1797 年 4 月 16 日越过莱茵河,18 日在科隆附近的纽维德获胜。莫罗也开始行动。但是在 1797 年 4 月 18 日这同一天,波拿巴在斯蒂里亚的莱奥本和奥地利同时签订了停战协议与和平条约的预备性条文。这位意大利的征服者十分珍视他的胜利成果,害怕被人抢先当上和平使者。莱奥本和约的预备性条文确认了波拿巴意大利政策的胜利,但是没有实现莱茵河的自然边界。然而国内政治的发展迫使督政府只得认可既成的事实。

Ⅲ. 果月与康波福米奥(1797 年)

在共和五年芽月的选举中保王派取得了胜利。国内形势以及舆论的厌倦使督政府不得不听命于将军们。督政府由它的本质所决定,绝对不可能号召人民起来保卫共和国。而它对外政策的方向必然取决于国内危机如何解决。反法联盟对此完全了解,因此它设法拖延莱奥本停战后在于迪纳开始的谈判,以及后来由英国特使马尔迈斯比里在里尔恢复的谈判。假如保王的右派获胜,英奥就希望得到更优惠的条件。因此,督政府和波拿巴的团结加强了。波拿巴知道,保王的两院绝不会同意他的意大利政策。获月 5 日(1797 年 6 月 23 日),因为威尼斯事件,波拿巴在两院遭到严厉的抨击。至于督政府,它又怎能拒绝救星的要求呢?通过互相影响和让步,果月的政变和康波福米奥条约紧紧相连。这一政策的主要受益者则是波拿巴。

1. 共和五年的选举和反动派

尽管波拿巴在意大利取得了辉煌战绩,而且督政府也曾想利用这些战绩。但是,共和五年芽月议会两院的选举(更换 1/3 议员,其中有 1/2 是前国民公会议员)仍然受到保王派的影响。选举活动是按照法律规定的程序进行的。除了十几个省外,各地的督政派都遭到了惨败,只有 11 名国民公会议员重新当选,而且其中有好几名保王分子。新当选的 1/3 议员大大加强了王党右派的势力。

正当督政府发生分歧时,反动阵营却立刻组织起来。得到拉勒韦利耶尔支持的勒贝尔意识到眼前的危急,主张必要时宣布选举无效,把形势重新掌握在手。卡诺屈从于选举的结果,拒绝了这一主张。则像往常一样持保留态度。牧月 1 日(1797 年 5 月 20 日)两院集会,指定巴尔贝-马尔波瓦为元老院议长,汝拉地区当选的皮什格吕为五百人院议长。勒图尔纳经抽签被确定为任期已满的督政官,于是两院就在这一天决定由巴塞尔条约的谈判使者、声名狼藉的君权主义者巴泰勒米接替他。然而右派有点犹豫。他们在"克利希俱乐部"集会,但未能确定政策。主张立即复辟的"白色雅各宾派"只是少数,占多数的君主立宪派反对使用暴力。号称"肚皮派"的小集团也倾向保王党,主张进行一些细微的改革并且等待时机。"白色雅各宾派"希望皮什格吕能发动一场政变,但皮什格吕表现得优柔寡断。

反动派采取的措施有利于流亡者的家属和教士。由于取消了共和四年雾月 3 日的规定,流亡者的家属重新可以担任公职。果月 7 日 (1797 年 8 月 24 日)的法律取消了 1792 年和 1793 年的镇压措施。然而,教会的成员仍须发表忠于法律的声明,反流亡者法律的主要部分继续有效,被赦免的恐怖主义分子被允许重新担任公职。在外地各省,反动势力通常很嚣张。博爱学社在各地的分支机构得到发展。流亡者纷纷归来,被放逐的教士到处自由来往,而获得国有财产的人却遭到了攻击。在普罗旺斯再次发生暴力事件,督政府只得派兵前往镇压。共和派力图团结在各立宪派俱乐部里,以对抗反动势力的嚣张。但是,督政府害怕这样会加强雅各宾势力的影响,因此听任两院于热月 5 日 (1797 年 7 月 23 日)把它们取消。督政府的这种消极状态助长了右派的反动气焰,他们试图剥夺督政府全部的财政权,使它处于无能为力的境地。牧月 30 日(1797 年 6 月 18 日)五百人院决定把全部财政权交给长期以来以反革命著称的国库,不过元老院拒绝了这一议案。

督政府同两院的冲突进入了决定性阶段,这时不再继续观望,转而支持勒贝尔和拉勒韦利耶尔反对卡诺和巴泰勒米。他的抉择在卡诺为取悦右派而更换部长的时候公诸于世了。热月 26 日(1797 年 7 月 14 日),被保王派憎恨的梅兰和拉梅尔保留了原职,由斯塔尔夫人介绍给的塔莱朗被任命为对外关系部长,奥什被任命为陆军部长。这是一个有意义的选择,因为奥什指挥的桑布尔-默兹方面军十几天来一直在向巴黎进军。

2. 共和五年果月 18 日政变(1797 年 9 月 4 日)

共和五年芽月选举引起的督政府和两院之间的冲突公开化,在没有任何宪法程序的情况下,只有两种解决办法:或是像共和二年那样号召人民;或是像葡月 13 日那样诉诸于军队。显贵政权的本质决定了它必然排除第一种可能性,拉勒韦利耶尔事先就对此表示坚决反对。结果只能是求助军队。已经预感到这一点的波拿巴和奥什同意了。获月，波拿巴提供了皮什格吕背叛的证据，这是在保王派特务当特雷格的文件里发现的一份材料。获月13日（1797年7月1日）奥什命令部队向巴黎进军。于是督政府只得听命于将军们，尤其听命于波拿巴。他支持政府反对两院只是为了迫使其接受莱奥本和约的预备性条文和他的意大利政策。

获月28日（1797年7月16日）当两院得知政府改组以及军队进入法律规定的禁区后，终于意识到眼前的危险。他们准备对3名督政官——、拉勒韦利耶尔和勒贝尔提出控告。获悉皮什格吕已经背叛的卡诺拒绝赞同复旧。热月25日（1797年8月12日），议会两院为了武装富人居住区的资产阶级，下令组建国民自卫军精锐连队。这时督政府也加紧防范准备。波拿巴派奥日罗担任指挥，一些小股部队利用各种借口进入了巴黎。果月10日（1797年8月27日）拉勒韦利耶尔向"山内共和国"①的特使声明："督政府决不同共和国的敌人妥协"。右派决心使用武力，但"三督政"走在了他们的前面。

共和五年果月18日晨（1797年9月4日），巴黎被军队占领了。皮什格吕和12名议员被捕并监禁在唐普尔，巴泰勒米也遭到同样下场。卡诺逃脱了。政变没有遇到任何抵抗。一项法令规定，凡企图复辟王政或1793年制宪议会者立即枪决。果月19日（9月5日）夜里，两院集会投票通过了"三督政"提出的特别措施。49个省的选举结果被宣布无效；177名议员被取消资格并不予替补；包括卡诺、巴泰勒米和皮什格吕在内的65人被判处流放圭亚那（人称"不流血的断头机"）。杜邦·德·内穆尔等议员辞职。两院里的多数颠倒了过来。

对流亡者和教士的镇压措施重新生效：流亡者必须在15天之内离开法国，否则处以死刑；他们的家属再度被逐出各公职岗位，甚至被取消投票权；曾被放逐的归国教士必须再次流亡国外，否则要被流放到圭亚那；教会所有的教士必须宣誓憎恨王政和1793年宪法。对反对派的报刊也采取了严厉措施，42家报纸被取缔。与此同时，俱乐部被允许恢复活动。督政府的权力增大了，它被授权清洗各级行政机构和

---

① "山内共和国"指阿尔卑斯山以南地区，借用古罗马时的用名，共和国以米兰为首都，至1802年改名为意大利共和国。——译者

法院，可随意宣布戒严。

果月 18 日政变对根据共和三年宪法建立起来的自由共和国体制是一次沉重的打击。右翼反对派遭到严重打击，他们因立法机构被削弱而非常恼怒，准备伺机报复。政变靠将军们及其部队的支持才得以成功。督政府认为军队的力量已不十分可怕，因为这时大陆实现了和平。然而，这并不是自然疆界的和平，而是威望与日俱增的意大利征服者的和平。随着其威望的增大，他的要求也越来越高。

3. 康波福米奥和约(1797 年 10 月 18 日)

1797 年 4 月 18 日由波拿巴签订的莱奥本和约预备性条文仿佛标志着回到了旧制度时的外交路线。督政府企图利用伦巴第作为取得莱茵河左岸的筹码，波拿巴便用威尼斯共和国的领土换取了伦巴第。这样，奥地利就得到了亚得里亚海的入海口。奥地利虽然放弃了比利时，但莱茵河左岸的命运仍悬而未决。这将要在同帝国举行的一次旨在缔结和约的会议上予以讨论。这就彻底破坏了督政府的莱茵河政策。然而督政府仍然批准了莱奥本和约的预备性条文，因为国内形势迫使它只得这样做。唯有勒贝尔投票反对，因为他的关于莱茵河左岸的民族政策被牺牲了。

波拿巴的意大利政策迅速地发展起来。他支配着意大利。在伦巴第、瓦尔特利纳、威尼斯共和国的一部分陆地和波南共和国的基础上，他建立了山南共和国，并为它制定了一部宪法。在热那亚，原来的共和国被意大利雅各宾派改为利古里亚共和国。1797 年 5 月 2 日，波拿巴向威尼斯共和国宣战，12 日攻入了威尼斯。于是他在于迪纳同奥地利政府代表开始了缔结永久和平的谈判。

同时，英国也决心重开谈判。不久前它刚经历了一场严重的银行和财政危机；爱尔兰爆发了起义；1797 年春舰队里的反叛此起彼伏。7 月，皮特派遣马尔迈斯比里前往里尔重开谈判。

此时，里尔和于迪纳两地的谈判都毫无结果。只要法国国内危机尚未缓解，一切都只能悬而不决，因为反法联盟各国期望法国保王的右派得势，以便得到更有利的条件。但是，果月 18 日政变的成功使勒贝尔领导的督政府的对外政策更加强硬了。里尔的谈判(1797 年 7—9

月)失败了。督政府要求恢复法国及其盟国的殖民地，但并不要求恢复在大陆上征服过的地盘；英国拒绝放弃从荷兰手里夺来的开普敦和锡兰，由此造成了谈判的破裂。于迪纳的谈判是在波拿巴和奥地利首相蒂居的特使科本兹尔之间进行的。

康波福米奥条约是 1797 年 10 月 18 日在波拿巴的驻扎地帕萨里亚诺签订的。波拿巴不顾督政府要求取得莱茵河左岸和重建威尼斯的指示，竟然把伊斯特里亚、达尔马西、卡塔罗河口、威尼斯城以及直到阿迪日的威尼斯陆上领土都让给了奥地利。在原威尼斯领土上，法国只保留了爱奥尼亚群岛(科尔富、藏特、塞法洛尼……)；奥地利则承认山内共和国为"强大的独立国家"，它还放弃了比利时。至于莱茵河左岸，在秘密条文里，奥地利同意法国一直兼并到莱茵河同奈特河的汇合处(即前特雷弗和美因兹选帝候的领地帕拉蒂纳)，但科隆地区除外。奥方承诺，在法国和帝国在拉斯塔特举行的会议上，将"进行斡旋以使法兰西共和国取得这条边界线"。督政府虽然很失望，但仍然批准了条约。它怎么能抵制呢？在一个疲惫不堪的国家里，当人们得知实现和平时都禁不住欢喜雀跃起来。于是督政府只得同意。

革命的民族违背了原则，"拿别国人民作了交易"。为了同奥地利达成一项不稳固的协议，法国抛弃了同普鲁士的结盟。奥地利虽然战败，但它在德意志和意大利毫无损失，因为它用伦巴第换取了威尼斯的部分领土。与民族传统和民族意志格格不入的波拿巴"意大利体制"战胜了督政府的"莱茵河体制"。这时的波拿巴早已开始酝酿新的计划了。在康波福米奥谈判中，他对奥国全权特使科本兹尔宣称："法兰西共和国把地中海视为自己的海洋，并且要在那里称霸。"同时，他促使督政府夺取马耳他，他说："这个小岛不用我们付出任何代价。"

在波拿巴的意大利政策和地中海计划里，战争已经开始酝酿。果月 18 日政府借助了军队的力量，这加强了军队在共和国中的作用。督政府的政策越来越受制于将军们的行动。

第三章　第二督政府。
资产阶级共和国的终结(1797—1799 年)

在果月政变和康波福米奥和约之后，督政府在国内广泛采用了专制的办法。它取得了某些成效，同时也为以后的执政府作了行政上的准备。但是，政治上的稳定被证明是不可能的，现政权的社会基础同热月党的社会基础同样狭窄。只要大陆和平继续维持，现政权便能存在下去。但这必须以损害共和三年宪法的自由实施为代价。第二次反法联盟的组成和重新开战引起了最终的危机。雾月 18 日既恢复了国家的权威，又维护了显贵资产阶级的社会优势。但是政变既诉诸于军队的力量，资产阶级的显贵们也由此失去了政权。

Ⅰ. 镇压与改革(1797—1798 年)

政府的组成在果月政变后有了变动，但是在人员和机构方面仍然很不稳定。政府成员部分地更新了。督政府内卡诺和巴泰勒米分别由弗朗索瓦·德·纳夏托(他仅是一名优秀的管理人员)和杜埃人梅兰(有一定的政治影响)替代。在前部长中只有拉梅尔留任，其余的部长除了接替司法部长梅兰的比利时人朗布雷奇外都很平庸。实际上，执行机构的行动总要受共和三年宪法中有关自由主义的规定所钳制。它对议会两院和国库没有任何法定的干预权。于是产生了加强执行机构权力的想法。但是修改宪法的程序极其复杂，根据宪法第 338 条，这需要 9 年的时间才能完成。整个问题摆在那里，一切都可能被每年一度的选举结果否定掉。

1. 特别政策

果月政变后建立起来的特别政权虽然被称作"督政府的恐怖"，但它不过是共和二年政权苍白无力的返照。对于热月派资产阶级来说，不可能实行救国委员会曾实施过的经济独裁，并且督政府始终不具备革命政府所特有的"强制力"。确实，由于实现了大陆和平，并且国内的反革命势力已蜕化为小股的匪帮，当时的危险并不严重。一些军事委员会粉碎了果月 18 日以后在圣灵桥、卡庞特拉和蒙托邦等地发生的骚乱。共和六年雪月 30 日(1798 年 1 月 19 日)的法律规定，凡两人以上合伙谋杀者将判处死刑。镇压的治安性质比恐怖成分更明显。搜查住宅、行政拘留、干涉通信秘密、限制报刊的自由(并未恢复检查制度，而是取缔了大量报纸，如在共和四年霜月 16 日和 27 日，即 1797 年 12 月 6 日和 17 日)、监视剧院、清洗行政人员，所有这些措施主要是针对流亡者和教士这两类人。它们并不是根据新的立法，而是严格执行现存的法律。

对付流亡者，只需使用根据果月 19 日法律重新生效的一系列立法。共和六年，各军事委员会下令枪决了 160 名归来的流亡者，其中有些人，如絮尔维尔确实曾在阿尔代什重新拿起过武器。有的人可能走得更远。西埃耶斯在这方面象征着既要摧毁贵族，又要摧毁民主的革命资产阶级。他提出要消灭一切贵族。他的主张未被接受，但是根据他的提议却通过了共和六年霜月 9 日(1797 年 11 月 29 日)法律，把贵族置于和外国人等同的地位：

"前贵族和被授予爵位的人，只有在具备根据宪法第 10 条关于外国人(加入法国国籍)的条件和期限后，才能在各地初级议会、市镇议会和选举议会里行使法兰西公民权，才能被任命担任公职。"

这项法律的实施细则从未规定，其原因是很明显的。

1792 年和 1793 年针对教士的法律继续有效。但是，对于归国的被流放教士不再流放到圭亚那，即"不流血的断头机"，取而代之的是默许的死刑。一些被列入流亡者名单的教士因此被枪决。此外，督政

府可以通过个人签署的法令，把即使遵纪守法但拒绝根据果月 19 日
(1797 年 9 月 5 日)规定宣誓憎恨王政的一切教士流放。大约有 1 700—
1 800名教士受到这些措施的制裁。263 名教士被流放到圭亚那，1 000
名教士被拘禁在雷岛或奥莱隆岛。

果月 18 日政变后，督政府的宗教政策是激烈地反教会的。果月
19 日法律的第 25 条要求严格执行共和四年葡月 7 日(1795 年 9 月 29
日)法律关于宗教崇拜活动及其治安问题的规定：任何公开仪式，任何
崇拜的外部标志都被禁止。共和六年热月 17 日(1798 年 8 月 4 日)法
律规定必须遵守 10 天一旬制；果月 23 日(1798 年 9 月 9 日)的法律又
规定必须使用共和历。它是"人类思想的伟大和美妙的创造"，现在称
作"共和国年鉴"，无论平民和官员都必须遵守。共和六年雨月 17 日
(1798 年 2 月 5 日)的法律规定，私立学校，主要是教会学校必须接受
市政当局的视察，"以便了解那里是否遵守 10 天一旬制，是否庆祝共
和国的节日，是否对公民的名称引以为荣"。人权和宪法的权利应该是
"学校启蒙教育的基础"。由国民公会规定的旬末节和全国性节日必须
按期庆祝。有的人甚至想走得更远，使共和国成为与天主教对立的一
种真正的世俗宗教。督政府的大多数拒绝重新搞"最高主宰"崇拜。但
是拉勒韦利耶尔却竭力推荐由书商舍曼于 1797 年 1 月创立的"对上帝
的崇拜者和人类的朋友顶礼膜拜"的"有神博爱教"。这种新教宣扬，
"地球上一切民族的信条和道义"，它企图"通过宗教把人们同自己的家
庭责任和社会职责联系起来"。虽然它在资产阶级共和派中产生了一定
的影响，但它从未能触及到普通老百姓。拉勒韦利耶尔被督政府的大
多数成员谴责为鼓动宗教狂热。

督政府终于激怒了广大的信徒。但是它遏制了教会反对派和那些
拒绝宣誓憎恨王政的教士们的反对。特别措施使它能在一段时间里削
弱反革命势力。雅各宾派想利用当时的形势，督政府则准备用特别措
施对付他们。

2. 共和六年花月 22 日(1798 年 5 月 11 日)和对雅各宾派的镇压

准备共和六年选举很快成为果月 18 日后督政府主要关心的事情之
一。被开除的议员加上两院 1/3 任期已满的成员，共有 473 名议员要

被替换，其中包括一半前国民公会议员。这一变动的意义极为重要。现政权通过共和六年雨月12日（1798年1月31日）的法律做好了防备，法律授权现任的两院审查新当选议员的权限（应当理解为清洗）。然而很快就显示出来，威胁政权的危险主要不是来自被果月镇压吓坏的、并已经瓦解的保王派，而是来自左面的反对派。

果月18日以后，"新雅各宾派"的宣传主要通过各"立宪派联谊会"迅速开展起来。大量被任命替代被清洗分子的特派员和各行政长官都支持这些联谊会。督政府感到了危险，于是就利用社会上对当时被称为恐怖主义者的新雅各宾派的恐惧，提前下手把任何民主的企图置于死地。风月9日（1798年2月27日），在平等宫"立宪派联谊会"（又称萨尔姆俱乐部），邦雅曼·贡斯当提出了4点政纲："为恐怖主义恢复荣誉；警惕专制危险；给王政主义应有的鄙视；准备选举以巩固共和国。"这里的共和国是指共和三年建立在财产权之上的共和国。"立法者的一切手段都在于维持、巩固和确保"财产权。

督政府在选举前给全体法国人（雨月28日，即1798年2月16日）、各地初级议会（风月9日，即2月27日）和各地选民（芽月4日，即3月24日）的致词里都阐明了同样的论点。它揭露了两重危险，即"来自两方面的反对派"，并提出了："既不要恐怖，也不要反动！既不要王政，也不要专政！"的口号。督政府不顾关于共和派的分裂将产生有害后果的警告，以反对雅各宾主义和过激为借口，准备清除反对派，加强自身的权威。

共和六年的选举是在政府加强了行政压力并经过精心准备的前提下进行的。在选举过程中，在各选举议会里发生了由梅兰挑动的多起分裂，这使得督政府可以随心所欲地宣布选举结果有效与否。在巴黎，当左派占多数的选举议会在奥拉托利大厅集会时，另一个在政府授意下由609名选举人中的212名"分裂分子"组成的大会却在法兰西研究院召开。新当选的议员没有任何可以恐吓资产阶级的手段，而督政府却认为自己掌握了一个顺从的多数派。两院里拥护督政府的议员支持由分裂派选出的议员，并要求宣布他们的当选有效。花月8日（1798年4月27日），雷尼耶在元老院宣称："为了保证法国不再看到革命恐怖重新出现在法兰西大地上,你们必须宣告,戴红帽的保王派的危险性毫不次于戴白帽徽的保王派。他们将不得进入此地,除非从你们身体上踩过。"花月 18 日(5 月 7 日),谢尼耶同时谴责"保王乱党"和"无政府乱党"。五百人院的多数派和督政府串通一气,不顾儒尔当将军的抗议,通过了开除新当选议员的名单。元老院也屈从了。

政府揭露了一起"分为两股的阴谋"后,共和六年花月 22 日(1798年 5 月 11 日)的法令宣布并没有发生过分裂的 8 个省的选举结果无效;对 19 个省由分裂派议会选出的议员给予承认;取消了 60 名法官或行政官员的当选议员资格。总共有 106 名议员被宣告当选无效。相反,政府提出的 191 名候选人被选入两院。其中 85 名是督政府任命的特派员和官员,另 106 名是法官和行政官员。他们在理论上是经选举当上议员的,但实际上其中很多人是由政府安插的。督政们就这样掌握了两院大多数,但由于采取了这些虚伪的暴力措施,政府的威信则更为下降。政府的威望并不因为它在花月 27 日(1798 年 5 月 16 日)改组时任命特雷拉尔接替弗朗索瓦·德·纳夏托而有所回升。新任督政官是律师、前立宪派和弑君派国民公会议员。他是个第二流的人物,并且是一个拙劣的政治家。然而执行机构在一段时期里还是得到了加强,这使它能把果月政变后开始的改革继续进行下去。

3. 第二督政府进行的改革

从共和六年花月到共和七年芽月的选举,从 1798 年春到第二年春天将近一年的时间里,督政府重新获得了某种平衡和力量。经过清洗的两院不再是反对派了。在这种政治气氛里,法国的经济和财政改组开始了。有两名部长为此作出了很大努力。他们是财政部长拉梅尔和内政部长弗朗索瓦·德·纳夏托。这项主要在行政方面进行的持久性改革事业为波拿巴后来的改革作了准备。共和六年和七年的法律为执政制奠定了基础。

财政的复兴和税务的改革在果月政变后立即开始。

"2/3 破产法"(又称"拉梅尔清算法")通过共和六年葡月 9 日(1797年 9 月 30 日)的财政法解决了登入"公债大册"里的债务问题,通过霜月 24 日(1797 年 12 月 14 日)的法令解决了国家拖欠的债务问题。有

1/3 的债务因被登入"公债大册"而得到保证，过期未付的款项不用硬币支付，而是用"1/3 保证票"的票据来代替。持票人能以此缴纳税收或作为购置国有财产支付手段的货币部分。"1/3 保证票"免征一切税收。其他 2/3 被调整的债务用国库发的票据支付，持票人可用来作为购置国有财产支付手段的其余部分。这样，国家预算减轻了 1.6 亿多，以此作为偿还 2/3 债务的利息的费用。实行破产使形势好转。后来的执政府得益匪浅，它还通过一次补充破产清算了过去遗留的问题。1801 年 3 月，"2/3 调整票"被兑换为债券，其利息为 5%，按本金的 0.25% 计算，这意味着它比共和六年的面值损失了 95%。

税收的改革旨在增加收入并使之经常化，从而使预算得到平衡。

直接税的管理机构进行了改组，1789 年以来的有关原则被废除了。制宪议会曾规定只有民选的机构才能制订直接纳税人名册并征收税金。共和六年雾月 22 日（1797 年 11 月 12 日）的法令决定在每省建立一个隶属于财政部长的"直接税办事处"，由督政府特派员以及负责决定课税基数和收税的官员组成。这一项法律为波拿巴共和八年的改组提供了模式。

税务制度彻底改革了。共和七年霜月 4 日（1798 年 11 月 24 日）的法令设立了一项新的直接税——门窗税，这是根据住宅规模大小估算的、对收入的一种总税收。1798 年秋起，现有的各类税收都进行了调整，如营业税（10 月份）、土地税（11 月份）、动产税（12 月份）。间接税也稍有恢复。五百人院通过的盐税遭到元老院否决，对进口烟草的税金略微有所提高。此外还规定对公路征收所谓"买路钱"以及对公共车辆座位征收相当票价 10% 的税金。印花税额有所增加，并且还扩大到报纸和广告。共和七年葡月 27 日（1798 年 10 月 18 日）的法令恢复了巴黎的入市税，以保证公共救济资金的来源。共和七年霜月 22 日（1798 年 12 月 12 日）的法令改革了税收登记办法。以上的改革都很有成效，这些税务法令的基本部分直至今日仍然有效。

但是财政赤字尚未消灭。共和六年赤字达到 2.5 亿。拉梅尔估计共和七年赤字为 6 600 万。于是只得采用传统的办法：出售国有财产、借贷、剥削被占领国家（远征埃及的部分经费由伯尔尼金库支出）。督政府现在完全受气焰嚣张的金融家、供应商和实业家的摆布。贪污腐化日益成风，在陆军部长谢雷的周围尤为严重。这种恶习根深蒂固，甚至连波拿巴的专制制度也未能加以制止。

经济上的困难部分地抵消了政府卓有成效的努力。通货紧缩引起了信贷利率的上升和物价的下跌，而这些又妨碍了经济的复苏。市场上流通的硬币很少，人们的积蓄使它更为减少。在共和九年执政府时期，市面上只有 10 亿左右的硬币流通，而 1789 年时的流通量为 25 亿。

信贷利率很高，通常每月至少为 10%，短期的为 7%。虽然 1796 年佩勒戈和雷卡米埃建立了"来往账户银行"，1797 年建立了"商业贴现银行"以及在鲁昂等地也开办了几家银行，银行机构仍不能满足需要。这些银行的主要业务是对股东的贴现。

通货紧缩引起的物价下跌，由于 1796 年到 1798 年连续丰收而更为严重了：农产品的价格一般要比丰收的 1790 年低 1/4 到 1/3。供应的矛盾不尖锐了，面包降到 2 个苏 1 斤，这有助于社会的安定。但是，通常拥护政府的选民——大地主、大农场主等农业生产商的不满情绪却增长了。政权的威信再次受到了损害。

同样，农业危机也影响到工业。工业从战争的影响中艰难地恢复过来，但很难适应扩大了的边界。在 1788 年雇佣 360 名工人，而在共和六年只雇佣 60 名工人的里尔毛纺织厂主，抱怨受到来自兰堡、韦尔维耶、埃克斯-拉-夏佩尔等地的粗呢的竞争，这些都是被占领或新兼并的国家和地区。农产品价格的低廉削弱了农村广大群众的购买力，因此也限制了市场的繁荣。信贷的缺乏则挫伤了人们的事业心。公路状况不良和完全无保障也阻碍国内贸易的发展。

对外贸易陷于瘫痪状态。1797 年，远洋贸易船队的载货量只有 1789 年的 1/10，与海外诸岛之间的贸易处于停顿状态。随着对埃及的远征，和地中海东岸国家的贸易也中断了。虽然兼并了不少地区，但共和八年的出口量降到几乎只有 1789 年水平的一半。这时英国商品充斥德意志市场，但法国工业家，尤其是棉纺织业家却竭力反对建立一个包括卫星国在内的统一市场。他们是贸易保护主义的忠实信徒，并

且很想对那些姐妹共和国实行专有殖民体制。共和七年花月 9 日（1799
年 4 月 28 日）的关税法重新使用了 1791 年的条款，并且更为严厉：对
制造品都课以进口税；对奢侈商品或法国生产的商品出口则课以原料
税。这种关税制度将成为执政府时期海关政策的基础。

督政府的经济事业（其主要倡导者为弗朗索瓦·德·纳夏托）在这
种条件下只能在很狭窄的范围内展开。内政部长的活动是多方面的，
但是他主要是提出建议，而不是强迫命令。纳夏托主张建立新型农业，
淘汰无用的牧场，改组和重新划分市镇。但他只限于下达通报，鼓励
生产。为促进工业生产，他于 1798 年秋在马尔斯校场举办了第一届全
国博览会，并取得很大成功。他对人口开展系统普查，进行农业统计
调查，增办中心学校，改善公共救济，还在每个市镇设立"慈善办公
室"。但是这一切收效甚微。工业生产低于 1789 年的水平。主要表现
在棉纺织业的技术发展缓慢。毛纺织业和冶金业处于停滞状态。资本
主义的财富积聚主要表现在商业里。布瓦耶-丰富雷德、理查与勒努瓦
尔、泰尔诺，以及更老的沙普塔尔、奥贝尔康夫等实业巨头，都是老
式的资本家。他们通常把活计分到各户加工，而不是集中在工厂生产。
除了制造业，他们还经营商业和银行业务。法国仍然像个农村，主要
的生产是农业。尽管已经宣布了圈地和种植的自由，老式的农村却仍
然维持着，马铃薯、饲料根块等新作物发展得很慢。

督政府时期经济上的软弱在很大程度上说明了它在政治上的困难。
共和二年那样的统制经济和对利润的限制已不复存在。因此，只得靠
被征服国家来维持政权和军队。而当共和七年的失败把军队重新带回
法国国土时，督政府只得进一步加重纳税人的负担，因此更失去民心。
政治问题再次提到了首要的地位。

Ⅱ. 第二督政府与欧洲（1797—1798 年）

康波福米奥和约签订后，只有英国仍坚持反对法国。为推动反英
斗争，看来有必要维护来之不易的大陆和平。然而，督政府推行了一
套大陆扩张政策，迅速破坏了外部稳定的一切可能。更有甚者，它还

被拖入了对埃及的远征,从而把冲突扩大到地中海。这种冒险政策终于使国内改革的努力付诸东流。

1. 反英斗争

共和六年雾月 5 日(1797 年 10 月 26 日),督政府决定建立一支由波拿巴指挥的英国方面军。督政府在霜月 1 日(1797 年 11 月 21 日)的宣言中,表示了法国的不满,谴责圣詹姆斯内阁是"欧洲最腐蚀人和最腐败的政府"。它指出了与此相关的经济利益,尤其是航海和殖民地方面的利益:"这个内阁必定渴望战争,因为战争使它致富。"它还追述了英国对法国的殖民地和盟国的巧取豪夺。瓜德罗普于 1794 年被维克多·于格重新征服。但是,马提尼克、圣卢西亚岛和多巴哥却丢失了。在圣多明各,即使图森·卢韦尔蒂尔赶走了英国人,督政府的权威也很微弱。西属特立尼达与荷属圭亚那都被英国人占领,在这之前他们已经在锡兰和开普敦扎下了根。法国的殖民地贸易遭到彻底破坏,外贸航运在英国的包围下处于瘫痪状态,海军也十分虚弱。宣言还痛斥卑鄙的阿尔比荣①:"在它的财富里凝聚着各国人民的血和泪,它是在人民的尸骨堆上致富的。"在政治上对英国的不满同样很强烈。督政府还指出,英国用金钱资助反法联盟军以及土伦、吉布隆和旺代等地的叛乱:"让英军到伦敦去下达和平令吧!"大约 5 万名法军在布雷斯特集中了。

然而,法英之间的斗争主要是经济性的。一直对制造商有利的、重商主义方式的封锁变得更为严厉了。尽管 1793 年 3 月 1 日国民公会法令在理论上禁止英国商品的进口。但是,法国商品需要出口,法国工业原料,尤其是棉花需要进口,这使法律在执行过程中不得不灵活变通。现在,法国对封锁的设想更加具有战争性了,企图把它作为迫使英国破产,阻止英国出口的一种手段。共和五年雾月 10 日(1796年 10 月 31 日)通过的一项法令下令截获运载被禁英国商品,特别是纺织和五金产品的任何船只。然而,必须再次考虑制造商和中立国的利益。但是在果月 18 日政变后,任何随和的做法都被摈弃了。共和六年雪月

---

① 阿尔比荣(Albion),凯尔特语,意即英国,常含贬义。——译者

29 日(1798 年 1 月 18 日)的法令宣布，凡是接受过英国检查或运载英国商品的中立国船只，都要截获。海上行劫大为增加。中立国的船只在法国港口几乎绝迹了，于是只得转向和美国的贸易。这样，主张对成品禁运的工业家抗议原料的匮乏，而那些富有的消费者则抱怨来自殖民地食品的消失。

面对法国的威胁，英国的对抗更强硬。对外国入侵的害怕激起了民族感情。皮特政府通过增加税收，特别是对 1799 年收入 200 镑以上者征收 10％所得税，来筹集资金。军事努力继续进行，津贴制的建立，使入伍者增加，但由于不实行义务兵役制和兵员缺乏，不可能对大陆进行任何重大的征战。舰队是英国实力的基础，它保证英国的制海权和对殖民地贸易的垄断，它将挫败法方任何登陆的企图。英国舰队打败荷兰舰队后，1797 年 2 月 14 日又将一支西班牙舰队在圣樊尚角击败，卡迪斯港被封锁。纳尔逊舰队进入了地中海，而法国的布律耶斯舰队竟然无法穿过地中海返回布雷斯特。

波拿巴风月(1798 年 2 月底)的报告，放弃了入侵英国的计划。波拿巴一切都为了他的东方幻想，正在加紧准备远征埃及。而督政府却把手渐渐伸向西欧，其结果是导致第二次反法联盟组成。

2. 伟大民族和姐妹共和国

康波福米奥媾和以后，督政府的对外扩张政策不久就引起了各大国，尤其是奥地利的不安。这是包括意识形态、政治和经济等诸方面因素的扩张。果月 18 日政变后革命热情重新高涨，给宣传注入了一种新的推动力，其目标仍然是把各国人民从贵族和暴君的枷锁下解放出来。"伟大民族"的周围将是各姐妹共和国。它们是政治上被奴役，经济上被剥削的卫星国。反英斗争也助长了扩张政策：必须从英国手里夺取大陆市场，检查各主要港口和通道以肃清走私。1798 年，自由城市牟罗兹被并入法国，日内瓦则成为莱芒省的省会。

果月 18 日后，1798 年 1 月 22 日，法国驻海牙代表德拉克鲁瓦、巴达维亚军队总司令达昂代尔和占领军司令儒贝尔一起发动了一次同样性质的政变，巴达维亚共和国被重新改组。一个中央集权的政府建立起来，各级官员必须宣誓"憎恨原执政官、联邦主义和无政府状态"。

但是花月 22 日后，中央集权的民主派被谴责为无政府主义者，政府进行了清洗，显贵们又占了上风。

瑞士共和国取代了由资产阶级贵族统治的、各独立州组成的旧联邦。瑞士的爱国志士，如巴塞尔人奥克斯和沃州人拉阿尔普，主张结束寡头政治，建立中央集权的共和国。经过一番阴谋策划之后，沃州被法国占领。波拿巴在其中起了作用。他已把瓦尔特利纳并入伦巴第，并希望通过瓦莱地区保障山内共和国同法国的交通往来。1798 年 2 月 13—14 日夜间，布吕纳的部队向伯尔尼进军，占领了它的国库。一部督政式的宪法被在阿罗召集的议会所接受。但是还必须扑灭施维茨、于里、恩特瓦尔德等山区各州的起义。为了镇压反抗，督政府驻瑞士方面军的特派员拉皮纳于 1798 年 6 月 16 日运用自己的威望发动了一场政变。奥克斯和拉阿尔普被选为瑞士督政官，从而加强了民主派的力量。

1798 年 2 月 21 日山内共和国被迫接受一项同盟条约和一个贸易协定，它将继续被一支 2.5 万人的军队占领，并供给其费用。为使上述条约得到批准，督政府干预并清洗了山内共和国的议会两院。1798 年 6 月，督政府对驻米兰的特命全权公使特鲁韦的指示表明了它企图对各姐妹共和国维系臣属政策：山内共和国必须"只为法兰西共和国的利益效劳，并且帮助它成为整个亚平宁半岛上一切政治争执的仲裁人。山内共和国必须相当强大以助我们一臂之力，但永远不能强大到损害我们利益的程度"。必须使山内共和国的当局保持"自卑感"。督政府特别仇视领导山内共和国，主张意大利统一的雅各宾派。因为，一个共和制的、然而又是分散的意大利对它的政策更为有利。

1797 年 12 月 28 日，在意大利爱国志士发动的一次暴动后，建立了罗马共和国。但是其结果却转为有利于反对派。于是他们就攻击对此负有责任的法国人，迪福将军被杀。于是，意大利方面军司令贝尔蒂耶向罗马进军(那里的革命者宣布成立了共和国)。教皇被迁往西也纳。有多努和蒙日参加的一个公民委员会强行通过了一部督政式的宪法。马赛纳取代了贝尔蒂耶，罗马共和国遭到了供应商和将军们的洗劫。

皮埃蒙特虽然在 1797 年有过一次革命尝试，但被残酷地镇压了下去。后来还发生过山内共和国爱国者挑起的骚动，但是它仍然维护了自己的独立。果月 18 日之后，撒丁国王批准了一项同盟条约。1798 年 6 月 27 日，督政府特使迫使撒丁国王接受一项准许法国部队占领都灵的协议，这对当地革命者的骚动十分有利。

康波福米奥和约规定的、旨在决定莱茵河左岸命运的拉斯塔特会议，在 1797 年 11 月 16 日开幕。在前奥属比利时、列日前主教区以及被兼并的前荷兰领土上（分为 9 个省并实行法国革命法律），法国的统治是很牢固的。在莱茵河地区，被占领的地方建立了 4 个省份。奥地利首相蒂居对法国的扩张采取忍让政策，期望得到法国的回报。法国特使特雷拉尔要求得到包括科隆在内的莱茵河左岸全部领土。对此，1798 年 3 月 9 日德意志帝国议会原则上表示同意。奥地利全权代表科本兹尔立即要求得到补偿，特雷拉尔拒绝了。4 月在维也纳，一些捣乱分子袭击了升着三色旗的法国使馆。人们以为两国要断交了。

花月 22 日消除了这种印象。督政府开始追捕左派。在各姐妹共和国它同雅各宾派闹翻了。尤其在意大利，它树敌很多，并且还损害了法国的利益。但是反雅各宾的反动势力光靠自己不可能使法国同奥地利和解。督政府拒绝在它的禁猎地意大利对奥地利作出补偿，于是就把它逐步推向了英国方面。而这时对埃及的远征又使共和国树立了许多新的敌人。

3. 在埃及的冒险(1798 年)

远征埃及的根源在某种程度上要追溯到波拿巴的"东方幻想"，这有他在康波福米奥表示的要确保法国占领爱奥尼亚群岛的打算为证。显然，在共和六年选举前夕，督政府对于能摆脱一名令人捉摸不定的、野心勃勃的将军，并不恼火。名义上臣属苏丹的埃及对法国来说并不是陌生的地方。马赛的商人和那里一直保持着传统的贸易往来。早在 1796 年，法国驻开罗领事马加隆就建议占领埃及，认为这是轻而易举的事。于是产生了用埃及补偿在安的列斯群岛的损失的想法。共和五年获月 15 日(1797 年 7 月 3 日)塔莱朗在法兰西研究院的演说里，对这一想法作了进一步发挥：《论目前形势下在新殖民地可以得到的好处》。塔莱朗在这一事件里的作用同样也令人捉摸不透。他主张同英国缔约，因此不会不了解，征服埃及必然会引起英国对通往印度道路的安全产生忧虑，还会促使土耳其反对法国。难道是为他的朋友波拿巴的荣誉锦上添花？或者像他情妇格朗特夫人的信里所说，把英国方面军的威胁引向一个更远的目标，从而"有利于他的英国朋友"？共和五年热月 9 日(1797 年 8 月 16 日)，波拿巴已经在谈论占领埃及的好处了："在不远的将来我们一定会感到，要真正摧毁英国，我们必须夺取埃及。"共和六年风月 5 日(1798 年 2 月 23 日)，波拿巴向递交了一份计划，督政府于 15 日(3 月 5 日)批准了这份计划。

远征的准备工作以异乎寻常的速度，在极度秘密的状况下进行。在两个月内，由 55 条战船组成的一支舰队以及 280 条运输船集中到土伦。远征军共 5.4 万人，其中 3.8 万人为作战部队。波拿巴带着一个庞大的参谋部和一个由 187 名学者、作家、艺术家组成的委员会。

远征埃及于共和六年花月 30 日(1798 年 5 月 19 日)启程。6 月 6 日舰队经过马耳他，不经战斗马岛就落入法军手中。舰队避开纳尔逊，抵达亚历山大港，并于 7 月 2 日攻占了该城。部队直奔开罗。当时的埃及名义上由贝伊政府统治，实际的主人是剥削这个国家的"马穆鲁克"①。7 月 21 日在金字塔下，他们的骑兵被布成方阵的法国步兵击败。由于缺少骑兵，波拿巴未能乘胜追击。7 月 23 日他进入了开罗。但是，1798 年 8 月 1 日，纳尔逊率领的英国舰队袭击了阿布基尔附近的由布吕耶斯率领的法国舰队，并把它一举歼灭。只有两条战舰得以幸免。一下子，英国成了地中海的主人，而波拿巴当了自己征战的俘虏。

波拿巴在埃及的冒险和他在意大利的征战完全一样，是法国革命历史上的一个转折点。这次征战把共和国最优秀的部队派往远方。然而对英斗争还在继续，大陆和平很不稳定。因此，它是不符合民族利益的。直到那时为止，革命的法国对东方事务是不感兴趣的。自从

---

① "马穆鲁克"是土耳其-埃及一支部队的名称，源自 13 世纪，最初由奴隶组成，后成为统治埃及的集团。拿破仑收编他们参加法军。1811 年白色恐怖时，被总督哈麦德·阿里在开罗屠杀殆尽。——译者

1796 年占领开普敦以来，英国一直自诩为通往印度道路的主人，这时它又发现了苏伊士通道的重要性。土耳其和俄国先后开始不安。于是组成了这 3 个列强的联盟，这是走向第二次反法联盟的第一步。

4. 第二次反法联盟(1798—1799 年)

第二次反法联盟的组成(1798 年 4—12 月)是欧洲对督政府侵略政策的反击。在好几个月里，英国一直力图在大陆上为法国树立一个新的敌人。没有它，英国不可能对法国予以决定性的打击。东方和意大利发生的一些事件给它造成了这个机会。

埃及事件促使俄国和土耳其向英国靠拢。土耳其于 1798 年 9 月 9 日向法国宣战。在俄国，半疯子保罗一世继承了叶卡特琳娜二世的王位。他对法国革命怀有刻骨仇恨，因此接纳了王位僭望者路易十八，把他安顿在米托。特别是他重新实行向地中海的扩张政策。反法斗争使他同土耳其言归于好。根据 1798 年 12 月 23 日的条约，土耳其向俄国开放它的港口和海峡。一支俄国舰队进入地中海，并夺取了爱奥尼亚群岛。1798 年 12 月 29 日，英国、那不勒斯和俄国结成联盟，决定在意大利进行干预。

恰好罗马事件在半岛上又点燃了战火。在纳尔逊的鼓动下，那不勒斯的君主费迪南三世和亲英的玛丽-卡罗琳娜向罗马共和国发起进攻。1798 年 11 月 26 日，那不勒斯部队在奥地利将军马克指挥下攻占了罗马。督政府对此予以反击，首先占领了皮埃蒙特，因为它的国王是英国人公开的间谍。然后，尚皮奥奈发起进攻，并于 1799 年 1 月 23 日解放罗马，夺取那不勒斯。国王和王后乘坐英国战船逃往西西里。那不勒斯遭到一场浩劫。虽然督政府指示把那不勒斯留作未来谈判的筹码，尚皮奥奈仍然在那里建立了帕泰诺普共和国。这时普鲁士恪守中立。奥地利经过一阵犹豫，在俄国准备好干预意大利时下定了决心。它同意俄国部队通过自己的领土。鉴于这一形势，督政府于共和七年风月 22 日(1799 年 3 月 12 日)向奥地利宣战。它立即出兵占领了托斯卡纳，并把教皇迁往瓦朗斯。

第二次欧洲反法联盟在 1799 年 12 月因瑞典国王居斯塔夫四世的加入又壮大了力量。然而奥英之间却没有任何条约。虽然各大国一致同意把法国赶回旧日的边界,但是它们之间的默契是有限的。英国和俄国在地中海的利益互相冲突,正如奥地利和俄国在意大利的利害冲突一样。这一回,又是英国作了巨大努力资助第二次反法联盟。然而它国内的工人运动却在不断高涨(禁止罢工的"联合法"制订于 1799 年 7 月 12 日)。俄军共投入了 8 万人,因此人力上的优势转向了联盟军。战争逐渐扩展,到 1799 年春已经全面展开。

1799 年 4 月 28 日拉斯塔特谋杀案①尤其表明了这场战争不可调和的性质,这是一场欧洲的贵族反对革命民族的战争。那天夜里,正当法国全权代表们离开会议时,遭到了奥地利轻骑兵的杀害,3 名代表有 2 名身亡。西埃耶斯认为"消灭法国的警钟"在各君主国的首都已经敲响。督政府无须动员就点燃了全国的怒火。

共和七年花月 17 日(1799 年 5 月 6 日)督政府声明:

> "必须捍卫的不仅仅是自由的事业,而且还是关系到全人类的事业。"

战争再次具有了革命的性质。

Ⅲ. 最后一次革命危机(1799 年)

康波福米奥和约签订后,大陆和平曾使督政府有所加强,并得到某种稳定。战争的再度爆发以及 1799 年春季战役的失败,使政权的平衡成了问题。从雅各宾派的加强发展到温和的反动,最后导致了共和八年雾月的军事政变。

1. 共和七年的军队和 1799 年春季战役

共和七年的军队所遇到的困难和 1793 年救国委员会采取战时措施

---

① 拉斯塔特为德意志西部城市,1797—1799 年间,法、奥、普三国代表在此谈判,讨论莱茵河左岸问题。第二次反法联盟组成后,谈判中断。1799 年 4 月 28 日,当法国代表准备回国时,受到奥地利骑兵的砍杀。——译者

以前的困难一样严重。但是，它重新获得了一部分正在失去的人民。为了解决兵源问题，督政府重新实行了"全民总动员"。根据共和六年果月 19 日(1798 年 9 月 5 日)的"儒尔当法"，20 至 25 岁青年的义务兵役制升格为经常性的征兵制。然而义务并不等于必须服役。立法机构作为仲裁者有权根据形势征集必要的兵员，补充或扩展部队。法律也按民主原则规定了晋升制度：

> "除了在工兵或炮兵部队服役者，以及在战场上有显赫战功者外，任何法国公民只有在部队当过 3 年战士或士官后才得晋升为军官。"

共和七年葡月 3 日(1798 年 9 月 24 日)，有 20 万青年被征召，以后又陆续不断地征召，直到获月 10 日(1799 年 6 月 28 日)的法令把五届的适龄青年全部征召为止。共和七年芽月 28 日(1799 年 4 月 17 日)法令规定的替换制在获月 14 日(7 月 2 日)被取消了。

实行征兵并非毫无困难，一方面特别缺乏有效的户籍管理，另一方面士兵逃亡时有发生。大量人员不合格。在葡月 3 日动员的 20 万人中，只有 14.3 万名合格者，其中 9.7 万到兵站报到，而最终只有 7.4 万人到达部队。共和七年的军队同共和二年的部队一样，在数量上不占优势。而且，出售 1.25 亿锂的国有财产仍然不能把它像样地装备起来。这不仅是为时太晚，而且是因为资金不足。共和七年的士兵驻扎在长期受法国剥削的卫星国里。他们同共和三年的士兵一样，面临着物资匮乏。征兵措施把新兵和 1793 年以来留在军中并渐渐变为职业兵的士兵混编在一起。这样，共和七年的军队部分地恢复了共和二年军队所特有的民众精神。

1799 年战争主要是大陆战争。自从阿布基尔事件以后，英国人成了海上霸主。1798 年 8 月由安贝尔将军指挥的对爱尔兰的远征，只不过是一次有头无尾的军事行动。在大陆上，战事的进展缓慢。根据 1799 年春的作战计划，3 支减员的部队将分别占领荷兰、莱茵河与那不勒斯。儒尔当统率的 4.5 万人的多瑙河方面军将经过德意志南部向维也纳进军。谢雷统率的 4.5 万人的意大利方面军将经由威内西亚和卡兰西亚向维也纳进军。在中路,马赛纳统率的瑞士方面军保证交通来往无阻,威胁蒂罗尔并构成一支机动力量。奥地利方面也进行了类似的部署:7.5 万人在查理大公统率下驻扎在巴伐利亚,6 万人在克雷率领下驻扎在威内西亚,2 万人驻扎在蒂罗尔。至于波拿巴统率的东方军,督政府期望它发挥钳制作用。

在德意志,战局开始得不妙。1799 年 3 月 25 日,儒尔当在斯托卡克败于查理大公,引起他左翼的贝尔纳多特率领的莱茵方面军一起后撤。

在意大利,谢雷试图强行越过阿迪日隘口,在韦罗纳被战败,于是后退到了阿达,他把指挥权让给了莫罗。这时苏沃洛夫统率下的俄国军队进入了战斗。他们在 1799 年 4 月 27 日强行通过了阿达各隘口,特别是卡萨诺隘口,逼使莫罗撤离米兰和伦巴第。由于对督政府政策的失望,意大利爱国者——主张统一的雅各宾派站到了联盟军一边,起义反对法国人。莫罗的军队在亚历山大里亚重新集结,并向热那亚后撤。在那不勒斯方面军中,麦克多纳尔德取代了尚皮奥奈,指挥着部队在艰难地北进。苏沃洛夫转过头来挡住了他的去路。在特雷比河岸进行的一场历时 3 天(1799 年 6 月 17—19 日)的激烈战斗中,麦克多纳尔德战败,并开始朝热那亚撤退。

在瑞士,马赛纳起初占领了格里宗,侵入沃拉尔贝格。但由于法军在德意志和意大利的失利,他的两翼都暴露了,因此他也开始后撤。他遭到了查理大公的袭击。1799 年 6 月 4 日,他赢得了第一场苏黎士战役。但是,他放弃了城市,退到利玛河后面构筑工事。勒库尔布将军此时也撤离了圣哥塔公路和勒斯山谷。

共和国军队从各条战线向后撤退。但是自然边界仍然保持着完整。联盟军内部的分歧给了督政府一点喘息的机会。奥地利政府不喜欢看到俄国人出现在意大利。蒂居首相考虑把苏沃洛夫派往瑞士以便使自己在半岛上为所欲为。在法国,危险唤醒了民族意识,激起了革命热情的新高涨。

2. 共和七年牧月 30 日(1799 年 6 月 18 日)

在外部战事失败之前举行的共和七年选举,是在不利于督政府的气氛里进行的。经济萧条、税收加重、实行征兵，引起了普遍的不满。比利时各省于 1798 年 11 月发生起义。西部各省虽然免于新的征兵，但也再度发生了朱安党骚乱。督政府在雨月 23 日(1799 年 2 月 11 日)的通报中再次谴责了保王主义和无政府主义的双重危险："法国公民们，你们战胜了阴谋的欧洲，目前只需要你们战胜国内的敌人。"弗朗索瓦·德·纳夏托动员有产者："难道你们愿意看到最高限价法出现吗？"在风月 14 日(3 月 4 日)的通告里，他抨击了保王势力的威胁："公民们，不要憎恨，不要复仇，尤其不要反动。"但是他主要致力于唤起资产阶级对恢复"1793 年可憎的制度"的恐惧心理："公民们，共同的利益使你们团结起来，振臂高呼：法国永远不再要无政府主义！"

督政府使用了通常的高压手段：革职，委任特派员，像在萨特一样组织分裂派选举大会。然而反对派的势力十分强大，以至于在 187 名正式候选人中有 127 人被击败。但是两院的多数并没有因此改变：虽然处于少数的雅各宾派有所加强，但热月派的资产阶级仍占优势。在 1799 年春战事失利后出现的危机里，热月派资产阶级终于占了上风。

第二督政府是在一种日暮途穷的气氛中倒台的。军队面临着最严重的匮乏，从各条战线向后撤退。意大利丢失了。保王派重新拿起武器。沉重的税务负担激怒了有产者。正当政府的威信日渐下降时，一次偶然事件帮了反对派的忙：花月 20 日(1799 年 5 月 9 日)，抽签结果决定最强有力的勒贝尔作为任期已满的督政官。花月 27 日(5 月 16 日)，元老院指定西埃耶斯接替他。前者反对共和三年宪法是人所共知的。牧月 21 日(6 月 9 日)西埃耶斯正式上任，他在窥测了当时形势的支持下，鼓动两院反对他的督政同事。两院于牧月 28 日(6 月 16 日)宣布进入常设状态。当天晚上，他们以违反宪法第 136 条为由，取消了特雷拉尔的当选资格。根据宪法，从不当议员到被选入督政府必须相隔一年。第二天，特雷拉尔被戈耶取代。他是共和二年的司法部长、优秀的共和派，但却是一个第二流的人物。

共和七年牧月 30 日(1799 年 6 月 18 日)，议会两院再度向督政府发起进攻。它是由弑君者、前国民公会议员卡尔瓦多斯·贝特朗领导的:"你们扼杀公众舆论,取消了自由,迫害共和派,禁止一切创作,抹杀真理。"两院准备报复花月受辱之仇:"共和六年法国人民把他们信得过的人选到各级议会,你们竟敢说选举是无政府主义阴谋的结果,你们破坏了国民代表制。"布莱·德·拉默尔特接着说:"自从果月 18 日建立了独裁政权以来,立法机构始终处于被蹂躏状态。"他攻击梅兰是"一个目光短浅、热情不高、只图报小恩小仇、胸无大志的人";而被宗教狂热驱使的拉勒韦利耶尔在致力于"创立一种谁也不知为何物的宗教。为此他抛弃了一切革命理想,践踏一切符合良知的规章制度。"

梅兰和拉勒韦利耶尔被勒令辞职,并且也被他们的同事所抛弃,他们只能让步。获月 1 日和 2 日(1799 年 6 月 19 日和 20 日),弑君者、前国民公会议员罗歇·迪科和当时路过巴黎的不很知名的将军穆兰当选为督政官。

共和七年牧月 30 日这一天与其说是政变,倒不如说是一个重要的议会起义日。它是前一年花月被整肃的两院对执行机构的一次复仇。吕西安·波拿巴①在五百人院宣告:"立法机构恢复了在国家里应有的首要地位。"

包括督政官和各部部长在内的政府成员根据两院意志进行了调整:贝尔纳多特将军任陆军部长,康巴塞雷斯任司法部长,富歇任警察总局局长,前救国委员会委员罗贝尔·兰代为财政部长。以上的任命意义重大:坚定的共和派重新执政了。正在这时,反法联盟军的胜利又使得共和国濒于危险境地。

3. 新雅各宾派的加强与温和的反动

革命的高涨和民族愿望再次联结在一起。团结一致反对果月派的牧月派在胜利后发生了分歧。在两个月里,新雅各宾派压倒了热月党资产阶级,并且强制推行了他们的救国政策。这些人是在共和五年的选举中被保王派击败的前国民公会议员,共和六年花月又被果月派逐出议会。鉴于当前祖国面临的危险,他们很自然地重新使用起共和二年的办法。热月 14 日(1799 年 8 月 1 日)恢复了新闻自由,雅各宾派

---

① 吕西安·波拿巴系拿破仑·波拿巴之弟。——译者

的报刊重新出版。各俱乐部重新开放，并日渐增多。其中最重要的是"平等与自由之友社"，又名"马内日俱乐部"，这是以它在杜伊勒里宫聚会大厅的名称命名的。俱乐部于获月 18 日（1799 年 6 月 6 日）集会，第一任"协调员"是德鲁埃。他是在瓦雷恩阻止国王出逃的英雄，并是巴贝夫的战友。许多议员都参加了马内日俱乐部。处于少数的雅各宾派推动着两院焦虑不安的多数。为了对付外部局势，多数派同意动员全国人力和财力。

征兵法开始全面实行。由儒尔当在共和七年获月 10 日（1799 年 6 月 28 日）提出并获得通过的法律，把五届的适龄青年全部都动员起来。获月 14 日（7 月 2 日），替补制被取消："凡是被替补的人，只要其替补者逃亡，退役或被征召，他们就必须亲自上战场。"

获月 10 日，原则上通过了决议：向富裕公民强迫借款 1 亿法郎作为征兵用的开支。热月 19 日（8 月 6 日）对具体实施办法作出了规定。根据累进的比例，对缴纳 100 法郎以上动产税或 300 法郎以上土地税的全体公民的收入都要征借。收入与免征税的资本（第 7 条特别指出，这是指通过"经营、供应、投机"所得的收入）须由不被征借的公民组成的评审委员会作出估价。

获月 24 日（7 月 12 日）通过了人质法。五百人院的一位议员认为这是为了"制止在南方和西部各省已经出现的强盗行为和朱安党叛乱的征兆"。在一个被立法机构确认"明显发生骚乱"的省份，中央行政当局有权抓流亡者的家属、前贵族以及"被公认参加了凶手集会或集团"者的家属作为人质。这些人被认为应"在个人和民事上都对国内发生的仇恨共和国的暗杀和抢劫负责"。凡有人暗杀 1 名官员、军人或国有财产的获得者，都要流放 4 名人质。对于每一次暗杀，人质都必须在民事和道义上负责，交罚款 5 000 法郎，赔偿遗孀 6 000 法郎，死者的孩子每人 3 000 法郎。人质法引起了所有抱怨革命的人们的反对。至于受到该法保护的那部分人，强迫借款也把他们推向了反对派一边。

反对雅各宾派的反动势力不久便表现出来。早在获月 26 日（7 月 14 日纪念日），西埃耶斯就唤起人们谴责"那灾难的时代。在那时，一切概念都被混淆，以至于那些没有任何正式职务的人，顽固地想插手一切事务"。

热月23日,"在8月10日"纪念日之际,出现了再次声讨"这种被法国人深恶痛绝的恐怖":"不,他们完全不是共和派……这些人疯狂地挑衅,使公共财源枯竭,彻底破坏了信贷,毁灭了商业,使一切工程都陷于瘫痪。"

如果说征兵到处都遭到冷遇,那么强迫借款则特别引起了大资产阶级的不满。他们有组织地进行消极抵抗。早在热月13日(1799年7月31日)借款法实施细则投票之前,《政论家》报就指出:"从前人们喜欢炫耀,甚至夸大自己的财富,而今天人们则以同样的感情来隐匿自己的财富。奢侈销声匿迹了。许多人,尤其是地产主必须这样做。另一些人则设法逃避他们所惧怕的巨额纳税。也有的人为了更确实地证明自己的穷困,人为地制造破产。"

报刊上发起运动敦促督政府同"吸血鬼们"决裂。社会上重新出现了有产者的恐惧心理,这些感情由于"马内日俱乐部"的主张而变得更为强烈了。儒尔当将军在7月14日纪念日祝酒时提议"让梭镖长矛重新复活!"获月25日(7月13日),《导报》写道:"据说,许多人害怕这个大会上发表的演说,他们开始高喊:'打倒雅各宾派',并且把石块扔向会议大厅。"

在公共场所的谩骂打斗越来越多。但是,雅各宾派即使得到前无套裤汉运动骨干,如职员、手工业者和小业主的支持,也无法把群众重新发动起来。自从区的建制撤销以来,群众始终处于无组织状态,并且被长期的迫害压垮了。雅各宾派孤军作战,又没有明确的社会纲领,因此无法同得到行政机构、警察以及果月政变以来2万名驻军强有力支持的政府进行对抗。

封闭俱乐部标志着督政府和雅各宾派的决裂。热月8日(1799年7月26日),"马内日俱乐部"在元老院被揭发蓄谋"复活恐怖,搜索一切逃亡者的名单",因此它不得不离开马内日大厅,迁往巴克街。热月11日(7月29日),警察总局局长富歇,立即向两院提交一份报告,强调"必须保护政治会议的内部讨论,共和国将竭尽全力使之对外部严格保密"。五百人院否决了这份报告。热月26日(8月13日),富歇封闭了"马内日俱乐部"，没有引起任何反应。然而保王派的危险和军事上的失利使得雅各宾派在这场风浪中还能坚持一段时间。

热月18日(8月5日)在上加隆地区发生了保王派的暴动。曾一度受到威胁的图卢兹坚持住了。该市的行政大权掌握在雅各宾派手中。热月26日(8月13日)消息传到巴黎，两院立即授权进行为期1个月的住宅搜查以"抓获流亡者、煽动士兵造反者、刽子手和强盗"。果月1日(8月18日)暴动在蒙特雷若被镇压。夏天，骚动在西部再度发生。

乘军事失利之机，雅各宾派发起了最后一次进攻。热月28日(8月15日)，儒贝尔在意大利战败身亡。果月10日(8月27日)，英国人在荷兰的海尔代尔帮助一支2.5万人的俄国军队登陆。像1793年一样，共和国的边界又受到了威胁。果月27日(9月13日)，儒尔当将军向五百人院建议宣布祖国处于危急状态。他列举了国家在四面八方受到的危险："意大利在枷锁下；北方的野蛮人在法国的大门口虎视眈眈；荷兰遭到入侵；舰队被叛徒出卖；瑞士惨遭蹂躏；保王党匪徒在许多省份为非作歹；共和派却以恐怖主义分子和雅各宾派的罪名被流放。这是历史的再次被颠倒，保王势力的警钟将要在全法国土地上敲响。"

儒尔当的建议引起激烈的争论。吕西安·波拿巴否定了这一建议，因为他认为"让督政府符合宪法的权力得到扩大，比被革命力量牵着鼻子走"更为有利。

问题的实质所在：为了对付面临的危险，或是像共和二年那样依靠人民，或是加强执行机构的权力。多努更加明确，他害怕"回到1793年的制度"。儒尔当的建议在第二天以245票对171票被否决。共和八年葡月2日(1799年9月24日)，加罗(吉伦特派)促使五百人院通过了一项法令，对凡是"建议或接受损害共和国目前疆界完整性的和平条件"的人，将处以死刑。这是雅各宾派的最后一次胜利。这时，由于取得了决定性的胜利，外部的形势已经好转。

4. 1799 年夏季的战事

战事最初对法国不利，但是反法联盟的分歧使得局势迅速地扭转了。

在意大利,没有等尚皮奥奈的部队穿过皮埃蒙特前来会合,儒贝尔就发起了进攻。1799 年 8 月 15 日战斗一开始,他就战死在诺维。他的部队也被苏沃洛夫率领的俄军打败。意大利丢失了。奥地利首相蒂居企图把它据为己有,他设法摆脱俄国人。

在瑞士,马赛纳同查理大公统率的奥地利军以及占领苏黎士和利玛河一线的柯萨科夫率领的俄军对峙。奥地利政府担心英俄联军在荷兰登陆,因此下令查理大公离开瑞士前往美因兹。9 月 11 日,苏沃洛夫开始上路接替他。在两支俄国军队会合之前,法军对它们进行了分兵出击。勒库尔布将军攻占了圣哥塔和勒斯山谷。当他钳制住苏沃洛夫的时候,马赛纳向孤立困守在苏黎士城里的柯萨科夫发动进攻,并迫使他越过莱茵河。这是第二次苏黎士胜利(1799 年 9 月 25—27 日)。然而,苏沃洛夫还是越过了圣哥塔,击败了勒库尔布的部队。但是,他很快遇到了得到马赛纳支持的莫尔蒂耶部队的阻击。于是他转而进攻坚守在兰特山谷的莫利托尔将军。由于没能通过隘口,他只得向沃拉尔贝格撤退。这样,瑞士又重新为法国人所掌握。狂怒的保罗一世于 10 月 23 日下令把部队全都召回俄国。

在荷兰,8 月 27 日登陆的英俄联军遭到失败。约克公爵首先发动进攻。但是,1799 年 9 月 19 日在卑尔根,10 月 6 日在卡斯特里库姆他两度败于布吕纳的部队。18 日他签订了撤离阿尔克马尔的协议。

1799 年秋初,反法联盟军的进攻被粉碎,疆界的完整得到保障。波拿巴和他的埃及方面军对此没有作出任何贡献。相反,东方的钳制失败了。

远征埃及的失败源于阿布基尔的失利。法国军队陷入了死胡同。波拿巴赶在土耳其进攻之前于 1799 年 2 月向叙利亚进军。他在蒙塔鲍尔获胜,但在圣让达克尔失利了。因为后者有英国人在海上的支持。5 月 20 日他只得下令向埃及撤退。然而,英国人部署在罗德岛的一支土耳其军队从阿布基尔登陆。这支部队 1799 年 7 月 25 日被波拿巴在阿布基尔就地击溃。虽然波拿巴是个胜利者,但是他的军队已经被当地的气候和战争拖得很虚弱。因此他仍然是自己发动的这场征战的俘虏。波拿巴认为局势已经不可挽回,于是把指挥权丢给了克莱贝尔,于 8

月带着两艘驱逐舰秘密离开埃及。他避开了英国巡洋舰,于共和八年葡月 17 日(1799 年 10 月 9 日)在弗雷儒斯登陆。

外部危险被制止,温和的反动派占了上风。雾月 2 日(10 月 24 日),元老院否决了加罗关于对接受损害法兰西领土完整的建议的人处以死刑的提议。更有意义的事情是强迫借款的原则遭到异议:雾月 17 日在五百人院,一个不知名的议员要求撤销这种"累进和专断"的借款。雾月 18 日的政变将使得有产者最终安下心来。

Ⅳ. 共和八年雾月 18 日(1799 年 11 月 9 日)

波拿巴于葡月 17 日(10 月 9 日)在弗雷儒斯登陆,22 日(10 月 14 日)到达巴黎。这一消息十分惊人。《对外关系信使报》葡月 23 日写道:"波拿巴在法国登陆是人们已经听说多次但从未相信的事件之一"。同一天的《导报》写道:"……大家都如痴如醉。一直陪伴着波拿巴的胜利这时抢先了一步,他的到来对濒临死亡的反法联盟将是致命的打击。"

舆论把波拿巴看作康波福米奥的和平使者,是将能迫使欧洲再度恢复和平的人。确实,由于瑞士和荷兰战事的胜利,入侵的危险被排除了。战争结束了,在来年春天之前波拿巴不可能被任命指挥重大战役。他不愿意让督政府在没有他参与的情况下荣获恢复和平的功劳。于是,他开始向以西埃耶斯为主谋的、积极主张政变的人靠拢。

1. 社会上的恐惧和宪法修正论

政治问题及其社会反响实际上升到首要地位。危险排除了,但是一切仍然悬而未决。对外战争还在继续,来年春天将重新开战。内战再度爆发。葡月 22 日(10 月 14 日),朱安党人先后夺取了勒芒和南特,随后立即被赶走。但这是一次意义深长的警报。共和八年春天又将进行选举。无论保王派还是雅各宾派获胜,政府的稳定将会再度受到影响。共和三年的宪法是争论的中心:并非对它建立在纳税人基础上有异议,争论的焦点是它的自由主义和各方权力的平衡,尤其是每年一度两院 1/3 议员的更新。果月政变后,督政府已经通过建立潜在的独裁体制解决了问题。每年一度的选举对一切都提出了异议,必须使它不能如此频繁地进行——这是早在花月 22 日之后多努提出的要求。他虽然是共和三年宪法的起草者之一,但是他对政府的不稳定已经感到厌倦。他既憎恶王政复辟,也讨厌民主化。在多努的周围,以《哲学旬报》为机关刊物的思想家们也怀有同样的感情。邦雅曼·贡斯当早在共和五年(1797 年)春就发表了一部题为《政治反应》的著作,要求有一个"强有力和稳定的政府":"只有它才能保证公民的人身安全和财产不可侵犯"。斯塔尔夫人自然同意这些观点。具有杰出宪法头脑的西埃耶斯是个宪法修正论者。国民主权的原则仍然是不可侵犯的:热月党资产阶级若要放弃这一原则就得否定自己,并且还会让神权的信徒占了便宜。因此就要把主权原则同建立一个稳定和强大的执行机构的要求调和起来。西埃耶斯设想用自行遴选代替选举,这将成为共和八年宪法的特点。热月党和督政府通过"2/3 名额"法以及果月和花月的清洗,已经虚伪地使用过这种手段了。共和八年的宪法在许多方面都像是督政府宪法实践的必然结果。

雾月政变的社会基础说明了它轻易成功的原因所在。假如不符合新社会统治阶级的要求,它就不会成功。热月派确认了保守资产阶级的优势和政治权力。督政府捍卫了这些特权。但是在共和七年,雅各宾势力的高涨仿佛威胁到了有产者的特权。社会上再次出现恐怖情绪,它构成了宪法修正论的牢固基础。在革命过程中产生的新社会的两种人,特别希望安宁和社会稳定。

首先是有产业的农民。他们希望和平地劳动,社会秩序不被经常不断的抢劫所扰乱。他们仇视任何复辟企图,因为复辟就会恢复什一税和封建权利,停止出售国有财产,从而影响他们和平地享用自己的产业。但是,他们也同样惧怕人民运动的高涨,那样只会引起"无政府主义",为实行"土地法"和瓜分财产开方便之门。他们准备支持确实能对付这两种危险的政权。

另外是商业资产阶级。他们看到自己事业的兴旺因政权不稳定和战争连绵不断而受到影响。他们认为强迫借款可能导致税务平等,因而对此十分害怕,认为这是不折不扣的"土地法"。他们希望有一种政治制度能保护其利益,永远保障其权利,使他们能加紧经济革新。商业资产阶级和有产业的农民构成了执政府和第一帝国的社会基础。大部分显贵都来自他们的行列。

对共和三年宪法的修改程序在它的第 13 条里已有规定。这是一个极其复杂的程序，要求两院进行连续 3 次投票，召集"修改宪法会议"，整个过程需历时 9 年。既然不可能这么办，于是只有政变。西埃耶斯下定了决心。但是，还必须像果月 18 日政变一样，求助军队迫使两院的多数就范。不过，共和五年的多数派是保王派，而共和八年的多数派却是共和派。儒贝尔将军感到自己能领导这次行动便表示同意。但是，1799 年 8 月 15 日他不幸战死在诺维。西埃耶斯转向莫罗，但莫罗犹豫不决。正在这时波拿巴登陆了。莫罗对西埃耶斯说："这就是你们需要的人。"他确实是最合适的人选。他那能引起幻想的雅各宾派经历，他的威望和野心，他毫无顾忌的行为以及他擅自抛开埃及指挥权所造成的困境，这些都为他发动政变创造了条件。

政变的准备进行得很迅速。塔莱朗在波拿巴和西埃耶斯之间调停。其他督政官中，被迫恪守中立并表示同意；罗歇·迪科像影子一样追随西埃耶斯。元老院议长被收买了。雾月 1 日（1799 年 10 月 23 日），吕西安·波拿巴被选为五百人院议长。军队的经费主要由被雾月 7 日（1799 年 10 月 29 日）的法律激怒的供应商提供，因为这项法律剥夺了他们优先由国库支付的权利。阴谋家把要求全面和平的愿望和修改宪法巧妙地结合起来。更有甚者，他们利用社会恐惧驾驭两院，使资产阶级对他们肃然起敬。因为平等派恐怖主义的阴影再次引起资产者惊恐万状，甚至斯塔尔夫人也可为此作证。

半官方的《导报》于雾月 19 日（1799 年 11 月 10 日）写道："我们已经到了这样的时刻：包括自由、产业以及保证它们的宪法在内的一切都不可能再恢复了。"《导报》还指出："强迫借款这项强盗法律毁坏了我们的财政，人质法给我们带来了内战，共和八年的一部分收入被征收吞噬了，任何信贷都不复存在。"

共和二年的幽灵萦绕着资产阶级。它渴望永远摆脱这一幽灵。

2. 政变

雾月 18 日（1799 年 11 月 9 日），元老院于清晨 7 点开会。一些部

队借口检阅，集结在杜伊勒利宫。一个不知名的议员以这时起决定性
作用的大厅巡视委员会的名义，揭发一起虚无缥缈的阴谋（"阴谋
家……只待发出信号就会举起匕首向全民代表机构的成员刺去"）。第
二天的《导报》更加明确地或更有创造性地提到了雅各宾派的计划："改
两院为国民公会，排除不合他们口味的人，把政府交给一个救国委员会。"

元老院根据共和三年宪法第 102 条的规定，投票决定把两院迁往
圣克鲁。波拿巴将军"负责执行此项法令"，巴黎的部队归他指挥。这
是非法的措施，因为它属于督政府，而不属元老院的权限范围。督政
府就这样被剥夺了一切权利（甚至连它的卫队也归波拿巴指挥），它只
得屈从。辞职隐退到自己的庄园格罗布瓦。穆兰气急败坏，但又无能
为力，他和戈耶被莫罗监禁起来，直到他们辞职为止。关于这一天的
意义，雾月 19 日的《导报》是这样阐明的："人们议论关于强迫借款法
和人质法的报告，以及不再增添流亡者名单问题。"

雾月 19 日(1799 年 11 月 10 日)下午 1 点左右，两院在圣克鲁集
会。波拿巴在城堡周围集结了 4 000—5 000 部队。在元老院，前一天
缺席的议员要求作出解释，并对是否存在什么阴谋提出怀疑。在吕西
安·波拿巴主持的五百人院，从会议一开始左派就用唱名的方式强迫
每个议员上讲台重新宣誓忠于宪法。事情可能要拖延下去。于是波拿
巴出面干涉。

在元老院，他保证忠于共和国，否认自己想要"建立一个军政府"，
并且控告五百人院里"有人企图恢复国民公会、革命委员会和断头台"；
他对可能反对他的"正直的"战友们进行干预的人发出威胁："我已看到
战友们的刺刀。"至于宪法，它已"遭到了 3 次蹂躏"，不复存在了。"督
政府也不存在了"。最后他允诺："致使我拥有这些特别权力的危险状
态一经消失，我就放弃这些权力。"

波拿巴在掷弹兵和将官们簇拥下来到五百人院。全体议员顿时站
了起来，因为不经召唤波拿巴没有权利进入议会大厅。有的议员抓住
他的衣领，推搡他。有人则高喊："宣布他不受法律保护！打倒独裁
者！"波拿巴只得在几名士兵保护下退出会场。讨论在混乱中继续进行。
吕西安竭力为其兄辩护，但不起作用。一队士兵奉波拿巴之命把他劫

走。军队，特别是两院的卫队犹豫不决。吕西安骑在马上鼓动他们。他谴责一小撮手持匕首的代表企图暗杀他们的将军，恐吓大多数议员。他终于说服了士兵，他们出动了。一队士兵在米拉和勒克莱尔率领下，敲着战鼓进入橙园大厅，驱散议员。议员们高呼着"共和国万岁"离开会场。

当天晚上，元老院的多数议员和五百人院的少数议员着手组织了临时执政府。他们宣告督政府不复存在，并把62名"经常胡作非为"的议员从全民代表机构里开除出去。成立了一个由西埃耶斯、罗歇·迪科和波拿巴3名执政官组成的执政委员会，他们——"法兰西共和国执政官"被授予指导政府的全权。议会两院被两个各由25人组成的委员会替代。后者被赋予投票通过执改官提出的法律、准备修改宪法的权力。根据第12条，该宪法的目的是"确认神圣不可侵犯的法国人民的主权、统一与不可分割的共和国、代议制、分权、自由、平等、安全和财产权。"

最后，元老院取消了使供应商惶惶不安的措施，恢复由国库支付他们的优先权。3名临时执政官宣誓后回到了巴黎。

一份张贴在巴黎的通告（雾月24日），即1799年11月14日的《导报》提请人们注意这份通告充分表达了政变后资产阶级的愿望：

"法国需要实现伟大和持续的事业。动荡把它毁了，现在它祈求安定。它不要王政，王政已被废除。它需要执法的权力机构行动一致。它要一个独立、自由的立法机构……它希望代表们属于稳健的保守派，而不属于动乱的革新派。总之，它要采摘10年牺牲结出的果实。"

现在要最终结束革命时代了。巩固应取代动乱，有产者的社会优势地位应最终确立。在这方面，雾月政变同热月以及1789年的路线完全一致。如果说资产阶级愿意加强行政权，恢复政府行动的一致性，它并没有放弃实施自由的权利，只要这对它的私利有好处。然而，事态的发展使资产阶级的打算成为泡影。雾月分子企图建立的专制制度，很快变得只对波拿巴的个人权力有利。社会显贵的共和国转变成军事独裁。

结论　大革命和当时的法国

　　随着雾月政变，一直没能实现的最后稳定的时刻终于来临。新的现实在许多方面与资产阶级在 1789 年所表示的愿望还相差甚远。社会还在融合，新的社会等级制度尚未完善。国家的各个机构虽然经过督政府努力改革，但仍然效率低下。行政机构的组织也很不完善。持续不断的战争可能使一切都成为泡影。然而，主要的成果已经取得。尽管有过 1799 年夏那次最后的恐惧，建立在产业基础上的显贵们的至尊社会地位已经不容置疑。在社会方面，自从 1795 年春巴黎的无套裤汉运动被粉碎以来，革命就终止了。从社会的继承性和机构的确立这两方面来看，执政府时期是这场革命悲剧的必然结局。

　　革命事业虽然没有完成，但它对于法国和当时世界的命运来说，仍不失为一项伟大的事业，并且具有不可估量的意义。毫无疑问，资产阶级社会之所以能在欧洲和世界上确立起来，主要是由于资本主义经济的胜利。这一胜利的具体方式因各国的特定条件而异。早在 1789 年前，英美两国的革命已经使盎格鲁-萨克逊资产阶级掌握了政权，其影响是不可低估的。然而共和二年大规模的阶级斗争以及争取平等的伟大尝试，赋予了法国革命完全不同的意义。

　　通过摧毁封建结构、宣告经济自由，大革命为资本主义扫清了道路，加速了它的进程。此外，贵族的反抗、内外战争也迫使革命的资产阶级把摧毁旧社会的事业进行到底。为了团结民众各阶层，它只得把原先只是为反对贵族而提出的权利平等原则置于首位。因此，法国革命事业在它后来的进程中表现出许多矛盾方面。这使它更加光辉，更加伟大。1789 年大革命为建立资产阶级社会和国家奠定了基础。但是在共和二年，它曾勾画出一个资产阶级民主国家和平等社会的轮廓。

它是争取资产阶级平等和民族团结统一的革命。但是，共和二年的制度曾试图超越这种表面平等，并且给团结统一赋予社会内容，即把民众各阶层真正纳入国家范围内。这是一项由于矛盾重重而注定要失败的宏伟事业。但是它曾使全世界为之发抖，其反响至今仍在延续。

Ⅰ. 新社会

假如考虑到 1789—1799 年这个时期社会冲突深刻的统一性，旧社会的复杂性以及人民革命潮流的重要性，并试图对法国革命作出总结，人们就会发现，任何简单化的模式都与实际情况格格不入。在资产阶级领导下，革命摧毁了旧的生产体制及其相应的社会关系，它推翻了旧的统治阶级——土地贵族（但需要具体说明其程度）。但是，特别是由于通货膨胀，革命也同时摧毁了在不同程度上和旧制度融为一体的那部分资产阶级。此外，革命依靠经济自由确保了资本主义经济的胜利，但它也在不同程度上加速了与传统生产体系紧密相连的那些社会阶层的衰亡，尽管资本主义在当时尚未牢固地确立下来（尤其是在农业生产领域）。

1. 封建贵族的灭亡

土地贵族及其特权是革命资产阶级在农民和无套裤汉运动的帮助下，经过异常激烈的斗争之后被摧毁的。

贵族的土地基础通过取消封建捐税和什一税以及出售国有财产被摧垮。

封建捐税的收益极不相同，但不容忽视。它是许多贵族家庭收入的重要方面。使农民附属于贵族的针对人身的捐税权从 8 月 4 日夜里起就和什一税一起被取消了。1790 年 3 月 15 日首先宣布针对土地的封建捐税可以赎买。立法议会在 1792 年 6 月 18 日宣布，取消没有原始文书证明的额外捐税，并不必赎买。8 月 25 日又取消了对任何封建捐税的赎买。最后，国民公会于 1793 年 6 月 17 日永久地取消了一切封建捐税，并下令销毁一切封建契据。

出售国有财产对贵族也是沉重的打击。从 1789 年 11 月 2 日起，国有财产的首要来源——教会产业被收归国有。8 月 10 日后一切例外都被取消,先后被没收的有教会工场的产业(1792 年 8 月 19 日),马耳他修士会的产业(1792 年 9 月 2 日),各圣职人员团体的产业(1793 年 3 月 8 日)以及救济机构的产业(1794 年 7 月 12 日)。1792 年 2 月 9 日,国有财产的第二来源——流亡者的产业被收归国有,这一法律在 3 月 30 日被再次重申。1792 年 7 月 17 日决定出售这部分产业。

由于归还被贵族以及新的继承法强占的乡村公社产业,贵族的地产更少了。1790 年 3 月 15 日,制宪议会取消了在公社产业中实行了 30 年的"财产分类"办法。1792 年 8 月 28 日,立法议会承认各市镇对公共土地的所有权。在财产继承方面,新的继承权引起了财产的分散。1790 年 3 月 15 日的法律取消了"长子权和男性特权……以及根据人的身份差异导致的分配不平均"。1791 年 4 月 8 日的法律规定,在无遗嘱继承时分配必须平等。共和二年雾月 5 日和雪月 17 日(1793 年 10 月 16 日和 1794 年 1 月 6 日),山岳派的法律重申要平均分配。立遗嘱人有直系继承人时只能支配 1/10 财产,只有旁系继承人时可以支配 1/6 财产,而且这部分财产只能授予非继承人。1793 年 6 月 4 日,国民公会同意私生子参加分配其父母的财产。共和二年雾月 12 日(1793 年 11 月 2 日)的法律规定,他们可以得到和合法子女同样的份额。这些法律的效力可追溯至 1789 年 7 月 14 日。然而热月党的国民公会废除了追溯效力。

贵族的人身和他们的财产一样也受到了打击。不算群众性的屠杀与合法的处决,僧侣和贵族作为社会等级消亡了。8 月 4 日夜,把法国人分为 3 个等级的制度取消了,1789 年 11 月 7 日的法令肯定了这一做法。贵族和平民之间的一切差别都不复存在。从此贵族降到了和普通公民同样的地位。1790 年 6 月 19 日,制宪议会废除了世袭贵族、称号和纹章。而且,封建制的废除、administrative reform 行政改革和司法改革取消了领主对农民的一切特权,在法律上,他们和普通人等同了。1789 年人权宣言的第 6 条宣告,一切公民都可在国家机构担任公职,甚至要职。1790 年 2 月 28 日的法律对军衔又重申了这一原则:出身不再享受任何特权。随着危机的加深,贵族除了对革命有过重大贡献者外，都被逐渐革去公职。尽管人民大众不断呼吁，救国委员会却从未同意通过普遍措施剥夺贵族的公民权。反对贵族的立法在热月党和督政府时期都继续维持。这一点再次表明，即使在热月党执政后，阶级斗争的意识始终未变。共和四年雾月 3 日(1795 年 10 月 25 日)的法律禁止流亡者的家属担任公职。此项法律被共和五年的保王派多数废除，果月 18 日政变后又重新恢复。在西埃耶斯的提议下，当局甚至考虑要驱逐在旧制度下担任过职务的贵族，并把其他贵族降到和外国人等同的地位。即使共和六年霜月 9 日(1797 年 11 月 29 日)的法律只采纳了这些措施的第 2 部分，而且也从未实施过，它们的意义仍然是深远的。

穿袍贵族的消亡不仅是由于对贵族产业的打击，而且更可能是由于取消了买卖官职，并且规定用贬值的指券按官方价格偿还这些官职。建立在选举原则基础上的行政和司法改革，其首当其冲的受害者通常是这类无职位的官员。

然而我们也不能言过其实。贵族从未被完全和永久地剥夺财产。即使所有贵族因废除封建制度和领主特权而遭到损失，但只有流亡者的土地被没收。许多贵族经过这场革命并无重大损失，而且还保留了地产。当然这些地产现在已成为从封建制下解放出来的资产阶级类型的产业。此外，假离婚、通过顶替人赎买等方法也使一些流亡者保留或收回了部分地产。这样，一部分旧贵族保存下来。他们尽管失去了头衔，但仍然保持了一部分传统的地位。到 19 世纪，他们便和上层资产阶级融合在一起。

2. 经济自由和民众各阶层的命运

和摧毁贵族一样，革命的资产阶级也在顽强地摧毁着同资本主义企业发展水火不容的旧的生产和交换体系。显然，共和二年他们不得不向无套裤汉运动妥协，并重新接受限价和经济统制，但这只是反对贵族的斗争所必需的一段插曲。热月 9 日以后，在人民运动的废墟上，自由经济成功地确立起来，其后果对传统的平民各阶层尤为严重。

毫无疑问，从取消间接税到恢复入市税之前，城市各平民阶层一直能得到某些好处(间接税是使他们生活费用昂贵的原因)。但是通货膨胀和物价上涨在很大程度上抵消了这种好处。这种情况至少一直维持到督政府后期粮食丰收、物价下降时为止。1791 年 2 月 2 日的"达拉尔德法"废除了行会。在手工业者里,如果说帮工从此可以自己开店,因而感到很民主,那么该法律却损害了师傅的利益。广大工资劳动者的工资虽有提高,但持续的失业、救济机构的瓦解、尤其是纳税人政权和勒夏普利埃法使他们的低下地位合法化,这些因素造成他们的生存条件不断恶化。

自由经济促使资本主义高速发展,并由此加快企业的集中。随着社会生活的物质条件不断改变,传统平民各阶层的结构遭到了破坏。当然,不应该过分夸大革命时期资本主义的进展。它在很大程度上受到局势发展,尤其是战争的限制。并且,资本主义只是在某些部门,如棉纺织业里发展得比较迅速。但是,促使资本主义经济迅猛发展的条件已经具备,它将必然使广大的无套裤汉沦为无产者。资产阶级革命把不能自卫的城市人民各阶层交给了新经济形式的领导者。1791 年 6 月 14 日的"勒夏普利埃法"禁止"结社"和罢工,它成为工业资本主义发展的一个有效工具。

无套裤汉的分化是因革命加速了经济发展而形成的。在构成 1793—1794 年间民众运动骨干的中小生产者和商人里,有的人发财致富成为工业资本家;有的人仍然是手工业者和小店主;大部分人则逐渐被淘汰,从而壮大了无产阶级的队伍。手工业者和帮工预感到等待着他们的命运(从手工业者上升到工业资本家的过程中有多少人惨遭失败啊!)。帮工知道机器会增加他们的失业;手工业者则明白资本主义的集中会导致他们的工场倒闭,使他们沦为雇佣劳动者。在整个 19 世纪,手工业者和小店主竭尽全力维护自己的地位。应该指出从 1848 年 6 月到 1871 年巴黎公社这一时期,他们一部分沦为无产阶级,另一部分则变为传统的人民阶层是很有意义的。人们从中可以看到这些阶层随着工业资本主义的胜利而退化的程度,同时可以了解 19 世纪历次革命尝试的某些动机和弱点。

3. 农民的解体

大革命中的土地改革给农村各阶层带来的好处是不平衡的。把这些阶层联结起来的主要因素（消灭封建制）一旦实现，他们各自利益的差别就开始加大。革命极大地增强了有地农民的力量。只占有小块土地或无产业的小农经过激烈的斗争，在革命后不像城市人民各阶层那样一无所有。即使革命加速了农村公社的瓦解，但它却没能把它完全摧毁。

　　有产业的农民独自享受到废除什一税、封建实物捐税以及实行税收平等的好处。各类佃农和无地农民只能从取消奴役和涉及人身的特权中得到好处。国有财产出售的具体方式有利于加强已经拥有地产的自耕农、大农场主以及大农业发达地区的佃农的产业。即使在对农民最有利的时期——山岳派制定法律的时期，国有财产拍卖也只对有产业的农民有利。1793 年 6 月 10 日法律规定分配公共土地，这有可能使贫困农民成为私有产业拥有者，进入农业集约化的渠道。但实际上，不分年龄和性别，按居民人头分配土地会造成地产分散，因此遭到大部分农村公社的反对。因为他们觉得每人得到的份额太小，而共同经营牧场则更为有利。为了满足农民对土地的需要和小农的利益，正像乔治·勒费弗尔指出的，还有别的牌可打（如分割大农场）。"以前从未这样做过"，也不可能通过资产阶级革命这样做。有产阶级把大部分国有财产都据为己有。在诺尔省，教会的地产不复存在（在 1789 年它高达总数的 20％）；贵族的地产在 1802 年从 22％降到了 12％，由此可见特权阶级毁灭的程度。在这同一时期里，诺尔省资产阶级的地产从 16％上升到 28％以上；农民的地产从 30％上升到 42％以上。但是，只有考虑到当时北方农村人口急剧增长，我们才能恰如其分地理解上述结果。

　　新确立起来的财产权的观念是有产业农民的观念，即资产阶级的观念。农村广大群众并不仇视个人产权的原则，但是他们认为个人产权绝不能超越集体权利，即共同放牧权和二茬草权、拾落穗权、森林使用权。公有地被小农认为是公共财产。制宪议会宣告了耕种和圈地的自由，废除一切规章限制，导致"强迫轮作"和"义务轮作"在原则上被淘汰。人工草场即使不圈围栏也不能实行共同放牧权。这样，大革命加强了大地主和大农场主的地位（除规定最高限价时期外），自由贸易进一步壮大了他们的实力。当然,农民永远颂扬大革命使他们的村庄结束了贵族统治。土地革命虽然表面激烈,其实际效果却很温和,甚至"保守"(勒费弗尔语)。从此,少数强大并忠于新秩序的有产业农民在保守的抉择方面和资产阶级联合起来了。

贫苦农民的条件没有得到很大改善,但他们保住了其传统地位的主要方面。从总体来看,他们没能获得地产。但是,革命中的历届议会没有敢永久地摧毁农村公社,废除公共产业和集体使用权。围圈土地是准许的,但并不强迫。这一规定在整个 19 世纪一直保持着,未被淘汰,因为至今仍然有效的 1892 年法律规定共同放牧权的废弃取决于全体村民的意志。因此,革命在这一领域里只达成了一项妥协。但是,当人们把法国农业的发展和英国农业的发展进行比较时,就可发现其全部意义。集体使用权按照农民的意愿被保留下来,然而土地和经营的分散却大大妨碍了农业资本主义的发展。农村小生产者长期维持自给自足,给法国的政治史带来某些独有的特点。假如圈地和地产重新组合像在英国一样被强行规定,那么资本主义在农业领域将会和工业领域一样获得彻底胜利。封建贵族顽固地反对革命,在长时间里阻止了资产阶级同它达成任何政治妥协,并迫使资产阶级向农民,甚至向贫苦农民让步,因为资产阶级的反封建斗争会使贫苦农民变得更加令人生畏。

还有必要在这里指出一些细微差别,在旧制度时的农民社会结构里就可以见到这些差别。在大规模农业生产发达的地区,农场主都积极要求农业资本主义化。农村公社因其主要成分外流而很快瓦解:迅速地无产阶级化的贫苦农民成为现代农业和大工业必要的劳动力。在进展缓慢的小规模农业生产地区,农村公社因其内部有地农民和竭力维护土地和树林使用权的贫苦农民之间的对立而遭到破坏。于是两种经济形式互相对峙,一种是过时的旧形式,一种是体现资本主义生产者的个人主义的新形式。这是贯穿整个 19 世纪的隐约的、尖锐的斗争。它经常通过传统的农村骚乱表现出来。最后一次斗争发生在1848—1851 年间,这既不是最缓和也不是最一般化的斗争。

4. 新老资产阶级

准备并进行了这场大革命的资产阶级是革命的主要的受益者。但是，不同的阶层受益程度各不相同。资产阶级仿佛经过了彻底的改造，它的内部平衡也发生了变化。在它的队伍里，原来拥有巨额财富的人地位最为显赫，现在他们已让位于那些商人、企业家以及领导生产和交换的人了。

旧制度下的资产阶级，即和旧的经济、社会体系融为一体的资产阶级，在很大程度上遭到和贵族同样的命运。拥有封建领地并一直依靠各种土地收入过着阔绰生活的资产阶级丧失了封建捐税收入，而他们收取的房租和地租一直被用贬值的指券来支付。共和三年热月2日（1795年7月20日）的法律才规定地租的一半必须用谷物缴纳。"官员"资产阶级和穿袍贵族一样，也因废除了买卖官职而毁灭。从事自由职业的资产阶级也因1793年8月8日取消了律师等级、地方学院和大学而遭到打击。商业大资产阶级则因废除了间接税的承包制而受到影响。1793年8月24日国民公会甚至取消了股份公司。大金融集团也因交易所被关闭，兑现银行消失而深受其害，如同共和二年受到限价和管理条例，即限制利润的约束一样。革命捐税和强迫借款对已有的财产是沉重的打击。此外，还应看到革命对某些部门的资产阶级的打击以及通货膨胀造成的灾难性的后果。传统的资产阶级比工商业资产阶级更喜欢把余钱用于发放抵押贷款或购买公债券。共和三年，指券的垮台促使债务人用贬值的纸币归还本金，了结抵押债务。共和三年获月23日（1795年7月10日）的法律禁止索还1792年7月1日以前的债务和提前索还其他债务。国民公会时期康邦的"清理永久和终身债务法"以及督政府时期拉梅尔的"2/3破产法"（即"清理法"）对他们又是新的打击。这些事实都说明为什么大部分旧制度时的资产阶级站到了反革命一边，并且和贵族有着共同的命运。然而，如果他们的财富主要是地产，而动产只占其财富的一小部分，这些资产阶级只要没有逃亡，就保住了他们的大部分产业。混乱的局面结束后，他们重新有了收入。他们的至尊地位虽然因拥有地产而得到社会认可，但却远不如从前那样无可争议了。

一种新的资产阶级成为头面人物了，这就是金融和经济巨头。从事投机活动，出售国有财产，提供军队的装备、武器、供应以及对被征服国家的剥削，这些给工商业者提供了扩展事业的新机会。与此同时，资本主义财富积聚不断发展。当然，资本主义的进展是缓慢的，企业的规模通常都不大，商业资本主义仍占优势。然而，主要在纺织行业里已出现了一些大企业，例如：巴黎的理查-勒努瓦尔、帕西的博温斯、波尔多的拉舍夫蒂耶尔、亚眠的雅奈特等开办的工厂。多菲内的佩里耶（又名米洛尔）、图卢兹的布瓦耶-丰弗雷德都是大工业家。但是这些新的巨大财富的来源主要不是工业生产，而是投机倒把和军需供应。大量"公司"利用督政府的软弱掠夺国家财富：朗谢尔公司和博丹公司专长军需供应；弗利斯公司专长服装；莫纳隆公司专长炮兵车辆。资产阶级因吸收了这些"新富豪"而更新了队伍，其中金融家乌弗拉是最典型的人物。这些人经常给督政府这家"大公司"定调。他们是新社会真正的冒险家，通过他们的事业精神和冒险欲望使领导阶级复苏。他们是资产阶级的鼻祖，从他们的行列里出现了一批工业资本的创始人，他们撇开投机事业，把资本投入生产。

当时的形势使那些比资产阶级低一等的大量小商人和少部分手工业者扩大了经营，增加了生产，积累了财富，从而脱离了平民行列而进入资产阶级队伍。在这方面，投机经常是社会地位上升的手段。新的领导阶级不久就在这个中产阶级队伍里吸收各级公共行政机构的官员和自由职业者。

经过 10 年动乱，新社会的各种特点尚未最终定型，但是它们的轮廓已经很清楚。有产者要求恢复秩序的愿望，无论是为了保护拯救下来的原有财富，还是为了和平地享受新积累的财富，都有助于执政府的稳定。新社会的结构在拿破仑时期得到巩固。于是，在建立保证资产阶级优势地位的国家机构时，开始了新统治阶级各类成员的融合：焕然一新的资产阶级和归顺他们的贵族在富有农民的协同下把国民和财产等同起来。这样，1789 年人们为大革命确立的目标之一终于达到了。

5. 意识形态的冲突：进步与传统，理性与感情

思想运动在整个革命时期反映了社会、政治冲突。传统的社会框架解体后，许多人无法适应新的社会秩序。社会变迁引起不同人之间

的混杂以及人们的思想易于激怒。所有这一切都有助于提高非理性的威望和力量。革命是启蒙时代的结局。反革命用权威和传统来对抗理性主义，并诉诸感情和本能的潜在力量来反对它。聪明才智的优势地位受到了直觉的挑战。反理性主义的反动也扩展到文学艺术领域。如果说，古典美学和古代的影响通过达维德还继续有力地统治着造型艺术，那么传统的文学形式却被抽空了全部实体。古典的科目很难抵御社会变迁、个人解放以及感情的激怒带来的冲击。像整个社会一样，文化生活也处在动荡之中。

科学研究仍然主要是理性主义的天下。1789 年出版了拉瓦西埃的《化学论》，1796 年拉普拉斯发表了《行星体系阐述》，1799 年蒙日发表了《画法几何论》。这是人类思想的发展和进步史上 3 个重大的年代。拉瓦西埃分析了空气和水，并创立了普遍原理，如物质不灭的原理，总结了当时化学研究的全部成果。拉普拉斯为了解释世界的起源，提出了星云说的假设，即星云的逐渐凝聚可能产生恒星和行星。至于蒙日，他创造了一门新的数学学科——画法几何学。在自然博物馆任教的是当时最著名的博物学家：居维埃、若弗鲁瓦·圣依莱尔、拉马克。共和八年，即大革命末期，居维埃发表了《比较解剖学教程》，这是划时代的科学综合。而一直主张物种不变学说的拉马克在 1794—1800 年这一期间构想了物种变异论的伟大假设（他的《动物学哲学》1809 年才出版）。

人文科学领域是"思想家"们的沃土。他们维护了理性和经验的首要地位。1795 年后，这些"思想家"云集在法兰西研究院的第二分部，即道德和政治科学部以及国民公会创办的各高等学府里。他们拥有《哲学旬报》，并通过其门徒掌握各中心学校。他们对传统和恢复宗教仍然持反对立场。

德斯蒂·德·特拉西在介绍迪皮伊的著作，即出版于共和三年的《一切崇拜的根源》时指出："神学是世界幼年时代的哲学，现在到了它让位于理性时代的时候了。它是想象的成果……而另一种哲学则是建立在观察和经验基础上的。"

因此当时的思想意识处于 18 世纪的哲学和实证主义之间。1795

和 1796 两年，卡巴尼医生在法兰西研究院宣读了组成《人的肉体与精神之关系》(1802 年)的 12 篇论文中的前 6 篇。由此可见，他是心理生理学的创始人。另外，他也很关心建立道德科学，认为这和人体科学一样可靠，能够为独立于宗教信条的道义提供坚实的基础。硝石制造所的医生皮奈尔在同一时期创立了心理病理学。1798 年他发表了《论精神错乱或痴想：医理与哲理的探讨》。许多关于习俗研究或思想史的著作仍然充满 18 世纪的精神。继伏尔泰的《论各民族的习俗与精神》(1756 年)之后，曾以故事集《埃及和叙利亚游记》(1787 年)闻名的沃尔内，于 1791 年当制宪议会的议员时发表了《论毁灭或关于古帝国的衰亡的沉思》①这一巨著。他在作品里重申了 18 世纪反宗教的全部论点。斯塔尔夫人以她的著作《论文学与社会制度的关系》(1800 年)为扩展文学批评作出了贡献。她指出："我试图分析宗教、道德和法律对文学的影响"。这是把历史批评引入文学作品的研究。

然而本世纪哲学的最后一部杰作是由孔多塞撰写的。他同吉伦特党人一起被捕和监禁，于 1794 年写出了《人类精神进步之概述》，对人类可以尽善尽美并无穷尽地进步表现了坚不可摧的信念。他认为，科学领域的进步也是无止境的：

"随着人们对更多事物间众多联系的认识，他们就能用更简单的语言来表达它们，并能用可以举一反三的形式介绍它们。"

在从属于科学的技术领域里，进步同样是无穷尽的。在道德科学里，精神世界和物质世界同样受一些可认知的规律支配。为了对笛卡儿这位思想和方法的革新家表示最崇高的敬意，国民公会于 1793 年 10 月 2 日通过法令，把他的遗骸迁入先贤祠："勒内·笛卡儿不愧享受伟大人物应有之荣誉。"

反理性主义的反动潮流和反革命势力勾结在一起。那些因种种原因曾遭受革命冲击或苦于旧社会的瓦解的人很快就把他们的不幸归咎

---

① 本书中不少历史事实取自东方各大帝国。作者的结论是：人的一切不幸是由于放弃了"自然宗教"，尤其是由于专制主义和神权统治的弊害。——译者

于本世纪的思想。这种对启蒙时代的谴责，从 1794 年起在流亡者中间表现出来。一个名不见经传的神父萨巴蒂耶·德·卡斯特尔在他意味深长的著作《用以了解政府真正原则的道德和政治的思想与观察》里写道："人民越是受到启蒙就越是不幸。"权威、传统、启示宗教、壁垒或庇护所再度流行起来。归咎于启蒙思想和革命的那些错误被认为来自一种虚假的信仰，即以为原则是由人类制定的，而实际上原则是不能分析，并且是超越理性微不足道的能力的。

这一运动在法国本土还很弱小，而它在国外流亡者中间却越来越大。一些人只满足于非理性地解释事态的发展。巴吕耶尔神父在他 1797—1799 年发表于汉堡的《关于雅各宾主义史的回忆录》里，把法国革命归结为共济会的一次可悲的阴谋：

"在这场法国革命里，所有事态，以至最骇人听闻的罪行，都是经过事先预谋、策划、安排、决定和规定的。一切都是最卑鄙的行为造成的后果。因为这都是由那些惯于在秘密社团里策划阴谋，并且善于选择时机促使阴谋得逞的人准备并引导的。"

另一些人把灾难的责任归咎于天数或"事物的力量"。夏托布里昂在他 1797 年发表于伦敦的《革命的历史、政治、道德面面观》里频繁地引述"事件的命定性"，"支配着各帝国的天数"，"这种叫做事物力量的必然性"。但他最终发现自己对此不能理解和无法解释：

"尽管我们百般努力去了解造成各国动乱的原因，但我们仍然感到有些事情无法解释。有一种我不了解的、不知隐藏在何方的因素，而它仿佛是一切革命的动力因。"

加入英籍的日内瓦人马莱·迪庞表现了同样的反理性主义。他用"事件的命定性"、"事物的强制性，即这种独立于人和政府的力量"来解释大革命。从"事物的力量"到"上帝的旨意"只相差一步。

反革命的理论基础首先是由 1796 年同时出版的、大同小异的两部著作构成的。一部是博纳尔子爵的《论世俗社会里政治与宗教的力量》；另一部是约瑟夫·德·梅特尔的《论法国》。

在《论法国》里，约瑟夫·德·梅特尔肆无忌惮地用神力来解释事件的发展：

"我们大家都被一条看不见的锁链拴在上帝的宝座上。这条锁链拴住我们但并不勒紧……在革命的年代，拴住人们的链子突然缩短，因此人们的行动受到局限，开始感到力不从心……是法国革命牵着人们的鼻子走，而不是人们在进行革命……建立了共和国的人们是不由自主的，并且不知道自己干了些什么。他们被事态的发展推到这一步……他们只是受到某种更英明的力量的驱使而已。"

上帝"惩罚是为了使人再生"；法国违背了基督教的感召，因此必须要接受血的洗礼以获得新生；反革命将在上帝规定的时刻发生。这些系统观点为"圣彼得堡之夜"做好了理论准备，对于战争更是如此。"战争本身是神圣的，因为这是一个世界性的规律"。正统王权派找到了理论家，王位僭望者奖给约瑟夫·德·梅特尔50枚金路易以资鼓励。

在《论政治和宗教的力量》里，德·博纳尔提出了一种超越；事物发展和摆脱偶然性的社会实体的理论：

"人们不能给予宗教或政治社会任何结构，正如他们不能给予物体重力或给予物质体积一样。"

君主制是典型的"法定社会"，它的特点是权力的统一，具有必要的社会区别和等级，笃信基督教。法国君主专制的成功与失败，历来取决于它是否忠于内在的构成法则。《论政治和宗教的力量》尤其以尽力抽象为特点，是流亡者队伍中理论复兴的第一次重要尝试。

这些著作都发表在国外，因此起初在法国鲜为人知。法国国内的反革命势力主要利用顽固的反理性潮流。卢梭颂扬的感情和直觉的潜在力量是人们对付当时苦难的一种手段。此外还有从神秘学和天启论演化而来的秘传学说，以及虽已分裂但仍然起作用的传统宗教。尽管在社会方面很保守的政府和共和派资产阶级继续仇恨天主教，在人民群众里宗教活动已明显减少，但是传统的宗教对许多人来说仍然是一个庇护所和一种安慰，而对另一些人来说则是一座壁垒和一种保障。这些态度为波拿巴恢复宗教提供了有利条件。

文学运动也表现出同样的对立。革命的冲击造就了一些新的形式，但是政治的激情没有能力更新旧有的古典形式。然而语言经历了深刻的变化，单词被赋予一种新的感情色彩。人们喜欢用的词有国民、祖国、法律、宪法……厌恶的词有专制、贵族……它们仿佛被一种内在力量改变了面貌。

传统的形式——戏剧与诗歌，除了一些反映现实的作品外，由于一味效仿过时的古代模式，僵硬地拘泥于形式和规范而陷入绝境。

在诗歌方面只有一些二流的诗人，如德利尔神甫（1758—1813年）、埃库沙尔-勒布伦（又名勒布伦-潘达尔，1729—1807年）。后者的主要诗作是《"复仇者"号颂》（1794年）。对爱国主义的颂扬和政治的激情导致一些更加有力，更加振动人心的作品问世。祖国成为新的崇拜对象。罗热·德·利尔的《莱茵军战歌》（《马赛曲》，1792年4月25日）和玛丽-约瑟夫·谢尼埃的《出征歌》（1794年7月14日）的诗句都是奉献给祖国的。自由和爱国主义激励着安德烈·谢尼埃（1762—1794年）的灵感，他于1791年写出了《网球场誓言》。不久，他的革命热情衰退。由于被怀疑，共和二年风月17日（1794年3月7日）谢尼埃被捕入狱。他写出了《年青的女囚》和《讽刺诗》，它们在形式上借鉴古代诗歌，并且洋溢着个人的狂热感情，开创了浪漫主义抒情诗的先河。

戏剧在某种程度上也受到了时代的冲击。形式仍然是古典主义的，但是内容变成了民族的和共和主义的。1791年1月13日，制宪议会废除了王政时代的审查制度和戏剧方面的一切特权，"任何公民都可以开设公共剧院，上演各种形式的戏剧"。巴黎开设了约50座剧院，艺人由旧制度下的贱民变为演员公民，他们在革命运动中经常发挥重要的作用。1793年，剧院成为培养公民责任感的学校。8月2日，国民公会下令在各市政府指定的剧院每星期演出 3 场"关于布鲁图斯、威廉·泰尔的悲剧以及其他表现革命光荣事件和自由捍卫者高超品德的戏剧。每星期有一场的演出费用由国家支付。任何剧院如上演败坏公众思想,唤起对王政可耻的迷恋的剧本将被关闭。"

共和二年风月 20 日(1794 年 3 月 10 日),法兰西剧院改为人民剧院。有些剧本不折不扣地取材于当时的时事,如西尔万·马雷夏尔写于 1793 年的《对国王们的最后审判》是一部独幕散文预言剧。剧中表现所有的君主都被流放到一座岛上。最多产的剧作家是玛丽-约瑟夫·谢尼埃(1764—1811 年)。他的悲剧或取材于古代(《卡依于斯·格拉絮斯》,1792 年;《蒂莫莱翁》,1791 年),或取材于民族历史(《查理九世》,1789 年;《让·卡拉》,1791 年),但都洋溢着革命精神,影射时政。然而,除了过时的形式外,这些丰富的应时剧无一能流传后世。

一些与革命运动直接有关联的新形式应运而生。文学艺术为斗争服务,它通过报章杂志和议会及俱乐部的讲坛表现出来。然而这些新形式同历史的关系比文学更为紧密。

如夏托布里昂所说,政治雄辩是"革命的成果,它在革命过程中无需培养就能自动发展起来"。确实,雄辩是革命的一种新的文学形式。雄辩受到启蒙哲学的培育,有时很抽象,充满了对古代的回忆;有时不免富于夸张,而通常又是热烈和燃烧着激情的。米拉波到 1791 年 4 月 2 日去世前始终以他那运用自如的力量、他那强壮的体魄和刚劲的丑陋统治着制宪议会的讲坛。他《关于 1/4 捐税》和反对破产的演说(1789 年 9 月 24 日),以及他对控告者的回答(1790 年 5 月 22 日)一直堪称佳作。韦尼奥的雄辩更加优美、流畅,这位吉伦特派的雄辩家喜欢大段发挥和在公共场合抛头露面,并乐意使用普通的修辞手法,如重复,譬喻,回顾希腊、罗马等。丹东以即兴演说著称,他不太考虑演讲艺术和篇章结构。他的风格类似米拉波(人们给他的外号是"平民的米拉波")。罗伯斯庇尔的雄辩尽管常常缺少自发性(他总是预先精心准备他的演说),但他却以逻辑性强和原则的坚定性,以及热烈而有节制的激情使人信服。圣茹斯特的雄辩术更为有力,他的文体有时更为艰涩,充满了经过精心推敲的句子(如"把自由变得冷酷无情")。在资产阶级共和国时期，政治雄辩的学院气变得较重，渐渐失去了光彩。到了执政府专制时期，雄辩之风告终。

由于新闻自由，政治新闻业从 1789 年起得到了巨大发展。1792 年以后实际上对报刊有所限制，但仍然阻挡不了其发展趋势。旧制度时期以文学为特色的刊物（《法兰西报》是周刊；《信使》为月刊）由新闻报刊所取代。它们无疑是革命时期真正的文学形式。保王派的报纸被迅速淘汰。里瓦罗尔为之撰稿的《全国政治报》从 1790 年起停刊；《使徒行传》于 1791 年 10 月停刊；鲁瓦尤神甫的《国王之友》于 1792 年 5 月停刊。从 1789 年起，爱国者的报刊在政治和文学上占据统治地位。它们主要是：埃利泽·卢斯塔洛的《巴黎的革命》、马拉的《巴黎政论家报》（从第 6 期开始改为《人民之友报》）以及卡米耶·德穆兰的《法国和布拉邦特的革命》。此外还有米拉波的《普罗旺斯邮报》（1789—1791 年）、孔多塞为之撰稿的《巴黎编年史报》（1789—1793 年）、布里索的《法兰西爱国者报》（1789—1793 年）以及罗伯斯庇尔在 1792 年 5—8 月出版的《宪法捍卫者报》。共和二年霜月（1793 年 12 月），卡米耶·德穆兰创办了后来只出过 7 期的《老科尔得利报》。在这些政治新闻报刊上可以看到革命雄辩的特点，如对主义执著追求，激烈地论战，比较讲究修辞，引述古代历史。《老科尔得利报》的第 3 期仿佛就是塔西佗文章的改写。平民新闻的主要代表是马拉的报纸以及 1790 年 11 月由埃贝尔创办的《迪歇纳老爹报》。埃贝尔是一位满腔热情、富于想象的优秀记者。他文体色彩浓艳，努力反映人民的愿望并成为其代言人。热月政变后，报刊从整体上看是反雅各宾的和保王的。以上这些大量的政治报刊能保留下来的很少。值得一提的有 3 份：创办于共和二年花月的《哲学、文学与政治句报》；潘库克的《民族报》（又名《世界导报》），它创刊于 1789 年 11 月 24 日，至 1803 年改为官方报纸；《辩论与法令报》，它的第 1 期出版于 1789 年 8 月 29 日，其后来的历史相当悠久。

如果说大革命在文学创作方面不可否认地受到一些制约，那么在艺术领域里却出现了能够满足伟大时代和广大公众要求的表现形式。在绘画、音乐、国家节日庆典的布置图和壮丽场面等方面，大革命都达到了艺术的最高峰。这些艺术不是以引起少数玩赏家的兴趣,而是以激发团结一致的人民的革命热情为目的的。

经常有人指责大革命破坏了文物。如果说确实有许多文物遭到破坏,那么历届革命议会为保护国家艺术遗产所作的努力却是始终如一的。在制宪会时期,文物委员会曾派代表到全国各地考察和审定一切值得保护的文物。在国民公会时期,公共教育委员会和临时艺术委员会也起到同样的作用。1791 年 5 月 26 日,制宪议会责成卢浮宫汇集一切科学和艺术杰作。共和二年雪月 27 日(1794 年 1 月 16 日),国民公会决定这一艺术宝库由 4 个部分(绘画、雕塑、建筑、古代文物)组成的博物馆加以保管。亚历山大·勒努瓦尔把大量艺术珍品,尤其是因民众憎恨王政而摧毁的圣德尼修道院①里的雕像,集中到小奥古斯坦修道院。共和二年果月 15 日(1794 年 9 月 1 日),国民公会以此为基础创建了法国文物博物馆。

艺术家也获得了解放。在达维德的推动下,他们从 1790 年起对于法兰西学院法兰西学院垄断罗马学校和美术作品展览表示了强烈的不满。美术作品展览从 1791 年起向全体艺术家开放。1793 年 8 月 8 日,绘画与雕塑学院和其他所有学术院、大学同时被取消。在这一领域里,革命的冲击也使创作者的灵感为之一新。

1793 年的美术作品展览说明上写道:"庄严朴素的共和派也许感到惊奇,为什么在欧洲联盟包围自由之土的时刻,我们仍然致力于艺术……我们决不同意这句名谚:战火之下无艺术。我们很愿意重提一件往事:在被围困的罗德斯城中,普罗托热纳②专心描绘着一幅杰作。"

在最危急的时刻,这短短几行字表明了整个革命时期鼓舞着大多数艺术家的精神力量。艺术不能脱离争取自由的总斗争。1793 年 3 月

---

① 圣德尼修道院建自 7 世纪,后为王室墓园,是帝王祭祀祖宗并在死后安放陵墓的地方。其中有历史价值的文物很多,尤以文艺复兴时期古墓为贵。大革命中曾受到一些损失。——译者

② 普罗托热纳是古希腊亚历山大大帝时代的名画家,作品力求完善,往往经年累月始成。——译者

19 日，在向国民公会赠送一幅表现米歇尔·勒佩勒蒂·埃因投票赞成处死国王而被刺杀的油画时，达维德宣告：

"我们每人都应以大自然赋予的才华为祖国尽责。尽管形式不同，但大家的目标必须是一致的。真正的爱国者应该竭尽全力用一切手段启发同胞，不断向他们呈现英雄主义和德行的最崇高表现。公民们，上天把财富赠给了他所有的孩子，他要求我用绘画的手段表达我的灵魂和思想。"

达维德(1748—1825 年)作为画家和共和国节日的组织安排者统治着革命艺术。遵循温凯尔曼的教导(他出版于 1764 年的《古代艺术史》在 1766—1793 年曾 3 次被译成法语)，达维德转向仿古。他在描绘只能感觉得到的颜色和掌握易于理解的形式上达到了高超的技艺。达维德同法国 18 世纪的艺术传统决裂。他首先以古代的系列作品出名：《贺拉斯三兄弟宣誓》(1784 年)于 1791 年在美术作品展览中重新和《苏格拉底之死》(1787 年)、《布鲁图斯》(1789 年)一起展出。此外还有《萨宾妇女》(1799 年)以及完成于 1800 年至 1804 年的《列奥尼达斯》。达维德一度曾放弃描摹古代形象，让他的艺术为革命服务。他勾画了《网球场誓约》的草图(1791 年在美术作品展览会展出)，绘制了国家节日庆典的许多布置图，创作了《自由的殉道士勒佩勒蒂埃》和《马拉之死》。在画中，马拉躺在浴缸里，身上盖了一幅被单，胸膛被刺穿，为国殉难。画面上可以看到马拉赤裸的上身和流血的伤口，缠着白色马德拉斯布的脑袋垂在肩上，嘴角仿佛发出了痛苦的微笑，在下垂着地的手里还紧握着他用来写作的笔。地上是凶手的匕首……这幅动人的名画悬饰在国民公会大厅。它颂扬公民的高尚品德，唤醒代表们警惕救国事业所处的危险。从达维德的古代画到他的革命画，其统一性来自高尚的精神和英雄主义气概。

然而，18 世纪的艺术继续存在。特别"敏感"的画家格勒兹(1725—1805 年)仍活着，此外还有更为细巧而又是无可比拟的画家弗拉戈纳尔(1732—1806 年)和喜欢描绘废墟的浪漫主义画家于贝尔·罗贝尔(1733—1898 年)。罗贝尔的某些作品表现了现代生活的确切含义。普律东(1758—1823 年)和达维德一样醉心于描摹古代形象,但是他的作品里已经表现出浪漫主义前期的某些特征。最后,在雕塑领域里有以仿古雕像并尤其以人物塑像著称的乌东(1741—1828 年)。

音乐方面也表现出同样的双重性。通过格雷特里(1741—1813 年)和达莱拉克(1753—1809 年),18 世纪的传统得到了继承。但与此同时,革命的激情使得灵感和方法为之一新。戈塞克(1733—1829 年)、梅于尔(1763—1817 年)以及格雷特里创作了大量赞歌,在国家节日时由庞大的群众合唱队演唱,歌颂爱国主义热情和共和国的公民责任感。《7 月 14 日之歌》的曲调取自戈塞克为玛丽-约瑟夫·谢尼埃的《联盟节颂歌》谱的曲,它始终是最优秀的歌曲之一。梅于尔为玛丽-约瑟夫·谢尼埃的歌词谱写的《出征歌》和《马赛曲》一样,都是热月反动时期和督政府时期共和派战士对抗保王派歌曲《人民的觉醒》的战歌。戈塞克首先倡议成立国立音乐研究院,该倡议于共和二年雾月 18 日(1793 年11 月 8 日)被国民公会采纳而得以实现。共和三年热月 16 日(1795 年8 月 3 日)这所研究院改名为音乐学院,以"演奏和教授音乐"为目的,其领导核心由 5 名督察员组成:戈塞克、格雷特里、梅于尔、勒絮尔和谢吕比尼。这足以说明,在这一领域和其他领域一样,各种形式平分秋色,18 世纪的艺术和新的表现形式在一起共处。

因此,知识界和艺术界同整个社会一样,其特点是既有决裂也有继承。理性主义和传统,智慧和感情互相冲突。古典艺术形式始终占统治地位,但是浪漫主义已经开始探索自己的道路。玛丽-约瑟夫·谢尼埃翻译了奥西昂的作品。斯塔尔夫人在 1800 年申明她偏爱北方文学:"北方人民遭受的苦难比享受到的乐趣更多。但他们的想象力却因此更为丰富。"这时还出现了无视时代苦难,以骑士和行吟诗人为主题的、关于"美好的古代"的传说。这种传说很快又加上了夏托布里昂大力宣扬的对伤感的天主教的追忆。通过这种感觉和思想的更新,贵族和流亡者隐隐约约地寻找使自己融合进新秩序的办法。新的资产阶级同样怀有寻求稳定的愿望。它并不关心思想意识,对原则也很漠然,只考虑享受和往上爬。因此,它特别要求维护既得的新特权:这也是革命事业的主要成果。要求社会稳定的愿望超过了思想意识的对立。富有的资产阶级和平静下来的贵族准备支持能保障他们优势地位（这种优势地位或是新近取得的或是部分地恢复的）的强有力政权。

Ⅱ. 资产阶级国家

革命摧毁了旧制度建立在神授权力理论基础上并保障贵族特权的君主专制国家，代之以建立在国民主权和公民平等原则基础上的自由和世俗国家。按照纳税多寡来执行这些原则，从而使新建立的机构和革命后的社会结构协调一致。因此，新国家只能是一个保护新统治阶级特权的资产阶级国家。

1. 国家民主权和纳税组织

8 月 4 日夜晚实现了在法律方面摧毁旧的国家机器。所有公民不论出身如何一律平等。"各省、公国、地方、县、市和居民区的特权"也都被永久取消。买卖官职被废除。1789 年 11 月 3 日的法令决定无限期关闭各级法院，包括最高法院。一切限制国家权力的因素都被扫除，包括特权、中间体；地方主义、旧自主的残余等。旧的国家机器垮台了。经过根本的改造，国家以崭新的面貌出现了。

国家的改造及其权力的削弱源于国民主权这一原则。国家不再是君主的私有产业，当家做主的人民是国家的本源。根据天赋权利的理论，社会建立在其成员之间自由契约的基础上；从此，国家也建立在政府和被统治者之间契约的基础之上。因此，国家必须为公民服务，正如 1789 年人权宣言第 2 条指出的，国家应该保证维护人的天赋权利。1791 年的宪法把君主置于国民之下，把执行机构从属于立法机构，并把权力严格分开。通过选举，它把国家机器置于公民手中。于是，中央权力因公共机构重新组织而被削弱。在地方，自治也取代了中央集权。1789 年 12 月 14 日关于市政府组成的法律，12 月 22 日关于初级议会和行政议会组成的法律，都规定了最广泛的权力分散。国家被解除了武装，税收不再由它掌握，维护治安也由各市政当局负责。这是一个自由的国家、然而是资产阶级的国家。国民主权只掌握在纳税人手中，积极公民依附于显贵，国家成为资产阶级的私产。贵族的反抗和内外战争考验了这个新的结构。但它自 1792 年 8 月 10 日后便不复存在。

国家权力的加强是和革命政府的建立与稳固同时实现的。1792 年 8 月 10 日王政垮台后，执行机构得以在新的基础上重建。不折不扣地贯彻国民主权的原则和实行普选把国家扩大到全民的范围，而恐怖又消灭了敌对分子。在这个新的社会基础上，共和二年的雅各宾民主国家不得不再次成为专权的国家，为了拯救国家必须这样。它的专权主义还因 1789 年事业的两个特点，即理性主义和个人主义而得到加强。但这两个特点直到 1793 年才取得了合乎逻辑的后果。根据理性主义，国家机构必须服从于一种严格合乎逻辑的思想。国家是理性的工具。任何人和事都必须服从理性，它的权威大为加强。根据个人主义，中间体、组织与社团都被取消。新国家只承认个人，并直接掌握他。面对权力不受任何限制的国家，公民的权利不再得到保障。"自由的专制主义"建立后，公民就无能为力了。罗伯斯庇尔在共和二年雪月 5 日 (1793 年 12 月 25 日)关于《革命政府的原则》的报告里，对此作了解释：

> "立宪政府主要关心公民的自由；而革命政府则关心公共自由。在立宪制度下，几乎只需保护公民不受滥用公共权力的损害；而在革命制度下，公共权力本身被迫实行自卫以对付各个乱党的攻击。"

因此，在雅各宾派看来，环境可以使恢复国家权威和中央集权合法化。1793 年 9 月 29 日的最高限价法把经济领导权交给了国家。共和二年霜月 14 日(1793 年 12 月 4 日)的法令则把一切法定社团和公务人员置于救国委员会的直接监督之下，把警察总局置于领导之下。然而，双重的矛盾破坏了共和二年雅各宾的专权国家。统制经济把产业主、生产商同雇工、消费者对立起来。此外，雅各宾的集权触犯了无套裤汉要求直接民主的自然倾向。救国委员会的专政把民众活动分子置于严格纪律约束之下，并且镇压拒绝服从的人。共和二年的雅各宾国家并不像 1791 年的资产阶级自由国家那样建立在某个阶级的社会基础上，因此它很不稳固。热月 9 日以后，大厦崩塌了。

资产阶级的自由国家又得以恢复。经济摆脱了国家的控制。共和三年宪法回到了制宪议会的自由体制。纳税人选举制把人民大众排除在政权之外。经过共和二年民主的尝试后，显贵们的阶级意识变得更加强烈了。如果说共和三年宪法恢复了三权分立，并且剥夺了执行机构的一切财权，那么它却强化了国家的权力，并且保持了一定程度的集权。督政府负责共和国的内外安全，掌握武装力量（宪法第 144 条）。它可以签发传票和逮捕证（宪法第 145 条），任命专员监督和保证法律在各级行政和司法机构得以实施（宪法第 147 条）。行政权并不完全分散，市政当局服从省政府；省政府服从部长。拥有很大权力的督政府特派员直接同内政部长保持联系，在各级行政机构代表政府并确保它的权威。在实践中，对国家权力的维护更表现在直接任命大批在理论上由选举产生的行政机构和法院，扩大规章制定权，加强警察机器及其专断权方面。由于人民大众被纳税人选举制排除在外，贵族尚未顺从，一部分资产阶级敌视当局，因此督政府时期国家的社会基础极为狭窄。由此导致了对宪法的蹂躏，共和五年果月以及共和六年花月两次选举结果被宣布无效。这在某种程度上造成立法机构服从于执行机构。各姐妹共和国的执行机构得到加强，在荷兰、瑞士、罗马都如此。每年一度的选举保留了自由体制的特点，却造成执行机构不断受议会多数变化的制约，从而导致它的瘫痪。1799 年，对外战争和雅各宾派势力的抬头使资产阶级认为必须最终加强执行机构，这就是雾月政变的由来。

共和八年的宪法以自行加聘取代了选举，最终制服了立法机构，并把行政权力集中在首席执政官的手里。1789 年人们梦寐以求的自由国家终结了。军事独裁虽然剥夺了他们的政治权利，却捍卫了显贵们的社会优势。新的专权国家不久就把社会基础扩大到归附于它的贵族。而它仍然是一个资产阶级的国家。

2. 世俗化与政教分离

遵循着事态发展的必然逻辑，革命逐渐用一个世俗的、与宗教分离的国家代替了王位与祭坛结合的神权国家。

享有特权的公共崇拜制度首先代替了国家宗教。制宪议会最初根据人权宣言第10条只是对此予以容忍。但是到1790年4月13日,制宪议会认为"它对信仰和宗教观点没有、也不能有任何权力",因此拒绝继续把天主教视为国教。1790年7月12日通过的教士法仍然承认天主教对公众信仰的垄断。户籍、教育、救济等事业仍在教会掌握之中。由教士法引起的教会分裂成为促进演化的重要因素。对反抗派教士的斗争和对宪政派教士越来越强烈的仇视渐渐打击了教会,继而对宗教本身也带来了损害。

国家世俗化在1792年8月10日之后取得了决定性的进展。8月18日,鉴于"一个真正自由的国家不能容忍任何行会",立法议会取消了从事教育和救济的宗教团体。各医院和慈善机构、各学院和大学的财产都被出售。教育和救济全部实行世俗化。8月18日的法令还规定,除了司祭在执行职责时外,其他任何人一律禁止穿着法衣。8月26日,反抗派教士被勒令在15天内离开法国,否则就被流放到圭亚那。尤其是,1792年9月20日立法议会决定实行户籍世俗化,从此把它交给各市政当局管理。同一天,鉴于"婚姻只是一种世俗的契约","离婚的权力来自个人自由,而不可解除的契约将是不幸的",立法议会规定允许离婚。

政教分离是内战和抛弃基督教信仰导致的结果。起初,国民公会曾同宪政派教会和解,在它1792年11月30日的致词里否认自己有意剥夺公民"由教士法规定派给他们的司祭"。1793年6月27日,国民公会宣布将教士的待遇列入公债。但是它对待反抗派教士比立法议会更为严厉。1793年4月23日,它下令把他们立即流放到圭亚那。不久,宪政派教士被怀疑为保王派和温和派。渐渐地,仇视的措施越来越明确。从1793年7月起提出了教士的婚姻问题。8月12日,国民公会决定"天主教司祭不再因结婚而被免职",结过婚的教士可以重新或继续履行圣职。1793年10月5日决定采用革命历法,建立10日休息一天的制度,接着又抛弃了基督教信仰。这是政教分离的决定性阶段。尽管共和二年霜月16日(1793年12月6日)的法案庄严地重申信仰自由,教堂仍然被关闭。这种实际状况在热月9日后得到认可。根据康邦的提议,共和二年第2个无套裤汉日(1794年9月18日),国民公会通过法案决定共和国从此不再支付"任何宗教信仰的费用和教士的薪俸"。这是不言而喻地废除了教士法,实行了政教分离。

共和三年风月3日(1795年2月21日)的法律严格规定了政教分离的体制。共和国不为任何的宗教信仰支付费用,法律不承认任何司祭,宗教的一切公共活动和外部表现都被禁止。然而牧月11日(1795年5月30日),国民公会允许自由使用未出让的教堂设施,但同时规定各种崇拜都可以使用。共和四年葡月9日(1795年9月29日)的法令把所有这些措施法律化,并强迫司祭宣誓"忠于并服从共和国各项法律"。为打击反抗派教士,国民公会通过共和四年雾月3日(1795年10月25日)的法令坚持1792年和1793年的法律。督政府在共和五年果月19日(1797年9月5日)法律的第24条及后面几条里重申了以上原则。与此同时,督政府雷厉风行地推行了世俗化。共和六年芽月14日(1798年4月3日)的法令规定在公共生活的各方面必须使用共和历,热月17日(1798年8月4日)建立了10天一休的制度,果月13日(1798年8月30日)又规定了旬末日的庆祝办法。在这一阶段的末期,天主教会影响和威望的衰落已经不可否认,它表现为四分五裂的教会穷困潦倒并开始瓦解,宗教活动衰退以及平民各阶层中不信教人数增长。教会和革命在思想意识上不能调和,因此它们始终是互相敌对的。

由于社会稳定的需要以及全国大多数人对传统宗教的怀念致使执政府时期的宗教得到迅速恢复。但是,波拿巴把宗教看作使社会服从的手段,把教会看成政府的工具。因此,虽然他承认天主教是大多数法国人的宗教,但拒绝给它以国教的地位。他通过组织条例把教会紧紧置于国家控制之下。政教分离消失了1个世纪,但是国家仍然是世俗的。

3. 国家各部门

革命完全重建了国家机器,使新的行政、司法和财政机构同资产阶级社会及自由国家的总原则协调一致。

各地方行政机构由制宪议会根据合理的计划重建起来。国民主权的原则得到了贯彻。行政长官由选举产生。权力分散就由此得以实现。中央政权不能专横地对待代表人民主权的地方机构。地方机构都经选举产生并集体行使权力,因而使得行政机构有所削弱。此外,频繁的选举也引起了不稳定。根据 1791 年宪法,各省、县级行政机构每两年更换其成员的一半,各市镇级行政机构每年更换一半成员。根据共和三年宪法,每年各省行政机构更新 1/5,市镇行政机构更新 1/2。在这种情况下,要组成一个精通业务的行政班子是困难的,在各市镇和农村地区尤其如此。各省和县的行政机构主要从资产阶级里招聘人才,而各市镇的行政人员则主要来自手工业主、小业主和自由职业者等中产阶级。1793 年,在县级、尤其是市镇级出现了民主化倾向,甚至连无套裤汉也能参加政权。在农村,由于缺乏有能力的人才,市镇政府的组建通常很困难。因此共和三年宪法决定建立区级政府,由每个市镇出一正一副两名负责人员组成。但是这一做法没有成功。

然而中央集权的倾向在机构合理化过程中已经开始萌发。1793 年革命的危机加速了这一进程。革命政府建立了常设行政机构,并且通过清洗实际上用任命取代了选举。共和二年霜月 14 日(1793 年 12 月 4 日)的法令规定在各市县级行政机构设立"国家官员"。他们负责每 10 天向政府的两个委员会汇报 1 次。办公机构得到加强并实行了民主化。

共和三年宪法通过恢复纳税人选举制把行政垄断权归还给显贵资产阶级。但它还企图通过向各省市级行政机构任命政府特派员来强化国家行政机构。此外,督政府在各方面继续努力改组行政机构,这方面有内政部长弗朗索瓦·德·纳夏托的突出业绩为证。波拿巴的军事独裁正是部分地建立在这种机构改革的基础上。但是,选举仍然保持,不稳定局面继续存在,有时还有不称职的现象。通过共和八年雨月 28 日(1800 年 2 月 7 日)的法律,波拿巴取消了选举,建立了一支由他任命的官员队伍。他就这样稳定了行政机构,加强了它为专权国家服务的能力。

司法机构由制宪议会根据和行政机构同样的原则进行了改组。但在这方面,选举没有造成同样的困难。根据 1790 年 8 月 16 日的法律,法官由选举产生,任期 6 年,连选得连任,任何"没有在法院里当过 5

年法官或司法人员的人"都不得当选。

共和三年宪法把任期缩短为 5 年。这些措施仍然旨在维护法官队伍的稳定和权能。在刑事诉讼程序方面，制宪议会表现出极大的自由主义。没有任何机构负责追查罪犯，检察院被取消了。除了初步预审外，诉讼程序是公开的。控告和审判两重陪审团的建立保护了被告的权益。

司法组织自然也承受了当时形势的冲击，它同国家结构朝着同一方向演变。国民公会取消了关于被选资格在能力方面的条件。只要年满 25 岁就能当选。在这种情况下，诉讼程序趋于简化。行政机构同时把司法权也抓在手里。革命政府实现了权力的集中和统一，司法机构同它的分离状况实际已告结束。恐怖主义司法体系的特点是：一方面建立了程序简便的特别法庭；另一方面取消了普遍法的保障。在督政府时期，司法组织并非没有受到这种做法的左右。督政府被宪法授予签发传票和逮捕证的权力。特别法庭以军事法庭的形式继续存在，以审判朱安党或雅各宾派等政治反对派。

最后，革命事业在法典方面并没有完成。大革命摧毁了封建法和教会法并反对罗马法，企图订立一套全国统一的法律。1790 年 8 月，制宪议会通过法案决定建立"一部由简单、明了、符合宪法的法律组成的法典"。1791 年 9 月 25 日通过一部刑法，28 日通过乡村法。1793年 8 月，在最危急的时刻，国民公会讨论了由康巴塞雷斯代表立法委员会提出的民法草案。各届革命议会在这方面即使未能大功告成，却也硕果累累。关于一些基本问题的"纲举法"为后来奠定了基础：婚姻和离婚，继承和立遗嘱权，农村土地所有权和典押。在这方面，热月派政府和督政府时期与山岳派立法相比明显后退。在继承方面，法律的追溯性被取消了。

这样，执政府时期出现了法律的稳定性，它体现了社会的稳定。恢复对法官的任命和逐渐恢复检察院使国家的权力得以加强。

制宪议会建立的财政制度主要表现为实行税务平等和设立 3 大直接税(土地税、动产税和营业税)。由于取消了间接税，国家失去了重要的经常性的财源。因为一切财政机构都被废除，课税基数的制定与征收都由各市政当局负责,所以国家在财政方面的权力被削弱。事态的发展使国家权威的强化曾一度受阻。

国民公会时期对制宪议会制定的税务制度进行了改革。1793 年 3 月 12 日取消了营业税,并决定对工商业收入征收动产税。由于内战,1793 年的税收减少,山岳派的国民公会便决定征收革命捐,并且进行强迫借款。该措施于 1793 年 5 月 20 日原则通过,9 月 3 日具体落实。其总数确定为 10 亿,根据累进的比例向收入超过 1 500 法郎(单身者超过 1 000 法郎)的公民借款。热月党又回到制宪议会确定的体制,并于共和四年果月 6 日(1796 年 8 月 23 日)恢复了营业税。为了同贬值进行斗争,共和三年热月 2 日(1795 年 7 月 20 日)的法律规定,土地税的一半由按票面价值的指券缴纳,另一半由按 1790 年价格的谷物缴纳。共和七年,整个税务体制由督政府时期的议会两院进行了彻底改造。根据霜月 3 日(1798 年 11 月 23 日)的法律,动产税率有了很大提高。雾月 1 日(1798 年 10 月 22 日)法律规定的营业税改变了课税基数的基础,霜月 4 日(1798 年 11 月 24 日)的法律决定设立第四种直接税——门窗税。同时还改革了注册税(霜月 22 日,即 1798 年 12 月 12 日的法律)和印花税(雾月 13 日,即 1798 年 11 月 3 日的法律)。这些基本立法的主要部分在以后一个多世纪里一直有效。这样,有产者得到了满足,国家的收入则仍然下降。但是,议会两院拒绝恢复间接税,只满足于征收烟草税,公路税(又称买路钱)和公共车辆的座位税。

税金上缴情况不好在很大程度上要应归咎于制宪议会确定的征收制度。因为根据这一制度,负责收税的市政当局不可能使用任何强制手段。共和六年雾月 22 日(1797 年 11 月 12 日)的法律决定在各省建立由特派员组成的直接税收办事处,帮助各市政当局进行一切"与直接税的课税基数、征收以及诉讼有关的工作"。这还不是专门的行政机构,而是一个普通的检察机关。

在督政府时期,国家财政权力的强化有很大进展。波拿巴只满足于在许多方面使用前人创造的工具。他用专制国家取代了自由国家,建立起一个只隶属于中央政权的有效的财政机构,不久又制作出作为土地税唯一合理依据的土地册。这样,他进一步完善了督政府建立的制度。由于最终稳定了有产者的信心，他使国家的威信得到恢复。第一帝国时期间接税（包括盐税）的恢复标志着税收制度演变的终结，也表明专权国家的强大。

Ⅲ. 民族统一和权利平等

法国大革命赋予某些名词以崭新的革命意义。"民族"就是其中之一。当敌人的炮火在瓦尔米即将摧毁法国防线时，凯莱曼在普鲁士人面前喊出了"民族万岁"的口号，使敌人惊讶不已。这一口号传遍了志愿军队伍，使得敌人犹豫了。歌德指出："此时此地，开始了世界历史的新纪元。"

从1789年起，"民族"这个词就有了新的涵义。在激动的心灵里，在信念和希望所鼓舞的自发群众运动里，它的涵义进一步明确。民族是一个整体，全体公民都汇成一体。等级和阶级都不复存在，全体法国人组成了法兰西民族。这个关键的字眼响彻在集体灵魂的深处，解放出潜在的力量，提高了人们的思想境界。但是，在这个字眼掩盖下，新秩序的现实迅速形成。费迪南·布吕诺在他的《法语史》里指出："民族"属于那种能"使人们产生幻觉的词"。民族的社会涵义随着革命的发展而演变。如果说，在革命期间民族统一有了不容争辩的进展，那么权利的不平等却在新的民族国家里造成一个根本矛盾。由于它建立在纳税制度狭窄的范围内和私有制基础上，所以，实际上它把广大人民群众排除在外。

1. 统一的进展

在革命过程中，法兰西民族在统一的道路上迈出了决定性的一步。新的机构组成一个在行政和经济上统一的国家框架。在反对贵族和欧洲联盟的革命斗争中，民族意识大为增强。

制宪议会进行的机构合理化改革，革命政府恢复中央集权以及督政府在行政方面的努力摧毁了自治和地方主义，建立了统一国家的一整套机构，从而完成了旧制度王朝未竟的事业。同时，通过公民人人平等、1790年的联盟运动、雅各宾俱乐部各地分部的发展、1793年反对联邦主义的斗争以及人民团体的代表大会或中央大会，一个"统一的、不可分割的"民族的意识在觉醒，并逐渐形成。

新的经济联系加强了民族的统一。封建的分散状态被打破，国内的通行税和关卡被废除。"关卡后移"至政治边界有助于国内市场的统一。保护主义的关税使得国内市场免受外国商品的竞争。在交通工具发展允许的范围内，国内的自由流通促使并巩固了各地区之间的经济联系。经济统一要求有统一的度量衡制度。1790年5月，制宪议会建立了度量衡委员会。1791年3月26日，它通过了新制度的基本原则：它将建立在"地球子午线长度和10进位制"的基础上。德朗布尔和梅香在1792年测量了自敦刻尔克至巴塞罗那的子午线。阿维和拉瓦西埃确定了1容量单位的蒸馏水零度时在真空中的重量。1792年7月11日，这个委员会确定了长度和重量的学术名称：米(mètre)和克(gramme)。1793年8月1日和1795年4月7日(共和三年芽月18日)，国民公会通过了决定性的法案。1795年的法案确定米的长度为"从北极到赤道的子午线的1/10 000 000"；克的重量为"体积为1/100米的立方的纯净水在冰融温度时的绝对重量。"

还需要把米制加以施行。在革命期间一拖再拖，始终没能实行米制。执政府下令从共和十年葡月1日(1801年9月23日)起开始实行。但在实际生活中，新的度量单位只是很缓慢地才取代了旧制。

国民军队增强了民族意识，因而是统一的有力工具。制宪议会在这方面表现得很拘谨。它只是取消了民兵，并于1790年2月28日规定人人均可捐纳军衔。1791年3月9日关于前线部队的组织法坚持了志愿应征制度。制宪议会同时使一种革命创举——国民自卫军合法化，可是它只限积极公民参加。1790年12月6日的法律规定了总原则，1791年9月19日的法律重申和进一步明确了这些原则。前线军队的瓦解和国王出逃时引起的战争威胁使制宪议会决心在国民自卫军里动员10万名志愿军组成营队(1791年6月21日)。除了这些1791年的志愿军，立法议会也进行过征兵。王政的倾覆、民族的危机以及无套裤汉走上政治舞台，这些因素决定性地促成了统一军队的组成。从1792年7月起，消极公民也被编入国民自卫军，这使它成为真正的国民军队。1793 年 2 月 24 日，国民公会下令征兵 30 万。从 21 日起，它就决定把原有的前线团队和志愿军营队进行混合编制。

实际上统一化的进展是缓慢的。只是在共和二年雪月 19 日（1794 年 1 月 8 日）的法令里才明确规定了组编办法。另外，虽然 1793 年 8 月 23 日进行了大规模动员，但并非所有法国男人都被征入军队服役。尽管征调是普遍性的，但只有 18 至 25 岁的单身汉或无儿女的鳏夫才被征召入伍。而且，第二年热月党的国民公会没有进行任何征召。可见，义务服役仍是一种例外。共和六年果月 19 日（1798 年 9 月 5 日）通过的关于征兵的儒尔当法，使义务兵役经常化了：

"每个法国人都是士兵"（第 1 条）；
"征兵的范围是 20—25 周岁的全体法国人"（第 15 条）

但是立法机构关于具体征召对象通过了一项特别法。并非全体够条件的人都被征召。尤其是，共和七年芽月 28 日（1799 年 4 月 17 日）的法律纳入了可以替补的原则。热月 14 日（1799 年 7 月 2 日），这项原则被取消。波拿巴为了满足显贵们的要求又把它恢复了。尽管有以上限制，混合编制以及每年一度的全国动员（实际上各阶级都被征兵，如共和七年和第一帝国时代）使军队真正地统一化和民族化了。诚然，在热月政变后，反动势力慢慢地改变了军队的公民精神。但是，武装国民的原则仍然存在。只要勇敢就能迅速晋升仍是人民平等的象征。在这两方面，波拿巴继承的无可比拟的战争工具始终是民族统一的基本因素之一。

法语也朝着同样的方向演变。大部分法国人在 1789 年只讲方言和土语，这在很大程度上使他们被排除在文化和政治生活的主流之外。制宪议会出于对地方自治的关心，捍卫了语言的地方特色。1790 年 1 月 14 日，制宪议会下令把它的法令译成在各地使用的所有方言。把战争民族化的国民公会却致力于把法语变成全国通用的民族语言。因为语言的统一有助于民族的统一。各俱乐部和人民团体在这方面作了巨大努力。在俱乐部里，用法语表达被认为是爱国主义的表现。在恐怖时期,方言仿佛是反革命和欧洲反法联盟的帮凶。为反对使用方言,如在阿尔萨斯,人们曾搞起过"语言恐怖",圣茹斯特在那里执行公务时曾对此积极倡导。共和二年雨月 8 日(1794 年 1 月 27 日),巴雷尔以救国委员会的名义宣告废除旧日的方言,他说:

> "联邦主义和迷信使用下布列塔尼语;流亡者和对共和国仇恨的人说德语……说君主国家和巴比伦塔相像是有道理的①。在民主国家里,让公民不懂民族语言因而不能监督政权,这就是出卖祖国……曾光荣地表达《人权宣言》的法语应该成为全体法国人的语言。我们应该把沟通思想的工具、革命最可靠的代表——共同语言交给全体公民。"

因此,国民公会规定一切公文和公证书必须使用法语,在居民讲布列塔尼语、巴斯克语,意大利语和德语的各省份,10 天之内将分别任命 1 名教师。热月政变后,政府又开始宽容,不久又把公文都译成方言了。在语言教学里也表现出同样的反动倾向:共和三年雾月 27 日(1794 年 11 月 17 日)关于小学的法律规定要教授"基础法语",而在共和四年雾月 3 日(1795 年 10 月 24 日)的法律里,教授法语只字未提,甚至连用法语讲授也未提及。取代拉丁语的民族语言只是在各中心学校和高等教育里才最终站住脚跟。民族统一在这个领域也带有某种社会歧视。

最后,公民意识的形成有助于民族觉悟的提高。因此,历届革命议会对教育很重视,这是为了培养公民。在制宪议会期间,由各教区神甫在主日布道时宣读议会的法令和通告。公共教育计划中都包括阅读和评价《人权宣言》与宪法的内容。共和二年霜月 29 日(1793 年 11 月 19 日)的法律规定,最基础的课本内容应是"人的权利、宪法、英勇和高尚行为"。热月党议会关于小学的法律也规定了同样的教学内容(自然是共和三年的《人权宣言》与宪法)以及"共和道德基础"教育。

盛大的国家节日符合这一目标。第一个国家节日是 1790 年 7 月

---

① 根据《圣经》《创世记》),巴比伦塔是人们为与天接近而建造的高塔。造塔之事惊动了上帝,它使人们的语言不再相通,从而导致建塔失败。——译者

14 日的联盟节。1791 年 7 月 11 日,为庆祝伏尔泰的遗骸入祀先贤祠,由达维德按照古代葬礼设计的活动则成为第一次真正的哲学节。从此,每逢重大事件就举行盛大纪念活动。届时,画家达维德、诗人玛丽-约瑟夫·谢尼埃、音乐家戈塞克和梅于尔通常总要施展他们的艺术才华。1792 年 4 月 15 日为自由节,1793 年 8 月 10 日为共和国统一和不可分割节,共和二年牧月 20 日(1794 年 6 月 8 日)为最高主宰节。共和二年花月 18 日(1794 年 5 月 7 日)法令建立了对最高主宰的崇拜,规定了旬末节,并为庆祝革命光荣事件或颂扬"人们最宝贵、最有用的品德"创立了全国性盛大节日。共和三年雾月 3 日(1795 年 10 月 24 日)关于公共教育组织的法案规定了 7 个全国性重大节日。共和三年的宪法原则上规定,国家节日的目的是"维系公民之间的兄弟情谊,使他们忠于宪法、祖国和法律"。在督政府时期,最辉煌的节日是康波福米奥和平节,追悼奥什节和纪念卢梭节。1798 年 7 月 27 日这一天,自由女神和艺术诸神在庄严华丽的礼仪中受到赞颂。

盛大世俗节日的演变也表明国民心态的发展在社会方面始终受到局限。

节庆活动的顶峰是在共和二年。当时的节日具有充分的国民意义。人民并不是列席者,而是参加者,是节日的基本因素。节日颂扬人民在民族生活中发挥的作用。这一新艺术的创造者达维德运用了造型艺术、绘画与雕塑的一切手段。在庞大合唱团演唱或大规模器乐合奏中,音乐发挥了极其重要的作用。服装艺术和装潢艺术也被利用起来。最后,由仪仗队伍的排列布局把这些艺术综合在一起。国家节日使具有共同爱国信仰和一致忠于共和国的全体人民焕发了最高的热情。

随着反动势力的发展,盛大节日失掉了它的政治、社会内容。前不久在节庆中作主角的人民逐渐沦为配角,后来又成了观众,致使这些活动失去真正的国民性。不久,军事检阅和"官方"庆祝活动取代了国家节日。人民被排除在政治生活之外,国民团结不过是掩盖权利不平等的幌子。

2. 权利平等和社会现实

1789 年《人权宣言》第 1 条宣告的权利平等在理论上是民族统一的

强有力因素,第 3 条肯定的国民主权原则也如此。理论上宣告人人平等;废除旧制度的社会等级赖以存在的个人或"团体"的特权;个人主义观念在制宪议会涉及社会关系的成果中起主导作用,这一切都是构成一个平等社会和统一民族的基础。但是,立宪派资产阶级把财产权列入天赋权利,把经济自由作为新的社会组织的原则。这样它就在新社会里埋下了一个无法克服的矛盾。同样,在政治成果方面,国民主权原则和纳税人选举制也是互相矛盾的。无疑,1789 年资产阶级提出权利平等的原则只是为摧毁贵族的特权。对于人民,平等只是在法律面前理论上的平等。不可能实行社会民主,政治民主也被抛弃。法律上的国民只局限在纳税资产阶级的狭窄范围内。

然而,人民大众对权利平等却有更具体的观念,并且把资产阶级只在理论上肯定的东西予以认真对待。他们要对 1789 年"伟大的希望"赋予真正的含义。民众运动的积极分子从权利平等推断出生存权利。他们认为,承认并落实人的生存权利将能使平民各阶层和民族完全融合成一体。生计问题是提高觉悟的有力因素。全部财产权的后果,即经济与利润自由同权利平等原则和统一民族的构成是互相矛盾的。形势的发展把这个问题提到首位,并迫使资产阶级作出让步。

1792 年 8 月 10 日的革命通过普选和武装无选举权的公民把平民纳入国民范围,它标志着政治民主的实现。同时,反对欧洲联盟和镇压反革命斗争的需要加强了新的国民实体的社会性质。1793 年 6 月 24 日的《人权宣言》尽管再次使用了资产阶级关于财产权的定义(第 16 条),然而它在第 1 条里却强调:

"社会的目标是人人幸福。政府的建立就是为了保证人人享受其天赋的、永不失效的权利。"

受救济权和受教育权也得到承认(第 21 条与 22 条)。在 1793 年夏的政治、社会斗争中,民众运动的领导人走得更远。他们把财产权置于生存权之下,从而为包括民众各阶层在内的统一民族奠定了理论基础。不久,他们从生存权又自然地引出了"享受的平等"的结论。

1793 年 8 月 20 日，费利克斯，勒佩勒蒂埃代表各初级议会特派员在国民公会宣告："法兰西共和国仅建立在平等基础上是不够的，还必须使法律和风俗习惯密切配合以消除享受上的不平等。"

因此，共和二年人民大众对限制财产权，肯定劳动权、享受救济权和享受教育权提出了不懈的要求。

作为共和二年平等共和国特点的社会民主尝试是难以持续的。在一直被肯定的私有制基础上，以限制利润为主要特点的统制经济体制企图把有产者和无产者，生产者和消费者，雇主和雇工的利益加以调和。对立不仅表现在主张自由经济和主张物价管理的两种人之间，甚至表现在无套裤汉内部。手工业者和小店主所坚持，帮工所向往的私有制原则，不仅同他们要求的物价管理和规定价格相矛盾，而且也同他们建立在个人劳动基础上的有限财产权观念背道而驰。这些大量矛盾导致了共和二年社会体制和革命政府的必然垮台。由于政治与社会民主被抛弃，曾一度扩大到人民大众范围的国民重新被限定在有产者和纳税资产阶级共和国的狭窄框架内。

经济自由使一切社会民主的尝试和无套裤汉要求"享受的平等"成为泡影。经济自由与权利平等之间的矛盾被"平等派密谋"的理论家巴贝夫和邦纳罗蒂解决了。他们在批评生产资料私有化上迈出了一大步。共和四年霜月 9 日(1795 年 11 月 30 日)发表的《平民宣言》放弃了只能持续一时的土地法，废除了继承权，并且特别规定取消地产权。"财富和劳动的公社"可以达到享受平等，它是获得权利真正平等和实际的国民团结的先决条件。这些是后来引导社会主义理论家们思路的丰富思想源泉。

然而热月党资产阶级不仅惊恐万状地抛弃一切社会民主的思想，而且还抹杀任何政治平等的痕迹。共和三年宪法恢复了纳税人选举制，它的《人权宣言》特别明确指出："平等就是在法律面前人人平等，或是保护，或是惩罚。"(第 3 条)。这只是公民权的平等。这就恢复起 1789 年的传统，肯定了显贵的，即至少是富裕有产者的国民范围。1799 年 6—7 月的民族危机威胁到资产阶级国家脆弱的平衡。但是资产阶级在社会与政治上的至尊地位再也不会被人民大众所动摇。反动倾向迅速表现出来，这就是雾月 18 日政变的含义。民族仍局限在共和三年显贵们规定的范围内，平等只是形式上的平等，统一主要指机构的统一，而不是指国民的社会内含。

3. 社会权利：救济与教育

无套裤汉设想的权利平等必须消除生活条件的不平等。被救济权只是这个总要求的一个方面，即确保每个公民的生计。通过要求受教育权，无套裤汉雄心勃勃地想和"有才能的人"平等，从而掌握自己的命运。但这两重希望被资产阶级革命化为泡影。旧制度下负责救济的教会被没收财产后，救济事业被世俗化，并被制宪议会办成一个公共机构。1790 年，制宪议会建立起一个乞丐问题委员会，其理论是：社会有责任对其穷苦成员进行救济，国家应对此负责，并予以负担。1791 年宪法的第 1 编(宪法保证的根本措施)规定建立"一个公共救济的总机构，以扶养弃儿，帮助穷苦的残疾人，并且为没有工作的健康穷人提供就业机会"。

实际上，制宪议会无力在这方面进行全面改革。它只是维持现状，仅仅不把医院产业作为国有产业出售。然而，由于废除了什一税和封建捐税，医院的财源减少了。于是，议会努力用政府补贴予以补偿。它所采取的仅有的两条重大措施是 1790 年 5 月 30 日和 8 月 31 日通过的两项关于建立慈善工场的法案。立法议会以公共救济委员会代替了乞丐问题委员会，它在 1792 年 8 月 19 日取缔了从事救济事业的宗教团体，使形势严重恶化。实际上，旧的医院体制被摧毁后没有建立任何新的机构来替补它。

国民公会对救济立法予以新的推动，但未能付诸实践。1793 年 3 月 19 日关于全面建立救济机构基础的法案指出：

"第一，只要健康，人人都有权利通过劳动获得生计，对于丧失劳动能力的人要予以无偿的救济；第二，由国家负责为穷人提供生计。"

1793 年 6 月 24 日的《人权宣言》在第 21 条里重申了同样的原则："公共救济是神圣的职责。社会应该保障不幸公民的生计，或是为他们提供就业，或是为丧失劳动能力者提供生活资料。"1793 年 6 月 28 日—7 月 8 日的法律同意为穷苦的或被遗弃的孩子、老人及穷人提供救济。1793 年 10 月 15 日"关于消灭行乞"的法律具体规定了"救济工作"，但同时也决定建立对流浪汉的"镇压所"。这是仿效旧制度慈善事业的做法："禁闭穷人"和设立慈善工场。可是，财政困难极大地影响了政府和市政当局所作的努力。因此，在共和二年整整一冬，各人民团体不断提出各种要求。共和二年花月 22 日（1794 年 5 月 11 日）决定建立"全国慈善基金"的法律，描绘出无套裤汉心目中模糊的社会救济制度轮廓，但这只限在农村实行：在各省对一小部分残废或超过 60 岁的农民与手工业者以及有子女负担的母亲或寡妇发放救济。在各部被取消后，建立了一个公共救济委员会。这是真正的救济部，负责军人救济和医疗救济的分配。共和二年获月 23 日（1794 年 7 月 10 日）的法令宣告"各医院的资产和负债以及其他慈善机构"均为国有。这即是把救济事业国有化了。接着是热月党执政。除了人民群众希望的破灭，山岳派的立法没有留下任何东西。

热月党和督政府时期的资产阶级更为现实、自私，它既不像制宪议会发表理论上的宣言，也不像国民公会制定宏大的计划。它只是采取一些具体的措施。热月党归还了尚未出售的医院和济贫院的财产。督政府认为把救济事业国有化是不可能的，因此就把它市有化。共和五年葡月 16 日（1796 年 10 月 7 日）的法律规定将医院和济贫院置于市政府的直接监督之下，其财务管理由一个行政委员会负责。这个委员会由市政府任命和监督，并被授权恢复被没收的医院产业。虽然这些委员会做了大量工作，但是各医院的财务状况通常很糟糕。共和五年霜月 7 日（1796 年 11 月 27 日）的法律决定建立慈善办公室，责成各市政府负责救济穷人，其经济来源是从演出收入中提取"穷人税"（每法郎 2 苏）。乞丐将被关起来。最后，共和五年霜月 27 日和风月 30 日（1796 年 12 月 27 日和 1797 年 3 月 20 日）的法律规定，被遗弃的儿童将由医院和济贫院收容，其费用由国家负担，然后在行政委员会的监督下，交给乡村里的农户扶养。

这样，革命后的救济事业完全世俗化了。与制宪议会的雄心以及山岳派国民公会的宏伟立法相比,督政府在原则方面有了明显的后退。诚然,它确实想在财力许可的条件下把事情办好。在这个范围内它的努力是有效和持久的。但由于从传统的慈善观点出发,并且被纳入督政府时期整个机构改革的范畴内,这种资产阶级立法远不能满足广大人民群众的愿望,即改变享受不平等的状况,也不能使他们能在社会方面和国民融为一体。

教育一直是历届革命议会关心的问题,但是它的改革却使广大民众大失所望。制宪议会很早就宣布为全国建立新的教育体制。它还把"全体公民接受公共教育,免费享受人人必不可少的那部分教育"的原则列入了"宪法保证的根本措施"之内。实际上,它只是在 1790 年 10 月 28 日决定停止出售学校的产业和资助各中学,以保证现有各级学校的正常运转。到了 1791 年 9 月 10 日制宪议会才听取塔莱朗的报告,但并未予以讨论。企图做一番事业的立法议会建立起一个公共教育委员会,其主要任务是制订"公共教育全面组织"计划。这一计划由孔多塞于 1792 年 4 月 20 日与 21 日两天在议会讲坛上宣读。这是历届革命议会通过的最重要的计划,它以视野的宽阔和固有的乐观主义反映出时代的特征。它旨在通过教育发展一切能力和才华,"并由此建立公民之间事实上的平等"。这将能纠正纳税制造成的不平等。革命将以此促使"人类全面地、逐步地完善。这是任何社会机构都应为之努力的最终目标。"

立法议会没有时间讨论孔多塞的计划。

国民公会把教育列入人权范围之内:

"根据 1793 年 6 月 24 日的《人权宣言》第 22 条,教育为人人之必需。社会必须尽一切力量促进公共理智的进步,使全体公民都能接受教育。"

1793 年 7 月 13 日,罗伯斯庇尔在国民公会宣读了勒佩勒蒂埃·德·圣法尔若的"国民教育计划"。计划受卢梭思想的启发,规定由国家垄断教育。然而,民众活动分子在 1793 年 7 月接受宪法的祝词里,却要求建立一种能对孩子同时进行公民教育和技术教育的教育制度。他们的愿望直到共和二年霜月 29 日（1793 年 12 月 19 日）关于"首批学校"的法案公布后才得以实现。法案决定建立免费的义务教育制，规定教育是自由的，但受国家监督，且分散在各地，这相当符合人民大众的愿望。但是尚需把这些付诸实践。由于革命政府一直为战争所困，它对此无暇顾及。由于无套裤汉对教育曾寄予更大希望，并把它当作巩固现制度、实现权利平等的手段，因而他们最终的失望更大。

热月党资产阶级最初保持了山岳派的事业。但渐渐地，它让政策服从于本阶级的利益，取消了免费和义务的原则。共和三年葡月 10 日（1794 年 10 月 1 日），国民公会决定建立一所师范学校，对由各县指定的具有高度公民责任感的 1 300 名青年进行为期 4 个月的培训，结业后他们返回各地负责培养小学教师。共和三年雾月 27 日（1794 年 11 月 17 日）的法律决定：在每 1 000 居民中建立 1 所小学，但不实行义务教育；教育建立在独立于任何启示宗教的共和道德基础上；小学教师由县政府指定的评审委员会挑选，其薪金由国家负担；所有公民都有权利"在法定当局的监督下，开设私立的、自由的学校"。

中等教育对热月党资产阶级更为重要，它关系到社会和新国家的干部培养。根据拉卡纳尔的报告，共和三年风月 7 日（1795 年 2 月 25 日）的法案决定在各省建立一所"中心学校"，进行"科学、文学和艺术的教育"。学生上 3 个周期的课程：12—14 岁，古代语言和现代语言、自然史、绘画；14—16 岁，数学、物理和化学；16—18 岁，通用语法、纯文学、历史和法律。通过突出科学、法国语言和文学，教育实现了现代化。研究和普及以特有的方式在教育中结合起来。经教育评审委员会遴选的教师由各省行政长官任命。中心学校的教学大纲与方法同启蒙时代的思想运动是一致的，其保守的反动倾向则表现在没有免费制度。这一缺陷由于对"祖国的学生"发放奖学金而有所弥补。

高等教育同样受到热月党人的关注。旧的大学和研究院都被取消。1793 年 6 月 14 日，山岳派把王家花园加以改造，建立了自然博物馆。其目的是"对公众进行完整的自然史的教育，重点为农业、商业和艺术方面的成就"共和三年葡月 7 日（1794 年 9 月 28 日），国民公会创建了中央公共工程学校,一年后改为综合工科学校。葡月 19 日(1794 年 10 月 10 日),根据格雷古瓦的报告,工艺博物馆从此主要服务于实用科学,如存放机器和模型,它也是教授"使用对工艺有用的机器和工具"的一个教学机构。共和三年霜月 14 日(1794 年 12 月 4 日)的法令决定在巴黎、蒙彼利埃和斯特拉斯堡建立 3 所"卫生学校"。此外,还有分别建立于共和三年芽月 10 日(1795 年 3 月 30 日)和获月 7 日(1795 年 6 月 25 日)的东方语言专科学校和经线办公室。为圆满完成这一宏大事业,国民公会于共和四年雾月 3 日(1795 年 10 月 25 日)决定建立国立科学与艺术研究院。研究院分为 3 个部分(物理与数学、道德与政治、文学与美术),其宗旨为"通过不间断的研究、公布发明以及与专业团体和外国学术机构保持联系来完善科学与艺术"。研究院应该表现和发扬科学的统一性和关联性。设立国立研究院的法律报告人多努宣告:"这是个能使科学与艺术永远接近,并将它们置于进步与实利互相作用之下之制度,其结果之佳是不可估量的。"

共和四年雾月 3 日(1795 年 10 月 25 日)关于公共教育组织的重大法律把以上各方面的创举汇成一体:小学、中心学校、专科学校和国立研究院。但是反动势力又有加强。继义务之后,免费也被取消。国家只向小学教师提供住宅,其报酬则由学生负担。督政府继承了这项法律。它努力发展中心学校,使之在 1796—1802 年间得到很大发展。但是 1802 年,波拿巴把蓬勃发展的中心学校取消了。由于国家无钱到处开办小学和培养必要的教师,私立的非世俗学校便发展起来。不过它们均被置于市政当局的监督之下。根据共和五年雨月 17 日(1798 年 2 月 5 日)督政府的法令,"这种监督比任何时候都更为必要,因为必须制止大量私立学校教师向学生灌输的有害原则四处蔓延"。

大革命末期,教育方面的业绩虽然是宏伟的,但是还很不完善。教会的垄断废除了,教育实现了世俗化和现代化,但是在社会上它仍然是少数人的特权。共和二年风月,巴黎"无套裤汉区"要求紧急组织小学教育,"以便每个人都能获得享受其全部天赋权利所必需的才能和德行"。这同孔多塞的伟大思想是一致的,即通过教育达到事实上的平等,并"真正实现法律规定的政治平等"。经过 10 年革命,现实同原来的希望还相差甚远。

4. 贵族对有产者国家的归顺

通过把一切有产者(资产阶级和前贵族)纳入纳税人的范围内,民族的社会基础在雾月政变前夕逐渐走向稳定。内战和恐怖曾一度把为数众多的流亡者和反抗派教士排除在民族统一之外。从督政府末期开始,他们重新回到民族范围之内。

流亡者队伍里感情的变化有助于贵族归顺新的民族。他们因坚持传统的价值观念、名誉观或阶级的自私心而离开法国。他们曾长期轻蔑地对待"民族"和"祖国"这些字眼。但是他们通过流亡生活的艰辛开始重新学习认识法国,对这个不再有"我的宗教和我的国王"而是有"土地与祖先"的新祖国产生感情。流亡时间愈长,对故土的怀念和遗憾就愈加强烈。流亡者被没收了地产,他们现在发现了地产的感情价值。名誉观以及对国王个人的忠诚让位于对从孩提时代起的温柔和伤感的怀念。巴黎成为国际城市,而流亡者发现了失去祖国的敏感现实。这个新主题在"忧伤和遗憾"中得到充分表现,在流亡者中迅速扩展,并为夏托布里昂《甜蜜的回忆》揭开了序幕。《基督教之真谛》的作者1802年写道:"为了描绘人们在远离祖国的地方感受到的这种精神上的颓丧,一般人说:这个人患了思乡病。这是一种真正的病症,只有回归祖国才能治愈。"

同时,贵族的政治归顺在土地所有制基础上也在作准备。前制宪议会议员穆尼埃认为,产业应成为新秩序的支撑点。从1795年起他就观察到,"现在大多数法国人所渴望的,除了恢复秩序以外,就是休息、个人安全和尊重财产"。他在1798年3月4日的一封信里写道:"我看只有一种救国的办法,即从财产权中寻求支持。"财产权的基础改变了。穆尼埃意识到,它已经带来新的稳定,因此必须顺应这一新的现实。马莱·迪庞在1799年1月25日的《不列颠信使报》上提出了归顺的基本条件:"接受对个人自由和财产权的保护形式。"

于是,经过10年革命,流亡贵族和资产阶级有产者合流了。尽管过去种种因素曾使他们对立,现在他们却通过故乡和地产的秘密渠道协调一致,把法国土地和法兰西祖国等同起来。他们毫不关心那些没有产业,因而无法用土地概念使爱国主义具体化的人。通过改变土地所有制,革命确实使有产者与土地联系得更紧了。废除封建捐税、教会什一税和出售国有财产使有地产的农民失去了一切革命精神,在他们和广大无地产农民之间掘出了一道鸿沟,加强了他们同城市资产阶级之间保守的联盟。祖国在1789年还是个抽象的概念,其中的希望多于现实。现在,资产阶级和富裕农民取得或加强了地产,因此祖国对于他们已经成为一个具体的概念和明确的形式了。这就是全权拥有的土地。爱国主义被抽掉了1789年的政治与社会内容,具体化为地产。流亡贵族则通过完全不同的道路恢复了比传统偏见更有力的本能和感情价值,从而也使祖国的概念具体化,把它同土地等同起来。这为归顺于有产者的国家创造了条件。

波拿巴的事业在这方面完全符合上述两种人的愿望。他把社会稳定在土地的基础上,从而把归回的流亡者纳入新的社会等级里。他在加强专制原则的同时逐步使贵族适应当初为反对他们而建立的新秩序。通过共和十年花月6日(1802年4月26日)元老院的法令,波拿巴为流亡者归国敞开边界,并且宣布要"用一切能团结法国人和安稳家庭的办法来铸造国内和平"。没有任何东西像产业一样能安稳家庭,能把资产阶级的法国和贵族的法国联合起来。

这样,归顺的贵族被纳入资产阶级国家后,开始了新统治阶级的各成分的融合。1789年人们为革命制定的目标之一达到了。

革命遗产

　　以上就是雾月 18 日政变的社会意义以及这个日子全部重要性的根源。显贵们的统治开始了。在很长时期内它将不再会受到挑战。由于"民族"和"祖国"这两个概念仿佛包含了一切可能性，因此在 1789 年初显得格外革命。但它们在不断缩小并变得僵化，现在已经被限制在产业的范围内。国家的结构和社会结构同时发生变化。波拿巴继承督政府的事业，改善机构，加强国家的权威。但是他并未改变其性质。显贵们认为国家是为尊重他们的法律，维护他们的秩序而建立的，如同是保护他们特权的壁垒。在这个意义上，雾月 18 日政变使他们最终踏下心来。而这个进程从热月 9 日和牧月就开始了。

　　显然，波拿巴使雾月分子们的打算落了空。他扼杀了自由，甚至连资产阶级的自由也未能幸免，并建立了他个人的政权。但我们也不能过分夸张这一点。在这个领域里也一样，尽管波拿巴具有个性力量，但延续性只是在表面上中断了。实际上，自从革命投入战争以来，这个进程就开始了。早在 1792 年 1 月，罗伯斯庇尔就预见到这一点。内外战争连绵不断，资产阶级因为害怕社会民主而抛弃民众的支持，这必然会促使有产者的共和国在自由的门面下逐渐加强行政机构的权力。督政府紧抓行政权不放，从不顾忌违背宪法。它使用伪善的强力手段和诉诸赤裸裸的自行加聘来改变选举结果。与此同时，它也真心实意地进行改革和整顿。波拿巴生性喜欢统治别人，他大权在握以使其行之有效。他使一种自己无法中断的进程加速发展。执政府传奇般的辉煌成就不能抹杀督政府事业的全部光辉，而且这两个时期是紧密相关的。

　　为了享有实现稳定的功劳，波拿巴不久就宣称：革命结束了。革命从 1795 年春和牧月悲惨的日子起就告终结。从那时起，资产阶级在接连不断的幌子(其本质始终如一)掩盖下，寻找自己的平衡点。无论热月党、督政们或雾月分子，其目标都是把资产阶级社会与政治成果最终肯定下来。波拿巴向他们保证既不复辟王政，也不恢复共和二年的民主制度，从而实现了显贵们的愿望。他使贵族与资产阶级秩序，教会与新国家重归于好，实践了 1789 年的诺言。

然而，10 年的革命曲折从根本上改变了法国的现实，它基本上符合资产阶级和有产者的愿望。旧制度下的贵族被剥夺了特权和至尊地位，封建制的最后残余也被一扫而尽。法国大革命清除了一切封建残余，使农民摆脱了领主捐税、教会什一税，并在一定程度上减轻了乡村公社的束缚，摧毁了行会的垄断，统一了全国市场。它加快了社会发展，在从"封建主义"向资本主义过渡的进程中迈出了决定性的一步。此外，大革命还摧毁了各省的地方主义和地方特权，粉碎了旧制度的国家机器，使督政府到第一帝国期间有可能建立一个符合资产阶级经济与社会利益的现代国家。

法国大革命是一场资产阶级革命，但它是最辉煌的资产阶级革命，它以激动人心的阶级斗争使以前的历次革命黯然失色。然而，正如饶勒斯在他的《社会主义的法国大革命史》里指出的，同英美狭窄与保守的资产阶级革命相比，法国大革命是一场"广泛的资产阶级民主革命"。这是由于贵族阶级的顽固使得任何盎格鲁-萨克逊式的政治妥协都成为不可能，并且迫使资产阶级同样顽强地要彻底摧毁旧秩序。但是，它只能在人民的支持下才得以实现这一目标。马克思曾提到恐怖时期的"猛烈锤击"和法国革命的"巨型扫帚"。其社会与政治工具是得到城乡人民大众支持的、代表中小资产阶级利益的雅各宾专政。构成这些城乡人民群众的社会阶层把自由农民和手工业者等独立小生产者的民主作为理想，希望自由地劳动与交换。

共和二年的尝试尽管最终失败了，但仍有其参考价值。1793 年的人们，尤其是罗伯斯庇尔主义者，曾试图克服在原则上的权利平等同自由经济后果之间存在的根本矛盾，以求在社会民主共和国的框架内实现享受的平等。这是一次宏伟的尝试，但又因无法实现而成为可悲的。它使人们看到，在社会一部分人的愿望与历史必然的客观状况之间存在的不可克服的矛盾。事实上，怎么可能既肯定财产权的永久有效性，即承认私人利益和自由获利的要求，同时又想消除这些权利给某些人带来的后果，从而缔造一个平等社会呢？

这是否像欧内斯特·拉布鲁斯在形容这场"传统革命"时所说的"超前的时代"呢？……的确如此。共和二年的尝试为 19 世纪的社会思想提供了养料，并对 19 世纪的政治斗争产生了有力的影响。山岳派描绘的轮廓逐渐明朗了。首先，无套裤汉曾徒劳地把公共教育作为实现社会民主的必要条件之一并为之大声疾呼。今天，公共教育早已普及。但与此同时，经济自由和资本主义集中化扩大了社会差距，加剧了矛盾。享受的平等越来越可望而不可即。为捍卫自身生存条件而挣扎的手工业者和小店主（他们是 1793 年无套裤汉的后代），始终向往建立在个人劳动基础上的小产业，他们一直在空想与奋起反抗之间徘徊。同样的矛盾和无能为力始终影响着每一次社会民主的尝试，1848 年 6 月的悲剧就是明证。共和二年圣茹斯特在《共和机构》第四段写道："既不要富人也不要穷人"。另外，圣茹斯特在他的记事本里还写道："不承认平分财产"。充满幻想的共和二年不就是乌托邦时代吗？……平等共和国属于超前的世界，它是人们始终向往但永远不能到达的伊卡里亚岛。

然而，从革命一开始巴贝夫就提出以"财产和劳动公社"作为达到享受平等和共同幸福的唯一办法，从而解决了这一矛盾；废除私有制和实行生产资料公有化曾在《人民的保民官报》里比较模糊地作为实现真正社会民主的必要条件被提出来。巴贝夫主义同共和二年的思想相比是一个很大发展，在产生于革命的新社会里，它是革命思想的第一份蓝图。邦纳罗蒂把巴贝夫主义传播给 1830 年的一代人，它是社会主义思想与行动的起源。这样，按照马克思的说法，从法国大革命产生了超出整个旧世界秩序的思想范围的思想，即不属于资产阶级范畴，而属于新社会范畴的思想。

法国大革命从那时起就处在当时世界历史的中心，处在曾经并继续使各国产生差异的各种社会与政治潮流的汇合处。它是热情的结晶，它为自由、独立进行的斗争和对兄弟般平等的向往永远激励着人们的革命热忱,或者引起另一些人的仇恨。它是智慧的结晶,因而成为特权与传统攻击的目标。同时,由于它努力使社会建立在合理的基础上,多少有识之士为之倾倒。法国大革命始终受人尊敬或被人惧怕,它将永远活在人们的心灵里。

附　录

阿尔贝·索布尔的两篇论文

第一篇　群体暴力与社会关系
——革命群众(1789—1795年)[①]

对这些投身革命的群众，我们很有必要认识他们。历史学家并没有忽视他们，大家都强调他们作用的重要性，没有他们，革命就不能成功。但是，不管赞同还是反对，他们都是从"上面"，高高在上地看待这些群众，致使革命群众成为一种脱离实体而抽象的、善与恶的化身。

早在革命初期，英国历史学家伯克在他的《关于法国革命的感想》(1791年)里就认为，1789年10月闯进凡尔赛宫的群众只是一群"凶狠的野蛮人，残暴的杀人犯"，而那些押送王室回到巴黎的妇女则是"以最卑鄙和堕落的女人形象出现在地狱里的泼妇"。大约1个世纪以后，在泰纳的《现代法国的起源》(1875年)一书里，斥责和咒骂的词语更为丰富。在他的笔下，被1789年"大恐惧"煽起造反的农民是"走私犯、私盐贩子、偷猎者、流浪汉、乞丐、惯犯"。7月14日的巴黎人是"浮上来的社会渣滓……首都仿佛落到了最低贱的平民和强盗的手里……衣衫褴褛的流浪汉，有的几乎赤身裸体，大部分人像野人一样青面獠牙，煞是吓人"。1789年10月向凡尔赛进军的妇女是"娼妓……加上洗衣妇、乞丐、光脚的女人以及花钱雇来的下贱女人"。1792年8月10日推翻了王朝的起义者"几乎都是最低贱的平民，或是从事最卑鄙职业的、嗜血成性的、污秽地方的打手和走狗"。总之，革命人民是

---

① 这是索布尔1980年3月27日在马克思主义研究所"社会组织的历史运动"分部组织的关于"心态与意识"的学术讨论会上的发言。本文首次发表在该所1981年第二季度《历史手册》第5期。

"在紫红色地毯上打滚的一头畜牲"。泰纳是在 1871 年巴黎公社冲击下写这本书的，社会恐惧使他发出这些咒骂。这种史学传统并未中断，无论马德兰或加克索特的著作都是如此。

与此相反，米什莱和坚持共和传统的史学家却认为，革命群众具有人民的各种美德。恶的化身巴士底狱是被善的化身人民的力量推倒的。米什莱写道："巴士底狱……投降了，内疚使它心慌意乱，使它发疯，从而丧失理智"；是"人民，全体人民"战胜了它。是人民解决了 1789 年 9 月的危机："只有人民找到了救急的药方，他们去寻找国王"。革命群众的基本成员——妇女被恢复名誉，并受到赞扬。"人民之中最具有人民性的，我指的是最本能、最有灵感的，肯定是妇女。"米什莱在书的结尾写道："所有的法国革命史到目前为止都是以君王为主体撰写的，有的以路易十六为主，有的以罗伯斯庇尔为主。而这部法国革命史则是第一部共和史。它摧毁了偶像和神。从第一页到最后一页，它只有一个英雄：人民。"路易·勃朗的《法国革命史》（1847—1862 年）远没有如此高昂的热情，但它也属于同类。奥拉尔的《法国革命政治史》（1901 年）也是如此。他是一位激进的大学教授，重视史实，文体简练。他说："整个巴黎都奋起了，它武装起来攻占了巴士底狱。"

但是，这个被颂扬或受羞辱的人民到底怎么样呢？无论米什莱或泰纳，不管他们有多大功绩，都不屑对此进行仔细的分析。如果说，米什莱表达出人民灵魂之精髓，泰纳预感到作为历史必不可少的辅助因素的社会心理之必要性的话，那么，是饶勒斯在他的《社会主义的法国大革命史》（1901—1903 年）里，最终改变了以往观察事物的角度。这是一部真正"从下面"看的历史。法国大革命第一次从人民群众的角度被真实地讲述，并被建立在经济与社会实际的基础之上。19 世纪末，资本主义经济得到了迅速的发展，并逐渐扩展到全世界，经济问题在各国政治和国际关系中占有越来越重要的地位。其后果之一就是日益发展和明确的阶级对立愈加尖锐。因此工人运动也蓬勃发展起来。这些事实对史学研究不能不产生影响。从那时起，史学家对直到那时一直被排列在资产阶级后面的人民群众开始重视起来。他们开始认真研究人民群众的命运以及促使他们奋起反抗的原因，例如 1788—1789

年的荒年。这样，饶勒斯的《社会主义的法国大革命史》开创了大革命史学的新纪元。

阿尔贝·马迪厄发表于 1927 年的《恐怖时期昂贵的生活和社会运动》一书的某些方面也表现出这种革命史学的特点。在乔治·勒费弗尔的《法国大革命期间的诺尔省农民》(1924 年)和他去世后发表的《奥尔良研究》(1962—1963 年)中，这种特征表现得更为明显。这是一部社会史，欧内斯特·拉布鲁斯说得更明确，"这是不可分割的革命现实的社会政治史"。乔治·勒费弗尔善于把关于旧制度末期和革命时期产业分布和土地耕种问题的最严密的定量方法，应用到人的心理状态研究上，对人民恐惧和惊慌加以描写，对革命群众的心理进行探索。《1789 年的大恐怖》就是明证，这部著作始终具有参考价值。

从此，确立了两种研究路线。掀起革命运动的群众的社会组成究竟如何呢？是什么原因把他们动员起来并集合在一起？这项研究很艰难。平民百姓不写书，或写得很少。而且，有助于了解巴黎民众社会结构的税务文件，有助于了解巴黎无套裤汉社会倾向与政治表现的市区各类档案，以及各级议会及民众团体的会议记录等大量文件，在 1871 年"流血的一周"里都被付之一炬。剩下的只是保存在国立档案馆和警察总署档案馆里的警察与法院的档案材料了。显然这是必须谨慎对待的材料。但是它们非常丰富，需要进行统计和描述研究。

一、从聚合体到集体

"革命群众"——对于勒邦博士引入到法国大革命史中(《法国革命与革命的心理》，1912 年)的这个词的含义还需要加以明确。否则，一般的革命，尤其是法国大革命将成为不自觉的人群在比较真诚的领导人鼓动下聚集闹事的结果。乔治·勒费弗尔在一篇已成为经典作品，题为《革命群众》(1934)的文章里再次提出这个问题，并把"聚合体"与集体加以区分。

1789 年的全体群众并不都具有同样的性质。1789 年的战士和 10 月 5 日早晨由门房文书马亚尔领导的、主要由妇女组成的队伍没有任何有组织的标志。各地的农民造反也如此。特别是，1789 年的这些群众最初的聚合如果不是出于偶然，至少也不是出于革命的原因。7 月12 日是个星期日，天空晴朗，在鲁瓦亚尔宫及其周围有一些人群。这些普通散步者的聚合体的思想状态因获悉内克被革职而发生变化，它突然之间变成为革命集体。在马孔省的依热，7 月 26 日星期天，农民做了弥撒后像往常一样聚集在教堂前，接着人群突然变成了攻打城堡的革命集体。于是，马孔省的农民起义开始了。集体的特点是具有共同觉悟，在更高水平时则具有良好的组织。例如，1792 年 6 月 20 日的游行、1792 年 8 月 10 日的起义、1793 年 8 月 10 日的"共和国团结和不可分割节"及共和二年牧月 20 日(1794 年 6 月 8 日)的"最高主宰"日，都出现了出于共同的义愤，为了一个比较明确的目标而组成的群众集体。巴黎各区和国民自卫军都为此提供了骨干。

"聚合体"只是不自觉的、短暂的人群聚集，例如在鲁瓦亚尔宫和杜伊勒利宫花园散步的人群。"半自觉的聚合体"则是像星期日弥撒后在广场上的人群，以及在市场上进行交易(在传统经济和社会生活中市场占极重要地位)或是在面包店和杂货铺门前排队的人群。这种集合并非有意识，农民上市场，家庭主妇去面包店是为了采购，而不是去集会。但是这种集合对他们来说是一种社会必需。亚瑟•扬在 1788 年嘲笑去市场出售蔬菜或家禽的农民所花费的时间价值比商品本身更高，这是毫无道理的。这种半自觉的集会对于群体心态的形成和组成集体有着至关重要的意义。家庭主妇排的队伍最有可能变为造反的集体，1793 年 2 月 25 日巴黎抢劫杂货铺就是一例。还有其他的半自觉聚合体，如 1789 年春夏在各城市聚集起来，等待信件和聆听朗读议员或义务通讯者所寄信件的人群。人们意识到这种聚集对群体心态形成的重要性，例如在雷恩，它们曾多次演变成革命集体。这种聚合体中潜在着某种被压抑的群体意识，只需外部发生事件就能使之变为明确的觉悟，从而使每个人产生团结一致的感情。一种强烈感情和一种剧烈心理刺激突然唤醒群体意识，从而把聚合体变为革命集体并准备付诸行动。

因此，"集体"意味着存在一种预先已形成的群体心态，它的形成显然取决于经济、社会和政治条件。虽然 1789 年的这些条件终于使整个第三等级奋起反抗特权和王公贵族，但是这种革命的群体心态却在历史上早就萌发了。它建立在民间传统的基础上：对过去斗争的回忆，通过闲谈、晚间聊天世代流传，并通过歌曲、演说以至印刷品广为传播。当然，人民大众不可能接触到书刊(对历书、歌曲集和图片应予以重视)。但是在城乡资产阶级范围内，书刊的影响很大。普及和推广便是在这种条件下进行的。每个农民对领主的憎恨都汇成一体，在农民的眼里，所有的领主都要对此负责。这样就形成了一种对领主的群体表象，即典型的敌人。农民把遭受到的由荒年和失业造成的经常性和临时的灾难全都归咎于领主，因为一个普通老百姓是无法对其原因加以分析的。1788 和 1789 两年的情况便是如此，经济危机强有力地推动了革命运动的爆发。在这种群体表象里还加入了一些感情色彩，它们成为强大的革命推动力。这就是对于怀有恶意的敌人的惧怕，以及向往摧毁这种恶意后实现极乐世界。

革命心态就是这样形成的。这时只需发生一桩外部事件，如征收什一税官吏的到来，有人宣告强盗来了，市场上买卖双方的口角或排队的妇女之间发生的争吵，聚合体就立即会变成革命的集体，或是为了进攻，或是为了自卫。诚然，还需指出，参加集体的男女所具有的群体意识不尽相同。

“自发集体”是从聚合体突然演变而来的。一开始它并没有任何组织。在采取一些纯粹的否定行动后，如谴责法制、破坏传统首领的权威、摧毁现有秩序等，集体很快就自发地建立一套机构。在行动过程中，领导人物会突然显露并树立起权威。为了协调运动，新机构的框架也会逐渐确立。在 1789 年 7 月的骚乱中，革命人民到处以自己指定的委员会取代了传统权威。在巴黎，他们利用为三级会议选举而设立的县的建制组织政治生活和国民自卫军。

“自觉集体”是事先秘密组织好的。它利用自发革命行动建立的机构框架，如国民自卫军营队和 1790 年 5 月为取代县而建立起来的区。1792 和 1793 两年的起义就是这样准备的。1792 年 8 月 10 日推翻王位的斗争是由起义市府组织的。同年 5 月 31 日至 6 月 2 日消灭国民公会吉伦特派的行动是由主教府委员会组织的。

革命群众创造性的效率因群体意识的水平和组织程度而异。市场上一般的革命群众聚合体往往只满足于对某个商人采取强制性措施，或规定几项市场条例。自发的、然而有组织、有目标的群众集体，如果不指定新的权威机构取代被指责为囤积者帮凶的市政府，那么它也会迫使市政府实行整体的物价管理。有明确目标的自觉集体对中央政权和整个制度提出异议，要求实行限价和征用，认为这是解决缺粮和物价昂贵的唯一有效措施。最后，它还要求对国民经济进行全面改革。这样，从 1789 年的小麦骚动便发展到 1792 年秋在博斯市场上的限价运动和 1793 年 9 月 4—5 日的巴黎市民运动。这一运动导致 9 月 29 日通过全面限价法。

对于这些革命群众的组成还需进行仔细的分析。

二、革命群众

革命群众，是指 1789 年 7 月 14 日摧毁了巴士底狱的群众，1792 年 8 月 10 日攻占杜伊勒利宫并推翻了王位的群众；他们也是共和三年牧月那些标志着人民革命告终的动荡日子里的群众；他们还是英国历史学家乔治·吕代在他的经典著作《法国革命中的群众》（1959 年）里描写和分析的群众。

历史学家在称呼 7 月 14 日的胜利者时，一般都使用"市郊圣安托万的工人"、"人民"、"整个巴黎"等字眼。他们这样做是不能原谅的，因为我们掌握了 1790 年制宪议会精心制定、并多次验证的 3 份名单提供的详细情况。名单上列有 800—900 名"攻打巴士底狱的胜利者"。最准确的名单是门房文书马亚尔（又名塔普迪尔）制定的。他本人是胜利者之一，并且担任他们的秘书。根据他的名单，当时有幸存者 662 人，其中非军人约 600 人。

在这些人中很少有富人，饶勒斯早已指出这一点："在战士的名单里，找不到食利者和资本家。对他们来说，革命已经部分地完成了。"然而仍需指出，有几名战士至少属于中等资产阶级，他们是：啤酒批发商桑泰尔，3名工场主，4名商人，4名资产者以及几名富裕小商人。各种匠人、手工业者和帮工占了优势：近2/3的战士分属30来种行业（多数是木器业的：49名细木器工、48名高级细木工。另外还有41名锁匠、28名鞋匠……）。将近1/4的战士是店主（21名小店主、11名酒商、3名小酒馆老板……）。根据当时的惯用词汇很难确定其身份（因为当时喜欢用职业称呼，而不用在生产中或社会上的地位来称呼）的雇佣劳动者似乎占少数，只有近150人（其中25名脚夫可以确定其身份）。只有一名妇女：昂赛尔纳的妻子玛丽·夏庞蒂耶。她是市郊圣马赛尔的圣依波利特教区的洗衣工。以上都是幸存者。关于攻打巴士底狱时牺牲的98人只有很少材料。据饶勒斯引述卢斯塔洛的话："30多人留下的妻子儿女陷入了绝境，必须立即予以救济。"

在635名可以鉴别其出生地点的幸存者中，400人出生在外省，但是他们中的大多数人已经在市郊圣安托万定居多年（602个有地址可查者中的425人）。其他人住在巴士底狱附近的地区，如圣保尔和圣日尔凡。大约12个人住在市郊圣马赛尔。有一点需要指出：居住在离巴士底狱1—2公里处的胜利者很少（其中有1名住在圣奥诺雷的锁匠以及住在格罗-卡佑的1名白铁工人……）。更令人注意的特点是：大部分胜利者是作为刚组成的资产阶级民兵到巴士底狱来取得武器的。这就驳斥了（如果有此必要的话）关于这是流氓和"社会渣滓"发动的革命行动日这样一种讹传。

泰纳认为，参与8月10日攻占杜伊勒利宫和推翻王位的人"几乎都是最低贱的平民或从事最低下职业的人"。泰纳只是根据印刷的资料得出这个结论的。他本来可以到国家档案馆去查阅巴黎各区开列的伤亡者名单（同时也是国民公会发放补助的名单）。在8月10日伤亡的300多巴黎人分属于120种不同的职业。其中95人是手工业者或小店主（13名木工、12名鞋匠、8名高级细木工、6名煤气工、4名假发师……）。这些人当中有37名帮工和18名其他雇佣劳动者（其中7人为码头工人、车夫或壮工）。从事所谓自由职业的人中有1名建筑师、1名外科医生和1名画师；还有2名资产者。这里需要注意的是，虽然雇佣劳动者占有很大比例，但是他们与手工业和小店铺这两个行业相比尚有很大差距。他们所占的比例甚至还不到一半。

然而，首都的各区几乎都有人参加：在 48 个区里有 44 个区参加。历史上的各郊区仍保持革命先锋的地位。盲人院区有 8 人阵亡，50 人受伤；圣安托万的蒙特勒伊区有 18 人伤亡；在圣马赛尔的费龙斯泰尔区有 19 人伤亡，天文台区有 18 人伤亡。这两个郊区的伤亡人数约占 8 月 10 日的伤亡总数的 1/3—1/2。除了这些巴黎的牺牲者外，马赛的国民自卫军战士还有 24 人牺牲，18 人负伤。这是一次真正的全国性起义。8 月 10 日的战士，既不是法兰西王子们的教师图尔泽尔夫人所说的"一支强盗部队"，也不是保卫派记者佩尔蒂耶所说的"一群走投无路的柏柏尔人，马耳他人、意大利人、热那亚人、皮埃蒙特人组成的乌合之众"。他们是典型的无套裤汉，将要进行 9 月屠杀的正是这些人。

大多数声称提供了参加 9 月屠杀准确名单的材料都不可靠。在这方面唯一可信的材料是共和四年（1796 年）对 39 名被认为参加了 1792 年屠杀的人提出的起诉记录。除了 3 人外，其余全部都因无确凿证据被释放。他们都是 30 岁以上的手工业者和小店主。《9 月屠杀》（1935 年）的作者、历史学家皮埃尔·卡隆指出，司法部长丹东的秘书法布尔·代格朗蒂纳 1792 年 11 月 5 日对雅各宾派所做的证词更符合实际。他宣告："是那些参加过 8 月 10 日起义的人攻占了亚培伊狱……"

共和三年芽月 12 日（1795 年 4 月 1 日）和牧月 1—4 日（1795 年 5 月 20—25 日）的人民起义，是巴黎无套裤汉作为自主的政治力量为迫使热月派国民公会接受他们的意志而进行的最后一次尝试。它的失败以及市郊圣安托万被解除武装使无套裤汉的政治作用告终（直至 1830 年 7 月再度兴起）。这是饥饿和贫困的造反。"面包是他们起义的物质原因"，一名警察局密探这样说道。这更加表明，无论芽月还是牧月，妇女起了重要作用。在这些革命的日子里，她们只比 1789 年 10 月略为逊色。同往常一样，大部分起义者都是近郊平民区、市场附近的地区和首都市中心的男女市民。在几百名因参加牧月 1—2 日事件而被捕的人中，有 168 人的职业是明确的；主要是手工业者和小业主，另有 58 名分属于 40 几个区的雇佣劳动者。这些区包括波潘库尔区（13 人被

捕），军械库区（12 人被捕）、盲人院区（10 人被捕）、阿尔西斯区（10
人被捕）。这份材料只反映芽月和牧月参加暴动情况的一个侧面。同往
常一样，站在运动前列的是市郊圣安托万的 3 个区和市郊圣马赛尔的
4 个区。它们得到市中心各区的积极支持，如阿尔西斯区、人权区、
忠诚区（市政厅所在地）、伦巴尔区、市场区、格拉维利埃区、小麦市
场区。并且北部各区也给予了支持，如普瓦索尼耶尔区和北郊区。西
部的博物馆区和杜伊勒利宫区都派来了妇女支援。但是从整体看，西
部像在热月 9 日一样，组成了一个坚强的整体来保卫国民公会及其各
委员会。

实际上，168 名参加牧月 1—2 日起义的被捕者只是全体被捕者中
的一小部分。而这些无法考察的被捕者也只是全体起义者中极小的一
部分。因为大部分起义者都逃脱了警方、各区以及司法机关的追捕。
在因直接参加起义而被捕的男女总数里，还包括相当多的（不可能有确
切的数字）在牧月 5 日后镇压恐怖主义活动时被各区议会逮捕的人。此
外，由于仅根据职业称呼不可能确定社会身份（如往往难以区分师傅和
帮工），所以要确定参加人民起义的各社会与职业阶层的精确数字便更
加不易了。但是，缺乏有效的数字分析并不妨碍发现这样的事实：在
工场主、手工业者、小商人、职员等 1789 年以来经常参加巴黎起义的
各类人员中，雇佣劳动者占了相当大的比例。根据一些描述性的材料，
在牧月 2 日的各非法议会中，在武装力量的营队里，在国民公会被入
侵的大厅里，各区的武器和弹药制造工人、手工行业的帮工、建筑业
的季节工活动更为频繁，人数更多。

这样，革命群众的组成就明确了。他们既混杂又统一，并且都是
巴黎底层的小市民。他们复杂的社会结构为芽月和牧月的行动以及
1789 年以来的人民起义都打上了同样的烙印。1830—1871 年间的巴黎
起义也继承了这些传统。他们既不是缺乏社会联系的局外人或"自治
人"，也不是没有经过技术培训、因失业和贫困而扰乱秩序并易于被闹
事者利用的无产者。他们是手工业者、帮工、职员、小业主、小商贩、
小企业主和雇佣劳动者的集合体。他们都被昂贵的生活和政治危机所
激怒。

　　在起义中，无套裤汉是占绝对优势的，但是参加这些革命行动的还有为数不多的"资产阶级"、靠年金生活者和自由职业者。在夺取巴士底狱、马尔斯校场事件（1791年7月17日）、攻打杜伊勒利宫、共和三年牧月的爆炸性事件中都是如此。妇女在向凡尔赛进军、生活必需品骚动和1792年及1793年的抢劫杂货铺以及牧月的斗争中起到特别重要的作用。相反，在以政治性为主的斗争中（如马尔斯校场事件或攻打杜伊勒利宫）很少有妇女参加。1789年4月28日在市郊圣安托万发生的雷维庸事件中，几乎没有妇女参加。这是雇主与雇工之间发生的唯一一次真正冲突。在比较有组织的斗争中，手工业者往往是主要参加者。帮工，学徒通常和工场主一起行动。马尔斯校场事件和攻打杜伊勒利宫就是如此。斗争的热情在某些行业，如家具业、建筑业比较持久。木器工和高级细木工、瓦匠和木匠是革命群众的主要组成部分。鞋匠和锁匠也是重要成员。相反，在集中生产的工场工人中，除了煤气工人外，参加上述斗争的人较少。

　　上述分析证实了大革命史学的一个传统论点：圣安托万和圣马赛尔两个郊区在革命斗争中始终占优先地位。圣安托万的手工业者和帮工参加从雷维庸事件到共和三年牧月起义各次斗争的人数最多。在夺取巴士底狱斗争中市郊圣马赛尔的参加者很少。它从1791年夏起赶了上来，但在历次斗争中，它的参加者总是少于圣安托万。巴黎市中心的某些区也表现出革命的持续性，如阿尔西斯区、伦巴尔区、格拉维利埃区、博物馆区、奥拉托利会区、市场区和邦孔赛依区。

　　从泰纳到加克索特，保守的史学强调在革命群众中有流浪汉、无赖和罪犯，并且这些人是革命群众的主要成分。这是警察当局、反革命记者和回忆录作者对革命群众的指责。它在很大程度上表现了有产者对"危险阶级"的惧怕。实际上，这种指责没有任何确凿的事实根据。在我们掌握的68名雷维庸事件的被捕者和死伤者中，只有3个流浪汉和3个有前科的人。其中2人因犯轻罪曾短期服苦役，第3人是一名代号为"V"的码头工人，他是个小偷。在39个被指控为9月屠杀的帮凶并于共和四年被判刑的人中，没有一人以前上过法庭。攻占巴士底狱的662名胜利者，人人都有住宅和固定工作。文件表明，在共和三年芽月和牧月(1795年春)的被捕者中既没有乞丐，也没有流浪汉。更令人惊奇的是，在1792年1月和1793年2月抢劫杂货铺的事件中也是如此。

在接近社会边缘的阶层中，那些住在包租房里，即没有固定住处的劳工和失业者是革命群众的重要组成部分。大批慈善工场的失业者曾参加了夺取巴士底狱前夕烧毁各入市税征收处的骚乱活动。至于那些没有固定住处的劳工，由于他们的数量多(根据唯一把他们单独统计的1795年人口普查，他们有将近1万人，分布在25个区)，因此他们在参加斗争者中所占的比例高就没有什么可惊奇的了。他们占巴士底狱胜利者的1/10，杂货铺抢劫者的1/6，马尔斯校场事件参加者的1/5。

以上这些是构成革命群众基本成分的旧式的民众阶层，在当时被称作"无套裤汉"或"无套裤汉阶层"。在现代社会学看来，这些词的含义较泛；但是从当时的社会条件来看，它们是完全符合实际的。不知是谁根据人们的穿着方式发明了这个能区分其政治与社会地位的单词，有可能是贵族莫里神甫。而且，当山岳派获胜时，热情的积极分子和共和派都自称是无套裤汉。但是，佩蒂翁1793年4月10日在国民公会作了更明确的解释："无套裤汉并不是指除了贵族以外的全体公民，而是指那些区别于有产业者的无产业者。"

无套裤汉以他们的服装区别于人，并且同更高的社会阶层是对立的。长裤是人民大众的标志，正如套裤是贵族和资产阶级的标志一样。一直身穿套裤的罗伯斯庇尔则把"穿金色套裤者"和无套裤汉对立起来。共和二年获月25日(1794年7月13日)，一名警方密探在他的报告里把无套裤汉同"穿长统丝袜者"对立起来。巴贝夫则发展了词的意义，把全体法国人分为"套裤汉"和"无套裤汉"两大类。

此外，无套裤汉还因其他行为区别于他人。他们仇恨贵族、商业和财富，甚至憎恶富裕。是这种对立使得前第三等级内部的社会界限难以分明，而且无套裤汉本身也不可能构成一个社会阶级。他们同贵族当然有明显区别，但是同中小资产阶级的界限就不明确了。心态中的人民性是他们同后者区分的重要标志。仅靠社会属性不能确定其是否为无套裤汉。一个反革命的劳工就不能成为一名好的无套裤汉；而一名爱国的资产阶级则很乐意被称为无套裤汉。社会属性由政治定义加以明确，二者不可缺一。这里既不凭口头的爱国主义，也不靠简单的思想赞同，而在于实际的政治表现。无套裤汉参加了历次全部的革命行动。共和二年西部方面军的一个军事委员会主席布鲁图斯·马尼耶在一封被截获的信里曾批评"政府对无套裤汉恨之入骨"。共和三年获月 21 日（1795 年 7 月 9 日）当他被传讯时，有人问他，他所谓的无套裤汉指什么人。他说："无套裤汉就是攻打巴士底狱、8 月 10 日和 5 月 31 日事件的胜利者，尤其是那些人们似乎要与之势不两立的人。"无套裤汉既通过他们的政治表现，又通过他们的社会条件区别于他人。但社会条件比政治表现更难以确定。

政治动机远不能被排除在人民大众的表现之外，他们仇恨贵族，认为贵族在搞阴谋，要求摧毁特权和实现权利平等。但比这更重要的则是饥饿，它是掀起民众运动的主要因素，也是把手工业者、小业主、工人、职员等不同阶层团结起来的凝聚剂。共同的利益促使他们联合起来反对大商人、承包人以及贵族和资产阶级中的囤积居奇者。

巴黎法兰西卫队区的裁缝雅各布·克利克说过："采购者仿佛和农场主串通，把一切货物以最昂贵的价格出售，以便让工人饿死。"他因为这句话于共和三年牧月 1 日（1795 年 5 月 20 日）被捕。在审讯时他大声宣告："我被不幸激怒了。我是 3 个幼龄儿童的父亲，没有财产。我必须每天工作来养活 5 口人，在刚过去的这个严寒的冬天里，我几乎没有活干。"

三、革命暴力

阴谋这一主题具有感情色彩，并包含社会关系方面的内容。一切关系都是人格化的，一切事件都具体化为人的形象。其他社会阶层的行为对我们来说是一整套符号，每句话、每个动作，甚至服装都有其象征的意义，并且可以表达各种喜怒哀乐。这就是巴黎小市民的革命激情所在。以及他们的热情迅速高涨和复仇心理迅速膨胀的原因。若有人通过动作或语言表现出他属于使人民遭受饥饿的那股凶恶势力，那么小老百姓就会把一切怨恨和苦水都集中发泄到他的身上。他们不攻击整个制度，而是向那些成为替罪羊的个体或象征——人或产业——复仇。

平民对于"人"的复仇形式有焚烧或悬吊模拟像和组织相当严密的谋杀。

关于悬吊模拟像，根据书商阿尔迪的日记，1774 年曾悬吊过财政总监泰雷神甫和大法官莫普的模拟像。他们被视为导致面包昂贵的罪魁。关于焚烧模拟像，1788 年 9 月 18 日在格勒诺布尔焚烧了掌玺大臣拉穆瓦尼翁的模拟像。司汤达在《亨利·布吕拉尔传》里写道："对于前不久在丰塔尼尔一次欢快的大火里焚烧掉拉穆瓦尼翁模拟像之事，我几乎想不起什么来了（他出生于 1783 年，当时只有 5 岁）。我为那个用稻草扎起来的穿着服装的巨大模拟像感到惋惜。"根据书商阿尔迪的记载，在 1789 年 4 月 27 日市郊圣安托万反对工场主昂里奥和雷维庸的骚动中，好几百人的队伍从圣热纳维叶夫山走向市郊圣马赛尔。他们举着悬吊的昂里奥和雷维庸的模拟像，并高喊："第三等级判处雷维庸和昂里奥在公共场所吊死并烧成灰。"

关于杀死替罪羊，1789 年 7 月 22 日在巴黎沙滩广场杀死了巴黎总督贝蒂埃·德·索维尼及其岳父参政员富隆·德·杜埃。后者有一次曾说，假如人民没有面包，可以去吃草料。据阿尔迪记载，富隆在维里被捕，被带到巴黎市政厅前，"下颏上挂着一串荨麻，嘴里塞满青草，胸前挂着一捆草料，仿佛是一条锁链。"拉法夷特从市政厅的阳台上提议"同意把富隆老爷送往监狱的人举手"。但是人群高呼："吊死他，吊死他，不要送监狱！"于是，富隆被抓起来，拖到沙滩广场，"立即被绳子吊在一根路灯柱上，升到 30 呎高处。但是绳子断了，后来又重吊了好几次。最后人们把他的脑袋砍下，扎在一条长矛尖上。"贝蒂埃被逼迫亲吻他岳父的脑袋，然后也被杀死。羞辱之极的是，他们的尸体被脱光衣服在街上拖拉示众。1789 年夏，像这样当了不幸的替罪羊的大有人在。10 月 21 日，面包店老板弗朗索瓦因为隐藏了小面包而被抓起来拖到沙滩广场，吊到路灯柱上。他的脑袋被砍下插在长矛尖上游街。

对于产业，人民大众的行动是从最普通的自卫反应——限价到以抢劫和焚烧进行惩罚。

人民大众限价的做法来源于小市民对于私有财产的观念。他们可以把不动产，如土地、房屋视为私有财产，也可以把动产视为私有财产，如工具和劳动产品。但是他们从来不把生活必需品看作私有财产，尤其当粮食缺乏时更是如此。在饥荒之年拥有生活必需品只能是靠囤积居奇；在人民大众的词汇表里，囤积居奇是一个意义很严重的单词，透过它表现出阴谋。由此产生了骚乱，如1793年2月25日人民到各店铺巡视以查明存货，并予以出售。这就是人民大众的限价，是饥饿的群众反对商人和囤积居奇者的自卫武器。由于记得王政时代在饥荒年月实行过限价措施，他们在这方面的信心更强了。在大革命初期，人民大众曾借国王的许诺或是地方当局迟迟不实践诺言，把他们强加的限定价格合法化。在1775年5月3日巴黎的面粉战中，奋起的人民就"根据国王的命令"限定过面包的价格。

当限价被拒绝时，抢劫就表现了人民大众的惩罚愿望。1792年11月，安德尔-卢瓦尔省的行政长官在汇报省里的骚乱活动时，要求对必需的生活用品实行限价，以此作为危害较小的措施。人民群众要求限价，如若不予同意，他们就会武装起来，掠夺财产。1793年2月25日，那些拒绝实行限价的杂货铺被抢劫一空。根据《巴黎的革命》报导，示威者问道："你有糖、咖啡和肥皂吗？我们通知你，如果你想要我们尊重你的财产，就得以我们规定的价格出售所有这类商品。"根据共和三年的一份揭发材料，同一天在市场区，"他们为在杂货铺的抢劫正名。他们说，人民有权利惩罚那些贪婪的杂货商"。法兰西卫队区的谢诺走得更远。他于同一时期在科尔得利俱乐部声称："抢劫的目的是符合道德的。"抢劫符合无套裤汉固有的平均主义要求。生存条件的极大差异使个人的索回合法化了。然而，抢劫的狂热甚至在到达顶点时也只是针对出售食品和生活必需品的商店。

捣毁是人民大众复仇心理的一种更高程度的表现。1789年4月27日在市郊圣安托万捣毁了昂里奥和雷维庸的工场。这一事件早已闻名一时。7月11日捣毁了囤积大量谷物和面粉的遣使会会士的住宅。据书商阿尔迪记载，"看到被他们称为囤积的大量物资时，造反者怒火万丈。为惩罚这些罪犯，他们毁坏了家具，进到地窖，捅破了所有酒桶。"1793年7月底，巴黎的供应困难到了极点。妇女们团团包围了各面包铺。20日，在莫贝尔广场被鸡蛋的昂贵激怒了的人民群众冲到货架上把陈放待售的鸡蛋全部砸烂。惩罚的意志在需要得不到满足时就会表现出来。

焚烧经常伴随着捣毁同时进行，但是它具有另一种象征意义。它那既壮观又彻底的破坏能力使之具有一种近乎神奇的、必能起净化作用的价值。造反的人民正是用火来摧毁一切压迫和贫困的象征：1788年8月烧毁夜间哨所；攻占巴士底狱前焚烧巴黎入市税征收处；大恐惧时烧掉土地赋税簿籍和几座城堡。据书商阿尔迪记载，1788年8月29日，鲁瓦亚尔宫街区的青年人和圣安托万及圣马赛尔两个郊区的居民来到沙滩广场，焚烧了掌玺大臣拉穆瓦尼翁的模拟像。"然后人群涌向设在新桥附近的哨所，把其彻底捣毁。他们赶走了里面的哨兵，夺走了他们的制服与武器以及在哨所里发现的一块金表和一块银表，并把它们统统扔进多菲纳广场上的火堆里烧毁。"这一天被捣毁和焚烧的还有其他8座哨所。民众把一切不能搬到多菲纳广场的东西都付之一炬。这是一场欢乐的大火，被作为象征而扔进火里的有市场的门、哨所的岗亭、警卫队员的武器和制服。焚烧完结后，运动也告结束了。1789年7月11日晚，烧毁拉肖塞当丹的入市税征收处引起了一场攻打入市税征收处的战争。到7月13日，40多个入市税征收处被焚烧，门窗、账本和收据统统被付之一炬。

对产业和人进行复仇，人民群众在饥荒年月的这种行为是一种根深蒂固思想的表现。它产生于贫困与不安全。农民社会的可靠团结所提供的一整套保证逐渐消失也使这种报复变得更加强烈。

因此，暴力成为民众运动的特点之一。它使资产阶级终于和贵族决裂。

对于这种诉诸并颂扬暴力的行为，有时还需寻找其生物学方面的根源。共和三年牧月关于前恐怖主义分子的报告经常强调他们易怒和暴躁的性格。这就使他们容易发火，"使他们说出一些脏话而既不考虑也不感觉其后果。"更为普遍的是，反动派把所有的恐怖分子都不加区别地称作"嗜血者"。虽然不能完全按照字面来理解警方的揭发和报告，然而也不能不指出：对于某些人来说，暴力确实意味着流血。共和三年牧月9日(1795年5月28日)被捕的法兰西卫队区的呢绒剪毛工阿尔比洛，以其对妻子和邻居态度粗鲁而闻名。他性格"冷酷、野蛮"，宣称从9月大屠杀里得到了很大乐趣。在同一地区，一个名叫雅叶的人在共和二年说过"他想看到血流成河，一直流到他的脚腕"。他因此于牧月6日(1795年5月25日)被捕。妇女也常常赞同这种恐怖主义的狂热。勒佩勒蒂埃区的一个名叫博德雷的汽水女工，因为说过"她要吃那些反对无套裤汉的家伙的心"，于牧月8日(1795年5月27日)被捕。她也是用同样的原则扶养孩子的，"她的孩子们总是在说杀头、砍脑袋、血没有流够之类的话"。

我们不能过分强调这方面，而且对此还需加以分析。也有的恐怖分子在日常生活里是个好父亲、好丈夫、好邻居，是个"规矩人"。例如军械库区的鞋匠迪瓦尔。共和三年牧月11日(1795年5月30日)，他因参加了1日的骚动而被判处死刑。据北郊区民政委员会的报告，在牧月5日(1795年5月24日)被捕的油漆匠约瑟夫·莫尔洛的身上体现出两个截然相反的人，"一个是受他本性指导的人：温和、诚实、慷慨，集所有的社会美德于一身，并默默无闻地奉行着这种美德；另一个是为当时的危险驱使的人，在血腥的色彩中集一切极端的罪恶于一身"。对祖国的忧虑、对贵族阴谋的担心、骚乱时的气氛、警钟声、警炮声以及紧急集合号音，所有这一切促使这些人怒不可遏，造成了他们的第二性格。此外还有其他原因。生存条件造成的可悲的生物学后果、拥挤和卫生条件极差的房间(尤其是缺水)、有害健康的道路系统、地下管道难以想象的破烂不堪、健康的恶化以及风俗和行为的败坏，所有这一切都导致了暴力。因此，资产阶级感到在他们周围生活的是这样一些人：他们大多数是勤劳的，但是由于生活条件不同，他们在外形、智力和道德方面都存在明显差异，由此形成不同的阶层。

然而，人民群众的暴力行动并非是无缘无故的。它具有阶级内容和政治目的。贵族的反抗迫使人民拿起武器。牧月5日被捕的小学教师穆萨尔在他的辩护书里这样写道："有人会说，我太狂热了。不错，正义的热情在我身上燃烧，我充满自由的激情，我将永远热血沸腾地同祖国的敌人斗争到底。"断头台之所以深得民心是因为它是国民复仇的工具。它有以下各种美称："国民铡刀"、"人民斧头"，"平等的长柄镰"等。1789年以来贵族的阴谋加剧了人民大众对贵族的阶级仇恨，这也是造成民众暴力行为的一个因素。共和二年风月6日（1794年2月24日），一个警方密探记下这样两段话："现在还有断头台吗？"一个衣着入时、个子不高的人问道。"有。"一个坦率的爱国者答道，"因为背叛一直存在。"这段话很好地说明了无套裤汉赋予暴力和恐怖的政治意义。

在共和三年，使用暴力具有更加确切的意义。恐怖是经济统制的工具，它使全面限价得以实现，从而保证人民得到每天必需的面包。反动势力正好与放弃限价和严重缺粮同时发生。因此有人把恐怖和每日的面包等同起来，就像他们把人民政府和恐怖视为一体一样。共和三年牧月1日（1795年5月20日），共和国区的木匠里希耶宣称："在罗伯斯庇尔统治下，虽然鲜血流淌，但面包不缺。如今血不流了，但面包也没有了。因此，为了吃上面包，应该继续流血。"无套裤汉不会忘记，在恐怖时期他们是不缺面包吃的。人民大众的暴力行动和恐怖行为与要求得到每日必需的面包紧密相连。

假如没有人民大众的革命暴力，资产阶级革命怎么能胜利呢？不管群众对此怀有怎样特殊的目的，暴力和恐怖还是为资产阶级广泛清除了封建制和君主专制的残余。我们也不能忘记，资产阶级本身在同贵族斗争的危急时刻总是毫不犹豫地使用暴力的。"难道这些血就那么纯洁吗？"1789年7月巴纳夫就曾这样说过。

第二篇　什么是大革命？[①]

　　1789 年 7 月 14 日，在巴士底狱被攻占的当晚，路易十六惊恐不安，他问左右："这是一场叛乱吗？"利昂库尔公爵答道："不，陛下，这是一场革命。"最有远见卓识的人认为，这场革命由来已久。早在1762 年，卢梭在他的《爱弥儿》里写道："我们已临近危机状态和革命时代，谁能保证你那时候将会怎样？"伏尔泰在 1764 年 4 月 2 日给肖夫兰的一封信里写道："我所见到的一切都为必将会发生的一场革命撒下种子，而我却无幸做这场革命的见证人了。"哲学家和政治家们都模糊地看到，甚至祈愿这类事件的发生。现在革命已从思想意识的范畴变成了现实。但一旦跳出思辨的范畴，进入生活和历史的范畴，革命这个词便具有了新的意义：它打动人们的心弦，激起一些人的希望和信心，使另一些人仇恨和恐惧。在 5 年里，对于长期为每日面包所迫的人民来说，它是活生生的、充满希望或威胁的现实，它以不可抗拒的力量迫使人人都接受它。从那时以来，"革命"这个词丝毫没有失去它的价值和力量。它激起虔诚或仇恨，恐惧或希望，永远活在我们这个时代人们的心中。

一、"你们要一场没有革命的革命吗？"

　　米什莱在他的《法国革命史》（1847 年）的引言里，把革命说成是"法律的降临、权利的复兴、正义的反应"。他还说："什么是革命？革

---

　　①　本文最初发表在《思想》杂志 1981 年 1—2 月号（总第 217—218 期），题为《国家与社会》。

命就是公正的反应，永恒正义的迟迟降临。"这一定义令人赞叹，但它类似于把大革命解释成一种神话（索雷尔式的含义）。乔治·索雷尔认为，神话是用迷人的独特方式所表现的未来，他许诺同心协力可以实现这个未来。神话激发想象，鼓舞心灵，鼓励人们去组织和去宣传，发动人民群众并增强他们的活动能力。正如乔治·勒费弗尔指出的，法国大革命在这个意义上确实带有神话色彩。三级会议的召开被当作预示美好时代即将来临的"好消息"。在这个美好的时代，生活将更为公正。共和二年，同样的神话、同样的希望曾使无套裤汉为之振奋。它们经历了历史的变迁：1848 年 2 月，1871 年 3 月，1936 年春以及1968 年 5 月就是明证。这些神话和希望依然活在我们人民的心中。

让我们询问一下当时的人吧！在大革命初期，他们往往乐意把它设想为一个独一无二的事件，是使人民迅速摆脱奴役，一举获得自由的自动爆炸。对这种轻而易举和突如其来取得胜利的信念，没有人比拉法夷特表达得更确切了："人民一旦想要自由，他们就是自由的了。"在大革命的前夜，马拉在他的《祖国献辞》中也展现了一幅同样的图景；在自由获得胜利的第 2 天，法国立即起了变化。同样的想法在卡米耶·德穆兰的《自由法国》里也有所表现。这种天真的信念在某种意义上反映在《一切都会好》的歌中。尼韦尔内省的一份陈情书写道："更晴朗的一天即将破晓。"

然而，早在 1789 年夏，最明智的人就开始疑虑了。罗伯斯庇尔在给他朋友布依萨的一封信里提出这样的疑问："我们会自由吗？我认为这个问题还值得考虑。"而卢斯塔洛则更为悲观，他在《巴黎的革命》（第 8 期，1789 年 8 月 29 日—9 月 5 日）中写道："我们曾迅速地从奴役走向自由，我们正在更加迅速地从自由走向奴役。"现在可以看到，并不因为革命符合理性的法则，它就成为一种独特的爆炸，并且立即建立起完美、永恒的制度。它是一个演进的过程，通向乐土还有一段很长的路程。米拉波在他第 19 封《致委托人书》中写道："迦太基丝毫没有被摧毁。"旧制度的抵抗不仅还存在，而且随着革命的进展变得更加剧烈。在最危急的时刻（物价上涨，人民骚动，尼尔温登失败，迪穆里埃背叛以及旺代叛乱），1793 年 3 月 26 日让·邦·圣安德烈写信给巴雷尔："现在经验证明，革命远远没有完成……我们或是将国家之舟驶进港口，或者与它同归于尽。"

革命是突然的爆发还是漫长的过程？最有远见因而也最坚定的革命者力图进行更深入的分析。他们认识到，一场革命不仅是为了夺取政权，而且还要对社会结构进行深刻的改造。在革命的过程中，革命本身也会放射出新的光芒照耀着它的进程，并且向政治家，向那些至少会用眼睛观察的人，揭示出革命整体的各个方面。由此，对大革命进展的分析，从1789年到1793年，再到1796年在不断丰富。它从西埃耶斯发展到罗伯斯庇尔，再发展到巴贝夫。

早在三级会议召开前，西埃耶斯在他著名的小册子《什么是第三等级？》里，用阶级的语汇鲜明地提出了政治与社会问题：第三等级同贵族的对立。"谁敢说第三等级本身还不具备组成完整民族所必需的一切？他是一个强健有力的人，但却被捆住了手脚。假如废除特权等级，全民族不会因此有所损害，相反会得到加强。那么什么是第三等级呢？是一切。不过它还处在被束缚和被压迫的状态。废除了特权等级它将会怎样？是一切，而且是自由和繁荣的一切。没有第三等级将一事无成，没有其他等级，一切将会无限美好……贵族等级并不进入社会组织。它的确成为民族的累赘，但是它不能成为民族的组成部分……只有在最糟的国家中才会有这样的现象：不仅一些孤立的个人，而且整整一个阶级不劳而获并引以为荣。他们坐享其成而不生产，吞噬着劳动果实中最精华的部分。这个阶级由于它的毫无作为而自处于整个民族之外。"他还更明确地指出：如果说僧侣属于"一种为公众服务的职业"，那么贵族只不过是"没有职务、毫无用处的阶级。贵族阶级成员仅靠享有属于他们个人的特权来生存……他们不属于真正的人民，单靠自己就不能生存。他们依赖于一个实际的国家，犹如依靠树汁为生的树瘤，消耗并吸干树汁"。用寄生阶级来形容贵族再合适不过了。对于西埃耶斯来说，除了废除贵族特权，摧毁作为统治阶级的贵族，革命还能是什么呢？

4年的政治与社会斗争使罗伯斯庇尔能进行更深入的分析。作为最有远见的人，他始终牢记革命的总路线。早在1789年7月，他就揭露了贵族的阴谋。但是，革命实践使他渐渐意识到革命在政治、道德和社会方面的必要性。

政治方面的必要性：革命的成功要求摧毁旧秩序，必要时可以用非法和暴力的手段。1792年11月5日，为回答吉伦特党人卢韦的进攻，罗伯斯庇尔谈到8月10日起义和推翻国王，他问道："公民们，难道你们要一场没有革命的革命吗？"……"逮捕不合法吗？难道需要拿着刑法来评价救国所必需的预防措施？……我们非法地砸烂了那些招摇撞骗、辱骂自由的御用文人的笔杆子，这有什么可指责的？……我们解除了那些可疑公民的武装这有什么可指责的？……指责我们在商讨救国大计的议会中把革命公认的敌人赶走吗？……因为所有这一切都是非法的，就像革命、国王下台、攻占巴士底狱一样非法，就像自由本身一样非法。"在正常时期，法律是捍卫人权和公民权的，罗伯斯庇尔毫不掩饰终止合法的保障会带来的危险，但他仍坦率地肯定革命暴力的必要性，"难道暴力只是用来保护犯罪的吗？"

道德方面的必要性：世上有一种革命的伦理。共和二年雨月17日（1794年2月6日），罗伯斯庇尔向国民公会作了题为《关于指导国民公会的政治道德原则》的报告。正因为使用革命暴力会引起一些过火行为，所以罗伯斯庇尔提出用美德、即公民道德来加以纠正。"这种美德不是别的，而是热爱祖国及其法律"。私人生活不规范，它就不能实现。在共和二年芽月26日（1794年4月15日）的报告里，圣茹斯特描绘了一个革命者的形象：他应该是坚定不移的，"但他又明晓事理，勤俭节约，朴实真诚，是一切谎言、宽容和徇私行为的不可调和的敌人……革命者应该是一位善良、廉洁的英雄"。

社会方面的必要性：共和二年风月8日（1794年2月26日），圣茹斯特声称："事物的力量可能会把我们引向未曾预料到的结局。"所谓事物的力量，指的是革命逻辑的必然结果，即保卫国家和保卫革命紧密相连的迫切需要。他更加明确指出："请设想，假如国内关系（即社会关系）发展到与政府形式背道而驰的地步，一个帝国还能继续存在吗？"圣茹斯特在这里强调了必要的协调法则：仅仅夺取政权是不够的，还必须对社会结构和社会关系实行革命的变革。"将革命半途而废无异于自掘坟墓。"这一预见直到我们 20 世纪下半叶还在悲剧性地显示出来。

热月的反动，通货膨胀与共和三年(1794—1795 年)可怕的冬季里群众难以名状的苦难，牧月的人民起义以及随之而来的镇压，使得革命实践家和理论家巴贝夫的思想最终形成。他在《人民的保民官报》第34 期(共和四年雾月 15 日—1795 年 11 月 6 日)里作了正确的解释。"什么是一般的政治革命？尤其什么是法国大革命？它是贵族与平民，富人与穷人之间一场公开的战争……当大多数人的生活极其艰难，再也无法忍受时，通常就要爆发被压迫者反对压迫者的起义。"法国大革命从根本上来说是一场阶级斗争。但是这场富人和穷人的战争不仅仅存在于战争爆发之时。"它是长期不断的，当政府使一些人攫取一切，使另一些一无所有时，战争就开始了……但是战争一旦爆发，它就激烈地展开，双方都用尽一切手段来取胜。"

共和四年霜月 9 日(1795 年 11 月 30 日)发表在《人民的保民：官报》上的《平民宣言》表达得更加清楚。革命停顿了就要后一退。法国大革命不顾一切反对和障碍，直至热月 9 日一直是向前推进的，此后它就后退了。但愿人民在希望中觉醒。"但愿他们推翻所有这些古老和野蛮的制度，代之以合乎自然和永恒的正义的制度"。人民只有经过彻底的动荡才能解除苦难。有良知的人都会宣扬内战。"在内战中，以刽子手为一方，以手无寸铁的受害者为另一方，有什么内战比这更令人愤慨？……双方都能进行自卫的内战难道不是更好吗？"《宣言》以这个预言性的号召结束(哪一场革命没有预言？)："让我们再重复一遍：所有的苦难都到了极点，它们不能再继续恶化了，只有通过彻底的动荡才能改变！让一切都混同在一起！让各种成分都打乱、交叉、互相冲突！让一切都回到混沌状态，一个崭新的、再生的世界将在这混沌状态中诞生！"

因此，那些经历并参加过革命斗争的人的话可以证明，革命是包含着动荡、变革、破坏和重建的相当长的过程。必须把旧制度根本摧毁，以便在新的基础上建设未来世界。暴力通过阶级斗争产生历史。

二、必然的革命

罗伯斯庇尔或巴贝夫都未能对革命过程的这种分析更加深入。随着时间的推移，其他一些人进行了更为深入的分析：从大革命时期的巴纳夫到复辟时期的历史学家，尤其是米涅和基佐再到马克思，他们对法国大革命的分析不断深化。

巴纳夫第一个对法国革命作出远远超过所谓特殊范例说法的解释，并引起历史学家的注意。我们知道，饶勒斯在他的《社会主义的法国大革命史》第 1 卷里对巴纳夫写于 1791 年底的《法国革命导论》是何等重视。根据罗伯斯庇尔的提议，制宪议会规定它的议员不得重新当选，因此巴纳夫退出了政治生活。饶勒斯认为，巴纳夫是第一个"最明确揭示了法国大革命的社会原因，也可以说是第一个提出法国大革命的经济理论的人"。

工场巡视员罗兰在 1785 年写道，多菲内省的企业集中，门类多样，冶金和纺织业占重要地位，这使它成为王国最重要的省份之一。巴纳夫在这个工业区长期生活过，因此得出看法，工业将导致掌握这种产业的阶级取得政权。他提出这样的原则：土地贵族为他们自己建立的制度妨碍并推迟新纪元的到来。但是，"久而久之，可以这样说，政治制度要接受地方的特性"，也就是说，它必然要适应特定地区新的经济条件。一旦工艺和贸易渗透到人民中去，并成了为劳动阶级服务的致富手段，一切政治规律方面的革命就在酝酿之中了。财富的再分配导致权力的再分配。如同拥有土地提高了贵族地位一样，工业增强了人民的权力。这些原则在法国大革命中的表现是不难发现的，它既不是偶然现象，也不是局部的现象。"所有欧洲政治共同的发展规律在法国孕育了一场民主革命，并使它在 18 世纪末爆发。"饶勒斯这样评论道："革命的资产阶级对自己的力量，对它所代表的经济和历史运动，具有非常现实和透彻的意识。""巴纳夫对多菲内资产阶级的思想作了绝妙的分析和解释。他明确宣告工业资产阶级与诞生于暴力、拥有封建地产的地主阶级的对立。这种对立正是法国大革命期间的无法克服的冲突。

因此，巴纳夫上升到历史普遍规律的高度。"如果孤立地，脱离我们周围环境和以前时代的历史来看这场震撼法国的大革命，就决不能对它得出正确的看法。为了判断其性质，剖析其真正的原因，必须把眼光放得更远……只有纵观自封建时代至今指引着欧洲各国政治的全部运动……才能明确我们目前所处的位置以及造成这种结果的总原因。"

复辟时期的历史学家都没有能够读到巴纳夫的著作。他的《导论》1843 年才由他的同乡、德罗姆省的贝朗瑞出版。但是复辟时期的历史学家们投身反对极端反动派、争取自由的斗争，并以历史作为政治武器。他们出于自己的资产阶级意识，强调法国大革命的阶级性和历史必然性。梯也尔的《法国革命史》和米涅的同名著作分别出版于 1823 年和 1824 年。夏托布里昂在他的《历史研究集》里称他们为"宿命论学派"。他们两人确实都在法国大革命中及其后续各阶段里看到了既定原因合乎逻辑的发展。两人都认为恐怖是必要的坏事，因为没有它也就不能拯救国家了。

梯也尔的《法国革命史》里贯穿了一种"必然力量"的思想，它推动着整个革命的进程，克服一切障碍直至最终达到目的。"尽管共和主义产生了无套裤汉思想，无套裤汉思想又产生了委员会制度以及后来的十头政治甚至三头政治，但它们只是自由思想，即大革命固有的思想持续发展的各个阶段。这种思想并不因此停滞不前，而是不断向前发展的。"而且，"革命还具有军事性质，由于它一直同欧洲不断进行斗争，因此它必须使自己强有力和稳固地确立起来"。……"雾月 18 日政变是必然的"。这是历史的必然性，然而它并不排除自由意志。人完全保持对其行为的责任。

米涅在为《法兰西信使报》撰写的文章里，比他的《法国革命史》更加明确地阐明了他的革命哲学。他深信，革命都有"共同的进程和某些不同的意外事件。对一场革命作出解释，也就解释了所有的革命……同样的现象是通过相同的规律反复出现的"（1822 年 5 月 25 日）。革命表现出两种必然性：变革的必然性和暴力的必然性。这两条宿命论的基本原则贯穿了米涅的全部《法国革命史》。

变革的必然性：变革是生存的本质所在，世上不存在不变的历史。革命都服从于一种合理性："（革命）从来不是任性的结果，一个民族决不会为区区小事而闹得天翻地覆。"

暴力的必然性；暴力与革命是不可分开的，同社会阶级的冲突也是紧密相连的；分析暴力的发生，就是解释"革命的进程"。找出暴力的伦理，就是"使革命合法化"。在米涅看来，革命暴力是件坏事，但它是必要的坏事。然而他在追溯这件坏事的根源时，发现了它的合法性："如果说革命在世界经济中是完全必要的，那么随之而来的灾难就不能成为反对它的理由……应该受谴责的是那些反抗这种必要性的人，而不是运用暴力的人……应该用血泪控诉那些武装起来压迫别人的人，而不是控诉为正义而战斗的人。"（1822 年 12 月 8 日）

在米涅的《法国革命史》（1824 年出版）里，他所解释的最基本的东西就是阶级斗争。从历史的必然这层意义上看，革命不仅在发动阶段，而且在各个发展阶段都是不可避免的。"当一次变革势在必行、并且时机又已到来，那么什么都阻挡不了它，一切事物都会促使它成功。"1789—1791 年的第一次革命是中产阶级，即资产阶级的革命。它是使法国制度同"新的利益和需要"（即资产阶级的）协调起来所必需的。1792—1794 年的第二次革命是人民群众的革命。它是由国内外贵族反革命的抵抗挑起的，它服从于暴力的必需，是革命政府和恐怖的"可悲的必然"。"特权等级曾企图阻止革命，欧洲也曾试图使它屈服，而当它被迫进行斗争时，它既未能量力而行，也未能在胜利时适可而止。内部的反抗导致了人民大众掌握最高主权，而外部的侵略则导致了军事统治。然而，尽管产生了无政府主义和专制主义，目的还是达到了：旧社会在革命中被摧毁，新社会在帝国时期建立起来。"

基佐和梯也尔、米涅遵循同一路线。泰纳认为，基佐是"哲学派"和"思辨历史"最出色的历史学家。

在《法国史论集》的第 4 篇（1823 年出版）里，基佐强调政治制度是由"社会状况"、各不同阶级的关系和"人的状况"决定的，而归根结蒂，"人的状况"是由"土地的状况"决定的：土地所有权的性质决定了阶级关系，人的地位和国家的结构。

1826 年，基佐开始出版他的《英国革命史》。他说："人们或是为之庆贺，或是感到惋惜，或是祝福它们，或是诅咒它们，所有人都完全忽略了这些革命（1640 年英国革命和 1789 年法国革命）的影响。这些人把革命同历史完全隔开……让它们单独承受咒骂或享受荣誉。现在是抛弃这些幼稚骗人的空话的时候了。"这两场革命都深深地扎根于民族的历史之中："（革命）所说的、所想的、所做的，全都是在它们爆发前曾被千百次说过、希望过、做过或尝试过的。"在他 1823 年出版的《法国史论集》里，基佐早已强调"革命的原因总是比人们假设的更为普遍……事件比人们所知道的规模还要大。甚至那些仿佛是由偶然的、个人的、或某种外部特殊利益造成的事件，也有其更为深刻的根源和另外的意义"。这些根源，主要应该从阶级利益引起的斗争中去寻找。

1828—1830 年间，基佐在巴黎大学讲授《法国文明史》。他把资产阶级的产生、发展和最后胜利看做法国社会的基本特点之一。在人民大众和贵族之间，资产阶级慢慢地确立起新社会的框架，并且使新社会的思想逐步明确。1789 年革命则是对这个新社会的确认。"人人都知道第三等级（即资产阶级）在法国所起的巨大作用。它是法国文明最积极、最有决定意义的因素。归根结蒂，是它决定了法国文明的方向和特性。从社会的观点以及从它同我国其他阶级的关系来看，被称为第三等级的阶级逐渐扩大，其地位不断提高。它首先是有力地改变了、然后是战胜了、最后则是吸收或几乎吸收了其他所有阶级。"（第 46 讲）对社会冲突进行的精确分析，使基佐能理解法国革命与上一世纪英国革命不同的特点。"上层阶级盲目的争斗使建立自由政府的尝试遭到了失败。资产阶级与贵族不是团结起来抵抗专制主义，或建立和实行自由体制，它们各自为政，势不两立，热衷于互相排斥。一个阶级拒绝实行任何平等；另一个阶级则反对任何优势。"（1857 年版的前言）整个这段话都是需要引述的。基佐最后总结道："贵族和资产阶级未能一致行动以便共同获得自由和强大起来，他们使自己连同法国一起陷入了革命。"

因此，阶级斗争的理论在复辟时期历史学家对法国革命的研究中已经明确表现出来。大家都知道 1852 年 3 月 5 日马克思致魏德迈信中的这段话:"无论是发现现代社会中有阶级存在或发现各阶级间的斗争,都不是我的功劳。在我以前很久,资产阶级的历史学家就已叙述过阶级斗争的历史发展。"①马克思在这里所指的是基佐,还有奥古斯坦·蒂埃里。他在 1854 年 7 月 25 日给恩格斯的一封信里,称奥古斯坦·蒂埃里为"法国历史编纂学中的'阶级斗争'之父"。大家知道,马克思是何等重视对法国大革命的研究,他是如何对国民公会感兴趣,以致曾一度想撰写这段历史。他对法国大革命的想法有助于他的革命思想的一步步形成,并且最终纳入到他的整个思想体系。

阶级斗争的概念已经明确地表现出来,对法国革命的研究使马克思开始探索那个有能力要求取得全面优势的"特殊阶级"的特点。他在《〈黑格尔法哲学批判〉导言》(1844 年出版)中对这个问题作了回答。"只有为了社会的普遍权利,个别阶级才能要求普遍统治。要取得这种解放者的地位,从而在政治上利用一切社会领域来为自己的领域服务,光凭革命精力和精神上的优越感是不够的。要使人民革命和市民社会个别阶级的解放相吻合,要使一个等级成为整个社会的等级,社会的一切缺点就必须集中于另一个阶级,一定的等级就必须成为一般障碍的化身,成为一切等级所共通的障碍的体现⋯⋯要使一个等级真正成为解放者等级,另一个阶级相反地就应当成为明显的奴役者等级。法国贵族和法国僧侣的普遍消极意义决定了和他们最接近却又截然对立的阶级即资产阶级的普遍积极意义。"②在这后面的几行话,很明显是引述西埃耶斯及其小册子里的话。

那么,这个"一般障碍"是什么呢?答案就在《共产党宣言》中(1848 年出版)。马克思在他一段著名的话里提到:"资产阶级赖以形成的生产资料和交换手段,是在封建社会里造成的。"在提请注意这句话后,他强调:在 18 世纪末,现存的生产关系、封建的所有制以及农业和手工工场的组织,都不再适应生产力的蓬勃发展,并且成为经济发展的

---

① 《马克思恩格斯选集》第 4 卷,北京:人民出版社,1972 年,页 332。——译者

② 《马克思恩格斯选集》第 1 卷,页 12。——译者

桎梏。"它必须被打破，而且果然被打破了。"因此，阶级斗争只是社会
经济组织内在矛盾的表现。贵族与资产阶级的对立是旧制度的社会特
点之一。生产力的迅速发展和传统社会关系的顽固性使矛盾进一步加
剧，到了 18 世纪末，贵族与资产阶级的对立更加激化了。

这样，马克思主要从对法国革命的研究出发，得出了他认为的历
史运动的一般规律。在 1859 年的《〈政治经济学批判〉序言》里，马克思
对此作了解释，并得出结论："社会的物质生产力发展到一定阶段，便
同它们一直在其中活动的现存生产关系或财产关系（这只是生产关系的
法律用语）发生矛盾。于是这些关系便由生产力的发展形式变成生产力
的桎梏。那时社会革命的时代就到来了。"①

三、革命的道路

在简要回顾了这些历史编纂学概况后，我们大概可以确定革命的
概念，并且由此来确定法国大革命的基本特征。某些人滥用这个词，
或者恣意抛弃这个概念，这都会造成贬低革命的意义或者故弄玄虚。
滥用革命一词的例子有：人口革命、经济革命、精神革命、价格革命、
饮食革命、性革命等等……抛弃这个概念的表现有：形形色色的修正
主义者为了强调改良或过渡而否定革命的概念。因此有必要对此加以
澄清。

我们首先要从语义学的角度指出这个词的奇特命运。这个词的原
意是"回到原来的地点"。利特雷②给"革命"，所下的定义的第一个意
思是："一个星球回到它的出发点。"从柏拉图的《蒂梅欧篇》到维科③的
《周而复始论》，历史和人类运行的循环论同星球运行的这一定义并非

---

① 《马克思恩格斯选集》第 2 卷，北京：人民出版社，1972 年，页 117。——
译者

② 爱弥尔·利特雷(1801—1881 年)，法国著名的语言学家和哲学家。他编
纂的《法兰西语言词典》在法国影响很大。——译者

③ 让-巴斯蒂特·维科(1668—1774 年)，意大利哲学家，著有《历史哲学原
理》。——译者

没有相似之处：革命被认为是恢复时代进程中被中断的原来的秩序。博絮埃、德·博纳尔和约瑟夫·德·梅特尔都认为革命是神的旨意。启蒙哲学则认为革命是自然法则。曾经有过一种原始的秩序，革命的目的就是要尽可能地找回这个失去的天堂。革命斗争结束，即历史的结局将是天国的重建，或是在社会灾难降临之前的人国的重建。根据1789年8月26日的《人权宣言》，"对人权的无知、忘却或蔑视，是造成公众不幸和政府腐败的唯一原因。"自然权利指先于任何社会早已存在的，不可剥夺的天赋权利。恢复这些权利将导致人类复兴和"人人幸福"。

为了达到这一目的，首先必须同旧秩序决裂，并从根本上把它彻底推翻，也就是柏拉图在《共和国》里所指的 métabolé（即推翻、彻底改变）。为了使人类免遭不幸，苏格拉底要求推翻作为希腊公民秩序基础的三大堡垒：财产、家庭和民政与司法的官衙地位，即国家机器。按照同样的准则，在大革命开始后不到一年，米拉波曾秘密写信给国王："请比较一下新秩序和旧制度……除了没有高等法院、自治税区、僧侣、特权和贵族等级外，其他不都是一样吗？"而托克维尔评论道："由于法国革命的目标不仅仅是更换一个旧政府，而是要废除旧的社会形式，因此它不得不同时向一切已确立的权力进攻，撕毁所有已被确认的势力，清除各种传统，革新习俗，并在某种程度上把长期形成的、基于崇敬和顺从的一切思想从人们头脑里清除出去。"真正的革命不仅要摧毁现存的国家机器，而且还要破坏社会组织以及指导这个社会组织的各项原则。

然而，同历史和革命的循环观念相反，革命决裂的概念认为，在革命前已经存在某种结构、某种形式，而革命后建立起一种新秩序，它同旧秩序有着本质的区别。破是为了立。但是以前已经消失的东西还能再恢复吗？卢梭的两篇论文就是探讨这一前景的。在《论科学和艺术的复兴》和《论人类不平等的起源和基础》中，卢梭设想了一种原始、纯洁的社会状况，由于爱财和追求奢侈所造成的变动这种状况被扰乱了。但是卢梭非常注意历史进程的矛盾性："人们不久就看到奴役和苦难在萌芽，并像雨后春笋般地生长。"（《论人类不平等的起源和基础》的

第 2 部分)因此，循环后的合拢只是表面的。这里是"结束了循环并与原出发点重合的终极点"。但是，从目前的法则回归到弱肉强食的法则实际上是引回一种新的自然状态，它不同于我们最初的那一种自然状态"。卢梭撰写的《社会契约论》正是为了更确切地阐明这种新的状态。

因此，破是为了再立。归根结蒂，革命并不是要回到什么神秘的黄金时代，而是朝着更合理、更公正的未来迈进。从 1789 年到共和二年，革命的含义正是这样演变的。这个词从意味着 1789 年事件所引起的动荡和决裂，不久就变为相反的意思：革命是一种激烈的行动，然而它是有节制的；革命是一种果敢的行为，然而它是有条不紊的。共和二年霜月 14 日(1793 年 12 月 4 日)革命政府组织法的内容和名称也表明了这一点。霜月 11 日，丹东曾竭力强调："如果说人们要用长矛来推翻旧制度，那么，他们要用理性和智慧的罗经来建立和巩固宪法的大厦。"

这是什么样的大厦？它将建立在什么样的基础上呢？这里，人们需要最精确地说明"革命"这个词的含义，而所谓的政治科学词汇往往会造成混乱。只有社会的革命才是革命，政变决不是革命。在这方面，把 19 世纪的《利特雷词典》同 20 世纪的《罗贝尔词典》进行一番比较很能表明革命一词的定义不断精确的发展过程。在《利特雷词典》里，革命的定义为："一个国家政治和政府"的突然和激烈的改变。《罗贝尔词典》的定义是："社会与道德秩序"的突然和激烈的改变。在革命过程中，包括恐怖和内战在内的激烈的阶级斗争摧毁了旧的社会关系。革命阶级通过专政强行建立起自己的政权。社会关系终于同生产力的性质和水平协调起来了。

因此，革命就是在一种新的生产方式的基础上彻底变革社会关系和政治结构。革命涉及经济与社会结构的变革和生产方式的变革。这后一种变革是由于社会关系和生产力的性质与水平之间无法解决的矛盾所引起的。生产力水平越高，革命阶级的觉悟越高，团结越紧密，能量越大，革命也就完成得越彻底。法国大革命正是如此。

革命不能由上面强加。如果说改良可以由上面施行，那么革命则必然是由下面发动的。改良并不动摇社会的基础结构，相反，它是为了保护占统治地位的社会阶级的长久利益。改良在现存社会的框架内进行，其目的在于加强这个社会。改良不等于革命在时间上的拉长，它和革命的区别不在于时间长短，而在于内容。改良还是革命？这不是选择一条通向同样结局的较快或较慢的道路的问题，而是明确一个目标的问题，即或者建立一个新社会，或者对旧社会进行表面的改动。从杜尔哥到洛梅尼·德·布里耶纳的改良运动都不主张建立一种崭新的社会秩序，而是主张改良旧秩序。它力图减少弊端，而不是消灭特权和封建制度。只有革命才消灭特权和封建制度。资产阶级之所以能在 1830 年最终稳坐江山，乃是因为革命，而不是改良。革命保障了社会从过时的历史阶段过渡到另一个通向未来的阶段。这为资产阶级占有这个国家创造了条件。

革命在长达 1 个世纪以上的过渡时期中也不会减弱。某些人认为，过渡也和革命本身的剧烈阶段一样构成一个过程。它标志着两种对立的生产方式之间进行决战的必然性。米歇尔·格勒农和雷吉纳·罗班这样写道："过渡问题的提出远不是抹杀资产阶级革命在通向资本主义过程中的战略地位。相反，它恢复了资产阶级在过渡阶段的关键性政治时期所处的中心地位。这个政治时期使政治与法律得以调整，实行权力的再分配，并且建立所有足以巩固资产阶级政权的政治和法律体制的形态。"这样一来，革命"现象"只是德尼·里谢称之为新生资本主义"缓慢、然而是革命的转变"的一种表现或一种波折，是拉开通向上层建筑的最后一道门闩，是对封建主义残余的最后清扫。实际上，单独地提出过渡问题，甚至把它同革命和革命必然性的问题对立起来，就是用否定革命的决定性和必要性的办法来讨论革命的问题。如果认为法国大革命仅仅是打开了通向上层建筑的门闩，或只是改善了上层建筑业已形成的适应性，这就是把大革命的作用与督政府和第一帝国时期各种机构的改组相提并论，将它贬低为对社会进行简单的修整了。

持过渡论者与持改良论者的思想前提相似得出奇。因为，正像托克维尔所问的，假如 1789 年时只有"上层建筑和社会"的门闩需要打开，只有资本主义的平衡需搞得"更好些"，那么，何必有"这场离奇和可怕的革命"呢？"在摧毁各项政治体制后，革命又废除了各项民事体制；在改变法律之后，它又改变了风俗、习惯，甚至语言；在破坏了政府机构之后，它又动摇了社会基础，而且最后仿佛还要向上帝本身开战"。正如托克维尔所强调的，假如只是对"政治与法律进行调整"，那么为什么还要有"这场可怕的动乱"，为什么还会产生这种"空前强大的威力"？"这威力冲破各帝国的壁垒，砸碎所有王冠，蹂躏其他民族，同时又奇怪地赢得它们支持自己的事业"。

阿尔贝·索布尔著作目录^①

巴黎第一大学
弗朗索瓦兹·布律内尔汇编

1. 专著

△《圣茹斯特的政治、社会思想》（用笔名皮埃尔·代罗克勒发表）

—（Sous le pseudonyme de Pierre Derocles），*Saint-Just：ses idées politiques et sociales*，Paris，Editions sociales internationales，1937，173p.

△《1789 年，自由共和元年 文献与评注》

—1789. *L'an I de la Liberté. Textes et commentaires*，Paris，Editions sociales internationales，1939，302p. Nouvelle édition remaniée，Paris，Editions sociales，1950，352p. Réédition revue et augmentée，Paris，Editions sociales，1973，352p. Traduction italienne，Episteme Editrice，1966.

△《大革命时期的国民军(1789—1794 年)》

—*L'Armée nationale sous la Révolution*（1789-1794），Paris，Editions France d'abord，1945，137p.，préface de Joinville. Une première version de cet ouvrage a été publiée sous le titre *La Naissance de l'armée nationale*（1789-1794）en 1939，aux Editions sociales

---

① 为方便读者查考，我们将著作的标题译成中文，同时将其外文标题和出版状况附上。——译者

internationales，Paris.

　　△《四八年》

　　—*Quarante-huit*，Paris，Union nationale des intellectuels，s. d.，plaquette.

　　△《法国大革命(1789—1799 年)》

　　—*La Révolution française* (1789-1799)，Paris，Editions sociales，1948，390 p.；deuxième édition revue et augmentée，1951.

　　△《共和二年的巴黎无套裤汉　人民运动与革命政府　1793 年 6 月 2 日——共和二年热月九日》

　　—*Les Sans-culottes parisiens en l'an* Ⅱ. *Mouvement populaire et Gouvernement révolutionnaire*，2 *juin* 1793-9 *thermidor an* Ⅱ，Paris，Librairie Clavreuil，1958，1168p.；deuxième édition，1962. Adaptations：italienne（Bari，Laterza，1960），allemande（Berlin，Rütten-Loening，1962），anglaise（Oxford，Clarendon Press，1964），russe(Moscou，Progress，1966)

　　△《旧制度末期的蒙彼利埃农村　从土地赋税簿籍看地产与种植》

　　—*Les Campagnes montpelliéraines à la fin de l'Ancien Régime. Propriété et cultures d'après les compoix*，Paris，Commission d'histoire économique et sociale de la Révolution française，1958，154p.

　　△《共和二年的战士》

　　—*Les Soldats de l'an* Ⅱ，Paris，Club français du livre，collection 《Portraits de l'histoire》，1959，298p.

　　△《法国大革命简史》

　　—*Précis d'histoire de la Révolution française*，Paris，Editions sociales，1962，530p. Edition revue：Paris，Gallimard，collection 《Idées》，1964，2 volumes，378p. chacun. Nombreuses traductions，dont：roumaine（Bucarest，1962），hongroise（Budapest，1963），italienne(Bari，1964)，tchèque（Prague，1964），brésilienne（Rio de Janeiro，1964），espagnole（Madrid，1966），en hébreu，allemande

（ Francfort， 1973 ）， anglaise （ Londres， 1974 ）， néerlandaise
（Amsterdam，1975），américaine(New York，1975).

△《格里历与共和历对照表》

—*Concordance des calendriers grégorien et républicain*，Paris，
Librairie Clavreuil，1963，87p.

△《法国大革命》

—*La Rêvolution française*，Paris，P. U. F.，collection《Que sais-
je?》，1965，128 p. Cinquième édition revue et mise à jour，1975.
Traduction catalane(Barcelone，1968)，allemande(München，1977).

△《路易十六诉讼案》

—*Le procès de Louis* ⅩⅥ，Paris，Julliard，collection《Archives》，
1966，268p.

△《大革命前夕的法国　Ⅰ. 经济与社会》

—*La France à la veil le dela Rêvolution.* Ⅰ：*Economie et Sociêtê*，
Paris，Sedes，1966，196 p. Nouvelle édition revue et augmentée，
1974，286p. Traduction japonaise(Hosei University Press，1982).

△《农民、无套裤汉和雅各宾派》

—*Paysans*，*Sans-culottes et Jacobins*，Paris，Librairie Clavreuil，
1966，388p.，recueil d 'articles. Traduction espagnole（Madrid，
1971).

△《罗伯斯庇尔——丹东》

—*Robespierre/Danton*， Roma-Milano， Compagnia Edizioni
Internazionali，1966，collection《Giano—I tascabili doppi》，2 fois 80
p.

△《督政府与执政府》

—*Le Directoire et le Consulat*，Paris，P. U. F.，collection《Que
sais-je?》，1967，128p. Deuxième édition revue et mise à jour，1972.

△《马拉》

—*Marat*， Roma-Milano， Compagnia Edizioni Internazionali，
collection《Giano—I tascabili doppi》，1967，78p.

△《无套裤汉》

—*Les Sans-culottes*，Paris，Editions du Seuil，collection《Points-Politique》，1968，256p. Deuxième édition，1979.

△《第一共和国，(1792—1804 年)》

—*La Première Rèpublique*，1792-1804，Paris，Calmann-Lévy，collection《Vie et mort》，1968，365 p. Traduction russe(Moscou，1974).

△《文化与法国大革命 Ⅰ. 旧制度的危机》

—*La Civilisation et la Révolution française*. Ⅰ：*La Crise de l'Ancien Régime*，Paris，Arthaud，collection《Les Grandes Civilisations》，1970，636 p.

△《18 世纪后半期的法国社会》

—*La Società francese nella seconda metà del* ⅩⅧ*ᵉ s.*，Napoli，Giannini Editore，collection《Economia e società》，1971，446p.

△《共和二年的人民运动和革命政府(1793—1794 年)》

—*Mouvement populaire et Gouvernement révolutionnaire en l'an* Ⅱ，(1793-1794)，Paris，Flammarion，collection《Science》，1973，508p.

△《第一帝国(1804—1815 年)》

—*Le Premier Empire*(1804-1815)，Paris，P. U. F.，collection《Que sais-je?》，1973，128p.

△《大革命的农民问题，1789—1848 年革命史研究》

—*Problèmes paysans de la Révolution*，1789-1848. *Etudes d'histoire révolutionnaire*，Paris，Francois Maspero，collection《Textes à l'appui》，recueil d'articles，1976，447p. Traduction espagnole(Madrid，1976).

△《启蒙时代 第 1 卷：高潮，(1715—1750 年)》

—*Le Siècle des Lumières, tome* Ⅰ：*L'essor*，1715-1750，Paris，P. U. F.，collection《Peuples et Civilisations》，1977，2 volumes，1042p. en collaboration avec Guy Lemarchand et Michèle Fogel.

△《法国 18 世纪乌托邦简史》

—*Pour une histoire de l'utopie en France*，*au* XⅧ*ᵉ siècle*，Paris，Société des études robespierristes，1977，83p.，en collaboration avec Irmgard Hartig.

△《理解大革命　法国大革命的政治问题(1789—1797 年)》

—*Comprendre la Révolution. Problèmes politiques de la Révolution française* (1789-1797)，Paris，François Maspero，collection 《Textes à l'appui》，1981，384p.

△《文化与法国大革命　Ⅱ．法国大革命》

—*La Civilisation et la Rèvolution française*．Ⅱ：*La Révolution française*，Paris，Arthaud，collection 《Les grandes civilisations》，volume 1，1982，volume 2 à paraître en 1983.

△《共和二年巴黎各区级人员录》

—*Répertoire du personnel sectionnaire parisien en l*，*an* Ⅱ，Paris，a paraltre，en collaboration avec Raymonde Monnier.

2. 资料整理、文献出版与评介工作

△《巴黎各区的文件　（1790—共和四年)简明索引》

—*Les Papiers des sections de Paris* (1790-an Ⅳ)．*Répertoire sommaire*，Paris，Commission de recherche et de publication des documents relatifs à la vie économi que de la Révolution française et Société des études robespierristes，1950，125p.

△《临时政府和行政权委员会的会议记录，1848 年 2 月 24 日—6 月 22 日》

—*Procès-verbaux du Gouvernement provisoire et de la Commission du pouvoir exécutif*．24 *février-22 juin* 1848，Paris，Comité national du centenaire de 1848，1950，432p.（sous la direction de C.-H. Pouthas).

△《马克西米利安·罗伯斯庇尔文集演讲录》

—*Oeuvres de Maximilien Robespierre. Discours*，Publication de la Ⅵ*ᵉ* section：de l'Ecole des hautes études et de la Société des études robespierristes，sous la direction de Georges Lefebvre，en collaboration avec Marc Bouloiseau：

Tome Ⅵ：1789-1790，Paris，P. U. F. ，1950，704p.

Tome Ⅶ：*Janvier-septembre* 1791，Paris，P. U. F. ，1952，784p.

Tome Ⅷ：*Octobre* 1791-*septembre* 1792，Paris，P. U. F. ，1954，482p.

Tome Ⅸ：*Septernbre* 1792-*Juillet* 1793，Paris，P. U. F. ，1958，642 p.

Tome Ⅹ：*Juillet* 1793-*Thermidor an* Ⅱ，Paris，P. U. F. ，1967，655 p.

△《百科全书选摘》

—*L'Encyclopédie. Textes choisis*，Paris，Editions sociales，collection《Les classiques da peuple》，1952，260p. Deuxième édition revue et augmentée，1962. Troisième édition revue et augmentée，1976，Traduction espagnole，Grijalbo，1979 et italienne，Editori Reuniti，1970.

△《圣茹斯特　演讲与报告》

—*Saint-Just. Discours et rapports*，Paris，Editons sociales，collection《Les classiques du peuple》，1957，222p. Deuxième édition revue et augmentée，1970. Traduction italienne，Editori Reuniti 1966.

△《巴黎的无套裤汉　人民运动史文献，(1793—1794 年)》

—*Die sansculotten von Paris. Dokumente zur Geschichte der Volksbewegung*. 1793-1794，Berlin，Akademie-Verlag，1957，532p. ，prêface de Georges Lefebvre，textes inédits es français，traduction allemande en regard，en collaboration avec Walter Markov.

△《巴贝夫手稿和已出版著作总目录》

—*Inventaire des manuscrits et impirmés de Babeuf*，Paris，Commission d'histoire économique et sociale de la Révolution française，1966，220p. ，en collaboration avec Ⅴ. Daline et A. Saitta.

△《饶勒斯，社会主义的法国大革命史》

—*Jean Jaurès. Histoire socialiste de la Révolution française*，Paris，Edition sociales，1968-1973，6 volumes et index，édition revue et annotée.

△《迪歇纳老爹报》

—*Le père Duchesne*，Paris，EDHIS，1969，introduction《Jacques-René Hébert et *Le Père Duchesne en l'an* Ⅱ》，tome Ⅰ，p. 3 à 107.

△《让·梅叶全集》

—*Oeuvres complètes de Jean Meslier*，Paris，Editions Anthropos，1970-1972，3 volumes，préfaces et notes des tomes Ⅰ et Ⅱ，en collaboration avec Jean Deprun et Roland Desné.

△《启蒙时代的乌托邦》

—*Utopies au siècle des Lumières*，Paris，Micro-éditions Hachette，s. d.，17p.，étude et bibliographie.

△《从乌托邦到大革命　巴贝夫与巴贝夫主义》

—*De l'utopie à la Révolution. Babeuf et le babouvisme*，Paris，Microéditions Hachette，s. d.，15p.，introduction et catalogue.

△《巴贝夫文集　第1卷：大革命前的巴贝夫》

—*Oeuvres de Babeuf*，tome Ⅰ：*Babeuf avant la Révolution*，Paris，Commission d'histoire économique et sociale de la Révolution française，collection《Mémoires et Documents》，1977，412p.，en collaboration avec Ⅴ. Daline et A. Saitta，introduction《Babeuf，le babouvisme et la Conjuration des Egaux》，p. 7à 22.

△《格雷古瓦修士文集》

—*Oeuvres de l'Abbé Grégoire*，Nendeln-Paris，KTO Press-EDHIS，1977，avant-propos《Une conscience religieuse en temps de Révolution. L'Abbé Grégoire》，tome Ⅰ，p. Ⅸ à Ⅺ.

△《阿纳卡西斯·克洛茨文集》

—*Oeuvres d'Anacharsis Cloots*，München-Paris，Klaus Reprint-EDHIS，1980，Préface，tome Ⅰ，p. Ⅷ. à ⅩLⅡ.

△《卡米耶·德穆兰文集》

—*Oeuvres de Camille Desmoulins*，München，Klaus Reprint，1980，avant-propos 《Notes sur la vie politique de Camille Desmoulins》，tome Ⅰ，p. Ⅶ à ⅩⅩ.

3. 由索布尔主持或由他撰写引论、前言、绪言和后记部分的著作

△《巴贝夫与巴贝夫主义问题》前言部分

—*Babeuf et les problèmes du babouvisme*，Paris，Editions sociales，1963，320p.，Colloque international de Stockholm，août 1960，avant-propos，p. 7 à10.

△《吉尔贝·罗默(1750—1795 年)与他所处的时代》前言部分

—*Gilbert Romme*（1750-1795）*et son temps*，Paris，P.U.F.，1966，Publication de l'Institut d'études du Massif Central，Colloque de Riom et Clermont，juin 1965，avant-propos，p. 5 et 6（avec Jean Ehrard）.

△《梅叶神甫研究》前言部分

—*Etudes sur le curé Meslier*，Paris，Société des études robespierristes et Centre aixois d'etudes et de recherches sur le ⅩⅧ^e siècle，1966，127p.，Colloque international d'Aix-en-Provence，novembre 1964，avant-propos，p. 5 à 7.

△《"罗伯斯庇尔"讨论会专集》前言部分

—*Actes du colloque 《Robespierre》*，Paris，Société des études robespierristes，1967，331 p. ⅩⅡ^e Congrès international des sciences historiques，Vienne，septembre 1965，avant-propos，p. Ⅶ à Ⅺ.

△《在法国统治下的国家(1799—1814 年)》引论部分

—*Les Pays sous domination française*（1799-1899），Paris，C.D.U.，1968，259 p.，introduction 《Problèmes sociaux des pays sous occupation française(1799-1814)》，p. 1 à15.

△《"圣茹斯特"讨论会专集》前言部分

—*Actes du colloque 《Saint-Just》*，Paris，Société des études

robespieristes，1968，467p．，Sorbonne，juin1967，avant-propos《Pour relire et comprendre Saint-Just》，p. 5 à 8.

△《米拉波家族和它所处的时代》前言部分

—Les Mirabeau et leur temps，Paris，Société des études robespierristes et Centre aixois d'etudes et de recherches sur le XVIIIᵉ siècle，1968，258p．，avant-propos，p. 7 et 8.

△《巴兹的密谋》(阿·德·勒斯塔皮著)前言部分

—Lestapis(Arnaud de)，La Conspiration de Batz(1793-1794)，Paris，Société des études robespierristes，1969，276p．，avant-propos，p. VII à X.

△《关于法国大革命，对资产阶级革命史的研究》(克·马佐里克著)前言部分

—Mazauric(Claude)，Sur la Révolution française. Contributios à l'histoire de la révolution bourgeoise，Paris，Editions soeiales，1970，239p．，avant-propos，p. 5. à 9.

△《科西嘉历史问题(从旧制度到 1815 年)》前言部分

—Problèmes d'histoire de la Corse(de l'Ancien Régime à 1815)，Paris，Société des études robespierristes，1971，303 p．，Actes du colloque d'Ajaecio，octobre 1969，avant-propos，p. 5 et 6.

△《"法国大革命和拿破仑时期欧洲的爱国主义和民族主义"讨论会专集》前言部分

—Actes du colloque《Patriotisme et Nationalisme en Europe à l'époque de la Révolution française et de Napoléon》，Paris，Société des etudes robespierristes，1973，222 p．，XIIIᵉ Congrès des sicences historiques，Moscou，août 1970，avant-propos，p. 5 et 6.

△《犹太人与法国大革命》前言部分

—Les Juifs et la Révolution française，Toulouse，Privatcollection《Franco-Judaïca》，1976，234p．，colloque de la Sorbonne，novembre 1974，avant-propos，p. 1 et 2(avec Bernharà Blumenkranz).

△《圣茹斯特的政策与使命》(让-皮埃尔·格罗著)前言部分

—Gross(Jean-Pierre)，Saint-Just. Sa politique et scs missions，

Paris，Commission d'histoire économiqueet sociale de la Révoluton française，collection《Mémoireset Docments》，1976，571 p.，avant-propos《Saint-Justou "la force des choses"》，p. 7 à 10.

△《对法国大革命中农民史的研究》引论部分

—*Contributions à l'histoire paysanne de la Révolution française*，Paris，Editions sociales，1977，413 p.，recueil collectif publié sous la direction d'Albert Soboul，introduction《Problèmes agraires de la Révolution française》，p. 9 à 43. Traduction portugaise，Lisbonne，Horizonte，1978.

△《大革命的节日》序言部分

—*Les Fêtes de la Révolution*，Paris，Société des études robespierristes，1977，645 p.，colloque de Clermont-Ferrand，juin 1974，préambule，p. 1 à 7(avec Paul Viallaneix).

△《法国大革命史研究的新路 阿·马迪厄——乔·勒费弗尔讨论会》前言部分

—*Voies nouvelles pour l'histoire de la Rovolution française. Colloque Albert Mathiez-Georges Lefebvre*，Paris，Commission d'histoire économique et sociale de la Révolution française，collection《Mémoires et Documents》，1978，403 p.，Sorbonne，novembre 1974，préface，p. 7 à 11.

△《法国近现代史，第 1 卷：1789—1799 年》(弗·安克和克·马佐里克编著)前言部分

—Hincker(François) et Mazaurie(Claude)，*Histoire de la France contemporaine*，tome 1：1789-1799，Paris，Editions sociales，1978，448 p.，préface，p. 7 à 15.

△《拿破仑的大法院》前言与结论部分

—*Le Grand Sanhédrin de Napoléon*，Toulouse，Privat，collection《Vranco-Judaica》，1979，228 p.，colloque de la Sorbonne，décembre 1997，avant-propos，p. Ⅴ et Ⅵ et conclusions，p. 140 à 151 (avec Bernhard Blumenkranz).

△《金色青年》(弗·让德龙著)前言部分

—Gendron(François), *La Jeunesse dorée*, Québec, Presses de l'Université du Québec, 1970, 450 p. , préface, p. Ⅸ à Ⅻ.

△《"吉伦特派与山岳派"讨论会专集》引论部分

—*Actes du colloque《Girondins et Montagnards》*, Paris, Société des études robespierristes, 1980, 367p. , Sorbonne, décembre 1975, introduction《Girondins et Montagnards》, p. 7 à 18.

△《纪念约瑟夫·巴拉(1779—1793 年)诞辰 200 周年文集》担任主编并撰文《关于巴拉诞辰 200 周年，法国大革命的影响》

—*Joseph Bara* (1779-1793). *Pour le deuxième centenaire de sa naissance*, Paris, Société des études robespierristes et Ville de Palaiseau, 1981, 164 p. , recueii publié sous la direction d'Albert Soboul, 《A propos du bicentenaire de la naissance de Bara. Présence de la Révolution française》, p. 9 à 18.

△《法国大革命中的指券》(莫·米斯赞斯基著)前言部分

—Muszynski (Maurice), *Les Assignats de la Révolution française*, Bruyeres-le-Chatel, collection《Histoire du papier monnaie français》, 1981, 163 *p.*, *Préface*, p. 3 à 6.

△《巴贝夫与他的同路人》(罗·勒格朗著)序言部分

—Legrand(Robert), *Babeuf et ses compagnons de route*, Paris, Société des études robespierristes, 1981, 456 p. , avant-propos, p. Ⅶ à Ⅸ.

△《巴黎市府公告，1793—1794 年》前言部分

—*Affiches de la Commune de Paris*, 1793-1794, Paris, EDHIS, 1975, préface.

△《大革命在多姆山省》序言部分

—*La Révolution dans le Puy-de-Dôme*, Paris, Commission d'histoire économique et sociale de la Révolution française, collection《Mémoires et Documents》, 1972, 321 p. , avant-propos, p. 7 à 9.

△《1788 年，争取农民财产权的革命斗争》(莫·法伊维克和拉罗

施富科著）前言部分

——Faillevic（Maurice）et La Rochefoucauld（Jean-Dominique de），
1788，*Luttes révolutionnaires pour une propriété paysanne*，Paris，
Antenne 2. Editions sociales，1978，préface p. 9 à 42.

4. 主持出版和再版的乔治·勒费弗尔的著作

△《法国大革命中诺尔省的农民》

——*Les Paysans du Nord pendant la Révolution française*，Bari，
Laterza，publication et préface de la deuxièmeédition（avec Armando
Saitta），1959.

△《热月党人》

——*Les Thermidoriens*，Paris，A. Colin，révision et mise à jour de
la quatrième édition，1960.

△《奥尔良研究 Ⅰ. 关于 18 世纪末的社会结构研究 Ⅱ. 生计
与最高限价，1789 年——共和四年》

——*Etudes orléanaises. Ⅰ. Contribution à l'étude des structures
sociales à la fin du XVIIIe siècle. Ⅱ. Subsistances et maximum.* 1789-
an Ⅳ，Paris，Commissiond'histoire économique et sociale de la
Révolution française，1962 et 1963，2 volumes，276 et 476 p.

△《法国大革命》

——*La Révolution française*，Paris，P. U. F.，collection《Peuples
et Civilisations》，révision et mise à jour de la troisième édition，1963 et
de la quatrième édition，1968，nouvelle édition revue，à paraître.

△《法国大革命研究》

——*Etudes sur la Révolution française*，Paris，P. U. F.，révision et
mise à jour de la deuxième édition，1963.

△《拿破仑》

——*Napoléon*，Paris，P. U. F.，collection《Peuples et Civilisations》，
révision et mise à jour de la cinquième édition，1965 et de la sixième
édition，1969.

△《旧制度末期和大革命初期的瑟堡》

—*Cherbourg à la fin de l'Ancien Régime et au début de la Révolution*，Caen，*Cahiers des Annales de Normandie*，1965，296 p.

△《1789 年》

—*Quatre-vingt-neuf*，Paris，Editions sociales，nouvelle édition avec préface et postface，1970，308 p.

△《近代历史编纂学的产生》

—*La Naissance de l'historiographie moderne*，Paris，Flammarion，collection 《Nouvelle bibliothèque scientifique》，publication et avertissement (avec Fernand Braudel)，1971，348 p.

△《督政府时期的法国(1795—1799 年)》

—*La France sous le Directoire*（1795-1799），Paris，Editions sociales，publication（avec Jean-René Suratteau）et avant-propos，1977，937 p.

△《对历史的思考》

—*Réflexions sur l'histoire*，Paris，François Maspero，collection 《Textes à l'appui》，pubication et préface，1978，282 p.

5. 论文和与人合写的著作

△《大面积耕作地区一个农业集中化的典型，普伊泽-蓬图瓦兹(塞纳-瓦兹省)和托马森家族的产业》

—《Un exemple de concentration agraire en pays de grande culture. Puiseux-Pontoise（Seine-et-Oise）et la propriété Thomassin》，La Pensée，1946，n° 8，p. 51 à 66. *Repris dans Paysans*，*Sans-culottes et Jacobins*，*op. cit.*，p. 99 à 120 et dans *Problèmes paysans de la Révolution……*，*op. cit.*，p. 245 à 266.

△《关于农村公社专题论文的研究计划提纲》

—《Esquisse d'un plan de recherches pour une monographie de communauté rurale》，*La Pensée*，1947，n° 13，p. 34 à 50.

△《森林与居住条件》

—《Forêt et habitat》，*La Pensée*，1947，n°14，p. 58 à 64.

△《关于几项地方研究成果》

—《Sur quelques études locales》，*La Pensée*，1948，n°17，p. 59 à 64.

△《1848 年的农民骚动，资料》

—《Les Troubles agraires de 1848. Documents》，*Revue de* 1848，1948，n° 180，p. 1 à 20，n° 181，p. 39 à 61.

△《1848 年的农民问题》

—《La Question paysanne en 1848》，*La Pensée*，1948，n° 18，p. 55 à 66，n° 19，p. 25 à 37，n° 20，p. 48 à 56. Repris，sous le titre《Les Troubles agraires de 1848》dans *Paysans*，*Sans-culottes et Jacobins*，*op. cit.*，p. 307 à 350 et dans *Problèmes paysans de la Révolution……*，*op. cit.*，p. 293 à 334.

△《根据国家图书馆的手稿看圣茹斯特的"共和机构"》

—《Les "Institutions républicaines" de Saint-Just d'après les maunscrits de la Bibliothêque nationale》，*Annales historiques de la Révolution française*，1948，n° 3，p. 193 à 262.

△《地方研究专栏》

—《Chronique des études locales》，*La pensée*，1949，n° 24，p. 83 à 90.

△《未公布的圣茹斯特笔记》

—《Notes inédites de Saint-Just》，*Annales historiques de la Révolution française*，1949，n° 4 p. 289 à 293.

△《法国 18 世纪末的农村公社》

—《La Communauté rurale，en France，à la fin du XVIIIe siècle》，*Le Mois d'ethnographie française*，1950，n° 3，p. 33 à 36.

△《大革命史专栏，从路易十六、路易十七或其假冒者一直到贝当》

—《Chronique d'histoire de la Révolution. De Louis XVI à Pétain，en passant par Louis XVII，ou les falsificateurs à l'oeuvre》，*La Pensée*，1950，n° 29，p. 97 à 100.

△《巴黎各区的文件，1790 年——共和四年》

—《Les Papiers des sections parisiennes. 1790-an IV》，*Annales historiques de la Révolution française*，1950，n° 2，p. 97 à 108.

△《圣茹斯特一篇未公布的手稿："论身份的性质，论居住区，或政府独立性的法则"》

—《Un manuscrit inédit de Saint-Just："De la Nature de l'état civil，de la cité，ou les règles de l'indépendance du gouvernement"》，*Annales historiques de la Révolution française*，1951，n° 4，p. 321 à 359.

△《卡尔·马克思与法国革命的经验　无产阶级专政理论的来源》

—《Karl Marx et l'expérience révolutionnaire française. Les origines de la théorie de la dictature du prolétariat》，*La Pensée*，1951，n° 36，p. 61 à 69.

△《百科全书与百科全书运动》

—《*L'Encyclopédie* et le Mouvement encyclopédiste》，*La Pensée*，1951，n° 39，p. 41 à 51.

△《大革命前夕诺曼底的一个农村公社：圣图昂港的雷奥蒂厄》

—《Une communautérurale de Normandie à la veille de la Revolution：Les Authieux-sur-le-Port-Saint-Ouen》，*Annales de Normandie*，1952，n° 1.

△《大革命中的一个农村公社：圣图昂港的雷奥蒂厄（下塞纳省），1789—1795 年》

—《Une communauté rurale pendant la Révolution，Les Authieux-sur-le-Port-Saint-Oucn（Seine-Inférieure）1789-1795》，*Annales historiques de la Révolution française*，1953，n° 2，p. 140 à 160. Les deux derniers articles sont repris en synthêse dans *Paysans，Sans-culottes et Jacobins*，*op. cit.*，p. 67 à 97 et dans *Problémes paysans*… *op. cit.*，p. 215 à 244.

△《日本的知识分子与和平资料》

—《Les Intellectuels Japonais et la paix. Documents》，*Le Pensée*，1953，p. 145 à 149.

△《法国大革命时的阶级和阶级斗争》

—《Classes et luttes de classes sous la Révolution française》，*La*

Pensée，1954，n° 53，p. 39 à 62. Voit également *The Journal of historical Studies*（*Reki Shiga Kuke Nyu*），Tokyo，1953，n° 165. Repris dans *Comprendre la Révolution*···，*op. cit.*，p. 25 à 54.

△《巴黎的最高工资限额与热月九日》

—《Le Maximum des salaires parisiens et le 9 thermidor》，*Annales historiques de la Révolution française*，1954，n° 1，p. 1 à 22（encollaboration avec George Rudé）. Repris dans *Paysans，Sansculottes et Jacobins*，*op. cit.*，p. 161 à 182 et dans *Comprendre la Révolution*，*op. cit.*，p. 127 à 145.

△《罗伯斯庇尔与人民运动，1793—1794 年》

—《Robespierre and the Popular Movement，1793-1794》*Past and Present*，1954，n° s，p. 54 à 70.

△《关于圣茹斯特在莱茵方面军的使命（共和二年雾月）》

—《Sur la mission de Saint-Just à l'armée da Rhin（brumaire an Ⅱ）》，*Annales historiqves de la Révolution française*，1954，n° 3，p. 193 à 207，n° 4，p. 298 à 337.

△《向乔治·勒费弗尔致意》

—《Hommage à Georges Lefebvre》，*La Pensée*，1954，n° 58，p. 91 à 94.

△《法国大革命研究：无套裤汉与革命政府》

—《Recherches sur la Révolution française：Sans-culottes et Gouvernement Révolutionnaire》，*L'Information historique*，mars 1955.

△《共和二年的劳动问题》

—《Problèmes du travail en l'an Ⅱ》，*Journal de psychologie*，1955，n° 1，p. 39 à 58. Voir aussi *Annales historiques de la Révolution française*，1956，n° 3，p. 236 à 254. Repris dans *Paysans，Sans-culottes et Jacobins*，*op. cit.*，p. 121 à 142 et dans *Comprendre la Révolution*···，*op. cit.*，p. 109 à 126.

△《圣茹斯特》

—《Saint-Just》，*L'Information historique*，janvier 1956.

△《圣茹斯特与"环境所迫"》

—《Saint-Just et "la force des choses"》, *Annales historiques de la Révolution française*, 1956, n° 1, p. 83 à 93.

△《大革命中的宗教感情和人民崇拜 "爱国圣女"与"自由烈士"》

—《Sentiment religieux et cultes populaires pendant la Révolution. "Saintes patriotes" et "Martyrs de la liberte"》, *Archives de sociologie des religions*, 1956, n° 2, p. 73 à 87. Voir aussi *Annales historiques de la Révolution française*, 1957, n° 3, p. 193 à 213. Repris dans *Paysans, Sans-culottes et Jacobins*, op. cit., p. 183 à 202 et dans *Comprendre la Révolution*…, op. cit., p. 169 à 185.

△《人民民主的根源》

—《Origine de la démocratie populaire》, *The Journal of historical Studies*(Reki Shiga Kuke Nyu), 1956, n° 197.

△《一场历史讨论：从封建主义到资本主义 关于法国革命的研究》

—《Une discussion historique: du féodaisme au capitalisme. Contribution à propos de la Révolution française》, *La Pensée*, 1956, n° 65, p. 26 à 32. Repris dans Dobb(Maurice) et Sweezy(Paul M.), *Du féodalisme au capitalisme: problémes de la transition*, Paris, Petite collection Maspero, 1977, tome 1, p. 227 à 238.

△《18 至 19 世纪法国的农村公社，基本的问题》

—《La Communauté rurale en France. XVIIIe-XIX^3 siècles. Problèmes de base》, *Revue de synthése*, juillet 1957, p. 283 à 315. Voir aussi *La Pensée*, 1957, n° 73, p. 65 à 81 et *Past and Present*, novembre 1956 《The French rural community》.

△《共和二年的革命政府和人民团体 法兰西先贤祠友好协会》

—《Gouvernement révolutionnaire et sociétés populaires en l'an Ⅱ. La Société fraternelle du Panthéon-Français》, *Annales historiques de la Révolution française*, 1957, n° 1, p. 50 à 55.

△《共和二年人民民主的政治表现》

—《Aspects politiques de la démocratie populaire en l'an Ⅱ》, *La*

Pensée，1957，n° 71，p. 22 à 34. Repris dans *Comprendre la Révolution …op. cit.*，p. 55 à 69.

　　△《答让·多特利》

　　—《Réponse à Jean Dautry … 》，*Annales historiques de la Révolution française*，1958，n° 2，p. 92.

　　△《罗伯斯庇尔与人民团体》

　　—《Robespierre et les sociétés populaires》，*Annales historiques de la Révolution française*，1958，n° 3，*p. 50 à 64*. Repris dans *Paysans，Sans-culottes et Jacobins*，op. cit.，p. 223 à 239.

　　△《罗伯斯庇尔与共和二年的人民团体》

　　—《Robespierre et les sociétés populaires en l'an Ⅱ》，*Bulletin de la Société d'histoire moderne*，1958，n° 3.

　　△《纪念马克西米利安·罗伯斯庇尔诞辰 200 周年》

　　—《Maximilien Robespierre，pour le 200ᵉ anniversaire de sa naissance》，*Les Cahiers rationalistes*，1958，n° 174.

　　△《罗伯斯庇尔与革命政府的组成（1793 年 7 月 27 日—10 月 10 日）》

　　—《Robespierre et la formation du Gouvernement révolutionnaire （27 juillet—10 octobre 1793）》，*Revue d'histoire moderne et contemporaine*，1958，n° 4，p. 283 à 294. Repris dans *Paysans，Sans-culottes et Jacobins*，op. cit.，p. 240 à 256.

　　△《共和二年的巴黎无套裤汉　论文介绍》

　　—《Les Sans-culottes parisiens en l'an Ⅱ. Présentation de thèse》，*L'Information historique*，1959，n° 1.

　　△《共和二年的人民运动与革命政府 1958 年 11 月 29 日的论文答辩》

　　—《Mouvement populaire et Gouvernement révolutionnaira en l'an Ⅱ. Soutenance de thèse du 29 novembre 1958》，*La Pensée*，1959，n° 83，p. 65 à 73.

　　△《共和二年的革命战争问题》

　　—《Problèmes de la guerre révolutionnaire en l'an Ⅱ 》，*La*

Pensée，1959，n° 85，p. 33 à 48.

△《乔治·勒费弗尔，法国大革命史专家，1874—1959 年》

—《Georges Lefebvre，historien de la Révolution française，1874-1959》，*La Pensée*，1959，n° 88，p. 7 à 19.

△《1793 年 8 月人民斗争的插述　巴黎山岳区和纪尧姆-泰尔区的"新生"》

—《Episodes des luttes populaires en août 1793. La "régénération" des sections parisiennes de la Montagne et de Guillaume-Tell》，*Annates historiques de la Révolution française*，1959，n° 4，p. 328 à 331.

△《从旧制度到帝国　民族问题与社会现实》

—《De l'Ancien Régime à l'Empire. Problème national et réalités sociales》，*L'Information historique*，1960，n° 3，p. 59 à 64，n° 4，p. 96 à 104. Repris dans *Comprendre la Révolution* …，*op. cit.*，p. 247 à 283.

△《乔治·勒费弗尔，法国大革命史专家，1874—1959 年》

—《Georges Lefebvre，historien de la Révolution française，1874-1959》，*La Pensée*，1959，n° 88，p. 7 à 19.

△《乔治·勒费弗尔，法国大革命史专家，1874—1959 年》

—《Georges Lefebvre，historien de la Révolution française，1874-1959》，*Annales historiques de la Révolution française*，1960，n° 1，p. 1 à 20.

△《巴黎各区人员和拥护巴贝夫的人员》

—《Personnel sectionnaire et personnel babouviste》，*Annales historiques de la Révolution française*，1960，n° 4，p. 436 à 457. *Voir aussi Babeuf et les problèmes du babouvisme*，*op. cit.*，p. 107 à 131，Repris dans *Paysans，Sans-culottes et Jacobins*，*op. cit.*，p. 281 à 305 et dans *Comprendre la Révolution* …，*op. cit.*，p. 147 à 167.

△《1793 年 9 月人民斗争的插叙　徽章之战》

—《Un épisode des luttes populaires en septembre 1793. La guerre des cocardes》, *Annales historiques de la Ré volution française*, 1961, n° 1, p. 52 à 55.

△《意大利复兴运动与资产阶级革命 研究方向提纲》

—《Risorgimento et révolution bourgeoise. Esquisse d'une direction de recherche》. *La Pensée*, 1961, n° 95, p. 63 à 73. Voir aussi *Problemi dell'Unità d'Italia*, Rome, 1962, p. 801 à 816.

△《关于无套裤汉：马克思主义史学家之间的一场争论》

—《I sanculotti: una discussione trastorici marxisiti》, *Critica Storica*, 1962, n° 4(avec S. -A. Lotte, G. Rudé, J. Zacker).

△《启蒙思想的影响所及 大革命中的人民阶层与卢梭主义》

—《Audience des Lumières. Classes populaires et rousseauisme sous la Révolution》, *Annales historiques de la Révolution française*, 1962, n° 4, p. 421 à 438. Voir aussi *Utopie et institutions au XVIIIe siecle. Le Pragmatisme des Lumiéres*, Paris-La Haye, Mouton, 1963, p. 405 à 424. Repris dans *Paysans, Sans-culottes et Jacobins*, *op. cit.*, p. 203 à 222.

△《帕斯卡尔时期的克莱蒙》

—《Clermont au temps de Pascal》, *Pascal présent*. 1662-1962, Clermont, 1963, p. 201 à 229.

△《让-雅克·卢梭与雅各宾主义》

—《Jean-Jacques Rousseau et le Jacobinisme》, *Etudes sur "Le Contrat social" de Jean-Jacques Rousseau* (Actes des journées d'études organisées à Dijon pour la commémoration du 200e anniversaire du Contrat social, 1962), Paris, Les Belles Lettres, 1964, p. 405 à 424. Voir aussi *Studi Storici*, 1963, n° 1. Repris dans *Paysans, Sans-culottes et Jacobins*, *op. cit.*, p. 257 à 279.

△《地方史研究》

—《Des recherches d'histoire locale》, *Revue de HauteAuvergne*, 1964, p. 1 à 4.

△《关于"哲学"定义的笔记(18 世纪)》

—《Notes pour une définition de la "Philosophie"(XVIII siècle)》,

L'Information historique，1964，p. 47 à 53.

△《关于 18 世纪土地文件研究的笔记地税、地籍及土地税收簿籍》

—《Note sur l'étude des documents fonciers du XVIIIe siècle. Terriers，cadastres et compoix》，*Actes du 89° Congrés national des Sociétés，savantes. Lyon*，1964，*Section d'histoire moderne et contemporaine*，Paris，Imp. nationale，1964，p. 231 à 257. Repris dans *Paysans，Sans-culottes et Jacobins*，*op. cit.*，p. 43 à 66 et dans *Problémes paysans…*，*op. cit.*，p. 63 à 86.

△《关于大革命前夕地税的实行》

—《De la pratique des terriers à la veille de la Révolution》，*Annales*，*E. S. C.*，1964，n° 6，p. 1049 à 1065.

△《从地税的实行到封建六书的焚毁》

—《De la pratique des terriers au brûlement des titres féodaux》，*Annales historiques de la Révolution française*，1964，n° 2，p. 149 à 158.

△《学徒问题（18 世纪后半期）：社会现实与经济需要》

—《Problèmes de l'apprentissage(seconde moitié du XVIIIe siècle). réalités sociales et nécessités économiques》，XVIIIe *Colloque d' histoire sur l'artisanat et l'apprentissage*，Aix-en-Provence，1965，*Ed.* Ophrys，1965，p. 7 à 23. Voir aussi *Studi Storici*，1964，n° 3，p. 449 à 466. Repris dans *Paysans，Sans-culottes et Jacobins*，*op. cit.*，p. 142 à 160.

△《从大革命到帝国时的法国：人民主权与独裁政府（1789—1804 年）》

—《De la Révolution à l'Empire en France：souveraineté populaire et gouvernement autoritaire(1789-1804)》，Gouvernés et Gouvernants，Recueils de la société Jean Bodin pour l'histoire comparative des institutions，XXVI，Bruxelle. s，1965，p. 9 à 46.

△《1815 年欧洲的总结　社会方面的总结提纲》

—《Le Bilan de l'Europe en 1815. Esquisse d'un bilan social》，

Comité international des Sciences historiques. XIIe Congrès international,
Vienne, 1965, Rapports. I, Grands thèmes, Vienne, 1965, p. 517 à
545. Partiellement repris dans Problèmes paysans…, op. cit., p. 347
à 371.

△《巴黎产业工人阶级的起源，18 世纪末至 19 世纪初》

—《Aux origines de la classe ouvrière industrielle pari sienne, fin
XVIIIe-début XIXe siècle》. Troisième Conférence internationale d'histoire
économique, Munich, 1965, Paris-La Haye, Mouton, 1965, p. 187 à
192.

△《介绍吉尔贝·罗默(1750—1795 年)》

—《Présentation de Gilbert Romme(1750-1795)》, Gilbert Romme
(1750-1795) et son temps, op. cit., Paris, P. U. F., 1966, p. 7 à
21.

△《社会史中的描述与估量》

—《Description et mesure en histoire sociale》, L'histoire sociale.
Sources et méthodes, Colloque de l'Ecole normale supérieure de Saint-
Cloud, mai 1965, Paris, P. U. F., 1967, p. 9 à 25.

△《被法国占领国家的社会问题(1799—1814 年)》

—《Problèmes sociaux des pays sous occupation française(1799-
1814)》, Les Pays sous domination française(1799-1814), op. cit.,
Paris, C. D. U., 1968, p. 1 à 15.

△《拿破仑与意大利，或"不成功的革命"》

—《Napoléon et l'Italie, ou "la Révolution manquée"》, ibid, p. 78
á 91.

△《华沙公国(1807—1813 年)司法结构与社会现实》

—《Le Duché de Varsovie(1807-1813). Structures juridiques et
réaliés sociales》, ibid., p. 172 à 192. Repris dans Problèmes paysans
…, op. cit., p. 393 à 414.

△《为了重读和理解圣茹斯特》

—《Pour relire et comprendre Saint-Just》, Annales historiques de *la Révolution française*，1968，n° 1，p. la 4. Voir *Actes du colloque Saint-Just*，*op. cit.*

△《关于日本对大革命的研究》

—《Note sur les études concernant la Révolution au Japon》，*Annales historiques de la Révolution française*，1968，n° 2，p. 260 à 268. Repris dans *Problèmes paysans*…，*op. cit.*，p. 419 à 427.

△《法国大革命与"封建制"》

—《La Révolution française et la "féodalité"》，*Annales historiques de la Révolution française*，1968，n° 3，p. 289 à 298.

△《法国大革命与"封建制" 关于封建捐税》

—《La Révolution française et la "féodalité". Notes sur le prélèvement féodal》，*Revue historique*，1968，n° 487，p. 33 à 56. Repris dans *Problèmes paysans*…，op. cit.，p. 89 à 115.

△《19 世纪法国农村社会中的"封建"残余》

—《Survivances "féodales" dans la société rurale françaisé au XIXᵉ siècle》，*Annales*，*E. S. C.*，1968，n° 5，p. 965 à 986. Repris dans *Problèmes paysans*…，op. cit.，p. 147 à 166.

△《关于再版饶勒斯的〈社会主义的法国大革命史〉：尊重原文与公诸于世》

—《Apropos d'une réédition (*l'Histoire socialiste* de Jaurès)：Respect et mise à jour》，*La Pensée*，1968，n° 142，p. 41 à 44.

△《结构的内部运动》

—《Le Mouvement interne des structures》，participation à la soirée d'étude du 23 février 1968 sur《Structure sociale et Histoire》，*Raison présente*，1968，Repris dans *Structuralisme et Marxisme*，Paris，U. G. E.，collection《10/18》，1970，317p.，p. 165 et suivantes.

△《英雄，传说与历史》

—《Le héros, la légende et l'histoire》，*La Pensée*，1969，n°143，p. 37 à 61.

△《从伏尔泰到狄德罗，或者"什么是哲学家?"》

—《De Voltaire à Diderot, ou "Qu'est-ce qu'un philosophe?"》，*Revue de collaboration franco-japonaise*(*Nichifutsu Bunka*)，1969，n°24，p. 1 à 27. Voir aussi *Anais de Historia*，Faculdade de Filosofia，ciencias e letras de Assis，1970，n°2，p. 115 à 146.

　　△《大革命在当时世界的历史地位》

　　—《La Révolution dans l'histoire du monde contemporain》，*L'Information historiquc*，1969，n° 3，p. 107 à 123. Voir aussi *Studien über die Revolution*，Berlin，Akademie-Verlag，1969，p. 62 à 93；*Recherches Internationales*，1970，n°62，p. 1 à 40；Lefebvre (Georges)，*Ouatrevingt-neuf*，*op. cit.*，postface，p. 249 à 303. Repris dans *Comprendre la Révolution …*，*op. cit.*，p. 349 à 380.

　　△《共济会与法国大革命》

　　—《La Franc-Maçonnerie et la Révolution française》，avant-propos，*Annales historiques de la Révolution française*，1969，n°3，p. 373 à 377.

　　△《农民运动与土地骚乱(1789 年至 19 世纪中期)》

　　—《Mouvements paysans et troubles agraires (1789—milieu de XIXᵉ siècle)》，*Rapport présenté en 1969 devant la section française de la Commission internationale d'histoire des mouvements sociaux et des structures sociales* (*enquête sur* 《*Mouvements paysans et problèmes agraires de la fin du XVIHᵉ siècle à nos jours*》). Repris dans *problèmes Paysuns …*，*op. cit.*，p. n67 à 292.

　　△《农民运动与"封建制"，从旧制末期至 19 世纪中期》

　　—《Les Mouvements paysans et la "féodalité"，de la fin de l'Ancien Régime vers le milieu du xⅠxᵉ siècle》，*Rapport présenté au XVIIIᵉ Congrès international des sciences historiques*，Moscou，1970. Repris dans *Problèmes paysans …*，*op. cit.*，p. 337 à 345 (version abrégée).

　　△《农民运动与封建制　从旧制度末期至 19 世纪中期》

　　—《Mouvements paysans et Féodalité. De la fin de l'Ancien Régime vers le milieu du xixᵉ siècle》，*La Pensée*，1970，n°149，p. 56 à 72.

△《梅叶和他所处的时代》

—《Meslier et son temps》, *La Pensée*, 1970, n° 151, p. 39 à 66.

△《英雄与历史》

—《Le Héros et l'Histoire》, *Annales historiques de la Révolution française*, 1970, n° 1, p. 1 à 7. Voir aussi *Revue d'histoire moderne et contemporaine'* 1970, tome XVII, colloque *La France à l'époque napoléonienne*, Sorbonne, octobre 1969, p. 333 à 338.

△《"旧制度的封建制"问题 关于 18 世纪封建捐税》

—《Problèmes de la "feodalité d'Ancien Régime". Note sur le prélèvement féodal au xvllllᵉ siècle》, *L'Abolition de la "Féodalité" dans le monde occidental*, Paris, C. N. R. S., 1971, Colloque international de Toulouse, novembre 1968, tome I, p. 115 à 127.

△《法国大革命与封建制：封建捐税》

—《La Révolution française et la féodalité, le prélèvement féodal》, *Sur le féodalisme*, Paris, Editions sociales, 1971, Journée d'études du C. E. R. M., avril 1968, p. 73 à 85.

△《革命国家的问题 从法国大革命到 1871 年公社》

—《Problèmes de l'Etat révolutionnaire. De la Révolution française à la Commune de 1871》, *La Pensée*, 1971, n° 158, p. 3 à 21 (communication présentée au colloque sur la Commune de 1871, Varsovie, avril 1971). Repris dans *Comprendre la Révolution …*, *op. cit.*, p. 81 à 107.

△《从共和二年到 1871 年公社 法国的双重革命传统》

—《De l'an II à la Commune de 1871. La double tradition révolutionnaire française》, *Annales historiques de la Révolution française*, 1971, n° 4, p. 535 à 553. Voir aussi 《L'An deux》, *Le Mouvement social*, 1972, n° 79, Colloque universitaire pour le centenaire de la Commune de 1871, Paris, mai 1971, p. 15 à 31.

△《让·默弗雷，1901—1971 年》

—《Jean Meuvret, 1901-1971 》, *Revue d'histoire moderne et*

contemporaine，1972，tome ⅩⅨ，p. 1 à 5.

△《19 世纪前的劳动》

—《Le Travail jusqu'au ⅩⅨ^e siècle》，*La France et les Français*，Paris，Gallimard，《Encyclopédie de la pléiade》，1972，sous la direction de MichelFrançois，《L'Organisation du travail du ⅩⅧ^e au xxe siècle》，par Jean Bruhat et Albert Soboul，p. 348 à 390.

△《法国 18 世纪的启蒙思想、社会批评和乌托邦》

—《Lumières，critique sociale et utopie pendant le ⅩⅧ^e siècle français》，*Histoire générale du socialisme*，Paris，P. U. F.，1972，sous la direction de Jacques Droz，tome Ⅰ，p. 103 à 194.

△《乌托邦与法国大革命》

—《Utopie et Révolution française》，*ibid.*，p. 195 à 254.

△《现实与新观念》

—《Réalités et idées neuves》，*Manuel d'histoire littéraire de la France*，Paris，Editions sociales，1972，sous la direction de P. Abraham et R. Desné，tome Ⅳ，1789-1848，1re partie，p. 17 à 58.

△《争取平等的斗争，1793 年》

—《Les luttes pour l'Egalité，1793》，*Quatre-Vingt-Treize*，Romorantin-Paris，Editions Martinsart，collection 《L'Humanité en marche》，1972，p. 29 à 130.

△《关于一篇新论文　法国大革命中的农民运动》

—《A propos d'une thèse récente. Sur le mouvement pay san dans la Révolution française》，*Annales historiques de la Révolution française*，1973，n° 1，p. 85 à 101. Repris dans *Problèmes paysans …*，*op. cit.*，p. 117 à 134.

△《保罗-路易·库里埃与法国大革命阅读笔记》

—《Paul-Louis Courier et la Révolution française. Notes de lecture》，*Annales historiques de la Révolution française*，1973，n°4，p. 528 à 538.

△《法国大革命　民族问题与社会现实》

—《La Révolution française. Problème national et réalitsés sociales》，

Actes du colloque 《Patriotism, et Nationalisme en Europe à l'époque de la Révolution françaiet de Napoléon》, Paris, 1973, *op. cit.*, p. 29 à 58. Repris dans *Comprendre la Révolution* …, *op. cit.*, p. 247 à 283.

△《法国大革命中的农民运动》

—《Sur le mouvement paysan dans la Revolution》, *La Pensée*, 1973, n° 168, p. 97 à 108.

△《共济会与法国大革命》

—《La Franc-Maçonnerie et la Révolution française》, *La Pensée*, 1973, n°170, p. 17 à 26.

△《马赛尔·雷纳尔(1899—1973 年)》

—《Marcel Reinhard (1899-1973)》, *Annales historiques de la Révolution française*, 1974, n° 1, p. 1 à 2.

△《平等 口号的力量和危险性》

—《Egalité. Du pouvoir et des dangers des mots》, *Annales historiques de la Révolution française*, 1974, n°3, p. 371 à 379. *Voir The Consortium on Revolutionary Europe*, 1750-1850. *Proceedings* 1974, Gainesville, University Presses of Florida, 1978, p. 13 à 21, 《Equality: On the Power and Danger of Words》.

△《从启蒙时期到大革命时期的科西嘉》

—《La Corse des Lumières à la Révolution》, avant-propos, *Annales historiques de la Révolution franèaise*, 1974, n°4, …, op. cit. p. 481 à 482.

△《革命国家的几个问题，1789—1796 年》

—《Some problems of the Revolutionary State, 1789-1796》, *Past and Present*, 1974, n°65, p. 52 à 74.

△《法国大革命的传统史学 关于最近的论争》

—《L'Historiographie classique de la Révolution française. Sur des controverses récentes》, *La Pensée*, 1974, n°177, p. 40 à 58. Repris dans Comprendre *La Révolution* 323 à 345.

△《共济会与法国大革命》

—《La Franc-Maçonnerie et la Révolution française》，*Mélanges Lesnodorski*，Varsovie，1974，p. 381 à 392.

△《一个见证：保罗-路易·库里埃与大革命》

—《Un témoignage：Paul-Louis Courier et la Révolution》，*Paul-Louis Courier. Actes du colloque de Sorbonne*，novembre 1972，Véretz，1974，p. 55 à 65. Repris dans *Problémes paysans …*，*op. cit.*，p. 167 à 180.

△《法国大革命史的理论问题》

—《Problèmes théoriques de l' histoire de la Révolution française》，*Aujourd'hui l'histoire*，Paris，Editions sociales，1974，349 p.，ouvrage collectif sous la direction d'A. Casanova et F. Hincker，p. 261 à 272.

△《法国大革命　历史的解释与科学问题》

—《Révolution française. Interprétations historiques et problèmes scientifiques》，*Encyclopaedia Universalis*，1974.

△《阿尔贝·马迪厄——乔治·勒费弗尔　纪念他们诞辰 100 周年（1874—1974 年）》

—《 Albert Mathiez-Georges Lefebvre. Pour le centième anniversaire de leur naissance(1874-1974》），*Annales historiques de la Révolution française*，1975，n° 1，p. 1 et 2.

△《回顾一位历史学家的一生　乔治·勒费弗尔(1874—1959 年)》

—《Le Parcours d'une vie d'historien. Georges Lefebvre（1874-1959》），*La Pensée*，1975，n° 181，p. 14 à 34.

△《乔治·勒费弗尔(1874—1959 年)纪念他诞辰 100 周年》

—《Georges Lefebvre(1874-1959). Pour le 100e anniversaire de sa naissance》，*Annales historiques de la Révolution française*，1975，n° 2，p. 177 à 202. Partiellement repris dans *Problèmes paysans …*，*op. cit.*，P. 431 à 440.

△《1818 年与第二共和国》前言部分

—《1848 et la seconde République》，avant-propos（avec Maurice

Agulhon), *Annales historiques de la Révolution française*, 1975, n°4, p. 497 et 498.

△《法国的农村公社问题(18—19 世纪)》

—《Problèmes de la communauté rurale en France (XVIII ᵉ - XIX ᵉ siècles)》, *Ethnologie et Histoire. Forces productives et problèmes de transition*, Paris, Editions sociales, 1975, p. 369 à 395. Repris dans *Problèmes paysans …*, *op. cit.*, p. 183 à 214.

△《雅各宾和拿破仑时期的意大利，或未成功的土地革命》

—《L'Italie jacobine et napoléonienne ou la révolution agraire manquée》, *Annuario dell' Istituto storico italiano per l'Età moderna e contemporanea*, Roma, 1975, volume XXIII - XXIV, Rapport présenté au colleque de Rome(mars 1974)sur l'Italie jacobine et napoléonienne, p. 45 à 63. Repris dans *Problèmes paysans …*, *op. cit.* p. 373 à 392.

△《关于法国 18 世纪乌托邦历史的笔记》

—《Notes pour uue histoire de I'utopie en France au XVIII ᵉ siècle》, *Annales historiques de la Révolution française*, 1976, n° 2, p. 161 à 179. Repris dans Hartig (Irmgard) et Soboul (Albert), *Pour une histoire de l'utopie …*, *op. cit.*, Paris, 1977, p. 5 à 28.

△《启蒙时期的罗马尼亚人国家……》

—《Les pays roumains à l'âge des Lumières …》, *avantpropos*, *Annales historiques de la Révolution française*, 1976, n°3, p. 321 et 322.

△《关于安托万·佩尔蒂埃的一篇文章……》

—《Sur un article d'Antoine Pelletier … 》, *La Pensée*, 1976, n° 187, p. 36 et 37.

△《关于米歇尔·格尔农和雷吉娜·罗班的一篇文章……》

—《Sur l'article de Michel Grenon et Régine Robin … 》 *ibid.*, p. 31 à 35.

△《革命的冲击，1789—1797 年》

—《Le Choc révolutionnaire, 1789-1797》, *Histoire économique et sociale de la France*, Paris, P. U. F., 1976, tome 3, 1789—*années*

1880，1er volume，p. 3 à 64，publié sous la direction de Braudel (Fernand)et Labrousse (Ernest).

△《经济复兴和社会稳定，1797—1815 年》

—《La Reprise économique et la stabilisation sociale，1797-1815》，*ibid.*，p. 65 à 133.

△《阿尔贝·马迪厄(1874—1932 年)第戎讨论会，1974 年 11 月》

—《Albert Mathiez（1874-1932），Colloque de Dijon，novembre 1974》，*Annales historiques de la Révolution française*，1977，n° 1，p. 1 et 2.

△《雅各宾和拿破仑时期的意大利》前言部分

—《 L'Italie jacobine et napoléonienne 》，avant-propos（avec Armando Saitta），*Annales historiques de la Révolution française*，1977，n° 4，p. 501 et 502.

△《从封建主义到资本主义 法国大革命和过渡的道路问题》

—《Du féodalisme au capitalisme. La Révolution française et la problématique des voies de passage》，*La Pensée*，1977，n° 196，p. 61 à 78.

△《法国大革命中的土地问题》

—《Problèmes agraires de la Révolution française》，*Contributions à l'histoire paysanne，op. cit.*，Paris，1977，p. 9 à 43.

△《关于法国大革命的研究》

—《Contribution à propos de la Révolution française》，Dobb (Maurice) et Sweezy（Paul M.），*Du féodalisme au capitalisme：problèmes de la transition*，Paris，《Petite collection Maspero》，1977，2 volumes，tome 1，p. 227 à 238. Voir aussi *Comprendre la Révolution …*，*op. cit.*，p. 71 à 79.

△《从旧制度到大革命 地区性问题和社会现实》

—《De l'Ancien Régime à la Révolution. Problème régional et réalités sociales》，*Régions et régionalisme en France du* XVIIIe *siècle à nos jours*，Paris，P. U. F.，1977，p. 25 et suivantes. Repris dans *Comprendre la Révolution …*，*op. cit.*，p. 215 à 245.

△《巴贝夫、巴贝夫主义和平等派的密谋》

——《Babeuf，le babouvisme et la Conjuration des Egaux》，*Oeuvres de Babeuf*，*op. cit.*，Paris，1977，tome Ⅰ，p. 7 à 22.

△《罗伯斯庇尔或雅各宾主义的矛盾》

——《Robespierre ou les contradictions du jacobinisme》，*Annales historiques de la Révolution française*，1978，n° 1，p. 1 à 19.

△《卢梭主义的影响所及和实用主义 大革命的预言家们（1788—1795 年）》

——《Audience et pragmatisme du rousseauisme，Les Almanachs de la Révolution（1788-1795）》，*Annales historiques de la Révolution française*，1978，n° 4，p. 608 à 640，en collaboration avec Gundula Gobel.

△《法国大革命和平等》

——《La Révolution française et l'Egalité》，*Lendemains*，1978，n° 12. Repris dans *Comprendre la Révolution* …，*op. cit.*，p. 371 à 380.

△《饶勒斯、马迪厄和法国大革命史》

——《Jaurès，Mathiez et l'histoire de la Révolution française》，*Annales historiques de la Révolution française*，1979，n° 3，p. 443 à 454. Repris dans *Comprendre la Révolution* …，*op. cit.*，p. 287 à 298.

△《开明专制的历史功能》

——《Sur la fonction historique de l'absolutisme éclairé》，Rapport de synthèse présenté au Colloque international pour le bicentenaire de la mort de Voltaire et Rousseau，Paris，juillet 1978，*Annales historiques de la Révolution française*，1979，n° d，p. 519 à 534. Repris dans *Comprendre la Révolution* …，*op. cit.*，p. 9 à 23.

△《共和二年巴黎各区妇女的斗争活动》

——《Sur l'activité militante des femmes dans les sections parisiennes en l'an Ⅱ》，*Bulletin d'histoire économique et sociale de la Révolution française*，année 1979，Paris，1980，p. 15 à 26. Repris dans *Comprendre la Révolution* …，*op. cit.*，p. 203 à 214.

△《大革命的启示：农民问题与资产阶级革命》

—《Alla luce della Rivoluzione：problema contadino erivoluzione borghese》，*La Rivoluzione Francese*，*problemi storici e metodologici*，Milano，Franco Angeli Editore，1979，Quaderni della Fondazione Basso，p. 99 à 128.

△《从封建主义向资本主义过渡的问题》

—《Zum problem des Übergangs Vom Feudatlismus zum Kapitalismus》（voir La Penske 1956，n° 65，p. 26），《Uber die Bauernbewegung》（voir *A. H. R. F.*，1973，n° 1，p. 85），*Geburt der bürgerlichen Gesellschaft*. 1789，Frankfurt-am-Main，1979，textes de E. Labrousse，G. Lefebvre，M. Dommanget，M. Vovelle et A. Soboul，réunis pat Irmgard Hartig，p. 171 à 180 et 181 à 198.

△《阿纳夏尔西·克罗茨，人类的演讲者》

—《Anacharsis Cloots. L'Orateur du genre humain》，*Annales historiques de la Révolution française*，1980，n°1，p. 29 à 58.

△《关于克洛德·马佐里克的研究工作》

—《Sur les travaux de Claude Mazauric》，*Annales historiques de la Révolution française*，1980，n° 3，p. 473 à482.

△《旺代叛乱的起源》

—《Aux origines de la Vendée》，*Echange*，1080. Repris dans *Vendée-Chouannerie*，Nantes，Reflets du Passé，1981，p. 127 à 181.

△《关于旺代叛乱的社会根源》

—《Aux origines sociales de l'insurrection vendéenne》，*La Pensée*，1980，n°215，p. 132 à 150.

△《"要求平均地权"的农民与法国大革命》

—《Les Paysans 〈 partageux 〉 et la Révolution française》，*L'Histoire*，1980，n° 26，p. 30 à 37.

△《拿破仑时期的大地产》

—《La Grande Propriété foncière à l'époque napoléonienne》，*Annales historiques ae la Révolution française*，1981，n° 3，p. 405 à

418(en collaboration avec Anne-Marie Boursier).

△《法国大革命的影响》

—《Présence de la Revolution. francaise》，*Joseph Barc*（1779-1793）…，*op. cit.*，Paris，1981，p. 9 à 18.

△《关于法国大革命中的"红色神甫"》

—《Sur les "curés rouges" dans la Révolution française》，*Eine Jury für Jacques Roux. Dem Wirken Walter Markovs Gewidmet*，Berlin，Akademie-Verlag，1981，p. 21 à 33. Repris dans *Comqrendre la Révolution*…，*op. cit*，p. 187 à 201.

△《什么是大革命?》

—《Qu'est-ce que la Révolution?》，*La Pensée*，1981，n° 217/218，p. 33 à 45.

△《大革命时期的宗教意识　格雷古瓦修士(1750—1831年)》

—《Une conscience religieuse au temps de la Révolution. L'abbé Grégoire(1750-1831)》，*La Pensée*，1981，n° 221-222，p. 161 à 172.

△《群伴暴力与社会关系——革命群众(1789—1795年)

—《Violence collective et rapports sociaux. Les foules révolutionnaires(1789-1795)》，*Cahiers d'histoire de l'I. R. M.*，1981，n° 5(39)，p. 155 à 174.

△《拿破仑面前的西班牙：一场未成功的革命?》

—《L'Espagne face à Napoléon：une révolution manquée?》，*La Invasib Napoleònica*，Bellaterra，Publicacions de la Universitat Autònoma de Barcelona，1981，colloque de I'Université autonome de Barcelone，décembre 1980，p. 185 à 198.

△《拿破仑，伟人与历史》

—《Napoléon，le grand homme et l'histoire》，*La Pensée*，1982，n° 228，p. 97 à 103.

△《乔治·库通》

—《Georges Couthon》（titre à préciser），conférence prononcée au Colloque Couthon，Orcet-Clermont，décembre 1981，Annales historiques de la Révolution française，à paraître.

△《塔利安夫人》

—《Madame Tallien》，conférence prononcée à l'Ecole Normale Supérieure de Fontenay-aux-Roses，19 juin 1982，á paraître.

6. 其他文章

△《关于共和二年反对各委员会的势力》

—《Sur l'opposition aux Comités en germinal an Ⅱ》，*Annales historiques de la Révolution française*，1950，n° 4，p. 365.

△《关于给罗伯斯庇尔的一封信》

—《Sur une lettre adressée à Robespierre》，*ibid*.，p. 366.

△《关于热月九日》

—《Sur le 9 thermidor》，*ibid*.，p. 366.

△《关于热月九日夜库通的负伤》

—《Sur la blessure de Couthon dans la nuit du 9 thermidor》，*ibid*.，p. 367.

△《关于圣茹斯特年幼时被禁闭在教养所一事》

—《Sur la détention du jeune Saint-Just dans une maison de correction》，*Annales historiques de la Révolution française*，1951，n° 1，p. 87.

△《关于比佐的财产》

—《Sur la fortune de Buzot》，*Annales historiques de la Révolulion française*，1951，n°2，p. 181.

△《戈尔萨的财产》

—《La fortune de Gorsas》，*ibid*.，p. 183.

△《关于热月九日》

—《Sur le 9 thermidor》，*ibid*.，p. 189.

△《关于吉伦特派的财产：佩蒂翁》

—《Sur la fortune des Girondins，Petion》，*Annales historiques de la Révolution française*，1951，n° 3，p. 298.

△《关于玛丽-约瑟夫·谢尼埃的"蒂莫莱昂"》

—《Sur le "Timoléon" de Marie-Joseph Chénier》, *Annales historiques de la Révolulion française*, 1952, n°4, p. 420.

△《关于共和三年牧月的日子》

—《Sur les journées de prairial an Ⅲ》, *ibid.*, p. 421.

△《絮雷恩教区的陈情书》

—《Le Cahier de doléances de la paroisse de Suresnes》, *Annales historiques de la Révolution française*, 1954, n° 2, p. 168.

△《安德烈·谢尼埃在圣拉扎尔的入狱登记》

—《L'Ecrou d'André Chénier à Saint-Lazare》, *ibid.*, p. 174.

△《共和二年格拉古·巴贝夫在圣佩拉吉的入狱登记》

—《L'Ecrou de Gracchus Babeuf à Sainte Pélagie en l'an Ⅱ》, *ibid.*, p. 175.

△《"巴黎省革命与法定当局"向国民公会的上书(1793 年 6 月 2 日)》

—《L'Adresse des "autorités révolutionnaires et constituées du département de Paris", à la Couvention(2 juin 1793)》, *ibid.*, p. 179.

△《关于吉伦特派的财产》

—《Sur la fortune des Girondins》, *Annales historiques de la Revolution française*, 1954, n° 3, p. 257.

△《关于共和四年时波拿巴将军的见证》

—《Témoignage sur le général Bonaparte en l'an Ⅳ》, *Annales historiques de la Révolution française*, 1955, n° 4, p. 380.

△《共和二年的清洗调查表》

—《Questionnaires pour l'epuration en l'an Ⅱ》, *Annales historiques de la Révolution française*, 1950, n°1, p. 74.

△《农村的无套裤汉和乡间资产阶级》

—《Sans-culottes des campagnes et bourgeoisie rurale》, *Annales historiques de la Révolution française*, 1957, n° 2, p. 167.

△《下朗格多克的恐惧(1789—1790 年)》

—《La Peur en Bas-Languedoc(1789-1790)》, *Annales historiques de la Revolution française*，1959，n° 2，p. 162.

　△《圣茹斯特给公证人加罗·德·库西的一封信》

　—《Une lettre de Saint-Just au notaire Garot de Coucy》，*Annales historiques de la Révolution française*，1962，n° 2，p. 223.

　△《圣茹斯特的一项声明》

　—《Une proclamation de Saint-Just》，*ibid.*

　△《圣茹斯特的一份亲笔原稿》

　—《Une minute autographe de Saint-Just》，*ibid.*，p. 225.

　△《巴贝夫的一封信》

　—《Une lettre de Babeuf》，*Annales historiques de la Révolution française*，1963，n°1，p. 75.

　△《巴贝夫给妻子的一封信》

　—《Une lettre de Babeuf à sa femme…》，*ibid.*，p. 78.

　△《巴贝夫给埃齐恩的一封信》

　—《Uae lettre de Babeuf à Héslne…》，*ibid.*，p. 79.

　△《耶稣、马拉和巴贝夫》

　—《Jésus，Marat et Babeuf》，*Annales historiques de la Revolution française*，1964，n°1，p. 100.

　△《罗伯斯庇尔与1851年的共和行动》

　—《Robespierre et l'action républicaine en 1851》，*ibid.*，p. 102.

　△《旧制度末期下普瓦图的初级教育》

　—《L'instruction primaire en Bas-Poitou à la fin de l'Aucien Régime》，*Annales historiques de la Révolution française*，1964，n° 4，p. 498.

　△《罗伯斯庇尔家人的通信》

　—《Correspondance des Robespierre》，*Annales historiques de la Révolution française*，1966，n° 3，p. 421.

　△《巴贝夫手稿和出版物清单补遗》

　—《Supplément à l'*Inventaire des manuscrits et imprimés de Babeuf*》，*Annales historiques de la Révolution française*，1968，n° 4，

p. 540.

△《巴贝夫反对圣体瞻礼活动，1793 年 5 月》

—《Babeuf contre la procession de la Fete-Dieu, mai 1793》, *ibid.*, p. 543.

△《共和三年巴贝夫在阿腊斯的博代监狱》

—《Babeuf *à* la prison des Baudets d'Arras en l'an Ⅲ》, *ibid.*, p. 545.

△《马拉尸体解剖记录》

—《Procès-verbal d'autopsie de Marat》, *Annales historiques de la Révolution française*, 1971, n° 1, p. 144.

△《阿纳夏尔西·克罗茨的一封信》

—《Une lettre d'Anacharsis Cloots…》, *ibid.*, p. 145.

△《关于封建捐税》

—《 Sur le prélèvement féodal》, *Annales historiques de l Révolution française*, 1974, n° 3, p. 412.

△《1960 年时的封建残余》

—《Survivances féodales en 1960》, *Annales historiques de la Révolution française*, 1977, n° 1, p. 102.

7. 论著评介

△《让-保尔·马拉》《施勒著）

—Scheler(Lucien), *Jeah-Paul Marat*, Paris, 1945, *La Pensée*, 1946, n° 6, p. 150.

△《斯巴达克斯》（凯特勒著）

—Koestler(Arthur), *Spartacus*, Paris, s. d., *La Pensée*, 1946, n° 8, p. 123.

△《上卢瓦尔省的农民生活》（鲁雄著）

—Rouchon(Ulysse), *La Vie paysanne dans la Haute-Loire*, Le Puy, 1933-1941, *La Pensée*, 1946, n° 9, p. 140.

△《新民主》

—Démocratie nouvelle, *La pensée*, 1947, n° 13 , p. 107.

△《苏联的自然地理和经济地理》（菲谢尔著）

—Fichelle（André），*Géographie physique et économique de l'U. R. S. S.*，Paris，1946，*La Pensée*，1947，n° 13，p. 133.

△《法国农业问题……》（迪蒙著）

—Dumont（René），*Le Problème agricole français* …，paris，1946，*La Pensée*，1947，n° 14，p. 133.

△《上布列塔尼的面貌与农民》（苏伊埃著）

—Souillet(Guy)，*Pays et Paysans de Haute-Bretagne*，s. l. n. d.，*La Pensée*，1948，n° 16，p. 131.

△《法国的犹太人》（昂谢尔著）

—Anchel（Robert），*Les Suifs de France*，Paris，1946，*La Pensée*，1948，n° 18，p. 139.

△《路易·达维德》（恩贝尔著）

—Humbert(Agnès)，*Louis David*，Paris，s. d.，*ibid.*，p. 147.

△《日耳曼中欧的经济》（克洛齐埃著）

— Clozier(René)，*L'Economie de l'Europe centrale germanique*，Paris，1947，*La Pensée*，1948，n° 20，p. 144.

△《法国的边界》（迪翁著）

—Dion(Roger)，*Les Frontières de la France*，Paris，1947，*La Pensée*，1948，n° 21，p. 143.

△《法国农业史……》（格罗马著）

—Gromas(Raymond)，*Histoire agricole de la France* …，Mende，1947，*La Pensée*，1949，n° 22，p. 138.

△《马蒂厄·德·东巴尔》（塞尔克莱著）

—Cercler（René），*Mathieu de Dombasle*，Paris，1945，*La Pensée*，1949，n° 23，p. 141.

△《农民……》（谢瓦利埃著）

—Chevalier(Louis)，*Les Paysans* …，Paris，1947，*La Pensée*，1949，n° 24，p. 134.

△《近代社会的形成》（萨尼亚克著）

—Sagnac(Philippe)，*La Formation de la societe moderne*，tome

Ⅱ，Paris，1946，*ibid.*，p. 135.

　△《圣茹斯特……》（卡尔韦著）

　—Calvet（Henri），*Saint-Just …*，Monaco，1949，*Annales historiques de la Revolution française*，1950，n° 3，p. 279.

　△《吉伦特派……》（莱勒蒂埃著）

　—Lhéritier（Michel），*Les Cirondins …*，Monaco，1950，*Annales historiques de la Révolution française*，1951，n°2，p. 203.

　△《韦尼奥》（莱勒蒂埃著）

　—Lhéritier（Michel），*Vergniaud*，Monaco，1950，*ibid.*，p. 203.

　△《罗伯斯庇尔》（卡尔韦著）

　—Calvet（Henri），*Robespierre*，Monaco，1950，*ibid.*，p. 207.

　△《文集，1931 年 6 月—1932 年 2 月》（多列士著）

　—Thorez（Maurice），*Oeuvres，juin 1931-février 1932，La pensée*，1951，n° 35，p. 127.

　△《文集，1932 年 3—5 月》（多列士著）

　—Thorez（Maurice），*Oeuvres，mars-mai 1932，La Pensée*，1951，n° 37，p. 119.

　△《关于 R·鲁的一篇文章》

　—《A propos d'un article de R. Roux …》，*Annales*，1952，n° 4.

　△《20 个世纪的历史》（索雷尔著）

　—Saurel（Louis），*Vingt siècles d'fiistoire*，Paris，1952，*La Pensée*，1953，n° 46，p. 149.

　△《观察工人运动》（卡塞尔和马尔凯著）

　—Caceres（B.）et Marker（C.），*Regards sur le mouvement ouvrier*，Paris，1951，*ibid.*，p. 150.

　△《新战士即将崛起》（扎波托基著）

　—Zapotocky（A.），*De nouveaux combattants se lèveront*，Paris，1952，*La Pensée*，1953，n° 47，p. 154.

　△《英国农村史》（洛德·厄恩利著）

　—Lord Ernle，*Histoire rurale de l'Angleterre*，Paris，1952，*La*

Pensée，1953，n° 48/49，p. 306.

　　△《多瑙河口热那亚人的作用……》(康皮纳著)

　　—Campina(B.)，*Le Rôle des Gênois aux bouches du Danube* … ，Bucarest，1953，*La Pensée*，1954，n° 53，p. 148.

　　△《论贝里农村的社会阶层》(沃尔科维施著)

　　—Wolkowitsch(Maurice)，《Essai sur les catégories sociales à la campagne en Berry》，*Norois*，1954，*La Pensée*，1958，n° 63，p. 146.

　　△《德意志作家看法国大革命……》(布歇著)

　　—Boucher (Maurice)，*La Révolution française vue par les écrivains allemands* … ，Paris，1954，*Annales historiques de la Révolution française*，1956，n° 2，p. 220.

　　△《图书简介》

　　—《 Notices bibliographiques 》，*Annales historiqu es de la Révolution française*，1960，n° 3，p. 342.

　　△《图书简介》

　　—《Notices bibliographiques》，*ibid.* ，1961，n° 4，p. 409.

　　△《埃贝尔，迪歇纳老爹……》(雅各布著)

　　—Jacob(Louis)，*Hébert, le Père Duchesne* … ，Paris，1960 ，*Annales historiques de la Révolution française*，1962，n° 1，p. 110.

　　△《地方研究专栏》

　　—《Chroniques des études locales》，*Annales historiques de la Révolution française*，1964，n° 4，p. 523.

　　△《图书简介》

　　—《 Notices bibliographiques 》，*Annales histobiques de la Révolution française*，1965，n° 2，p. 231.

　　△《图书简介》

　　—《Notices bibliographiques》，*ibid.* ，1966，n° 3，p. 467.

　　△《图书简介》

　　—《Notices bibliographiques》，*ibid.* ，1967，n° 4，p. 542.

　　△《图书简介》

　　—《 Notices bibliographiques 》，*Annales historigues de la*

Révolution française，1968，n° 3，p. 416.

　　△《图书简介》

　　—《Notices bibliographiques》，*ibid.*，1968，n°4，p. 561.

　　△《经济史研究……》(默弗莱著)

　　— Meuvret（Jean），*Etudes d'Histoire économique* …，paris，1971，*Annales historiques de la Révolution française*，1972，n° 2，p. 285.

　　△《君主制度的崩溃……》(沃韦尔著)

　　—Vevelle（Michel），*La chute de la Monarchie* …，Paris，1972，*Annales historiques de la Révolution française*，1972，n° 2，p. 297.

　　△《雅各宾共和国……》(布卢瓦佐著)

　　— Bouloiseau（Marc），*La République jacobine* …，Paris，1972，*ibid.*，p. 297.

　　△《欧洲旧制度下的贵族与权力》(梅耶著)

　　— Meyer（Jean），*Noblesses et pouvoirs dans l'Europe d'Ancien Régime*，Paris，1973，*Annales historiques de la Révolution française*，1975，n° 2，p. 303.

　　△《法国大革命史研究所西代斯基藏书》

　　—《La bibliothèque Sidersky à l'Institut d'histoire de la Révolution française》，*ibid.*，n° 3，p. 486.

　　△《说明》

　　—《Notice》，*Annales historiques de la Révolution française*，1977，n° 3，p. 483.

　　△《图书简介》

　　—《Notices bibliographiques》，*Annales historiques de la Révolution française*，1980，n° 1，p. 154.

法汉人名对照表

Bérenger	贝朗瑞	Bossuet	博絮埃
Bernadotte	贝尔纳多特	Bouchotte	布肖特
Bernier	贝尔尼	Bouillé	布耶
Bernis	贝尼斯	Boulet	布莱
Berthelot		Bourbolte	布尔博特
(Marcelin)	贝特洛	Bourbons	波旁家族
	（马赛兰）	Bourdon(Lénard)	布尔东(莱奥
Berthier	贝蒂埃		纳尔）
Berthollet	贝尔多莱	Bourgoing	布古安
Bertin	贝尔坦	Boursault	布尔索
Bertrand	贝特朗	Boyd(Walter)	博伊德(瓦尔特)
Beurnonville	伯尔农维尔	Boyer-Fonfrède	布瓦耶-丰弗
Billaud-Varenne	比约-瓦雷恩		雷德
Biron	比隆	Boze	博兹
Blaise	布莱斯	Breteuil	布勒特伊
Blake	布莱克	Brienne	
Blanqui	布朗基	(Loménie de)	布里埃纳
Bloch(Marc)	布洛克(马克)		（洛梅尼·德）
Bodin	博丹	Briez	布里耶
Boisgelin	布瓦日兰	Brissot	布里索
Boisset	布瓦塞	Broglie	布罗格利
Boissy d'Anglas	布瓦西·当	Brottier	布罗基耶
	格拉	Brueys	布律耶斯
Bonald	博纳尔	Brune	布吕纳
Bonaparte		Brunel	
(Napoléon)	波拿巴	(Françoise)	布律内尔
	（拿破仑）		（弗朗索瓦兹）
Boncerf	邦塞	Brunot	
Bonchamp	邦尚	(Ferdinand)	布吕诺
Bonneville	博纳维尔		（费迪南）

Clerfayt	克莱费	Dalbarade	达尔巴拉德
Clermon-Tonnerre		Dampierre	
(comte de)	克莱蒙-托内尔伯爵	(coomte de)	当皮埃尔伯爵
		Dansard	当萨尔
Clique(Jacob)	克利克(雅各布)	Dandré	当德雷
Cloots(Anacharsis)	克罗茨(阿纳夏尔西)	Danton	丹东
		Darthé	达尔泰
Gobenzl	科本兹尔	Dauchy	多希
Cobourg	科布尔	Daunou	多努
Cochon	科雄	David	达维德
Colbert	科尔贝尔	Davout	达武
Coleridge	柯勒律治	Delacroix	德拉克鲁瓦
Colli	科利	Delambre	德朗布尔
Condé(prince de)	孔代亲王	Delaunay	德洛内
Condillac	孔迪雅克	De Lessart	德莱萨尔
Condorcet	孔多塞	Delille	德利尔
Cohstant	贡斯当	Delorme	德格尔姆
(Benjamin)	(邦雅曼)	Descartes	笛卡儿
Corday(Charlotte)	科代(夏洛特)	Descombes	代孔布
Corneille	高乃依	Desfieux	德菲厄
Coupé	库佩	Desmoulins	
Courbis	库尔比	(Camille)	德穆兰
Courtois	库图瓦		(卡米耶)
Couthon	库通	Destutt de Tracy	德斯蒂·德·特拉西
Custine	居斯蒂纳		
Cuvier	居维埃	Diderot	狄德罗
		Dietrich	迪特里希
D		Dillon	狄龙
Daendels	达昂代尔	Dobsen	多布桑
Dalayrac	达莱拉克	Dodun(madame de)	多登夫人

Dolivier	多利维尔	(dit Lebrun-Pindare)	埃库沙尔-勒布伦（又名勒布伦-潘达尔）
Doué(Foulon de)	杜埃(福隆·德)		
Drouet	德鲁埃		
Dubois-Crancé	迪布瓦-克朗塞	Eglantine(Fabre d')	代格朗蒂纳（法布尔）
Dubuisson	迪比松		
Duchesne	迪歇纳	Elbée(d')	代尔贝
Dueos(Roger)	迪科(罗歇)	Emery	埃默里
Ducroquet	迪克罗凯	Engels	恩格斯
Dufourny	迪富尔尼	Epinay(madame d')	德比内夫人
Dugommier	迪戈米埃	Epremesnil	
Duhem	迪昂	(Dural d')	代普勒梅尼（迪瓦尔）
Dumas	迪马		
Dumont(André)	迪蒙(安德烈)	Espagnac(abbé d')	代斯帕尼亚克修士
Dumouriez	迪穆里埃		
Du Pan(Mallet)	迪庞(马莱)		
Duphot	迪福	**F**	
Duplay	迪普莱	Fayau	法约
Dupont de Nemours	杜邦·德·内穆尔	Fénelon	费内隆
		Féraud	费罗
Du Port(Adrien)	迪波尔(阿德里安)	Ferdinand Ⅲ	费迪南三世
		Fersen(Axel de)	费尔桑(阿克塞尔·德)
Dupuis	迪皮伊		
Duquesnoy	迪凯斯努瓦	Fellce	弗利斯
Duroy	迪鲁瓦	Fichte	菲希特
Dussault	迪索	Flachat	弗拉沙
Dural(Charles)	迪瓦尔(夏尔)	Fleuriot-Lescot	弗勒里奥-莱斯科
		Fleurus	弗勒吕斯
E		Fleury(Joly de)	
Eckermann	厄凯曼	Fonbranassot	丰布吕纳弗勒里(若利·德)
Ecouchard-Lebrun			

Forster	福斯特	Gohier	戈耶
Fosseux	福瑟	Goltz(comte de)	戈尔茨伯爵
Fouché	富歇	Gorsas	戈尔萨
Foullon de Doué	富隆·德·杜埃	Gossee	戈塞克
		Goujon	古戎
Fouquier-Tinyille	富基埃-坦维尔	Grangeneuve	格朗热纳夫
Fox	福克斯	Grant	格朗特
Fragonard	弗拉戈纳尔	Greer(Donald)	格里尔(多纳尔德)
François Ⅰ	弗朗索瓦一世		
François Ⅱ	弗朗索瓦二世	Grégoire	格雷古瓦
Frédéric-Guillaume Ⅱ	弗雷德里希-威廉二世	Grenellc	格雷奈尔
		Grenon(Michel)	格勒农(米歇尔)
Fréron	弗雷隆	Grétry	格雷特里
Frey	弗雷	Greuze	格勒兹
Freytag	弗雷塔格	Guadet	加代
Frothé	弗罗泰	Guillaume-Tell	纪尧姆-泰尔
		Guillotin	吉约坦
G		Guizot	基佐
Garat	加拉	Gustave Ⅲ	居斯塔夫三世
Garrau	加罗	Gustave Ⅳ	居斯塔夫四世
Gasparin	加斯帕兰	Guyot	居约
Gaston	加斯东	Guzman	居兹曼
Gaxotte	加克索特		
Gensoné	让索内	**H**	
Germain	日耳曼	Hamelin	阿姆兰
Girbal	吉尔巴尔	Hanriot	昂里奥
Girey-Dupré	日雷-迪普雷	Hardenberg	哈登伯格
Gobel	戈贝尔	Hardy	阿尔迪
Godoy	戈杜瓦	Hassenfratz	哈森弗拉茨
Goethe	歌德	Haüy	阿维

Hébert	埃贝尔	Julian	朱利昂
Hegel	黑格尔	Julien	朱利安
Henri Ⅱ	亨利二世	Joubert	儒贝尔
Henri Ⅳ	亨利四世	Jourdan	儒尔当
Henry larivière	亨利·拉里维埃尔		
		K	
Herbois(Collotd')	代布瓦(科洛)	Kant	康德
Herman	埃尔芒	Karamzine	卡拉姆津
Hervétius	爱尔维修	Kaunitz	考尼茨
Hervilly(d')	代尔维利	Kellermann	凯莱曼
Hoche	奥什	Kléber	克莱贝尔
Horace	贺拉斯	Klopstoek	克洛普施托克
Houchard	乌夏尔	Kock	科克
Houdon	乌东	Korsakov	柯萨科夫
Howe	豪威	Kościuszko	科西乌斯科
Hugues(Victor)	于格(维克多)	Kray	克雷
Humbert	安贝尔		

I

Isnard	伊斯纳尔
Isoré	伊佐雷

L

Labrousse (Ernest)	拉布鲁斯(欧内斯特)
Lachauvetière	拉舍夫蒂耶尔
Laclos	拉克洛

J

Jagot	雅戈
Jaillet	雅叶
Jaurès(Jean)	饶勒斯(让)
Jeannettes	雅奈特
Jéhu	耶于
Joffre	霞飞
Joséphine	约瑟芬

Lacombe(Claire)	拉孔布(克莱尔)
La Contat	拉孔塔
Lacoste	拉科斯特
Laeretelle	拉克勒泰尔
Lacroix (Sébastien)	拉克鲁瓦(塞巴斯蒂安)

La Fayette	拉法夷特	Lasource	拉苏尔斯
Laharpe	拉阿尔普	Launay	洛内
Lakanal	拉卡纳尔	Lavicomterie	拉维孔特里
Lally-Tollendal	拉利-托朗达尔	Lavoisier	拉瓦西埃
Lamark	拉马克	Lebas	勒巴
Lamartine	拉马丁	Lebois	勒布瓦
Lambert		Lebon	勒邦
(madame de)	朗贝尔夫人	Lebret	勒布雷
Lamerville		Lebrun	勒布伦
(Heurtault de)	拉梅维尔	Lebrun-Tondu	勒布伦通迪
	(欧尔多·德)	Le Carpentier	勒卡尔庞蒂埃
Lameth		Le Chapelier	勒夏普利埃
(Allexandre de)	拉梅特	Léchelle	莱谢尔
	(亚利山大·德)	Leclerc	勒克莱尔
Lameth		Lecointre	勒库安特尔
(Charles de)	拉梅特(夏尔·德)	Lecourbe	勒库尔布
La Meurthe		Lefebvre	
(Boulay de)	拉默尔特	(Georges)	勒费弗尔
	(布莱·德)		(乔治)
Lamoignon	拉穆瓦尼翁	Legendre	勒让德尔
Lanchère	朗谢尔	Legrand	勒格朗
Lange	朗日	Legray	勒格雷
Langlois	朗格卢瓦	Leguinio	勒基尼奥
Lanjuinais	朗热内	Lemarchand(Guy)	勒马尔尚(居伊)
Laplace	拉普拉斯	Lenoir	勒努瓦尔
La Revellière	拉勒韦利耶尔	Léon(Pierre)	莱昂(皮埃尔)
La Rochefoucauld-		Léopold Ⅱ	莱奥波德二世
Liancourt(duc de)	拉罗什富科-	Lepeletier	勒佩勒蒂埃
	利昂库尔公爵	Lequinio	勒基尼奥
La Rochejaquelein	拉罗舍雅克兰	Lescuyer	莱斯居耶

Lesueur	勒絮尔	Magallon	马加隆
Letourneur	勒图尔纳	Magnier(Brutus)	马尼耶(布鲁图)
Levasseur	勒瓦瑟	Mailhe	梅尔
Lézardière	莱扎迪埃尔	Maillard	马亚尔
L'Hospital		Maistre	
(Michel de)	洛皮塔尔	(Joseph de)	梅特尔
	(米歇尔·德)		(约瑟夫·德)
Liancourt(duc de)	利昂库尔公爵	Malesherbes	马尔泽尔布
Lindet(Robert)	兰代(罗贝尔)	Malmesbury	马尔迈斯比里
Lisle(Rouget de)	利尔(鲁热·德)	Malouet	马卢埃
Littré	利特雷	Marat	马拉
Louchef	卢舍	Marchais(Georges)	马歇(乔治)
Louis XIV	路易十四	Maréchal(Sylvain)	马雷夏尔
Louis XV	路易十五		(西尔万)
Louis XVI	路易十六	Marie-Antoinnette	玛丽-安托瓦
Louis XVII	路易十七		内特
Louis XVIII	路易十八	Marie-Caroline	玛丽-卡罗琳娜
louis-Philippe	路易-菲利普	Marie-Thérèse	玛丽-泰雷兹
Loustalot(Elysée)	卢斯塔洛(爱	Marlot(Joseph)	马尔洛(约瑟夫)
	利泽)	Marmont	马尔蒙
Louvet	卢韦	Marquant	马尔康
Loyseau	卢瓦佐	Marx	马克思
Lozeau	洛佐	Masséna	马赛纳
Luckner	吕克奈尔	Mathiez(Albert)	马迪厄(阿尔贝)
		Maubeuge	莫伯热
M		Maupeou	莫普
Mably	马布利	Maure	莫尔
Mac-Donald	麦克多纳尔德	Maury	莫里
Machaut	马肖	Mazauric(Claude)	马佐里克(克
Mack	马克		洛德)

Mazuel	马聚埃尔	Moulins	穆兰
Méchain	梅香	Mounier	穆尼埃
Méhée	梅埃	Moussard	穆萨尔
Méhul	梅于尔	Murat	米拉
Menou	默努		
Mercier(Sébastien)	梅西埃(塞巴斯蒂安)	**N**	
		Narbonne	
Merlin de Douai	梅兰(杜埃人)	(comtedde)	纳博纳伯爵
Merlin de	梅兰	Necker	内克
Thionville	(蒂翁维尔人)	Nelson	纳尔逊
Michel	米歇尔	Nemours	
Michelet	米什莱	(Dupon de)	内穆尔
Mignet	米涅		(杜邦·德)
Milord	米洛尔	Neufchâteau	
Mirabeau	米拉波	(François de)	纳夏托
Miranda	米朗达		(弗朗索瓦·德)
Molitor	莫利托尔	Nivernais	尼维尔奈
Momoro	莫莫罗	Noailles(vicoillte)	诺阿耶子爵
Moncey	蒙塞	Noël	诺埃尔
Monge	蒙日		
Monneron	莫纳隆	**O**	
Montesquieu	孟德斯鸠	Oberkampf	奥贝尔康夫
Montesquiou	孟德斯基乌	Ochs	奥克斯
Montsabert		Orléans(dtlc d')	奥尔良公爵
(Goislard de)	蒙萨贝	Ormesson	
	(克瓦拉尔·德)	(Lefebvre d')	多梅松
Moreau	莫罗		(勒费弗尔)
Morelly	摩莱里	Ossian	奥西昂
Mortier	莫尔蒂耶	Ouvrard	乌弗拉
Moselle	摩泽尔		

P

Pache	帕施
Paine(Thomas)	潘恩(托马斯)
Panckouke	庞库克
Paoli	保利
Pâris	巴里
Paul Ier	保罗一世
Paulet(Charles)	波莱(夏尔)
Payan(Joseph)	帕扬(约瑟夫)
Peltier	佩尔蒂耶
Pereira	佩莱拉
Périer(dit Milord)	佩里埃(又名米洛尔)
Perregaux	佩勒戈
Pétion	佩蒂翁
Philippe-Egalité	菲利普-平等
Philippeaux	菲利波
Pichegru	皮什格吕
Pie Ⅵ	庇护六世
Pinel	皮奈尔
Pitt	皮特
Platon	柏拉图
Pointe(Noël)	普安特(诺埃尔)
Polignac(duc de)	波利尼亚克公爵
Polycarpe	波利卡普
Pompadour (madame de)	蓬帕杜尔夫人
Portalis	波塔利斯
Précy	普雷西

Priestley	普里斯特莱
Prieur	普里厄
Proli	普罗利
Protogène	普罗托热纳
Prudhomme	普律多姆
Prud'hon	普律东
Puisaye	皮伊泽

Q

R

Rabaut-Saint-Etienne	拉博-圣艾蒂安
Ramel-Nogaret	拉梅尔-诺加雷
Rapinat	拉皮纳
Raynal	雷纳尔
Rebecqui	勒贝基
Récamier	雷卡米埃
Régnier	雷尼耶
Reinhard(Marcel)	雷纳(马塞尔)
Renault(Cécile)	雷诺(塞西尔)
René	勒内
Reubell	勒贝尔
Réveillon	雷维庸
Reymond	雷蒙
Richard	理查
Richet(Denis)	里谢(德尼)
Richier	里希耶
Riquetti	里凯蒂
Rivarol	里瓦罗尔

Robert(Hubert)	罗贝尔(于贝尔)	Saint-François d'Assise	圣弗朗索瓦·达西兹
Robespierre (Augustin)	罗伯斯庇尔 (奥古斯坦)	Saint-Hilaire (Geoffroy)	圣依莱尔 (若弗鲁瓦)
Robespierre (Maximilien)	罗伯斯庇尔 (马克西米利安)	Saint-James	圣詹姆斯
Robin(Régine)	罗班(雷吉纳)	Saint-Jean-d'Acre	圣让达克尔
Rochambeau	罗尚博	Saint-Just	圣茹斯特
Roederer	罗德里	Saint-Louis	圣路易
Roland	罗兰	Saint-Simon	圣西门
Romme	罗姆	Saint-Sulpice	圣絮尔皮斯
Ronsin	龙森	Saladin	萨拉丹
Rossignol	罗西尼奥尔	Salicetti	萨利赛蒂
Rousseau	卢梭	Santerre	桑泰尔
Roux(Jaeques)	鲁(雅克)	Sapinaud	萨皮诺
Rovère	罗韦尔	Saubrany	苏布拉尼
Royer	鲁瓦耶	Sauvigny (Berthier de)	索维尼 (贝蒂埃·德)
Royou	鲁瓦尤		
Rudé(Georges)	吕代(乔治)	Scépeaux	塞波
Ruhl	吕尔	Schérer	谢雷
		Séchelles (Hérault de)	塞谢尔 (埃罗·德)
S			
Sagnac	萨尼亚克	Servan	塞尔旺
Sailly(Jeanson de)	赛伊(让松·德)	Sèze(de)	塞兹(德)
Saint-André (Jeanbon)	圣安德烈 (让邦)	Sieyès	西埃耶斯
		Simiand	西米昂
Saiht-Fargeau (Lepeletier de)	圣法尔若 (勒佩勒蒂埃·德)	Simoneaa	西莫诺
		Smith(Adam)	斯密(亚当)

Vico	维科	Westphalie	韦斯特法利
Victor-Amédée Ⅲ	维克多-阿梅代三世	Weydemeyer	魏德迈
		Wickham	维克汉
Villaret-Joyeuse	维拉雷-儒瓦耶兹	Wilberforce	威尔伯福斯
		Willot	维洛
Vincent	樊尚	Winckelmann	温凯尔曼
Volney	沃尔内	Wordsworth	沃兹沃思
Voltaire	伏尔泰	Wurmser	乌尔姆塞尔
Voulland	武朗		

Y

York(duc d')	约克公爵
Young(Arthur)	扬(亚瑟)
Yriarte	依里亚特

W

| Wendel | 旺代尔 |
| Westermann | 韦斯特曼 |

法汉地名对照表

A

Aarau	阿罗	Amsterdam	阿姆斯特丹
Abbaye	亚培伊狱	Angers	昂热
Aboukir	阿布基尔	Anjou	安茹
Adda	阿达	Angleterre	英国
Adige	阿迪日	Antibes	昂蒂布
Adriatique	亚得里亚海	Antilles	安的列斯群岛
Afrique	非洲	Anvers	安特卫普
Air	埃尔（河）	Anzin	安赞
Aix	埃克斯	Aquitaine	阿坤廷
Aix-la-Chapelle	埃克斯-拉-夏佩尔	Arcis-sur-Aube	奥布河畔的阿尔西
Ajaccio	阿雅克修	Arcole	阿科尔
Albi	阿尔比	Ardèche	阿尔代什
Alexandrie	亚历山大（埃及）	Ardennes	阿登
Alexandrie	亚历山大里亚（意大利）	Argogne	阿尔戈尼
		Argonne	阿尔戈纳
Alkmaar	阿尔克马尔	Arras	阿腊斯
Allemagne	德国	Artois	阿尔图瓦
Allobroge	阿洛布罗日	Athènes	雅典
Alpes	阿尔卑斯山	Aube	奥布
Alsace	阿尔萨斯	Auch	奥施
Amiens	亚眠	Aunis	奥尼
Ammi-Moussa	阿米-姆萨	Australie	澳大利亚

Autriche	奥地利	Bilbao	毕尔巴鄂
Autun	奥顿	Blankenbourg	勃朗康堡
Auvergne	奥弗涅	Blois	布卢瓦
Auxonne	奥索纳	Bocage	博卡日
Avignon	阿维尼翁	Bohème	波希米亚
		Bologne	波洛涅
		Bondy	邦迪

B

Babel	巴比伦	Bonne-Espéran-	
Bâle	巴塞尔	ce(cap de)	好望角
Barbarie	柏柏尔地区	Bordeaux	波尔多
Barcelone	巴塞罗那	Bouches-du	
Bas-Languedoc	下朗格多克	R-hône	罗讷河口省
Bassano	巴萨诺	Boulou	布卢
Basses-Alpes	下阿尔卑斯	Bourbonnais	波旁内
Bastille	巴士底狱	Bourg	布尔
Bavière	巴伐利亚	Bourges	布尔日
Bayeux	巴耶	Bourgogne	勃艮第
Bayonne	巴荣纳	Brabant	布拉邦特
Béarn	贝亚恩	Bréda	布雷达
Beauce	博斯	Brest	布雷斯特
Beauvaisis	博韦齐	Bressuire	希勒西尔
Belgique	比利时	Bretagne	布列塔尼
Bellecour	贝勒库尔	Brie	布里
Bergen	贝尔根	Brienne	布里埃纳
Bergerac	贝尔热拉克	Bruxelles	布鲁塞尔
Berne	伯尔尼	Budapest	布达佩斯
Berry	贝里		
Besançon	贝藏松	**C**	
Beuil	伯依	Cadix	卡迪斯
Bicètre	比塞特尔	Caen	冈城
Bidasoa	比达索阿河	Caire(le)	开罗

Cambrésis	康布雷齐	Chine	中国
Campoformio	康波福米奥	Cholet	肖莱
Cap	开普敦	Cisalpine	
Carinthie	卡兰西亚	(République de)	山内共和国
Carmes	卡尔默狱	Clermont-Ferrand	克莱蒙费朗
Carpentras	卡庞特拉	Clermontois	克莱蒙图瓦
Carrousel	骑兵竞技场	Cliehy	克利希
Cassano	卡萨诺	Coblené	科布伦茨
Castiglione	卡斯蒂格利奥纳	Comtat Venaissin	弗内森伯爵领地
Castricum	卡斯特里库姆	Cologne	科隆
Catalogne	卡塔卢尼亚	Conciergerie	孔西埃热里狱
Cattaro	卡塔罗(河)	Condée	孔代
Céphalonie	塞法洛尼	Constantinoble	君士坦丁堡
Ceylan	锡兰	Corbeil	科尔贝依狱
Châlon-sur-		Corfou	科尔富
Marne	夏隆(马恩河畔)	Corse	科西嘉
Chambery	尚贝里	Côte-d'Or	科多尔省
Champagne	香槟	Cours-la-Reine	库尔拉雷纳
Champ-de-Mars	马尔斯校场	Courville	库维尔
Champs Elysées	香榭丽舍大街	Cracovie	克拉科夫
Charente-		Creusot	克勒佐
Inférieure	下夏朗特省		
Charleroi	夏尔勒鲁瓦	**D**	
Charleville	夏尔维尔	Dalmatie	达尔马西
Chartres	夏特勒	Danube	多瑙河
Châteauneuf-en-	夏托纳夫-昂-	Dauphiné	多菲内
Thimerais	蒂默莱	Dijun	第戎
Châtelet	夏特莱	Douai	杜埃
Chaussée		Dreux	德勒
d'Antan(la)	拉肖塞当丹	Drôme	德罗姆
Cherasco	谢拉斯科	Drouet	德鲁埃

Dunkerque	敦刻尔克	Gironde	吉伦特
Durance	迪朗斯	Glacière，la	拉格拉西埃尔
		Gotiadeloupe	瓜德罗普
E		Grande-Bretagne	大不列颠
Ebre	埃布罗河	Granville	格朗维尔
Egypte	埃及	Graviliers	格拉维利埃
Epinay	埃比内	Grenelle	格勒奈尔
Escaut	埃斯考河	Grenoble	格勒诺布尔
Espagne	西班牙	Grève(place de)	沙滩广场
Etampes	埃唐普	Grisons	格里宗
Etats-Unis	美国	Grosbois	格罗布瓦
Eure-et-Loire	厄尔-卢瓦尔省	Gros-Caillou	格罗卡佑
Europe	欧洲	Guyane	圭亚那
Evreux	埃费勒	Guyenne	吉埃纳
F		**H**	
Finistère	费尼斯泰尔	Hainaut	埃诺
Flandre	弗朗德勒	Ham	阿姆
Fleurus	弗勒吕斯	Hambourg	汉堡
Fontanil	丰塔尼尔	Hanriot	昂里奥
Force	福尔斯	Haute-Garonne	上加隆
Fourvière	富尔维埃尔	Haute-Guyenne	上吉埃纳
France	法国	Haute-Loire	上卢瓦尔
Francfort	法兰克福	Haute Marne	上马恩
Franche-Comté	弗朗什-孔泰	Havre，le	勒阿弗尔
Fréjus	弗雷儒斯	Hayange	阿杨日
		Haye，la	海牙
G		Helder	海尔代尔
Gard	加尔	Helvétie	瑞士
Gênes	热那亚	Hérault	埃罗省
Cenève	日内瓦	Hollande	荷兰

Hombourg	翁布尔	Languedoc	朗格多克
Hondschoote	翁德斯考特	Laon	拉翁
Hongrie	匈牙利	La Roche-	
Huningue	于南格	Bernard	拉罗舍贝尔纳
		La Rochelle	拉罗舍尔
I		La Roer(le	
Ile-de-France	法兰西岛	passage de)	拉罗埃尔隘口
Ile de Ré	雷岛	La Touche	拉图什
Ile d'Oléron	奥莱隆岛	Lauter	洛特河
Iles Ioniennes	爱奥尼亚群岛	Leipzig	莱比锡
Ille-et-Vilaine	伊尔-维兰省	Léman	莱芒省
Indes	印度	Leoben	莱奥本
Indre-et-Loire	安德尔-卢瓦尔省	Le Quesnoy	勒凯斯努瓦
Irlande	爱尔兰	Levant	利凡得
Istrie	伊斯特里亚	Liège	列日
Italie	意大利	Lille	里尔
		Limbourg	兰堡
J		Limmat	利玛河
Jacgerthal	雅热塔尔	Limoges	利莫日
Japon	日本	Limousin	利穆赞
Jemappes	热马普	Linth	兰特
Juras	汝拉山脉	Livourne	利弗纳
		Lodi	洛迪
K		Loire	卢瓦尔河
Kalserslautern	凯泽斯洛泰恩	Loiret	卢瓦雷
Kehl	凯尔	Loiret-et-Cher	卢瓦尔-歇尔省
		Lombardie	伦巴第
L		Londres	伦敦
La Croix-aux-	拉克鲁瓦奥布瓦	Longwy	隆维
Bois	Landau 朗多	Lons-le-Saulnier	隆-勒-索尼耶
Landrecies	朗德勒西	Lorraine	洛林

Lot	洛特	Méissen	梅桑
Louvain	卢万	Mende	芒德
Lozère	洛泽尔	Menin	默南
Luxembourg	卢森堡	Mennecy	曼纳西
Lyon	里昂	Metz	麦茨
		Mezières	梅齐埃尔

M

Machecoul	马什库尔	Milan	米兰
Mâconnais	马孔	Millesimo	米尔西莫
Madrid	马德里	Mincio	曼乔河
Maestricht	马埃斯特里奇	Miranda	米朗达
Magallon	马加隆	Mitau	米托
Maine	曼恩	Modène	莫代纳
Maine-et-Loire	曼恩-卢瓦尔省	Mondovi	蒙多维
Main(vallée du)	马因河谷	Mons	蒙斯
Maison-Commune	梅宗-科米纳	Montauban	蒙托邦
Malte	马耳他	Montbrison	蒙布里松
Manchester	曼彻斯特	Montenotte	蒙特诺特
Mans(le)	勒芒	Montmédy	蒙梅迪
Mantoue	芒图	Montpellier	蒙彼利埃
Marais	马莱	Montreuil	蒙特勒伊
Marne	马恩	Mont-Thabor	蒙塔鲍尔
Maroc	摩洛哥	Morbihan	莫尔比昂
Marseille	马赛	Moscou	莫斯科
Martinique	马提尼克	Moselle	摩泽尔
Maubeuge	莫伯日	Moulins	穆兰
Mauchamp	莫尚	Moyen-Orient	中东
Mauges	莫热	Mulhouse	牟罗兹
Maurienne	莫利安纳	Munich	慕尼黑
Mayence	美因兹	Munster	明斯特
Méditerranée	地中海		

N

		Ouessant	维桑
Namur	那慕尔		
Nancy	南锡	**P**	
Nantes	南特	Pacy-sur-Eure	帕西絮厄尔
Naples	那不勒斯	Palatinat	帕拉蒂纳
Navarre	内瓦尔	Pamiers	帕米埃
Neerwinden	尼尔温登	Paris	巴黎
Nette	奈特河	Parme	帕尔马
Neuchâtel	纳夏泰尔	Parthenay	帕尔特内
Neuwied	纽维德	Pas-de-Calais	加来海峡省
Nevers	纳韦尔	Passariano	帕萨里亚诺
Nice	尼斯	Passy	帕西
Niederbronn	涅代布隆	Pau	波城
Nièvre	涅夫勒	Pays-Bas	荷兰
Nîmes	尼姆	Perpignan	佩皮尼昂
Niort	尼奥尔	Périgord	佩里戈尔
Nivernais	尼韦尔内	Picardie	庇卡底
Nord	诺尔	Piémont	皮埃蒙特
Normandie	诺曼底	Pillnitz	皮尔尼茨
Notre-Dame		Plaisance	普莱藏斯
de Paris	巴黎圣母院	Pô	波河
Novi	诺维	Poissy	普瓦西
		Poitiers	普瓦提埃
O		Poitou	普瓦图
		Pologne	波兰
Oise	瓦兹省	Pontivy	蓬蒂维
Oneglia	奥奈依	Pontoise	蓬图瓦兹
Orange	奥朗日	Pont-Saint-Esprit	圣灵桥
Oranie	奥兰地区	Ponts-de-cé	蓬德塞
Orient	东方	Popincourt	波潘库尔
Orléanais	奥尔良地区	Provence	普罗旺斯
Orléans	奥尔良		

Prusse	普鲁士	Rousillon	鲁西荣
Puy-de-Dôme	多姆山省	Roye	卢瓦
Pyrénées	比利牛斯山脉	Ruffec	吕费克
		Russie	俄国

Q

Quercy	凯尔西
Quiberon	基布隆
Quinze-Vingts	盲人院

S

Sablons	萨布隆
Saint-Cloud	圣克鲁
Saint-Denis	圣德尼
Saint-Domingue	圣多明各

R

Rambouillet	朗布耶
Rastatt	拉斯塔特
Reims	兰斯
Reischoffen	雷斯肖芬
Rennes	雷恩
République batare	巴达维亚共和国
Retz	雷茨
Reuss	勒斯
Rhénanie	莱茵河地区
Rhin	莱茵河
Rhodes	罗德斯
Rhône	罗讷河
Rhône-et-Loire	罗讷-卢瓦尔省
Riom	里奥姆
Ris	里斯
Rivoli	里沃利
Rochefort	罗什福尔
Rome	罗马
Rothau	罗托
Rotterdam	鹿特丹
Rouen	鲁昂

Sainte-Geneviève	圣热纳维叶夫
Sainte-Menehould	圣默努
Saint-Etienne	圣艾蒂安
Saint-Fargeau	圣法尔若
Saint-Florent-le-Vieil	圣弗罗兰勒维埃伊
Saint-Germain	圣日耳曼
Saint-Germain-en-Laye	圣日耳曼昂莱
Saint-Gervais	圣日尔凡
Saint-Gothard	圣哥达
Saint-Hippolyte	圣依波利特
Saint-Honoré	圣奥诺雷
Saint-Ildefonse	圣依尔德丰斯
Saint-Jacques	圣雅克
Saint-Lazare	圣拉扎尔
Saint-Lorent-sur-Sèvre	圣洛朗絮塞夫尔
Saint-Lucie	圣吕西亚岛
Saint-Marceau	圣马尔索

Saint-Marcel	圣马赛尔	Stokach	斯托卡克
Saint-Paul	圣保尔	Strasbourg	斯特拉斯堡
Saint-Quentin	圣康坦	Styrie	斯蒂里亚
Saint-Sébastien	圣塞瓦斯蒂安	Suède	瑞典
Saint-Sulpice	圣絮尔皮斯	Suisse	瑞士
Saint-Vincent		Surville	絮尔维尔
（cap）	圣樊尚角	Syrie	叙利亚
Salon	萨隆		
Salpétrière	萨尔佩特利埃尔狱	**T**	
Sambre	桑布尔河	Tabago	多巴哥
Sambre-et-Meuse	桑布尔-默兹	Tagliamento	塔格利亚曼托
Sardaigne	撒丁	Tarascon	塔拉斯孔
Sarre	萨尔	Tarbes	塔布
Sarthe	萨特	Tarentaise	塔朗泰兹
Saumur	索米尔	Tarn	塔尔纳
Savenay	萨夫内	Tarvi	塔尔维
Savoie	萨瓦	Tech	特克
Savone	萨沃纳	Temple	唐普尔
Saxe	萨克森	Tende	唐德
Scarpe	斯卡普河	Tessin	泰森河
Schwytz	施维茨	Texel	泰克赛尔
Sedan	色当	Thiérache	蒂埃拉施
Seine	塞纳河	Thionville	蒂翁维尔
Semmering	赛姆兰	Thouars	图阿尔
Sénégal	塞内加尔	Tirlemont	蒂尔勒蒙
Sens	桑斯	Tolentino	托朗蒂诺
Sicile	西西里	Toscane	托斯卡纳
Sienne	西也纳	Toulon	土伦
Sologne	索洛涅	Toulouse	图卢兹
Somme	索姆省	Tourcoing	图尔库安
Spire	斯皮尔	Tournai	图尔内

Tours	图尔	Vendôme	旺多姆
Trébie	特雷比	Vénétie	威内西亚
Trèves	特雷弗	Venise	威尼斯
Trinité	特立尼达	Verdun	凡尔登
Troyes	特鲁瓦	Versailles	凡尔赛
Tübingen	杜炳根	Verviers	韦尔维耶
Tuileries	杜伊勒利宫	Vicherey	维施雷
Turin	都灵	Vichy	维希
Turquie	土耳其	Vienne	维也纳
Tyrol	蒂罗尔	Vihiers	维耶
		Viry	维里
U		Vittoria	维托利亚
Udine	于迪纳	Vivarais	韦瓦雷
Union Soviétique	苏联	Vizille	维齐耶
Unter wald	恩特瓦尔德	Vorarlberg	沃拉尔贝格
Uri	于里	Vosges	孚日山脉
V		**W**	
Valais	瓦莱	Wattignies	瓦蒂尼
Valence	瓦朗斯	Wissembour	维桑堡
Valenciennes	瓦朗西埃纳	Worms	沃姆斯
Valmy	瓦尔米		
Valteline	瓦尔特利纳	**Y**	
Vanloo	旺洛	Yonne	荣纳
Vannes	瓦纳	Ypres	伊普勒
Var	瓦尔		
Varennes	瓦雷恩	**Z**	
Varsovie	华沙	Zante	藏特
Vaucluse	沃克吕兹	Zürich	苏黎士
Vaud	沃洲		
Vendée	旺代		

图书在版编目（CIP）数据

法国大革命史／（法）索布尔著；马胜利，高毅，王庭荣译．
—北京：北京师范大学出版社，2015.8（2020.9重印）
（法国大革命史译丛）
ISBN 978-7-303-18834-5

Ⅰ．①法…　Ⅱ．①索…②马…③高…④王…　Ⅲ．①法国大革
命（1789～1794）　Ⅳ．① K565.41

中国版本图书馆 CIP 数据核字（2015）第 072819 号

营　销　中　心　电　话　　010-58805072 58807651
北师大出版社学术著作与大众读物分社　　http://xueda.bnup.com

出版发行：北京师范大学出版社 www.bnup.com
　　　　　北京市西城区新街口外大街 12-3 号
　　　　　邮政编码：100088
印　　刷：北京京师印务有限公司
经　　销：全国新华书店
开　　本：787mm×1092mm　1/16
印　　张：35.5
字　　数：534 千字
版　　次：2015 年 8 月第 1 版
印　　次：2020 年 9 月第 2 次印刷
定　　价：85.00 元

策划编辑：谭徐锋　　　　责任编辑：刘东明　赵翠琴　李京原
美术编辑：王齐云　　　　装帧设计：王齐云
责任校对：李　菡　　　　责任印制：马　洁